LA

# DISSERTATION

## PHILOSOPHIQUE

# LIBRAIRIE FELIX ALCAN
108, BOULEVARD SAINT-GERMAIN, PARIS

## OUVRAGES POUR LA CLASSE DE PHILOSOPHIE

### PHILOSOPHIE

**Cours élémentaire de philosophie**, par E. Boirac, 2ᵉ éd. 1 vol. in-8° broché. 6 fr. 50
Cart. à l'anglaise.................. 7 fr. 50

DESCARTES. — **Discours sur la méthode et première méditation**, avec notes, introduction et commentaires, par V. Brochard, directeur des conférences de philosophie à la Sorbonne, 1 vol. in-12, 2ᵉ édition...... 2 fr.

LEIBNIZ. — **La monadologie**, avec notes, introduction et commentaires, par D. Nolen, ancien élève de l'Ecole normale supérieure, recteur de l'Académie de Besançon, 1 vol. in-12........................ 2 fr.

DESCARTES. — **Les principes de la philosophie**, livre I, avec notes, par V. Brochard, directeur des conférences de philosophie à la Sorbonne, 1 vol. in-12...... 1 fr. 25

MALEBRANCHE. — **De la recherche de la vérité**, livre II (de l'Imagination), avec notes par Pierre Janet, ancien élève de l'Ecole normale supérieure, professeur au lycée Louis-le-Grand, 1 vol. in-12....... 1 fr. 80

PASCAL. — **De l'autorité en matière de philosophie. — De l'esprit géométrique. Entretien avec M. de Sacy**, avec notes par Rossat, professeur à la Faculté des lettres de Rennes, 1 volume in-12........................ 1 fr.

LEIBNIZ. — **Nouveaux essais sur l'entendement humain**, Avant-propos et livre I, avec notes, par Paul Janet, de l'Institut, professeur à la Sorbonne, 1 volume in-12........................ 1 fr.

CONDILLAC. — **Traité des sensations**, livre I, avec notes par Georges Lyon, maître de conférences à l'Ecole normale supérieure, 1 vol. in-12.................. 1 fr. 40

XÉNOPHON. — **Mémorables**, livre I, avec notes, par Penjon, ancien élève de l'Ecole normale supérieure, professeur à la Faculté des lettres de Lille, 1 vol. in-12. 1 fr. 25

PLATON. — **La République**, livre VI, avec notes, par Espinas, ancien élève de l'Ecole normale supérieure, doyen de la Faculté des lettres de Bordeaux, 1 volume in-12........................ 2 fr.

ARISTOTE. — **Morale à Nicomaque**, livre X, avec notes, par M. L. Carrau, ancien élève de l'Ecole normale supérieure, professeur à la Faculté des lettres de Paris, 1 vol. in-12.................. 1 fr. 25

ÉPICTÈTE. — **Manuel**, avec notes, par Montargis, ancien élève de l'Ecole normale supérieure, professeur de philosophie au lycée de Troyes, 1 volume in-12..... 1 fr.

CICÉRON. — **De natura Deorum**, livre II, avec notes, par F. Picavet, agrégé de l'Université, professeur au lycée de Versailles, 1 vol. in-12.................. 2 fr.

CICÉRON. — **De officiis**, livre I, avec notes, par E. Boirac, professeur au lycée Condorcet. 1 vol. in-12............... 1 fr. 40

LUCRÈCE. — **De natura rerum**, livre V, avec notes, par G. Lyon, maître de conférences à l'Ecole normale supérieure, 1 in-12........................ 1 fr.

SÉNÈQUE. — **Lettres à Lucilius** (6 premières), avec notes, par L. Daur ancien élève de l'Ecole normale supérieure, professeur à la Faculté des lettres de Montpellier. 1 vol. in-12................ 1 fr.

### HISTOIRE — GÉOGRAPHIE

**Précis d'histoire des temps modernes** (1453-1889), à l'usage des candidats à l'Ecole de Saint-Cyr et aux deux baccalauréats, par G. Dhombres, professeur au lycée Henri IV, 3ᵉ édit. 1 vol. in-12, br. 4 fr.
Cart........................ 5

**Précis de géographie physique, politique et militaire**, à l'usage des candidats à l'Ecole de Saint-Cyr et aux deux baccalauréats, par Louis Boudin, professeur au collège Rollin. 1 vol. in-12, 3ᵉ édition, broché, 7 fr., cartonné............. 7 fr.

### SCIENCES

**Éléments d'arithmétique**, par P. Pichon, ancien élève de l'Ecole normale supérieure, professeur de mathématiques au lycée de Versailles. 1 vol. in-12, 5ᵉ édit. cartonné........................ 5

**Éléments d'algèbre**, par P. Pochu, 1 vol in-12, 2ᵉ édition, cart...... 2 fr.

**Éléments de géométrie**, par P. Pochu, 1 vol. in-12, cart.............. 3 fr.

**Éléments de cosmographie**, par P. Pichon, 1 vol. in-12, avec 132 figures 4 planches hors texte, 2ᵉ édit. cart.... 3 fr.

**Cours élémentaire de physique**, H. Dufet, maître des conférences à l'Ecole normale supérieure, professeur de physique au lycée Saint-Louis. 1 beau volume in avec 644 figures dans le texte, et 1 planche coloriée, cart................. 6

**Cours de chimie**, par Riche, membre l'Académie de médecine, professeur à l'Ecole de pharmacie. 1 vol. in-12 avec 69 fig. dans le texte, 3ᵉ éd., cart......... 2 fr.

**Mathématiques élémentaires** (Arithmétique, Géométrie, Algèbre, Cosmographie), à l'usage des candidats au baccalauréat lettres, 2ᵉ partie, et au baccalauréat ès sciences restreint, par le Dr Le Noir, ancien professeur de l'Université. 1 volume in-12, 2ᵉ édition........................ 6

**Histoire naturelle élémentaire** (Zoologie, Botanique, Géologie), par le Dr Le Noir, 1 vol. in-12 avec 251 figures dans texte, 3ᵉ édition.................. 5

**Physique élémentaire**, par le Dr Le Noir, 1 vol. in-12, avec 455 figures dans le texte, 2ᵉ édition.................. 6

**Chimie élémentaire**, par le Dr Le Noir, 1 vol. in-12, avec figures dans le texte, 2ᵉ édition........................ 3 fr.

---

ÉVREUX, IMPRIMERIE DE CHARLES HÉRISSEY

# LA
# DISSERTATION
## PHILOSOPHIQUE

CHOIX DE SUJETS — PLANS — DÉVELOPPEMENTS

Avec une Introduction

SUR

LES RÈGLES DE LA DISSERTATION PHILOSOPHIQUE

PAR

### ÉMILE BOIRAC

Professeur de philosophie au lycée Condorcet.

PARIS

ANCIENNE LIBRAIRIE GERMER BAILLIÈRE ET Cⁱᵉ

FÉLIX ALCAN, ÉDITEUR

108, BOULEVARD SAINT-GERMAIN, 108

1890

Tous droits réservés.

# PRÉFACE

Nous devons d'abord remercier nos collègues de l'accueil sympathique qu'ils ont bien voulu faire à notre *Cours élémentaire de philosophie* et leur soumettre les raisons qui nous ont déterminé à le compléter par un second ouvrage sur la *Dissertation philosophique*.

Plusieurs d'entre eux nous ont exprimé le regret que les dimensions du *Cours* nous aient forcé de traiter un peu trop brièvement certaines parties du programme. Nous nous sommes demandé comment nous pourrions satisfaire leur désir sans modifier la physionomie du *Cours*. En accroître l'étendue, ce serait lui ôter sans doute cette qualité de *Cours élémentaire* que nous nous sommes surtout proposé de lui donner et qui est à nos yeux sa seule raison d'être. Il ne nous semble pas en effet qu'après les excellents traités de MM. Janet et Charles, et surtout après les magistrales *Leçons de philosophie* de M. Rabier, il y ait encore place dans l'enseignement secondaire pour un nouvel ouvrage de pareille ampleur.

Un seul moyen nous restait de compléter le *Cours* sans en augmenter les dimensions. C'était d'écrire un second livre qui nous fournît l'occasion de revenir sur tous les points déjà traités dans le premier et de développer les plus intéressants ou les plus difficiles sans nous astreindre aux proportions arrêtées d'avance d'un programme officiel. Nous croyons avoir trouvé ce moyen en parcourant tous les *Sujets* de dissertations déjà indiqués dans notre *Cours* et en donnant sur chacun d'eux les éclarcissements qui nous ont paru nécessaires.

Mais ce livre n'est pas un simple complément du *Cours*. Il a aussi pour but de familiariser l'élève avec cet exercice si important et parfois si ardu de la Dissertation philosophique. Nous avons essayé de réunir dans une sorte de traité préliminaire toutes les règles, tous les préceptes que nous avons pu recueillir dans une pratique déjà longue de l'enseignement; et nous y avons joint des plans plus ou moins étendus, des indications de toute sorte sur les principales idées à développer et à coordonner par une réflexion personnelle; parfois, mais rarement, des dissertations complètes où l'élève pût trouver des modèles à la portée de son imitation.

On nous reprochera peut-être d'avoir ainsi rendu la besogne trop facile aux paresseux. Quelle tentation pour eux que de trouver leur devoir plus qu'à moitié fait dans un livre! Mais on oublie que le professeur ou l'examinateur peut toujours donner à traiter des questions inédites. Croit-on par hasard que le nombre en soit limité? Ce livre n'eût-il d'ailleurs d'autre résultat que de solliciter les Facultés à renouveler les sujets de dissertations proposés dans les examens, nous nous estimerions suffisamment payé de notre peine.

Émile BOIRAC.

Paris, le 15 avril 1890.

# INTRODUCTION

## LES RÈGLES DE LA DISSERTATION PHILOSOPHIQUE

La dissertation philosophique est l'exercice le plus important de la classe de philosophie. L'élève peut et doit y faire la preuve non seulement qu'il a compris et retenu l'enseignement du maître, mais encore qu'il y a réfléchi, qu'il se l'est assimilé, qu'il l'a transformé dans la substance même de sa pensée.

Il ne saurait donc être question d'en faire un simple exercice de mémoire. Si l'élève se contentait de reproduire dans ses devoirs des lambeaux de cours appris par cœur, aucune pratique ne saurait être plus funeste à son intelligence, sinon peut-être celle de transcrire la dissertation déjà toute faite dans un livre. Est-il besoin de dire qu'en composant cet ouvrage, nous n'avons eu nullement l'intention d'épargner à l'élève le travail de la recherche et de la réflexion personnelle, et que notre seul but est de lui rendre ce travail plus facile et plus fructueux ?

Il en est d'ailleurs de l'art de la dissertation philosophique comme de tous les autres : on prétendrait vainement le réduire tout entier en formules ou en règles. Les formules les plus exactes, les règles les plus précises perdent leur valeur et leur efficacité pour celui qui ne sait les comprendre ni les appliquer; et elles ne se comprennent ni ne s'appliquent sans discernement et sans étude. D'autre part, on peut dire de beaucoup d'entre elles que les esprits bien faits les devinent et les observent d'instinct; et de quelque façon qu'on les connaisse et qu'on les suive, il serait imprudent de leur demander le secret des chefs-d'œuvre :

les qualités qu'elles assurent sont surtout d'ordre moyen ; clarté, méthode, correction, ce ne sont point là sans doute des mérites à dédaigner ; mais il en est de plus grands que nul formulaire de préceptes ne peut assurer : telles sont, par exemple, la richesse de l'imagination, la force du raisonnement ou la profondeur de la pensée.

Malgré toutes ces réserves, nous ne croyons pas faire une œuvre inutile en donnant aux élèves qui commencent l'étude de la philosophie quelques conseils sur la manière de composer une dissertation philosophique. L'expérience de l'enseignement nous a appris que beaucoup de jeunes gens éprouvent un réel embarras à trouver et à choisir les idées convenables, à les distribuer dans le meilleur ordre, à les développer dans une juste proportion, en un mot à présenter leur pensée sous une forme saisissable et précise. Combien en avons nous vu se perdre dans d'interminables débuts, ou entrer en matière sans indiquer la question dont ils traitaient, ni la thèse qu'ils se proposaient de défendre ? Combien aussi qui marchaient au hasard, se laissant distraire par toutes les idées venues à la traverse, incapables de faire un plan et de s'y tenir ?

De fait, l'art de composer est plus difficile et plus rare qu'on ne pense. Il est, comme beaucoup d'autres, une invention du merveilleux génie de la Grèce. La littérature romaine s'est formée à cette école, et une culture plusieurs fois séculaire des lettres classiques a profondément imprimé dans l'esprit français l'habitude et le besoin de l'ordre et de la clarté. Mais que l'on examine les œuvres étrangères à cette tradition, soit dans les littératures de l'Orient, soit dans celles du moyen âge, on reconnaîtra que, malgré leur grandeur souvent sublime, elles ont presque toujours quelque chose d'informe et de disproportionné.

Il est donc indispensable d'apprendre aux élèves l'art de composer, car la plupart d'entre eux ne le possèdent point naturellement. Ils pourraient sans doute l'acquérir à force de tâtonnements et d'essais, mais pourquoi ne pas abréger cette période ingrate des premières ébauches en leur montrant, soit par des préceptes, soit par des exemples, quelles sont les principales conditions de cet art ?

Essayons de déterminer ici les principales règles de la dissertation philosophique. Tous les traités de rhétorique distinguent trois parties essentielles dans l'art oratoire sous les noms traditionnels d'*invention*, de *disposition* et d'*élocution*. Nous dirons de même que l'art de disserter en philosophie se compose de trois opérations : d'abord trouver et choisir les idées ; ensuite les mettre en ordre, les distribuer dans un plan ; enfin les développer et les exprimer.

## I. — L'INVENTION

J'ai souvent remarqué que lorsqu'on demande à des élèves ce qu'il faut faire tout d'abord pour entreprendre une dissertation philosophique, ils ne manquent jamais de répondre : faire un plan. Ils ne se doutent pas qu'un plan ne peut être que le résultat et le résumé d'un long travail préalable par lequel toutes les idées qui se rapportent à la question (ou du moins les principales) ont été recherchées et découvertes, comparées entre elles, rapprochées et combinées de diverses façons pour en déterminer les rapports vraiment essentiels. Un plan est une forme qui exige nécessairement une matière : il faut d'abord avoir des idées avant de songer à les mettre en ordre.

Il est vrai que l'invention des idées échappe presque entièrement à toute règle. Voyons cependant quelles en sont les conditions théoriques : nous réussirons peut-être ainsi à en déduire quelques préceptes pratiques.

L'invention des idées dépend évidemment de deux conditions également nécessaires : 1° l'intelligence de la question posée ; 2° la connaissance préalable des faits ou des théories plus ou moins directement impliqués dans la question. Faute de la première condition, on pourra trouver des idées, peut-être même en grand nombre, ingénieuses, brillantes ou profondes, mais qui auront l'irrémédiable défaut d'être tout à fait étrangères au sujet. *Non erat hic locus*, comme disait Horace. Faute de la seconde, on comprendra la question, on pourra l'énoncer, la développer, mais on sera incapable d'y répondre.

On doit donc s'attacher tout d'abord à bien entendre le sujet. Que d'insuccès qui n'ont pas d'autre cause qu'une méprise !

Parfois l'erreur est toute matérielle. Ainsi, dans un récent Concours Général, le sujet donné à traiter aux concurrents était « la Justice ». Plusieurs d'entre eux entendirent mal et traitèrent de l'Injustice : il y en avait de fort distingués dans le nombre et qui pouvaient compter sur un succès. Dans un Concours d'agrégation de philosophie, le sujet de dissertation pour l'histoire de la philosophie était : De l'idée de substance dans Descartes, Berkeley et Leibniz. Un des concurrents n'entendit pas le nom de Berkeley. Il prit heureusement la précaution d'aller consulter le texte et s'aperçut à temps de l'omission. L'exemple est bon à suivre dès qu'on a le moindre soupçon d'avoir mal entendu la dictée.

Parfois aussi l'erreur peut être causée par l'ambiguïté des termes. Il y a, en effet, dans le vocabulaire philosophique un certain nombre d'expressions dont le sens n'est pas parfaitement fixé. Nous avons eu soin de les signaler. Tels sont les mots *Expérience* (qui désigne tantôt toute connaissance de fait, tantôt seulement l'expérimentation); *Passion* (qui veut dire soit sentiment, émotion en général, soit inclination exaltée et dominante); *Sensibilité* qui est synonyme tantôt des sens (sensations), tantôt du cœur (émotions et passions); *Imagination* (reproductrice et créatrice); *Pensée* (qui chez Descartes équivaut à conscience et à état de conscience, et chez les contemporains désigne tantôt toute espèce de phénomène intellectuel, tantôt seulement les opérations vraiment intellectuelles, abstraction, généralisation, jugement et raisonnement, à l'exclusion de la mémoire et de l'association des idées); *Croyance* (qui tantôt se prend dans un sens large et comprend la certitude aussi bien que la foi et l'opinion, tantôt se prend dans un sens étroit et s'applique à la foi et à l'opinion, à l'exclusion de la certitude), etc. Il faut connaître ces équivoques pour bien voir quel est le véritable sens de la question. A notre connaissance, plus d'un candidat aux examens a échoué pour s'être laissé tromper par l'ambiguïté des termes. « Convient-il d'établir une différence entre la certitude dite métaphysique et la certitude morale? » Voilà un sujet qu'il est impossible de traiter si on se méprend sur le sens des mots « certitude morale » lesquels signifient évidemment ici « certitude des vérités essentielles de la morale ». Traduisez-le, comme quelques-uns l'ont fait, par « certitude du témoignage », et la question n'a plus le sens. De même, on demande quel est l'*objet* propre de la philosophie, et vous répondez comme si on vous en demandait le *but* (V. sur ce point, dans le corps de l'ouvrage, p. 86) : on vous reprochera de commettre le sophisme appelé par les logiciens *ignorantia elenchi* (ignorance de la question). — Hâtons-nous de dire que cette cause d'erreur n'est pas très fréquente. Il suffit, d'ailleurs, d'être prévenu. Le plus souvent, le contexte permet de déterminer le sens du mot incertain. A défaut de toute autre indication, on doit toujours préférer le sens le plus large (par la raison même que l'autre sens y est enveloppé) ou le plus intéressant, celui qui donne à la question une portée vraiment philosophique. Il est, en effet, probable à priori que si l'on donne un problème à discuter, c'est parce qu'il a une certaine importance. La question telle que vous l'entendez est-elle insignifiante? c'est la preuve que vous l'entendez mal.

Des erreurs analogues se produisent encore lorsqu'on donne une simple phrase, pensée d'un auteur ou proverbe populaire, à commenter et critiquer. Si par malheur ils ne la connaissent pas déjà ou ne la reconnaissent pas, cette phrase devient pour beaucoup de candidats une énigme qu'ils s'évertuent inutilement à deviner. C'est un dicton bien connu que celui-ci : « *Summum jus, summa injuria.* » Croirait-on cependant que lorsqu'il fut donné en sujet de composition à la Faculté des lettres de Paris (V. *Sujet* 359), les trois quarts des candidats n'en comprirent point le sens? Dieu sait les traductions inattendues qu'ils en donnèrent ! — Ces sortes de sujets sont peut-être les meilleurs de tous en ce qu'ils exercent davantage la réflexion de l'élève : la variété en est infinie; ils ne peuvent être appris d'avance et traités de mémoire; mais ils sont parfois de véritables pièges, même pour des élèves d'une intelligence moyenne. On ne peut établir ici aucune règle infaillible ou même bien précise. Choisissez le sens le plus naturel, le plus intéressant, le plus conforme à tout ce que vous savez de la doctrine de l'auteur; attachez-vous surtout aux mots essentiels : ce sont eux qui vous expliqueront la phrase tout entière. Par exemple, quel est le sens de cette phrase de Bacon : « La puissance de l'homme est en raison de sa science. On ne commande à la nature qu'en lui obéissant? » Evidemment, les mots de valeur ici sont science, puissance et nature. Il s'agit de montrer comment la science est pour l'homme la condition et le moyen de l'empire qu'il exerce sur la nature. (V. *Sujet* 450.)

Toutes ces causes plus ou moins accidentelles d'erreur étant écartées, il suffira le plus souvent de réfléchir sur les termes de la question pour la comprendre. C'est ici qu'il faut surtout se garder de la précipitation et de la prévention. Nous avons connu des élèves qui, neuf fois sur dix, se méprenaient sur le sens du sujet qu'on leur donnait à traiter. C'est qu'ils s'imaginaient le comprendre même avant qu'il ne fût entièrement dicté, et ne songeaient pas un seul instant à mettre en doute l'idée préconçue qu'ils s'en étaient formée. Ne vous hâtez donc pas de croire que vous avez compris avant d'avoir examiné et réfléchi; et si plusieurs interprétations possibles se présentent à votre esprit, ne vous décidez pour l'une d'entre elles qu'après l'avoir mûrement comparée à toutes les autres.

D'ailleurs, la difficulté est plus ou moins grande selon les cas. S'il s'agit de ce qu'on appelle « une question de cours », la comprendre, c'est simplement la reconnaître. Cette reconnaissance est déjà plus malaisée lorsqu'une question de cours est présentée en termes qui la déguisent et lui donnent une physionomie nouvelle. On doit opérer alors une sorte de traduction et ramener, pour ainsi dire, le problème à sa formule ordinaire. Souvent aussi, le sujet est une question de cours mais limitée et spécialisée : il faut alors bien prendre garde aux termes *circonstanciels* qui accompagnent et déterminent le terme principal. Bien des élèves sont étonnés d'avoir échoué alors qu'ils avaient dit tout ce qu'ils savaient sur la question ; et peut-être en savaient-ils plus qu'il ne fallait ; mais ils n'ont pas vu que la question était posée à un certain point de vue spécial : ils n'ont fait attention qu'au terme principal, la *mémoire*, l'*association des idées*, la *volonté*, etc., et ils ont reproduit tout ce qu'ils avaient appris là-dessus. Or, on ne leur demandait pas de disserter sur la mémoire, l'association, la volonté, en général, mais de traiter un point particulier de l'une de ces grandes théories : dès lors, ils sont passés à côté de la question. Il en est de même lorsque le sujet exige la comparaison, la fusion de deux ou plusieurs parties différentes du cours : on échouera, non seulement si on ne les embrasse pas toutes et si on rétrécit le sujet en le réduisant à l'une d'entre elles, mais encore si on ne fait que les juxtaposer sans déterminer leurs rapports et les ramener à l'unité. (Voir plus loin les règles particulières qui concernent cette sorte de sujets.)

Une fois la question comprise, la recherche des idées commence. Il faut s'accoutumer à la mener avec activité et méthode, et non comme on le fait trop souvent, attendre passivement que les idées arrivent d'elles-mêmes au hasard des associations les plus irrégulières. Ce travail doit être fait la plume à la main et laisser des traces sur le papier : c'est une sorte d'enquête et d'inventaire où on se propose de fouiller tous les recoins de son esprit pour en faire sortir tout ce qu'il peut contenir de richesses. Sans doute on échoue souvent parce qu'on ne sait pas ; mais plus souvent peut-être encore on échoue parce qu'on ne sait pas ce qu'on sait. Notre prétendue ignorance n'est bien souvent qu'un oubli, une incapacité de nous rappeler à propos ce que nous savons. Il m'est arrivé plus d'une fois, en corrigeant une dissertation mal faite, de demander à son auteur : « Ne saviez-vous pas toutes ces choses que je viens de vous dire ? Si vous les saviez, pourquoi n'en parliez-vous pas ? Les gardiez-vous par hasard pour une meilleure occasion ? » et j'ai toujours obtenu cette réponse : « C'est vrai, je savais tout cela, mais je n'y avais pas pensé. »

Dans cette recherche des idées, on peut suivre deux méthodes très différentes qui ont toutes deux leurs avantages et leurs dangers, et qu'il faudrait s'efforcer de réunir et de concilier.

La première consiste à appeler de tous côtés et à accueillir toutes les idées qui peuvent avoir quelque rapport, même lointain, avec le sujet : on y bat, pour ainsi dire, les buissons afin d'en faire envoler tous les oiseaux qui s'y cachent. Cette battue ne se fait pas sans ordre ; mais on ne s'y assujettit pas à chercher seulement autour de la question : l'esprit se porte librement dans tous les sens. Trop souvent l'élève se contente de rapporter le sujet à une des parties du cours qu'il a étudié, et tous ses efforts n'ont plus qu'un but : se rappeler cette partie du cours et s'en servir pour traiter le sujet. De là des dissertations pauvres d'idées, maigres, exsangues, des résumés de résumés. Sauf certaines questions spéciales et techniques (comme par exemple, celle des modes et figures du syllogisme, etc.), on doit bien se persuader que toutes les questions dont la philosophie se compose communiquent plus ou moins entre elles, de sorte qu'on ne peut en résoudre une sans avoir égard à toutes les autres ; bien mieux, que la philosophie n'est pas tout entière enfermée dans ces questions, mais qu'elle rayonne pour ainsi dire à travers toutes choses : rien dans l'humanité ni dans la nature ne lui est étranger. Aussi doit-on ramasser et avoir sous la main toutes ses ressources, non seulement les souvenirs du cours, mais encore ceux des lectures ou des réflexions qu'on peut avoir faites, et dans tous les genres, sciences, lettres, poésie, histoire, etc., etc. A mesure qu'on voit apparaître toutes ces idées, on les note brièvement pour les retrouver plus tard, quand le moment sera venu de faire un choix et de dresser un plan.

Mais comment conduire cette sorte de chasse? Il semble que le meilleur moyen de ne pas s'égarer soit de se faire à soi-même une sorte de carte dont on connaisse bien les divisions et qu'on s'accoutume à parcourir toujours dans le même ordre [1]. Naturellement la partie la plus importante de cette carte doit être le cours. Aussi ne saurait-on trop recommander aux élèves de bien se graver dans l'esprit toute la suite des questions que comprend le programme de philosophie et de se rendre capables de les passer toutes en revue sans hésitation et sans retard. Ainsi, on cherchera successivement dans la psychologie, dans la logique, dans la morale, dans la métaphysique et dans l'histoire de la philosophie, toutes les idées qui peuvent se rapporter à un sujet donné; et on poussera même les recherches jusque dans les divisions et les subdivisions de ces grandes parties du cours. L'histoire de la philosophie en particulier pourra être très utile à compulser. Soit par exemple un sujet qui concerne la science ou les idées générales; on aura évidemment tout profit à se rappeler les théories de Socrate, de Platon, d'Aristote, de Bacon, de Descartes, de Leibniz, de Kant, etc., sur cette matière. De même, pour tout sujet de morale ou de métaphysique qui présentera une certaine généralité. — Les divisions de la psychologie, sensibilité, intelligence, activité ou volonté, sont aussi, pour la dissertation, des sortes de *catégories*, de points de vue auxquels il convient souvent de se placer pour envisager nombre de questions sous tous leurs aspects. — Il en est de même soit de la classification des sciences : mathématiques, physiques, naturelles, morales et sociales, soit de ces divisions plus générales encore qui embrassent la réalité tout entière, je veux dire la nature, l'âme et Dieu. — Il ne faut pas s'attendre, sans doute, à trouver néces-

---

[1] C'est ce qu'un écrivain contemporain, M. Taine, dans son étude bien connue sur Napoléon Ier, appelle un *atlas*.

sairement des idées dans toutes les parties ainsi visitées; mais il n'en est pas moins nécessaire de les visiter toutes pour s'assurer si elles n'en contiennent point.

Les recherches peuvent même ne pas se borner au cours : si on garde dans sa mémoire une sorte de table de tous les livres de philosophie qu'on a lus, il sera peut-être bon de la feuilleter rapidement en pensée. De même, on peut chercher dans ses auteurs favoris, littérateurs ou poètes, dans l'histoire, etc., tous les souvenirs susceptibles d'être utilisés.

Comme on le voit, cette méthode est avant tout une méthode de synthèse qui a pour but d'entretenir et de développer l'imagination. Elle est certainement connue et pratiquée par beaucoup d'écrivains de notre temps. L'atlas dont ils se servent n'est même pas purement idéal : c'est un véritable dossier dans lequel ils collectionnent et classent jour par jour tous les faits, toutes les idées, toutes les citations mêmes dont ils comptent un jour tirer profit, un répertoire toujours accru et tenu au courant; et ils ne manquent jamais de le consulter avant d'écrire sur n'importe quel sujet.

C'est dans son esprit que l'élève doit trouver ce répertoire; il parviendra à s'en rendre maître, s'il s'habitue à classer toutes ses idées, c'est-à-dire à les associer par des rapports fixes. Dans toute question, en effet, il existe un certain nombre d'idées qui composent une sorte de système; et ce qu'il faut posséder pour connaître la question, c'est justement ce système d'idées. Soit, par exemple, la question de la généralisation; voici les idées qui doivent d'elles-mêmes s'évoquer en un groupe unique : concept et sensation ou image; extension et compréhension; pensée, langage et science; querelle des universaux, etc. Soit encore la question du beau : le système d'idées, beaucoup plus nombreux encore, sera : beau distingué de l'agréable, de l'utile, du vrai et du bien; admiration; goût; idéal; beauté formelle; beauté expressive; beauté physique, beauté morale, beaux-arts (phonétiques et plastiques), imitation, expression, création, etc., etc.

L'avantage de cette méthode, c'est qu'elle donne à la dissertation plus de richesse, plus de variété et d'ampleur. Elle met d'avance sous la main tous les matériaux disponibles; elle fait envisager le sujet sous tous ses aspects. On est à peu près sûr avec elle d'éviter cette déconvenue; s'apercevoir, une fois la dissertation achevée, qu'on n'a traité qu'une partie, et peut-être la moins importante, de la question.

Mais elle peut offrir aussi de graves inconvénients. Tout d'abord, un esprit lent et peu accoutumé à se mouvoir sur un aussi large espace perdra souvent un temps précieux à chercher péniblement des idées dont il n'aura pas le loisir de tirer parti. Puis, il ne suffit pas de trouver ces idées ; il faut choisir celles qui conviennent et rejeter les autres ; il faut les classer et pour cela déterminer leurs rapports ; il faut enfin les modifier plus ou moins profondément pour les adapter au sujet déterminé que l'on doit traiter. Mais un esprit confus ou paresseux sera bien souvent tenté de les conserver toutes et de les reproduire pêle-mêle : ce sera le désordre, l'incohérence même.

Il serait donc imprudent de recommander à tous les élèves l'emploi exclusif de cette méthode : elle ne peut donner de bons résultats qu'entre les mains de ceux qui s'y seront longtemps exercés. Encore ne les dispense-t-elle nullement d'avoir recours à l'autre méthode, celle sans laquelle ils ne sauraient tirer aucun parti de leurs richesses.

Sans doute, en relisant toutes ces notes, on verra presque inévitablement les idées qu'elles contiennent, si nombreuses et si diverses qu'elles soient, se rapporter à un petit nombre de chefs ; et une sorte de plan semblera se dessiner comme de lui-même ; mais si on ne veut pas se contenter de jouer autour de la question, si on veut la pénétrer et la résoudre, une autre méthode est évidemment nécessaire.

Cette seconde méthode pourrait se comparer à l'analyse des géomètres. C'est dans la méditation sur le texte même du sujet qu'elle cherche les idées maîtresses et les linéaments principaux de la dissertation. Autant la première s'efforçait d'élargir le champ des opérations de la pensée, autant celle-ci s'attache à le resserrer. La précédente mettait en jeu l'imagination : celle-ci fait appel au raisonnement. Elle s'attache avant tout à l'énoncé du problème : elle le scrute, elle le développe, elle s'efforce d'en faire sortir la solution. Qu'est-ce qu'il faut expliquer ou démontrer ? Voilà le point qu'elle ne perd jamais de vue.

En d'autres termes, le but qu'elle poursuit, c'est la découverte d'une *thèse* précise, définie, arrêtée, qui donne la réponse à la question posée et qui soit comme l'âme de la dissertation. Il faut en effet que toute dissertation prouve quelque chose, enseigne quelque chose, sous peine de n'être plus qu'une sorte de divagation philosophique. Avoir une thèse, voilà donc la règle suprême de l'invention.

Mais avoir une thèse, c'est tendre à une conclusion positive. Par conséquent c'est une dissertation incomplète et manquée que celle qui s'arrête à un résultat purement négatif. On vous demande de définir une chose : ne vous contentez pas de dire ce qu'elle n'est pas ; dites aussi, dites surtout ce qu'elle est. Il s'agit de distinguer deux choses : après avoir montré leurs différences, faites-nous voir comment elles s'unissent pourtant et se complètent l'une l'autre dans la réalité. Vous devez étudier l'influence d'une chose sur une autre : ne constatez pas seulement que l'une ne peut exister sans l'autre ; mais expliquez par quelle action et selon quelles lois celle-ci produit et modifie celle-là. Même, si vous devez réfuter une doctrine, ne croyez pas avoir atteint le but si vous avez seulement prouvé sa fausseté : de votre réfutation doit sortir pour le lecteur une solution positive du problème que cette doctrine a été impuissante à résoudre.

Mais cette thèse positive, par quelle méthode peut-on la trouver ? Aucune théorie ne peut enseigner à l'élève comment on médite sur une question philosophique. Il doit l'apprendre lui-même par l'exemple et l'exercice, en étudiant des modèles d'analyse et de discussion, en s'essayant à traiter graduellement des sujets de plus en plus difficiles. D'ailleurs les préceptes varieraient nécessairement avec les différentes sortes de questions : ceux qu'il est possible d'indiquer seront mieux placés ailleurs. (V. plus loin les différentes espèces de sujets, IV.)

Cependant, à défaut d'une méthode infaillible, on peut bien dire que le moyen d'avoir des thèses, c'est d'avoir une doctrine ou, pour mieux dire, un *système*. En effet l'examen de la question nous permettra de serrer d'aussi près qu'on voudra les termes du problème, mais nous en fera-t-il nécessairement trouver la solution ? Cette solution ne saurait être isolée, indépendante dans la philosophie qui est, par essence, synthétique et systématique : elle fait donc partie d'un ensemble de solutions ou, pour mieux dire, de théories, et qui ne connaît pas cet ensemble ne peut la connaître elle-même : tout au plus peut-il l'entrevoir confusément. Que l'élève s'attache donc à étudier surtout les grands systèmes philosophiques (matérialisme, spiritualisme, panthéisme, etc.) : qu'il se rende compte de la liaison des différentes parties qui les composent : qu'il s'efforce d'assimiler à sa propre pensée un de ces systèmes, celui qui lui semblera tout à la fois le plus cohérent et le plus compréhensif; en un mot, que, dans la mesure de ses forces, il aspire à philosopher, c'est-à-dire à coordonner, à harmoniser les idées qu'il se fait du monde et de lui-même ; aussitôt toutes les questions philosophiques lui deviendront intéressantes, parce qu'il trouvera dans chacune d'elles une occasion de tirer de son esprit quelque nouvelle thèse à développer, à démontrer, celle-là même qui est la conséquence logique de son système. Or, le plus sûr moyen d'intéresser le lecteur à une question, n'est-ce pas de s'y être d'abord intéressé soi-même ?

Ainsi ces deux méthodes d'invention se complètent réciproquement : la première assemble les matériaux de la dissertation, la seconde les organise et leur donne en quelque sorte une âme. Elles sont inséparables l'une de l'autre comme ces deux principes que la philosophie d'Aristote nous montre indissolublement unis en toute chose : la matière et la forme.

Notons cependant que la seconde est toujours également indispensable, quelle que soit la nature des questions posées, tandis que la première l'est d'autant moins que le sujet est plus étroit et plus spécial.

## II. — LE PLAN

L'élève ne saurait être trop persuadé de la nécessité de faire un plan. La qualité qu'on exige de lui avant toutes les autres, c'est qu'il sache ordonner ses idées, les enchaîner logiquement, en voir et en faire voir les rapports. Une dissertation confuse, qui semble marcher au hasard, ou qui suit peut-être un ordre, mais un ordre apparent et factice, ne saurait racheter ce défaut même par les plus brillantes qualités de la pensée ou du style : il y a là une sorte de péché mortel.

Toutefois le plus mauvais plan vaut encore mieux que l'absence complète de plan. Il nous est arrivé de corriger souvent des dissertations qui ne ne faisaient en quelque sorte, qu'un seul bloc, où l'œil ne percevait aucun alinéa distinct, sans début, sans parties moyennes, sans conclusion ; d'autres qui se divisaient en autant de paragraphes que de phrases, et où n'apparaissait aucune liaison, aucune suite, aucune unité. On ne peut rien imaginer de pire.

Toute dissertation doit donc contenir un plan, être *organisée* en quelque sorte, comme les êtres vivants des embranchements supérieurs, se composer par conséquent de parties distinctes et cependant corrélatives, liées entre elles, qui soient bien les parties d'un même ensemble et comme les membres d'un même corps. Mais pour cela, il faut que le plan soit arrêté et fixé avant que la dissertation ne commence.

Gardez-vous donc de considérer l'élaboration du plan comme une besogne facile dont on se débarrasse en quelques minutes: elle doit être menée avec le plus grand soin ; car tout le succès de la dissertation en dépend.

Faire un plan, ce n'est pas seulement indiquer trois ou quatre divisions très générales et très vagues : c'est en quelque sorte, résumer par avance toute la dissertation, en dresser le programme détaillé, déterminer par conséquent toutes les idées de quelque importance dont elle sera composée et l'ordre dans lequel on les développera. Un trop grand nombre d'élèves s'imaginent avoir fait un plan lorsqu'ils ont jeté sur le papier des indications comme celles-ci : 1° exorde; 2° exposition; 3° discussion; 4° conclusion. C'est à peu près comme si un architecte dressait ainsi le plan d'une maison : 1° fondations; 2° rez-de-chaussée ; 3° étages ; 4° toiture. Des plans de cette espèce ne servent absolument à rien, sinon à dissimuler aux yeux de ceux qui les font l'absence de tout plan véritable.

Puisqu'il est entendu une fois pour toutes qu'un plan contient toujours un exorde et une conclusion, c'est sur les paragraphes intermédiaires que l'élève doit porter son attention et ses efforts; car ce sont eux qui constituent tout le corps de la dissertation. Il faut déterminer avec précision les idées principales qui se rapportent à chacun d'eux et les disposer eux-mêmes dans l'ordre exigé par les relations qui les unissent.

Occupons-nous donc d'abord de cette partie médiane qui est l'essentiel du plan.

L'analyse de la question, jointe à cette investigation plus libre dont on a parlé au paragraphe précédent, nous a fait découvrir un certain nombre d'idées, que nous avons notées, et qui doivent servir de matière à des développements. Nous les passons en revue pour voir si elles ne peuvent pas se grouper autour de quelques-unes d'entre elles, les plus importantes, les plus générales, celles qui représentent les parties fondamentales de la dissertation. Une fois ce classement et cette réduction opérés, il s'agit de savoir dans quel ordre on disposera ces idées maîtresses. Si tel paragraphe a été mis avant tel autre, il faut que ce soit toujours pour une raison ; et cette raison doit être tirée de la comparaison de ces deux paragraphes entre eux et avec l'ensemble du sujet. Les hasards de la recherche vous ont suggéré l'idée de l'un avant celle de l'autre ; ce n'est pas un motif suffisant pour les laisser dans cet ordre-là, si la première idée n'est pas logiquement antérieure à la seconde. L'ordre dans lequel on doit échelonner les parties du plan n'est donc nullement arbitraire, et ce n'est pas toujours un travail facile que d'arriver à le découvrir.

Ici encore, il est très difficile de donner des règles générales ; car cet ordre varie évidemment avec l'espèce, peut-être même avec l'individualité des sujets. On peut dire cependant que l'ordre le meilleur est presque toujours l'ordre *progressif*, celui qui superpose les idées d'après leur importance croissante, celui qui fait, en quelque sorte, monter le lecteur à des points de vue de plus en plus élevés, vers des perspectives de plus en plus étendues et profondes.

Ainsi, s'il s'agit d'analyses et de définitions, on commencera par les éléments les plus extérieurs, les caractères les plus superficiels, pour arriver par une série continue de degrés à la connaissance la plus complète et la plus intime de l'objet à analyser et à définir. Doit-on parcourir une suite d'arguments ou d'objections ? C'est le cas, par exemple, en psychologie, dans la question de la liberté morale et du déterminisme ; en métaphysique, pour les preuves de la spiritualité de l'âme, de l'existence de Dieu, etc. On les rangera dans un ordre de gradation ascendante, de manière à rendre l'argumentation de plus en plus intéressante et pressante. Même règle à observer, si on doit traverser successivement plusieurs doctrines ou théories (matérialisme, panthéisme, idéalisme, etc.) avant d'arriver à celle où l'on veut arrêter enfin le lecteur.

Cette méthode, qui rappelle la dialectique platonicienne, donne à la dissertation une sorte de mouvement et de vie : elle en fait comme une action, comme un drame qui marche, pour ainsi dire, à son dénouement. Ce serait un bon exercice préparatoire que de faire les plans d'un certain nombre de sujets en s'essayant à la leur appliquer.

Remarquons, en passant, que cette méthode conduit souvent l'élève à modifier ou à rejeter entièrement l'ordre traditionnel. Celui-ci se préoccupe moins de l'intérêt dramatique ou esthétique que de la clarté logique et didactique. Aussi commence-t-il en général par l'idée capitale ou la preuve décisive (ainsi dans la démonstration de la liberté morale, il commence par la preuve directe ou psychologique). Mais, autre est le point de vue de la leçon faite par le professeur, autre celui de la dissertation faite par l'élève. Le professeur (surtout dans un cours élémentaire) expose, l'élève compose; le premier fait, en quelque sorte, une œuvre de science, le second fait une œuvre d'art. — A plus forte raison, si le texte dicté contient une distinction ou une énumération de parties, l'élève ne doit-il pas se croire obligé de respecter nécessairement l'ordre du texte : c'est à lui de voir si cet ordre est purement fortuit ou s'il est l'expression des rapports véritables des termes.

Les grandes divisions du plan sont établies et ordonnées comme il convient : il ne reste plus qu'à refaire le même travail, mais sur une moindre échelle, pour chacune d'elles; c'est-à-dire déterminer et classer les idées principales qui la composent. Toutefois cet approfondissement du plan pourrait sans inconvénient se faire en plusieurs fois, à mesure qu'on en développe successivement les différentes parties.

Est-il besoin de dire que les divisions du plan doivent être réelles, et non purement verbales et apparentes ? Cela revient à dire qu'elles doivent correspondre à des parties vraiment distinctes, et non à de simples nuances de la question. Du reste, si dans un second paragraphe, l'élève se surprend à répéter ce qu'il a déjà dit dans un premier, c'est la preuve que son plan est mal fait et qu'il n'a pas une idée nette du sujet.

Venons maintenant au début et à la conclusion. Ils ont tous les deux une extrême importance, le début, parce qu'il prédispose l'esprit du lecteur à concevoir une bonne ou une mauvaise opinion de ce qui va suivre; la conclusion, parce qu'elle le laisse sur une dernière impression d'après laquelle il est souvent porté à juger l'œuvre entière.

On se dispense souvent de faire un exorde sous prétexte que le sujet est indiqué dans l'énoncé qui précède la dissertation :

mais cet énoncé ne fait pas plus partie de la dissertation elle-même que le titre d'un livre ne fait partie du premier chapitre. — D'autre part, on ne saurait trop déconseiller ces exordes vagues et diffus où bien des élèves s'attardent et dont une parfaite banalité n'est pas le moindre défaut. Ainsi on doit proscrire absolument cette trop facile entrée en matière qui se tire soit de la difficulté, soit de l'intérêt du sujet. Prétendre que la question qu'on va traiter est une des plus ardues ou des plus importantes de la philosophie, une de celles sur lesquelles on a émis le plus d'hypothèses et où les philosophes ont le plus de peine à se mettre d'accord, c'est la ressource ordinaire de ceux qui ne savent comment débuter ou ne veulent pas se donner la peine de chercher un début approprié; par malheur, cette ressource est depuis longtemps usée, et ils ne peuvent ainsi donner le change à personne. Cette remarque, si chère à beaucoup de philosophes novices, que les systèmes relatifs à la question posée sont très nombreux et très divers, révèle au lecteur, sans qu'ils s'en doutent, combien leur façon d'envisager les questions philosophiques est extérieure et superficielle; à peu près comme les Parisiens reconnaissent les provinciaux à l'effarement que leur cause le mouvement de la grande ville.

L'élève fera bien, croyons-nous, de suivre pour les débuts de toutes les dissertations une méthode uniforme. En voici la règle essentielle : le début doit être consacré à *introduire*, à *poser* et à *diviser* la question. Il y a là trois opérations distinctes qu'il nous faut envisager une à une.

Introduire la question, c'est donner tous les éclaircissements nécessaires pour que l'énoncé de la question puisse être parfaitement compris du lecteur ; c'est définir, par exemple, les termes qui la composent, indiquer la place qu'elle occupe dans l'ensemble des questions auxquelles elle se rapporte, etc. Soit ce sujet : « Distinction des faits psychologiques et des faits physiologiques » introduire la question, c'est préparer et amener les définitions des mots : faits psychologiques et faits physiologiques ; par exemple, ainsi : « L'observation la plus superficielle suffit pour distinguer dans l'homme deux grandes sortes de faits, les uns, tels que la respiration, la digestion, etc., qui se produisent dans son corps ; les autres, tels que le sentiment, la pensée, etc., qu'on attribue d'ordinaire à l'âme. On appelle les premiers faits physiologiques, les seconds faits psychologiques, du nom des sciences, physiologie et psychologie, qui les étudient de part et d'autre. » La question se trouve ainsi annoncée : il ne reste plus qu'à la poser.

Poser la question, ce n'est pas simplement reproduire l'énoncé du texte : c'est faire connaître le sens et la portée de la question, c'est souvent aussi indiquer la solution qu'on se propose d'y donner, la thèse qu'on développera dans la suite. Reprenons l'exemple cité plus haut : « Mais ces deux ordres sont-ils véritablement distincts, ou, comme le prétendent les partisans du matérialisme et du positivisme, faut-il les ramener à l'unité et en faire l'objet d'une seule et même science, la physiologie, qui sera ainsi la science de l'homme tout entier ? Nous essaierons de montrer ici que malgré leur étroite union avec les faits physiologiques, les faits psychologiques n'en constituent pas moins un ordre de faits à part qui doit être l'objet d'une science distincte. »

Enfin, diviser la question, c'est indiquer les linéaments principaux du plan, les différents points de vue où on a l'intention de se placer, les idées importantes dont chacune sera traitée dans un paragraphe distinct. Le plus souvent on divise la question en même temps qu'on la pose, ou immédiatement après : dans l'exemple précédent, une division a été déjà indiquée : 1° union des faits psychologiques et des faits physiologiques ; 2° leur distinction ; mais on pourrait la compléter en ajoutant : « car ni la manière dont nous connaissons ces faits, ni leurs caractères propres, ni leur origine, ni leur fin ne sont identiques à ceux des faits physiologiques avec lesquels on prétendrait les confondre. »

Maintenant chacune de ces opérations a elle-même ses règles. En introduisant la question il faut prendre garde de ne pas la faire trop longtemps attendre : donnez les explications nécessaires pour qu'elle soit comprise, mais rien de plus. Ne remontez donc pas trop loin en avant de la question, mais arrêtez-vous, en quelque sorte, au *genre prochain*. Par exemple, dans une dissertation sur le syllogisme, on peut prendre pour point de départ soit la division de la logique formelle en trois théories fondamentales (termes, propositions et syllogisme), soit la définition du raisonnement déductif, mais il est inutile et imprudent de remonter plus loin, par exemple, jusqu'à la définition et à la division de la logique ou à celles du raisonnement en général. — A plus forte raison ne faut-il pas, à propos de n'importe quelle question remonter, comme le font quelques élèves, jusqu'à la division de la philosophie en psychologie, logique, morale, etc., ou jusqu'à la division de l'âme en sensibilité, intelligence et volonté. En aucun cas, la question que l'on traite ne doit sembler arbitrairement choisie entre plusieurs autres dont on ne parle au lecteur que pour lui dire qu'on n'en parlera pas. Comme si, ayant à traiter de la mémoire, par exemple, on commençait par énumérer les différentes facultés intellectuelles pour les éliminer toutes, hors la mémoire qu'on présenterait comme le sujet de la dissertation.

Souvent l'introduction doit se tirer du texte même de la question : elle consiste alors à développer une affirmation implicitement contenue dans ce texte. Par exemple, dans ce sujet : « Quelle est la part de la mémoire, de l'imagination et de l'induction dans la connaissance que nous avons du monde extérieur ? » on peut poser d'abord en fait que nous avons une certaine connaissance du monde extérieur, et remarquer que cette connaissance semble tout entière l'œuvre des sens, tant elle paraît immédiate et naturelle. On se trouve ainsi amené à déclarer que ce n'est là qu'une apparence, et que la mémoire, l'imagination et l'induction jouent, dans cette connaissance un rôle presque aussi important que les sens. — Dans cet autre sujet : « Quelle est l'origine des idées de cause, de substance, d'unité et de durée ? » l'affirmation implicitement contenue est celle-ci : l'esprit humain possède les idées de cause, de substance, etc.; et la question qui succède à cette affirmation, c'est : « Quelle est l'origine de ces idées ? » On doit donc commencer par constater la présence dans notre esprit d'un certain nombre d'idées qui priment toutes les autres par leur universalité et leur importance, telles que les idées de substance, de cause, etc.; et alors se posera naturellement cette question : De telles idées ont-elles leur origine dans l'expérience sensible, ou ne sont-elles pas dérivées d'une autre source ? Dans les plans qui suivent nous nous sommes attachés à donner en assez grand nombre des exemples d'introduction : l'élève fera bien de les examiner et de les comparer entre eux afin de se rendre compte de la méthode que nous lui recommandons ici.

Quand il s'agit proprement de poser et de diviser la question, il faut surtout s'efforcer d'être précis et clair tout en se gardant de tomber dans la gaucherie et la lourdeur. Faites nettement saisir au lecteur le problème que vous allez discuter, la thèse que vous allez soutenir, les idées principales que vous allez développer; et cependant ne soulignez pas trop pesamment ces indications nécessaires. Bossuet, dans ses *Oraisons funèbres*, possède au suprême degré cet art délicat de poser et de diviser son sujet avec une clarté et une aisance parfaites, comme on peut le voir dans l'exorde de l'Oraison funèbre du prince de Condé. Il y a là une sorte de souplesse qui ne peut s'acquérir que par l'exercice. Elle sera bientôt acquise par les élèves qui aborderont l'étude de la philosophie avec une suffisante culture littéraire.

La conclusion ne doit pas être un simple résumé, une récapitulation sommaire de la dissertation tout entière. Beaucoup d'élèves ont recours à ce procédé puéril et fastidieux. C'est là une répétition et non une conclusion véritable. Ce qu'il faut mettre sous les yeux du lecteur en concluant, ce n'est pas un abrégé du plan, c'est le résultat final auquel on est arrivé, le dernier mot de la discussion ou de l'analyse, par conséquent, l'idée la plus compréhensive ou la plus élevée de toutes celles qu'on a successivement mises en lumière. Voilà pourquoi on doit éviter de finir sur une idée trop particulière ou d'une médiocre importance : la dissertation semble alors interrompue bien plutôt qu'achevée, et le lecteur en éprouve une sorte de désappointement.

### III. — LE DÉVELOPPEMENT ET LE STYLE.

I. — Le développement est la suite naturelle de la composition; il consiste, comme elle, à choisir et à ordonner des idées; il refait sur une moindre échelle, dans l'intérieur de chaque paragraphe, le même travail qui a déjà été fait pour l'ensemble du plan. Il faut qu'une dissertation soit *organisée*, non pas seulement dans sa structure générale, mais jusque dans ses plus petits détails. De part et d'autre, les règles sont identiques.

Une règle cependant s'impose ici d'une façon plus particulière : c'est la règle de la *proportion*. Le développement que l'on donne à chacune des idées doit être proportionné à son importance. Certains élèves, par excès de conscience, développent uniformément toutes les parties de leur plan, les plus insignifiantes comme les plus importantes : on doit au contraire passer rapidement sur tout ce qui n'offre ni difficulté ni intérêt et se réserver pour les passages intéressants ou difficiles. A cet égard, la dissertation est dans une condition un peu différente de la leçon ou du cours. Le professeur est souvent obligé d'insister sur certaines notions élémentaires et préliminaires que l'élève doit absolument posséder, mais qui n'ont pas par elles-mêmes un bien grand intérêt et qui ne peuvent présenter des difficultés qu'à des commençants. L'élève est dispensé de cette besogne ingrate ; qu'il s'assimile ces notions et qu'il s'en serve, mais qu'il se garde bien de les développer longuement.

Un autre défaut assez fréquent, c'est la disproportion de la tête et du corps de la dissertation. Plus d'un s'attarde complaisamment dans les débuts et se hâte d'en finir quand il arrive aux points vraiment essentiels. Aussi, avant même de commencer à écrire, fera-t-on bien de déterminer l'importance et les dimensions qu'on croit devoir assigner à chacune des parties du plan.

Les anciens traités de rhétorique avaient essayé de réduire à un petit nombre de chefs les principaux moyens de développement : c'est ce qu'on appelait la théorie des *lieux communs*. Il existe aussi des lieux communs en philosophie, et voici, croyons-nous, les principaux : 1° l'exemple, 2° l'analyse, 3° les espèces, 4° la preuve, 5° la raison, 6° la conséquence, 7° l'objection. Ainsi, à propos de toute assertion de quelque importance, on peut soit donner des exemples des faits qu'elle énonce, soit l'analyser et énumérer les parties dont elle se compose, soit envisager successivement les espèces qu'elle renferme, les cas particuliers dont elle est la somme, soit en fournir les preuves, soit en rechercher les raisons plus ou moins lointaines et remonter à son premier principe, soit au contraire en déterminer les conséquences, soit enfin prévoir et discuter les objections qu'on pourrait lui opposer. Ce sont là les *sept lieux communs* du développement philosophique, qui n'ont pas tous une égale importance, mais que l'élève devra souvent passer en revue s'il veut s'exercer à traiter méthodiquement tous les sujets. Les plus importants, à notre avis, sont l'exemple, la preuve, la raison et l'objection.

Que l'on parcoure la série des sujets de dissertations contenus dans ce livre et qui ont été donnés aux examens de la

Faculté des Lettres de Paris, on remarquera combien cette recommandation y est fréquente : *Donner des exemples*. C'est en effet par le choix des exemples qu'on peut surtout juger si le candidat a étudié la philosophie avec toute son intelligence ou avec sa seule mémoire. Vous énoncez une définition, vous faites une classification, une analyse, une démonstration : ne manquez jamais d'appuyer tout cela par des exemples. Votre dissertation y gagnera en clarté, en variété, en intérêt. Les esprits capables de penser exclusivement avec des idées abstraites et générales sont rares. Presque tous les hommes éprouvent le besoin de rapporter les abstractions et les généralités aux cas particuliers et concrets dont elles sont les formules abrégées. C'est pour eux un moyen, non seulement de les comprendre, mais aussi de les contrôler. L'obscurité et souvent aussi l'inanité de bien des doctrines de la philosophie allemande viennent de l'abus des idées abstraites et générales; à force de manier des formules, leurs auteurs ont perdu le sens de la réalité. L'esprit d'ailleurs se fatigue vite à rester sur les hauteurs des idées pures : il lui faut de temps en temps reprendre pied sur le terrain des faits. Que l'élève s'accoutume donc à mettre toujours l'exemple à côté de l'assertion abstraite. Cependant, certaines précautions doivent être observées. Ainsi il ne faut pas multiplier les exemples sans nécessité, ni leur donner une place supérieure ou même égale aux parties d'analyse et de discussion; il faut éviter les exemples ou trop généraux et trop vagues, ou trop particuliers et anecdotiques; de même aussi les exemples bizarres ou insignifiants et sans portée, etc. Ainsi, dans une dissertation sur le jugement, ce serait donner une bien médiocre idée de la nature de cette opération intellectuelle que de citer des exemples comme ceux-ci : ce papier est blanc, cette table est carrée, etc.

La preuve et la raison sont peut-être d'un usage moins continuel que l'exemple. Pourtant, il n'est pas mauvais de se demander, après chaque assertion de quelque importance : « est-elle évidente de soi ? ou réclame-t-elle une preuve ? Et en ce cas, comment peut-on la prouver. » Ou bien : « quelle est la raison de cette vérité, la cause de ce fait ? et si cette raison, s cette cause ont elles-mêmes besoin d'explication, quelle est la cause ou raison dernière ? » L'élève contractera ainsi des habitudes d'esprit vraiment philosophiques, s'il est vrai que les deux traits principaux de l'esprit philosophique soient de ne rien admettre sans preuve et de remonter toujours aux premiers principes des choses.

De même, il est bon de se demander si des objections ne pourraient pas être faites. Les thèses que nous énonçons, même une fois prouvées et expliquées, ne comportent-elles aucune obscurité, ne souffrent-elles aucune contestation ? Suppriment-elles entièrement les thèses contraires ? ou celles-ci pourraient-elles être encore soutenues avec quelque vraisemblance ? Il suffit souvent de se poser ces questions pour y trouver une source de développements intéressants.

Aux lieux communs que nous avons énumérés plus haut, on pourrait joindre l'*histoire des théories* et les *citations* : mais leur usage exige beaucoup de discrétion et d'adresse. D'abord, l'érudition philosophique d'un élève est nécessairement bien courte ; il ne peut guère connaître les théories que de seconde main : de là, bien des confusions, bien des erreurs possibles. Une sèche énumération de doctrines a tout juste l'intérêt d'un catalogue. Le point de vue même de l'histoire est, en un certain sens, antiphilosophique. Philosopher, ce n'est pas passer en revue des théories toutes faites, qui ont pour ainsi dire déjà vécu et ne sont plus que des choses mortes ; c'est faire, c'est créer soi-même des théories qui participent de la vie de notre pensée et la manifestent au dehors. Trop souvent, nous avons vu des élèves remplacer la discussion personnelle d'une question par un inventaire des théories qui ont essayé de la résoudre : « Voilà ce qu'ont dit là-dessus Platon, Aristote, Descartes, Leibniz, etc. », et si nous leur demandions : « Mais vous, qu'est-ce que vous en dites ? », il devenait bientôt évident que la question leur était absolument indifférente, qu'*elle n'existait pas pour eux*, partant que leur prétendue dissertation philosophique n'était qu'un simple exercice de mémoire.

Les citations sont d'un usage plus commode. L'élève peut en retirer un assez grand nombre du cours qu'il a étudié, des lectures qu'il a faites, etc. ; il peut même les recueillir dans un cahier spécial divisé en autant de sections que le *Programme de philosophie* contient de questions principales : ce lui sera un sûr moyen de les retrouver à l'occasion. Mais qu'il résiste au désir d'en faire étalage. En général, les citations doivent être rares, brèves, et amenées naturellement. Si l'on n'est pas sûr de leur exactitude ou de leur authenticité, mieux vaut s'en abstenir. Elles ont d'autant plus de prix qu'elles expriment une pensée plus originale et plus profonde.

Enfin, l'élève pourra chercher des moyens de développement dans le cours ; mais à la condition expresse de transformer les matériaux du cours et de les adapter au sujet traité. Cette élaboration n'est pas toujours facile. Du moins, beaucoup d'élèves éprouvent-ils une réelle difficulté à dissocier les idées dont un Cours se compose pour les engager dans des associations nouvelles. Nous en avons eu souvent des exemples. Ainsi, dans notre *Cours élémentaire de philosophie*, la doctrine de M. H. Spencer d'après laquelle la pensée résulterait d'une transformation du mouvement est exposée et discutée *à propos* du phénoménisme psychologique (V. *Cours*, p. 446); mais elle peut évidemment se déplacer hors de ce cadre. Pourtant, tel élève moyen, ayant à traiter la question des rapports de la pensée et du mouvement, s'est embarrassé tout d'abord de la question de la spiritualité de l'âme au point de vue du phénoménisme. Tel autre, ayant à traiter la question de l'union de l'âme et du corps, l'a rattachée dès le début, comme le *Cours* (voir *ibid.*, p. 457), à la distinction des deux formes du spiritualisme, etc., etc. Bref, ce qu'il faut emprunter au Cours, ce sont les idées, mais non pas nécessairement les cadres où elles se trouvent placées.

II. — Les deux qualités maîtresses du style philosophique sont la simplicité et la clarté.

Rien ne lui est plus opposé que la déclamation et l'emphase. Aussi, ne doit-on jamais outrer les idées ni les expressions. Dites seulement ce que vous voulez faire entendre, sans grands mots et sans grandes phrases. Efforcez-vous d'être concis, mais sans sécheresse ni obscurité. Toutefois, le style philosophique n'exclut pas les périodes, car ce serait une affectation d'une autre sorte que de viser perpétuellement le trait et la formule. On doit éviter la monotonie aussi bien d'un style coupé et sautillant que d'un style traînant et diffus : il suffit peut-être pour cela d'alterner les phrases périodiques et les phrases courtes.

La clarté, la netteté ne sont pas moins indispensables. Sachez toujours très exactement ce que vous voulez dire et, dites-le. N'employez jamais de terme dont vous ne connaissez clairement le sens. Soyez très sobre de termes techniques, à moins qu'un long usage ne leur ait donné droit de cité en philosophie, comme, par exemple, les termes de *subjectif* et d'*objectif* dont il ne faut pas cependant abuser.

Le moyen de donner à une idée philosophique plus de précision et de relief, c'est bien souvent de la résumer dans une formule. L'effort nécessaire pour la ramasser, pour la condenser, en quelque sorte, dans une phrase brève et saisissante oblige l'esprit à la pénétrer jusqu'au fond. Tous les grands philosophes ont de telles formules. La puissance de l'homme, dit Bacon, se mesure à sa science. — Je pense, dit Descartes, donc je suis, etc. Il n'est pas défendu à l'élève de chercher aussi des formules ; mais qu'il sache bien qu'une formule n'est plus qu'une énigme, si elle n'est pas la conclusion naturelle d'une analyse ou d'une discussion menées sous les yeux mêmes du lecteur.

Peut-être la dissertation ne doit-elle pas se contenter de la clarté logique, sensible à la seule raison, qui naît de la précision des idées et des termes, mais, comme toute œuvre littéraire, doit-elle prétendre aussi à cette clarté esthétique, sensible à l'imagination, qui transforme en effet les idées en images et les fait mieux comprendre en les faisant voir. Il y a donc une place dans le style philosophique pour la *comparaison* et la *métaphore* ; et de même que toute théorie tend à se renfermer dans une formule, on peut dire qu'elle tend aussi à s'épanouir dans une image. Les philosophies les plus abstraites n'ont pas échappé à cette loi. N'est-ce pas Kant qui compare la raison humaine en quête des vérités métaphysiques à la colombe qui voudrait prendre son essor au delà de l'atmosphère ? et n'est-ce pas lui encore qui compare la profondeur de la loi morale à celle du ciel étoilé ? Il nous est impossible de faire ici une étude de la comparaison et de la métaphore en philosophie. Indiquons seulement deux sortes principales de comparaisons, les unes poétiques (comme celles que nous venons de citer), les autres scientifiques, qui deviennent de jour en jour plus fréquentes dans la philosophie contemporaine. C'est ainsi qu'on a pu comparer la mémoire au phonographe, l'imagination à un appareil photographique, la sensibilité à la pile électrique, etc., etc. L'élève pourra donc s'exercer à chercher aussi des images, mais il prendra garde qu'elles ne soient jamais triviales ni forcées.

L'usage des *termes abstraits* est une des principales difficultés du style philosophique. Un des sophismes les plus fréquents de la dissertation consiste en effet à *réaliser* ou même à *personnifier des abstractions*. On parle de l'intelligence, de la mémoire de l'association des idées, etc., comme si c'était autant de petits êtres réels et distincts, des sortes de lutins ou de fées ; par un étrange renversement des choses, on leur subordonne l'homme, qu'on représente impuissant et inerte sans leur secours ; on ne s'aperçoit pas que ces termes abstraits ne sont que des adjectifs ou des verbes substantifiés, par conséquent des attributs, et que les véritables sujets, les sujets réels, sont les êtres concrets, l'homme qui pense, se souvient, associe des idées, etc. Souvent même, chacune de ces abstractions devient une personnalité complète : ainsi l'intelligence veut, désire, etc., comme si elle était l'âme tout entière. Le remède contre ce sophisme, c'est de bien voir derrière ces termes abstraits les êtres concrets dont ils ne font qu'exprimer les propriétés, les actions ou les rapports.

Telles sont les règles qui concernent plus particulièrement le style de la dissertation philosophique. Elles n'excluent pas, cela va sans dire, les règles communes à tous les genres de styles, surtout la première de toutes, la correction. Peut-être aussi, parmi les qualités désirables, faut-il mettre une certaine variété. S'il est vrai que la philosophie découvre en toutes choses le mouvement et le progrès de la vie, c'est une sorte de contresens que de l'enfermer dans un style uniforme et compassé. Interrogation, exclamation, etc., toutes ces figures qui avivent et varient le style, la dissertation les admet, à cette seule condition qu'elles ne soient point trop multipliées ; car ainsi renaîtrait, et plus fatigante encore, cette monotonie qu'on prétendait éviter par leur usage.

## IV. — LES DIFFÉRENTES ESPÈCES DE SUJETS

Il nous reste maintenant à passer en revue les différentes espèces de sujets et les règles propres à chacun d'eux.

Distinguons d'abord les sujets *dogmatiques* ou sujets de philosophie, et les sujets *historiques* et *critiques* ou sujets d'histoire de la philosophie.

## I. — SUJETS DOGMATIQUES

Le premier groupe contient sept espèces principales :

1º *Définition*. — Exemple : Qu'entend-on par philosophie de l'histoire, des sciences, des beaux arts, et en général quel est le sens du mot philosophie dans toutes les expressions analogues ?

2º *Classification*. — Exemple : Donner une classification des passions.

3º *Distinction*. — Exemples : Distinguer le désir et la volonté ? Quelle différence existe-t-il entre convaincre et persuader ?

4º *Comparaison*. — Exemples : Comparer l'intelligence et la sensibilité. Rapports et différences de l'imagination et l'entendement.

5º *Théorie des rapports*. — Exemples : Rapports de la mémoire et de l'association des idées. Influence de la volonté sur la mémoire. Rôle de la mémoire, de l'imagination et de l'induction dans la perception extérieure.

6º *Théorie générale*. — Exemples : Du plaisir et de la douleur. Théorie de la volonté ;

7º *Problème* ou *question*. — Ce genre contient beaucoup d'espèces qui rentrent souvent sous quelques-uns des chefs précédents. Exemples : L'influence des motifs sur la volonté est-elle une objection décisive contre la liberté morale ? (théorie des rapports.) N'y a-t-il pas d'autre certitude que la certitude des sens et celle du raisonnement ? (distinction ou comparaison), etc.

### 1º *Définition*.

Quand on demande à l'élève une définition, il doit d'abord avoir présente à l'esprit la distinction des définitions de mots et des définitions de choses (V. plus loin, p. 241). Qu'il le sache bien, ce qu'on lui demande, c'est moins le sens d'un mot que la nature d'une chose. Par exemple, il ne s'agit pas de dire ce qu'on entend par la perception extérieure, car le terme est assez connu, et on sait bien qu'il désigne la connaissance que nous avons des objets extérieurs par le moyen des sens : il s'agit de dire ce qu'est en soi la perception extérieure, si c'est une intuition directe des réalités externes ou une combinaison de sensations, de souvenirs et de raisonnements instinctifs, transformée par l'habitude en une intuition apparente, etc.

Donc, il ne faut pas commencer par donner la définition (à

moins que ce ne soit une définition nominale et provisoire); mais tout au contraire, on doit d'abord faire une analyse au moyen d'exemples, extraire un à un les éléments de la définition, et les réunir pour conclure.

Parfois la connaissance de l'histoire des théories nous apprend que plusieurs définitions ont été proposées. Alors le sujet devient à moitié historique et peut se formuler ainsi : comparer et concilier les différentes définitions qui ont été déjà données. On les présente, autant que possible, dans un ordre progressif, de manière que la suivante rectifie ou complète la précédente, jusqu'à une définition dernière qui dépasse et enveloppe toutes les autres.

Parfois enfin, il ne suffit pas de définir : il faut étudier la chose sous tous ses aspects, en faire la théorie générale. Ce sujet alors rentre dans le n° 6.

### 2° *Classification*.

Presque toujours cette sorte de sujets peut se traiter historiquement : il s'agit d'exposer, critiquer et concilier des classifications déjà connues. Exemples : De la classification des sciences (classifications de Bacon, d'Ampère, d'A. Comte, etc.). — Comment doit-on classer les passions? (classifications de Descartes, de Bossuet, de Spinoza). Quelle que soit la classification qu'on adopte, on doit toujours distinguer et comparer les différentes classes qu'elle contient. Ainsi, classer les facultés de l'âme, c'est distinguer et comparer la sensibilité, l'intelligence et la volonté.

On peut faire rentrer sous ce même chef les questions de cette sorte: Dans quel ordre faut-il placer, etc. (par exemple les parties de la philosophie)? On remontera au genre commun, on distinguera les parties, on mettra avant les autres les plus simples ou les plus générales auxquelles on subordonnera celles qui en dépendent (par exemple, on mettra la psychologie avant la métaphysique et on lui subordonnera la logique et la morale.)

### 3° *Distinction*.

Il s'agit de distinguer, soit deux choses, exemple : distinguer la sensation et le sentiment; soit deux parties d'une même chose, exemple : la réminiscence et le souvenir; soit deux sens d'un même mot, exemple : les différents sens du mot sensation.

Voici, à notre avis, les principales règles :

1° D'abord, donner une définition courte et précise et des exemples typiques des deux choses à distinguer (rejeter, par conséquent, les exemples ambigus ; ainsi, pour distinguer les faits psychologiques et les faits physiologiques, ne pas donner comme exemple des premiers la sensation qui est un phénomène mixte, intermédiaire, où le physiologique et le psychologique se combinent étroitement) ; puis, s'il y a lieu, montrer les ressemblances, mais, sans insister ; s'arrêter au contraire, sur les différences en les développant une à une dans un ordre régulier.

2° Grouper les différences sous un petit nombre de chefs généraux. Par exemple, deux ordres de faits diffèrent : 1° par la façon dont on peut les connaître ; 2° par leurs caractères ; 3° par leurs causes ; 4° par leurs effets ; 5° par leurs fins ; 6° par leurs rapports avec un troisième ordre de faits, etc. Deux sciences diffèrent : 1° par leurs objets ; 2° par leurs faits ; 3° par leurs méthodes ; 4° par la nature de leurs résultats ; 5° par leurs rapports avec les autres sciences, etc.

3° Parfois la distinction proposée peut se ramener à une distinction plus générale. Exemple : distinguer la sensation et l'impression ; ce sujet revient en partie à distinguer un fait psychologique (la sensation) d'un fait physiologique (l'impression).

4° Quand il s'agit de distinguer les différents sens d'un mot, on doit prendre garde que la question n'est pas pour cela purement verbale et qu'on ne demande nullement un exercice de lexicographie sur des synonymes. Si le même mot a différents sens, c'est qu'il sert à désigner des choses semblables ou voisines. Par exemple, distinguer les différents sens du mot : sensation, cela revient à distinguer la sensation des phénomènes qui lui ressemblent ou qui l'accompagnent, comme le sentiment, l'impression et la perception.

### 4° *Comparaison.*

Les règles de la comparaison sont à peu près les mêmes que celles de la distinction. Il faut donc, dans un premier paragraphe, définir sommairement les termes à comparer ; puis, dans autant de paragraphes distincts, montrer d'abord les ressemblances (surtout si les termes se rapportent à un genre commun), ensuite les différences, quelquefois aussi les rapports d'influence réciproque; avoir toujours soin d'appuyer les définitions et les analyses par des exemples; enfin, qu'il s'agisse de distinction ou de comparaison, ne pas mettre toutes les ressemblances et différences sur le même plan, mais les subordonner à la ressemblance ou à la différence essentielle que le lecteur ne doit jamais perdre de vue à travers le développement tout entier.

### 5° *Théorie des rapports.*

Il ne s'agit plus de différences et de ressemblances, mais de dépendance, d'influence, de rôle, etc. (Prendre garde à l'ambiguïté du mot rapport, qui tantôt signifie seulement ressemblance et tantôt désigne toute espèce de relation.) En voici des exemples : Des rapports de la philosophie avec les autres sciences. L'expérimentation est-elle possible en psychologie? Montrer l'influence réciproque de la pensée sur le sentiment et du sentiment sur la pensée. Quels sont les effets de l'attention sur la sensibilité et l'intelligence? Quelle est la part de la conscience dans l'acquisition des idées? Montrer l'influence de la volonté sur la mémoire, etc., etc.

La règle la plus générale de cette sorte de sujets, c'est qu'il faut toujours que l'un des termes prédomine dans la dissertation et en fasse l'unité et les divisions principales : sans quoi on n'aurait pas une dissertation, mais plusieurs. Seulement il faut bien prendre garde de choisir le terme le plus important.

On peut distinguer trois cas principaux : 1° influence de A sur B; 2° influence réciproque de A et de B; 3° influence de A et de B sur C ou de A sur B et C.

Dans le premier cas (influence de A sur B), le terme important est presque toujours le second (B). Par exemple : Montrer l'influence de la volonté sur la mémoire, le terme important ici, c'est la mémoire. La mémoire, et non la volonté, est le sujet véritable de la dissertation. Par conséquent, c'est ce terme qu'il faut d'abord mettre en avant; c'est lui qu'il faut définir s'il y a lieu, et ce sont ses divisions qui doivent faire les divisions mêmes du plan. Ainsi dans l'exemple cité, on divisera d'après les parties de la mémoire (influence de la volonté sur la conservation, sur le rappel, sur la reconnaissance et la localisation des souvenirs). Les divisions du terme subordonné serviront, s'il y a lieu, à subdiviser les paragraphes.

C'est surtout dans cette sorte de sujets qu'il ne faut pas se contenter de formules simplement négatives comme celle-ci : supprimez A, B n'existe plus. On doit bien plutôt faire voir comment B se produit et se modifie sous l'influence de A, comment toutes les variations, toutes les modifications de A entraînent dans B des variations et des modifications correspondantes.

Dans le second cas (influence réciproque de A et de B), on cherchera si l'un des deux termes n'est pas plus important que l'autre, et ce cas se trouvera ainsi ramené au précédent (en donnant à ce terme le premier rang). Ou bien, si les deux termes peuvent se ramener à un troisième qui les embrasse l'un et l'autre, ce cas se trouvera ramené au suivant. Il suffira pour cela de rapprocher A de B et de faire du troisième terme le pivot de la dissertation.

Dans le troisième cas (influence de A et de B sur C), on fera de C le terme dominant et de ses divisions les divisions mêmes du sujet. Exemple : Montrer le rôle de la mémoire, de l'imagination et de l'induction dans la perception extérieure. Le pivot, c'est la perception extérieure. On divisera donc le plan d'après les divisions de la perception : 1° acquisition générale de l'idée du monde extérieur, 2° connaissance des différents objets particuliers, 3° éducation des sens et localisation, etc. — Faire la part de l'expérience et de la raison dans le développement des connaissances humaines. Le pivot, c'est la connaissance humaine ; on divisera d'après les divers degrés de cette connaissance : 1° connaissance spontanée et vulgaire, 2° connaissance réfléchie et scientifique, etc.

Enfin, quand les termes sont plus ou moins nombreux (influence de A, B, C, D, etc., sur X ou influence de X sur A, B, C, D, etc.), on tâchera de réduire le nombre des termes à deux au plus en les faisant rentrer les uns dans les autres. Exemple : Montrer l'influence de l'habitude sur la sensibilité, l'intelligence et la volonté. On peut réduire les trois derniers termes à deux en distinguant les facultés passives (sensibilité) et les facultés actives de l'âme humaine (intelligence et volonté).

### 6° *Théorie générale.*

La théorie générale contient en résumé à peu près toutes les espèces précédentes. Elle se présente d'ordinaire sous la forme d'un simple titre : Du plaisir et de la douleur, de l'induction, du syllogisme, etc. On peut la rapprocher de la définition : ce n'est pas autre chose qu'une définition développée.

On doit éviter avant tout l'encombrement et le désordre, c'est-à-dire se garder de dire pêle-mêle tout ce qu'on peut savoir sur le sujet, mais au contraire faire un choix parmi les matériaux et les classer dans un ordre facile à saisir. On s'attachera surtout à bien montrer l'essence du sujet, soit en accompagnant, soit surtout en faisant précéder la définition d'exemples et d'analyses ; puis on énumérera méthodiquement les caractères, et on distinguera, s'il y a lieu, le terme indiqué des termes voisins. On pourra aussi envisager les causes, les effets, les relations, en s'efforçant toujours de relier tous ces développements à la définition.

### 7° *Question ou problème.*

Ces sortes de sujets peuvent se diviser en deux classes : 1° La question est posée de telle sorte qu'on ait à répondre par un oui ou par un non. Exemple : La psychologie peut-elle être une science positive, c'est-à-dire indépendante de la métaphysique ? Toutes les passions peuvent-elles se ramener à l'amour et à la haine ?

2° La question est moins déterminée. On demande non si une chose est ou n'est pas ; mais ce qu'elle est, quelles sont ses causes, ses effets, ses rapports avec d'autres, etc. Elle se présente souvent sous une forme simplement indicative. Par exemple : De la méthode en philosophie. Ce qui équivaut à : Quelle méthode convient-il d'employer en philosophie ?

Dans le premier cas, la question est souvent historique et critique sous une apparence dogmatique. Ainsi, le premier sujet cité pourrait se traduire ainsi : discuter l'opinion des psychologues de l'école empirique ou positiviste qui prétendent que la psychologie peut être une science positive, etc. Voici la traduction du second : examiner la théorie de Bossuet d'après laquelle toutes les passions peuvent se ramener à l'amour et à la haine.

On doit donc tout d'abord se demander si la question posée n'a pas déjà reçu des solutions dans l'histoire de la philosophie : en ce cas, il ne s'agit plus que d'exposer et de critiquer ces solutions. Toutefois, le sujet ne doit pas même alors être complètement assimilé à un sujet historique : ainsi, on doit être sobre de détails d'érudition et voir dans les doctrines les idées fondamentales plutôt que les formes particulières qu'elles ont pu revêtir. Avant de se décider pour le oui ou le non, il faut bien examiner la portée de l'une et de l'autre réponse. Ce problème, en effet, quel qu'il soit, n'est pas isolé ; il se rattache à tous les autres dans l'ensemble de la philosophie. L'une et l'autre solution doivent donc aussi se rattacher à des théories plus générales, peut-être même à des systèmes complets de métaphysique, tels que le scepticisme, le matérialisme, le sensualisme, l'idéalisme, etc., etc. A quelle théorie, à quel système se rallie-t-on implicitement en optant pour le oui ou le non ? Est-on disposé à admettre cette théorie ou ce système dans toute sa généralité ? — Il suffira souvent de poser ainsi la question pour trouver aussitôt une réponse.

Remarquons d'ailleurs qu'il n'est pas toujours nécessaire de répondre oui ou non. Il peut y avoir une part de vérité dans chacune des solutions opposées. La même question, envisagée de différents points de vue, ne se résout pas nécessairement de la même manière. Dès lors, il y a lieu de distinguer ces différents points de vue et de montrer que chacune des solutions contient, en effet, une part de vérité.

Enfin, si on croit devoir opter pour une solution à l'exclusion de l'autre, on doit donner les raisons de son choix en les distinguant avec précision dans autant de paragraphes successifs, les disposer graduellement des moins importantes aux plus décisives, et surtout les ramener à un petit nombre de chefs généraux, tels que la définition, la division, les causes, les effets, etc.

Les sujets de la seconde sorte se ramènent presque toujours à quelqu'un des sujets précédemment indiqués, plus une inconnue à dégager. Exemples : En quoi l'histoire de la philosophie peut-elle être utile à la philosophie elle-même ? (théorie des rapports). Qu'est-ce que le probabilisme ? En quoi se distingue-t-il du scepticisme ? (définition et distinction), etc.

Dès lors, il s'agit simplement de transformer la question en quelqu'un des sujets précédents (définition, distinction, comparaison, etc.) et de lui appliquer les règles de ces sujets. Par exemple, la première question se transforme ainsi : du rôle de l'histoire de la philosophie dans la philosophie, etc. Si la transformation paraît impossible, on rapprochera du moins la question de la théorie positive avec laquelle elle a le plus de rapport. Par exemple on rapprochera cette question : Par quels moyens peut-on acquérir une bonne mémoire ? de la théorie des lois et qualités de la mémoire.

Parfois aussi, le sujet est historique sous une apparence dogmatique, la question ayant déjà reçu des solutions. Par exemple : Quelle est la nature et la valeur des idées générales ? Cela revient, au moins partiellement, à exposer et discuter le réalisme, le nominalisme et le conceptualisme.

## II. — SUJETS HISTORIQUES

On peut distinguer trois cas.

1° Examen d'une maxime. Exemples : Expliquer et apprécier cette proposition de Socrate et de ses successeurs qu'il n'y a de science que du général. Quel est le sens de cet aphorisme de Bacon : *Vere scire per causas scire ?* etc.

2° Examen d'une doctrine. Exemples : Exposer et critiquer la théorie des idées-images. Qu'est-ce que Bossuet entend par sens commun ? Discuter la doctrine de La Rochefoucauld, etc.

3° Exposé et critique d'un système. Exemples : Qu'est-ce que le panthéisme ? Du pessimisme. La philosophie de Leibniz, etc.

### 1° *Maxime*

Cette sorte de sujet est souvent dogmatique sous une apparence historique. Par exemple, le premier sujet cité pourrait se transformer ainsi : Du rôle des idées et des vérités générales dans la science. Aussi doit-on rechercher d'abord à quelle question dogmatique on peut ramener l'énoncé de la maxime et quelle place cette question occupe dans le cours.

Cependant, si la maxime fait partie intégrante d'une certaine doctrine philosophique, on s'efforcera de la replacer dans cet ensemble et de l'interpréter par tout ce qu'on sait des théories de l'auteur. Par exemple, si on demande d'apprécier la maxime stoïcienne : *abstine et sustine*, il faut évidemment l'envisager dans ses rapports avec l'ensemble du stoïcisme.

On doit aussi bien examiner s'il s'agit seulement de développer la maxime (en ce cas, le sujet est plus qu'aux trois quarts dogmatique) ou si on demande soit de la réfuter, soit tout au moins de l'apprécier (le sujet est alors plus particulièrement historique). Dans ce dernier cas, la maxime peut être considérée comme le résumé d'une doctrine, et cette sorte de sujet se ramène à la suivante.

## 2° Doctrine.

La règle *capitale* de ce genre de sujets, c'est que la dissertation doit se diviser en deux parties complètement distinctes. La première contiendra l'exposé de la doctrine sans aucun mélange de critique, un exposé impartial, complet, tel que pourrait le faire un partisan ; la seconde contiendra l'appréciation qui devra presque toujours faire la part de la *vérité* en même temps que de l'erreur et dont les divisions correspondront autant que possible à celles de l'exposé lui-même.

Nous engageons très vivement les élèves à bien se pénétrer de l'esprit de cette règle. Avec la fougue ordinaire de la jeunesse, la plupart se hâtent de réfuter une doctrine avant d'avoir même pris le temps de la faire connaître. Il y a là une sorte d'intolérance et de déloyauté inconscientes. La critique même risque d'ailleurs d'être obscure et mal comprise si le lecteur ne connaît que par des allusions vagues la doctrine qu'elle prétend apprécier.

Rappelons-nous aussi que critiquer, ce n'est pas nécessairement réfuter. Il ne suffit pas de dévoiler l'erreur contenue dans une doctrine : il faut aussi faire voir la vérité qu'elle enferme et la vérité qui lui manque.

## 3° Système.

La règle précédente subsiste, mais elle s'applique aux subdivisions du plan. Soit, par exemple, la philosophie de Platon : il est impossible d'exposer d'abord toute cette philosophie pour l'apprécier ensuite tout entière. Dans ce cas, on divise d'après les parties du système ; par exemple : 1° méthode et premiers principes de la philosophie de Platon ; 2° théodicée ; 3° psychologie ; 4° morale, etc. ; et c'est seulement dans chacune de ces parties qu'on subdivise en exposé et critique.

Enfin, il arrive souvent que des sujets historiques se rapprochent dans la forme des principales espèces de sujets dogmatiques déjà étudiés. Exemples : Distinguer le doute des sceptiques et le doute de Descartes ; — Comparer Platon et Aristote. On combine alors les règles de ces deux ordres de sujets. (Voir dans le corps de ce livre *Sujets* 445, 449, 451, etc.)

# LA
# DISSERTATION PHILOSOPHIQUE

## INTRODUCTION[1]

**1.** — *Expliquer et apprécier cette proposition de Socrate et de ses successeurs, qu'il n'y a de science que du général.*

Pour traiter convenablement ce sujet, il faut avoir des idées bien claires de ces trois choses : le *général*, le *particulier*, la *science*, et s'attacher tout d'abord à les définir. — Seulement, dans la définition de la science, on doit prendre garde de ne pas impliquer d'avance la notion du général ; ce qui réduirait la dissertation au développement, ou plutôt à la répétition de cette identité : « Du moment qu'on entend par science la connaissance du général, il est évident qu'il n'y a de science que du général. » — On entendra donc simplement par science « la forme la plus parfaite de la connaissance humaine, la perfection du savoir humain », c'est-à-dire une connaissance aussi complète, aussi rationnelle, aussi féconde en résultats qu'il est possible à l'homme de la désirer ; et on démontrera que le général est seul susceptible d'une connaissance de cette sorte.

Consulter dans le *Cours* non seulement les §§ 1 et 2 de l'Introduction, mais encore p. 39 (les fonctions de l'intelligence), 85 (les opérations intellectuelles), 87-91 (la généralisation), 100-104 (le raisonnement), 198-199 (les termes et les idées, leur classification), 223-224 (le rôle de la prémisse générale dans le syllogisme), 239 (l'induction), 253 (la classification), 501 (Socrate), 506 (Platon), 517 (comparaison de Platon et d'Aristote), 534 (Bacon). Voir aussi *Sujet* 459.

### Plan.

I. — L'intelligence humaine distingue dans les choses et cherche à connaitre d'une part les êtres, les événements, pris un à un,

---

(1) Les divisions de cet ouvrage correspondent exactement à celles de notre *Cours élémentaire de philosophie*.

d'autre part, leurs propriétés, leurs relations communes et invariables, le *particulier* et le *général*. Lequel, du général ou du particulier, peut être l'objet d'une connaissance parfaite telle que la science ?

II. — On fait voir que *le particulier ne peut être l'objet de la science :*

1° Parce qu'il est impossible de connaître tous les cas dont il se compose et qui sont en nombre indéfini,

2° Parce que la connaissance même d'un seul de ces cas ne peut jamais être complète,

3° Parce que le particulier n'est pour l'intelligence qu'un accident dont elle ne voit pas la raison,

4° Parce qu'enfin la connaissance du particulier ne peut servir à rien pour prévoir et pour maîtriser l'avenir.

III. — Inversement, on fait voir que *la connaissance du général est vraiment la science.*

1° Le général a une nature définie et relativement simple : on peut donc espérer d'en avoir une connaissance complète.

2° En même temps, cette connaissance équivaut à la connaissance impossible de l'infinité des cas particuliers. (Ces deux numéros correspondent à ceux du paragraphe précédent, mais en sens inverse, le n° 1 au n° 2 et le n° 2 au n° 1.)

3° Elle est rationnelle : sans vérités générales, ni l'*explication* ni la *démonstration* et l'*enseignement* ne sont possibles.

4° Elle est féconde en résultats pratiques.

IV. — On vérifie la thèse en montrant que *les sciences sont d'autant plus parfaites qu'elles ont un objet plus général*, et on discute l'objection tirée de certaines sciences.

1° Les sciences les plus parfaites sont les mathématiques qui sont les plus générales ; les plus imparfaites sont les sciences morales et sociales qui sont les plus spéciales. Avec la généralité croît et décroît la perfection scientifique.

2° Cependant certaines sciences (astronomie, géologie, géographie, histoire), paraissent avoir pour objet le particulier. Mais ce n'est là qu'une apparence. (Voir le *Développement* pour la démonstration de ce point.)

V. — Conclusion. — Fausseté de l'empirisme et du matérialisme bruts.

### Développement.

« Tous les hommes, a dit Aristote au début de sa *Métaphysique*, ont un désir naturel de savoir. » Mais si la curiosité est en effet une des tendances universelles de la nature humaine, il s'en faut qu'elle aspire dès l'origine et chez tous les hommes à cet idéal du savoir qui est la science.

Les premiers objets de notre intelligence sont les *choses individuelles*, les faits particuliers tels que nous pouvons les observer un à un dans l'espace et dans le temps ; et c'est d'abord à eux seuls que s'attache notre curiosité. Eux seuls en effet sont immédiatement accessibles à nos sens : le monde, pour la pensée qui s'éveille, n'est qu'une immense collection d'individus. — Pourtant, dans les individus mêmes, tous distincts les uns des autres, certains caractères se font remarquer par leur identité, qui permettent de les ranger dans la même classe et de les appeler d'un même nom. Spontanément l'intelligence humaine passe ainsi de la connaissance du particulier à celle du général, et dès lors le monde prend pour elle un nouvel aspect. Il devient un système de *types généraux*, de *lois générales*, où toutes les choses individuelles, où tous les faits particuliers sont, pour ainsi dire, enveloppés par avance.

Voilà donc deux ordres d'objets entre lesquels se partagent désormais la connaissance et la curiosité humaines : d'une part, les êtres, les faits qui se renouvellent sans cesse, d'autre part, les caractères, les rapports qui restent fixes, en un mot, le *particulier* et le *général*. Lequel est l'objet propre de la science ?

II. — Le particulier, dira-t-on peut-être, est seul réel. Il n'y a au monde que des individus. Les genres, les types, les lois sont de pures abstractions. Donner le général pour objet à la science c'est lui ôter toute réalité. Or la science doit être avant tout, ce semble, la connaissance du réel. Si elle est supérieure à la connaissance vulgaire, c'est sans doute parce qu'elle embrasse mieux la réalité tout entière dans l'infinie variété des êtres et des faits qui la composent.

On peut en effet concevoir cet idéal d'une pensée présente à tous les points de l'espace et du temps, qui connaîtrait la totalité des événements et des choses, et c'est même ainsi qu'on se représente d'ordinaire l'omniscience de Dieu. Mais un tel idéal ne saurait être celui de la pensée humaine. La science ainsi entendue est impossible.

1° Tout d'abord, quelque étendue qu'on suppose à notre expérience et à notre mémoire, elles ne parviendront jamais à embrasser l'infinité de l'univers. Multipliez tant que vous voudrez le nombre des objets et des faits qu'il nous est donné de connaître, ce nombre sera comme un zéro en comparaison de l'innombrable multitude de ceux que nous ignorerons toujours. Nos regards s'arrêtent bien vite dans l'espace et nos souvenirs dans le temps. Quand par miracle nous connaîtrions tout le présent et tout le passé, l'avenir nous échapperait encore. La réalité nous dépasse de toute part.

2° Bien mieux, nous ne pouvons connaître entièrement aucun de ces objets et de ces faits dont nos sens nous révèlent l'existence. Notre intelligence bornât-elle son ambition à épuiser la connaissance de l'un d'entre eux, la tâche serait encore au-dessus de ses forces. Si l'univers est infini en largeur, l'individu l'est, pour ainsi dire, en profondeur. Minéral, plante ou animal, tout être concret et singulier est un monde. À mesure que notre analyse s'y enfonce, elle y voit apparaître de nouvelles propriétés, de nouveaux rapports. Pour le connaître dans son individualité même, dans ce qui fait qu'il est lui et non un autre, ne faut-il pas connaître tous les caractères qui le distinguent de tous les autres? L'histoire du grain de sable implique celle de l'Océan. Connaître entièrement l'univers ou l'individu, c'est au fond le même problème insoluble.

3° Mais quand cette connaissance serait possible, elle serait vaine, sans intérêt et sans utilité pour l'esprit humain.

Sans doute certaines intelligences, esclaves des sens, éprouveraient un vif plaisir à ce spectacle toujours changeant des êtres et des phénomènes, comme un enfant s'amuse aux figures sans cesse renouvelées d'un kaléidoscope, mais quelle satisfaction la *raison* y trouverait-elle? Tant d'images diverses et incohérentes lui paraîtraient un rêve.

Ce qu'elle désire connaître, ce ne sont pas seulement les faits, ce sont les raisons ou les causes. *Vere scire*, a dit Bacon, *est scire per causas*. Les causes mêmes ne l'intéressent que parce qu'elles soumettent à une même loi des faits pourtant séparés les uns des autres dans l'espace et dans le temps. Si la cause n'était pas liée à son effet par une loi, c'est-à-dire par un rapport fixe et général, si, le produisant en un point de l'espace et du temps, elle cessait de le produire ensuite ou ailleurs, nous ne verrions plus en elle qu'un accident pareil aux autres, et le spectacle du monde ne serait plus à nos yeux qu'une inintelligible fantasmagorie.

4° En outre, quel profit pourrions-nous retirer d'une telle connaissance pour prévoir ou pour maîtriser l'avenir ? D'un cas particulier, comme tel, on ne peut rien conclure. Savoir qu'un certain remède a guéri Callias, c'est de l'expérience (ἐμπειρία), a dit Aristote. Fort bien, mais ce remède guérira-t-il Socrate ? L'expérience passée ne présage l'expérience à venir que si l'une et l'autre sont dominées par les mêmes lois. Après tout, ni les maladies ni les remèdes ne sont jamais les mêmes. Il n'y a pas deux cas absolument identiques dans la nature. Donc, ce qui a été vrai d'un individu pourra être faux d'un autre, et toute prévision est nécessairement incertaine. Dès lors, compter sur le succès de nos tentatives pour diriger le cours des événements dans un sens conforme à nos désirs, c'est proprement compter sur le hasard.

Ainsi une science du particulier n'est ni possible ni désirable. Elle serait nécessairement *incomplète, irrationnelle, inféconde*.

III. — Tout autre est la connaissance du général. Elle prend pour objets non les divers individus, mais leurs formes communes, impérissables; non les phénomènes fugitifs, mais leurs lois stables, éternelles. Dans la réalité, elle fait deux parts, l'accident et l'essence, et c'est à l'essence seule qu'elle s'attache. L'essence n'est pas une abstraction : si, comme le dit Bacon, elle n'est rien en dehors de la nature, elle est du moins l'élément majeur de la nature. *Extra naturam nihil, sed pars naturæ multo præstantissima.*

1° Tout aussi réelles, plus réelles même que les êtres et les faits particuliers, les essences générales sont bien autrement intelligibles, bien autrement saisissables et profitables pour la pensée ! — Connaître un à un et pour ainsi dire nommément tous les hommes passés, présents et futurs, cela ne se peut : en connaître un à fond, nous l'avons vu, cela même ne se peut pas davantage : mais la nature de l'homme, les attributs communs à l'humanité, voilà un objet défini et relativement simple, que notre esprit peut légitimement espérer de connaître un jour tout entier.

2° Ainsi, à une multitude infinie d'individus infiniment complexes la science substitue un petit nombre de types et de lois simples; et il se trouve que cette connaissance, ainsi simplifiée, est par cela même amplifiée : bien mieux que la connaissance chimérique de tous les cas particuliers, elle embrasse tous les espaces et tous les temps; elle déborde par delà le réel dans le possible. Les faits présents, passés et futurs, ceux même qui ne seront pas mais qui pourraient être, le savant les enferme et les possède tous ensemble dans la formule qui en est la loi.

3° Mais le caractère par lequel la science, l'ἐπιστημή, comme l'appelaient Socrate et Platon, se distingue surtout de cette connaissance du particulier qu'ils nommaient opinion (δόξα), c'est sa rationalité. Le type, la loi, c'est une sorte de pensée présente dans les choses mêmes, qui permet d'en rendre raison. A la lumière des vérités générales, les faits particuliers eux-mêmes se transfigurent. On ne voit plus seulement qu'ils sont, ὅτι ἔστι; selon la phrase favorite d'Aristote, on voit encore comment et pourquoi ils sont, πῶς καὶ διότι ἔστι. On fait mieux que de les constater : on les comprend. Ainsi rattachés aux lois, ils peuven entrer dans la science à titre d'exemples et de preuves : pour mieux dire, il n'y a plus de faits aux yeux de la science, il n'y a que des rencontres et des combinaisons de lois.

De là résulte la possibilité de la démonstration et de l'enseignement. Un fait particulier comme tel ne peut se démontrer. Quelque prodigieux qu'il me paraisse, je ne puis que croire celui qui me le rapporte; ou si j'en doute, il n'y a aucun moyen de me convaincre. Mais rapportez ce fait à quelque loi générale: aussitôt le contrôle devient possible. Il s'est produit pour telle raison, et la même raison se reproduisant le reproduira. Nous n'avons plus que faire d'en croire un témoin : sa connaissance est devenue la nôtre; elle n'est plus personnelle, incommunicable; elle circule désormais de main en main.

4° D'autre part, la connaissance du général peut seule, comme l'espérait Descartes, nous rendre maîtres et possesseurs de la nature. Savoir afin de prévoir et de pourvoir, telle est la devise de la science. Mais comment prévoir les phénomènes, et comment les maîtriser, si on ignore leurs lois? On ne commande à la nature, a dit Bacon, qu'en lui obéissant : *Natura nonnisi parendo vincitur*. Si tout a sa cause, et si toute cause tend toujours à produire son même effet, qui voit la cause prévoit l'effet, qui tient la cause en son pouvoir suscite ou supprime l'effet à son gré. Et voilà comment, selon le mot de Bacon, la puissance de l'homme est en raison de sa science.

IV. — Il suffirait maintenant de parcourir les sciences pour reconnaître qu'elles sont d'autant plus parfaites, d'autant plus scientifiques, en quelque sorte, que l'objet qu'elles étudient est lui-même plus général.

1° Ainsi les plus simples, les plus exactes, les plus rationnelles, les moins sujettes à être déçues dans les prévisions et les actions qu'elles fondent, ce sont les mathématiques, c'est-à-dire celles qui étudient les lois les plus générales, les lois universelles de la quantité. A mesure qu'on s'éloigne d'elles dans la série des sciences, la généralité décroît, et avec elle la certitude, l'intelligibilité, la sûreté. De toutes, les plus conjecturales, les plus obscures, les plus hésitantes en face de l'avenir à prévoir et à diriger, ce sont les plus spéciales, c'est-à-dire les sciences des choses humaines.

2° Mais en parcourant la liste des sciences, n'en trouverait-on pas aussi qui sembleraient démentir l'aphorisme de Socrate : il n'y a de science que du général ? — L'astronomie, la géologie, la géographie, l'histoire, sont bien des sciences, sans doute ; et cependant elles paraissent toutes avoir pour objets des êtres ou des événements particuliers. Un astre est un individu ; il n'y a qu'une Europe au monde ; la période glacière et le moyen âge sont des événements qui ne se sont produits qu'une fois et ne se reproduiront plus jamais.

Pourtant qu'on y prenne garde. Aucune de ces sciences n'étudie le particulier pour lui-même ; il n'est pour toutes qu'une occasion de découvrir les traces ou de suivre les conséquences des lois générales qui le régissent. Le véritable objet de l'astronomie, ce sont moins les astres que l'attraction universelle. Dans les événements historiques l'histoire cherche à démêler les lois de la vie des sociétés humaines. — D'ailleurs, les individus qui forment le premier objet, l'objet apparent de ces sciences, ont eux-mêmes une sorte de généralité. Tant d'effets sont liés à l'existence du soleil et de la terre que ces astres sont, pour ainsi dire, des lois par rapport à toute la série des termes qui en dérivent ; et de même, pour un grand homme dans la vie d'une nation. De tels individus sont impliqués dans les lois même qui régissent tout un ensemble de phénomènes cosmiques, terrestres ou sociaux, et à ce titre, ils participent à la généralité de ces lois elles-mêmes.

V. — Ainsi la maxime de Socrate et de ses successeurs demeure vraie : il n'y a pas de science du particulier. La science, et c'est là sa définition même, est la connaissance systématique des lois qui régissent les différents ordres de choses. Elle n'a pas vraiment pour objets les faits, comme trop de savants se l'imaginent, mais les rapports, c'est-à-dire la partie intelligible et, en quelque sorte, spirituelle des faits. Repenser, comme l'a dit Schelling, la grande pensée de la création, voilà son but. Et c'est pourquoi sa méthode ne saurait consister dans la seule accumulation des faits observés. Auguste Comte l'a dit lui-même : « Le pur empirisme est stérile. » Des faits, la science doit dégager les lois qui en font le sens, qui sont comme des idées cachées au sein de la matière. A cette seule condition, l'homme sera vraiment, selon la promesse de Bacon, l'interprète et le maître de la nature.

*Que voulait dire Aristote en disant : « Il n'y a pas de science du particulier ? » Rapprocher cette formule de celle des philosophes scolastiques :* Nulla est fluxorum scientia. — Ce second sujet, indiqué dans le *Cours*, est évidemment identique au précédent. Par « *fluxa* » les scolastiques entendaient les phénomènes envisagés, non dans leurs caractères ou leurs rapports communs (car en ce sens les phénomènes eux-mêmes peuvent être et sont objets de science) mais dans le fait même de leur succession, chacun d'eux s'évanouissant pour ne plus jamais reparaître.

## 2. — *De la classification des sciences; place de la philosophie dans cette classification.*

L'autre sujet indiqué dans le *Cours* : *énumérer, définir, classer les différentes sciences humaines*, revient à celui-ci. Il ne semble guère possible de commencer par énumérer les sciences au hasard sauf à les définir et à les classer ensuite : évidemment, on doit en faire d'abord la classification pour les passer en revue et définir les principales d'entre elles.

### Plan.

I. — Intérêt philosophique de la classification des sciences. « Une classification des sciences, a dit d'Alembert, est comme une *mappemonde* de l'univers scientifique. » C'est la traduction du mot de Bacon : « *Descriptio globi intellectualis.* »

II. — Histoire succincte des classifications des sciences. Voir dans le *Cours* celles d'Aristote, p. 1 et 512 ; de Bacon, p. 2 et 532; d'Ampère, d'Auguste Comte et d'Herbert Spencer, p. 2.

III. — Exposé de la classification courante. (V. *Cours*, p. 3.) Définition des quatre grands ordres de sciences, mathématiques, physiques, naturelles, morales. (V. *Cours*, p. 230, 235, 253, 265.) Insister sur la progression continue et ascendante formée par ces quatre ordres.

IV. — La place que la philosophie occupe dans la classification des sciences dépend de l'idée qu'on se fait de la philosophie. Si on considère la philosophie comme une science particulière, ayant pour objet propre l'esprit, toutes les autres sciences ayant pour objet le monde extérieur, la philosophie est alors la première des sciences noologiques, elle se confond avec les sciences morales ; si au contraire on voit dans la philosophie une science coextensive à toutes les autres ou plutôt une création de l'intelligence humaine d'un autre ordre que la science, on l'opposera à l'ensemble des sciences réunies : on la mettra en dehors de leur série, à côté ou au-dessus d'elles. — Cette seconde solution nous semble la plus juste. Une véritable classification des sciences n'a pas de place pour la philosophie : elle ne pourrait la recevoir sans la détruire. La philosophie ne serait plus elle-même, c'est-à-dire la science des principes universels, si elle était une science particulière, coordonnée avec les autres. Aussi, quelque affinité qu'elle présente avec le dernier terme de la série scientifique, c'est-à-dire avec le groupe des sciences morales, elle ne lui est pas cependant identique. Une image rendra peut être sensible ce rapport : qu'on imagine toutes les sciences occupant les différents points d'une ellipse ; la philosophie ne sera pas sur l'ellipse même ; elle sera à l'un des foyers, le plus proche, il est vrai, des sciences morales, mais d'où cependant elle rayonne aussi sur toutes les autres sciences.

**3. — *La philosophie est-elle une science particulière ou la science universelle? Dans quel sens pourrait-elle être l'une et l'autre ?***

Plan.

I. — La philosophie a commencé par être la science même, et toutes les sciences particulières étaient d'abord contenues dans son sein. Science universelle à ses origines, est-elle donc devenue finalement une science particulière ?

II. — Confusion primitive et distinction ultérieure du point de vue scientifique et du point de vue philosophique.— On comprit d'assez bonne heure que la sagesse, cet idéal d'une science complète et parfaite, égale à la vérité tout entière, est irréalisable pour l'homme. Pythagore, dit-on, remplaça le nom de sage par celui de philosophe. En outre, il devint de plus en plus manifeste que les problèmes étudiés par la philosophie ne sont pas tous de même espèce : les uns se rapportent à certaines propriétés ou à certaines classes spéciales de choses; et ceux-là appartiennent de droit aux sciences particulières qui s'en sont progressivement emparées; les autres se rapportent aux conditions universelles de l'Être; et ceux-là constituent l'objet propre de la philosophie. Ainsi, les sciences qui se sont peu à peu détachées du tronc commun de la philosophie ne lui appartenaient, ce semble, dès l'origine que par accident. Ce n'a jamais été philosopher que combiner des nombres, mesurer des figures, observer des astres, décrire des plantes et des animaux, même quand des philosophes comme Thalès, Pythagore ou Démocrite, vaquaient à ces diverses opérations. En revanche, dès qu'un savant, même de nos jours, se pose le problème de la nature intime et de la première origine de la matière, de la vie ou de la pensée, il cesse d'être un savant pour devenir un philosophe.

L'universalité de la philosophie ne consiste donc pas en ce qu'elle enveloppe toutes les sciences, mais bien plutôt en ce qu'elle les domine toutes : elle ne les embrasse pas, elle les dépasse.

III. — Aussi la philosophie peut-elle être tout à la fois et sans contradiction *universelle* et *particulière*. Elle a son objet propre et déterminé qui ne se confond avec celui d'aucune autre science, qui n'est pas davantage la somme des objets de toutes les autres sciences ; et cependant en un sens, elle s'étend aussi loin que toutes les sciences réunies, elle est la science universelle. C'est sans doute que son objet a des rapports nécessaires avec toutes choses.

IV. — Quel est en effet l'objet de la philosophie ?
Trois réponses ont été faites :

1° Ce qui reste après que les autres sciences se sont emparées de leurs objets, le « *bonum vacans* », c'est-à-dire l'âme humaine. La philosophie semble alors devenir une science spéciale, la psychologie, analogue à la physique ou à la physiologie. — Même dans cette hypothèse, elle demeure la plus générale, la plus synoptique des sciences. L'esprit de l'homme n'est qu'un point, mais ce point est le centre de la perspective universelle. (Voir pour le développement *Cours*, p. 4.)

2° L'ensemble des lois les plus générales des phénomènes. — Ces lois envisagées dans leur généralité même n'en constituent pas moins pour la philosophie un objet propre et cependant universel. La philosophie, a dit un philosophe de l'école positiviste, est la science *spéciale* des *généralités*.

3° La cause universelle de la Nature. — Cette cause, de quelque façon qu'on la conçoive, est distincte sans doute de l'ensemble des phénomènes par lesquels elle se manifeste : à ce titre, elle est bien pour la métaphysique qui l'étudie un objet propre et déterminé ; et cependant elle est universelle, puisque c'est en elle que cet ensemble de phénomènes a sa raison.

V. Conclusion. — Ainsi, quelque idée qu'on se fasse de la philosophie, soit qu'avec les psychologues et les moralistes on voie surtout en elle la science de l'esprit humain, soit qu'avec les positivistes et les savants on la réduise à la philosophie des sciences, soit qu'enfin avec les plus grands philosophes de tous les temps on l'identifie avec la métaphysique, elle domine toujours toutes les autres sciences par l'universalité de son point de vue propre ; et de nos jours comme aux premiers jours de son histoire, malgré l'émancipation successive des sciences particulières, elle demeure la science universelle, parce qu'elle est essentiellement la science de l'universel, — la science des principes.

**4.** — *Qu'est-ce que la métaphysique? Montrer que la philosophie, comme la plupart des sciences, a un côté spéculatif et un côté pratique : établir cette distinction par des exemples.*

Ce sujet manque complètement d'unité. Il semble composé de deux sujets différents, simplement juxtaposés : 1° Qu'est-ce que la métaphysique? 2° Montrer, etc.

Pour lui donner l'unité qui lui fait défaut, il conviendrait peut être de traiter de la *philosophie* envisagée dans son ensemble, sauf à prendre la *métaphysique* comme exemple principal de son « côté spéculatif »; on montrera ensuite comment les théories métaphysiques elles-mêmes ont leurs conséquences et leurs applications pratiques. — A plus forte raison la psychologie, la logique et la morale ont-elles aussi un côté pratique.

**5.** — *Pourquoi doit-on commencer l'étude de la philosophie par la psychologie? Si l'on admet un autre ordre, en donner les raisons.*

Plan.

I. — On définira la philosophie en s'attachant à montrer qu'elle est la science des principes universels ou des premiers principes, et on énumérera les parties dont elle se compose.

II. — De la définition de la philosophie, ne s'ensuit-il pas qu'elle doit commencer par la métaphysique? — Discuter cette opinion. (V. *Cours*, p. 6.) Faire voir que la métaphysique ainsi comprise est vide (faute de matériaux empruntés à l'expérience) et incertaine (faute de vérification). — Ce que deviennent la psychologie, la logique, la morale, dans cette hypothèse.

III. — Nécessité de commencer par la psychologie. — D'abord pour fonder la logique et la morale (sur ce dernier point, voir *Cours*, p. 298), ensuite pour fonder la métaphysique elle-même. Pas de métaphysique solide sans une critique préalable des facultés et des méthodes de l'esprit humain; pas de métaphysique profonde sans une connaissance préalable du seul être que nous connaissions du dedans et dans sa réalité absolue, c'est-à-dire l'âme. (Cf. *Sujet* 372.)

IV. — Conclusion. — Rappeler ces paroles célèbres : « *Ab exterioribus ad interiora, ab interioribus ad superiora* » (saint

Augustin). — La connaissance de nous-même doit nous servir de degré pour nous élever à la connaissance de Dieu. (Bossuet.) — Deux pôles de toute science : la personne-moi d'où tout part, la personne-Dieu où tout aboutit. (Maine de Biran.)

### 6. — *En quoi la psychologie est-elle nécessaire à la logique, à la morale, à la théodicée ?*

Voir le *Sujet* précédent. — Voir en outre *Cours*, p. 195. — Faire remarquer la correspondance des théories de la logique formelle, termes, propositions, syllogismes, avec la théorie psychologique des opérations intellectuelles qui se retrouvent aussi dans les méthodes des diverses sciences. — Pour la théodicée, voir p. 472 et 474. Rechercher ce que deviendraient la logique, la morale et la théodicée dans l'hypothèse où on essaierait de les constituer en dehors de toute psychologie. (Prendre garde qu'elles ne seraient pas absolument impossibles dans cette hypothèse, mais simplement mutilées ou défigurées.)

### 7. — *Des rapports de la philosophie avec les autres sciences.*

#### Plan.

Il y a entre la philosophie et les autres sciences des rapports d'influence et de dépendance réciproques (analogues à ceux qui existent dans un animal supérieur entre le cerveau et tous les autres organes).

1° Montrer comment la philosophie a besoin des autres sciences pour fournir des données et des preuves à ses propres théories. — Exemples : rapports de la psychologie avec la physique (théorie de la perception extérieure) ; avec la physiologie (théories des sensations, de la mémoire, de l'habitude, de l'instinct, etc.) ; avec la philologie (théorie du langage, etc.) ; rapports de la logique avec toutes les sciences (théorie des méthodes) ; rapports de la morale avec l'histoire, l'économie politique, etc. ; rapports de la métaphysique avec toutes les sciences (théories de la matière, de la vie, de la nature de l'âme, des preuves de l'existence de Dieu) ;

2° Inversement, montrer comment toutes les sciences dépendent (au moins logiquement) de la philosophie qui étudie leur nature et leurs diverses espèces, leurs méthodes, leurs principes et leurs résultats généraux. (V. *Cours*, p. 6, *la philosophie des sciences.*)

3° Vérifier la solidarité de la philosophie et des sciences par l'indication sommaire de leur histoire.

## 8. — *Qu'appelle-t-on philosophie des sciences ?*

La philosophie des sciences est l'étude des plus hautes généralités scientifiques. Elle étudie donc des questions qui concernent toutes les sciences en général sans être du ressort d'aucune d'elles en particulier.

Telles sont celles de la *nature* des sciences et de leur classification, de leurs *méthodes*, etc. (V. dans le *Cours*, p. 6, les quatre théories fondamentales dont se compose la philosophie des sciences et qui doivent former autant de paragraphes distincts dans la dissertation.)

On démontrera, contrairement à l'assertion des positivistes, que ces théories ne peuvent être étudiées avec le seul secours des sciences elles-mêmes, qu'il y faut de plus la connaissance de l'esprit humain et la considération des premiers principes (psychologie et métaphysique).

Exemples d'ouvrages appartenant à la philosophie des sciences :

Bacon : *De Augmentis scientiarum* et *Novum organum*. — Ampère : *Essai sur la philosophie des sciences*. — Auguste Comte : *Cours de philosophie positive*. — Claude Bernard : *Introduction à l'étude de la médecine expérimentale*, etc.

## 9. — *Qu'entend-on par philosophie de l'histoire, philosophie du droit, philosophie des sciences, philosophie des beaux-arts, et, en général, quel est le sens du mot philosophie dans toutes les expressions analogues ?*

On doit prendre garde qu'il ne s'agit pas ici d'expliquer tour à tour ce qu'on entend par philosophie de l'histoire, philosophie du droit, etc., mais de dégager le sens général du mot « philosophie » dans toutes ces expressions. Le principe général qui permet de répondre à la question est posé dans le *Cours*, p. 7.

### Plan.

I. — La philosophie est essentiellement la science des principes universels, des premiers principes. Mais précisément parce qu'ils sont universels, ces principes ne sont pas renfermés en eux-mêmes, ils rayonnent à travers toutes choses : ils ont des rapports avec tout. D'où il suit que la philosophie n'est pas, en quelque sorte, bornée à la philosophie même, mais qu'elle sort, pour ainsi dire, de soi et se retrouve non seulement dans les autres sciences, mais encore dans l'histoire, le droit, les beaux-arts, etc.

II. — Ainsi, en histoire, dès qu'on s'efforce de rechercher les causes et les lois les plus générales des événements historiques, on rencontre bientôt des problèmes philosophiques : la nature de l'homme, ses instincts, ses facultés; est-il libre ou esclave des événements et des milieux? l'humanité s'agite-t-elle au hasard ou obéit-elle à des lois? et ces lois témoignent-elles d'une volonté providentielle? etc.

III. — Montrer de même que le droit, à moins de se réduire au seul commentaire des lois, ne peut s'efforcer de les expliquer et surtout de les justifier sans remonter aux principes de la morale.

IV. — Pour la philosophie des sciences, voir le *Sujet* 8.

V. — Pour la philosophie des beaux-arts, montrer qu'on ne peut essayer de comprendre l'existence même des beaux-arts, les lois générales selon lesquelles ils produisent leurs œuvres, se développent, se transforment, sans chercher dans la psychologie des sentiments et de l'imagination l'explication de tous ces faits.

V. Conclusion. — Il y a donc en quelque sorte deux philosophies, la philosophie pure ou proprement dite, et la philosophie appliquée qui est, en effet, l'application de l'esprit philosophique à l'étude de toutes choses.

*N. B.* — Tous ces sujets ont été placés dans le *Cours* à la fin de l'*Introduction* à laquelle ils se rapportent; mais on s'apercevra facilement qu'ils ne peuvent être traités qu'après une étude suffisante du *Cours* tout entier.

# LIVRE PREMIER

## PSYCHOLOGIE

---

## CHAPITRE PREMIER

### OBJET DE LA PSYCHOLOGIE

**10.** — *Sur quoi repose la distinction entre la psychologie expérimentale et la psychologie rationnelle ?*

*Plan.*

I. — La psychologie est la science de l'âme ; mais par âme, on peut entendre, soit un certain ensemble de phénomènes, à savoir les états de conscience, soit leur principe commun et permanent, l'âme même, la substance et l'essence de l'âme. D'où deux espèces de psychologie, la psychologie expérimentale et la psychologie rationnelle.

II. — Elles diffèrent par la nature de leurs *objets*. L'une a pour objet les phénomènes : c'est une psychologie phénoméniste, positive. L'autre a pour objet un être : c'est une psychologie substantialiste, métaphysique.

III. — Elles diffèrent par la nature des *problèmes* qu'elles se posent. L'une recherche quelles sont les lois des phénomènes psychologiques ; l'autre quelle est la nature intime de l'âme (V. *Cours*, p. 444-462), son origine, sa destinée (V. *Cours*, p. 487-491), ses rapports avec les autres êtres et avec Dieu.

IV. — Elles diffèrent par leur *méthode*. L'une emploie l'expérience : c'est une science d'observation, sinon d'expérimentation. L'autre emploie le raisonnement. De là leurs noms respectifs.

V. — Elles diffèrent enfin par leurs *rapports* avec les autres parties de la philosophie et les autres sciences. — L'une est la base de la logique et de la morale (tout au moins de la morale pratique) ; elle est la première des sciences morales, liée d'une part à la physiologie, de l'autre à l'éthologie (science des caractères), à la pédagogie (science de l'éducation), à l'esthétique (science du beau), à la philologie (science du langage), à l'histoire, etc. ; l'autre est une partie de la métaphysique, étroitement liée à la critique de la connaissance, à la morale spéculative et à la théodicée.

VI. — Telle est la distinction traditionnelle des deux psychologies (principalement dans l'école éclectique). Peut-être est-elle exagérée. Les adversaires de la métaphysique en ont tiré cette conclusion que la seule psychologie est une psychologie « sans âme », la science des états de conscience. — Mais il est faux que dans l'âme, l'être soit séparé des phénomènes, ceux-ci étant connus par observation directe, celui-là étant supposé par voie de raisonnement ; la conscience enveloppe indivisiblement en elle-même les phénomènes et l'activité une et continue qui en est le principe. Les deux noms de psychologie expérimentale et de psychologie rationnelle pris au pied de la lettre sont donc inexacts. — En outre, la psychologie expérimentale elle-même ne peut pas se séparer complètement de la psychologie rationnelle : les lois auxquelles elle aboutit (lois de la perception, de la mémoire, de l'association, de l'habitude, du plaisir et de la douleur) demeurent inexpliquées tant qu'on ne les a pas rattachées à l'activité et à l'unité essentielles de l'âme. De même les théories de la raison et de la liberté seront nécessairement sacrifiées dans une psychologie purement expérimentale.

VII. Conclusion. — La psychologie expérimentale et la psychologie rationnelle ne sont donc pas deux espèces de psychologie, ni peut-être même deux parties, mais seulement deux aspects de la psychologie qui est la science de l'âme tout entière, être et phénomènes.

Consulter, pour bien comprendre ce dernier paragraphe les § 58-61 et 444-449 du *Cours*.

**11.** — *Marquer par des traits précis et des exemples la distinction des faits psychologiques, des faits physiologiques et des faits physiques.*

Il est inutile de faire intervenir, au moins dès le début, la question de la distinction des sciences qui s'occupent de ces trois ordres de faits. Cette distinction devra plutôt être conclue de celle des faits eux-mêmes.

Plan.

I. — Tous les faits qui tombent sous notre expérience peuvent se ranger dans l'une ou l'autre de ces trois classes : 1° faits physiques (dans un sens large), attraction et mouvements des astres, pesanteur, lumière, chaleur, électricité, combinaisons chimiques, etc.; 2° faits physiologiques : germination, floraison, fructification des végétaux; respiration, circulation, innervation, contraction musculaire, etc.; 3° faits psychologiques : sensations, émotions, pensées, actions volontaires, etc.

II. — L'opposition la plus tranchée est celle des faits psychologiques et des faits physiques.

*A.*) Les faits psychologiques échappent aux sens et sont connus par la conscience; les faits physiques sont des faits sensibles. (V. *Cours*, p. 10, où ce qui est dit des faits physiologiques peut se dire à fortiori des faits physiques.)

*B.*) Les faits psychologiques sont étrangers à l'espace; les faits physiques se produisent dans l'espace. (V. *Cours*, ibidem.)

*C.*) Les faits psychologiques sont organisés en vue de certaines fins vers lesquelles ils tendent (le montrer rapidement par l'analyse de la sensibilité, de l'intelligence et de la volonté); les faits physiques se produisent dans les corps inorganiques et semblent indépendants de toute espèce de fins.

III. — Les faits physiologiques sont comme intermédiaires entre les faits physiques et les faits psychologiques.

*A.*) Ils sont organisés en vue de fins vers lesquelles ils tendent (conservation de l'individu, conservation de l'espèce).

*B.*) Ils peuvent, ce semble, être connus intérieurement par la conscience en même temps qu'extérieurement par les sens. Ainsi, je perçois les battements de mon cœur par une sorte de sens interne et non pas seulement par la vue ou le toucher comme les oscillations d'un pendule.

*C.*) Enfin, de même que les faits psychologiques, ils paraissent impliquer une activité spontanée comme leur cause générale et principale au lieu d'être le simple effet de causes physiques antécédentes.

IV. — Tous ces caractères, en effet, suffisent à distinguer les faits physiologiques des faits physiques, mais ils ne sont pas moins distincts des faits psychologiques.

*A.*) Les fins vers lesquelles ils tendent ne sont pas de même nature. (V. *Cours*, p. 11.)

*B.*) Ils peuvent être connus par des sensations spéciales dites internes ; mais ces sensations dont ils restent distincts sont seules connues par la conscience. (V. *Cours*, p. 44 et 53 sur cette prétendue perception ou conscience du corps.)

*C.*) L'activité spontanée dont ils paraissent dépendre n'est pas directement connue : elle est simplement supposée et l'organicisme la conteste (V. *Cours*, p. 437) : l'âme se connaît directement elle-même comme la cause générale et principale des faits psychologiques.

*D.*) Enfin, les faits physiologiques, pris en eux-mêmes, sont absolument de même espèce que les faits physiques : ils ne consistent, comme eux, qu'en mouvements ; ce sont des « mouvements organisés en vue de fins. » (V. *Cours*, p. 10, 438 et 439.)

V. Conclusion. — Ainsi, au point de vue de la science, ces trois ordres de faits sont bien distincts. Peut-être cependant la métaphysique nous amènera-t-elle à soupçonner qu'ils peuvent se ramener à l'unité. (V. *Cours*, p. 433 à 442, et aussi p. 445, 446 et 456.)

*N. B.* On pourrait substituer aux termes : faits physiques, faits physiologiques, faits psychologiques, ces trois autres équivalents : mouvement, vie et pensée. — Voir aussi *Cours*, p. 433-442 et tout le chapitre qui suit.

**12. — *De la distinction de la psychologie et de la physiologie. En quoi cependant ces deux sciences peuvent-elles se rendre de mutuels services ?***

Pour la première partie, voir le *Sujet* précédent. — La seconde peut se diviser ainsi :

1. — Services rendus par la physiologie à la psychologie.— Tous ou presque tous les états de conscience sont liés à des états des organes

soit à titre d'effets, soit à titre de causes (sensations, images, souvenirs, émotions, etc.) : donc on n'en possède qu'une connaissance tout à fait incomplète tant qu'on ne les étudie que par l'observation psychologique, sans recours aux données de la physiologie. (V. *Cours*, p. 14, sur l'insuffisance de la méthode subjective, et aussi p. 15 et 16, sur l'expérimentation en physiologie. Cf. ch. xiv.)

2. — *Services rendus à la physiologie par la psychologie.* — La raison d'être de la structure et des fonctions du cerveau ne peut se trouver que dans l'analyse des facultés mentales. Mot d'un physiologiste cité par M. Ribot dans la préface de la *Psychologie anglaise contemporaine*. « Nous sommes, nous autres physiologistes, en présence des fibres et des cellules du cerveau comme un cocher de fiacre en présence des rues et des maisons de Paris : nous en connaissons bien l'extérieur, mais l'intérieur nous est inconnu. » Certaines théories, par exemple celle de la vision ou plus généralement de la perception extérieure, ne peuvent être établies que par le concours de la physiologie et de la psychologie.

Consulter dans le *Cours* le ch. xiv. *Les rapports du physique et du moral.*

## 13. — *Comparaison de l'observation interne et de l'observation sensible.*

### Idées à développer.

1. — L'observation interne se fait par la conscience (*Cours*, p. 10) : elle est donc immédiate comme la conscience même ; de là sa certitude absolue. (*Cours*, p. 53.) Mais, comme elle aussi, elle est essentiellement personnelle, subjective ; de là ses difficultés et ses lacunes. (*Cours*, p. 13 et 14.) — L'observation sensible se fait par l'intermédiaire des organes des sens ; elle est donc médiate : de là des erreurs possibles ; mais elle est impersonnelle, objective : de là, au point de vue scientifique, des avantages incontestables.

2. — L'observation interne n'atteint pas seulement des phénomènes mais encore la cause qui les produit, à savoir l'activité de l'âme. L'observation sensible n'atteint que des phénomènes dont les causes lui demeurent cachées et qui ne peuvent être découvertes que par voie de raisonnement. Encore le raisonnement ne découvre-t-il que les conditions déterminantes des phénomènes, non les forces actives qui en sont les causes véritables. (Cf. le *Sujet* suivant.)

**14.** — *Comparer l'expérience en physique et l'expérience en psychologie. Montrer les analogies et les différences.*

Il faut prendre garde à l'équivoque du mot *expérience*. Tantôt en effet expérience s'oppose à *inférence* ou *raisonnement*, et alors il signifie perception ou vision des choses mêmes (c'est en ce sens que les empiriques font de l'expérience l'origine première de toutes nos connaissances); tantôt il s'oppose à *observation*, et alors il signifie expérimentation, modification ou production artificielle des faits que le savant désire observer. Nous croyons que le mot doit être pris ici dans son premier sens, qui est le plus général. (V. dans le *Cours* p. 236, *la méthode des sciences physiques*.)

Plan.

I. — La psychologie est, comme la physique, la chimie, une science de faits, non d'abstractions. Elle repose donc comme elles sur l'expérience, et non, comme les mathématiques, sur le raisonnement pur. Est-ce une raison pour en faire, avec certains savants contemporains, une science physique, une sorte de physique de l'âme ou d'histoire naturelle des états de conscience ? On recherchera ici dans quelle mesure l'expérience en psychologie est analogue à l'expérience dans les sciences physiques et dans quelle mesure elle en diffère.

II. Analogies. — L'expérience psychologique est tout aussi *positive*, tout aussi *certaine* que l'expérience physique. Le plaisir, la douleur, le souvenir, la croyance, etc., ce ne sont pas là des fictions, des hypothèses, ce sont des faits qu'on peut étudier, décrire, analyser, etc., exactement comme des faits de pesanteur, chaleur, lumière, etc. Le psychologue est, comme le physicien ou le chimiste, un observateur : il lui faut les mêmes qualités d'esprit, impartialité, sagacité, patience ; il poursuit le même but : connaître les lois et les causes des phénomènes qu'il observe. (V. *Cours*. p. 237.)

III. Différences. — Mais les différences sont plus profondes que les analogies :

1° En physique, l'esprit observe un objet qui lui est extérieur : en psychologie, il s'observe lui-même. D'où la nécessité, dans le premier cas, d'intermédiaires entre l'esprit et l'objet: ce sont les *sens*; dans le second cas, l'observation est vraiment immédiate; c'est la *conscience* où le sujet et l'objet ne font qu'un.

(V. *Cours*, p. 53.) — Mais aussi la première observation peut être commune à plusieurs savants, la seconde est nécessairement personnelle.

2° En physique, l'objet observé est situé dans l'espace : il est donc plus ou moins stable et composé de parties qu'on peut compter, dessiner, mesurer, etc. En psychologie, le fait observé se produit dans le temps : il est essentiellement passager, instable. Aussi, est-il très difficile de le saisir. En tout cas, on ne peut le décomposer effectivement, le mesurer, le figurer, etc.

3° En physique, le phénomène seul est connu directement : les causes qui le produisent ne tombent pas sous l'observation ; mais on peut réussir à les déterminer en faisant varier les antécédents du phénomène : c'est ce qu'on appelle expérimentation ou expérience proprement dite. — En psychologie, l'expérience interne atteint, en même temps que le fait, sa cause essentielle, majeure, à savoir l'activité même de l'esprit. Je ne vois pas seulement un acte de volonté : je vois en même temps le moi qui veut, et ainsi de suite. Mais l'expérience interne n'atteint pas les causes concourantes et déterminantes, celles qui modifient à chaque fois d'une façon particulière l'activité du moi. Pour les découvrir, l'expérimentation serait nécessaire. Est-elle possible ? — Raisons pour lesquelles elle est très difficile. (V. *Cours*, p. 15 et 263. V. aussi le *Sujet* 23.)

IV. Conclusion. — A certains égards, l'expérience psychologique est inférieure à l'expérience physique (résumer ses difficultés et ses lacunes), mais à un autre point de vue, au point de vue métaphysique, elle lui est supérieure : 1° elle est absolument certaine ; 2° elle n'atteint pas seulement les phénomènes, mais l'être. — Et c'est la raison même pour laquelle la psychologie n'est pas vraiment une science proprement dite, mais est bien plutôt une partie intégrante de la philosophie.

# CHAPITRE II

## MÉTHODE DE LA PSYCHOLOGIE

**15.** — *La psychologie est-elle une science d'observation ou une science de raisonnement?*

### Plan.

I. — Montrer qu'en fait, la psychologie est une science d'observation.

II. — Montrer qu'en droit, il ne peut en être autrement, par l'analyse des conditions d'une science de raisonnement. Ces conditions, la psychologie ne peut les remplir.

III. — Discuter l'objection tirée des psychologues dissidents (Spinoza et Herbart) qui ont traité de l'âme déductivement.

IV. — Rôle du raisonnement en psychologie.

### Développement.

I. — En fait, la psychologie, telle qu'elle est comprise et traitée de nos jours, est une science d'observation. — C'est par l'observation interne ou subjective, plus ou moins complétée et contrôlée par l'observation objective, que les psychologues de toutes les écoles (française ou éclectique, écossaise, anglaise, etc.), prétendent classer les faits psychologiques, les analyser et déterminer leurs lois. Quelques-uns mêmes, particulièrement les partisans de la psycho-physique et de la psychologie physiologique, essaient de substituer de plus en plus à l'observation ordinaire qui est passive cette sorte d'observation active qui s'appelle expérimentation. — Le raisonnement, comme dans toutes les sciences d'observation, n'intervient qu'à titre d'auxiliaire de l'expérience, soit pour induire les lois qu'elle manifeste, soit pour déduire de ces lois des conséquences qu'elle-même devra vérifier ultérieurement.

II. — Mais cette méthode est-elle la bonne? En droit, la

psychologie est-elle une science d'observation? On démontrera que le droit est ici d'accord avec le fait.

Le type des sciences de raisonnement, ce sont les mathématiques (arithmétique, algèbre, géométrie). Elles ont toutes ce caractère commun d'étudier non des réalités mais des abstractions, pour mieux dire des constructions idéales que l'esprit fait lui-même avec des éléments très simples (l'unité, la droite, etc.) dont les propriétés sont immédiatement évidentes.

On comprend dès lors que le raisonnement puisse suffire à découvrir toutes les propriétés de ces constructions puisqu'elles dérivent analytiquement des propriétés de leurs éléments et de la façon dont l'esprit les a combinés en chacune d'elles. (V. *Cours*, p. 230.)

Mais il s'ensuit aussi cette conséquence que les vérités ainsi découvertes sont absolument idéales et qu'elles expriment de simples possibilités. Le mathématicien ne sait pas qu'il y a des nombres, des figures, ni quels nombres et quelles figures se réalisent en effet : il sait seulement que s'il y a des nombres ou des figures, ils auront telles et telles propriétés.

Or, la psychologie ne remplit nullement les conditions d'une science de raisonnement. Elle a pour objet non une abstraction mais une réalité. Cette réalité, à savoir l'âme humaine, est éminemment complexe, et nous ignorons à priori de quels éléments elle se compose et quelles sont les propriétés de ces éléments. Nous savons en tout cas que ces éléments ne sont pas invariables, comme l'unité ou la droite qui, dans quelque combinaison qu'on les introduise, restent toujours absolument identiques, mais qu'ils modifient au contraire leurs propriétés selon les combinaisons dans lesquelles ils entrent.

Il faut donc, de toute nécessité, avoir recours à l'observation pour découvrir les éléments, peut-être très nombreux, dont l'âme est composée (faits simples ou facultés primitives), pour déterminer les lois qui les régissent, et même, en chaque cas particulier, pour vérifier les propriétés des combinaisons qu'ils peuvent former.

III. Objection. — Comment se fait-il cependant que certains philosophes aient cru pouvoir traiter la psychologie rationnellement, par exemple, Spinoza, qui a fait une sorte de géométrie de l'âme (V. *Cours*, p. 12 et 549); et aussi Herbart (philosophe allemand du commencement de ce siècle, disciple de

Kant) qui a fait une statique et une dynamique mentales? (V. Ribot, *Psychologie allemande*.)

Spinoza prétend déduire toute sa psychologie d'une définition de l'âme, elle-même déduite de la définition de Dieu : mais en réalité, sa déduction s'arrêterait bientôt si elle n'empruntait subrepticement à l'observation des prémisses supplémentaires. Par exemple, c'est l'observation et non le raisonnement qui apprend à Spinoza qu'au nombre des attributs de Dieu se trouvent l'étendue et la pensée ; c'est elle encore qui lui apprend l'existence de l'homme, c'est-à-dire d'un certain corps organisé auquel est jointe une certaine combinaison des modes de la pensée, etc. Supprimez tous ces postulats avoués ou tacites, la psychologie de Spinoza n'existe plus. Mais ou ces postulats ne sont en effet que des hypothèses, et alors les conclusions qu'on en tire sont elles-mêmes hypothétiques, tant que l'observation ne les a pas vérifiées; ou s'ils se trouvent être vrais, c'est qu'on a pris soin de les demander à l'observation.

Herbart fonde sa psychologie sur ce principe : l'âme est une force représentative qui n'est capable à chaque moment que d'une seule représentation actuelle, mais en qui toutes les représentations antérieures subsistent à l'état virtuel et se combinent ou s'opposent entre elles. — Mais qu'est-ce que ce principe sinon une hypothèse évidemment suggérée par l'observation (principalement des faits de mémoire et d'habitude)? Seulement cette observation est trop restreinte pour que l'hypothèse ait à priori une bien grande valeur. Un second recours à l'observation est donc évidemment nécessaire pour en vérifier les conséquences.

Ainsi, les psychologies de Spinoza et de Herbart ne se rencontrent partiellement avec la réalité que parce qu'elles reposent sur des principes fournis par l'observation. Supposez par impossible une psychologie entièrement à priori, ce sera un vrai miracle si elle est d'accord avec les faits. (V. *Cours*, p. 12.) Encore faudra-t-il en venir à l'observation pour s'assurer de cet accord miraculeux.

Aussi, quelque part qu'on fasse au raisonnement en psychologie, l'observation sera toujours nécessaire : 1° pour lui fournir toutes ses prémisses; 2° pour vérifier toutes ses conséquences. — Mais, par cela même, le raisonnement ne peut être que subordonné à l'observation : car il est impossible de limiter d'avance le nombre des faits élémentaires ou des facultés primitives de l'âme ainsi que des lois qui les régissent. Or, l'ignorance ou l'erreur à l'égard d'un seul d'entre eux suffirait pour vicier tous les résultats du raisonnement.

IV. — Cependant, il est juste de reconnaître la part très grande que le raisonnement ne peut manquer d'avoir en psychologie, et c'est un point sur lequel il faut peut-être insister plus qu'on ne l'a fait jusqu'ici.

1° Ainsi, ce qu'on appelle l'observation objective (V. *Cours*, p. 14-15) est une combinaison d'observation et de raisonnement. — Le démontrer par l'analyse successive des formes de cette observation;

2° C'est par le raisonnement inductif que la psychologie établit les lois générales du plaisir et de la douleur, des sensations, de la mémoire, de l'association des idées, de l'habitude, etc.;

3° Mais la déduction n'a pas un rôle moindre dans l'établissement de toutes les grandes théories psychologiques. Ces théories consistent toutes, en effet, à déduire d'un certain nombre de faits et de lois connus ou même en partie supposés l'explication de toute une partie de la nature humaine (perception extérieure, imagination, raison, etc.)

L'histoire de la psychologie confirme ces assertions. Ainsi, Condillac raisonne, en réalité, beaucoup plus qu'il n'observe. Etant donnée la sensation, il construit à priori toutes les facultés d'un homme imaginaire. Stuart Mill, avec les seules données des sensations et de l'association des idées, s'efforce de recomposer toute la vie mentale, etc., etc.

V. Conclusion. — La psychologie est donc une science essentiellement fondée sur l'observation; mais le raisonnement y a un rôle d'autant plus étendu que l'expérimentation en est presque complètement absente. (V. *Cours*, p. 269.)

16. — *En quoi consiste la méthode de la psychologie? Qu'a-t-elle de commun et de différent avec la méthode des sciences physiques?*

Idées à développer.

1° La méthode de la psychologie est, comme celle des sciences physiques, une méthode d'observation et d'induction; 2° mais l'observation y est surtout subjective : elle se fait par la conscience, non par les sens ; 3° cette observation n'atteint pas seulement des phénomènes, mais leur cause, c'est-à-dire l'activité libre de l'âme ; 4° par cela même, les lois que l'induction y détermine ne sont pas nécessaires au même degré que les lois physiques. (V. *Cours*, p. 263 ; voir aussi *Sujet* précédent.)

17. — *De l'observation psychologique. Difficulté de cette observation. Comment peut-on remédier à cette difficulté ?*

V. *Cours*, p. 12 et suivantes. Aux difficultés indiquées dans le *Cours*, on peut ajouter celles qui résultent 1° de l'extrême rapidité des faits psychologiques, de leur instabilité ; 2° de la répugnance que nous avons presque tous à rentrer en nous-mêmes ; 3° des idées préconçues que l'amour-propre nous suggère et qui nous empêchent de nous voir tels que nous sommes. — Le principal moyen de remédier à ces difficultés c'est de multiplier les observations, de les contrôler par celles d'autres observateurs, c'est surtout d'avoir recours à l'observation objective.

18. — *De la méthode psychologique ; ses difficultés ; discussion des objections qui se sont élevées contre cette méthode.*

Prendre garde de ne pas confondre la *méthode psychologique* et la *méthode de la psychologie*. — Celle-ci est un ensemble de procédés très nombreux et très divers dont la plupart se retrouvent d'ailleurs dans les méthodes d'autres sciences (par exemple l'observation objective, l'expérimentation, l'induction, etc.). La méthode psychologique au contraire est un procédé essentiellement propre à la psychologie et qui la caractérise entre toutes les sciences, par conséquent l'observation subjective, autrement dite observation de conscience, réflexion, ou comme l'appellent volontiers les psychologues anglais, *introspection*. — Dès lors, ce sujet revient au précédent.

19. — *Quels sont les moyens auxiliaires dont dispose la psychologie pour compléter et confirmer les résultats de l'observation intérieure ?*

I. L'observation intérieure. — Comment ses résultats peuvent être 1° incomplets, 2° incertains — II. Observation objective. Ses diverses formes. — III. Expérimentation. — IV. Hypothèse et raisonnement. (V. dans le *Sujet* 15 le quatrième paragraphe du plan.)

## 20. — *Comment l'histoire peut-elle être une source d'information pour la psychologie?*

**Plan.**

I. — Etroitesse du champ de l'observation personnelle en psychologie. Difficulté de l'observation d'autrui. Difficulté plus grande encore de l'expérimentation. Comment le psychologue pourra-t-il se procurer des échantillons de faits psychologiques suffisamment nombreux et nets? Comment pourra-t-il les observer dans des circonstances assez diverses pour voir se dégager du sein de cette diversité même les lois uniformes et générales qui les régissent?

II. — L'histoire est comme un immense champ d'observations et même d'expériences toujours ouvert pour le psychologue.

Il y trouvera : 1° une grande *variété* de faits; 2° ces faits eux-mêmes présentés avec une *intensité* et une *netteté* supérieures (chez les grands hommes ou encore dans un peuple tout entier animé d'une même passion); 3° les lois générales de ces faits plus faciles à démêler, en particulier la grande loi de l'*évolution* et du *progrès* des facultés mentales. « Il est plus facile, disait Platon dans la *République*, de lire une inscription gravée en gros caractères. » Les traits de la nature humaine sont en quelque sorte grossis dans l'histoire. — (Insister sur les divisions de ce paragraphe qui, à lui seul, est toute la dissertation.)

III. — Cependant, il ne faut pas en conclure que l'histoire puisse suffire à constituer la psychologie. Montrer qu'elle demande sans cesse à être interprétée par la connaissance directe des résultats de l'observation intérieure.

## 21. — *Que peut-on tirer de l'étude du langage pour la psychologie?*

**Plan.**

I. — S'il est vrai que l'intelligence soit la faculté maîtresse de l'homme, la théorie de l'intelligence est la partie centrale de la science de l'âme humaine. Comment la psychologie pourra-t-elle analyser l'intelligence et découvrir ses lois essentielles?

II. — Montrer qu'il est impossible d'observer les opérations spontanées de l'intelligence : cette observation même les détruirait ; d'ailleurs elles sont tellement rapides qu'elles sont presque insaisissables. Mais ces opérations se manifestent par le langage : elles y revêtent une forme qui permet de les observer et de les analyser à loisir. — Association des idées et des mots. L'abstraction, la généralisation se survivant à elles-mêmes dans les termes. Correspondance du jugement et de la proposition, du raisonnement et de son énoncé, en général, de la pensée et du discours. (V. *Cours*, p. 92-95 et aussi p. 195, 198, etc.)

III. — Les lois générales de l'intelligence, catégories, principes directeurs de la connaissance, doivent aussi par là même se retrouver dans les lois générales du langage. — Si on objecte que nous prenons pour les lois générales du langage les lois particulières des langues civilisées, l'analyse comparative des langues servira justement à montrer si en effet l'intelligence humaine obéit partout et toujours aux mêmes lois fondamentales.

IV. — L'étude du langage peut même fournir des renseignements utiles aux autres parties de la psychologie. La langue d'un peuple contient en effet une multitude de termes qui désignent différents états psychologiques : c'est comme une sorte de registre des observations et des analyses psychologiques de ce peuple. M. Ribot l'appelle « une psychologie pétrifiée ».

V. Conclusion. — Étudier le langage, c'est étudier l'esprit humain qui s'y reflète comme dans un miroir.

**22.** — *Passer en revue les sources d'information de la psychologie.*

1° Observation subjective ; 2° observation objective ; 3° histoire, littérature, langage ; 4° physiologie. — Dans l'observation objective, faire une place particulière pour l'observation des animaux.

**23.** — *L'expérimentation est-elle possible en psychologie ?*

Plan.

I. — Rôle capital de l'expérimentation dans la méthode expérimentale. Sa supériorité sur la simple observation. Comment elle permet seule de déterminer avec certitude les lois de causalité. — La physique et la chimie lui doivent leurs progrès. Transformation de la physiologie, depuis que les Bichat, les Claude Bernard, les Pasteur en ont fait une science expérimentale. (V. *Cours*, p. 238 et 243.) Est-il possible d'appliquer l'expérimentation à la psychologie ?

II. — On doit d'abord rechercher dans quelles circonstances les sciences de la nature emploient l'expérimentation.

Les deux grandes méthodes expérimentales sont la méthode de différence et la méthode des variations concomitantes. En quoi elles consistent. (V. *Cours*, p. 213 et 214.) La première exige : 1° qu'on puisse faire agir une cause donnée à volonté ; 2° qu'on puisse connaître exactement et complètement toutes les circonstances au milieu desquelles on l'introduit et que ces circonstances même restent invariables d'un moment à l'autre ou puissent se retrouver identiques dans deux expériences distinctes. La seconde exige en outre qu'on puisse doser ou mesurer exactement les variations de la cause qu'on fait agir, ainsi que celles de l'effet qui en résulte.

Faute de ces conditions, l'expérimentation ou est tout à fait impossible ou ne donne que des résultats vagues et incertains ; et dans ce dernier cas, elle n'est nullement supérieure à l'observation qui peut même parfois lui être préférée.

III. — La psychologie remplit-elle les conditions requises pour l'emploi de la méthode expérimentale ?

Tout d'abord peut-on faire agir à volonté une cause donnée ou inversement l'empêcher d'agir ? Dans certains cas, c'est possible, par exemple, lorsque la cause d'un phénomène psychologique nous est connue et que nous avons prise sur elle : par exemple, pour les sensations dont la cause est un agent extérieur tel que la lumière, la chaleur, l'électricité, le son, etc. — Dans d'autres cas, ce serait physiquement possible, mais une impossibilité morale s'y oppose. Par exemple, il pourrait être utile pour la solution de certains problèmes psychologiques de séquestrer un enfant jusqu'à un certain âge (comme des inconnus le firent pour Gaspard Hauser), de le rendre artificiellement aveugle pour un temps plus ou moins long, sourd, muet, etc. Le respect de la personne humaine interdit de telles expériences parfaitement possibles en soi. — Dans presque tous les cas enfin, cela est impossible parce que la cause du phénomène nous est inconnue ou échappe à toutes nos prises. Par exemple, quelle cause rend l'esprit capable d'abstraire, de juger, de raisonner, etc. ? D'où vient la tendresse de certaines âmes, la dureté de certaines autres ? Il n'y a pas d'agent physique ou d'organe dont la mise en jeu suffise à produire des effets de cette sorte.

En second lieu, peut-on compter en psychologie sur des ensembles de circonstances suffisamment définies et invariables pour qu'on soit sûr de les connaître toutes et de les retrouver absolument identiques à deux moments d'une même expérience ou dans deux expériences distinctes ? — Oui, quand il s'agit de *sensations*, parce qu'ici les circonstances qui peuvent influer sur le phénomène sont en somme assez peu nombreuses (milieu physique, état des organes) et nous savons qu'elles sont à peu près invariables, au moins autant qu'il est nécessaire pour le succès de l'expérimentation. De même, quand il s'agit des *effets physiques* de certains états de conscience très simples (effets de la souffrance sur les glandes lacrymales, de la honte sur les nerfs vaso-moteurs de la face et du cou, etc.); mais dès qu'il s'agit de faits intellectuels, émotionnels ou volontaires, nous ne pouvons plus avoir la même assurance. Les circonstances qui influent sur ces faits et concourent avec la cause principale sont innombrables, pour la plupart inconnues de nous, et susceptibles de variations extrêmement rapides. D'où l'impossibilité de réaliser les deux cas, positif et négatif, exigés par la méthode de différence.

Enfin, peut-on en psychologie mesurer exactement les variations des causes et des effets? Quand il s'agit des *sensations*, oui, cela est possible, du moins pour leurs causes; il n'est pas évident que cela soit aussi possible pour les sensations elles-mêmes. — Peut-être arrivera-t-on également à mesurer les *effets physiques* de certains états de conscience très simples (par exemple le changement de température produit dans un individu donné par la colère ou la peur). Mais toute mesure devient impossible dès qu'il s'agit des états purement internes, ou de ceux qui, comme les opérations intellectuelles ou les émotions un peu complexes, ne paraissent pas liés immédiatement à des antécédents et à des conséquents physiques.

La conclusion de cette analyse, c'est que l'expérimentation est possible pour tous les phénomènes mixtes, psycho-physiques ou physiologiques : c'est qu'elle est impossible ou très difficile, en tout cas peu féconde en résultats précis et positifs, pour tous les autres. (V. *Cours*, p. 16.)

IV. — L'étude des tentatives faites pour transformer la psychologie en une science expérimentale confirme cette conclusion.

On peut ramener à quatre les diverses sortes d'expériences qui ont pu être faites en psychologie.

1). *Expériences subjectives.* — Dans l'école éclectique on a souvent considéré comme une expérience la reproduction volontaire faite par l'esprit d'un acte d'abord produit spontanément. Ainsi, si on observe un raisonnement qu'on vient de faire, c'est de l'observation simple ; mais si on refait un raisonnement tout exprès pour l'observer, c'est de l'expérimentation. C'est là ce qu'on pourrait appeler des expériences subjectives. En voici d'autres exemples : on tâche d'exciter en soi des sentiments de colère, de tristesse, de joie, etc. ; on évoque brusquement et au hasard toutes sortes d'idées; on essaie de séparer par un effort mental des idées qui paraissent naturellement inséparables, etc., etc. — Ces expériences ne cesseraient pas même d'être subjectives si on expérimentait sur autrui, pourvu qu'on n'y employât que des moyens purement moraux.

Mais il ne nous semble pas qu'une telle expérimentation diffère beaucoup de l'observation : elle ne pourra guère nous en apprendre plus qu'elle. Nous observerons peut-être les phénomènes plus souvent et plus à loisir ; mais nous n'en serons pas mieux renseignés sur leurs causes. Une seule cause nous sera nettement visible : à savoir notre volonté ; et c'est là sans doute une expérience capitale qui a les conséquences les plus importantes pour la psychologie rationnelle et la métaphysique ; mais ce que la psychologie expérimentale recherche, ce sont justement les conditions qui, une fois qu'elles ont été réalisées (avec ou sans le concours de notre volonté) déterminent immédiatement les phénomènes.

2). *Expériences objectives de la psycho-physique.* — Il s'agit ici d'expériences tout à fait semblables à celles qu'on fait en physique. Le problème que se sont surtout posé les psycho-physiciens est celui de la *mesure* des phénomènes psychologiques. Leurs expériences sont donc des applications de la méthode des variations concomitantes plutôt que de la méthode de différence. Etant donnée une cause physique qui produit des sensations, quelle loi relie les variations de cette cause aux variations des sensations ? voilà la formule générale de toutes leurs recherches.

Elles ont porté principalement sur les points suivants. (V. Ribot, *Psychologie allemande contemporaine*.)

1° La vitesse des sensations. — On savait déjà, par le fait de l'équation personnelle en astronomie (*Cours*, p. 13) que la sensation ne suit pas immédiatement l'impression faite par l'objet sur l'organe sensoriel ; mais il restait à mesurer le temps qui lui est nécessaire et qui varie avec les individus, avec les circonstances, avec les espèces des sensations, etc.

2° Le *minimum sensibile* pour chaque sens. — Toute sensation est une quantité intensive susceptible d'une infinité de degrés, mais par cela même il doit y avoir pour elle un premier degré analogue au zéro du thermomètre, au-dessous duquel elle ne peut plus être sentie : les psycho-physiciens ont essayé de déterminer la quantité d'excitation qui correspond à ce premier degré de la sensation pour la vue, l'ouïe, le toucher, etc. ;

3° Les cercles de sensations tactiles. — On sait que deux points de la peau touchés simultanément produisent deux sensations distinctes : cependant si ces deux points sont extrêmement rapprochés, les deux sensations se confondent en une sensation unique. A quelle distance doivent être les deux points touchés pour qu'il y ait deux sensations de contact ? Cette distance étant prise pour diamètre d'un cercle, il est clair que tous les points situés dans l'intérieur de ce cercle, touchés simultanément, ne donneront qu'une seule sensation. Ces cercles sont-ils égaux sur toutes les parties du corps ? Pour une même partie du corps, sont-ils égaux chez tous les individus et dans toutes les circonstances ? Autant de questions qui ne peuvent se résoudre que par des expériences. De là l'invention d'un appareil particulier, l'esthésiomètre, qui sert à mesurer la sensibilité *discriminative* du toucher. (Il se compose de deux pointes mobiles qu'on peut rapprocher et éloigner l'une de l'autre le long d'une règle graduée.)

4° Mais le principal problème de la psycho-physique est celui du rapport de la sensation à l'excitation qui en est la cause. On savait déjà que la sensation ne croît pas aussi rapidement que l'excitation. Par exemple, quand la sensation est déjà très forte, on peut augmenter notablement l'excitation sans que la sensation semble s'accroître. Au contraire, plus la sensation est faible, plus l'accroissement d'excitation est senti. — Mais ne pourrait-on déterminer mathématiquement le rapport des accroissements de sensation aux accroissements d'excitation ? — Weber établit d'abord cette première loi, que ce rapport est constant. Ainsi quelle que soit la sensation d'abord produite, pour qu'il y ait accroissement de sensation, il faut que l'accroissement d'excitation soit toujours la même fraction de l'excitation primitive. Si, par exemple, le rapport est de 1/3 pour les sensations de pression et que la sensation première ait été produite par un poids de 9 grammes, il faudra ajouter 3 grammes (en tout 12 grammes) pour qu'il y ait accroissement dans la sensation : un nouvel accroissement exigerait l'addition de 4 grammes et ainsi de suite. Fechner croit pouvoir en conclure cette autre loi qui porte son nom : La sensation est le logarithme de l'excitation. En d'autres termes, si l'on représente les accroissements d'excitation par une progression géométrique : 2. 4. 8. 16. 32. 64. 128. 256, etc., les accroissements de sensation correspondants seront représentés par une progression arithmétique de même raison : 2. 4. 6. 8. 10. 12. 14. 16. etc. Par exemple, une première sensation ayant été produite par une excitation égale à 2, pour produire une sensation six fois plus forte, il faudra une excitation égale à 64.

Il y a là évidemment tout un champ ouvert à l'investigation expérimentale. Cependant il ne faudrait pas exagérer la portée des résultats qu'on peut attendre de la psycho-physique.

1° Il est clair qu'on ne peut expérimenter ainsi que sur des faits psychiques directement liés à des causes physiques, c'est-à-dire sur les *sensations externes*, c'est-à-dire sur une portion très restreinte de l'ensemble des faits psychiques;

2° Dans toutes ces expériences, on fait plus ou moins abstraction des faits physiologiques qui s'intercalent entre les causes physiques et les effets psychiques, parce qu'on suppose que leur action est uniforme dans tous les cas et par conséquent négligeable. Or cette supposition n'est pas toujours exacte. Par exemple, la disproportion qu'on remarque entre les excitations et les sensations peut parfaitement tenir à l'action des intermédiaires physiologiques, et par suite une loi qui prétend les rattacher les unes aux autres sans tenir compte de ces intermédiaires est nécessairement conjecturale et sujette à être démentie par des observations ou des expériences ultérieures. En fait, les psycho-physiciens ne sont nullement d'accord sur la valeur de la loi de Fechner.

3° D'une manière générale, les méthodes de la psycho-physique sont impuissantes à déterminer des lois de causalité : elles ne déterminent que des lois de mesure; mais toute loi de mesure est empirique et précaire tant qu'on ignore les lois de causalité dont elle peut dépendre. (V. *Cours*, p. 240.)

4° Enfin, ces lois de mesure elles-mêmes sont très contestables parce qu'un des deux termes, à savoir la sensation, n'est pas une quantité mathématique. Les excitations croissent par l'addition d'unités égales entre elles, et par conséquent sont susceptibles de mesure : il n'est pas possible de diviser les sensations en parties ou unités égales, et c'est arbitrairement qu'on présente une sensation comme étant double ou triple d'une autre, etc. La précision que la psycho-physique prétend introduire dans ces matières est donc une fausse précision.

Telles sont les réserves qu'on peut faire à l'égard de l'ensemble de ces recherches.

3). *Expériences objectives de la psychologie physiologique.* — Elles sont souvent assez difficiles à distinguer des précédentes. Mais 1° elles s'attachent principalement à déterminer les antécédents ou les conséquents *physiologiques* (et non plus physiques) des états psychiques; 2° elles visent à établir des lois de *causalité* (et non plus des lois de simple mesure). — Elles peuvent être pratiquées soit sur des hommes, soit sur des animaux. En voici quelques exemples : expériences de Flourens pour déterminer les fonctions des diverses parties du cerveau ; expériences de Schiff sur les rapports des sensations et des instincts; expériences de Mosso sur les effets produits par la peur dans la circulation, etc., etc.

Elles peuvent donner des résultats intéressants, mais, on le voit, uniquement à l'égard des sensations, ou des effets physiques de certains états psychiques très simples. Elles ne peuvent s'appliquer aux états psychiques complexes ni même aux rapports de ces états entre eux. Ajoutons qu'elles sont pratiquement difficiles à réussir parce que nous n'avons guère les moyens de mettre à nu ou d'isoler chez un homme ou un animal vivants les organes tout à fait intimes de la vie psycho-physiologique.

4). *Expériences hypnotiques.* — Aussi, beaucoup de physiologistes contemporains ont pensé trouver un moyen d'expérimentation plus sûr, quoique indirect, dans l'état d'hypnotisme ou de somnambulisme artificiel. Les sujets, mis dans cet état (auxquels ils sont d'ailleurs le plus souvent prédisposés par cette maladie nerveuse qu'on appelle l'hystérie), se prêtent sans résistance à toutes les expériences imaginables. Or, l'hypnotisme a cela de particulier qu'il fait, pour ainsi dire, le vide dans l'esprit du sujet, et ainsi, toute sensation, toute idée, toute émotion introduite dans cet esprit par l'expérimentation développe la série de ses effets sans être ni contrariée ni modifiée par des causes étrangères : d'où la possibilité d'en déterminer les lois avec certitude.

Nous n'examinerons pas si cette méthode d'expérimentation est absolument irréprochable aux yeux de la morale. (V. sur ce point un article de M. Darlu dans la *Revue philosophique*, t. XXIII, p. 561.) Au point de vue scientifique, elle soulève certaines objections : 1° très satisfaisante tant qu'il s'agit de nous renseigner sur l'état particulier des hypnotiques, l'est-elle au même degré dès qu'on veut en faire une méthode pour la psychologie générale ? En fait, la plupart des expériences rapportées ne concernent que les hypnotiques eux-mêmes, et il ne serait guère possible d'en généraliser les résultats ; 2° est-il d'ailleurs absolument sûr que l'hypnotisme simplifie assez complètement l'esprit des sujets pour que tous les phénomènes observés puissent être à bon droit attribués par l'expérimentateur à la cause unique qu'il met en jeu? Nous connaissons trop peu la nature de la modification que l'hypnotisme apporte au cerveau pour l'affirmer avec certitude, et si l'hypnotisé perd l'usage de de sa volonté et la mémoire de ses antécédents, il ne s'ensuit pas que ses habitudes et ses tendances naturelles ou acquises aient été réellement abolies et qu'elles n'influent pas à notre insu sur les résultats de l'expérience.

Ainsi, la méthode expérimentale a des exigences auxquelles se prêtent mal la complication et la variabilité des phénomènes psychologiques.

V. — Comment peut-on remédier à ces difficultés, à cette insuffisance de la méthode expérimentale? Par un emploi judicieux de tous les modes d'observation et de tous les procédés de raisonnement.—1° Faire voir que des observations bien choisies ont tout autant de poids que des expériences. La supériorité habituelle de l'expérience vient non pas seulement de ce que nous produisons ou modifions nous-mêmes le phénomène (au fond, cela n'a aucune importance), mais de ce que le phénomène ainsi produit ou modifié se trouve vérifier exactement une théorie ou une hypothèse préalable. Mais une observation peut jouer le même rôle. (V. *Cours*, p. 17.) De là l'importance des cas anormaux, pathologiques; ils équivalent absolument à des expériences. — 2° Faire voir que l'expérience même n'ayant de valeur que si elle est préparée et interprétée par un raisonnement, une plus grande attention à suivre toutes les conséquences des lois déjà établies, ou à rechercher toutes les causes possibles des faits encore inexpliqués en psychologie, pourra suppléer dans une certaine mesure à la rareté ou à l'insuffisance des expériences.

# CHAPITRE III

## CLASSIFICATION DES FAITS PSYCHOLOGIQUES

**24.** — *Classer les faits psychologiques. Sur quoi se fonde cette classification?*

Plan.

I. — L'homme est un être ondoyant et divers (Montaigne). Nécessité, pour le psychologue, de mettre de l'ordre dans ces phénomènes si nombreux et si variés.

II. — Quelques mots d'historique sur les classifications d'Aristote et de Descartes. (Si l'élève n'a que des notions vagues sur sur ces deux classifications, il fera mieux de supprimer ce paragraphe.)

III. — Montrer, par l'analyse de quelques faits psychologiques complexes (par exemple, l'espérance, une délibération, une lecture), que tous ces faits se composent de sensibilité, d'intelligence et de volonté. — L'espérance : idée d'un bien futur, *intelligence;* désir et joie anticipée, *sensibilité;* effort pour se rapprocher du bien, *volonté.* — La délibération : idée d'un acte à faire, motifs pour et contre, *intelligence;* sentiments de désir, de crainte, d'amour, de haine, mobiles, *sensibilité;* décision finale, *volonté.* — La lecture : perception des caractères et du sens des mots, vision mentale des personnages, des événements, *intelligence;* intérêt, admiration, ennui, *sensibilité;* attention, effort pour continuer la lecture, *volonté,* etc. (Voir cependant plus loin, *Sujet* 45.)

IV. — Sur quoi se fonde cette classification ?
1° Sur les caractères respectifs de ces trois sortes de phénomènes;
2° Sur leur indépendance au moins relative;

3° Sur leur place et leur rôle dans l'économie générale de l'âme;

4° Sur leur correspondance avec les trois moments de l'action du système nerveux, organe de l'âme. (Pour ces quatre points, V. *Cours*, p. 20 et 21.)

V. Conclusion. — L'homme est fait pour agir; mais l'action parfaite, c'est-à-dire l'acte moral, implique l'intelligence et la sensibilité comme ses conditions nécessaires.

## 25. — *Comment détermine-t-on les facultés de l'âme?*

### Plan.

I. — Définir les facultés. (V. *Cours*, p. 21.) Distinguer brièvement les facultés de l'âme des propriétés du corps. (Ne pas soulever le problème de la nature des facultés.)

II. — Faire voir que nous ne connaissons pas directement les facultés par la conscience, sauf une seule, la volonté. Au moment où je veux, j'ai conscience non seulement de ma volition, mais encore du pouvoir dont elle émane; mais au moment où je pense, je n'ai conscience que de ma pensée, nullement de mon intelligence, considérée comme faculté générale de penser. D'où la nécessité du raisonnement pour déterminer les facultés.

III. — Autant il y aura en nous de classes distinctes de phénomènes, autant on doit attribuer à l'âme de facultés distinctes. Or, il y a dans l'âme trois classes de phénomènes : donc elle a trois facultés. Caractères distinctifs de ces facultés. (V. le *Sujet* précédent, §§ 3 et 4.)

IV. Conclusion. — Cependant il faut prendre garde de ne pas considérer les facultés comme autant de petits agents indépendants et séparés; elles ne sont que les différents pouvoirs d'une seule et même âme. Citation de Bossuet. (V. *Cours*, p. 21.)

*N. B.* — Ce sujet ne peut guère être traité qu'à la condition de se placer au point de vue de la psychologie écossaise ou éclectique, c'est-à-dire en admettant que la théorie des facultés est un complément nécessaire de celle de la classification des phénomènes psychologiques (dont elle n'est, à notre avis, que la doublure inutile).

## 26. — *De l'ordre dans lequel se développent les facultés de l'âme dans le cours de la vie humaine.*

### Plan.

I. — Distinguer sommairement les trois facultés de l'âme humaine.

II. — Montrer que la volonté présuppose logiquement l'intelligence : on ne peut vouloir sans but et sans motif ; et que l'intelligence présuppose la sensibilité : nous ne pouvons connaître les choses que par le moyen des sensations qu'elles nous font éprouver.

III. — L'ordre chronologique est conforme à l'ordre logique. Cependant, comme les trois facultés sont solidaires et inséparables, elles apparaissent toutes trois dès l'origine, mais celle qui domine la première, et dont le développement est le plus rapide, c'est la sensibilité ; vient ensuite l'intelligence ; la volonté se forme la dernière. Le montrer en détail par l'étude des différentes périodes de la vie humaine.

1° Dans l'enfance et l'adolescence, les facultés les plus actives sont les sens et les inclinations. L'intelligence est entièrement subordonnée aux sens ; elle n'apparait encore que comme perception extérieure et imagination reproductrice. La volonté ne se distingue pas ou se distingue à peine du désir. Montrer quels sont les caractères de la sensibilité ainsi détachée de tout élément intellectuel et volontaire (aveugle, mobile, etc.) ;

2° Dans la jeunesse et le commencement de l'âge mûr, les sens passent, pour ainsi dire, au second plan ; l'intelligence s'en détache de plus en plus. Sa première forme est l'imagination créatrice, encore plus voisine des sensations, et sur laquelle les émotions ont une si grande influence ; mais elle revêt enfin la forme de la raison. Prépondérance des opérations proprement intellectuelles (abstraction, généralisation, jugement, raisonnement), et des sentiments intellectuels (amour du beau et de l'art, amour du vrai et de la science). Comment l'esprit, acquérant l'habitude de l'attention et de la réflexion, se prépare ainsi à l'exercice de la volonté.

3° Dans l'âge mûr proprement dit, la volonté l'emporte. Le caractère est fait : il demande à se manifester, à s'exprimer dans la vie. Les sentiments dominants se rapportent désormais à l'action : intérêt, ambition, devoir. L'intelligence est assez éclairée pour diriger l'activité, et la sensibilité n'est plus assez vive pour l'entraîner du premier coup; l'homme est vraiment maître de lui-même.

IV. — Peut-être pourrait-on montrer que les facultés se dégradent et disparaissent dans l'ordre inverse, d'abord la volonté puis l'intelligence, puis la sensibilité, du moins quand la vieillesse amène la décrépitude, car il est des âmes sur lesquelles le temps semble ne pas avoir de prise.

V. — Montrer que toute cette évolution s'explique par l'activité originelle de l'âme qui, d'abord éparse et confondue dans la multitude des sensations et des instincts, fait de plus en plus effort pour s'en dégager et leur imposer finalement la forme de sa propre unité.

**27.** — *Après avoir distingué les trois facultés de l'âme, montrer comment elles s'unissent dans tous les phénomènes psychologiques.*

Plan.

I. — On distingue sommairement les trois facultés de l'âme : sensibilité, entendement, volonté.

II. — Toutefois, ces trois facultés ne sont pas trois puissances substantiellement distinctes, sans liaison, sans communication entre elles : 1° elles sont toutes les trois contenues dans une même conscience ; 2° elles résultent toutes les trois d'une seule et même activité, tantôt attirée ou repoussée par les choses, tantôt s'efforçant de les connaître, tantôt enfin s'efforçant de les maîtriser.

III. — L'unité radicale des trois facultés se vérifie par leur solidarité et leur dépendance réciproque.

1° Montrer que la sensibilité est avec l'intelligence et la volonté dans le rapport du moyen à la fin. Les sensations sont les conditions nécessaires de la connaissance des choses ; les sentiments sont les mobiles indispensables de l'action volontaire;

2° Montrer d'autre part comment l'intelligence et la volonté réagissent sur la sensibilité. — Influence de l'attention sur les sensations et les perceptions. — Complication progressive des sentiments à mesure que l'intelligence se développe. — Naissance des sentiments relatifs à l'exercice même de l'intelligence (sentiments intellectuels et esthétiques). — Empire de la volonté sur les émotions et les désirs ;

3° Faire voir la liaison de l'intelligence et de la volonté. Pas de volonté sans intelligence (pensée du but, des moyens, des motifs nécessaire pour vouloir) ; mais réciproquement, pas d'intelligence sans volonté (rôle du mouvement volontaire dans la perception ; nécessité de la réflexion pour toutes les opérations intellectuelles ; origine des principales notions rationnelles, causalité, finalité, etc., dans la conscience de l'activité volontaire).

IV. Conclusion. — Ainsi, c'est seulement par abstraction qu'on peut séparer les trois facultés de l'âme : l'analyse les découvre inséparablement unies dans tous les faits de conscience, et leur intime harmonie est la condition même de l'unité de la vie morale.

## 28. — *Qu'est-ce qu'une faculté? La psychologie est-elle possible sans l'étude des facultés de l'âme?*

Ce sujet est fort délicat. Il faut évidemment, pour le traiter, prendre parti pour ou contre la théorie des facultés. Si, comme nous, on est d'avis que cette théorie a en somme plus d'inconvénients que d'avantages, on reconnaîtra du moins la part de vérité qu'elle peut contenir.

*Plan.*

I. Ce qu'on entend par facultés. — Elles sont, d'après une certaine école (V. entre autres Garnier, *Traité des facultés de l'âme*), l'objet propre de la psychologie.

II. Exposé de la théorie des facultés. — On assimile la méthode de la psychologie à celle des sciences physiques, sauf le procédé d'observation qui est la conscience au lieu des sens. La physique ne connaît pas l'essence des corps, la matière en elle-même : elle ne connaît que des phénomènes, mais de ces phénomènes elle remonte à leurs causes cachées qui sont les propriétés, et elle admet autant de sortes de propriétés qu'il y a de sortes de phénomènes. De même la psychologie, ignorant l'essence de l'âme, conclut des phénomènes aux facultés. — L'âme se réduit donc pour elle à une somme de facultés ; ces facultés, qui peuvent être en très grand nombre, se groupent cependant sous des facultés plus générales ; l'essentiel est de connaître leurs rapports de classification et d'influence réciproque. — Idée générale qu'on doit se faire de l'homme et de la nature d'après cette théorie : derrière les faits, soit en nous, soit hors de nous, existe une multitude de puissances invisibles, distinctes les unes des autres, qui produisent les faits et qui sont les objets propres des différentes sciences, lesquelles expliquent tout par elles et s'arrêtent par conséquent lorsqu'elles les ont trouvées. — Hiérarchie de ces puissances : *propriétés* dans les corps bruts ; *fonctions* dans les corps vivants ; *instincts* et *capacités* chez les animaux ; *facultés* chez l'homme. — En quoi les facultés diffèrent de toutes les autres puissances du même genre : ce sont des pouvoirs dont l'âme a la conscience et la direction. Que parmi elles, quelques-unes ne sont que des capacités (par exemple la sensibilité) ; qu'une seule est une faculté dans toute la force du terme (la volonté).

III. — Part de vérité contenue dans la doctrine. — 1° Les phénomènes psychologiques se répartissent naturellement en groupes distincts ; et il est parfaitement légitime d'attribuer à chacun de ces groupes un nom distinctif comme sensibilité, intelligence ou volonté ; 2° l'idée de puissance n'est pas une idée vide : elle ne se ramène pas à l'idée de simple possibilité, car elle implique l'idée de cause ou d'activité ; elle vient de la conscience que nous avons de notre énergie propre, et cette conscience est surtout manifeste dans la volonté.

IV. — Mais l'erreur de la doctrine est de croire que l'âme est réellement divisée en plusieurs activités distinctes dont chacune a sa fonction propre, tandis que les différentes facultés ne sont que divers emplois d'une même force et peuvent par conséquent se ramener à l'unité. En d'autres termes, cette doctrine exagère la distinction des diverses sortes de faits psychologiques comme si ces faits n'étaient pas tous des états d'une même conscience et des modes d'une même activité.

On peut lui faire des objections soit au point de vue de la psychologie rationnelle, soit au point de vue de la psychologie expérimentale.

1°—Au premier point de vue, l'assimilation de la psychologie aux sciences physiques est dangereuse et contestable. — Si nous ne connaissons de l'âme que des phénomènes, les facultés n'étant que des abstraits de faits, l'âme, somme de facultés, ne sera donc qu'un abstrait au second degré. On prépare ainsi la doctrine des phénoménistes (MM. Taine, Ribot, etc.) : il ne reste plus de l'âme que des faits inexplicables ou seulement explicables par le corps. — D'autre part, il est faux que l'âme ne connaisse que ses phénomènes : elle connaît aussi sa propre activité.

2° — Au second point de vue, cette assimilation, fût-elle légitime, n'avance à rien, parce qu'il est faux que la physique ait pour but la détermination des propriétés des corps. — D'abord, en rapportant les faits à des propriétés, la physique n'a jamais prétendu expliquer ainsi les faits ni déterminer quoi que ce soit au delà des faits eux-mêmes : les propriétés ne sont pour elle que des catégories, des étiquettes commodes pour distinguer et grouper les phénomènes. Le véritable objet de ses études, ce sont les lois qui régissent ces phénomènes. — Ensuite, la physique moderne rejette de plus en plus les propriétés, même considérées comme des classes irréductibles de phénomènes : elle revient au point de vue de Descartes pour lequel tous les phénomènes doivent pouvoir s'expliquer par les modifications d'un même phénomène fondamental, le mouvement. — De même, la psychologie expérimentale a pour objets les faits de conscience dont elle cherche à déterminer les lois. Elle peut bien employer les facultés comme de simples termes sans y voir des agents distincts des faits, sans supposer même que les groupes de faits désignés par ces termes soient définitivement irréductibles; mais elle doit se tenir en garde contre l'illusion ou le sophisme qui consiste à réaliser ces abstractions.

V. — Inconvénients de l'hypothèse de facultés réellement distinctes.

1° — Elle substitue des concepts à des réalités ; elle fait de la psychologie une science verbale, purement formelle, toute de définitions et distinctions. On n'observe plus les faits, on compare et on combine des abstractions.

2° — Elle empêche de voir les ressemblances profondes des faits, leur solidarité, leur continuité : (par exemple elle fait de la mémoire, de l'association, de l'habitude, autant de facultés distinctes) ; elle introduit une complication factice dans l'esprit dont elle brise l'unité. (Voir Ribot, *Psychologie anglaise contemporaine*, *Introd.*)

3° — Elle détourne de chercher la véritable explication des faits psychologiques qu'elle remplace par une explication verbale, à la scolastique. « L'esprit perçoit le monde extérieur parce qu'il a la faculté de le percevoir. L'opium fait dormir parce qu'il a une vertu dormitive. » La vraie explication en psychologie expérimentale consiste : 1° à analyser les faits en leurs éléments ; 2° à montrer que ces éléments en se combinant d'après leurs lois doivent produire les faits (analyse et synthèse psychologiques).

VI. Conclusion. — Ainsi la psychologie est parfaitement possible sans l'étude des facultés, si on entend par facultés des pouvoirs réellement distincts de l'âme même. Il est inutile d'interposer ces objets fictifs entre l'âme et ses phénomènes, lesquels sont seuls réels et doivent seuls être les objets de l'étude du psychologue.

# CHAPITRE IV

## SENSIBILITÉ

**29.** — *Du plaisir et de la douleur. Des causes de ces deux genres d'émotions. Y a-t-il des émotions indifférentes?*

Ce qu'il faut bien s'attacher à faire ressortir, c'est l'idée générale qu'on doit se faire du plaisir et de la douleur. Dans le *Cours* (V. p. 23), la question est traitée par la méthode historique et critique : on y fait successivement l'analyse des diverses théories pour en extraire les éléments de la solution. Ici il conviendrait de retenir surtout les résultats de cette analyse pour traiter dogmatiquement la question.

*Plan développé.*

I. — Le plaisir et la douleur commencent en nous avec la vie. Contraires l'un de l'autre, ils s'appellent cependant l'un l'autre, comme Socrate en fait la remarque au début du Phédon. Jouir et souffrir, notre conscience oscille sans cesse entre ces deux pôles. Quelle est leur nature ? Quelle est leur cause ?

II. — Nature et cause du plaisir et de la douleur. — Le fond de notre être, le fond de tout être, c'est l'activité. Notre âme est une force active qui tend à se conserver et à conserver le corps auquel elle est unie, qui tend aussi à exercer son activité dans un sens conforme à sa nature ; mais, et c'est là ce qui la distingue des êtres purement matériels, c'est une force consciente. Dans cette activité consciente de l'âme est la racine commune du plaisir et de la douleur.

Que l'activité de l'âme puisse se déployer librement dans le sens de ses tendances : le plaisir apparaîtra dans la conscience ; qu'elle soit retardée, arrêtée dans son expansion, ou contrainte à s'exercer dans un sens contraire à sa nature : et on verra naître la douleur. Le plaisir et la douleur sont donc les effets et les signes des vicissitudes de notre activité dans ses rapports avec les choses qui tantôt favorisent et tantôt contrarient son développement.

Mais notre activité a deux sortes de tendances, les unes très générales qui lui sont peut-être communes avec toutes les forces de la nature, les autres qui lui sont propres et qui la caractérisent en tant qu'elle est l'activité d'une âme humaine.

Les premières sont la tendance à la conservation de l'être et la tendance au développement de l'être. « Tout ce qui est, dit Spinoza, tend à persévérer dans son être. » Cet instinct de conservation est comme une force centripète, une sorte de gravitation de l'être sur soi. D'autre part, tout être tend aussi à rayonner, pour ainsi dire, autour de lui-même, à exercer, à dépenser son activité. Cette force expansive et centrifuge limite la première en même temps qu'elle est limitée par elle.

Si ces deux tendances générales existaient seules dans l'âme humaine, elles suffiraient entièrement à expliquer le plaisir et la douleur. Il est facile de trouver en elles la raison des lois du plaisir et de la peine formulées par Grote et Léon Dumont.

Ainsi le plaisir positif et la douleur négative (V. *Cours*, p. 28) s'expliquent par la tendance expansive de l'activité; la douleur positive et le plaisir négatif s'expliquent au contraire par l'instinct de conservation. En d'autres termes, tout déploiement d'activité qui ne compromet pas la conservation de l'être cause un plaisir (plaisir positif); tout déploiement d'activité qui compromet la conservation de l'être cause une douleur (douleur positive); tout arrêt d'activité qui n'est pas commandé par la conservation de l'être cause une douleur (douleur négative); tout arrêt d'activité qui est commandé par la conservation de l'être cause un plaisir (plaisir négatif).

Mais l'âme humaine enferme en elle d'autres tendances que ces tendances générales. Par exemple, elle ne tend pas seulement à déployer son activité *le plus possible*, sous cette seule réserve de la conservation de l'être; elle tend à la déployer dans *certaines directions* déterminées; de sorte que si on la contraint à agir dans un sens contraire à ces directions, le résultat de l'action n'est plus le plaisir mais la peine. Si on ne tient pas compte de ces inclinations spéciales et proprement humaines, il devient impossible d'expliquer la diversité spécifique des peines et des plaisirs.

Or ces inclinations se déterminent essentiellement par les *fins* auxquelles elles tendent : d'où il suit que le plaisir et la douleur dont elles sont les principes suivent en quelque sorte les mouvements par lesquels notre âme s'approche ou s'éloigne de ces fins.

Si on considère la conservation de l'être et le développement de son activité comme des fins plus générales, mais en somme de même nature que les fins des inclinations spéciales, on pourra généraliser ainsi la loi du plaisir et de la douleur : « Le plaisir naît toutes les fois que l'activité se rapproche de ses fins ; la douleur, toutes les fois qu'elle s'en écarte. » — Supprimez toute activité, toute finalité dans notre être : le plaisir et la douleur s'évanouissent du même coup.

III. — Espèces du plaisir et de la douleur. Les émotions indifférentes. — De cette théorie peuvent se déduire plusieurs conséquences, et tout d'abord une classification des plaisirs et des peines.

Puisque les plaisirs et les peines résultent des inclinations satisfaites ou contrariées, ils se rapportent comme elles à la vie physique ou à la vie morale : de là d'une part, des sensations de jouissance et de souffrance, d'autre part, des sentiments de joie et de tristesse ; et ces derniers eux-mêmes se subdivisent, comme les inclinations, en égoïstes, sympathiques ou supérieurs. (Voir *Cours*, p. 23.)

En outre, puisque toute émotion vient de la rencontre de notre activité avec les choses qui secondent ou contrarient ses tendances, il semble qu'elle soit nécessairement agréable ou pénible et qu'on ne puisse sans contradiction parler d'émotion indifférente. — « Les choses ont diverses qualités, a dit Pascal, et l'âme diverses inclinations ; car rien n'est simple de ce qui s'offre à l'âme, et l'âme ne s'offre jamais simple à aucun sujet. De là vient qu'on pleure et qu'on rit quelquefois de la même chose. » De là vient aussi, pourrait-on dire, qu'on éprouve quelquefois des émotions vives mais confuses, dont on ne saurait trop dire si elles sont agréables ou pénibles. — On objectera peut-être le *désir* qui semble une émotion tout aussi générale que le plaisir ou la peine et qui cependant ne se confond pas avec eux. Mais le désir est moins une émotion que la conscience de la tendance ou du mouvement de l'activité vers sa fin. D'ailleurs, le désir lui-même contient virtuellement le plaisir et la peine ; et c'est pourquoi il est, ensemble ou tour à tour, agréable et pénible. La représentation anticipée de la fin, la conscience de l'élan qui nous porte vers elle, ce sont bien là des causes de plaisir ; mais d'autre part, la fin est absente et plus ou moins éloignée, des obstacles nous en séparent, et ce sont bien là des causes de douleur.

IV. — *Rapports, effets et rôles du plaisir et de la douleur.* — 1° Attachés l'un et l'autre à toutes les variations de l'activité, le plaisir et la douleur se convertissent l'un dans l'autre avec une extrême facilité.

La cessation du plaisir est une douleur, la cessation de la douleur est un plaisir. Un plaisir trop vif est presque une souffrance.

Medio de fonte leporum
Surgit amari aliquid quod in ipsis floribus angit.

Pour certaines âmes, la douleur même a son attrait et sa volupté ; pour toutes, le plaisir est plus doux quand il vient après la douleur. Il faut avoir souffert pour goûter pleinement le bonheur.

2° Nés de l'activité, le plaisir et la douleur réagissent sur elle. D'une manière générale ils la stimulent l'un et l'autre tant qu'ils sont modérés ; ils l'affaiblissent et la paralysent dès qu'ils deviennent excessifs.

Mais l'excès est bientôt atteint pour la douleur, de sorte qu'à n'envisager les choses qu'en gros, le plaisir est plutôt excitant et la douleur déprimante.

Pareillement le plaisir *attire* et la douleur *repousse*; le premier nous sollicite à continuer l'action, la seconde à l'interrompre. Ils nous portent, l'un à rechercher, l'autre à fuir les objets qui en sont les causes.

3° Pour les rôles du plaisir et de la douleur, voir les deux *Sujets* suivants.

30. — *La nature de la douleur et son rôle dans la vie humaine.*

Idées à développer.

Pour la nature de la douleur, on s'attachera surtout à montrer qu'elle est le sentiment d'une imperfection (V. *Cours*, p. 477), c'est-à-dire d'une impuissance, d'une défaillance de l'activité. (V. les *Sujets* précédents.)

Elle semble avoir un triple rôle. 1° Elle est un *avertissement* et comme un signal qui retentit dans notre conscience, dès que la conservation de notre être est menacée, dès que notre activité est arrêtée ou détournée de sa voie. Par elle l'intelligence est pour ainsi dire mise en demeure de chercher la nature du mal qu'elle nous révèle et les moyens d'y remédier. 2° Elle est un *frein* qui, avant toute information de l'intelligence, nous empêche de continuer l'action commencée, nous détourne de rechercher l'objet ou même nous contraint à le fuir. 3° Enfin, elle est un *aiguillon* qui, plus efficacement peut-être encore que le plaisir, nous excite à redoubler les efforts de notre activité pour arriver à nos fins.

Voir en outre dans le *Cours*, p. 483, ce qui est dit des effets moraux de la douleur. Commenter ce mot de Montaigne : « C'est la fournaise à recuire l'âme », et ces vers de Juvénal :

> Mollissima corda
> Humano generi dare se natura fatetur
> Quae lacrimas dedit.

Les rapprocher du vers de Virgile :

> Haud ignara mali, miseris succurrere disco.

### 31. — *Nature du plaisir. Quel est son rôle dans la vie humaine?*

#### Idées à développer.

Pour la nature du plaisir, voir *Sujet* 29. S'attacher surtout à montrer que le plaisir est lié au succès et au progrès de l'activité.

Si on suppose que le plaisir n'est pas un simple *effet* accidentel ou nécessaire des variations de l'activité, mais qu'il est en même temps un *moyen*, l'intention de la nature, ou pour mieux dire de la Providence, n'est pas douteuse. Le plaisir est un *signe* qui nous révèle à nous-même nos propres fins, car nous les recherchons tout d'abord sans les connaître; et il est en même temps une *impulsion*, un *attrait*, qui s'ajoute à l'inclination pour la renforcer et accélérer, en quelque sorte, son mouvement. En somme, c'est un moyen d'intéresser plus complètement l'être à sa destinée et à sa tâche.

Mais ce moyen n'est pas sans inconvénient. Le danger, c'est que l'être recherche le plaisir pour lui-même au lieu de l'attendre simplement comme l'effet et la récompense du bien. Il est vrai que ce conflit possible du plaisir et du bien est lui-même la condition de la moralité.

*N. B.* — On pourrait, dans ce sujet et dans le précédent, montrer que le plaisir et la douleur sont pour nous des guides nécessaires mais nullement infaillibles et qui ne nous dispensent nullement de l'usage de notre raison et de notre volonté.

**32.** — *Analyse des sensations; insister sur la distinction des sensations externes et des sensations internes. Expliquer en quoi la sensation diffère 1° de la perception, 2° du sentiment.*

Idées à développer.

1° On distinguera d'abord l'antécédent de la sensation (impression ou excitation) et la sensation elle-même. L'impression se fait successivement dans l'organe (impression organique), dans le nerf (impression nerveuse), dans les centres cérébraux (impression cérébrale) : c'est seulement alors que se produit la sensation, non plus dans l'organe, le nerf ou le cerveau, mais dans la conscience. Prendre comme exemple la sensation produite par la piqûre d'une aiguille sur la main en supposant que le patient a les yeux fermés et n'est pas averti de ce qui va se passer.

2° Puis on distinguera dans la sensation l'élément affectif et l'élément représentatif. (V. *Cours*, p. 29.)

3° On distinguera ensuite les sensations externes et les sensations internes. (V. *Cours*, *ibidem*.) — On montrera qu'à ces deux sortes de sensations sont attachées des idées différentes : aux unes l'idée de notre propre corps, aux autres l'idée d'un objet extérieur.

4° Enfin, on distinguera la sensation de la perception (V. *Cours*, p. 45 et suivantes) et du sentiment. (V. *Cours*, p. 29 et 30.)

**33.** — *Enumérer et classer les sens sous le double rapport de l'utilité pratique et de la dignité morale.*

Plan.

I. — Définir les sens (qu'il ne faut pas confondre avec les organes sensoriels, ainsi qu'on le fait ordinairement) : un sens est la faculté d'éprouver une certaine classe de sensations, faculté liée à un organe spécial, dit organe du sens. — Brève analyse des sensations. Leur rôle (nous faire connaître les objets extérieurs, nous exciter à rechercher ou à fuir ces objets selon qu'ils peuvent nous être utiles ou nuisibles).

II. — On peut donc classer les sens, soit sous le rapport de leur utilité pratique, soit sous le rapport de leur dignité morale.

Au premier point de vue, les sens les plus utiles, ceux qu'on ne pourrait supprimer sans compromettre la vie du même coup, ce sont les sens affectifs, le sens vital, le goût et l'odorat. Montrer que le toucher passif est inséparable du sens vital et a la même utilité que lui. Caractères de ces sens : sauf l'odorat, ils exigent le contact immédiat de l'objet avec l'organe ; la volonté n'a pas de prise sur eux ; leurs sensations sont confuses et peu instructives pour l'intelligence.

Au second point de vue, les sens les plus nobles sont le toucher actif, la vue et l'ouïe. — Distinguer le tact du toucher passif. Montrer que ces sens ont des caractères opposés à ceux des sens précédents. Comparer entre eux le tact (l'homme, selon Anaxagore, est le plus intelligent des animaux parce qu'il a une main ; la main comparée à un compas à cinq branches), la vue (son étendue, sa finesse, son influence sur l'imagination et la pensée), l'ouïe (son utilité sociale et intellectuelle : elle est la condition de la parole, qui est elle-même celle de la pensée réfléchie).

**34. — *Distinguer le sentiment de la sensation. Énumérer, classer et définir les principaux sentiments.***

Le sujet est à peu près complètement traité dans le *Cours*, p. 29 à 31. — Il ne sera peut-être pas nécessaire de passer en revue toutes les classifications proposées, mais on pourra choisir dans le nombre celle qui semblera la meilleure.

Pour définir les principaux sentiments, on s'inspirera des définitions suivantes qui sont empruntées à Spinoza : « La joie est le passage d'une moindre perfection à une perfection plus grande ; la tristesse est le passage d'une perfection plus grande à une perfection moindre. L'amour, c'est la joie, accompagnée de l'idée de sa cause extérieure et la haine, c'est la tristesse avec l'idée de sa cause extérieure. L'espérance et la crainte sont une joie ou une tristesse mal assurées, nées de l'image d'une chose douteuse. De l'espérance naît la sécurité, de la crainte le désespoir, dès que toute cause d'incertitude a disparu. La pitié, c'est la tristesse née de la misère d'autrui. L'envie, c'est la haine, en tant qu'elle dispose l'homme à s'attrister du bonheur d'autrui et à se réjouir de son malheur. « A la joie et à la tristesse, ainsi qu'à l'amour et à la haine qui en dérivent, Spinoza rattache de même l'admiration, le mépris, l'estime, le remords, l'indignation, l'orgueil, la vanité, la honte, etc. Au contraire il rattache au désir le regret, l'émulation, la reconnaissance, la bienveillance, la colère, l'audace, l'ambition, l'avarice, etc., etc.

### 35. — *Faire voir comment toutes les passions dérivent de l'amour et de la haine.*

Le mot passion est un des termes ambigus du vocabulaire philosophique. Dans son sens primitif, il est synonyme de sentiment ou d'émotion, il correspond au mot latin *affectus* : c'est ainsi que l'entendent Descartes, Bossuet, Malebranche, etc. Certains auteurs contemporains (MM. Janet, Renouvier, etc.) lui conservent ce sens. — Dans un sens plus spécial, la passion est une inclination exaltée et pervertie : c'est l'équivalent du mot latin *libido*. (V. le *Cours*, p. 36.) — Le mot est évidemment pris ici dans le premier sens. — De même les mots « amour » et « haine » sont équivoques. Tantôt ils désignent des sentiments particuliers, définis, par exemple le sentiment de tendresse qu'éprouve la mère à la vue de son enfant, ou le sentiment d'aversion et de colère qu'un homme éprouve à la vue de son ennemi mortel, et en ce sens-là, l'amour et la haine sont eux-mêmes des passions qui ne peuvent en produire d'autres ; tantôt ils désignent l'activité même de l'âme qui se porte vers un objet ou s'en éloigne, l'inclination, soit positive, soit négative. C'est seulement en ce sens-là que toutes les passions dérivent de l'amour et de la haine ; mais en ce sens, l'amour et la haine ne sont pas vraiment des passions.

Il s'agit en somme de reproduire la théorie de Bossuet qui d'ailleurs n'a pas démêlé toute cette équivoque et qui fait dériver la haine elle-même de l'amour. Bossuet définit la passion : un mouvement de l'âme qui, touchée du plaisir ou de la douleur ressentie ou imaginée dans un objet, le poursuit ou s'en éloigne. — Définition très contestable, puisqu'elle semble faire dériver toute passion, non d'une inclination de l'âme, mais d'un plaisir ou d'une peine précédemment éprouvés. — L'amour est défini la passion de s'unir à quelque chose, la haine une passion d'éloigner de nous quelque chose. Voici maintenant comment toutes les passions sont ramenées à l'amour.

« La haine de quelque objet ne vient que de l'amour qu'on a pour un autre. Je ne hais la maladie que parce que j'aime la santé. Je n'ai d'aversion pour quelqu'un que parce qu'il m'est un obstacle à posséder ce que j'aime. Le désir n'est qu'un amour qui s'étend au bien qu'il n'a pas, comme la joie est un amour qui s'attache au bien qu'il a. La fuite et la tristesse sont un amour qui s'éloigne du mal par lequel il est privé de son bien et s'en afflige, etc., etc. Enfin, ôtez l'amour, il n'y a plus de passions ; et posez l'amour, vous les faites naître toutes. »

Telle est cette théorie qui nous semble presque entièrement fondée sur des équivoques. Ce que Bossuet appelle ici amour, on aurait tout autant de raison de l'appeler désir avec Spinoza : en réalité, ce n'est pas un sentiment, c'est une inclination, c'est-à-dire une tendance de l'activité.

### 36. — *Définir les principales passions et en indiquer l'origine et les effets.*

Il semble infiniment probable qu'on doit entendre ici par passions les sentiments (*affectus*) de l'âme humaine, joie, tristesse, amour, haine, etc. — Ce sujet se ramène donc aux deux précédents. Pour l'origine et les effets des passions, voir le *Cours*, p. 31.

### 37. — *Donner une classification des passions.*

Même sens probable du mot passion. — C'est peut-être demander beaucoup à l'élève, car les psychologues de profession n'ont pas réussi jusqu'à présent à donner des sentiments ou passions une classification pleinement satisfaisante. La raison en est facile à saisir : c'est que la théorie des sentiments est encore imparfaite; or la classification dépend nécessairement ici de la théorie.

Voici des spécimens de classification à ajouter à ceux que contient déjà le *Cours*.

Brown (philosophe de l'école anglaise) distingue les émotions *immédiates* (qui se rapportent à un objet présent), étonnement, joie, amour, haine, etc., *rétrospectives* (qui se rapportent au passé), colère, gratitude, regret, etc., et *prospectives* (qui se rapportent à l'avenir), désir, crainte, espérance, etc. Cette classification a été reproduit par M. Marion dans son *Cours de psychologie* et par M. Rabier dans ses *Leçons de philosophie*. — M. Renouvier, se plaçant à un point de vue analogue, divise les passions en trois classes selon que la fin auxquelles elles tendent est future ou possible (passions *dirigeantes* et *développantes*, désir, aversion), obtenue dans le moment même (passions *acquérantes*, saisissement, transport, émotion), ou enfin possédée actuellement de manière à être sentie et non passée à l'état d'habitude inconsciente (passions *possédantes*, joie et tristesse). — Mais il en fait une classification plus générale encore d'après la nature de leurs fins, et il distingue alors les passions interpersonnelles, les passions intrapersonnelles, les passions excitées par les objets externes et les passions excitées par les idées (religieuses, esthétiques, philosophiques).

Il semble en effet qu'on doive donner deux classifications des sentiments, l'une, purement formelle, où on fait abstraction de la nature des objets qui les causent, l'autre matérielle, fondée sur la considération de ces objets. Au premier point de vue, la meilleure est peut-être celle de Spinoza qui les rapporte tous au désir, à la joie et à la tristesse; au second, la classification des sentiments est nécessairement calquée sur celle des inclinations (sentiments égoïstes, sociaux et idéaux).

N. B. — Cette dernière classification suffit évidemment pour les passions prises comme des inclinations exaltées et perverties.

**38.** — *La Rochefoucauld a dit : « L'esprit est souvent la dupe du cœur. » Tout en reconnaissant la vérité de cette maxime, ne peut-on la retourner et dire que souvent le cœur est la dupe de l'esprit?*

### Idées à développer.

I. — Expliquer la maxime de La Rochefoucauld et en montrer la vérité. Le cœur, c'est la sensibilité; l'esprit, c'est l'intelligence. Montrer comment nos désirs, nos passions influent sur le cours de nos idées et nous suggèrent, nous imposent parfois nos croyances à notre insu. Bien mieux, l'esprit s'imagine être convaincu par les raisons qu'il découvre; et ces raisons ne lui paraissent convaincantes que parce qu'elles s'accordent avec les secrètes préférences du cœur. Cf. cette *Pensée* de Pascal: « M. de Roannez disait : Les raisons me viennent après, mais d'abord la chose m'agrée ou me choque sans en savoir la raison, et cependant cela me choque par cette raison que je ne découvre qu'ensuite. Mais je crois (c'est Pascal qui parle), non pas que cela choque par ces raisons qu'on trouve après, mais qu'on ne trouve ces raisons que parce que cela choque. » Ce sont ces erreurs causées par le sentiment que Nicole appelait sophismes du cœur. En donner des exemples tirés de l'amour-propre, de l'intérêt, de l'affection, de la haine, etc. (Cf. *Sujet* 303.)

II. — Mais ne peut-on retourner la maxime? Puisque tout sentiment est produit par une idée, le plus souvent accompagnée de croyance, il est clair que les idées les plus chimériques, les croyances les plus fausses auront leur contre-coup dans notre cœur tout comme les idées justes et les croyances vraies. Ainsi, le cœur aime une idole où l'esprit a cru voir le vrai Dieu. La déception est fille de l'erreur. — Souvent aussi on se fait illusion sur ses propres sentiments : l'esprit ayant cru voir qu'une chose était aimable, admirable, haïssable, le cœur, de bonne foi, s'efforce d'aimer, d'admirer, de haïr, et y réussit. Nous croyons souvent éprouver des sentiments que nous ne faisons qu'imaginer « Nul n'est si heureux ni si malheureux qu'il croit l'être. »

*N. B.* — Ce sujet est évidemment une partie du suivant : il s'agit d'y montrer l'influence que la pensée et le sentiment exercent l'un sur l'autre, mais seulement en tant qu'elle les trompe et les égare l'un et l'autre.

**39.** — *Montrer l'influence réciproque de la pensée sur le sentiment et du sentiment sur la pensée. Donner des exemples.*

Voir le *Sujet* précédent. Voir aussi le *Sujet* 27.

### Idées à développer.

I. — Le début pourra se tirer de l'unité de notre être et de la solidarité de ses diverses puissances, en particulier de l'esprit et du cœur, du sentiment et de la pensée.

II. Influence de la pensée sur le sentiment. — Il sera peut-être utile de distinguer les cas où cette influence a pour effet de développer et de renforcer le sentiment et ceux où elle le trouble et l'affaiblit.

1° La pensée est la condition de toute émotion, de toute passion : *ignoti nulla cupido*. — A mesure que l'intelligence se développe, le sentiment se complique et se raffine. Plus on a d'esprit, plus on a de passions (Pascal). — C'est que, sans la pensée, le sentiment est borné au présent et se confond presque avec la sensation ; il est aveugle, incapable de se satisfaire. — Sentiments attachés à l'exercice même de la pensée : plaisirs d'imaginer, de créer, de savoir. 2° Mais inversement la pensée peut égarer, pervertir le sentiment (V. *Sujet* précédent) ; elle peut aussi l'étouffer. Un trop grand développement de l'intelligence, surtout de la raison pure, tend à annihiler la sensibilité. L'ataraxie du sage stoïcien.

III. Influence du sentiment sur la pensée. — Même division que pour le paragraphe précédent. 1° Le sentiment excite, soutient, anime la pensée. L'inspiration dans la poésie ; la curiosité, l'amour du vrai dans la science. Rappeler le mot si connu de Vauvenargues : « Les grandes pensées viennent du cœur. » 2° Mais le cœur peut égarer l'esprit. (V. *Sujet* précédent.) Comment une sensibilité trop vive obscurcit, étouffe l'intelligence.

IV. — On montrera dans la conclusion que la perfection de la nature humaine exige la coopération harmonique du sentiment et de la pensée.

# CHAPITRE V

## LES INCLINATIONS

**40.** — *Définir, classer et caractériser les sentiments, les inclinations, les appétits, les penchants et les passions.*

On commencera par distinguer les sentiments, qui sont des états de conscience passagers, des inclinations, qui sont des tendances ou facultés permanentes. (V. *Cours*, p. 29 et 33). — Les inclinations sont originelles et normales, ou dérivées et plus ou moins perverties : dans ce dernier cas, on les nomme passions. Dans le premier cas, ou elles se rapportent au corps, et on les nomme appétits, ou elles se rapportent à l'âme, et on les nomme penchants.

**41.** — *Énumérer, classer et définir les principales inclinations, affections et passions de l'âme humaine.*

Sujet presque identique au précédent. — Les affections sont les formes particulières de l'amour d'autrui : affections domestiques, électives, etc., etc.

**42.** — *Tous les sentiments du cœur humain se ramènent-ils à l'amour-propre, comme l'a prétendu La Rochefoucauld ?*

Plan.

I. — Exposer la doctrine de La Rochefoucauld ou plutôt la doctrine qui prétend dériver toutes nos inclinations de l'amour de soi, (car elle n'est pas exclusivement propre à La Rochefoucauld ; Hobbes, Spinoza, Helvetius, etc., l'ont aussi soutenue. (V. *Cours*, p. 35.)

II. — Reconnaître la part de vérité contenue dans cette doctrine : 1° l'égoïsme peut contrefaire l'amour. Tout en développant cette idée, faire remarquer que cette contrefaçon n'aurait aucun sens si le véritable amour n'existait pas. Retourner contre La Rochefoucauld sa propre maxime : l'hypocrisie est un hommage rendu par le vice à la vertu; 2° l'égoïsme précède l'amour et en est la condition nécessaire. Nous nous aimons nous-mêmes avant d'aimer les autres, et nous aimons d'abord les autres parce que nous nous aimons nous-mêmes. Si les services qu'on nous rend ne nous faisaient aucun plaisir, comment pourrions-nous en être reconnaissants?

III. — Réfuter la doctrine en faisant voir que l'amour de soi *à lui seul* ne peut engendrer l'amour d'autrui. — La Rochefoucauld a confondu la condition nécessaire avec la cause unique et suffisante. Ce sont les sentiments personnels qui déterminent en nous l'apparition des sentiments altruistes, mais à la condition que nous soyons capables d'aimer autre chose que nous-mêmes. Si l'inclination sympathique n'existe pas déjà en nous, aucune satisfaction de l'amour de soi ne pourra en susciter même l'apparence. Là où elle existe, elle n'a pas même toujours besoin d'un sentiment personnel pour s'exercer. Nous n'aimons pas seulement ceux qui nous ont fait du bien : l'amour peut naître de l'admiration comme de la reconnaissance; parfois même il semble naître sans cause, du moins sans autre cause que le besoin d'aimer. Dès lors, ce besoin est une inclination de la nature humaine, tout aussi naturelle et primitive que l'amour de soi.

IV. — Discuter l'objection tirée du plaisir qui s'attache à l'amour. Ce plaisir présuppose l'amour : il en est l'effet et non la cause. Par cela même, pour être capable de le ressentir, il faut pouvoir aimer autre chose que soi. C'est donc un cercle vicieux que de l'expliquer par l'égoïsme.

43. — *Quel est le rôle des passions dans la nature humaine ? L'homme doit-il chercher à les détruire ou seulement à les modérer et à les diriger ? Quelles sont les deux écoles philosophiques de l'antiquité qui ont soutenu l'une ou l'autre de ces deux doctrines ?*

Plan.

I. Nature des passions. — Faire un tableau de la sensibilité humaine : d'abord, simple capacité de jouir et de souffrir en présence des objets qui l'émeuvent; — puis les inclinations s'éveillent : préférences et répugnances natives, — force supérieure de certaines inclinations dans certaines âmes, — comment elles grandissent, comment elles absorbent ou annulent les plus faibles, comment elles règnent.

II. Rôle des passions (leurs effets) : 1° elles meuvent l'activité, elles la poussent dans un certain sens. Indifférence, inertie de l'homme sans passion; 2° elles aiguisent l'intelligence; 3° elles donnent à la volonté une énergie, une constance extraordinaires; 4° enfin, elles sont la source des émotions vives, variées, etc., qui donnent à la vie humaine son intérêt dramatique. — Dire ce que deviendrait l'humanité sans les sentiments, réduite à la seule raison et à la seule volonté.

Mais ces bons effets sont compensés par d'autres : 1° la passion est exclusive : indifférence, inertie de l'homme passionné pour tout ce qui n'est point l'objet de sa passion; 2° elle aveugle l'intelligence; 3° elle asservit la volonté ; 4° enfin, inconvénient des émotions trop fortes et trop fréquentes. Excitabilité du système nerveux qui en résulte ; incapacité de réfléchir ; mobilité d'impressions, etc. — Ajoutez à cela que les objets des passions peuvent être différents. Passions viles c'est-à-dire exclusivement égoïstes ou même antisociales, passions nobles, c'est-à-dire altruistes ou idéales. (On emploie ici ces expressions techniques pour abréger.)

III. — Donc il est impossible de glorifier ou de flétrir absolument la passion, comme l'ont fait des sectes extrêmes.

1° Apologie de la passion. — Chez certains sophistes, Calliclès (dans le *Gorgias*, de Platon), Aristippe (V. *Cours*, p. 328), des romanciers modernes (George Sand dans ses premiers romans), etc.

2° Condamnation sans appel. — Les Stoïciens. (V. *Cours*, p. 529.) — Insister davantage. — L'idéal du sage (*Nil admirari*, απαθεία, αταραξία).

3° La vérité paraît être dans la doctrine péripatéticienne. Tout d'abord, certaines passions sont absolument condamnables? Lesquelles? Exemples. Mêmes les meilleures doivent être dirigées et modérées par la raison. Pourquoi?

IV. Conclusion. — Toutes les facultés de la nature humaine lui sont indispensables : il ne faut donc ni supprimer la sensibilité, ni prétendre la substituer à la volonté et à l'intelligence. La vraie perfection de l'âme, c'est l'harmonie, la δικαιοσύνη de Platon. (V. *Cours*, p. 344 et 505.)

**44.** — *Les passions. Les définir, les classer, montrer comment elles se forment. Dire si l'on est responsable de ce qu'on fait sous le coup de la passion.*

Outre le *Cours*, p. 36 et 37, voir le *Sujet* précédent. — Les passions (au sens de *libidines*) se classent comme les inclinations. On est responsable de ce qu'on fait sous le coup de la passion, d'abord, parce qu'on a le plus souvent conscience qu'on pourrait résister à la passion, ensuite parce que, même quand la passion est devenue irrésistible, on est responsable de l'empire qu'on lui a laissé prendre.

---

# CHAPITRE VI

## INTELLIGENCE

**45. — *En quoi consistent les principales différences entre la sensibilité et l'intelligence ?***

Le mot *sensibilité* est ambigu. Il désigne à la fois les sensations et les sentiments, les sens et le cœur. Or, comme le principal rôle des sens est de mettre l'intelligence en relation avec le monde extérieur, on a quelquefois entendu par sensibilité une des facultés de connaître, par exemple dans la philosophie de Kant, et les sensations elles-mêmes (du moins les sensations représentatives) ont été considérées comme des phénomènes intellectuels. (V. Rabier, *Leçons de philosophie*, t. I, p. 91.) D'autres entendent uniquement par sensibilité la faculté de jouir et de souffrir, la faculté des émotions et des passions. — On éviterait peut-être toutes ces difficultés en substituant à la classification ternaire des phénomènes psychologiques une classification quaternaire, comme celle que donne Stuart Mill dans sa *Logique* : Sensations, Pensées, Émotions et Volitions ou Sens, Intelligence, Émotions et Volonté.

Dans cette dissertation, on s'efforcera d'avoir égard aux deux sens du mot *sensibilité*, et on prendra comme terme principal l'*intelligence* afin de donner une suffisante unité au sujet.

Plan.

I. — L'intelligence est la faculté maîtresse de l'âme humaine : l'homme, selon une définition célèbre, est une intelligence servie par des organes. La volonté même est-elle autre chose que l'activité éclairée et dirigée par l'intelligence ? Séparée de la pensée, elle ne se distingue plus de l'instinct. — Pourtant l'intelligence n'apparaît pas en nous dès l'origine : elle est précédée par la sensibilité, c'est de la sensibilité même qu'elle semble sortir. De là tant de doctrines qui, prenant un rapport de succession pour un rapport de causalité, ne voient dans l'intelligence qu'une sorte de prolongement de la sensibilité : « *Nihil est in intellectu quod non prius fuerit in sensu*, disaient les empiriques anciens. » La pensée, disait Condillac, n'est qu'une sensation transformée. — Il importe donc de montrer les principales différences de la sensibilité et de l'intelligence.

II. — La sensibilité est la condition, la matière de l'intelligence : pas de perception sans sensation, pas de pensée sans image, vestige des sensations : mais la sensation, même représentative, n'est pas une connaissance, elle est le moyen d'une connaissance possible, mais pour l'intelligence qui l'interprète et seule lui donne une signification objective. En soi, la sensation est un simple état de conscience, tout subjectif, qui ne représente rien au delà de lui-même. A plus forte raison en est-il ainsi des sensations affectives du plaisir et de la douleur. — De là donc une première différence : la sensibilité est *subjective;* ses phénomènes n'expriment que l'état particulier et passager de l'individu, de ses organes, du milieu environnant. L'intelligence est *objective;* ses phénomènes tendent à exprimer l'essence même des choses, les lois universelles, éternelles du monde, identiques pour tous les esprits.

Il s'ensuit cette autre différence que la sensibilité est infiniment plus variable dans l'humanité que l'intelligence. Si les opinions des hommes sont souvent divergentes, c'est parce que leur esprit ne peut se soustraire entièrement à l'influence des sensations et des passions ; là où elles sont l'œuvre de la raison pure, comme par exemple en mathématiques, elles tendent d'elles-mêmes à l'unité.

III. — Une autre différence non moins importante, c'est que la sensibilité est *passive* : sensations et sentiments sont produits par le choc des objets extérieurs avec l'âme. — Au contraire l'intelligence est *active* : la connaissance ne se fait pas toute seule par l'enregistrement des impressions dans le cerveau. Même au point de vue strictement physiologique, elle exige une réaction du cerveau lui-même. Montrer que ni l'attention, ni l'aperception des rapports, ni la croyance, qui sont les trois éléments essentiels de toute connaissance, ne peuvent se réduire à la passivité des sensations.

IV. — Enfin la sensibilité et l'intelligence diffèrent encore par leurs *lois* : 1° la sensibilité tend à une multitude de fins distinctes, indépendantes les unes des autres, et qui peuvent même parfois s'opposer entre elles, la conservation du corps, le bonheur, la richesse, la gloire, le pouvoir, etc.; c'est, dit Platon, un monstre à mille têtes ; l'intelligence tend à un e flnunique, la connaissance de la vérité. Aussi l'ensemble des facultés et des opérations intellectuelles forme un système, un véritable organisme ; et cette même unité systématique et organique se retrouve dans toutes les œuvres de l'intelligence (art, science, etc.); elle manque à peu près complètement dans la sensibilité. 2° L'intelligence est susceptible d'un développement illimité ; elle se sent faite pour tout connaître et les vérités les plus hautes sont celles qui la satisfont le mieux ; notre sensibilité a des limites : nous ne sentons rien d'extrême, a dit Pascal. Un sensible trop fort ne se fait plus sentir. 3° Enfin l'habitude émousse en nous la sensibilité : l'intelligence s'avive de plus en plus par l'exercice.

V. — Ces différences (sans parler des rapports d'influence réciproque des deux facultés où leur distinction n'est pas moins manifeste—V. chap. IV, *Sujet* 39) suffisent pour distinguer entre elles la faculté des sensations et la faculté des concepts et pour prouver qu'elles ne peuvent dériver l'une de l'autre.

### 46. — *Tableau raisonné des facultés, des opérations et des procédés de l'intelligence.*

On peut, dans une analyse de l'intelligence, se placer à deux points de vue différents qu'on pourrait appeler, par analogie avec l'analyse de la vie, le point de vue *physiologique* et le point de vue *histologique*. — En effet, on peut tout d'abord considérer la vie comme le résultat d'un ensemble de *fonctions* plus ou moins complexes qui dépendent les unes des autres dans un certain ordre et qui sont exercées par autant d'*appareils* ou de *systèmes* distincts (fonction et appareil respiratoires, circulatoires, etc., etc.) : c'est le point de vue physiologique ; ou bien, analysant ces divers appareils, on remarque qu'ils sont tous composés, dans des combinaisons et des proportions diverses, des mêmes *tissus* doués des mêmes *propriétés* élémentaires (tissu musculaire, tissu nerveux, etc., etc.), et on peut alors considérer la vie comme le résultat des propriétés de ces tissus : c'est le point de vue histologique.

De même la psychologie peut considérer l'intelligence comme constituée par un certain nombre de fonctions ou facultés qui s'organisent et s'exercent les unes après les autres dans un ordre fixe et qui correspondent aux divers degrés de la complication croissante et du perfectionnement de la connaissance. A ce point de vue (qui est celui des auteurs du programme de la classe de philosophie) on distingue dans l'intelligence : 1° des facultés d'*acquisition* (perception extérieure et conscience); 2° de facultés de *conservation* et de reproduction (mémoire, association des idées, imagination); 3° des facultés d'*élaboration* (opérations intellectuelles et principes directeurs de la connaissance). On se placera à ce point de vue pour traiter le *Sujet*.

Certains auteurs (par exemple M. Rabier dans son *Cours de psychologie*) ont paru d'abord vouloir se placer au second point de vue. Ainsi l'auteur que nous citons ici ne traite de la perception extérieure qu'après avoir étudié les éléments même qu'elle présuppose (à savoir les sensations et l'association des idées). Mais il ne reste pas en réalité fidèle à son programme. En effet, lorsque après avoir traité de la mémoire considérée comme loi ou propriété générale de tous les phénomènes intellectuels, il traite de la mémoire considérée comme faculté particulière de reconnaître et de localiser les événements de la vie passée, il est clair qu'il abandonne le point de vue histologique pour le point de vue physiologique. Or cette fonction de la mémoire est tout aussi spéciale, tout aussi complexe que la perception extérieure et dans le développement chronologique des facultés, elle apparait après elle. — Pareillement, la théorie du jugement considéré comme l'opération élémentaire de l'intelligence (aperception des rapports et croyance) peut bien faire suite à celle des sensations et de la réviviscence des images ; mais la théorie de l'abstraction de la généralisation, du raisonnement, etc., est évidemment la théorie d'une fonction de l'intelligence tout aussi spéciale et moins ancienne, moins précoce que la perception extérieure. Même remarque au sujet de l'imagination.

Une analyse vraiment histologique de l'intelligence distinguera en elle : 1° des éléments matériels — à savoir les sensations, les états primitifs de la conscience et les états secondaires (images ou idées), dont l'association est la loi; 2° des éléments formels, dérivés de l'intelligence même et qui nous paraissent au nombre de trois, l'attention, l'aperception des rapports et la croyance. Toutes les fonctions intellectuelles résultent des adaptations de ces éléments, diversement combinés, à la connaissance des divers ordres de choses. Ainsi, dans la perception extérieure, la sensation est l'élément dominant et caractéristique : l'image et la croyance lui sont entièrement subordonnés ; la part de l'attention et de l'aperception des rapports est très faible; et le but de cette combinaison particulière est la connaissance immédiate des objets extérieurs présents. — La sensation est absente de toutes les autres fonctions intellectuelles où elle est remplacée par l'image. Ce sont des images associées entre elles d'une certaine façon et accompagnées d'une certaine sorte de croyance qui composent la mémoire proprement dite ; et le but de cette combinaison est la connaissance de la vie passée de l'individu. — Dans l'imagination, la croyance est à peu près nulle, et les images, sous l'influence de causes souvent étrangères à l'intelligence, s'associent dans un ordre nouveau : il en résulte une représentation anticipée des choses futures ou simplement possibles. — Enfin, dans les opérations intellectuelles, les éléments formels (surtout l'attention et l'aperception des rapports) l'emportent sur les éléments matériels (images), et le but de cette combinaison supérieure est la connaissance des rapports fixes des choses, c'est-à-dire des essences et des lois.

Dans un tableau de l'activité intellectuelle on montrerait comment l'intelligence tendant à connaître les choses, développe en quelque sorte elle-même ses facultés (perception, mémoire, imagination, raison) et comment dans cette évolution elle s'affranchit de plus en plus des sensations et des images, leur impose de plus en plus ses lois propres, et prend finalement conscience de son essence dans l'affirmation des principes de la raison. (V. *Cours*, p. 85 et 123.) Pour traiter le *Sujet* sous la forme particulière du n° 46, on mettra l'*attention* en tête des opérations de l'intelligence; les procédés sont des opérations scientifiques, relativement artificielles, telles que les méthodes. On peut les réduire à deux : analyse et synthèse. (V. *Cours*, p. 227.)

47. — *Classer et caractériser les facultés intellectuelles auxquelles nous devons toute connaissance élémentaire, les éléments ou les principes de toutes nos idées.*

On peut les ramener à trois : 1° la *conscience*, qui donne les idées psychologiques, représentatives du sujet; 2° les *sens*, qui donnent les idées sensibles, représentatives de l'objet; 3° la *raison* qui donne les idées à priori, représentatives de lois universelles et nécessaires de l'Être et de la Pensée. — Avant de faire cette réduction, montrer que parmi les facultés intellectuelles, il en est qui élaborent, d'autres qui conservent la connaissance, et qu'il doit par conséquent en exister d'autres qui en fournissent les éléments ou les principes.

48. — *De l'attention. La distinguer de la sensation; en décrire les diverses formes et en montrer l'importance dans l'acquisition et la conservation des connaissances humaines.*

Plan.

I. — Définir l'attention. (V. *Cours*, p. 40.)

II. — Condillac l'a confondue avec la sensation : éprouver une sensation plus fortement que toutes celles qui l'accompagnent, c'est, selon lui, y faire attention. — Montrer que la sensation est un phénomène passif dont l'intensité dépend entièrement de la cause extérieure, tandis que l'attention est une réaction spontanée de l'esprit qui devient bientôt volontaire et qui n'est pas forcément proportionnée à l'intensité de la sensation. Multipliez les exemples en les empruntant aux différents sens.

III. — Diverses formes de l'attention. — Attention externe, observation; attention interne, réflexion.

IV. — Rôle de l'attention dans l'acquisition des connaissances (perception extérieure : pas de perception sans attention; la perception est d'autant plus distincte que l'attention est plus grande ; jugement et raisonnement, mêmes lois); son rôle dans la conservation (on ne retient que si on a été attentif).

V. Conclusion. — La connaissance ne s'imprime pas toute seule en nous : c'est l'esprit qui la grave, pour ainsi dire, en lui-même avec le burin de l'attention. (La métaphore est de Montaigne.)

49. — *Quels sont les effets de l'attention sur la sensibilité et l'intelligence ?*

Plan.

I. — Définir l'attention. Exemples. Caractériser d'une manière générale les effets et le rôle de l'attention. (V. *Cours*, p. 41, et le *Sujet* précédent).

II. — Effets de l'attention sur la sensibilité. Elle avive les sensations sur lesquelles elle se porte : celles dont elle se détourne s'affaiblissent. A l'égard des émotions, elle les redouble si elle se fixe sur les idées de leurs causes ; mais si elle se réfléchit sur les émotions même pour les étudier, elle les fait s'évanouir ou elle les modifie profondément. (V. *Cours*, p. 13.)

III. — Effets de l'attention sur l'intelligence. (V. le *Sujet* précédent et aussi les *Sujets* 50 et 53.)

IV. Conclusion. — Par le moyen de l'attention, l'esprit devient maître chez lui. (V. *Cours*, p. 145.)

50. — *Analyser l'attention : son rôle dans la formation de nos idées.*

Plan.

I. — On montrera que l'attention se distingue par son *activité* des sensations et des images sur lesquelles elle se pose.

II. — Effets généraux de l'attention : comment elle isole et rend plus saisissable à l'intelligence l'objet sur lequel elle s'est fixée.— Application à la formation des idées.—« L'idée, a dit Laromiguière, c'est la sensation que l'attention a rendue distincte. » Il y a là une bonne moitié de la vérité. Montrer que l'abstraction la comparaison, la généralisation sont des modes de l'attention. (V. *Cours*, p. 86 et suiv.)

III. — Toutefois, l'attention ne fait que frayer la voie à une autre opération, qui seule constitue vraiment la connaissance : c'est la perception des rapports, le jugement.

IV. — « L'attention, a dit Malebranche, est une prière que l'âme adresse à la vérité » : c'est plus encore, c'est une recherche, une poursuite, une sorte de chasse ; mais encore faut-il que l'esprit soit capable de voir ou de saisir la vérité, pour que la prière et la poursuite ne restent pas vaines.

## 51. — *De l'attention et de ses différentes formes.*

Voir tous les *Sujets* précédents. Les différentes formes de l'attention sont : 1° l'attention spontanée ou involontaire ; 2° l'attention volontaire fixée sur les choses du dehors (et dont l'observation est elle-même une forme) ; 3° l'attention tournée vers l'intérieur de l'âme ou la réflexion (opérations intellectuelles, délibération, introspection). Montrer par quelle évolution l'esprit passe des unes aux autres.

## 52. — *De l'attention et de la réflexion ; leur nature et leurs effets.*

Il faut prendre garde à l'ambiguïté du mot attention. En un sens, la réflexion est elle-même une espèce d'attention, l'attention interne. En un autre sens, l'attention et la réflexion s'opposent l'une à l'autre : c'est qu'on entend alors par attention le mouvement de l'esprit vers les objets extérieurs. On devra donner ici ce second sens au mot attention.

### Idées à développer.

Montrer que l'essence commune des deux phénomènes est une concentration, une *tension* de l'esprit, qui s'efforce de connaître les choses. Ils diffèrent surtout par leur direction : l'attention est tournée vers le dehors, vers les objets ; la réflexion est tournée vers le dedans, vers le sujet.

L'attention est antérieure à la réflexion : elle implique en général un moindre effort de volonté. Son intervention dans l'exercice des sens : regarder, écouter, flairer, savourer, palper, etc.

L'attention et la réflexion s'excluent l'une l'autre en ce sens qu'on ne peut pas en même temps regarder au dedans et au dehors. L'homme très attentif s'oublie lui-même : il s'identifie avec l'objet de son attention. L'homme qui réfléchit ne perçoit plus le monde extérieur : il est tout entier absorbé dans sa pensée. Tendances au matérialisme ou à l'idéalisme développées par l'habitude exclusive de l'attention ou de la réflexion. Comment l'esprit d'ordinaire passe alternativement de l'attention à la réflexion et *vice versâ*.

Rôle de l'attention dans les sciences de la nature : observation.

Différentes formes de la réflexion : 1° la réflexion sur les opérations intellectuelles, condition de la pensée distincte et de la science ; 2° la délibération ; 3° la réflexion psychologique, où l'esprit ne se fixe plus seulement sur ses propres idées (qui en un certain sens lui sont encore extérieures), mais sur sa propre action, et s'efforce de se saisir lui-même dans tous les faits dont il a conscience.

53. — *Signaler les principales différences entre la connaissance instinctive et la connaissance réfléchie.*

La connaissance instinctive est celle que l'esprit acquiert spontanément (par exemple dans la perception extérieure, dans la mémoire, et en général, dans les fonctions d'acquisition) ; la connaissance réfléchie est celle qu'il développe plus tard par l'attention et surtout par la réflexion (par exemple dans l'abstraction, la généralisation, et en général dans les fonctions d'élaboration).

#### Idées à développer.

La connaissance instinctive précède l'autre ; elle est l'œuvre de la nature ; elle se développe rapidement pendant la première enfance et atteint à peu près le même niveau chez tous les hommes ; elle est obscure, confuse et synthétique, n'a guère pour objet que les êtres et les faits particuliers, et suffit pour les nécessités les plus urgentes de la vie pratique. — La connaissance réfléchie est plus tardive ; elle est l'œuvre de la volonté ; elle peut se développer indéfiniment et d'une manière très inégale, selon les individus ; elle est claire, distincte et analytique, a pour objet principal les rapports, les genres, les lois, et son utilité se confond avec celle de la science. (V. *Sujet* 1.)

On se gardera bien d'énumérer, d'abord tous les caractères de la connaissance instinctive, puis tous ceux de la connaissance réfléchie; mais dans autant d'alinéas distincts, on étudiera pour chacune d'elles les caractères qui se correspondent : par exemple, la première a pour objet le concret, l'individuel ; la seconde a pour objet l'abstrait, le général ; — la première est synthétique et confuse ; la seconde analytique et distincte, etc.

Points plus particulièrement intéressants : 1° Rapports de ces deux connaissances avec les opérations intellectuelles et les principes directeurs de la connaissance. (V. *Cours*, p. 85 et 105.) — Ainsi les opérations proprement intellectuelles sont-elles complètement absentes de la connaissance instinctive ? N'y a-t-il pas d'abstractions, de généralisations, de jugements, de raisonnements spontanés ? Certains philosophes l'ont prétendu. Par exemple, d'après M. Rabier, la perception extérieure est une opération sensitive qui n'implique aucune idée de rapport, aucune catégorie. (V. *Cours*, p. 46.) Les psychologues et les logiciens qui définissent le jugement, « la comparaison de deux idées et l'affirmation de leur rapports » n'admettent d'autre jugement que le jugement abstrait et comparatif, et par conséquent excluent tout jugement spontané ou intuitif. (V. *Cours*, p. 92.) — Il nous semble cependant qu'avant que le jugement existe pour lui-même à l'état distinct et réfléchi, il doit être engagé dans les fonctions inférieures de l'intelligence, perception et mémoire. (V. *Cours*, p. 44 et 11), et qu'il fait même le fond de l'abstraction et de la généralisation. — Mêmes remarques au sujet des principes directeurs qui sont les lois de la pensée spontanée avant de devenir les règles de la pensée scientifique. (V. *Cours*, chap. x.) — La connaissance instinctive ne diffère donc pas essentiellement (du moins chez l'homme) de la connaissance réfléchie : elle la contient en puissance. (Voir si on pourrait en dire autant de la connaissance chez l'animal où elle est et demeure exclusivement instinctive.)

2° Rapports de ces deux connaissances avec le langage. La connaissance réfléchie est-elle possible sans lui ? (V. les derniers *Sujets* du chap. xii.)

## 54. — *De l'attention et de la distraction et de leurs rapports avec la volonté.*

— Si on les oppose l'une à l'autre, l'attention est le pouvoir de fixer l'esprit, la distraction est l'impuissance à le fixer. — Il y a cependant une distraction qui est simplement l'inattention aux choses extérieures causée par une préoccupation trop forte ou une réflexion trop profonde : telle est la distraction de l'homme passionné ou du savant.

### Idées à développer.

Montrer que l'attention, plus ou moins involontaire à l'origine, devient rapidement volontaire : effort de l'esprit pour se tendre vers les objets peu intéressants, peu sensibles, ou même absents, mais imaginés et attendus. Comment ce pouvoir de la volonté sur l'attention s'accroît avec l'exercice.

Effets contraires chez un esprit qui s'abandonne au torrent des sensations et des images. Difficulté croissante de l'attention qui devient à la fin presque impossible.

Montrer en concluant que toutes nos facultés sont solidaires, que sans la volonté de connaître la faculté de connaître n'est rien, et qu'on est responsable de la conduite de la pensée autant que de la conduite de la vie.

# CHAPITRE VII

## ACQUISITION DE LA CONNAISSANCE

### I. — LES SENS ET LA PERCEPTION EXTÉRIEURE

**55.** — *Quelles sont les théories principales que vous connaissez sur la perception extérieure? Les classer et les apprécier.*

Ces théories sont indiquées dans le *Cours*, p. 44. — On peut les classer de différentes manières :

1° Ou bien dans l'acte de la perception, l'esprit saisit en effet les objets mêmes qu'il croit percevoir, ou il saisit d'autres objets qui lui représentent simplement les premiers et qu'il confond avec eux ; et dans cette double hypothèse, toutes les doctrines peuvent évidemment se ranger sous ces deux chefs : 1° doctrine de la perception immédiate (et c'est celle de Hamilton [1] et d'Ad. Garnier) ; 2° doctrine de la perception médiate (et c'est celle que soutiennent avec de plus ou moins grandes différences de détail tous les autres philosophes). — Cette division est celle qui est adoptée dans le *Cours*.

2° Ou bien dans l'acte de la perception, l'esprit ne saisit que lui-même, ses propres états de conscience, ou bien il saisit des réalités distinctes de lui-même (peu importe d'ailleurs qu'elles soient les vrais objets extérieurs ou des intermédiaires qui les représentent). — La

---

(1) La doctrine de Reid n'est pas vraiment intuitionniste : après avoir combattu avec une extrême vivacité tous les philosophes qui n'ont pas admis une connaissance directe des objets extérieurs eux-mêmes (c'est-à-dire tous les philosophes avant lui), par une inadvertance singulière, il fonde sa propre théorie sur le même principe qu'eux. Selon lui, la perception consiste en ce qu'une *sensation* étant donnée, elle nous suggère immédiatement l'*idée* ou *conception* d'un objet extérieur et une *conviction* irrésistible de l'existence de cet objet. Sensation, idée, croyance, aucun de ces trois phénomènes n'est une perception véritable, une prise de possession par l'esprit d'un objet réellement extérieur à l'esprit. Les vrais défenseurs de l'intuitionnisme sont Hamilton et Ad. Garnier. (Encore l'intuitionnisme de Hamilton est-il bien difficile à concilier, comme Stuart Mill l'a montré, avec sa doctrine de la relativité de la connaissance.)

première hypothèse est celle de tous les philosophes qui ont professé la théorie idéaliste de la perception (Descartes, Leibniz, Condillac, Kant, Stuart Mill, etc.); la seconde est celle de tous les autres philosophes (Démocrite et Epicure; Müller et Maine de Biran; Malebranche et Berkeley; Hamilton et Ad. Garnier). — Cette seconde division a été adoptée par M. Rabier dans ses *Leçons de philosophie*.

Voici un tableau récapitulatif de toutes ces théories.

La perception extérieure consiste :

A percevoir directement les objets eux-mêmes.
Doctrines de Hamilton et d'Ad. Garnier.

A percevoir des intermédiaires qui représentent les objets.

Ces intermédiaires sont matériels :
- Émanations des objets.
Doctrine des idées images.
- Impressions faites sur les organes.
Doctrine des impressions sensorielles.

Ces intermédiaires sont immatériels (idées divines).
Doctrines de Berkeley et Malebranche.

A percevoir des états mêmes de l'esprit représentatifs des objets extérieurs (états de conscience, sensations).

Ces états étant donnés, la perception se fait sans autre condition en vertu d'une suggestion immédiate.
Doctrine de Reid.

Elle se fait en vertu de l'habitude et de l'association des idées, lesquelles communiquent aux sensations une apparence objective, hallucinatoire.
Doctrines de Condillac, de Stuart Mill, de MM. Taine et Rabier.

Elle se fait en vertu de la raison (d'ailleurs avec le concours de l'habitude et de l'association).
Doctrines de Descartes, de Leibniz, de Kant, de V. Cousin.

Cette dernière est celle qui est enseignée dans le *Cours*.

Il s'ensuit que la doctrine de l'interprétation des sensations est susceptible d'une triple forme : interprétation immédiate (c'est la doctrine de Reid), interprétation empirique (c'est la doctrine des associationnistes), interprétation rationnelle (c'est la doctrine des philosophes rationalistes).

Pour l'appréciation de toutes ces doctrines, voir le *Cours*, p. 44 et 416. Remarquer que, dans la doctrine de Müller ou celle de Berkeley, l'explication de la perception au point de vue psychologique ne reste pas moins incomplète que dans celle des idées-images, car en supposant que l'âme, au lieu des objets, perçoive les états du cerveau ou des organes des sens, il reste à comprendre comment ces états deviennent pour elles les signes des objets au point qu'elle les confond avec les objets eux-mêmes. Pareillement, si l'âme perçoit des idées en Dieu, par quelle série d'opérations ces idées acquièrent-elles la propriété de lui représenter un monde extérieur?

**56. — *De la théorie des idées-images. Discuter cette théorie. En indiquer les conséquences.***

La théorie des idées-images est proprement celle de Démocrite, d'Épicure et de Lucrèce ; mais Reid, dans sa polémique contre tous les philosophes partisans du représentationnisme (si on peut appeler ainsi la théorie de la perception extérieure opposée à celle de l'intuition), a présenté toutes les doctrines de ses adversaires comme autant de formes de la théorie des idées-images. — Voici à peu près l'argumentation de Reid.

La théorie des idées-images consiste à supposer l'existence d'intermédiaires, distincts à la fois des objets extérieurs et de l'esprit, représentatifs des premiers, présents au second, et qui sont immédiatement perçus. — Ces intermédiaires sont supposés matériels dans toute la philosophie ancienne et dans celle du moyen âge. D'après Démocrite, Épicure et Lucrèce ce sont des émanations sorties des objets eux-mêmes (espèces expresses) ; d'après la doctrine attribuée à Aristote et aux stoïciens et qui est aussi celle des scolastiques, ce sont des impressions faites sur les organes des sens et le cerveau (espèces impresses). — Au contraire les philosophes modernes les supposent plutôt immatériels. Ainsi, chez Locke, les idées-images deviennent des idées représentatives, sortes de simulacres intérieurs qui s'interposent entre les objets et l'esprit. Dans Malebranche, dans Berkeley, ces idées n'appartiennent pas même à l'âme mais à Dieu.

Sous quelque forme qu'on lui donne, cette théorie est fausse, d'après Reid. — Aucun intermédiaire ne s'interpose entre l'esprit et les objets : ce que nous percevons, ce sont les choses mêmes et non leurs images. Prétendre le contraire, c'est rendre toute connaissance impossible : car comment comparer les images avec les choses et savoir si elles les représentent fidèlement ? Comment même savoir si les choses existent ? Le *scepticisme*, voilà donc la première conséquence de la théorie des idées-images.

D'autre part, si on suppose que les images sont matérielles, il est impossible de comprendre comment l'âme peut les recevoir et les percevoir à moins d'être elle-même matérielle, et si on suppose qu'elles sont immatérielles, il est impossible de comprendre comment elles peuvent représenter des choses matérielles et comment même nous pouvons être assurés que la matière existe. De sorte que la théorie aboutit forcément soit au *matérialisme* c'est-à-dire à la négation de l'esprit, soit à l'*idéalisme* c'est-à-dire à la négation de la matière.

De toutes façons, elle est en contradiction avec le *sens commun* qui est, d'après Reid, le juge suprême de toutes les théories philosophiques.

L'élève tâchera de déterminer la part de la vérité et celle de l'erreur dans cette argumentation de Reid.

**57.** — *Montrer que parmi tous les corps de la nature nous ne percevons directement que notre propre corps.*

On demande ici de démontrer une thèse qui, à notre avis, est très contestable. — Voir dans le *Cours*, p. 44, la discussion de la doctrine de Müller, Maine de Biran, Saisset, Lemoine, etc., qui implique cette même thèse. — Cependant la thèse contient une certaine part de vérité qu'on pourra d'abord s'efforcer de mettre en lumière. Voici les deux parties principales de la dissertation.

### Plan.

I. — Nous ne percevons pas directement les corps extérieurs. En droit, toute perception directe des corps extérieurs est impossible par la raison même qu'ils sont extérieurs ; ils ne peuvent évidemment influer sur l'esprit que par l'intermédiaire des organes des sens et du cerveau. En fait, une telle perception n'existe pas, puisque notre perception des objets extérieurs varie avec l'état de nos organes (myopie, daltonisme, jaunisse, la même eau froide ou chaude selon la température propre de la main, etc.) ; bien mieux, puisque les qualités mêmes que nous croyons percevoir dans ces objets ne représentent que le mode de réaction propre à chacun de nos organes sensoriels. Ainsi, comme l'a fait voir Müller dans sa théorie de l'*énergie spécifique* des nerfs, le nerf optique a la propriété de produire les sensations de lumière et de couleur, quelle que soit la nature de la cause externe qui l'excite (rayons lumineux, électricité, choc, pression, action chimique, etc.). (V. *Cours*, p. 52.)

II. — S'ensuit-il que nous percevions directement notre propre corps ? Tout dépend du sens qu'on attache au mot *percevoir*. Si on entend par là prendre une connaissance immédiate, intuitive de notre corps tel qu'il est en soi, dans sa réalité objective et absolue : alors non, nous ne percevons pas directement notre corps, et cette perception est tout aussi impossible que celle d'un corps étranger. L'esprit ne peut sortir de sa propre conscience pour s'identifier avec les organes. (V. *Cours*, p. 44 et 53.) Il ne connaît son corps, comme le reste, que par l'intermédiaire des sensations qu'il en éprouve. Mais si par *percevoir directement le corps*, on entend recevoir des sensations directement produites par le corps et qui expriment immédiatement ses états avant d'exprimer les états des corps étrangers, la doctrine est parfaitement exacte. En somme, toutes nos sensations, externes aussi bien qu'internes, sont des *équivalents psychologiques* des états de nos organes; mais elles ne nous font nullement percevoir ces états qui le plus souvent nous demeurent inconnus.

Les raisons qui ont pu faire croire à une perception directe ou intuitive du corps propre sont : 1° l'existence du sens vital par lequel nous le percevons, ce semble, d'une autre façon que les corps étrangers. Ainsi je perçois ma main, soit à la façon d'une main étrangère, c'est-à-dire par le moyen de la vue, soit comme ma propre main, par une sensation musculaire qui m'avertit de sa présence, même lorsque mes yeux sont fermés. Cette seconde perception a paru être une perception directe à plusieurs psychologues, tels que Saisset, Lemoine, etc.; 2° le fait de la localisation instinctive des sensations internes dans le corps propre. Ce fait exige une perception, qu'on suppose immédiate, de la situation des différents organes et de la configuration générale du corps; 3° enfin la présence fréquente dans la perception d'objets extérieurs de quelque perception des organes mêmes des sens. Ainsi dans la vision d'un paysage, par exemple, en regardant avec attention, on remarque souvent des corpuscules transparents, irréguliers, qui semblent flotter sur le ciel et suivre tous les mouvements des yeux : ce sont des vésicules aqueuses qui n'existent que dans les yeux eux-mêmes.

On montrera : 1° que les sensations du sens vital ne sont pas plus que celles des autres sens des perceptions directes de la réalité objective ; 2° que la localisation est acquise et non naturelle; 3° enfin que ces prétendues perceptions des organes ne sont au fond que des sensations produites par les organes et dont l'expérience seule nous a appris l'origine.

**58.** — *Caractériser par une analyse psychologique la différence entre les sensations et les perceptions.*

### Idées à développer.

On ne passera pas rapidement sur les définitions de la sensation et de la perception (V. *Cours*, p. 8 et 44), mais au contraire on y insistera de façon à bien les entendre, et on les éclaircira en les appliquant à des exemples. — Les principales différences sont indiquées dans le *Cours* p. 45; on développera séparément chacunes d'elles dans autant de paragraphes distincts. — En voici une autre assez importante : des sensations différentes peuvent donner lieu à des perceptions identiques. On peut percevoir un même objet, par exemple, une table, soit par des sensations tactiles, soit par des sensations visuelles, lesquelles

n'ont entre elles aucune ressemblance. De là vient qu'un aveugle
peut le percevoir comme nous, bien qu'il n'en reçoive pas les
mêmes sensations. Les sensations n'étant que des signes, il suffit
que ces signes soient équivalents, malgré leurs différences, pour
que l'interprétation, c'est-à-dire la perception, soit la même.
Voir si inversement des sensations identiques ne peuvent pas
donner lieu (selon les circonstances ou les personnes), à des
perceptions différentes.

*N. B.* — Peut-être faudra-t-il prendre garde que tous les auteurs
n'ont pas entendu de la même manière les mots *sensation* et *perception*.
Voici le tableau de ces différents sens :
1° Beaucoup d'auteurs (appartenant à l'école éclectique) entendent
exclusivement par *sensations* les sensations affectives (plaisirs et peines
physiques); ils appellent *perceptions* toutes les sensations représentatives, et ils supposent que ces sensations nous font immédiatement
connaître les objets mêmes (hypothèse intuitioniste).
2° D'autres (par exemple M. Janet dans son *Traité de philosophie*)
donnent au mot sensation le sens que nous lui donnons et qui convient aussi bien aux sensations représentatives qu'aux sensations
affectives; mais ils entendent par *perception* la conscience même de
la sensation, ou du moins, une conscience accompagnée d'attention
et de discernement. En ce sens, percevoir, c'est percevoir une sensation en tant qu'on la distingue de celles qui la précèdent et qui la
suivent et qu'on démêle ses divers éléments ou ses divers caractères.
Selon nous, cette prétendue perception est un phénomène d'attention
qui n'a rien de particulier et qui ne demande pas à être étudié spécialement. Tout son rôle est de préparer la perception proprement
dite, c'est-à-dire la reconnaissance des objets externes. La vraie perception extérieure, à notre avis, c'est la perception, non des sensations, mais des objets extérieurs. (Sur ce travail préliminaire par
lequel l'esprit analyse et reconnaît les sensations, travail auquel on
pourrait donner le nom de *préperception*, voir le *Cours*, p. 45.)

**59.** — *Montrer que la perception extérieure serait impossible sans l'intervention des principes de la raison.*

On demande ici de démontrer une thèse, que nous croyons vraie,
mais qui est en tout cas très contestée. (V. pour une remarque analogue le *Sujet* 57.)
Elle ne serait admise en effet ni par les partisans de l'intuitionnisme,
ni par ceux d'une interprétation instinctive (Reid), ou purement empirique (Stuart Mill, MM. Taine et Rabier) des sensations.

### Plan.

I. — Le principe de la raison qui est le fondement même de

la perception extérieure est le principe de causalité. (V. dans le *Cours*, p. 46, le développement de cette thèse.) On démontrera non seulement que l'intervention du principe de causalité permet d'expliquer la perception, mais encore que, sans cette intervention, la perception devient inexplicable. L'esprit en effet est incapable, sans ce principe, de sortir de ses propres sensations et images, comme le montrent bien les efforts impuissants de Condillac pour faire percevoir à l'homme-statue (V. *Cours*, p. 554), un monde qui lui soit réellement extérieur. — Cependant cette théorie a été très vivement combattue de nos jours par M. Rabier, sous le nom de *théorie de l'inférence*. (V. dans le *Cours*, p. 47, comment on a essayé de répondre à ces objections.)

II. — Le principe de causalité est-il le seul principe de la raison qui intervienne dans la perception extérieure? Pour croire que les objets continuent d'exister même quand nous avons cessé de les percevoir, et qu'ainsi des sensations identiques éprouvées par nous à des moments différents sont les effets d'un même objet qui a subsisté dans l'intervalle, il faut, ce semble, l'intervention du principe de substance. (V. *Cours*, p. 117.)

III. — Enfin, si, avec beaucoup d'auteurs, on voit dans la notion d'espace une des notions de la raison, on se rappellera qu'elle ne joue pas dans la perception extérieure un moindre rôle que les principes de substance et de causalité. (Voir sur ce point notre propre doctrine dans le *Cours*, p. 430 et 431; elle pourrait se résumer ainsi : la notion d'espace contient des éléments rationnels, mais elle n'est pas une donnée primitive de la raison.)

60. — *En quoi consiste la différencee des perceptions naturelles et des perceptions acquises ? De l'éducation des sens par l'esprit.*

Cette différence est plus ou moins profonde selon la théorie générale de la perception qu'on admet. Dans celle que nous avons soutenue (*Cours*, p. 47 et 48) la différence est de degré et non de nature : au fond, toutes les perceptions sont acquises (même celles qu'on appelle naturelles). Dans la théorie intuitionniste, la différence est essentielle : la perception naturelle est l'intuition directe, infaillible, de la réalité objective; elle est seule une véritable perception; la perception acquise est une suggestion, une inférence, une association d'idées, par conséquent une apparence de perception. — Ce sont cependant les philosophes écossais, partisans de l'intuitionisme, qui ont inventé cette dénomination des perceptions naturelles et acquises.

Plan.

I. — On s'attachera d'abord à montrer que ce qu'il y a de vraiment naturel ou primitif dans la perception, ce sont les sensations des différents sens; et on en conclura que la perception tout entière est le résultat d'une acquisition de l'esprit.

II. — Seulement, certaines perceptions peuvent être acquises dès l'origine par l'exercice de chacun de nos sens, et indépendamment de leur association : ce sont les perceptions primitives. Puis, en vertu de la coopération des divers sens, le souvenir des perceptions de l'un s'ajoute à celles de l'autre et les complète : ce sont ces perceptions *acquises par voie d'association* qu'on nomme proprement perceptions acquises. — Montrer la part de la mémoire, de l'association des idées et de l'habitude dans ces perceptions. Comment elles deviennent pour la conscience absolument inséparables et indiscernables des perceptions primitives et des sensations qu'elles accompagnent. Donner des exemples. Faire voir que le sens qui est susceptible du plus grand nombre de perceptions acquises est la *vue*, et que le sens qui contribue le plus à faire acquérir ces sortes de perceptions aux autres sens est le *toucher*.

III. — Education des sens par l'esprit. — En somme, les sens ne sont pour l'esprit que des instruments dont il doit apprendre à se servir et dont il s'efforce de tirer le meilleur parti possible. Trois parties dans l'éducation des sens : 1° la volonté se rend maîtresse de leurs organes et les meut, les dirige, de manière à provoquer et à faciliter la perception ; 2° l'attention démêle, par l'effet de l'habitude, une foule de sensations ou de nuances de sensations d'abord inaperçues (le gourmet, le tireur, le musicien, etc.) ; 3° enfin l'esprit interprète ces sensations et ces nuances comme autant de signes d'objets ou de faits qui n'influent pas directement sur les sens (ce sont là les perceptions acquises).

**61.** — *Quelle est la part de la mémoire, de l'imagination et de l'induction dans la connaissance que nous avons du monde extérieur ?*

Si on prend les mots « connaissance du monde extérieur » dans toute l'étendue de leur sens, il y aura lieu de distinguer la connaissance *sensible* et la connaissance *scientifique* du monde extérieur et de faire la part de la mémoire, de l'imagination et de l'induction dans l'une et l'autre. Mais il est probable qu'il ne s'agit ici que de la première, c'est-à-dire de la perception extérieure.

### Idées à développer.

Voici en résumé le rôle de ces trois facteurs dans la perception : 1° une sensation étant donnée, on se souvient qu'on l'a déjà éprouvée et on se rappelle les sensations qui l'accompagnaient dans les expériences antérieures : c'est la part de la *mémoire* ; 2° en même temps, on imagine ces sensations complémentaires comme si on les éprouvait encore actuellement, et ainsi on se représente la totalité de l'objet, bien qu'on n'en perçoive réellement qu'une partie ou qu'une qualité : c'est la part de l'*imagination* ; 3° enfin, de cet ensemble de sensations éprouvées, rappelées et imaginées, on conclut la présence de l'objet extérieur, sa nature, telle ou telle de ses propriétés, etc. : c'est la part de l'*induction*.

Par l'intervention de ces trois facteurs s'expliquent à la fois et l'agrandissement du champ de la perception, qui dépasse de beaucoup celui de la sensation actuelle, et les illusions et erreurs de la perception. Nous ne voyons les choses externes qu'au travers de nos souvenirs et des raisonnements à demi conscients qu'ils nous suggèrent.

**62.** — *Des cinq sens. Des notions que nous devons à chacun d'eux en particulier. Des notions que nous devons à deux ou plusieurs sens.*

### Plan.

I. — On définira d'abord les sens qu'on distinguera de leurs organes. On montrera leur rôle (1° stimuler et diriger les instincts, 2° servir d'instruments à l'intelligence pour la connaissance du monde extérieur), et on en fera sommairement la classification. (V. les *Sujets* 32, 33 et 58.)

II. — Puis on montrera que chaque sens a ses données propres, ses perceptions primitives, et on les énumérera pour chacun d'eux. Nous devons au toucher les notions de la solidité, du relief, etc.; à l'odorat, la notion de l'odeur, etc. (V. *Cours*, p. 48.)

III. — Mais n'y a-t-il pas en même temps des notions que nous devons à deux ou plusieurs sens? Aristote distingue, en effet, des *sensibles propres* et des *sensibles communs*. Ces derniers sont, selon lui, l'étendue, la figure, le mouvement, le temps et le nombre. En réalité, la notion de l'étendue à deux dimensions est la seule notion commune à la vue et au toucher; les autres prétendus sensibles communs d'Aristote ne sont pas plus des notions dues aux sens que celles d'existence, d'unité, d'extériorité, d'intensité, de grandeur, etc. On peut même se demander si la notion d'étendue est bien une notion sensible ou si elle ne résulte pas de l'unité que l'esprit imprime lui-même aux sensations.

IV. — D'une manière générale, aucune notion ne peut sortir des sensations si l'esprit ne compare les sensations entre elles et ne les décompose en éléments abstraits à la lumière des concepts d'être, d'unité, d'identité, de causalité, etc., qu'il tire de son propre fonds.

63. — *Comment se forment les perceptions de la vue? Part de l'expérience et de l'habitude dans ces perceptions.*

### Idées à développer.

On montrera que le sens de la vue devient pour l'homme le sens universel, celui qui peut à la rigueur remplacer tous les autres. Aussi est-ce celui qui a le plus de perceptions acquises.

Le premier point est donc de déterminer quelles sont les perceptions primitives de la vue. Ce sont très certainement le clair, l'obscur et les diverses couleurs : c'est aussi l'étendue, du moins l'étendue à deux dimensions (longueur et largeur); car on discute encore pour savoir si la vue perçoit la profondeur. Ces perceptions ne dérivent pas seulement de sensations proprement optiques, mais encore des sensations musculaires produites par les divers mouvements de l'œil.

Maintenant la vue perçoit-elle naturellement le relief, le volume, la distance des corps, ou ces perceptions sont-elles des effets de l'expérience et de l'habitude? — Il y a certainement dans toutes nos perceptions visuelles, des sensations musculaires, mêlées dès l'origine aux sensations optiques, qui correspondent au relief, au volume, à la distance ; et, en ce sens, on peut dire que la vue perçoit dès l'origine ces propriétés des corps ; mais l'exercice du toucher et la locomotion sont nécessaires pour apprendre à l'esprit l'équivalence des sensations musculaires de l'œil avec celles, beaucoup plus distinctes, qui accompagnent les mouvements de la main et du corps tout entier, partant pour lui en apprendre la signification exacte.

En outre, l'expérience et l'habitude doivent associer les idées de distance, volume, relief, une fois acquises, aux différents signes locaux des sensations proprement optiques. (V. leur énumération dans le *Cours*, p. 50 *sub finem*. On pourrait y joindre le *nombre* des objets interposés entre le corps de l'observateur et l'objet qu'il s'agit de localiser.)

*Problèmes et observations qui se rapportent à cette question.*

1° Problème de la vision droite ou renversée. Comment se fait-il que nous voyons droits les objets dont les images sont cependant renversées sur notre rétine? — 2° Problème de la vision binoculaire. Comment se fait-il que nous ne voyons qu'un objet alors qu'il s'en fait deux images dans nos yeux? — 3° Problème de Molyneux, (savant du XVIII° siècle). Un aveugle-né à qui on rendrait la vue pourrait-il distinguer du premier coup sans avoir recours au toucher un cube et une sphère placés l'un et l'autre devant lui? — 4° Observations des aveugles-nés opérés de la cataracte. L'aveugle de Cheselden, l'aveugle de Waldrop, etc. Voir Taine, *l'Intelligence;* voir aussi Dunan, *Revue philosophique*, janvier 1889.

64. — *Qu'appelait-on dans la philosophie du dix-septième siècle le sensorium commune? Quel est le rôle attribué à cette faculté dans la philosophie contemporaine?*

La question ne semble pas très exactement posée. Il est peu question du *sensorium commune* dans la philosophie du XVII° siècle. Le mot de sensorium est plutôt employé par les physiologistes que par ces philosophes, et il désigne non une faculté mais un organe, une partie du cerveau, celle où réside la conscience, le point où se fait la centralisation de tous les phénomènes psychologiques. Descartes et Bossuet parlent seulement du sens commun, *sensus communis*, et ils entendent par là, à l'exemple d'Aristote, un sens qui reçoit et réunit les données des autres sens dans l'unité de la conscience (κοινή αἴσθησις par opposition aux ἴδιαι αἰσθήσεις).

Mais ce prétendu sens commun n'est autre que la conscience même; ou si on suppose que les sensations sont en outre rapportées à des objets extérieurs, c'est la perception, c'est-à-dire une combinaison de mémoire et d'intelligence proprement dite.

La philosophie contemporaine ne reconnaît donc pas cette faculté. Les organes des différents sens peuvent bien être distincts et séparés; mais l'âme qui sent n'est pas divisée en plusieurs compartiments, et il est inutile de supposer un compartiment central où toutes les sensations finissent par se réunir ; car dès l'origine elles sont toutes éprouvées simultanément par une seule et même âme.

65. — *Des erreurs des sens. Que faut-il entendre par ce principe que « l'erreur n'est jamais dans le sens lui-même mais dans le jugement ? »*

L'idée qu'on doit se faire des erreurs des sens varie évidemment avec celle qu'on se fait de la perception extérieure. Elle ne saurait être la même pour les partisans de l'intuitionnisme et pour ceux du représentationnisme. (V. une remarque analogue pour le *Sujet* 60.)

Pour l'intuitionniste, les sens, dans la perception normale, nous font percevoir les choses mêmes, telles qu'elles sont dans leur réalité objective. Les erreurs des sens ne peuvent donc être dans sa théorie que des exceptions embarrassantes, des accidents fâcheux dont on pourrait tirer des objections contre la véracité de la perception extérieure, et sa grande préoccupation est par conséquent de disculper les sens des objections que pourrait élever contre eux un sceptique.

Le représentationniste sait au contraire qu'*en aucun cas* les sens ne nous font percevoir les choses mêmes, telles qu'elles sont en soi. Les erreurs des sens sont donc pour lui des phénomènes intéressants, instructifs, dans lesquels il trouve la contre-épreuve de sa propre théorie de la perception normale. Quant aux objections du scepticisme, il ne s'en émeut guère ; car là où le sceptique se borne à cette interrogation puérile : « Qui sait si nos sens ne nous trompent pas toujours ? » lui peut déterminer avec certitude quelle est la part d'illusion et quelle est la part de vérité que renferme le témoignage de nos sens.

*N. B.* — Si l'élève consulte quelques auteurs sur cette question, il devra donc se demander tout d'abord quel est le caractère de leur théorie générale de la perception, et si elle est intuitionniste ou représentationniste, car des arguments, en apparence identiques, changent de sens et de valeur selon la théorie générale à laquelle ils se rattachent.

Plan.

I. — Exemples des erreurs des sens.

II. — Ce que doivent être ces erreurs si on admet la conception vulgaire de la perception.

III. — Discussion de la doctrine intuitionniste des erreurs des sens.

IV. — Vraie nature de ces erreurs.

V. — Leurs causes. Conclusion.

### Développement.

I. — On énumérera un certain nombre d'erreurs des sens : toucher (une bille qu'on roule sous l'index et le majeur croisés paraît double ; la même eau est froide ou chaude selon la température de la main) ; ouïe (illusions de l'écho et de la ventriloquie); vue, erreurs sur la couleur (daltonisme, contraste des couleurs), sur la forme (le bâton plongé dans l'eau, la tour carrée de près et ronde de loin), sur la grandeur (la lune à l'horizon), sur la distance (mirage, illusions d'optique), sur le mouvement (les arbres qui courent le long du chemin de fer, etc.). — A ces erreurs par altération pourraient être ajoutées les erreurs par omission (certaines personnes ne voient pas les différences des couleurs) et par substitution (les hallucinés croient percevoir des choses qui n'existent pas).

II. — En quoi consistent ces erreurs ? Si les sens, comme le croit le vulgaire, nous font, dans leur exercice normal, percevoir les choses telles qu'elles sont réellement, ces erreurs consistent donc à percevoir les choses autrement qu'elles ne sont en réalité. Il y a donc des perceptions vraies et des perceptions fausses, en ce sens que nous percevons tantôt l'objet réel, tantôt un objet purement apparent et illusoire.

Mais cette supposition est absurde. Il est impossible de comprendre comment le sens qui d'ordinaire perçoit l'objet réel se trouverait dans certains cas percevoir un objet apparent et erroné, et impossible de distinguer si l'objet auquel on a affaire dans une perception donnée est un objet apparent ou un objet réel.

III. — Pourtant, les partisans du réalisme intuitionniste ont essayé d'expliquer les erreurs des sens, tout en conservant ce principe que la perception consiste dans une intuition des choses mêmes. D'après Reid et Garnier, la clé de l'explication est dans la distinction de la perception naturelle et de la perception acquise. La première nous est donnée par les sens : elle seule est une vraie perception ; aussi est-elle infaillible ; la seconde est l'œuvre de la mémoire et de l'induction : ce n'est pas, à proprement parler, une perception ; c'est bien plutôt une conception, un raisonnement ; aussi est-elle sujette à l'erreur.

Nous ferons trois objections à cette doctrine : 1° pour la conscience spontanée, pour le sens commun dont l'intuitionnisme se réclame, la perception acquise a exactement les mêmes caractères que la perception naturelle : elle paraît, comme elle, immédiate, intuitive, perception et non raisonnement. Dire que nous voyons seulement la lumière réfléchie par les objets (perception primitive), mais que nous en concluons la forme et la distance des objets (perception acquise), c'est, à ce qu'il semble, se mettre en opposition avec le sens commun ; 2° d'autre part, pour l'analyse philosophique, la perception naturelle est elle-même acquise, en ce sens qu'elle suppose, outre la sensation qui seule est primitive, un jugement par lequel la sensation est rapportée à un objet ; 3° d'ailleurs, l'erreur se glisse aussi dans la perception naturelle (exemples : la bille doublée, le daltonisme, les hallucinations). — La distinction des perceptions primitives et des perceptions acquises n'est donc pas absolue : il n'y a d'absolument primitif dans la perception que la sensation qui, prise en elle-même, n'est ni vraie ni fausse, étant un simple état de conscience et non une connaissance objective.

IV. — Dès lors, les sens ne nous trompent pas ; mais à la condition expresse de ne pas voir en eux, comme le fait le sens commun, des facultés de percevoir : ce ne sont que des facultés de sentir, et il est également absurde de parler de leurs erreurs ou de leur infaillibilité. Leur rôle consiste uniquement à recevoir des sensations par l'effet des organes et des objets extérieurs.

L'erreur, comme la vérité, réside non dans les données des sens, mais dans l'interprétation spontanée de ces données par l'esprit.

La perception normale consiste donc, non à percevoir l'objet même, mais à prévoir exactement, une sensation étant donnée, quelles sensations complémentaires sont possibles pour nous et pour nos semblables : la vérité d'une perception actuelle est son harmonie avec nos perceptions futures et celles de nos semblables. Par suite, la perception anormale, l'erreur des sens, consiste dans une prévision inexacte. Toutes deux sont des inductions suggérées par les sensations actuelles et qui portent, non sur les objets en soi, mais sur les sensations qu'ils sont susceptibles de procurer à nous et à nos semblables. Seulement les sensations ultérieures vérifient la première et elles démentent la seconde. Le faire voir au moyen d'exemples.

V. — La cause des erreurs des sens est double : 1° cause objective : un changement dans les milieux, ordinairement invariables, qui contribuent à produire la sensation, plus généralement l'existence même et le mode d'action de ces milieux (lumière, air, organes). Deux cas : ou le milieu modifie, sans que nous le sachions, le mouvement parti de l'objet, ou il rend uniformes, à notre insu, des mouvements partis d'objets différents. Etudier ces deux cas et les erreurs qui en résultent pour les trois milieux principaux; 2° cause subjective : l'habitude de juger d'une sensation actuelle et de ses suites d'après les sensations passées qui lui ressemblent. Comment cette habitude a été acquise (exercice simultané de deux ou plusieurs sens différents, association d'idées, habitude proprement dite).

En résumé, l'erreur des sens est un cas particulier et singulier de la perception qui met en relief sa vraie nature et nous montre qu'elle n'est pas, comme elle paraît l'être, une intuition de la réalité extérieure, qu'elle est au contraire une représentation des choses construite instinctivement par l'esprit avec les données de la sensation et de la mémoire.

## II. — LA CONSCIENCE ET L'IDÉE DU MOI

**66.** — *De la conscience psychologique, de son objet, de ses limites.*

*Plan.*

I. — Définir la conscience psychologique (V. *Cours*, p. 52); la distinguer très brièvement de la conscience morale (*ibid.*, p. 302).

II. — L'objet de la conscience, c'est l'âme. (Ne pas confondre *objet* avec *but*. Ces deux termes, le plus souvent synonymes dans la langue courante, n'ont pas du tout le même sens en philosophie. L'objet, c'est la réalité à laquelle s'applique une de nos facultés de connaître ; le but, c'est la fin qu'elle poursuit. L'objet d'une science, c'est la chose ou l'ensemble des choses qu'elle étudie, par exemple les nombres pour l'arithmétique ; le but, c'est l'utilité qu'on peut retirer de cette étude, par exemple apprendre à calculer. Le *but de la conscience* n'aurait pas de sens.) — Dans l'âme, objet de la conscience, distinguer les phénomènes et l'être même. (V. *Cours*, p. 58.)

III. — Les limites de la conscience sont les limites mêmes de l'âme. Discuter ces deux questions : Pouvons-nous avoir conscience de ce qui n'est pas nous-mêmes ? (V. *Cours*, p. 53, § 3.) — Avons-nous conscience de tout ce qui est en nous ? (V. *ibid.*, p. 55.)

**67.** — *Objet et instrument de la perception intérieure; objet et instrument de la perception extérieure; comparer ces deux espèces de perception.*

Pour le sens du mot *objet*, voir le numéro précédent. — Ce sujet semble impliquer une assimilation très contestable de la perception extérieure et de la conscience. On ne peut guère l'exposer qu'en se plaçant au point de vue des philosophes écossais et éclectiques (Hamilton, Jouffroy, Adolphe Garnier), c'est-à-dire en admettant comme eux, au moins provisoirement, une double faculté de perception.

### Plan.

I. — Percevoir, pour l'esprit, c'est entrer en relation avec la réalité, c'est la saisir. Il est clair que la perception est le point de départ nécessaire de toutes nos connaissances. Or, notre esprit perçoit le monde extérieur; il se perçoit lui-même. La perception est donc double, extérieure et intérieure.

II. — Quel est l'objet de la perception extérieure ? C'est le monde matériel. Quel est celui de la perception intérieure ? C'est l'âme. — Opposer ces deux objets l'un à l'autre.

III. — L'instrument de la perception extérieure, ce sont les *sens;* celui de la perception intérieure est la *conscience*. Comparer les sens et la conscience. Les sens sont liés à des organes; la conscience, non, etc., etc. (V. *Cours*, p. 10 et 53.)

Telle est la théorie écossaise et éclectique des deux sortes de perception, qu'on retrouve même de nos jours chez des auteurs d'une école entièrement opposée, tels que M. Taine (V. l'*Intelligence*) ; elle nous paraît tout à fait contestable.

L'opposition des sens et de la conscience n'a qu'une vérité relative. Si l'on fait abstraction de leurs organes, les sens ne consistent qu'en sensations : or les sensations sont des états de conscience. Il est faux que la sensation nous fasse percevoir des réalités externes : nous ne percevons en elle que notre propre manière d'être. Dès lors, la conscience est seule, à vrai dire, une perception ; il n'y a pas de perception extérieure, si on entend par là une connaissance intuitive d'objets réellement extérieurs à la conscience.

Voici donc à quoi se réduit la distinction signalée. — Tout ce que nous connaissons intuitivement, par perception, est enveloppé dans notre conscience ; mais ce contenu de la conscience se divise naturellement en deux moitiés : d'une part les sensations, qui représentent en nous les réalités externes dont elles sont les effets ; d'autre part, l'ensemble des autres modes de la conscience où notre activité personnelle met et reconnaît sa propre marque. La prétendue perception extérieure est la coordination des sensations et leur interprétation comme signes ou qualités du monde extérieur, et la prétendue perception intérieure (en tant que distincte de la conscience) est la coordination de tous les autres états psychiques et leur interprétation comme signes ou attributs de notre individualité personnelle.

**68. — *Déterminer l'objet, la portée et le genre de certitude de la conscience ; l'opposer, s'il y a lieu, aux autres sortes de certitudes.***

Plan.

I. — Définir la conscience. Montrer qu'elle a pour objet tout ce qui est présent en nous au moment même où nous le sentons.

II. — Portée de la conscience. On peut la déterminer positivement en faisant voir que la conscience atteint tout ce qui est présent dans notre âme, et négativement en faisant voir que nous ne pouvons avoir conscience de tout ce qui n'est pas actuellement donné en nous : le passé, l'avenir, les états de l'âme de nos semblables, nos organes, les objets extérieurs, etc. (V. *Cours*, p. 53, n° 3.) A ce point de vue il faut se défier de maintes expressions courantes où le mot conscience est employé sans exactitude ; par exemple : J'ai conscience des battements de mon cœur. La vue de la mer éveille en nous la conscience de l'infini, etc., etc.

III. — Genre de certitude. Comme l'objet connu et la connaissance même ne font qu'un dans la conscience, c'est une certitude intuitive, immédiate, absolue, sans aucun mélange de croyance : elle exclut la possibilité même de l'erreur et du doute. (V. *Cours*, p. 53, n° 1.) Les pyrrhoniens ne l'ont pas contestée, sinon par bravade. Descartes l'a mise à la base de sa philosophie avec le *Cogito ergo sum*.

IV. — Toute autre certitude la suppose. En effet, la certitude sensible ou physique, c'est-à-dire la certitude de l'existence et des propriétés des objets extérieurs, implique la certitude des sensations conscientes qui nous les révèlent ; la certitude rationnelle, c'est-à-dire la certitude des vérités nécessaires, implique la certitude de l'intuition consciente par laquelle nous apercevons leur nécessité. — En même temps, toute autre certitude lui est inférieure; car à la rigueur, il est possible de douter que des objets correspondent à nos sensations, et que les vérités qui nous paraissent nécessaires (subjectivement) soient en effet nécessaires (objectivement, pour toutes les intelligences possibles). Il y a dans la certitude sensible, et même dans la certitude rationnelle, une part d'inférence ou tout au moins de croyance ; il n'y en a point dans la certitude de la conscience.

La certitude *psychologique* est donc antérieure et supérieure à toutes les autres sortes de certitudes. (V. *Cours*, p. 272.)

69. — *Que pensez-vous de cette proposition de la Logique de Port-Royal que les choses que l'on connaît par l'esprit sont plus certaines que celles que l'on connaît par les sens?*

Idées à développer.

Les choses que l'on connaît par l'esprit, ce sont ou les états et les opérations de notre âme ou les vérités rationnelles. (V. *Cours*, p. 107 et suivantes.) Les choses que l'on connaît par les sens sont les objets et les événements extérieurs. — La croyance vulgaire, c'est que rien n'est plus certain que ce que nous connaissons par les sens : comment douter de ce qu'on voit et surtout de ce qu'on touche ? Cependant, ce n'est là qu'un préjugé sans fondement; et Port-Royal a raison.

En effet, dans cette prétendue certitude des sens, il faut distinguer : 1° la certitude du fait même de sentir; nous ne pouvons pas douter que nous éprouvions certaines sensations visuelles de forme et de couleur, certaines sensations tactiles de contact et de résistance ; mais cette certitude est justement celle de la conscience et non celle des sens; 2° la certitude de la réalité des objets qui nous font éprouver ces sensations; mais, à proprement parler, nous ne pouvons pas être absolument certains que ces objets existent : nous le croyons seulement ; l'halluciné identifie, comme nous, avec la même certitude apparente, l'objet qui est dans sa conscience avec un objet qui serait hors de sa conscience, et cependant il n'y a pas d'autre objet que celui qui est dans sa conscience. Toute la certitude que renferme notre perception lui vient du principe de causalité ; mais cette certitude n'est pas celle des sens : c'est celle de la raison. (V. *Cours*, p. 404 et 405; V. aussi *ibid.*, p. 416-423). — On consultera utilement le *Sujet* précédent.

**70. — *Y a-t-il dans l'esprit humain des perceptions sans conscience ?***

Sujet traité dans le *Cours*, p. 54-58. Le mot perception est pris ici dans le sens leibnizien, il est synonyme de représentation ou de phénomène psychologique.

**71. — *Des phénomènes appelés inconscients. Peuvent-ils être classés parmi les phénomènes psychologiques ?***

On commencera par décrire les faits dits inconscients et par les énumérer en réservant la question de leur inconscience relative ou absolue ; puis on montrera que s'ils sont absolument inconscients, ce ne sont pas des faits psychologiques, mais physiologiques ; et que si ce sont bien des faits psychologiques, ils ne sont que relativement inconscients. — On cherchera dans les exemples quels sont les faits qui rentrent dans l'une et dans l'autre de ces deux hypothèses.

**72. — *Descartes croyait que l'âme, étant une chose pensante, pense toujours. Quel est votre avis sur cette question ?***

Plan.

I. — Descartes entendait par pensée, non un état particulier et passager de l'âme, mais son action constante et essentielle. Quoi que l'âme subisse ou qu'elle fasse, elle pense nécessairement ce qu'elle subit ou ce qu'elle fait : ses différents états sont donc tous des modes de la pensée. La pensée, c'est-à-dire la conscience, est donc l'essence de l'âme. Il s'ensuit que pour l'âme, cesser de penser ou d'avoir conscience, ce serait cesser d'être. Descartes en conclut que l'âme, tant qu'elle existe, pense toujours.

II. — Au point de vue empirique, on peut objecter qu'il se produit des suspensions complètes de la pensée consciente, par exemple dans le sommeil profond et sans rêves, dans l'évanouissement, la léthargie, etc. — Mais les cartésiens répondront que si au sortir de ces états on ne se souvient pas d'avoir pensé, cela ne prouve pas l'anéantissement de la pensée dans l'intervalle, car il nous arrive souvent de rêver, à n'en pas douter, sans que notre rêve laisse aucune trace dans la mémoire. Les faits qu'on allègue sont donc ambigus. Du moment que l'âme continue d'exister, puisqu'elle se retrouve au réveil, il faut bien qu'elle existe avec l'attribut qui la constitue, c'est-à-dire avec la pensée. Il peut donc y avoir affaiblissement, obscurcissement de la conscience, mais non extinction. La théorie leibnizienne des petites perceptions ou perceptions insensibles permet de comprendre cette continuité latente de la conscience.

III. — Reste le point de vue métaphysique. L'essence de l'âme est-elle bien la pensée, ou n'est-elle pas plutôt l'action (comme l'ont prétendu certains leibniziens) à laquelle la pensée s'ajoute mais qui peut exister sans elle ? Peut-être la différence entre cette doctrine et celle de Descartes est-elle purement apparente. Il est clair que la conscience suppose nécessairement un contenu, et ce contenu, ce semble, ne peut être que l'action ; mais d'un autre côté, l'action de l'âme séparée de toute conscience n'est plus qu'un mot vide de sens. (V. *Cours*, p. 57.)

Ainsi on doit admettre avec Descartes que l'âme agit et pense toujours, mais non toujours avec la même force et la même clarté. La thèse contraire est la thèse même du matérialisme qui, refusant à l'âme toute essence propre, ne voit en elle que l'effet intermittent et passager du fonctionnement des centres cérébraux.

**73.** — *Qu'est-ce que la conscience ? Montrer que c'est à elle et non aux sens que nous devons les idées de substance, de cause et de fin ?*

Voici encore un sujet où on oppose la conscience et les sens. Voir sur cette opposition le *Sujet* 67. — La conscience, ici, est donc la connaissance de tout ce qui est donné dans notre âme, exception faite des sensations. Or ce qui reste dans l'âme, une fois les sensations mises à part, c'est son activité avec les phénomènes de désir, d'attention et de volonté par lesquels elle se manifeste.

### Idées à développer.

On définira la conscience la connaissance que l'âme a de son activité propre ; on montrera en quoi cette connaissance diffère de celle que les sens nous donnent des objets extérieurs.

— Il sera donc nécessaire d'analyser brièvement la connaissance sensible. A proprement parler, les sens ne nous font pas percevoir les choses mêmes du dehors, mais seulement leurs phénomènes, à savoir les sensations successives ou simultanées qui nous les révèlent. Or les sensations, prises en elles-mêmes, ne contiennent aucune identité ou permanence, aucune activité, aucune tendance vers des fins : ce sont de simples états, multiples, passagers, sans liaison nécessaire les uns avec les autres. Si donc nous en formons des groupes auxquels nous attribuons une réalité substantielle et entre lesquels nous supposons des rapports de causalité et de finalité, ces concepts de substance, de cause, de finalité, que l'analyse semble pouvoir extraire du concept même des objets sensibles ne dérivent pas néanmoins des sensations, mais y ont été ajoutés par une synthèse primitive.

Le montrer en détail pour chacun d'eux. — Ainsi Descartes a fait voir dans les *Méditations* que la substance n'est pas perçue par les sens mais supposée par l'entendement, en prenant comme exemple un gâteau de cire dont toutes les qualités sensibles changent quand on le fait fondre et dans lequel cependant on continue à concevoir quelque chose d'identique qui en est la substance. (V. *Cours*, p. 117.) — En un mot, les sens nous donnent des groupes ou des séries de sensations : ils ne nous donnent pas l'unité et l'identité de ces séries ou de ces groupes.

De même, pour la causalité et la finalité, nous pouvons bien voir que deux phénomènes se présentent, l'un avant, l'autre après ; mais que l'un soit cause ou moyen, l'autre effet ou fin, c'est ce qui ne peut tomber sous aucun de nos sens.

Est-il nécessaire pour cela de supposer que ces concepts de substance, de cause, de fin, sont des idées innées dont il est impossible et inutile de rechercher l'origine ? « L'hypothèse des idées innées, a dit Maine de Biran, est le coup de désespoir de l'analyse ». On fera voir que ces concepts ne sont que les attributs mêmes de notre activité consciente, transformés en catégories par l'abstraction et la raison. (V. *Cours*, p. 59-60.)

### 74. — *Quelle est l'origine des idées de cause, de substance, d'unité et de durée ?*

V. le *Sujet* précédent. — Pour l'idée d'unité, on pourra distinguer deux aspects principaux de cette idée : l'unité élémentaire ou partielle, l'unité synthétique ou totale. La première est celle de l'unité arithmétique et en général de toute partie que l'on considère comme absolument simple et indivisible; la seconde est celle que nous attribuons à tout être véritable qui, malgré la multiplicité de ses phénomènes ou de ses attributs, n'en est pas moins un être unique. La première est la matière d'une pluralité; la seconde en est la forme. Il semble que l'idée de la première puisse à la rigueur être donnée par la sensation; mais il est plus exact, à notre avis, d'y voir l'unité même de l'acte par lequel l'âme prend conscience de la sensation ou de tout autre phénomène. La sensation en effet, si on envisage son contenu, tout entier relatif à une pluralité de phénomènes extérieurs, n'est pas une mais multiple; ce qui est un, c'est la conscience que l'esprit a de la sensation et qui lui imprime sa forme. L'idée de cette première unité se ramène ainsi à celle de la seconde. Il ne sera pas difficile de montrer que celle-ci ne peut être donnée par les sens et qu'elle dérive de l'aperception de l'unité consciente et active qui est notre être.

Pour l'idée de durée, Royer-Collard a fait voir que nous ne pouvons percevoir la durée des phénomènes extérieurs que par le moyen de nos propres états de conscience et particulièrement de nos actes d'attention ou de volonté. L'idée de la durée se réduit au fond à l'idée de la continuité de notre action consciente.

### 75. — *Par quelle faculté l'âme se connaît-elle elle-même ? et quelles sont les idées qu'elle doit à cette faculté ?*

Nous ferions volontiers des réserves sur la façon dont la question est posée. Présenter la conscience comme une *faculté spéciale* par laquelle l'âme se connaît elle-même, c'est commettre le sophisme de l'*abstraction réalisée*. L'âme se connaît elle-même, et on donne à cette connaissance le nom de conscience : voilà tout. Il est chimérique de supposer qu'elle ait besoin pour cela d'une faculté spéciale. Du reste, après qu'on a dit de cette prétendue faculté qu'elle s'appelle conscience et que par son moyen l'âme se connaît elle-même, il n'est plus possible d'en rien dire. De sorte qu'on ne peut guère répondre à la question dans les termes où elle est posée que par une tautologie puérile : « Par quel faculté l'âme se connaît-elle elle-même ? » — Réponse : « Par une faculté qu'on appelle conscience et qui est justement la faculté qu'elle a de se connaître elle-même. »

Pour les idées dues à la conscience, voir les *Sujets* 73 et 74.

**76. — *Comment acquérons-nous l'idée de cause ? Montrer sommairement les principales applications que nous faisons de cette idée soit dans la science pure, soit dans la morale.***

Plan.

I. — Il faut d'abord définir l'idée de cause. Or, en fait, il y a deux idées de cause très distinctes. Par cause, nous entendons, ou bien un *phénomène* (soit unique, soit composé de plusieurs autres) qui est l'antécédent constant et la condition nécessaire et suffisante d'un phénomène déterminé, ou bien un *être* qui par son activité produit soit un phénomène, soit même une série de phénomènes. La première conception est la conception *objective* et scientifique, la seconde est la conception *subjective* et psychologique ou métaphysique. Le mot cause est pris dans le premier sens lorsqu'on dit que la vibration de l'air est la cause du son ; dans le second lorsqu'on dit que Dieu est la cause de l'existence du monde, ou que l'esprit est la cause de tous les phénomènes d'intelligence et de volonté. La causalité objective implique une loi qui lie l'un à l'autre la cause et l'effet, de sorte que non seulement l'effet ne peut exister sans la cause, mais encore la cause ne peut exister sans l'effet : elle exclut par conséquent toute liberté. Dans la causalité subjective, l'effet suppose nécessairement la cause, mais la cause ne suppose pas nécessairement l'effet : elle peut exister sans lui et par conséquent être libre de le réaliser ou de le laisser à l'état de simple possibilité.

II. — Comment acquérons-nous l'idée de cause ?

Trois explications ont été proposées. — 1° Explication de Hume, de Stuart Mill, de tous les empiriques. L'idée de cause, se réduisant au fond à l'idée d'un phénomène qui en précède constamment un autre, dérive de l'expérience externe qui nous donne d'innombrables exemples de successions constantes de phénomènes. — 2° Explication de Maine de Biran. L'idée de cause, étant essentiellement l'idée d'une force active et productrice, ne peut venir que de la conscience de notre propre activité ; et c'est surtout dans le fait de l'effort moteur que nous avons cette conscience. — 3° Explication de Kant. L'idée de cause, étant l'idée d'une succession ou liaison nécessaire de deux phénomènes, ne peut venir de l'expérience qui ne saurait nous révéler aucune nécessité : elle est une conception naturelle de notre esprit qui impose cette forme aux phénomènes pour les enchaîner entre eux dans l'unité d'une même expérience et d'une même pensée. On discutera ailleurs ces différentes explications. (V. chap. x, les *Sujets* qui se rapportent à l'idée de cause.) — Exposons seulement ici notre propre théorie.

Selon nous, la conception la plus ancienne de la causalité est la conception subjective. La conscience que l'âme a de son activité est la première origine de l'idée de cause. (V. *Cours*, p. 59 et 116.) Sous l'impulsion de la raison, c'est-à-dire du besoin de lier tous les phénomènes par des rapports nécessaires, l'esprit, qui voit dans la causalité une nécessité (au moins apparente), la suppose, l'imagine partout dans la nature ; mais il se représente les causes externes à sa propre image, comme des forces actives produisant en toute liberté les différentes sortes de phénomènes.

C'est l'expérience qui le contraint par degrés à modifier cette conception. Ainsi il s'aperçoit que ce qu'il prenait pour des êtres ce ne sont que des phénomènes : dès lors la cause ne sera qu'un groupe de phénomènes antécédents et déterminants ; et, ne pouvant saisir directement aucune activité dans la nature, il se contente de supposer une loi qui relie nécessairement l'effet à celui des phénomènes du groupe qui suffit à le susciter par sa présence et qui seul paraît être sa véritable cause. L'idée de cause semble alors réduite à l'idée d'une succession nécessaire ; mais elle retient encore des vestiges de sa première origine ; car dans la formule même de toutes les lois de causalité s'introduit l'idée de tendance qui est une forme à peine déguisée de l'idée d'activité. (V. *Cours*, p. 130 et 263.) Ainsi une cause, même aux yeux de la science, c'est un phénomène qui tend à en produire un autre et qui le produit en effet dès qu'il n'en est plus empêché par une cause contraire. Mais comment comprendre cette tendance, si on ne suppose pas une force ou activité permanente dont les phénomènes ne sont que les signes extérieurs ? Ainsi la science, dans l'idée primitive de causalité, fait abstraction de tous les éléments dont la considération est inutile pour le succès de ses propres recherches, mais elle ne les rejette pas pour cela.

III. — Quant aux applications de l'idée de cause, on peut dire que l'idée de la causalité physique ou objective est le fondement de toutes les sciences de la nature, dont le but est de rechercher les causes des phénomènes (V. *Cours*, p. 235, 240, 246, 248) et que l'idée de la causalité métaphysique ou subjective est le fondement de la morale. En effet, si l'homme n'est pas une cause véritable, mais un simple enchaînement de phénomènes liés au reste de l'univers, il est inutile de rechercher les lois selon lesquelles il doit agir : tout devoir, toute moralité s'évanouissent avec sa causalité.

## 77. — *Quelle est la part de la conscience dans l'acquisition des idées ?*

### Idées à développer.

Si on entend par conscience la connaissance immédiate de tout ce qui est présent à notre âme (y compris les sensations), la conscience est la condition de l'acquisition de *toutes* nos idées, sans en excepter une seule. Même pour acquérir l'idée d'un objet sensible, il faut évidemment avoir eu d'abord conscience des sensations produites par cet objet. — Mais si on entend par conscience la seule connaissance de l'activité propre de l'âme et des phénomènes qui en dépendent directement, alors la conscience n'intervient que dans l'acquisition des idées proprement psychologiques.

Voici les principales de ces idées : 1° idées de nos différentes manières d'être, plaisir, douleur, émotions de crainte, de colère, opérations intellectuelles, actes volontaires, etc., etc. ; 2° idées de nos différentes facultés ; 3° idée du moi ; 4° idées de substance, de cause, de fin, etc., etc... (V. les *Sujets* précédents à partir de 73.)

Or il se trouve que ces dernières idées sont en même temps celles que la raison adopte et s'approprie pour en faire les moyens de l'explication universelle. (V. *Cours*, p. 116, 117, 118 et 126.) La conscience dans l'homme est donc inséparable de la raison. Pour comprendre les choses, l'âme n'a qu'à prendre conscience d'elle-même et à concevoir toutes choses à son image et ressemblance. Elle porte en elle-même à la fois un pressentiment et un échantillon des lois universelles de l'Être. C'est pourquoi la réflexion est la condition nécessaire du développement de la raison.

78. — *De la notion du moi. Caractères distinctifs de cette notion. Son importance en psychologie et en morale.*

Idées à développer.

La notion du moi, c'est tout ensemble la notion du sujet de la conscience et celle de la personnalité (V. *Cours*, p. 58, 59 et 60), lesquelles d'ailleurs s'impliquent nécessairement l'une l'autre (bien que Kant distingue un moi de l'aperception pure qui répond à la première, et un moi empirique qui répond à la seconde). On analysera la notion du moi en partant d'abord de la notion de la personnalité pour arriver à celle du sujet de la conscience qui en est l'élément essentiel et à priori.

Il est assez difficile de deviner ce que veulent dire les mots : « caractères distinctifs de cette notion ». Veut-on parler des caractères du moi, objet de la notion, ou des caractères de la notion elle-même? Le moi a en effet des caractères qui le distinguent radicalement de tout le reste (unité, identité, activité et même liberté, etc.); la notion du moi ne diffère des autres notions que par son importance et son rôle. A tout prendre, telle que nous la trouvons actuellement en nous, c'est une notion très complexe qui a été certainement acquise et élaborée, et dont un seul élément (la notion du sujet de la conscience) représente une condition à priori de toute pensée.

En psychologie, la notion du moi a un double rôle : d'une part, elle est explicitement contenue dans tout acte d'intelligence ou de volonté par lequel l'esprit se distingue du monde extérieur, et se pose, pour ainsi dire, en face de lui dans la conscience de son être et de son activité propres : d'où tant de notions premières, comme celles d'unité, de substance, de cause, etc., qui ne sont que des aspects divers de la notion du moi; d'autre part, elle est implicitement contenue dans toute pensée, dans toute conscience, parce que toute pensée implique un « je pense », toute conscience un sujet conscient. C'est à ce second point de vue que se plaçait Descartes, lorsqu'il formulait le fameux *Cogito ergo sum*. — En morale, la notion du moi, c'est surtout la notion de la volonté libre, autonome, responsable. On fera voir que le devoir, le droit, la responsabilité ne peuvent exister que pour un être capable de se distinguer lui-même du reste des choses, de s'attribuer une unité, une identité, une liberté véritables, capable en un mot de dire « moi ». — Voir en outre le *Sujet* suivant.

### 79. — *Que faut-il penser de cette proposition* : « *Le moi est une collection d'états de conscience ?* »

Plan.

I. — On exposera d'abord la doctrine qu'il s'agit de critiquer. Elle a été soutenue par Hume (V. *Cours*, p. 554), Condillac (V. *ibid.* et p. 61), et de nos jours par MM. Stuart Mill, Taine (V. *Cours*, p. 61) et Ribot (*ibid.*). — Comme, d'après Condillac, tous les états de conscience ne sont que des sensations plus ou moins transformées (sentir et avoir conscience étant pour lui synonymes), le moi est défini par lui une collection de sensations. — Prendre garde, en exposant la doctrine, que ses partisans ne parlent pas de l'idée du moi mais du moi lui-même. Ils reconnaissent que nous nous faisons du moi une idée toute différente, que nous le concevons comme un être un et permanent; mais cette idée, selon eux, est illusoire : tout ce qui dans la réalité y correspond se réduit à une collection (ou à une série) d'états de conscience. L'illusion vient de l'association, qui fond ces états en un tout indissoluble, et du langage, qui exprimant ce tout par un substantif nous accoutume à le concevoir comme une substance.

Les preuves qu'ils donnent à l'appui de leur thèse peuvent se ramener à trois.

1° La conscience ne nous montre rien de plus en nous que des états coexistants ou successifs; et l'idée même du moi n'est que l'un de ces états.

2° Il est inutile de supposer un moi réellement existant pour expliquer l'idée du moi, puisqu'on peut montrer comment elle résulte de l'unification apparente des états de conscience produite par l'association et le langage, et puisque le même mode d'explication rend compte de toutes les idées du même genre (par exemple de l'idée de la matière ou du monde extérieur).

3º Enfin cette explication est confirmée par les maladies de la personnalité (ce dernier argument est le plus récent des trois; il se rapporte aux altérations, aux perversions de l'idée du moi si curieusement décrites par MM. Taine et Ribot dans leurs ouvrages : l'*Intelligence* et les *Maladies de la personnalité*).

II. — On discutera ces trois arguments en insistant principalement sur les deux premiers. (V. *Cours*, p. 60 et 61. V. aussi p. 448 et 449.) En somme, il faudra montrer qu'on ne peut expliquer ainsi ni l'unité, ni l'identité, ni l'activité que l'esprit s'attribue nécessairement à lui-même et dont toute autre unité, toute autre identité, toute autre activité ne peuvent être que les effets ou les images.

# CHAPITRE VIII

## CONSERVATION DE LA CONNAISSANCE

### I. — LA MÉMOIRE

**80. — *Théorie de la mémoire.***

Idées à développer.

Sans insister sur la définition de la mémoire qui est purement nominale, on montrera quel est le double rôle de la mémoire, soit comme condition de toute connaissance en général, soit plus particulièrement comme condition de la connaissance du passé.

A ce point de vue, on distinguera dans la mémoire deux fonctions, l'une générale, qui consiste dans la conservation et la réviviscence des idées, l'autre spéciale, qui est la reconnaissance et la localisation des souvenirs. Elles peuvent exister l'une sans l'autre : ainsi une idée ne nous est vraiment familière que lorsqu'elle entre dans le tissu de notre pensée sans provoquer aucun acte de reconnaissance ; et d'autre part nous pouvons reconnaître un objet, une sensation, quand ils se représentent d'eux-mêmes à nous, sans être cependant capables de nous en rappeler les idées ou les images. Tout souvenir vraiment complet suppose la réunion de ces deux éléments : 1° une idée conservée et remémorée ; 2° un acte par lequel cette idée est reconnue comme se rapportant à un moment de notre vie passée.

De ces deux fonctions, la première s'explique, au point de vue physiologique, par la persistance des vibrations ou des traces cérébrales, au point de vue psychologique, par l'habitude et par les causes qui influent elles-mêmes sur l'habitude, attention, émotion, répétition, association, etc. (V. *Cours*, p. 66-67.) La seconde ne semble pas susceptible d'une explication physiologique : elle a pour conditions les notions du *temps* et du *moi* qui sont pour elle ce que les notions de l'espace et de la cause sont pour la perception extérieure. (V. *Cours*, p. 70-71.)

En résumé, la mémoire manifeste, d'une part, la tendance de l'âme à refaire ce qu'elle a déjà fait, à repenser ce qu'elle a déjà pensé ; d'autre part, l'identité de la conscience à travers la succession des phénomènes sans cesse renouvelés ou répétés.

### 81. — *De la mémoire. Lois de la mémoire. Qualités d'une bonne mémoire. Des divers genres de mémoire. De la mnémotechnie.*

On pourra se borner en traitant ce sujet à la seule étude de la conservation et du rappel des idées. — Pour les lois de la mémoire et de la mnémotechnie, voir *Cours*, p. 66 ; pour les qualités d'une bonne mémoire, voir *Cours*, p. 64 ; pour les diverses sortes de mémoire, voir p. 68.

### 82. — *Des qualités d'une bonne mémoire et des diverses espèces de mémoire.*

On réduit d'ordinaire à trois : facilité, ténacité, promptitude, les qualités d'une bonne mémoire ; il est clair qu'on pourrait en indiquer d'autres. Ainsi Descartes, dans le *Discours de la Méthode*, dit qu'il a souvent souhaité d'avoir la mémoire aussi ample et aussi présente que quelques autres. Une mémoire présente, c'est sans doute une mémoire prompte ; mais une mémoire ample, c'est une mémoire capable de retenir beaucoup d'idées, et des idées de beaucoup de sortes. De même, la mémoire peut être nette ou confuse, ordonnée ou désordonnée, etc. Il serait intéressant de voir si toutes ces qualités ne sont que des modifications de la facilité, de la ténacité et de la promptitude.

### 83. — *Des conditions psychologiques de la mémoire. Analyse du souvenir.*

On commencera par l'analyse du souvenir, et à propos de l'idée qui lui sert de base, on recherchera quelles sont les conditions de sa conservation et de son rappel. Les unes sont physiologiques (V. *Cours*, p. 65), les autres psychologiques (V. *Cours*, p. 66). On insistera sur ces dernières. On montrera de même selon quelles lois l'esprit reconnaît et localise les souvenirs.

**84.** — *De la mémoire sensible et de la mémoire intellectuelle. Comparer et distinguer ces deux espèces de mémoire.*

La mémoire sensible c'est la mémoire imaginative, ou imagination reproductrice (V. *Cours*, p. 78); la mémoire intellectuelle, c'est la mémoire des idées abstraites et générales, la mémoire des concepts. Elles sont inextricablement mêlées l'une à l'autre dans l'homme adulte comme l'image et l'idée (V. *Cours*, p. 198). Cependant, d'une manière générale, la première est plutôt celle de l'artiste, la seconde celle du savant. — La mémoire intellectuelle se rattache à la mémoire sensible par le langage qui sert de véhicule aux concepts; mais dans un esprit où cette mémoire prédomine, les mots ne sont retenus qu'à titre de signes des concepts, et leurs associations traduisent en quelque sorte celles des concepts eux-mêmes. Au contraire la mémoire purement verbale consiste à retenir les mots à titre de sons ou d'articulations indépendamment de leurs sens; et cette sorte de mémoire n'est elle-même qu'un cas particulier de la mémoire sensible. Les deux différences principales de la mémoire sensible et de la mémoire intellectuelle sont : 1° que la première dépend presque entièrement des organes, tandis que la seconde est l'œuvre de l'activité de l'esprit; 2° que la première se décompose en plusieurs mémoires spéciales et hétérogènes, tandis que la seconde est une mémoire générale et homogène. — En effet, les diverses sortes d'images (visuelles, auditives, etc.), sont irréductibles entre elles; les concepts font tous partie d'un même système intellectuel.

**85.** — *La mémoire est-elle une faculté unique ou se compose-t-elle de plusieurs facultés ? Des différentes espèces de mémoires.*

Comme toutes les questions qui se rapportent aux facultés (V. *Sujet* 28), celle-ci ne nous semble pas avoir un sens bien saisissable. — A proprement parler, il n'y a pas de facultés; l'esprit seul existe avec les faits qui s'y produisent. Si, prenant un certain nombre de ces faits, par exemple les souvenirs, on remarque les ressemblances nombreuses et importantes qui les unissent, on dira qu'ils appartiennent à une seule et même faculté, la mémoire; l'esprit a, dira-t-on, la faculté de conserver et de rappeler toutes sortes de souvenirs; si maintenant on remarque que ces souvenirs ne sont pas tous de même sorte et que l'esprit ne les retient pas tous avec la même facilité, on pourra dire tout aussi bien qu'il y a plusieurs espèces de mémoires ou que la mémoire est un ensemble de plusieurs facultés. Simple différence verbale. — Le seul moyen de distinguer réellement des facultés serait de montrer qu'elles ont des organes distincts. A ce point de vue tout physiologique, il n'est pas douteux qu'il n'y ait plusieurs mémoires sensibles, celle de l'oreille, celle de l'œil, etc., mais au point de vue psychologique, toutes ces mémoires viennent s'unir et se confondre dans l'unité même de l'esprit. (V. *Cours*, p. 68.) — Ce qui prouve bien à quel point toutes les questions relatives à l'unité et à la pluralité des facultés sont verbales et artificielles, c'est qu'on a pu tout aussi plausiblement dire que chaque faculté avait sa mémoire propre, cette mémoire ne faisant qu'un dans cette hypothèse avec la faculté même (Phrénologistes, Aug. Comte) : ainsi la vue et la mémoire visuelle, l'ouïe et la mémoire auditive, etc. Il ne faut voir dans tout cela que des façons diverses, toutes plus ou moins arbitraires, de grouper les faits qui seuls demeurent réels, avec leurs ressemblances et leurs différences, avec les rapports qui les lient de part et d'autre aux organes et à l'esprit.

86. — *Montrer par des analyses et des exemples l'influence de la volonté sur la mémoire.*

Les divisions de ce sujet devront être tirées des diverses fonctions de la mémoire :
1° Influence de la volonté sur la conservation des idées (Attention, répétition, association. — Mnémotechnie) ;
2° Influence de la volonté sur le rappel (V. *Cours*, p. 60) ;
3° Influence de la volonté sur la reconnaissance. (Elle se ramène à la précédente ; reconnaître une idée, c'est en compléter le souvenir par l'association d'autres idées qui la localisent dans le passé.)
On se rappellera que l'influence de la volonté peut être négative aussi bien que positive, et qu'elle ne s'exerce pas seulement sur tels et tels souvenirs déterminés mais sur la faculté même de se souvenir qui se développe et se modifie par l'exercice.

87. — *Montrer par des exemples la différence de la réminiscence et du souvenir, et à ce propos analyser les éléments et les lois du souvenir.*

L'analyse du souvenir doit faire l'unité de la dissertation. Dans cette analyse, on distinguera d'une part, l'idée, la représentation plus ou moins complexe d'un événement passé, qui est la matière du souvenir ; d'autre part la reconnaissance, c'est-à-dire l'acte par lequel l'esprit rapporte cette idée au passé, et qui est la forme du souvenir. C'est ce dernier élément qui fait défaut dans la réminiscence. On pourrait dire avec un auteur contemporain (M. Lemoine), que la réminiscence rajeunit l'idée et que la reconnaissance la vieillit. La réminiscence la projette du passé dans le présent ; la reconnaissance la rejette du présent dans le passé.
Puis après avoir indiqué les lois de la conservation et du rappel des idées, on analysera plus particulièrement le souvenir proprement dit et on fera voir qu'il implique les deux notions fondamentales du temps et du moi.

**88.** — *Quelles sont les conditions psychologiques de la réminiscence ? Quelles sont celles du souvenir ?*

Par réminiscence on entend ici la première fonction de la mémoire (conservation et réviviscence), par souvenir la seconde (reconnaissance et localisation). — Dès lors ce sujet revient aux sujets 80 et 87.

**89.** — *Montrer par des analyses que les conditions du souvenir sont l'identité du moi et l'idée du temps.*

Le souvenir, c'est ici la certitude qu'une idée ou une perception présente correspond à un événement passé : en un mot, c'est la reconnaissance.

Plan.

I. — Tout souvenir contient à la fois une distinction et une identification : il consiste tout ensemble à distinguer le présent du passé et à l'identifier avec lui. La condition de la première opération est la notion du temps ; celle de la seconde est l'identité du moi.

Pour la notion du temps, voir *Cours* p. 74. On montrera l'impossibilité du souvenir dans un esprit qui, par hypothèse, penserait tous ses états de conscience comme également actuels (comme ils le sont en réalité au moment même où il les pense).

II. — Quant au second point, il semble tout d'abord que le souvenir implique seulement l'identité de l'objet présent avec l'objet passé (quand on perçoit pour la seconde fois un même objet) ou l'identité de la pensée actuelle avec l'état de conscience antérieur (dans le cas du souvenir proprement dit). Mais on fera voir que cette identité se ramène en réalité à celle du sujet conscient ou du moi. Le seul élément qui puisse être vraiment identique dans la perception passée et dans la pensée présente c'est le moi, sujet commun de l'une et de l'autre. Supposé que le moi d'aujourd'hui ne soit pas le même que celui d'hier, tout souvenir est nécessairement une illusion : aucun lien ne rattache le présent au passé.

**90.** — *En quel sens est vrai le mot de M. Royer-Collard « On ne se souvient pas des choses, on ne se souvient que de soi-même. »*

Voici le passage auquel le texte fait allusion :

Les objets de la conscience sont les seuls objets de la mémoire. A proprement parler, nous ne nous souvenons jamais que des opérations et des états divers de notre esprit, parce que nous ne nous souvenons de rien qui n'ait été l'intuition immédiate de la conscience... Cette assertion paraît contredire le sens commun selon lequel on n'hésite point à dire : *Je me souviens de telle personne ;* mais la contradiction n'est qu'apparente. *Je me souviens de telle personne* veut dire : *Je me souviens d'avoir vu telle personne...* La vision de la personne est donc l'objet commun de la conscience et de la mémoire : pour celle-ci, la vision est l'objet immédiat, la personne l'objet médiat ; car les sens sont les seules facultés dont elles puissent être l'objet immédiat. (Fragm. de Royer-Collard, *Œuvres de Reid*, trad. Jouffroy, t. IV, p. 357 et 398.)

### Plan.

I. — On montrera dans l'introduction qu'il s'agit de déterminer l'objet propre de la mémoire. — Chacune des facultés intellectuelles par lesquelles nous acquérons la matière de nos connaissances a son objet propre : le monde extérieur est l'objet des sens ; le moi est l'objet de la conscience. La mémoire semble embrasser également l'objet de la conscience et celui des sens, le moi et le monde extérieur. Ne se souvient-on pas des choses qu'on a vues aussi bien que des sentiments ou des réflexions qu'elles ont excités dans notre âme ? Cependant, M. Royer-Collard a dit : « On ne se souvient pas des choses, on ne se souvient que de soi-même. »

II. — Pour démontrer la première partie, toute négative, de cette thèse : « on ne se souvient pas des choses », il suffira de faire voir que les choses elles-mêmes ne peuvent en effet être présentes à notre esprit dans le souvenir, parce qu'elles en sont doublement absentes, sous le rapport de l'espace et sous le rapport du temps. Par exemple, si je me souviens, étant en ce moment à Paris, d'un voyage fait l'année dernière dans les Pyrénées, on pourra sans doute prétendre que les Pyrénées ont été les objets immédiats de ma perception, au moment où elles étaient présentes à mes sens ; mais il est impossible de prétendre qu'elles soient actuellement présentes à mon esprit, par la bonne raison que je suis actuellement à Paris et non dans les Pyrénées. — Mais quand bien même elles me redeviendraient présentes, par exemple si j'y faisais un nouveau voyage, je ne pourrai jamais les revoir absolument telles que je les ai vues : les événements de mon premier voyage n'en demeureraient pas moins fixés pour toujours dans l'irrévocable passé. — De là vient, pour le dire en passant, cette sorte de mélancolie qui s'attache souvent au souvenir.

III. — Si on ne souvient pas des choses, de quoi se souvient-on ? De l'impression faite sur l'esprit par les choses, de l'état ou de l'action de l'esprit en leur présence. Montrer qu'en effet pour devenir objets de souvenir, les choses ont dû être d'abord objets de perception ou de pensée consciente — par l'analyse des principales lois de la mémoire (attention, émotion, répétition). En somme, ce n'est pas la nature objective des choses qui détermine les souvenirs, ce sont les circonstances subjectives de leur apparition à la conscience. Par là s'explique la diversité des souvenirs laissés par les mêmes événements à différentes personnes : chacun les revoit à travers ses propres sentiments ; par là s'explique aussi le désaccord souvent remarqué entre les souvenirs et la réalité. (Par exemple, on avait gardé un certain souvenir de lieux où on avait passé son enfance ; on s'étonne, les revoyant plus tard, de les trouver si différents, même alors qu'ils n'ont pas changé.)

IV. — Tout souvenir n'est donc que la reproduction d'un état de conscience antérieur ; mais ce qui renaît de cet état, c'est la partie subjective, non la partie objective, puisque l'objet est absent de l'esprit et souvent même n'existe plus. — L'esprit s'en rend bien compte toutes les fois qu'il y a une différence saisissable entre le présent et le passé, par exemple lorsqu'il évoque des souvenirs de joie dans un moment de tristesse. Alors dans le jugement de la *reconnaissance* la notion du moi occupe en quelque sorte le premier plan. « C'est moi qui ai vu cela autrefois ; c'est moi qui vois ceci aujourd'hui ! » Toute reconnaissance expresse implique cette affirmation du moi comme le sujet-objet du souvenir. Si le moi se retranche lui-même de ses souvenirs pour n'y envisager que la représentation des choses, cette sorte d'abstraction et d'oubli de soi est commune à toutes les opérations intellectuelles.

V. — Telle est la vérité mise en lumière par le mot de M. Royer-Collard. Mais, ce que M. Royer-Collard n'a pas dit, cette vérité ne s'applique pas seulement à la mémoire : il faut l'étendre aussi à la perception extérieure, et pour des raisons identiques. « A proprement parler, on ne perçoit pas les choses ; on ne perçoit que soi-même. » L'esprit seul peut être immédiatement présent à l'esprit : tout le reste ne peut être l'objet que d'une connaissance médiate ou représentative. (V. *Cours*, p. 404.)

**91.** — *Analyser la notion de l'identité personnelle, montrer comment elle se forme en nous et quelles conséquences elle comporte.*

Plan.

I. — La notion de l'identité personnelle, c'est la notion de notre moi, comme étant un seul et même moi qui dure à travers la succession des événements de notre vie. — On montrera que cette identité ne peut résider dans le corps dont les éléments se renouvellent sans cesse, ni dans les phénomènes de notre esprit : elle ne peut consister que dans l'identité du sujet de la conscience. (V. *Cours*, p. 58, 59, 60.)

II. — Comment se forme cette notion ? D'abord, par la conscience qui se sent continue et identique d'un moment à l'autre, ensuite par la mémoire, où cette identité se ressaisit malgré la discontinuité des souvenirs, enfin par le témoignage concordant de nos semblables.

III. — Quelles conséquences comporte cette notion ? Au point de vue moral, la responsabilité (si on suppose la liberté jointe à l'identité personnelle) ; au point de vue métaphysique, la spiritualité. — Voir sur ces deux points, *Cours*, p. 451-452.

## II. — L'ASSOCIATION DES IDÉES

**92.** — *Rapports de la mémoire et de l'association des idées.*

Si l'on se place au point de vue de l'école écossaise, la mémoire et l'association sont deux facultés distinctes qui ont seulement l'une avec l'autre des rapports d'influence réciproque. Ainsi la mémoire est plus particulièrement la faculté de se rappeler les choses passées ; et l'association est la faculté générale de lier entre elles les idées de façon qu'elles se suggèrent les unes les autres à l'esprit. Tout ce qu'on peut dire à ce point de vue, c'est que l'association est une des causes qui provoquent le rappel des souvenirs, et que d'autre part la mémoire conserve et consolide bon nombre d'associations qui se dissoudraient sans elle.

Mais ce point de vue est tout à fait superficiel. Dans ce qu'on appelle mémoire, il y a en réalité deux choses très distinctes, d'une part le fait général de la conservation et de la réviviscence des idées, d'autre part le fait spécial de la reconnaissance du passé. Si par mémoire on entend le premier de ces deux faits, la mémoire et l'association ne sont pas deux facultés mais deux aspects inséparables d'une seule et même faculté. Pareillement l'association n'est pas la faculté de lier entre elles les idées : une telle faculté n'existe pas. Les liaisons primitives, plus ou moins étroites, des idées résultent soit de leur contiguïté accidentelle, soit des synthèses opérées par l'imagination ou l'entendement. L'association est la faculté de conserver et de reproduire les liaisons une fois faites. Il est clair dès lors qu'elle est identique en essence à la mémoire. Nous tendons à refaire ce que nous avons déjà fait : c'est la loi de la mémoire ou de l'habitude; nous tendons à le refaire dans les mêmes circonstances et en suivant le même ordre : c'est la loi de l'association. Ces deux lois se supposent et se complètent l'une l'autre. La mémoire témoigne plus particulièrement dans l'esprit de la persistance de son activité, l'association de la persistance de son unité.

On montrera les rapports de la mémoire et de l'association en faisant voir que leurs lois s'impliquent réciproquement. (V. *Cours*, p. 67, 76, 77.)

### 93. — *L'association des idées est-elle une faculté ? Montrez-en la nature et l'importance psychologique.*

Toutes les questions qui concernent les facultés sont, à notre avis, purement verbales ou artificielles. (V. plus haut les *Sujets* 28, 75, 85.) — Quel est le sens de celle-ci ? Elle peut avoir deux sens : 1° l'association des idées est-elle une faculté spéciale, qui ait pour rôle d'opérer des liaisons entre les idées laissées disjointes par les autres facultés intellectuelles, ou bien est-elle une circonstance commune, une loi générale de ces facultés qui, en même temps qu'elles acquièrent, conservent ou élaborent les idées, les lient nécessairement entre elles ? 2° En admettant qu'il existe dans l'esprit une faculté spéciale d'associer les idées, est-ce une vraie faculté dans toute la force du terme (*facultas, a faciendo*), c'est-à-dire un pouvoir dont l'âme ait la conscience et la direction, ou n'est-ce pas plutôt une propriété, une capacité, plus ou moins aveugle et fatale, à la manière de la sensibilité, de l'instinct et de l'habitude ? — On peut entendre ici le mot faculté dans ces deux sens, qui ne s'excluent nullement l'un l'autre, puisque le second implique le premier.

Le mot *association* est aussi mal compris par beaucoup d'élèves. Comme la terminaison *tion* a presque toujours un sens actif, ils croient que l'association est l'action d'associer, d'unir d'une manière plus ou moins durable deux idées préalablement données : or cette action, qui est un jugement ou un phénomène d'imagination créatrice n'est pas ce qu'on entend par association. — Ce mot a plutôt un sens passif ou neutre; il désigne seulement cette loi de notre esprit en vertu de laquelle les idées tendent à revenir les unes à la suite des autres; pour que nous unissions activement deux idées, il faut qu'elles se soient d'abord présentées ensemble, et c'est cette rencontre préalable des idées qui est proprement l'association. — D'autre part, l'association n'implique pas nécessairement, comme beaucoup le supposent, une liaison durable, habituelle entre les idées associées. Deux idées peuvent ne s'être appelées l'une l'autre qu'une seule fois; si elles se sont appelées en vertu de leur ressemblance ou d'une contiguïté antérieure, ce n'en est pas moins un cas d'association. Il faut donc bien comprendre que l'association peut être, selon les cas, stable ou instable, permanente ou passagère.

Plan.

I. — Certains psychologues, en particulier les Ecossais, semblent considérer l'association comme une faculté spéciale. Ils la définissent : la faculté que possède l'esprit d'associer, d'unir ses idées d'une manière plus ou moins durable en vertu des rapports qu'il y découvre. Ainsi, d'après Dugald-Stewart, comme il y a deux espèces de rapports, les uns accidentels, qui s'aperçoivent de prime abord, les autres essentiels, qui exigent des efforts d'attention pour être aperçus, cette faculté associe les idées tantôt d'une façon purement empirique et fugitive, tantôt d'une façon rationnelle et durable. — Il semble que cette doctrine confonde deux phénomènes très distincts, d'une part la combinaison volontaire des idées par l'esprit, d'autre part l'association spontanée des idées qui reparaissent d'elles-mêmes les unes à la suite des autres, même sans que nous ayons aperçu entre elles aucun rapport. Ces deux phénomènes sont-ils les effets communs d'une véritable faculté distincte de toutes les autres ?

II. — Montrer que la combinaison volontaire des idées 1° a pour condition nécessaire leur apparition préalable en vertu d'une association spontanée et 2° en même temps qu'elle ne s'y réduit pas entièrement, qu'elle exige en outre des actes d'attention, de jugement, de raisonnement, de volonté. Certains auteurs (V. P. Janet, *Traité élémentaire de philosophie*, p. 72), appellent *liaison des idées* cette prétendue association ; mais il est inutile d'en faire une opération ou une faculté spéciale; elle n'est pas autre chose que l'imagination ou l'entendement (selon le but que l'esprit se propose en combinant ainsi les idées).

III. — Reste donc l'association proprement dite. Faire voir que celle-ci est une loi ou propriété des idées plutôt qu'une faculté véritable. — Elle n'implique la perception d'aucun rapport ; elle est une simple conséquence de leur contiguïté antérieure ; l'association par ressemblance se ramenant (V. *Cours*, p. 76) à l'association par contiguïté. — Elle est d'ailleurs inséparable de la mémoire et s'explique comme elle par l'habitude, c'est-à-dire par une sorte de mécanisme, à la fois mental et cérébral.

IV. Importance psychologique de l'association des idées. — Il est difficile de traiter cette question dans toute son étendue ; ce serait parcourir la psychologie tout entière. Si l'on se place seulement au point de vue de l'intelligence, on peut dire : 1° que l'association souvent supplée la connaissance ; 2° qu'elle la prépare et la facilite ; 3° qu'elle la consolide et la conserve. — Ainsi les associations habituelles des animaux imitent nos jugements et nos raisonnements, et ont la même influence sur leurs actes. (V. *Cours*, p. 102 et 103.) — D'autre part, pour que l'esprit puisse découvrir les rapports des idées entre elles, il est nécessaire que les idées lui reviennent d'elles-mêmes, non isolément, mais par séries aussi nombreuses et aussi diverses que possible. — Enfin, la connaissance consistant dans une organisation d'idées dont les rapports reproduisent les rapports mêmes des choses, il est nécessaire que cette organisation une fois faite subsiste d'elle-même sans que l'esprit ait à la recommencer perpétuellement. Or c'est à quoi sert l'association. — L'association est le ciment de l'intelligence, mais ce n'est pas elle qui fournit les matériaux, les choisit, les taille et les ajuste.

## 94. — *Des différents rapports par lesquels s'enchaînent nos idées.*

Ce sujet se rapporte évidemment à la théorie écossaise d'après laquelle les rapports sont les causes de l'association des idées. — Si on se place à ce point de vue, on distinguera deux grandes espèces de rapports, les rapports de fait, pour ainsi dire, empiriques, accidentels, et les rapports de droit, rationnels, essentiels, et par cela même deux sortes d'associations, les unes où les idées sont simplement juxtaposées et ne restent unies que par la force de l'habitude, les autres où elles sont vraiment soudées et adhèrent ensemble par la vertu même du rapport qui les enchaîne. (V. *Cours*, p. 74.)

On pourra critiquer cette doctrine. M. Rabier, dans ses *Leçons de philosophie* (t. I, p. 188), a signalé avec beaucoup de force l'erreur sur laquelle elle repose. « Aucun rapport, dit-il, n'est en aucun cas la cause d'aucune association. » Elle contient cependant une certaine part de vérité, en ce sens que si les rapports ne produisent pas les associations d'idées, ils les renforcent et les consolident. A prendre les choses en gros, les seules associations un peu durables dans un esprit réfléchi et cultivé sont celles où il a lui-même antérieurement démêlé quelque rapport. En somme, l'aperception des rapports n'influe pas moins sur l'association des idées que l'attention, l'émotion ou la répétition fréquente. (V. *Cours*, p. 75 et 77.)

### 95. — *Quelle est l'influence qu'exerce sur la nature et le développement de l'esprit l'habitude des associations logiques ou celle des associations accidentelles ?*

Ce sujet se rapporte, comme le précédent, à la théorie écossaise. On commencera donc par exposer cette théorie. — Sous le nom d'associations accidentelles, les Écossais confondent : 1° les associations absolument spontanées où les idées s'évoquent simplement en vertu d'une ressemblance ou d'une contiguïté antérieure, sans que l'esprit ait aperçu entre elles aucun rapport ; 2° les associations plus ou moins réfléchies où les idées s'évoquent non seulement en vertu d'une ressemblance ou d'une contiguïté antérieure, mais encore en vertu de l'aperception même de leur ressemblance, de leur contiguïté ou de quelque autre rapport accidentel. — Les premières sont les seules qu'on observe chez l'animal ; l'habitude de telles associations assimile donc l'intelligence humaine à l'intelligence animale; elle fait de la pensée une routine ou un rêve (selon que les idées sont peu nombreuses et dominées par les sensations, ou assez abondantes et assez vives pour accaparer la conscience au détriment des sensations). — Les secondes composent en grande partie ce qu'on appelle imagination, esprit; elles produisent des rapprochements souvent inattendus, qui peuvent être originaux, ingénieux, bizarres ou même extravagants (comparaisons, métaphores, antithèses, jeux de mots, traits d'esprit, etc.); leur habitude donne une extrême facilité à découvrir des rapports accidentels et un besoin de les chercher en toutes choses, mais elle développe en même temps une sorte d'incapacité de découvrir les rapports essentiels et même une répugnance à les chercher; elle rend la pensée vagabonde, incohérente, superficielle. — Les associations essentielles ont des effets contraires. (V. *Cours*, p. 74.)

### 96. — *Lois de l'association des idées.*

On pourrait tout d'abord distinguer deux sortes de lois de l'association, les lois primaires ou immédiates qui déterminent les causes prochaines de l'association et les lois secondaires ou médiates qui en déterminent les causes plus ou moins lointaines.

Les premières se ramènent toutes à une seule, la loi de contiguïté : pour que deux idées s'associent, il faut qu'elles aient été déjà contiguës de quelque façon, et toutes les fois que deux idées ont été contiguës de quelque façon, elles tendent à s'associer.

(Montrer en quoi consiste cette contiguïté ; faire voir qu'il s'agit uniquement de la contiguïté des idées dans la conscience et non de celle des objets dans l'espace ou des événements dans le temps ; distinguer la contiguïté simultanée et la contiguïté successive ; la contiguïté immédiate et la contiguïté médiate ; la contiguïté totale et la contiguïté partielle. Prouver que l'association par ressemblance se ramène à l'association par contiguïté médiate ou partielle.)

Mais il est clair que cette loi détermine seulement la condition nécessaire, universelle, des associations ; il reste à savoir pourquoi, parmi l'infinité des associations qui tendent à se former en vertu de la contiguïté, les unes réussissent et les autres avortent. Les lois secondaires de l'association sont en réalité les lois des associations effectives et non plus seulement virtuelles. — Pour ces lois, voir *Cours*, p. 76 et 77. On insistera sur l'importance des rapports, principalement des rapports de ressemblance, de contraste et de causalité, comme causes secondaires de l'association d'idées.

Comment s'explique la loi fondamentale de l'association ? — Au point de vue physiologique, on pourrait essayer de l'expliquer par la communication des vibrations ou des traces cérébrales, en supposant que les cellules qui ont été impressionnées en même temps ont plus de facilité à entr'exciter leurs vibrations, ou qu'il existe un passage entre deux traces qui ont été imprimées en même temps dans le cerveau, de sorte que tout courant qui suit une de ces traces passe naturellement dans l'autre ; mais on ne voit pas bien la raison pour laquelle la simple coexistence ou succession immédiate de deux impressions *distinctes* dans le cerveau (qui n'est pas un, comme la conscience, mais composé de centres différents et plus ou moins distants les uns des autres), suffirait à établir une communication entre les deux régions cérébrales où se produisent les impressions. — Au point de vue psychologique, l'association des idées semble pouvoir s'expliquer à la fois par l'activité spontanée et par l'indivisible unité de l'esprit. L'esprit tend à repenser ce qu'il a déjà pensé, et comme il est essentiellement un, il suffit que deux idées se soient rencontrées dans sa conscience, pour qu'elles ne forment plus qu'une seule et même pensée et pour qu'elles tendent à renaître ensemble.

**97.** — *Quelles sont les principales lois de l'association des idées ? Montrer l'importance de l'association des idées dans la formation de l'intelligence et du caractère.*

La seconde partie de la question permettrait de supposer que le sujet se rapporte à la théorie des Écossais. — Dans cette théorie la loi fondamentale de l'association est celle-ci : les idées s'associent en vertu de leurs rapports. (V. *Cours*, p. 74, 75, etc.) — Pour l'importance de l'association dans la formation de l'intelligence, voir *Sujet* 91, paragraphe IV ; se rappeler le rôle de l'association dans la perception extérieure (V. *Cours*, p. 47, 48, 49 ; V. aussi *Sujets* 81, 82), dans la mémoire proprement dite (V. *Cours*, p. 69, 72), dans l'imagination. (V. *Cours*, p. 89 ; V. aussi le *Sujet* 95.) — Pour la formation du caractère, on montrera les conséquences de ces deux lois : « Toutes les idées qui, à tort ou à raison, sont associées dans notre esprit à des idées de peine, de plaisir ou de quelque autre sentiment, ont sur notre sensibilité et notre volonté les mêmes effets que le plaisir, la peine ou ce sentiment lui-même. Toute idée qui a un rapport direct avec les tendances dominantes de notre caractère devient pour les autres idées un centre d'attraction ; c'est-à-dire qu'elle tend à s'associer à toutes celles qui peuvent la compléter, la fortifier, et elle repousse par cela même celles qui peuvent lui être contraires. » En vertu de cette seconde loi, l'association contribue à l'unification du caractère. La première rend compte de beaucoup d'attraits ou de répugnances souvent inexpliquées, injustifiées, qui passent pour des singularités ou des perversions du caractère ; elle a une très grande importance au point de vue de l'éducation (par exemple si l'on associe dans l'esprit de l'enfant une idée de peine à l'étude, au travail, à la vertu, ou une idée d'admiration et d'estime à la richesse, aux honneurs, à la gloire, etc., on influera par cela même d'une façon fâcheuse sur le développement des tendances de son caractère).

## 98. — *Peut-on expliquer par l'association des idées toutes les opérations de l'intelligence ?*

On sait que l'école anglaise dite associationniste (Hume, Hartley, James Mill, Stuart Mill, Bain, Herbert Spencer), prétend expliquer par l'association des idées l'intelligence tout entière.

Le sujet peut se traiter de deux manières différentes :

1° Analytiquement, en parcourant les différentes opérations intellectuelles, et en faisant voir qu'elles sont irréductibles à l'association. — Ainsi, l'abstraction, dira-t-on, loin d'être une association, est plutôt une *dissociation*, car elle consiste à séparer par un effort de l'esprit des qualités qui, étant simultanées dans l'objet, tendent à s'associer indissolublement dans la mémoire. La généralisation suppose sans doute l'association d'idées plus ou moins semblables ou même leur fusion dans une idée composite (V. *Cours*, p. 87) ; mais ce qui la constitue proprement, c'est l'aperception de l'identité dans la diversité, c'est la pensée du type et de la classe. Le jugement, aux idées du sujet et de l'attribut évoquées par l'association, ajoute l'aperception du rapport qui les unit et la croyance à la vérité objective de ce rapport (V. *Cours*, p. 92) ; enfin le raisonnement n'est pas une simple association plus ou moins habituelle de jugements ; il est la comparaison de ces jugements entre eux et la vue des rapports de dépendance nécessaire qui les unissent : le montrer en détail pour l'induction. (V. *Cours*, p. 102 et 103) et pour la déduction. — On pourra même étendre la démonstration soit aux opérations inférieures et sensitives de l'intelligence (perception extérieure, mémoire, imagination créatrice), soit à l'opération supérieure par laquelle l'intelligence saisit ses propres principes (vérités et notions premières).

2º Synthétiquement, en comparant d'une part la nature et les lois de l'association, d'autre part la nature et les lois de l'intelligence. — L'association est une tendance aveugle, machinale, à reproduire les successions d'idées qui se sont déjà produites ; la seule cause qui puisse imprimer une certaine régularité à cette tendance (abstraction faite de l'intelligence même), c'est l'habitude. L'intelligence est une tendance consciente, réfléchie à connaître, à comprendre le monde, c'est-à-dire à rechercher les rapports objectifs, essentiels, qui lient les choses entre elles, par conséquent à créer un système d'idées liées par des rapports qui corresponde au système des choses. — Dès lors, il est aisé de voir que dans toutes les opérations intellectuelles on pourra distinguer d'une part, une diversité de représentations qui d'elles-mêmes reviennent ensemble et qui peuvent s'expliquer entièrement par l'association des idées ; d'autre part, des efforts faits par l'esprit pour décomposer cette diversité, pour en découvrir les éléments intelligibles, pour apercevoir les rapports universels et nécessaires qui font dépendre ces éléments les uns des autres. Expliquer la connaissance par l'association des idées, cela revient à expliquer une horloge en disant qu'elle se compose de cuivre, d'acier, d'émail mis ensemble, sans dire que tous ces matériaux sont ajustés de façon à indiquer l'heure. (Cf. Paulhan, *L'activité mentale et les éléments de l'esprit.*) Ni l'attention abstractive, ni l'aperception des rapports, ni la croyance ne peuvent se dériver de l'association ; or, ce sont là les véritables éléments constitutifs de toutes les opérations intellectuelles. (V. sur les rapports de l'association avec la connaissance le *Sujet* 93, § IV.)

### III. — IMAGINATION

#### 99. — *Théorie de l'imagination.*

On s'attachera surtout à distinguer l'imagination reproductrice et l'imagination créatrice, mais en faisant voir comment la seconde sort graduellement de la première, à mesure que les images s'accumulant en plus grand nombre dans la mémoire, l'esprit prend un plus grand plaisir à les évoquer et à les combiner de toutes façons pour se donner à lui-même le spectacle de son activité créatrice. (V. *Cours*, p. 78 à 83.)

**100.** — *Comparer les phénomènes psychologiques du rêve, de la rêverie, de l'hallucination. Qu'y a-t-il de commun ou de différent entre eux ?*

### Idées à développer.

Ce qu'il y a de commun entre ces trois phénomènes, c'est qu'ils consistent également dans la réviviscence d'une ou de plusieurs images qui prennent assez de force et de relief pour faire l'illusion plus ou moins complète de la réalité. Ils prouvent tous les trois l'identité fondamentale de l'image et de la sensation. L'image est une sensation ébauchée, avortée, qui des centres cérébraux tend à regagner les organes sensoriels et s'arrête en route. Mais que les sensations actuelles qui lui barrent le passage s'affaiblissent ou s'éteignent, l'image se transforme de nouveau en sensation. C'est ce qui arrive dans le sommeil (rêve) ou pendant la veille, quand les sensations sont momentanément éclipsées de la conscience (rêverie). C'est ce qui arrive aussi lorsqu'une cause anormale donne à l'image une force extraordinaire (hallucination).

Voici les différences des trois phénomènes. L'hallucination est un fait pathologique, exceptionnel ; le rêve et la rêverie ont des faits absolument réguliers et ordinaires ; seulement le rêve se produit pendant le sommeil, et la rêverie pendant la veille. Si on pouvait employer le mot d'illusion (qui malheureusement est pris par les physiologistes dans un sens plus spécial) pour désigner le phénomène général de la transformation de l'image en sensation, on dirait que l'hallucination est l'illusion d'un cerveau malade ou surexcité, le rêve l'illusion d'un cerveau endormi, et la rêverie l'illusion d'un cerveau distrait ou préoccupé.

**101.** — *De l'imagination créatrice ; faire la part de la mémoire et de la réflexion dans les produits de cette faculté.*

### Idées à développer.

Par imagination créatrice, on peut entendre l'imagination combinatrice sous toutes ses formes, ou plus particulièrement l'imagination géniale du poète, de l'artiste, etc. Toute combinaison quelconque, en effet, n'est pas une création : peut-être faut-il réserver ce beau nom à celle où se réalise une idée vraiment neuve et originale. — Seulement, le texte de la question donne une idée très incomplète de l'imagination créatrice en semblant supposer qu'elle se compose uniquement de mémoire et de réflexion : il n'y a que les artistes de second ordre dont les œuvres soient formées de matériaux pris un à un dans la mémoire et laborieusement ajustés par la réflexion; ce sont précisément ceux auxquels manque la vraie imagination créatrice; ce travail de patience n'est pour le grand artiste qu'une affaire accessoire; c'est l'exécution matérielle, non la création intérieure de l'œuvre. La vraie cause première de la combinaison et de la transformation des images, c'est l'intuition ou l'inspiration, c'est cet acte mystérieux, indéfinissable, où se mêlent et se confondent la sensibilité la plus vive et la raison la plus pénétrante, et par lequel l'esprit enfante un idéal nouveau. La mise en œuvre par la réflexion des matériaux accumulés dans la mémoire ne vient qu'ensuite, et elle se fait toujours sous l'influence dominante de l'idéal. Ainsi ce n'est pas dans le choix des moyens, c'est dans l'invention de la fin ou de l'idée directrice que réside surtout l'acte créateur.

102. — *Peut-on dire que l'imagination crée quelque chose? En quoi consiste le travail créateur de l'art?*

Idées à développer.

Si on prend le mot *créer* dans son sens littéral, il est clair que l'imagination ne crée rien. Toutes les images que l'esprit combine et transforme sont nécessairement dérivées de sensations antérieures; mais c'est attacher une importance excessive à la matière des choses que d'entendre seulement par création la production *e nihilo* de la matière. Qu'importe, par exemple, qu'au moment de l'éclosion de la première fleur sur notre terre, la quantité de matière n'ait pas été accrue, puisque cette fleur ne résultait après tout que d'une transformation d'éléments préexistants? La fleur en était-elle moins une œuvre nouvelle, originale, une véritable création de la nature? Sans discuter ici le problème métaphysique des rapports de la matière et de la forme, on peut dire que la nature crée toutes les fois qu'elle fait apparaître une forme nouvelle, un être nouveau; en ce sens, l'homme peut créer, la nature est une création divine, l'art est la création humaine.

En quoi consiste le travail créateur de l'art? Il ne consiste pas seulement, comme on le dit trop souvent, à transposer des éléments pris dans la réalité de façon à leur imprimer un ordre différent de l'ordre réel; car dans cette hypothèse, les œuvres les plus banales ou les plus extravagantes pourraient revendiquer le beau titre de création. Pour créer, il ne suffit pas de déranger et d'arranger à nouveau la nature ; il faut qu'une idée neuve, qu'un sentiment original préside à ce travail de l'esprit, en soit la raison et la règle. Ce qui fait la nouveauté de l'œuvre, c'est la nouveauté de l'idéal qu'elle révèle à notre raison et à notre cœur, non pas seulement celle de la combinaison qu'elle présente à nos sens. La vraie création artistique ne réside pas même dans l'arrangement : elle réside dans l'impression que fait cet arrangement sur le spectateur. Toute œuvre d'art qui ne fait pas éprouver à celui qui la contemple une impression forte, originale « non encore ressentie » n'est pas vraiment créée, bien que les éléments qui la composent n'aient jamais encore été combinés dans cet ordre particulier. Le propre du génie, c'est de trouver ainsi des idées nouvelles, des sentiments nouveaux et d'y faire participer les autres hommes. Peut-être, à ce point de vue, l'art humain est-il supérieur à l'art de la nature. Le grand artiste est un créateur d'idées et d'émotions qu'il réalise et rend visibles dans ses œuvres.

**103. — *Quel est le rôle de l'imagination créatrice dans les beaux arts?***

Voir les *Sujets* 101 et 102. — Voir aussi *Cours*, p. 182 et 183. — On pourrait discuter successivement ces trois thèses : 1° l'art est-il une simple imitation de la réalité ? (cette thèse exclut tout rôle de l'imagination créatrice dans les beaux arts); 2° l'art est-il un simple arrangement, une simple transposition de la réalité ? (cette thèse réduit l'imagination créatrice au rôle de l'imagination combinatrice); 3° l'art est-il une véritable création, et en quel sens? (Voir surtout les deux *Sujets* qui précèdent.)

**104. — *Déterminer le rapport de l'imagination et du goût. Donner des exemples et montrer les applications.***

Idées à développer.

Le goût est la faculté d'apprécier le beau ; l'imagination est la faculté de le créer. La première est, à quelque degré, commune à tous les hommes ; la seconde semble plus particulièrement propre au poète, à l'artiste. — Sur la nature de l'imagination, voir les *Sujets* 101, 102, 103 ; sur la nature du goût, voir *Cours*, p. 174, 175.

Différents degrés dans le goût : 1° l'homme ordinaire, l'esprit inculte ; 2° le lettré, l'esprit cultivé ; 3° l'amateur ; 4° le critique ; 5° l'artiste.

Le goût n'est pas évidemment une faculté simple, mais la résultante de plusieurs facultés : on s'en fait une idée différente selon le rôle respectif qu'on attribue dans la perception du beau à l'intelligence et à la sensibilité. Par exemple, si on fait consister le beau dans la conformité à l'idéal, le goût est la faculté de concevoir l'idéal et d'y rapporter les œuvres d'art comme à leur mesure. (V. *Cours*, p. 174, 175.) On discutera d'abord cette doctrine. — L'imagination et le goût paraissent s'impliquer réciproquement. Les œuvres de l'imagination seraient des combinaisons incohérentes, extravagantes, comparables à celles du fou et de l'homme en délire, si l'artiste n'appréciait, en les formant, la convenance réciproque de leurs parties et leur rapport à l'effet final qu'il veut produire. Seulement cette appréciation est toute spontanée et inséparable de l'acte créateur lui-même. D'autre part, sans un certain degré d'imagination, il est impossible de sentir les beautés les plus profondes de l'art. Pour comprendre l'artiste, il faut pouvoir sympathiser avec lui, par conséquent, être capable de s'associer, de participer à sa création. Dans toute grande œuvre d'art, le spectateur doit collaborer, en quelque sorte, avec l'auteur, deviner ses intentions, interpréter son œuvre, la refaire, la compléter spontanément. S'il n'a pas d'imagination, il n'en verra que la surface. Une critique sans imagination est une critique sèche, étroite, purement formelle (comme celle de la plupart des critiques littéraires du siècle dernier).

### 105. — *Du rôle de l'imagination dans les sciences abstraites.*

Voir *Cours*, p. 80 et 230. — On peut ramener à deux chefs les effets de l'imagination dans les sciences abstraites : 1° elle crée les objets de ces sciences (non pas seule, mais avec le concours de l'abstraction et pour des fins que pose l'entendement); 2° elle cherche et trouve les théories et les démonstrations (sous le contrôle de la raison). — (On recherchera ce que peut être un mathématicien sans imagination. — Exemple de Pascal enfant, retrouvant par la force de son imagination les trente-deux premières propositions d'Euclide. — Dans quelle mesure l'emploi d'une méthode de combinaison peut-elle suppléer, dans les sciences abstraites, à l'absence d'imagination naturelle ?)

106. — *Du rôle de l'imagination dans la vie humaine.*

Voir *Cours*, p. 80 et 83. — On pourrait ramener à deux chefs les effets de l'imagination dans la vie humaine. D'une part, elle élève au-dessus de la vie réelle une vie idéale, qui nous en désintéresse (au moins momentanément), qui souvent aussi nous en console ou nous la fait prendre en dégoût : ce rôle en quelque sorte contemplatif de l'imagination est celui de l'art, du roman, de la rêverie, etc.; d'autre part, elle se mêle intimement à la vie réelle comme un principe d'innovation et de progrès; et dans ce rôle où elle est vraiment active, elle est le contre-poids nécessaire de l'habitude, de la tradition, de la routine. On fera voir à quelles conditions cette double influence de l'imagination est salutaire pour l'individu et l'humanité.

107. — *Distinguer l'imagination de l'entendement.*

Voir *Cours*, p. 82. — Ils diffèrent : 1° par leurs objets : celui de l'imagination est l'idéal ou le beau; celui de l'entendement est le réel ou plutôt le vrai (V. *Cours*, p. 179); 2° par leurs créations : l'imagination crée l'art; l'entendement crée la science; 3° par leur mode de développement (l'imagination est spontanée; l'entendement est réfléchi). — On pourrait ramener à cette question celle des différences de la science et de la poésie, l'une création subjective où s'exprime surtout la nature de l'âme humaine (dans sa libre aspiration vers l'idéal); l'autre reproduction objective de la nature des choses (dans les rapports nécessaires qui en font la réalité).

# CHAPITRE IX

## ÉLABORATION DE LA CONNAISSANCE

### I. — LES OPÉRATIONS INTELLECTUELLES

**108.** — *Quelles sont les principales opérations de l'intelligence ? En exposer la théorie élémentaire.*

Sujet qui se rapporte à la logique formelle autant qu'à la psychologie de l'intelligence. (V. *Cours*, p. 196.)

Les trois grandes opérations de l'intelligence d'après la *Logique* de Port-Royal, sont : concevoir, juger et raisonner.

Plan.

I. — L'intelligence, c'est la faculté de penser. Pour les sens, pour les facultés de perception, le monde est un ensemble indéfini d'objets et de phénomènes, tous différents les uns des autres : penser, c'est résoudre cet ensemble en un certain nombre de qualités ou de caractères qui dépendent les uns des autres et se combinent entre eux selon des lois fixes et générales.

II. — Par cela même, la première opération de l'intelligence consiste à démêler dans la diversité des objets et des phénomènes les caractères qui les composent, à substituer aux sensations ou images qui représentent ces phénomènes ou ces objets les concepts qui expriment leurs qualités.

Cette première opération est l'abstraction soit directe, soit comparative. L'abstraction comparative est la généralisation. (V. *Cours*, p. 87.)

III. — La seconde opération de l'intelligence consiste à établir des rapports entre les concepts une fois formés; et c'est là l'office du jugement. — On montrera que le jugement, avant d'arriver à ce degré supérieur où il compare uniquement des concepts entre eux, s'est exercé dans des opérations inférieures ou préliminaires (perception, mémoire, et même abstraction et généralisation), mais il n'existe vraiment en soi et pour soi que lorsqu'il est enfin en possession des concepts.

IV. — Montrer comment la comparaison des jugements entre eux donne lieu à une troisième opération : le raisonnement. — Un tissu de raisonnements, c'est une démonstration ; un tissu de démonstrations, c'est une science.

V. — La science est donc le terme final des opérations de l'intelligence et peut-être le but auquel dès l'origine elle tendait à son insu.

### II. — L'ABSTRACTION

#### 109. — *De l'abstraction et des idées abstraites. Donner des exemples.*

Beaucoup de gens s'imaginent qu'il faut entendre par idées abstraites les idées des choses qui ne tombent pas sous les sens. C'est là une erreur. La couleur, le poids sont des choses qui tombent sous les sens, et cependant les idées de couleur et de poids sont des idées abstraites. Dieu ne tombe pas sous les sens, et cependant l'idée de Dieu est une idée concrète. — L'idée abstraite est l'idée d'une manière d'être, d'un attribut séparé par la pensée du sujet qui le possède ; l'idée concrète est l'idée d'une chose ou d'un être, sujet d'un ou de plusieurs attributs. (V. *Cours*, p. 199.) — Cependant, quelques auteurs, à l'exemple de Locke, confondent les idées abstraites et les idées générales. Toute idée générale est abstraite, en ce sens qu'elle implique une abstraction (on y fait abstraction des qualités propres aux divers objets qu'elle résume) ; mais elle est concrète en cet autre sens qu'elle unit indivisiblement les qualités à un sujet. — Comme exemples d'idées abstraites dans les sciences, on peut indiquer les idées de nombre, d'unité, d'étendue, de figure, etc., en mathématiques ; de mouvement, de force, de pesanteur, etc., en physique ; d'affinité, en chimie ; d'organisation, de vie, en histoire naturelle, etc., etc.

#### 110. — *De l'usage de l'abstraction : 1° dans nos opérations intellectuelles les plus simples, les plus élémentaires ; 2° dans les sciences.*

Il ne faut pas confondre les deux expressions *abstraire* et *faire abstraction de*. Dans toute abstraction, on choisit, on isole une qualité ; on rejette, on exclut les autres : en d'autres termes, on abstrait la première, on fait abstraction des dernières. Comme l'attention qu'elle implique, l'abstraction est un acte à double face, positive et négative : tout choix est une exclusion. — Rien n'est plus familier à l'esprit, même le plus inculte, que cette omission consciente, cet oubli volontaire de certains aspects de choses Pas de généralisation, pas de jugement, pas de langage sans abstraction. Ce qui est plus difficile, c'est d'abstraire les qualités mêmes des choses auxquelles elles appartiennent, c'est surtout de penser exclusivement avec des idées de qualités ainsi abstraites. Ce dernier cas est pourtant celui des sciences et de la philosophie.

### III. — LA GÉNÉRALISATION

**111.** — *De la comparaison. Rôle de cette opération dans les actes divers de l'intelligence.*

Plan.

I. — L'élève considérera la comparaison en elle-même sans la rattacher de prime abord à la généralisation. — L'intelligence est la faculté de penser les rapports des choses ; et ces rapports sont de deux sortes : 1° ressemblance et différence, identité et distinction ; 2° liaison accidentelle ou essentielle (coexistence, succession, causalité, finalité, etc.). Mais pour apercevoir les rapports des choses, il faut d'abord réunir les choses dans un seul et même acte de conscience, les faire, pour ainsi dire, coïncider dans l'esprit ; et ce rapprochement, cette synthèse préalable est la comparaison. — On l'analysera, on montrera qu'elle comprend : 1° au moins deux termes (sensations, images, concepts) ; 2° des actes d'attention se fixant alternativement sur ces deux termes ; 3° un effort de l'esprit pour apercevoir les rapports des deux termes, effort soutenu et dirigé par la notion préalable des rapports à découvrir.

II. — Rôle de la comparaison : 1° dans l'abstraction et la généralisation ; 2° dans le jugement ; 3° dans le raisonnement. — On fera voir qu'elle intervient même dans la perception extérieure (du moins chez l'homme adulte). Percevoir un objet, c'est le reconnaître, partant identifier la sensation actuelle avec celle qu'il nous a déjà fait éprouver, et la distinguer des autres sensations. Distinguer et identifier, par conséquent comparer, c'est la première des fonctions intellectuelles.

III. — On montrera le rôle de la comparaison, dans la poésie (métaphores, antithèse, etc.), et dans les sciences (raisonnement mathématique, induction, analogie, classification).

IV. — En concluant, on fera voir que la comparaison présuppose la raison, qui seule détermine à priori les rapports nécessaires à toute pensée (par les principes d'identité et de raison) et pose dans la notion de l'absolu le fondement suprême de tous les rapports.

**112.** — *De la généralisation. Comment se forment les idées générales ? Extension et compréhension des idées générales. Donner des exemples.*

Sujet traité dans le *Cours*. (V. p. 87 et suivantes. —V. aussi p. 200 et suivantes.) — L'unité du sujet réside dans les idées générales ou concepts. C'est de là qu'il faut tirer le début de la dissertation.

**113.** — *Comment se forment les idées abstraites de genre et d'espèce ? Définir ces deux termes. Qu'entend-on par extension et compréhension ?*

Idées abstraites équivaut ici à idées générales. (V. *Sujet* 109.) Pour le sens des mots genre et espèce, voir *Cours*, page 201. Pour le reste, voir le *Sujet* précédent.

**114.** — *Marquer par des exemples l'importance des idées générales dans le langage et dans la science.*

L'essentiel est indiqué dans le *Cours*, p. 80. — On ne devra pas se contenter de formules négatives (sans idées générales, pas de langage, pas de science), mais on montrera par l'analyse même du langage et de la science que les idées générales en sont la condition nécessaire. (Voir, pour le langage, les *Sujets* qui se rapportent à cette question ; pour les sciences, voir le *Sujet* 1.)

**115.** — *Montrer le lien de la généralisation et de la classification.*

###### Idées à développer.

Toute généralisation est le point de départ d'une classification ; elle divise en effet l'ensemble des objets de la pensée en deux classes : ceux qui rentrent dans l'extension de l'idée générale et ceux qui en sont exclus, vivant ou non vivant, pensée ou non pensée, etc. Il en résulte que les idées générales, qui se forment spontanément dans l'esprit humain et qui sont comme enregistrées dans le langage, contiennent en puissance toute une classification. Il suffit que la réflexion s'y applique, les compare et en détermine les rapports, pour que cette classification se manifeste et se précise. En effet chaque idée générale est un genre par rapport à toutes celles qu'elle enveloppe dans sa compréhension. A partir des idées les plus étendues, telles que: être, manière d'être, rapport, on peut ordonner successivement toutes les autres idées, jusqu'à celles qui représentent des espèces infimes. D'autre part, toute classification présuppose la généralisation. On ne peut classer des individus qu'en les distribuant en genres et en espèces, par conséquent en les subsumant, comme disait Kant, sous des idées générales. Seulement dans ce cas, la généralisation est expressément faite en vue de la classification : en d'autres termes, les genres et les espèces sont déterminés méthodiquement de degrés et degrés (à partir soit du genre généralissime, soit des dernières espèces). On pourrait même définir une classification : le résultat d'une généralisation méthodique à plusieurs degrés. — Emprunter des exemples à l'histoire naturelle. Les noms des degrés de la classification en histoire naturelle sont : règnes, embranchements, classes, ordres, familles, tribus, genres et espèces. (V. *Cours*, p. 253.)

116. — *Des genres et des espèces. Méthode pour les déterminer scientifiquement. Quelles sont la valeur et la portée des idées générales?*

Plan.

I. — Montrer que l'esprit humain classe spontanément les êtres en genres et en espèces; définir ces termes. La science reprend, corrige et achève cette classification.

II. — Méthode pour déterminer scientifiquement les genres et les espèces. Distinction des classifications artificielles et naturelles. Principes de la classification naturelle : affinité générale, subordination des caractères, série naturelle. (V. *Cours*, p. 255.)

III. — Quelle est la valeur et la portée des idées générales ? (V. les *Sujets* suivants.) — On restreindra le problème à la valeur et à la portée des idées générales dans les sciences de la nature, et on fera voir que ces idées représentent des rapports de causalité ou de finalité inhérents aux êtres mêmes et sans lesquels ils ne pourraient ni être conçus, ni exister.

**117.** — *Quelle est la nature des idées générales ? Qu'appelle-t-on dans l'histoire de la philosophie nominalisme et réalisme ?*

Voir le *Cours*, p. 89, 90. — On semble confondre ici deux questions très distinctes, celle de la nature psychologique et celle de la valeur métaphysique des idées générales. En effet, le nominalisme se rapporte à l'une et à l'autre; le réalisme concerne exclusivement la seconde.
— Au point de vue psychologique, il s'agit de savoir si l'idée générale est un fait *sui generis*, également distinct de l'image et du mot, ou si elle se résout entièrement en mots et en images. Au point de vue métaphysique, on se demande ce qui correspond objectivement à l'idée générale (quelle qu'en soit, d'ailleurs, la nature), si c'est une réalité *sui generis* ou ces mêmes objets et événements individuels qui sont déjà représentés en nous par des sensations.
La solution que nous croyons la vraie est celle-ci : l'idée générale, au point de vue psychologique, ne se résout pas entièrement en mots ou en images : elle implique, en outre, une habitude que l'esprit s'est donnée à lui-même et qu'il a associée volontairement à un nom de fixer exclusivement son attention sur certains éléments des images et de penser ces éléments comme toujours identiques à eux-mêmes dans quelques combinaisons diverses qu'ils puissent entrer. Cette affirmation de l'identité, avec l'abstraction qui en est la condition indispensable, voilà l'essence même du concept. — Au point de vue ontologique, l'idée générale n'a pas d'autres objets que les rapports des individus, mais ces rapports sont aussi réels, aussi objectifs que les individus eux-mêmes; le particulier ne peut pas plus exister sans le général que le général sans le particulier. (Cf. *Sujet* 1.)

**118.** — *Est-il vrai de dire, avec quelques philosophes contemporains, que ce qu'on appelle idée générale n'est qu'un nom*[1] *?*

Plan.

I. — Montrer que lorsque nous pensons une idée générale, il n'y a, ce semble, que deux choses dans notre esprit : 1° une représentation qui est nécessairement particulière ; 2° un mot, un nom commun, qui seul peut être général, parce qu'il résume une infinité d'images et de perceptions particulières. L'idée générale ne serait donc qu'un mot.

II. — De fait, il nous arrive souvent de penser avec des mots :

(1) Cette doctrine a été celle des nominalistes au moyen âge. Hobbes, Berkeley, Hume, Condillac l'ont reprise. Aujourd'hui, elle est soutenue par M. Taine.

par exemple dans les calculs d'arithmétique ou d'algèbre. — Mais les mots ne peuvent ainsi se substituer aux idées que parce qu'ils leur ont été primitivement associés ; sans quoi, la pensée serait un pur psittacisme, c'est-à-dire un verbiage de perroquet. (V. Rabier, *Leçons de philosophie*, t. I, p 313.)

III. — Le nom implique donc l'idée qui en fait le sens ; mais cette idée ne consiste pas dans une simple image ou énumération d'images ; elle consiste dans l'affirmation de l'identité nécessaire de certains éléments de l'image distingués et isolés par l'abstraction.

IV. — D'ailleurs, le nominalisme absolu se contredit lui-même, car le nom est lui aussi, chaque fois qu'il est prononcé, entendu, écrit ou lu, une représentation particulière, singulière, au même titre que n'importe quelle autre représentation. (V. *Cours*, p. 91.) Le nom ne peut donc être général sans devenir lui-même une idée générale, un concept.

### IV. — LE JUGEMENT

#### 119. — *Théorie du jugement.*

La théorie du jugement est une des plus délicates de toute la psychologie. Elle a été surtout traitée par des logiciens qui tous ont plus ou moins confondu le jugement avec la proposition et qui par conséquent n'ont guère connu que le jugement réfléchi, abstrait et comparatif. — Le jugement attend-il donc pour apparaître dans l'intelligence humaine la formation préalable des idées abstraites et générales, et consiste-t-il seulement à établir un rapport soit entre une perception et un concept (comme lorsque nous disons : ceci est une fleur ; Pierre est un homme), soit entre un concept et un autre concept (comme lorsque nous disons : la rose est une fleur ; tout roi est homme) ? — Il existe en tout cas dans l'intelligence humaine une opération très générale dont cette sorte de jugement n'est qu'un cas particulier et qui consiste dans la perception des rapports. Cette opération, les concepts eux-mêmes la présupposent, puisqu'elle est au fond de l'abstraction, de la comparaison et de la généralisation par laquelle ils se forment. Bien mieux, l'analyse la retrouve, avec la croyance qui en est inséparable, jusque dans la perception extérieure et la mémoire. N'est-il pas naturel de donner à cette opération le nom de jugement ?

Dès lors, le jugement nous apparaît comme l'acte essentiel de l'intelligence : connaître, penser, c'est juger. Non toutefois que le jugement soit identique à la conscience : se sentir exister ou souffrir, ce n'est pas juger qu'on existe ou qu'on souffre. Le jugement ne commence qu'avec le premier discernement d'un rapport, mais il est clair qu'avant d'apercevoir des rapports entre les concepts, il a bien fallu apercevoir des rapports entre les sensations, les images, les états primitifs de la conscience.

Le jugement traverse donc plusieurs phases. Il est d'abord confusément impliqué dans des opérations telles que la mémoire et la perception extérieure ; il y joue le rôle d'un élément accessoire, d'un moyen subordonné. Puis, il tend à se dégager de cet ensemble et à se poser à part, comme fonction spéciale d'affirmer les rapports essentiels des choses, et, dans ce but, il se prépare ses propres organes par la formation des concepts; il devient alors abstraction et généralisation Enfin, pourvu des conditions d'une vie distincte et indépendante, il se manifeste sous sa forme la plus parfaite dans le jugement proprement dit.

C'est seulement alors qu'on peut l'étudier et l'analyser à loisir, mais on ne doit pas oublier qu'avant d'être réfléchi et comparatif, il a dû être spontané et intuitif. Le jugement spontané ne peut donc être directement observé; mais son existence se conclut de celle du jugement réfléchi. (Pour l'analyse du jugement et la classification de ses diverses espèces, V. *Cours*, p. 93 et suivantes.)

### 120. — *Etablir que le jugement est l'acte essentiel de l'intelligence.*

Voir le *Sujet* précédent. — On peut établir cette thèse de trois manières différentes : 1° en montrant qu'aucun autre phénomène psychologique (sensation, image, attention, mémoire) ne peut être l'acte essentiel de l'intelligence. (V. *Cours*, p. 94.) L'élève le montrera en détail pour chacun de ces phénomènes; 2° en faisant voir que le jugement est impliqué dans toutes les autres fonctions de l'intelligence, de la plus haute (raisonnement) à la plus basse (perception extérieure) ; 3° par l'analyse de la science, en montrant que les rapports était la partie fixe, universelle, objective des phénomènes, l'opération qui aperçoit ces rapports est nécessairement la condition de toute prévision, de toute preuve et de toute explication.

### 121. — « *Tout le monde, dit un moraliste*[1], *se plaint de sa mémoire et personne de son jugement.* » *Sur quoi se fonde cette préférence donnée au jugement?*

#### Plan.

1. — Descartes a fait une remarque analogue: Le bon sens est la chose du monde la mieux partagée; car ceux-là mêmes qui sont

---

(1) Ce moraliste est La Rochefoucauld.

les plus difficiles à contenter en toute autre chose, n'ont point coutume d'en désirer plus qu'ils n'en ont (*Discours de la Méthode*). Mais, en même temps, il explique ce fait : la raison ou le sens, qui est proprement la faculté de juger ou de discerner le vrai d'avec le faux, est naturellement égale en tous les hommes. — Au contraire, toutes les autres facultés, et en particulier la mémoire, sont inégales. — Discuter cette première raison.

II. — Il est plus facile de s'apercevoir des défaillances de la mémoire que de celles du jugement. Pourquoi ? C'est qu'un esprit faux qui s'apercevrait qu'il est faux ne le serait plus. De là vient que ceux qui manquent le plus de jugement sont les derniers à s'en plaindre.

III. — Mais la raison capitale, c'est que la mémoire est visiblement une faculté dépendante des organes, plus ou moins extérieure à notre personnalité, tandis que le jugement est l'acte essentiel de l'intelligence, la caractéristique de l'homme (V. le *Sujet* précédent) : d'où il suit qu'avouer qu'on manque de jugement, c'est se dégrader soi-même de l'humanité. Ajouter que l'exercice du jugement dépend en grande partie de l'attention, par conséquent de la volonté. Se plaindre de son jugement, ce serait en quelque sorte s'accuser soi-même.

**122.** — *Expliquer ces paroles de Pascal : Nier, croire et douter bien, sont à l'homme ce que le courir est au cheval.*

Nier, croire et douter, ce sont là trois façons de juger. La phrase de Pascal revient donc à dire que le jugement est l'acte essentiel de l'intelligence, et que l'intelligence est la caractéristique de l'homme. On pourrait en rapprocher le passage célèbre : « L'homme n'est qu'un roseau, mais c'est un roseau pensant... Toute notre dignité consiste dans la pensée. Travaillons donc à bien penser, c'est là le principe de la morale. » — Dans le développement de ce sujet, on devra considérer surtout le jugement dans ses rapports avec la pratique et la moralité, en faisant voir qu'il faut bien penser pour bien faire et que toute erreur de jugement aboutit presque inévitablement à une faute de conduite.

**123.** — *Du jugement. Tous les jugements sont-ils, comme on l'a prétendu, le résultat d'une comparaison ?*

Voir le *Sujet* 119. — Voir aussi *Cours*, p. 92 et 93. — La question est très longuement traitée par V. Cousin dans sa *Philosophie de Locke*, chapitre XXIII. — Mais il faut remarquer que la définition traditionnelle du jugement implique deux choses que V. Cousin n'a pas distinguées : 1° tout jugement est une comparaison ; 2° tout jugement est une comparaison de concepts, c'est-à-dire d'idées abstraites et générales. Or, V. Cousin a parfaitement réfuté la seconde thèse ; mais il en a conclu à tort la fausseté de la première. Là où il n'y a pas comparaison, aperception d'un rapport, il peut y avoir sensation, intuition consciente : il n'y a pas de jugement. On peut donc, si l'on veut, conserver le nom de jugement intuitif pour désigner l'acte par lequel l'esprit aperçoit originellement des rapports entre les données de sa conscience, mais il ne faut pas oublier que ce jugement lui-même est une sorte de comparaison. Quoi qu'en dise V. Cousin, le jugement : j'existe, n'exprime pas une simple intuition ; il exprime une réflexion de l'esprit sur lui-même pour distinguer sa propre existence, telle qu'il la sent, de celle d'objets purement fictifs qu'il imagine.

### 124. — *Du jugement. Sa nature. Montrer qu'il est irréductible à la sensation.*

Voir le *Cours*, p. 93. — A propos de la distinction du jugement et de la sensation, on montrera que l'aperception des rapports est un acte qui vient à la suite des sensations ou des images mais qui ne se confond nullement avec elles. (V. *Cours*, p. 93.) Ainsi les mêmes objets étant présents à leurs sens, tous les hommes n'y découvriront pas les mêmes rapports : là où l'ignorant ne voit qu'une simple coïncidence, le savant voit une causalité ; l'animal éprouve, comme nous, des sensations, il est incapable d'en apercevoir les rapports. — En outre, la sensation est un simple état de conscience essentiellement relatif à l'être qui l'éprouve ; le jugement a une portée et, quand il est vrai, une valeur objectives, universelles, absolues.

### 125. — *Du jugement et de ses diverses espèces.*

On se contentera d'une analyse très sommaire du jugement (V. *Cours*, p. 93) et on énumérera les diverses espèces de jugements en les classant successivement d'après la quantité du sujet, la qualité et la modalité du verbe, la relation de l'attribut au sujet, etc. (V. *Cours* p. 94.)

*Remarque.* — Certains élèves s'imaginent parfois que les diverses classifications des jugements s'excluent les unes les autres ; qu'ainsi les jugements individuels, généraux, particuliers forment trois classes distinctes de celles des jugements affirmatifs et négatifs, etc. — C'est là une grave erreur. Tout jugement donné, en même temps qu'il est individuel, général ou particulier, est aussi affirmatif ou négatif, contingent ou nécessaire, analytique ou synthétique, etc.

Ainsi ce jugement, *le triangle a trois côtés*, est à la fois général, affirmatif, nécessaire, analytique, à priori, immédiat.

**126. — *Expliquer par des exemples et des analyses la différence de ces deux termes :* à priori *et* à posteriori.**

Ces termes ont été définitivement introduits par Kant dans le vocabulaire philosophique. Ils se disent des notions, des jugements, des raisonnements, preuves, explications, hypothèses, doctrines, etc., — Le sens originel et général est : *antérieur à l'expérience* et *postérieur à l'expérience;* le sens dérivé et particulier est *indépendant de l'expérience*, donné dans la constitution même de l'esprit, ou au contraire, *résultant de l'expérience*, sans rapport nécessaire avec la nature propre de la faculté de connaître. C'est surtout ce dernier sens que ces termes ont dans la philosophie de Kant. On pourrait les distinguer en disant qu'une notion peut être relativement ou absolument à priori. Par exemple, l'idée que Platon se fait de la République parfaite est une idée relativement à priori ; mais elle n'est pas absolument à priori, parce que les éléments qui la composent ont été empruntés à l'expérience. Tout jugement analytique qui a pour sujet une notion d'origine empirique est relativement *à priori*. Exemple : tout corps est étendu.

On commencera donc par montrer qu'il y a dans l'intelligence des notions, des jugements qui sont relativement à priori, puis on fera voir que par cela même il doit en exister d'autres absolument à priori, et on essaiera de déterminer ces derniers. (V. *Cours*, p. 100 et 111.) Enfin, on prouvera par l'analyse de la connaissance et de la science qu'elles ne peuvent se constituer que par la coopération et l'harmonie d'éléments à posteriori et à priori (rôle des notions et vérités premières dans la connaissance, rôle des hypothèses et des axiomes dans les sciences).

### V. — LE RAISONNEMENT

**127. — *Qu'est-ce que le raisonnement? Analyse psychologique et logique de ce procédé.***

Pour la définition, voir *Cours*, p. 100. — L'analyse psychologique s'efforce de déterminer la nature du raisonnement, les opérations plus simples dont il se compose, le rapport qui l'unit aux autres phénomènes de l'esprit. — L'analyse logique a pour but de déterminer les conditions de sa validité, les règles qu'il doit suivre pour être correct et vrai. — On résumera donc successivement, à propos de l'induction et de la déduction, les théories psychologiques (V. *Cours*, p. 102 et 103) et logiques (*Ibid.* p. 240 et 243) de ces deux formes de raisonnement.

**128.** — *Distinguer et comparer les principales espèces de raisonnement.*

On peut en distinguer trois : l'induction, la déduction, l'analogie. Mais on fera voir que l'analogie n'est qu'une combinaison des deux premières. (V. *Cours*, p. 256.) — A l'égard de la déduction, on pourrait distinguer la déduction mathématique (dans laquelle la copule des propositions est le signe *égale*), et la déduction syllogistique (dans laquelle la copule est le verbe *être*). — Voir le *Sujet* suivant.

**129.** — *Distinguer par des traits précis l'induction et la déduction.*

Pour les définitions, voir *Cours*, p. 102 et 103. — On éclaircira le sens des termes « particulier » et « général » qui entrent dans ces deux définitions par des analyses et par des exemples. — Prendre garde qu'ils n'ont pas tout à fait le même sens dans les deux définitions. Dans l'induction, le particulier, ce sont des faits qui, comme tels, sont absolument (et non relativement) particuliers ; le général, c'est une loi, une vérité générale. Dans la déduction, le particulier n'est pas nécessairement un fait ou un ensemble de faits particuliers ; c'est le plus souvent (par exemple en mathématiques), une loi, une vérité générale, mais moins générale que le principe d'où on la déduit, et par conséquent *relativement* particulière.

L'induction et la déduction diffèrent 1° par la nature de leur point de départ (prémisses : ici des faits particuliers ; là une proposition générale admise d'avance comme vraie) ; 2° par celle de leur point d'arrivée (conclusion : ici une loi générale, là une conséquence particulière) ; 3° par les axiomes qui leur servent de règle et de fondement (ici l'axiome de causalité, là le principe de contradiction) ; 4° par leur rapport avec l'expérience et la raison (l'induction est fondée sur l'expérience et établit les lois de la nature objective ; la déduction est fondée sur la raison et manifeste seulement l'accord de la pensée avec elle-même) ; 5° par leur rôle dans les sciences (l'induction est le procédé des sciences de la nature ; la déduction, celui des sciences exactes ou idéales), etc.

**130.** — *Comparer l'induction et la déduction. Ces deux espèces de raisonnement sont-elles entièrement opposées ? Peut-on, à un certain point de vue, les réduire l'une à l'autre ?*

Plan.

I. — On distingue l'induction et la déduction. (V. *Sujet* précédent.)

II. — On montre leurs rapports : 1° l'induction nécessaire pour fournir des prémisses à la déduction (prendre garde cependant que cette nécessité n'est pas absolue, la déduction pouvant aussi emprunter ses prémisses soit aux jugements à priori de la raison pure, soit à des hypothèses ou constructions idéales); 2° la déduction nécessaire pour contrôler et développer les résultats de l'induction.

III. — Sont-elles entièrement opposées ? Peut-on les réduire l'une à l'autre ? (Voir *Cours*, p. 244-248, les diverses théories qui ont tenté la réduction.) Il résulte de l'analyse de ces théories qu'une réduction complète est impossible ; mais il en résulte aussi que l'induction est foncièrement analogue à la déduction (surtout à la déduction réflexe ou analytique), en ce sens qu'elle consiste à ramener à un principe général (le principe de l'uniformité de la nature) un rapport particulier (constaté expérimentalement et interprété comme étant un rapport de causalité).

# CHAPITRE X

## LES PRINCIPES DIRECTEURS DE LA CONNAISSANCE

131. — *Qu'appelle-t-on principes à priori? En donner des exemples dans les différentes sciences.*

### Idées à développer.

Les principes à priori ou axiomes sont des vérités que l'intelligence tire de son propre fonds, qu'elle admet comme évidentes dès qu'elle en conçoit les termes, et qui lui sont nécessaires pour comprendre et prouver toutes les autres vérités. — On peut, d'après Aristote, distinguer les principes universels, communs à toutes les sciences (par exemple les principes d'identité ou de contradiction et de raison), et les principes propres, qui appartiennent à une science ou à un groupe de sciences. Quelques-uns aussi réservent le nom d'axiomes pour les principes analytiques dérivés du principe d'identité (axiomes logiques et mathématiques). — Pour les caractères des principes, voir *Cours*, p. 107, 108 et 109. — La logique formelle et les mathématiques reposent sur des axiomes dérivés du principe d'identité (*ibid.*, p. 109) ; la physique a pour fondement le principe de causalité : rien n'arrive sans cause, et le principe d'uniformité : les mêmes causes tendent nécessairement à produire les mêmes effets ; la chimie invoque plus particulièrement le principe de substance : sous tous les changements quelque chose demeure ; enfin les sciences naturelles appliquent sans cesse le principe de finalité : tout a un but. (V. *Cours*, p. 256.) Les sciences morales et la philosophie font aussi le plus large usage du principe de finalité : il est, avec le principe de causalité ou de raison, une des bases fondamentales de la métaphysique. (V. *Cours*, p. 454-466.)

**132.** — *Qu'appelle-t-on jugement synthétique à priori, vérité première, axiome ? Donner des exemples. Montrer comment se forment et se développent dans l'esprit les notions premières.*

Les jugements synthétiques à priori sont tous les principes qui se rattachent au principe de raison. Dans ces principes en effet l'attribut n'est pas dérivé analytiquement du sujet, mais il lui est ajouté à priori. Aussi le problème de la raison a-t-il été posé par Kant en ces termes : Comment des jugements synthétiques à priori sont-ils possibles ? Sur la dernière partie de la question, voir *Sujet* 134.

**133.** — *Expliquer cette pensée de Leibniz : que les principes entrent dans toutes nos pensées, et qu'ils sont nécessaires pour penser comme les muscles et les tendons le sont pour marcher quoiqu'on n'y pense point.*

Idées à développer.

Il faut montrer trois choses :

1° Les principes sont présents dans toutes nos pensées, c'est-à-dire dans tous nos raisonnements, nos jugements, peut-être même dans tous nos concepts.

2° Cette présence des principes s'explique par leur nécessité : ils sont universels parce qu'ils sont nécessaires ; on ne peut pas penser sans eux. Penser, en effet, ce n'est pas seulement avoir conscience de sensations ou d'images successives ; c'est distinguer et lier ces phénomènes par des rapports que notre esprit pose comme objectifs, comme valables en dehors de sa conscience individuelle et actuelle pour tous les esprits. Or les principes sont les lois même de cette opération.

3° Enfin notre esprit n'a pas nécessairement une conscience expresse des principes. Il les applique d'abord sans les connaître distinctement : la réflexion et l'abstraction lui sont nécessaires pour les dégager des jugements particuliers et contingents où ils sont impliqués et pour les exprimer en formules. C'est seulement alors qu'ils deviennent les règles de la pensée réfléchie, et que la science sort de leur application systématique à tous les ordres de choses.

**134. — *Des notions et vérités premières. Quelle différence principale entre les unes et les autres? A combien d'idées fondamentales peut-on réduire les idées premières?***

On semble dans ce sujet et dans tous les sujets analogues attacher une certaine importance à la distinction des notions et des vérités premières. Cette distinction nous semble plus verbale que réelle.

Idées à développer.

La connaissance humaine contient des *éléments à priori*, c'est-à-dire dérivés, non de l'expérience, mais de la nature même de l'esprit : ces éléments ne sont, à proprement parler, ni des notions ni des principes ; ils constituent un ordre de faits *sui generis* que nous ne pouvons d'ailleurs observer en eux-mêmes parce qu'ils ne se présentent jamais isolément mais sont toujours impliqués dans des ensembles (nos diverses pensées et connaissances), lesquels tombent seuls sous notre observation. Lorsque ces éléments sont enfin dégagés par l'abstraction et qu'ils deviennent objets de pensée réfléchie, les uns revêtent plutôt la forme d'idées ou de notions (notions de temps, d'espace, d'absolu, d'infini, de parfait, etc.); les autres celle de jugements, de vérités ou de principes (principe d'identité, principe de raison, etc.); la plupart revêtent l'une et l'autre forme (notion de substance et principe de substance, notion de cause et principe de causalité, notion et principe de finalité, etc.).

En elle-même, la distinction des notions premières et des vérités premières est très facile à saisir. La notion est une simple idée qu'un seul mot suffit à exprimer et qui n'implique par elle-même aucune affirmation : substance, cause, etc. ; la vérité est un jugement qui implique une affirmation et s'exprime par une proposition avec sujet, verbe et attribut : tout phénomène appartient à une substance, tout phénomène est produit par une cause. Il s'ensuit que la notion première est plus simple que la vérité première dans laquelle elle entre comme élément et qu'elle lui est logiquement antérieure. En outre, la notion première ne se rencontre pas seulement dans la vérité première qui lui correspond : elle peut figurer aussi dans des jugements ordinaires ; par exemple la notion de cause intervient dans tous les jugements où nous rapportons un phénomène quelconque à sa cause; et elle peut enfin être conçue à part de tout jugement. C'est ce qui a lieu par exemple chez un philosophe qui cherche à définir la causalité.

Maintenant, comme nous ne pouvons saisir les éléments à priori de la connaissance qu'au travers des notions et des vérités dont ils prennent la forme, il est clair que la théorie de la raison est susceptible d'être exposée soit en terme de notions, soit en terme de vérités.

Dans la première hypothèse (qui est, ce semble, celle de Descartes et de Kant), on dira que l'esprit à l'origine est pourvu d'idées innées ou de notion à priori (V. dans le *Cours*, p. 112 et 113 le tableau de ces notions d'après Kant) et qu'il applique d'abord ces notions à chaque phénomène qui se présente ; ainsi il juge que ce phénomène, et cet autre, et cet autre encore, ont des causes ; puis un moment vient où réfléchissant sur tous ces jugements, il s'aperçoit que ces notions les dépassent infiniment, qu'elles peuvent, qu'elles doivent être appliquées à tous les phénomènes possibles : il en fait alors les attributs de vérités universelles qui ne sont autres que les vérités premières ; ainsi il juge que tout phénomène a une cause. A ce point de vue, les vérités premières sortent des notions premières par une sorte d'induction à priori ; et en regard de chaque notion première, on pourrait toujours mettre une vérité première, si l'esprit ne s'était dispensé pour quelques-unes d'entre elles de formuler explicitement la loi de l'usage qu'il en peut faire. Par exemple, aux notions d'espace, de temps, d'absolu, d'infini, de parfait, correspondent *virtuellement* ces vérités premières : Tout objet est dans l'espace, tout événement est dans le temps, le relatif suppose l'absolu, le fini suppose l'infini, l'imparfait suppose le parfait.

Dans la seconde hypothèse (qui est plutôt, ce semble, celle de Leibniz) on fait remarquer que l'esprit ne débute en aucun cas par des idées nues, abstraites, dépourvues de toute affirmation : de telles idées sont les produits d'une élaboration tardive et presque savante. Les prétendues notions premières sont donc en réalité des croyances primitives ; si dès l'origine l'esprit pouvait réfléchir sur ses propres opérations, il ne dirait pas qu'il conçoit seulement la notion de cause à propos de tels et tels phénomènes qui se présentent ; il dirait qu'il croit que tout phénomène a une cause : en tout cas, dans chacun de ses jugements particuliers, il opère comme s'il le croyait. Les principes, étant plus concrets que les notions, sont donc plus voisins, en quelque sorte, des éléments à priori ou, pour mieux dire, des lois à priori de la connaissance ; ils expriment mieux les tendances affirmatives de la pensée dans toute leur force de projection universelle et nécessaire. Les notions, loin de leur être antérieures, n'en sont que des fragments isolés par l'abstraction.

A notre avis, cette seconde interprétation, moins commode peut-être pour l'exposition, mais aussi moins artificielle, approche davantage de la vérité. Au fond cependant, ni le terme de notion, ni celui de vérité n'est peut-être adéquat à la vraie nature des éléments à priori de la connaissance : l'un et l'autre désignent leur forme ultérieure, non leur essence primitive. Le terme le plus exact, le moins sujet à équivoque, nous paraît être celui de *loi*. Les prétendues notions et vérités premières ne sont en définitive que les lois mêmes de la pensée.

### 135. — *Les idées de cause et de substance; leur importance en philosophie.*

Pour l'idée de cause, voir *Sujet* 76; pour l'idée de substance, voir *Sujets* 73 et 74; voir aussi *Cours*, p. 59, 116 et 117. — Les idées de cause et de substance sont fondamentales en philosophie; elles constituent par leur réunion l'idée même de l'être ou de la réalité. Si on les supprime, il ne reste plus que des phénomènes fugitifs et incohérents: le monde extérieur, le moi, l'absolu s'évanouissent.

### 136. — *Qu'entend-on par cause? Quelles sont les différentes espèces de causes?*

#### Idées à développer.

Le mot « cause » peut être pris en deux sens. Dans un sens très général (comme le mot grec αἰτία), il est synonyme de raison ou de principe; en ce sens est cause tout ce qui, de quelque manière que ce soit, contribue à expliquer l'existence ou la nature d'une chose; dans un sens plus particulier, on entend seulement par cause la cause efficiente ou déterminante, et c'est là le sens propre du mot.

Au premier point de vue, on distinguera avec Aristote, la cause matérielle, la cause formelle, la cause efficiente et la cause finale. (V. *Cours*, p. 513.) A la cause finale peut se rattacher la cause exemplaire. — La cause finale est le but pour lequel une chose est faite; la cause exemplaire est le modèle, le plan selon lequel elle est faite. Leur caractère commun, c'est ce que ce sont des causes idéales qui ne semblent pouvoir produire leurs effets que par l'entremise d'une intelligence et d'une volonté.

Au second point de vue, on distinguera les causes physiques, simples conditions déterminantes, telles que la science les conçoit, et les causes métaphysiques, véritables causes efficientes, plus ou moins analogues à l'activité que la conscience nous montre en nous-même. (V. *Sujet* 76.) On pourrait aussi distinguer les causes secondes et les causes premières. (V. *Sujet* suivant.)

137. — *Quelle différence doit-on faire dans le langage philosophique entre ces deux expressions : une cause seconde et une cause première ?*

Plan.

I. — Montrer que le principe de causalité nous contraint à rattacher chaque phénomène à sa cause.

II. — Mais si cette cause est-elle-même un phénomène, elle doit avoir aussi sa cause, et ainsi de suite à l'infini.

III. — Nous sommes cependant amenés à concevoir une cause qui ne soit pas elle-même effet d'une cause antérieure, une cause vraiment cause, une cause première, et dès lors toutes les autres causes ne sont plus à nos yeux que des causes secondes.

IV. — Maintenant ce concept de cause première correspond-il à quelque réalité ? Évidemment une cause première ne peut pas être un phénomène ; il faut qu'elle soit, pour ainsi dire, en dehors du temps. — Montrer que l'âme humaine, dans les actes de sa libre volonté, est une cause première ; c'est là ce qui fait sa personnalité, sa responsabilité. (V. *Cours*, p. 145.) — Montrer que l'âme n'est pas cause première absolument et sous tous les rapports. La vraie cause première, c'est Dieu.

138. — *Origine psychologique de l'idée de cause. Ses rapports avec le principe de causalité.*

La difficulté peut-être la plus grave des théories ordinaires de la raison, c'est qu'elles attribuent au principe de causalité une origine rationnelle alors qu'elles font dériver l'idée de cause de la conscience de l'activité psychologique. On ne comprend guère comment le principe de causalité peut être à priori quand l'élément essentiel de ce principe, l'idée de cause, est une idée à postériori, ou comment cette idée peut être à la fois une des notions de la raison et le résultat de notre expérience intérieure. — Nous avons essayé dans le *Cours* de résoudre cette difficulté : 1° en reconnaissant nettement l'origine expérimentale de l'idée de cause; 2° en distinguant le principe de raison, qui seul est à priori, et le principe de causalité, qui combine avec le principe de raison une idée à postériori, à savoir l'idée de cause.

On divisera le plan en deux parties : l'une relative à l'idée de cause, l'autre au principe de causalité.

### Plan.

I. — L'idée de cause. (Voir *Sujet* 76, les trois explications proposées pour l'origine de l'idée de cause.) Pour la discussion de la doctrine de Hume et de Stuart Mill, voir *Cours*, p. 129. — Ce qu'il y a de vrai, dans cette doctrine, c'est que l'esprit, qui supposait tout d'abord une causalité véritable, c'est-à-dire une activité plus ou moins analogue à la sienne dans tous les cas de succession constante, finit par modifier peu à peu sa conception de la causalité pour l'ajuster aux phénomènes de la nature extérieure et par en effacer plus ou moins complètement l'idée d'activité. (V. *Sujet* 76, la théorie de l'acquisition et de la transformation de l'idée de cause. Cf. *Cours*, p. 116, 117.) — D'autre part, si l'idée de cause se réduisait seulement à l'idée de liaison nécessaire, elle serait en effet, comme l'enseigne Kant, une forme à priori de l'entendement ; mais alors elle se confondrait avec l'idée de raison. En réalité, l'idée de cause contient, de l'aveu de Kant, l'idée de succession entre deux phénomènes, laquelle est certainement une idée à postériori; et une analyse plus complète montre qu'elle contient en outre les idées de puissance, de tendance, de force, d'activité, toutes idées dérivées de l'expérience psychologique. L'idée de cause, dans ce qu'elle a de propre et d'original, est donc une idée de la conscience et non de la raison. Maintenant, il faut accorder à Kant que dans la conscience même de son activité, l'esprit introduit à priori l'idée de raison ou de liaison nécessaire dont il est, pour ainsi dire, obsédé ; et c'est cette fusion même de l'idée de raison et de l'idée d'activité qui produit en définitive l'idée de cause.

II. — Le principe de causalité. Voir le *Sujet* suivant.

### 139. — Du principe de causalité. Sa vraie formule. Dérive-t-il de l'expérience ?

#### Plan.

I. — Le principe de causalité doit se formuler ainsi : tout ce qui commence d'exister, tout ce qui arrive, tout phénomène a une cause ; et non, tout effet à une cause. Cette dernière formule est une tautologie, un jugement analytique. Le principe de causalité est synthétique.

II. — En vertu de ce principe, notre entendement cherche la raison d'un phénomène dans une réalité antérieure ; mais le rapport du phénomène à cette réalité peut être conçu de deux manières différentes. (V. *Sujet* 76.) Le principe de causalité est donc susceptible d'une double interprétation, selon que la cause est conçue comme une activité préexistante ou comme un simple phénomène antécédent, et comme déterminant son effet par un libre choix, ou en vertu d'une loi constante et générale. Le métaphysicien entend plutôt le principe de causalité dans un sens psychologique ; le savant, dans un sens mécanique. Si on efface cette distinction, l'idée de causalité se confond avec l'idée de succession nécessaire, et le principe de causalité ne fait plus qu'un avec le principe de raison. (V. *Cours*, p. 116-117.)

III. — Quelle est l'origine du principe de causalité ?

1° Hypothèse de Hume et de Suart Mill : c'est une acquisition de l'expérience. — Voir la discussion de cette hypothèse dans le *Cours* : distinguer bien nettement les trois objections qu'on peut lui faire : *A*. le principe de causalité est une donnée primitive, non une acquisition tardive ; *B*. s'il dérivait de l'expérience, il ne serait ni universel, ni nécessaire, ou pour mieux dire, il n'existerait pas ; *C*. s'il dérivait de l'expérience, il ne pourrait servir de fondement à la science. — On ajoutera : 1° que les sens ne peuvent, à proprement parler, apercevoir la causalité (V. *Sujet* 73) et 2° que l'association des idées est impuissante à transformer en causalité la simple succession constante. (V. *Cours*, p. 129.)

2° Hypothèse de Maine de Biran : le principe de causalité vient de la conscience ; c'est une extension à l'ensemble des choses de l'idée de cause prise en nous. — Trois objections : 1° le principe ainsi entendu n'est universel ni nécessaire ; 2° il ne peut donc pas servir de fondement à la science ; 3° en fait, il n'est nullement impliqué dans la science qui entend par cause, non une activité préexistante plus ou moins semblable à la nôtre (causalité psychologique ou subjective) mais un phénomène antécédent lié au phénomène conséquent (causalité mécanique ou objective). Bien mieux, les philosophes qui prétendent se réclamer de l'esprit de la science (matérialistes, déterministes) ne voient dans la causalité psychologique qu'une illusion et la remplacent, même en nous, par la causalité mécanique.

3° Hypothèse de Kant : le principe de causalité est à priori ; il vient de la raison ; c'est une forme que l'esprit impose nécessairement aux phénomènes pour les comprendre. — Cette hypothèse rend compte de l'universalité et de la nécessité du principe ; elle le maintient à la base de la science ; mais elle ne rend pas compte de l'idée de cause. (V. *Sujet* 138, la discussion de ce point.) De ce que l'esprit affirme à priori la liaison nécessaire des données de sa pensée, il ne s'ensuit pas que cette liaison doive prendre par cela seul la forme soit d'une action efficace (causalité psychologique), soit d'une succession réglée (causalité mécanique).

IV. — Voir dans le *Cours*, p. 115, 116, 117 et 126, comment on a essayé de concilier ces trois hypothèses en faisant dériver le principe de causalité tout à la fois de la raison, de l'expérience intérieure (conscience) et de l'expérience extérieure (sens). — Voir aussi *Sujet* 138. — En somme, la forme du principe de causalité est à priori ; la matière, c'est-à-dire l'idée de cause, est à postériori et empruntée d'abord à l'expérience intérieure ou à la conscience (causalité psychologique) ensuite à l'expérience objective (causalité mécanique).

140. — *Qu'est-ce que le principe de causalité et le principe de substance ? Ces deux principes tirent-ils leur origine des sens ?*

Plan.

I. — Définir ces deux principes. Montrer leur rapport. (V. *Cours*, p. 110.)

II. — Ils ne peuvent tirer leur origine des sens : 1° parce que les sens ne nous révèlent ni causes ni substances, mais seulement des phénomènes (V. *Sujet* 73) ; 2° parce que les sens ne peuvent donner aucune connaissance universelle et nécessaire.

III. — Montrer brièvement qu'ils tirent leur origine de la conscience et de la raison et faire voir leur rôle dans la perception sensible. (V. *Sujet* 59.)

141. — *Définir avec exactitude le principe des causes finales. En quoi diffère-t-il du principe de causalité? Quelles en sont les principales applications?*

Plan.

I.—On définira d'abord l'idée de cause finale. (V.*Cours*, p. 118.) Quel est l'usage que l'esprit fait de cette idée pour la connaissance des choses, et comment doit-on formuler le principe des causes finales qui est la règle de cet usage? — Trois formules ont été proposées : 1° la plus simple, la plus générale, la plus ancienne est celle-ci : tout est fait pour une fin. C'est la formule d'Aristote : οὐδὲν μάτην, rien n'est en vain. Elle est entièrement analogue à celle du principe de causalité. De même que tout vient d'une cause, tout va vers un but ; 2° un philosophe contemporain, M. Janet, a proposé une formule plus compliquée et plus restreinte. (V. *Cours*, p. 118.) Selon lui, notre raison affirme non pas que tout phénomène, mais seulement tout accord de plusieurs phénomènes liés ensemble avec un phénomène futur déterminé, a une fin. Dans cette hypothèse, la finalité n'est pas, comme la causalité, un attribut universel des phénomènes ; elle est un attribut propre à certaines combinaisons de phénomènes, et la raison ne peut l'affirmer d'un sujet donné qu'après avoir constaté empiriquement dans ce sujet l'accord des phénomènes actuels dont il se compose avec quelque phénomène à venir dont ils sont les conditions ; 3° enfin Th. Reid en donne une formule encore plus restreinte. (V. *Cours*, p. 111.) « Les marques évidentes de l'intelligence et du dessein dans l'effet prouvent un dessein et une intelligence dans la cause. » Traduite en termes plus précis et débarrassée d'une tautologie qui ne lui est pas essentielle, cette formule signifie que si un effet est produit en vue d'une fin, la cause de cet effet est nécessairement une intelligence. (V. *Cours*, p. 466.) C'est sur cette dernière formule qu'est fondée la preuve de l'existence de Dieu dite des causes finales ; mais il est clair que ce principe n'affirme nullement qu'il y a des causes finales ; il affirme seulement que s'il y a des causes finales, et seulement là où il y en a, on peut conclure à la présence d'une intelligence. Il présuppose donc un principe, non plus hypothétique mais catégorique, qui permette de décider s'il y a en effet des causes finales (soit partout, soit seulement dans certains cas particuliers). C'est ce principe qui est véritablement le principe des causes finales.

Maintenant, il se peut que les bornes de notre science (soit qu'elle se les impose à elle-même dans l'intérêt de ses recherches, soit que l'imperfection même de nos moyens de connaître les lui impose) conduisent en fait l'esprit humain à limiter l'usage de l'idée de finalité à certaines classes de phénomènes (ceux qu'on pourrait, d'un mot, appeler organisés ou adaptés, c'est-à-dire ceux où se manifeste un accord des parties avec le tout et du présent avec le futur) ; certains savants (matérialistes, mécanistes, darwinistes) vont même plus loin et rejettent absolument l'usage de l'idée de finalité dans les sciences, sous prétexte que l'expérience ne la vérifie pas et que l'idée de causalité, toujours susceptible de vérification, leur suffit. Tout cela n'empêche pas l'esprit de croire originellement d'une manière toute spontanée à la finalité universelle. La formule primitive, la vraie formule du principe de finalité est donc bien : tout a un but.

II. Applications. — Dans les sciences naturelles (V. *Sujet* p. 131 et *Cours*, p. 256, 439 et 466), tout être organisé et vivant est nécessairement conçu comme un système de moyens et de fins, comme un tout qui détermine lui-même ses parties. Dans les sciences morales, en psychologie, les facultés de l'âme humaine, les actes de l'homme ne s'expliquent que par la finalité ; en morale, l'idée du bien n'est qu'une forme de l'idée de fin. En métaphysique, l'existence de Dieu, la providence, l'immortalité de l'âme sont fondées sur le principe de finalité. A côté de ces applications légitimes, il en est d'autres abusives mais qui ne témoignent pas moins que les premières de la force de ce principe dans l'esprit humain (la croyance que tout dans le monde est fait pour l'homme, la croyance à la destinée, à la chance, etc.). — Les doctrines scientifiques et philosophiques qui s'efforcent d'arracher ce principe de notre intelligence travaillent en réalité à désorganiser l'âme humaine. Si la vie n'a pas de but, si tout est sans but, l'homme ne peut plus vivre. De là sans doute les progrès du pessimisme.

III. — Rapports du principe de finalité et du principe de causalité. (V. le *Sujet* suivant.)

**142.** — *Comparer le principe de causalité et le principe de finalité.*

Plan.

I. — Ressemblances : 1° tous les deux impliquent le principe de raison (le faire voir) ; 2° tous les deux impliquent des données empruntées à l'expérience intérieure (idée de cause, idée de fin) ; 3° tous les deux sont des croyances naturelles et primitives de l'esprit humain qui ne peut sans elles s'expliquer les choses.

II. — Différences : 1° Contenu. — Le principe de causalité explique les conséquents par les antécédents, le présent par le passé ; le principe de finalité explique les antécédents par les conséquents, le présent par l'avenir ; le premier lie les phénomènes en une série régressive ; le second en une série progressive : la finalité est une causalité renversée. En outre, le principe de causalité ne lie que des phénomènes successifs ; le principe de finalité lie aussi les phénomènes coexistants (comme parties d'un même tout dont l'idée les détermine). (V. *Cours*, p. 119.)

2° Usage. — Le principe de causalité est d'un usage plus constant ; nous cherchons plus souvent la cause que le but d'un phénomène, et nous ne cherchons le but qu'après avoir cherché la cause. Le principe de causalité intervient dans toutes les sciences, le principe de finalité seulement dans quelques-unes et encore son autorité y est-elle contestée.

3° Développement et transformation. — Le principe de causalité a revêtu d'abord la forme psychologique ; puis il s'est transformé avec les progrès de l'expérience objective et des sciences de la nature. Actuellement la science ne l'admet plus que sous la forme mécanique, mais elle y voit la loi universelle des phénomènes. — Le principe de finalité n'ayant pas subi une transformation analogue a gardé l'empreinte de son origine psychologique, et c'est la raison même pour laquelle beaucoup de savants le rejettent (comme ils rejetteraient le principe de causalité entendu au sens psychologique).

4° Valeur. — Au point de vue scientifique, le principe de causalité a une valeur supérieure à celle du principe de finalité (en ce qu'il est vérifié par l'expérience) ; mais si l'expérience ne vérifie pas toujours le principe de finalité, elle ne le contredit jamais. Nous ne voyons pas la cause finale de bien des choses ; cela ne prouve point qu'elle n'existe pas. Au point de vue métaphysique, les deux principes ont la même valeur : absolue, en tant qu'ils impliquent le principe de raison ; relative, en tant qu'ils incorporent à ce principe des éléments dérivés de l'expérience interne ou extérieure. (V. *Cours*, p. 116.)

### 143. — *Le principe des causes finales peut-il se ramener au principe de causalité?*

Plusieurs auteurs ont cru pouvoir ramener le principe des causes finales au principe de causalité. — Il y a là, croyons-nous, une confusion. Le principe de causalité est souvent pris pour le principe de raison dont il est l'application la plus familière, et en ce sens, il est très certain que le principe des causes finales peut se ramener au principe de causalité c'est-à-dire de raison, la cause finale étant une espèce particulière de cause ou de raison. Mais si on prend le principe de causalité dans son vrai sens, c'est-à-dire si on entend par cause un antécédent déterminant et efficace, alors il est impossible d'y ramener le principe des causes finales. Ce sont en effet deux procédés d'explication non seulement différents mais opposés, que ceux qui consistent à rendre raison d'un phénomène, l'un par ses antécédents, l'autre par ses conséquents. — Il suffira d'ailleurs, pour s'en convaincre, de se reporter au *Sujet* précédent.

### 144. — *Démontrer que le principe de finalité est une conséquence de l'idée de cause première ; que ces deux notions sont liées dans la raison.*

On demande ici de démontrer une thèse très contestable. Voici d'abord l'exposé de cette thèse : l'esprit humain, par la considération des causes secondes, s'élève à la conception d'une cause première. (V. *Sujet* 137.) Une cause première, c'est une cause qui agit par elle-même sans être déterminée à agir par une cause antécédente ; cependant il faut bien une raison à son action ; cette raison, tout intérieure, ne peut être qu'une fin qu'elle se pose à elle-même. Or, une cause qui agit en vue d'une fin est une cause intelligente. La cause première est donc une intelligence, et comme c'est le propre d'une intelligence de marquer toutes ses œuvres d'un caractère de finalité, il s'ensuit que tout dans le monde est fait pour un but. En résumé, si tout a sa fin, c'est que tout est l'œuvre d'une cause première intelligente. La notion de la finalité universelle est une conséquence logique de la notion de cause première.

On peut faire deux objections principales à cette thèse :

1º Au point de vue *psychologique*, il ne semble pas que l'esprit ait acquis le principe de finalité par une déduction aussi subtile ; la notion de cause première éclot, ce semble, plus tardivement que la croyance à la finalité, et même c'est en s'appuyant sur la finalité que la plupart des hommes concluent à une cause première intelligente, loin de déduire la finalité de l'intelligence de cette cause ;

2º Au point de vue *métaphysique*, cette thèse peut être considérée comme un essai de démonstration à priori du principe de finalité, d'ailleurs fort ingénieux. Le point faible de la démonstration, c'est qu'on affirme sans le démontrer que la raison pour laquelle agit la cause première ne peut être qu'une fin ou cause finale. Comme la nature de la cause première nous est incompréhensible, il peut y avoir bien d'autres raisons dont nous n'avons pas d'idée qui, si nous les connaissions, nous expliqueraient son action aussi bien qu'une cause finale. En fait, Spinoza admet une cause première et cependant il croit pouvoir rendre raison de ses effets non par une fin qu'elle se poserait à elle-même mais par la nécessité de sa nature. Son exemple prouve qu'on peut admettre une cause première sans admettre nécessairement la finalité universelle.

### 145. — *Comment se forme et se développe dans l'esprit l'idée de Dieu ?*

Ce sujet appartient à la fois à la psychologie (théorie de la raison), et à la théodicée (théorie des preuves de l'existence de Dieu et de ses attributs.)

Il semble qu'il y ait trois degrés principaux dans la formation de l'idée de Dieu : 1º quand l'esprit s'est fait une certaine idée du monde comme d'un tout, il rapporte naturellement ce tout à une cause, et il conçoit ainsi une cause universelle ; c'est là une application du principe de causalité parfaitement conforme à ses habitudes ; 2º mais lorsqu'il réfléchit ensuite sur la nature de cette cause, il comprend qu'elle ne peut être elle-même l'effet d'une cause antérieure, qu'elle doit être sa propre cause ; et alors naît en lui l'idée de l'absolu. (V. *Cours*, p. 122.) Par cette idée, l'esprit franchit véritablement le cercle de la nature ; il conçoit une existence qui n'a pas d'analogue dans toutes celles qu'il peut connaître par expérience ; et c'est seulement alors qu'il a vraiment l'idée de Dieu ; 3º enfin, une réflexion plus profonde lui fait comprendre que l'absolu est nécessairement infini et parfait. — Telle est l'évolution de l'idée de Dieu considérée dans sa forme abstraite ; mais cette forme réclame un contenu, et ici encore on peut remarquer trois phases successives : 1º Dieu est d'abord conçu comme puissance sans bornes (c'est surtout ainsi que l'ont conçu les religions orientales); 2° Dieu est conçu ensuite comme intelligence absolue (c'est la conception de la philosophie grecque), 3° Dieu est enfin conçu comme bonté parfaite et amour infini (c'est la conception du christianisme). Il est facile de reconnaître dans ce contenu de l'idée de Dieu les divers attributs de la nature humaine. (V. *Cours*, p. 473.)

**146. — *Comment peut-on dire que l'idée de Dieu résume en elle tous les principes directeurs de l'entendement humain* [1]?**

Plan.

I. — Dieu est l'Être par soi, c'est-à-dire l'Être absolu qui contient en lui-même sa propre raison d'être et qui est en même temps la raison d'être de tout le reste. L'entendement humain réalise en lui cet idéal d'intelligibilité absolument universelle, dont il chercherait en vain la réalisation dans l'expérience. L'idée de Dieu résume donc nécessairement tous les principes directeurs de l'entendement humain.

II. — Tout d'abord le principe d'identité et de contradiction. En effet, dire que Dieu existe, c'est dire au fond que l'Être est et ne peut pas ne pas être. Il est contradictoire de supposer que l'Être par soi puisse ne pas exister. A l'égard de tous les autres êtres, le principe d'identité ne s'applique que d'une façon relative; ils sont sans doute, mais ils pourraient ne pas être; leur être n'exclut le non-être que conditionnellement, c'est-à-dire supposé qu'ils soient déjà. Mais il faut bien qu'en définitive il y ait un être dont l'être même soit l'essence et qui par conséquent soit inconditionnellement. Cet être est Dieu. (V. *Cours*, p. 470 et 471.)

III. — En second lieu le principe de raison. — Voir dans le *Cours*, p. 422, le raisonnement par lequel l'esprit, par une suprême application du principe de raison, s'élève à l'affirmation de l'absolu. (V. aussi *Cours*, p. 464.)

IV. — Par cela même l'idée de Dieu résume aussi tous les principes dérivés du principe de raison : substance, causalité, lois, finalité. — Dieu est la substance éternelle, la cause pre-

---

[1] Sujet qui, comme le précédent, appartient à la fois à la psychologie et à la théodicée.

mière, la raison des lois de la nature, la fin à laquelle tendent tous les êtres. (V. *Cours*, p. 122 *sub fin*, p. 414, 461, et tout le chapitre v du livre IV, I<sup>re</sup> partie.)

V. — Conclure en faisant voir que si l'idée de Dieu n'est pas, comme le prétendent les mystiques, le principe d'où part notre raison, cette idée est bien le terme où elle tend et se repose. (V. *Cours*, p. 124.)

**147.** — *Qu'entend-on par raison? Quel est le rôle de cette faculté dans la formation et le développement de nos connaissances?*

Plan.

I. — La raison est la faculté de comprendre. Montrer que toute connaissance suppose : 1° une matière, c'est-à-dire des phénomènes, sensations et images ; 2° une forme, c'est-à-dire des opérations par lesquelles ces phénomènes sont distingués, liés par des rapports et transformés en signes ou équivalents de la réalité objective. « La matière de la connaissance, a dit Kant, est fournie par l'expérience, mais c'est la raison qui lui imprime une forme. » Cette phrase résume la thèse qu'il faut développer pour traiter la question.

II. — On montrera la raison présente déjà, mais encore incapable de réflexion, dans les opérations inférieures ou sensitives de l'intelligence humaine (perception extérieure et conscience : V. *Sujets* 53 et 119). — Dans l'abstraction et la généralisation, elle forme elle-même ses propres organes ; dans le jugement et surtout dans le raisonnement, elle s'applique à comprendre les choses avec une conscience de plus en plus claire du but auquel elle tend et des moyens qui doivent l'y conduire ; enfin dans les notions et les vérités premières, elle se réfléchit entièrement et formule les lois de ses propres opérations.

III. — Une fois en possession de ses lois, la raison édifie la science. Faire voir que la science résulte de l'application systématique des principes de la raison (mathématiques, sciences de la nature). Abstraction faite de tout principe rationnel, c'est-à-dire universel et nécessaire, la science n'est plus qu'une histoire de nos sensations passées, une sorte de rêve plus ou moins bien lié. — Mais la science n'épuise pas complètement la puissance créatrice de la raison qui lui superpose la philosophie ou la métaphysique. Montrer que la métaphysique est le résultat d'un suprême effort de la raison pour comprendre l'ensemble des choses.

IV. Conclusion. — La raison est le pressentiment de l'ordre universel, une sorte de divination de l'unité absolue de l'Être. C'est pourquoi elle est le principe de l'unification des connaissances, la puissance organisatrice du savoir humain.

### 148.— *Montrer en quoi diffèrent la raison et le raisonnement?*

#### Idées à développer.

Il faut 1° montrer que le raisonnement est une des opérations principales de la raison, mais qu'il n'épuise pas la raison tout entière ; 2° expliquer comment le raisonnement peut dans certains cas être en opposition avec la raison.

Pour développer le premier point, on fera voir que la raison, étant la faculté de comprendre les choses, tantôt saisit directement leurs rapports (raison intuitive manifestée par l'abstraction, la généralisation, le jugement immédiat, les principes directeurs de la connaissance), tantôt a recours à des combinaisons d'idées qui permettent de saisir indirectement un rapport inaccessible à l'intuition (raison discursive manifestée par le raisonnement). Il est évident d'après cela que le raisonnement n'est pas la raison tout entière, mais qu'à côté, peut-être au-dessus de lui, peuvent se trouver d'autres opérations qu'il est impuissant à suppléer ; 2° lui-même suppose la raison intuitive, sous la double forme des jugements immédiats qui le composent et des principes directeurs dont il dépend ; 3° il est, à certains égards, pour la raison un expédient, une marque de faiblesse, toutes les fois que l'intelligence y a recours pour découvrir des vérités qu'une intelligence supérieure apercevrait immédiatement ; en raison de sa complication même et des éléments étrangers à la raison qu'il implique (actes d'attention et de combinaison, faits d'expériences, souvenirs, langage, etc.), il est plus sujet à l'erreur que les opérations plus simples de la raison intuitive.

On se trouve ainsi naturellement amené à traiter le second point. Le raisonnement peut être contraire à la raison 1° lorsqu'on raisonne sur des données fausses ou douteuses sans prendre la peine de les examiner, comme le faisaient trop souvent les scolastiques (V. *Cours*, p. 222) ; 2° lorsqu'on raisonne sur des questions qui ne sont pas du ressort du raisonnement, mais que l'intuition seule, soit rationnelle, soit expérimentale, peut résoudre ; par exemple : quand on prétend démontrer des vérités évidentes ou opposer des théories à des faits ; 3° enfin, lorsqu'on réduit le raisonnement à une mécanique verbale, à une sorte de psittacisme (d'un mot grec qui veut dire perroquet) d'où notre pensée est absente. C'était le défaut de la syllogistique du moyen âge. On peut en effet simuler les formes du raisonnement, employer à tort et à travers les particules, *or*, *donc*, *par conséquent*, etc., qui sont les marques ordinaires des conclusions, et prendre ainsi l'habitude de raisonner à vide sans même se rendre compte de ce qu'on dit. C'est là, proprement, déraisonner. Cet abus est surtout visé dans les vers de Molière :

> Raisonner est l'emploi de toute ma maison,
> Et le raisonnement en bannit la raison.
>
> (*Les Femmes savantes.*)

### 149. — *Avons-nous quelque autre faculté naturelle de connaître que les sens et la conscience ?*

Voir *Sujet* 47. — Les sens et la conscience fournissent les matériaux de la connaissance, la raison leur imprime une forme, et elle est elle-même le principe de connaissances originales (notions et vérités premières). — Voir aussi *Sujet* 147.

### 150. — *Comment la théorie de l'innéité de Descartes diffère-t-elle de la théorie de la réminiscence de Platon ? En quoi ces deux théories sont-elles d'accord ?*

Voir *Cours*, p. 124, 508, 509 et 543. — On exposera d'abord les deux théories de Platon et de Descartes, puis on montrera en quoi elles s'accordent, et on terminera en signalant leurs différences.

Plan.

I. Accord. — 1° Toutes les deux admettent dans l'intelligence humaine des éléments qui ne lui viennent point de l'expérience et qu'elle contient dès l'origine ; 2° ces éléments ne sont pas d'abord actuels mais seulement en puissance, et l'expérience est nécessaire pour qu'ils s'actualisent (V. *Cours*, p. 245 : ce point ne semble pas aussi nettement marqué chez Descartes que chez Platon); 3° la connaissance n'est possible que par la combinaison de ces éléments avec les données sensibles ; 4° enfin, ces éléments représentent les principes des choses, tels qu'ils existent dans l'intelligence de Dieu ou dans la réalité absolue.

II. Différences. — 1° L'innéité des idées s'explique chez Platon par une vie antérieure dans laquelle notre raison a participé à la raison divine : leur apparition dans cette vie est donc une réminiscence; chez Descartes, elle s'explique par la constitution primitive de notre être, par la nature même de notre faculté de penser. Il n'y a donc jamais eu en nous d'intuition de la réalité ou de l'intelligence absolues, pas plus dans une autre vie que dans celle-ci ; 2° les idées chez Platon représentent les lois nécessaires des choses telles qu'elles dérivent de l'essence et de l'intelligence divines ; chez Descartes, elles représentent les lois que la volonté de Dieu a imposées à notre entendement, lois qui auraient pu être toutes différentes, qui partant sont nécessaires pour nous mais non en soi ; et pour être assuré qu'elles sont en même temps les lois que Dieu a observées dans la création du monde, il faut au préalable avoir démontré le principe de la véracité divine. (V. *Cours*, p. 542.) — Par là, Descartes se rapproche jusqu'à un certain point de Kant qui n'attribue aux idées de la raison qu'une valeur toute relative. (V. *Cours*, p. 411, 566 et 568.)

151. — *Quels sont dans l'intelligence les idées et les principes irréductibles à l'expérience ? Quelle en est la portée légitime ? Est-il vrai que ces idées et ces principes ne représentent que des lois formelles de la pensée, des conditions à la fois subjectives et nécessaires, subjectives parce qu'elles sont nécessaires ?*

Les idées et les principes irréductibles à l'expérience sont les notions et vérités premières. (V. *Cours*, chap. x; voir aussi *Sujets* 131, 132, 134.) — Il s'agit de savoir s'ils n'ont de valeur que pour l'intelligence et l'expérience humaines ou s'ils sont valables absolument. La première supposition est celle de Kant; la seconde est celle du rationalisme leibnizien. (V. *Cours*, p. 405, 406, 565 et 566.)

Plan.

I. — Si les principes de la raison sont pour la pensée humaine des lois nécessaires dérivées de sa nature même, il est de l'essence de ces lois d'être posées par la pensée comme les lois mêmes de la réalité, non pas seulement des phénomènes sensibles, mais de toute réalité. Y a-t-il quelque raison de mettre en doute cette affirmation spontanée de la valeur absolue des principes de la raison ?

II. — Les phénomènes donnés dans l'expérience se conforment en somme à ces lois de la pensée, et cette conformité est inexplicable si ces lois ne sont pas en même temps celles de la réalité dont les phénomènes dépendent. (V. *Cours*, p. 411.) La science est une œuvre toute subjective et arbitraire, une fantasmagorie bien réglée, dans l'hypothèse où les rapports que nous établissons entre les choses ne correspondent à rien en dehors de notre pensée.

III. — Les principes de la raison ont donc une double nécessité, subjective et objective : ce sont à la fois les lois de la pensée et les lois de l'être.

152. — *De l'origine des idées. Toutes nos idées viennent-elles des sens ?*

Idées à développer.

La question de l'origine des idées à partir de Locke devient pendant tout le dix-huitième siècle la question capitale de la philosophie, ou, comme on dit, de l'idéologie. — Locke, Condillac, Hume enseignent que toutes nos idées dérivent des sensations. — On réfutera cette doctrine.

1° Les sens ne fournissent jamais que la matière des idées, et une élaboration intellectuelle est toujours nécessaire pour en tirer les idées elles-mêmes.

2° Dans cette élaboration l'esprit exerce son activité propre, et de la conscience de cette activité tire des idées originales qui ne peuvent dériver des sens (substance, cause, etc.).

3° La formation même des idées sensibles implique la présence dans l'esprit d'éléments à priori, et ces éléments, quand la raison s'y applique, donnent lieu à une nouvelle classe d'idées, les catégories ou notions premières. Les notions, étant *universelles* et *nécessaires* ne peuvent dériver de l'expérience.

4° On fera voir en concluant que la science n'aurait aucune

valeur objective si les idées qui la composent n'étaient que des copies plus ou moins altérées de nos sensations.

**153.** — *Exposer et discuter la théorie de la table rase. Expliquer comment il faut entendre la fameuse exception proposée par Leibniz.*

La comparaison de l'esprit avec une table rase semble remonter à Aristote : l'esprit, dit Aristote, est comme une tablette, une feuille blanche sur laquelle rien n'est d'abord écrit (γραμματεῖον ᾧ μηδὲν ὑπάρχει ἐνεργείᾳ γεγραμμένον, *de An.*, III, 4). On la retrouve chez les stoïciens : l'intelligence, selon eux, est comme un feuillet prêt à recevoir des caractères (χαρτίον ἐνεργὸν εἰς ἀπογραφήν.) — Mais c'est Locke, parmi les modernes, qui reprenant l'expression de *table rase*, en même temps qu'il rappelait la maxime : *Nihil est in intellectu quod non prius fuerit in sensu*. Rien n'est dans l'entendement qui n'ait été d'abord dans les sens (V. *Cours*, p. 552), les a désormais appropriées l'une et l'autre à l'empirisme. A tout prendre cependant la doctrine de Condillac qui n'attribue à l'esprit aucune faculté innée et prétend faire dériver les facultés elles-mêmes de la sensation est une théorie de la table rase plus radicale et plus conséquente que celle de Locke qui admet dans l'intelligence une faculté de réfléchir distincte de la faculté de sentir.

Plan.

I. **Exposer la théorie de la table rase.** — Rien n'est inné dans l'intelligence : il est absurde de supposer que l'esprit vient au monde avec des connaissances toutes faites; il ne peut avoir que celles qu'il acquiert, et il ne peut les acquérir que par l'expérience. Il est donc bien, à l'origine, avant l'impression des objets sur les sens, comme une table rase, comme un feuillet de papier blanc : c'est le stylet des sensations qui y grave les caractères des choses. Des sensations naissent les images; le résidu de plusieurs images semblables, c'est l'idée abstraite et générale; les idées par leurs associations reproduisent les rapports des sensations dont elles dérivent, et ainsi se forment les jugements généraux, les raisonnements, la science même. (V. *Cours*, p. 126.)

II. **Discuter cette théorie.** — Part de vérité qu'elle contient. Il n'y a pas d'idées innées, de connaissances innées, si on entend par là des idées, des connaissances que l'esprit trouverait imprimées en lui dès l'origine. Mais si toutes nos connaissances *commencent* avec l'expérience, il ne s'ensuit point pour cela qu'elles *dérivent de* l'expérience. L'intelligence est innée à elle-même : à la maxime des empiriques, Lebniz propose avec raison cette exception fameuse qu'un moderne historien de la philosophie, M. V. Cousin, a qualifiée de restriction sublime : *excipe ipsum intellectum*

Principales objections. — 1° Si l'intelligence n'a pas d'essence propre par laquelle elle se distingue des sens, d'où vient que l'homme, dont les sens ne sont pas supérieurs à ceux de beaucoup d'autres animaux, les surpasse tous en intelligence ? D'où vient que l'individu qui a éprouvé le plus de sensations, c'est-à-dire vu et entendu le plus de choses, n'est pas nécessairement le plus intelligent ? D'où vient qu'une personne privée de presque tous ses sens, comme par exemple Laura Bridgmann (V. *Cours*, p. 17), est cependant capable d'éducation et manifeste une intelligence dont aucun animal ne serait capable ?

2° L'intelligence ajoute donc quelque chose aux sens, à savoir son activité propre : il est faux que les sensations et les images se transforment d'elles-mêmes en idées, en jugements, en raisonnements, en sciences : si elles ne trouvaient pas en nous une force qui les débrouille et les ordonne, elles se perdraient dans une sorte de chaos. Montrer que l'attention, l'abstraction, la comparaison, la généralisation, etc., ne sont pas des conséquences forcées des propriétés des sensations et des images, mais qu'elles impliquent et manifestent l'activité intellectuelle.

3° L'intelligence ne se borne pas à décomposer et à combiner les sensations et les images : elle leur confère une signification, une valeur objective, en leur incorporant en quelque sorte des idées de rapports universels et nécessaires (identité, causalité, etc.). Les sensations, prises en elles-mêmes, sont de simples accidents de notre conscience, et les images des souvenirs de ces accidents. Seule l'intelligence aperçoit des vérités objectives, mais parce qu'elle interprète les sensations et les images à la lumière de ses principes (principe d'identité, principe de raison).

4° Par cela même, si on suppose que l'esprit est une table rase, il n'y a plus rien d'universel et de nécessaire, partant d'objectif, dans la connaissance humaine ; et la science est impossible.

III. Conclusion. — La raison avec ses lois fondamentales est donc innée ; non encore une fois que ces lois puissent « se lire en nous à livre ouvert, comme l'édit du préteur se lit sur son album sans peine et sans recherche », mais « elles entrent dans nos pensées dont elles font l'âme et la liaison. Elles y sont nécessaires comme les muscles et les tendons le sont pour marcher, quoiqu'on n'y pense point. » (Leibniz. *Nouveaux Essais.*)

A la comparaison de la table rase, Leibniz oppose celle d'une pierre de marbre qui a des veines : « S'il y avait des veines dans la pierre, qui marquassent la figure d'Hercule préférablement à d'autres figures, cette pierre y serait plus déterminée, et Hercule y serait comme inné en quelque façon. » Ailleurs, Locke ayant comparé l'entendement à une chambre obscure où les images viendraient se peindre et se clicher, Leibniz dit qu' « il faudrait supposer que dans cette chambre il y eût une toile qui ne fût pas unie, mais diversifiée par des plis représentant les connaissances innées, et que de plus, cette toile ou membrane étant tendue eût une manière de ressort ou force d'agir ». On a aussi modifié la comparaison de la table rase en imaginant une feuille de papier contenant des caractères invisibles, tracés avec une encre sympathique, lesquels reparaissent lorsqu'on y trace de nouveaux caractères.

### 154. — *Expliquer et discuter le système de la sensation transformée.*

On appelle souvent la doctrine de Condillac le système de la sensation transformée, parce que, selon lui, toutes nos facultés naissent des transformations de la sensation. (V. *Cours*, p. 554.) — Condillac s'imagine appliquer à la psychologie une méthode expérimentable et analytique : en réalité, sa doctrine est un essai de synthèse à priori. En effet, son hypothèse de l'homme-statue, où il prétend expérimenter successivement sur les différents sens, est entièrement idéale : elle n'apporte pas une ombre de preuve au système. La façon même dont ce système est construit rappelle plutôt les démonstrations d'un algébriste que les inductions d'un physicien. C'est comme une série d'équations dans lesquelles il s'agit de substituer finalement le terme *sensation* à tous les autres termes. Ainsi l'âme est l'ensemble des facultés intellectuelles et des facultés morales ; les facultés intellectuelles comprennent la perception, la conscience, la mémoire, l'attention, le jugement et le raisonnement ; les facultés morales se composent du plaisir et de la douleur, du besoin, du désir et de la volonté. Or, la perception, c'est la sensation, « en tant qu'on ne la considère que comme une impression de l'âme »; la conscience, c'est la sensation, « en tant qu'elle avertit l'âme de sa présence ; » la mémoire, c'est la sensation renaissante et affaiblie ; l'attention, c'est la sensation exclusive ou dominante ; le jugement, c'est la comparaison, c'est-à-dire une double attention, donc une double sensation ; le raisonnement, c'est une combinaison de jugements, partant de sensations. Toutes les facultés intellectuelles se ramènent donc à des sensations. — D'autre part, le plaisir et la douleur sont des sensations actuellement éprouvées; le besoin est le souvenir d'un plaisir; le désir est la conscience d'un besoin; la volonté est un désir dominant ou absolu. Toutes les facultés morales se ramènent donc aussi à des sensations. Par conséquent, l'âme n'est qu'une collection de sensations. — Rien de plus simple, mais aussi rien de plus vide et de plus artificiel qu'un pareil système.

On ne sait même pas très exactement ce que Condillac entend par la sensation. Veut-il désigner par là un état intérieur déterminé, correspondant à l'excitation d'un nerf sensoriel ? En ce sens, on ne voit pas comment une sensation peut se transformer en un autre phénomène, par exemple comment une sensation d'odeur de rose peut devenir une sensation d'odeur de violette. Si le mot sensation veut dire action de sentir, il est alors synonyme de conscience et il n'y a plus entre la doctrine de Condillac et celle de Descartes qu'une différence purement verbale : dire que tous les états de l'âme ne sont que diverses façons de sentir ou de penser, c'est tout un; si c'est là toute la découverte de Condillac, elle avait été faite avant lui. Mais il reste à savoir d'où viennent ces transformations de la sensation, ces modifications de la pensée, ces états de la conscience, et c'est là ce que Condillac n'a même pas essayé de découvrir : or c'est là, à vrai dire, toute la psychologie.

Cette dernière interprétation de la doctrine de Condillac est celle de Maine de Biran : « Condillac paraît bien prendre le mot sensation pour exprimer la propriété essentielle ou l'attribut unique permanent de l'âme qui ne peut, suivant lui, faire autre chose que de *sentir* ou *se sentir*, et alors c'était seulement changer les signes en mettant le terme *sensation* à la place du mot *conscience*, adopté par Descartes et son école pour désigner expressément l'acte de se sentir soi-même. » (*De la décomposition de la pensée*.) Et ailleurs (*Introduction du Mémoire sur l'habitude*) : « Ce mot *sentir* a été étendu par la suite à tout ce que nous pouvons éprouver, apercevoir ou connaître, en nous ou hors de nous, par l'action des objets externes comme indépendamment de cette action, en sorte qu'il est devenu synonyme de cet autre mot *conscience*, employé par les premiers métaphysiciens, pour désigner cette sorte de vue intérieure par laquelle l'individu aperçoit ce qui se passe en lui même. »

### Plan.

I. — On exposera la doctrine de Condillac.

II. — Au point de vue des facultés intellectuelles, on montrera qu'elle ne peut expliquer la perception (le passage de la sensation à l'affirmation d'un monde extérieur), l'attention, et en général les diverses opérations intellectuelles, non plus que les principes directeurs de la connaissance, parce qu'elle méconnait l'activité de l'esprit et les vérités universelles et nécessaires dont il porte en lui-même le pressentiment.

III. — Au point de vue des facultés morales, la doctrine méconnaît l'innéité des inclinations sans lesquelles le plaisir et la douleur eux-mêmes sont inexplicables ; elle confond la volonté et le désir (V. *Cours*, p. 143) ; elle enlève enfin à l'âme toute spontanéité, toute liberté.

IV. Conclusion. — Le moi n'est pas une collection de sensations.

### 155. — *Les idées universelles et nécessaires peuvent-elles s'expliquer par l'association des idées ?*

Ce *Sujet* diffère légèrement du suivant en ce qu'il y est question des *idées* (notions premières) et non des principes (vérités premières) de la raison. Cependant les associationnistes se sont en général moins préoccupés des idées rationnelles (à l'exception de l'idée de cause) que des principes à priori (principes de contradiction, de causalité, etc.).

Pour traiter ce sujet, il faudrait donc : 1° définir d'abord les idées universelles et nécessaires et en arrêter la liste (V. *Cours*, p. 113 : temps, espace, être, identité, raison, substance, cause, loi, but, absolu, infini, parfait) ; 2° examiner si l'association peut expliquer leur contenu ; 3° (et c'est là le point sur lequel on devra surtout insister) faire voir que l'association ne peut rendre compte de leurs caractères (universalité, nécessité) et de leur rôle (dans la connaissance et en particulier dans la science). — A ce dernier point de vue, les idées ne diffèrent plus des principes ; car dire que l'idée de cause est universelle et nécessaire, c'est-à-dire que *tout* ce qui arrive a *nécessairement* une cause, c'est, en d'autres termes, énoncer le principe de causalité.

On peut voir dans le *Cours* (p. 129), comment Hume et Stuart Mill ont essayé d'expliquer par une association habituelle le contenu de l'idée de cause, et quelles raisons empêchent d'admettre cette explication. Nous ne croyons pas que les associationnistes aient tenté spécialement d'expliquer d'une manière analogue les notions de temps, d'espace, d'être, d'identité, de substance, etc. Ainsi Stuart Mill explique bien par l'association habituelle le caractère d'infinité que nous attribuons au temps et à l'espace (parce que nous avons toujours perçu chaque partie du temps ou de l'espace en contiguïté avec une autre partie du temps ou de l'espace : de là l'impossibilité où nous sommes d'imaginer une dernière partie, une borne finale de l'espace ou du temps) ; mais il n'essaie pas d'expliquer le contenu même des notions de temps et d'espace. Aussi, à moins de réduire toutes les idées de la raison à la seule idée de cause, ce *Sujet* nous semble impossible à distinguer du suivant : il nous paraît donc probable qu'on n'a pas en effet entendu distinguer ici les idées universelles et nécessaires des principes de la raison.

### 156. — *Peut-on expliquer les principes premiers de la connaissance par l'association des idées ?*

Plan.

I. — On exposera d'abord la doctrine associationniste. — L'association fréquente de deux idées tend à les river l'une à l'autre ; si elles ne sont jamais présentées séparément, elles deviennent inséparables ; l'esprit ne peut plus les concevoir l'une sans l'autre. Si la mémoire ne nous rappelle plus comment elles se sont ainsi soudées, nous croyons qu'elles s'appellent en vertu de leur nature même, et nous transformons une nécessité d'habitude en une nécessité logique. Ainsi se forment les principes de la raison.

II. Discussion. — 1° L'explication proposée ne peut s'étendre à tous les principes ; elle est évidemment inapplicable au principe de contradiction (ce qu'il faudrait invoquer ici, ce n'est plus une association mais une dissociation irrésistible) et au principe de substance (l'expérience ne nous montrant de substance, c'est-à-dire de permanence, nulle part). Reste donc seulement le principe de causalité.

2° Pour que l'association devienne inséparable, il faut une longue série de répétitions uniformes. Or, *a*) les principes se manifestent dès les premières opérations de la pensée, et *b*) il il n'y a pas dans notre expérience d'uniformité qui ne se démente jamais ; par conséquent pas d'association, en voie de se former, qui ne puisse être brisée ou relâchée par une association contraire. C'est le cas, par exemple, pour la causalité : si nous voyons certains phénomènes se suivre régulièrement, nous en voyons beaucoup d'autres apparaître et disparaître sans antécédents et sans conséquents fixes.

3° L'association produit une nécessité aveugle et purement subjective : elle n'implique la perception d'aucun rapport, d'aucune loi, et quand l'esprit réfléchit sur cette nécessité, elle lui paraît un simple fait brut sans aucune signification logique. — Au contraire, la nécessité des principes est la nécessité d'un rapport que l'esprit aperçoit, dès qu'il réfléchit, comme étant évidemment la condition même de tout jugement, de tout raisonnement, de toute science. La réflexion tend à dissoudre les simples associations habituelles ; elle raffermit, en quelque sorte, les connexions nécessaires des principes de la raison. Pas de science possible si l'associationnisme est le vrai.(V. *Cours*, p. 131.)

4° Enfin, dans une intelligence vraiment humaine, la plupart des associations doivent leur force et leur solidité à l'intervention des principes.

III. Conclusion. — L'esprit ne lie pas seulement les idées d'après les coïncidences plus ou moins fréquentes de son expérience : il a en lui-même des règles de liaisons universelles, nécessaires, valables pour tous les esprits, conformes aux lois mêmes de l'existence : ces règles sont les principes de la raison.

157. — *La théorie de l'évolution rend-elle suffisamment compte de ce qu'on appelle les principes innés de la connaissance?*

La théorie de l'évolution est la doctrine de M. Spencer. (V. *Cours*, p. 131.) — Outre les objections particulières qui lui sont opposées en cet endroit, il ne faut pas perdre de vue qu'elle est sujette aux objections générales qu'on peut faire à toute doctrine empirique. (V. *Cours*, p. 127.) — Ce n'est pas à dire qu'on ne doive reconnaître une certaine part de vérité dans la doctrine évolutionniste. L'expérience ne peut créer la raison de toutes pièces ; mais elle peut contribuer (surtout avec le concours de la réflexion), à la développer, à la préciser, à lui assurer une plus grande influence sur toutes nos autres facultés. En un mot, la raison même évolue plus ou moins dans chaque individu selon l'usage qu'il en fait, et d'une manière générale l'humanité fait de plus en plus usage de la raison. Est-il invraisemblable de supposer qu'il en résulte chez les générations nouvelles, par le fait de l'hérédité, une plus grande aptitude en même temps qu'une plus grande tendance à se servir de la raison? Certes, la raison est *identique* en essence chez tous les hommes, à quelque époque et à quelque milieu qu'ils appartiennent ; mais peut-être n'est-il pas vrai de dire, avec Descartes, qu'elle est *égale* en puissance chez tous les hommes. L'humanité actuelle n'est pas autrement raisonnable que l'humanité préhistorique, mais peut-être l'est-elle davantage ; et à cet égard l'hérédité peut contribuer à expliquer cette prépondérance croissante de la raison dans l'ensemble des facultés de la nature humaine.

158. — *Des principes de la raison. Que savez-vous et que pensez-vous de la manière dont l'empirisme contemporain en rend compte?*

L'empirisme contemporain, c'est d'une part l'associationnisme de Stuart Mill (V. *Sujet* 156) et d'autre part l'évolutionnisme de M. H. Spencer. (V. *Sujet* précédent.)

# CHAPITRE XI

## VOLONTÉ — INSTINCT, LIBERTÉ, HABITUDE

### I. — LES TROIS MODES DE L'ACTIVITÉ

**159.** — *Opposer par leur origine et leurs caractères l'instinct, la volonté, l'habitude.*

Plan.

I. — On rattachera l'instinct, la volonté et l'habitude à *l'activité* dont ils sont les modes : et on fera voir comment ils se succèdent graduellement les uns aux autres.

II. — L'instinct a son origine dans la nature spécifique de chaque être ; la volonté est innée comme lui, mais elle exprime plutôt l'individualité, le « moi » de la personne ; l'habitude est acquise et dépend en partie de la volonté et en partie des circonstances où l'être se trouve placé.

III. — Cependant l'instinct est parfait du premier coup ; la volonté au contraire se développe, se précise, se fortifie par son exercice même, comme l'intelligence dont elle est inséparable ; et sous ce rapport, elle ressemble à l'habitude. En revanche, l'habitude tend à l'inconscience et à la fatalité de l'instinct, tandis que la conscience et la liberté sont les conditions mêmes de la volonté. (V. *Cours*, p. 136 et suivantes.)

### II. — L'INSTINCT

**160.** — *Qu'appelle-t-on instinct dans l'animal et dans l'homme ? Quelles sont les lois de l'instinct ?*

Le mot *instinct* a deux sens, un sens large et un sens précis.

Dans un sens large et plus ou moins vague, instinct est synonyme de spontanéité : en ce sens, toute action involontaire, irréfléchie, (qui cependant ne résulte pas de l'habitude), est instinctive ; et on peut, à ce point de vue, distinguer deux formes de la spontanéité : 1° la spontanéité proprement dite, tendance générale, absolument indéterminée, qui porte l'être à agir sans autre but que l'action même, comme celle qui porte le jeune enfant à crier, à remuer bras et jambes, en un mot à dépenser de toutes façons son énergie musculaire; 2° l'inclination, tendance vers une fin générale, relativement indéterminée, que l'être doit apprendre à connaître pour devenir capable de la poursuivre avec succès. Cette tendance sollicite l'être à agir mais ne lui impose pas nécessairement une certaine forme d'action : cette forme résulte de l'expérience, de la réflexion, en somme, de l'intelligence et de la volonté. Telles sont les inclinations de l'homme qu'on appelle souvent, mais peut-être improprement, des instincts. (V. *Cours*, p. 33.)

Dans un sens étroit et précis, instinct veut dire tendance à accomplir une série d'actes dont l'être n'a pas besoin de connaître et ne connaît pas la finalité. C'est ainsi qu'on l'entend lorsqu'on parle des instincts des animaux. — Les types les plus parfaits de l'instinct ainsi entendu se remarquent chez les insectes. (V. Fabre, *Souvenirs* et *Nouveaux souvenirs entomologiques*.) L'instinct de téter, chez le nouveau-né, est à peu près le seul instinct humain qu'on puisse leur comparer. Même ce qu'on appelle instinct de conservation et instinct de reproduction est, du moins dans l'espèce humaine, plus voisin de l'inclination que de l'instinct proprement dit. En somme, le véritable instinct, précis, infaillible, inconscient, irrésistible, ne s'observe guère que chez les animaux.

Les lois de l'instinct, ce sont les formules dans lesquelles on énonce ses caractères. Ainsi : l'instinct ne s'acquiert pas; il est donné dès l'origine dans la constitution même de l'être. L'instinct ne se perfectionne pas; il est immédiatement parfait et infaillible; voilà deux lois de l'instinct. — En voici d'autres : l'instinct est uniforme; l'instinct est spécial, etc. (V. *Cours*, p. 138.)

Pour les caractères qui distinguent l'instinct de l'habitude et de la liberté, v. *Sujet* précédent et *Sujets* suivants.

## 161. — *Des rapports et des différences de l'instinct et de l'habitude.*

### Idées à développer.

I. — Rapports : *a.*) Absence d'effort, de tâtonnement; facilité, rapidité, perfection, infaillibilité.

*b*). Obscurité, inconscience, machinisme.

*c*). Besoin, malaise, irrésistibilité, fatalité. — L'instinct est comme une habitude innée; l'habitude est comme un instinct acquis.

II. — Différences : *a*). L'instinct a dès l'origine tous les caractères qui précèdent; l'habitude les acquiert graduellement :

aussi n'atteint-elle presque jamais à l'infaillibilité et surtout à l'inconscience et à la fatalité absolues de l'instinct. — Toutes les autres différences découlent de cette première : l'instinct est inné et complet du premier coup ; l'habitude est acquise et se forme par degrés.

*b).* L'instinct est indépendant de l'intelligence et de la volonté ; l'habitude, le plus souvent, les présuppose.

*c).* L'instinct est le même chez tous les animaux d'une même espèce : chaque individu a ses habitudes propres.

*d).* L'instinct ne revêt dans chaque espèce qu'un très petit nombre de formes, souvent même une seule ; les formes de l'habitude sont innombrables.

*e).* On n'est pas responsable de ses instincts ; on est responsable de ses habitudes.

**162.** — *Au lieu de dire, comme Aristote, que l'habitude est une seconde nature, faut-il penser, comme Pascal paraît le supposer, que la nature n'est qu'une première coutume ? En d'autres termes, les analogies de l'habitude et de l'instinct autorisent-elles à supposer que l'instinct n'est que le résultat de l'habitude ?*

Voici le passage de Pascal (*Pensées*, article III, n° 13), auquel on fait ici allusion :

« Qu'est-ce que nos principes naturels, sinon nos principes accoutumés ? Et dans les enfants, ceux qu'ils ont reçus de la coutume de leurs pères, comme la chasse dans les animaux ? Une différente coutume en donnera d'autres (principes naturels). Cela se voit par expérience ; et s'il y en a d'ineffaçables à la coutume, il y en a aussi de la coutume contre la nature, ineffaçables à la nature et à une seconde coutume. Les pères craignent que l'amour naturel des enfants ne s'efface. Quelle est donc cette nature sujette à être effacée ? La coutume est une seconde nature qui détruit la première. Pourquoi la coutume n'est-elle pas naturelle ? J'ai bien peur que cette nature ne soit elle-même qu'une première coutume, comme la coutume est une seconde nature. »

La pensée de Pascal ne se rapporte pas seulement à l'esprit ; elle pose d'une manière générale le problème de l'innéité (pour les inclinations, peut-être même pour la raison, aussi bien que pour les instincts). Elle pourrait servir de maxime à la doctrine empirique.

Si on restreint cette pensée à l'instinct, Pascal se rencontre avec Condillac pour soutenir que l'instinct n'est qu'une habitude.

*Idées à développer.*

1° Peut-être, en effet, beaucoup d'inclinations et de facultés que l'on regarde généralement comme naturelles sont-elles des habitudes acquises dans les premières années de la vie et dont la mémoire ne nous retrace plus les origines : il y a de si grandes affinités entre l'habitude et l'instinct ! (V. le *Sujet* précédent.)

2° Mais il ne s'ensuit pas que notre nature tout entière dérive de l'habitude ; et cela même est impossible, car l'habitude est elle-même le résultat d'un certain nombre d'actes ; il y a donc une activité antérieure à l'habitude, que les circonstances et son propre exercice peuvent modifier plus ou moins profondément, mais qui n'en existe pas moins dès l'origine avec ses tendances et ses lois propres : cette activité est la nature ou l'instinct.

3° D'ailleurs, si on considère l'instinct chez les animaux, on s'aperçoit qu'étant la condition même de leur existence, il doit être parfait du premier coup. Si l'animal devait l'acquérir par l'expérience et l'habitude, il périrait avant même d'en avoir commencé l'acquisition.

4° Dans l'espèce humaine, il peut être très difficile de faire, pour chacune des inclinations et des facultés, la part de l'habitude et celle de la nature ; mais cette difficulté prouve seulement que la nature humaine est essentiellement modifiable et perfectible (à la différence de la nature animale). Il n'en reste pas moins vrai que l'habitude elle-même implique la préexistence de la nature.

### 163. — *L'instinct peut-il se ramener à une habitude héréditaire ?*

Cette doctrine est celle de Lamarck et de M. Herbert Spencer. Darwin n'invoque pas, à proprement parler, l'habitude pour expliquer l'apparition d'un nouvel instinct ; il y voit un simple fait de variabilité individuelle. L'hérédité intervient seulement pour fixer cet instinct chez les descendants ; la sélection naturelle le généralise en assurant la victoire à ceux qui en sont doués, s'il leur est vraiment avantageux dans la lutte pour la vie. On peut néanmoins considérer l'instinct, dans sa doctrine, comme une habitude instantanée, résultat d'un acte unique.

On prendra garde au sens précis du mot *héréditaire*. Il ne veut pas dire seulement que l'instinct se transmet des ascendants aux descendants lesquels l'héritent, le trouvent en eux dès l'origine et par conséquent, n'ont pas besoin de l'acquérir ; en ce sens, tout le monde admet que l'instinct est héréditaire, c'est-à-dire inné ; et la doctrine de Darwin et de Spencer, si elle se réduisait à cela, n'aurait aucune originalité. — Le mot héréditaire sert à qualifier des *accidents* proprès à certains individus ou à certaines familles qui se transmettent aux descendants en même temps que les caractères essentiels de l'espèce. L'hypothèse transformiste assimile précisément la transmission des caractères essentiels et spécifiques à celle des accidents individuels en les expliquant de part et d'autre par l'hérédité. Tous les attributs des espèces vivantes (structures, fonctions, instincts, facultés), ont été à l'origine des accidents individuels que l'hérédité seule a perpétués et fixés; voilà en deux mots toute l'hypothèse.

Pour la discussion, voir *Cours*, p. 140. — On opposera à l'hypothèse transformiste cette autre hypothèse que l'instinct est une sorte d'intelligence inconsciente (en ce sens que la conscience qui l'accompagne est trop obscure pour pouvoir se saisir elle-même par la réflexion), intelligence qui trouve du premier coup la combinaison convenable et qui la répète ensuite machinalement. L'imagination de l'homme de génie (qui souvent ne se rend pas compte de ce qu'il fait), lui est jusqu'à un certain point analogue. — Si on ne soutient pas cette doctrine, on montrera du moins que l'hypothèse transformiste implique quelque chose d'approchant.

### 164. — *Comparer l'instinct et la raison.*

Plan.

I. — Les animaux, dit-on, agissent par instinct : la raison est le propre de l'homme. On recherchera ici les différences de ces deux facultés : est-il possible de les ramener l'une à l'autre?

II. — L'instinct est essentiellement *pratique* : c'est une tendance à agir ; il a pour but la conservation d'une certaine espèce d'animaux dans le milieu propre à cette espèce. — La raison est avant tout *spéculative* : elle est la faculté de comprendre les choses ; le but auquel elle vise, c'est la connaissance et l'explication de la réalité. — Sans doute, elle dirige les actes de l'homme ; mais c'est là pour elle une fin accessoire et non une fin première et essentielle. — Il suit de là que la raison ne se manifeste pas seulement comme l'instinct par des actes et des industries, mais encore par tout un système de connaissances, de croyances, d'inventions *idéales* (science, philosophie, religion, beaux-arts) dont l'instinct est absolument incapable.

III. — Pour déterminer l'animal à agir selon l'intérêt de sa conservation, de simples impulsions suffisent ; il n'est nullement nécessaire qu'il réfléchisse. L'instinct est donc mécanique, inconscient, fatal. Au contraire, l'œuvre de la connaissance ne peut se faire sans que l'esprit connaisse les principes qui le dirigent et se connaisse lui-même. La raison implique donc dans l'homme une activité consciente et autonome.

IV. — D'où, même au point de vue pratique, ces autres différences :

1° L'instinct est spécial : il ne sait faire qu'une seule chose ; « la raison est un instrument universel, qui peut servir en toutes sortes de rencontres. » (Descartes, *Discours de la Méthode*, V° partie.) Insister sur ce point ; 2° l'instinct ne varie pas avec les individus ; la raison se manifeste très diversement chez les différentes personnes ; 3° enfin l'instinct, parfait du premier coup, ne fait aucun progrès ; la raison est le principe de toutes les améliorations de la vie humaine.

V. — Peut-on les ramener à l'unité ? — On pourrait supposer que l'une et l'autre sont des formes d'une faculté plus générale qui est l'intelligence. L'instinct, ce serait alors une sorte d'intelligence immobilisée, atrophiée par son adaption à une fin pratique tout à fait spéciale ; la raison, ce serait, au contraire, l'intelligence même, en sa vivante essence, consciente et maîtresse d'elle-même, tendant librement à sa fin propre. Même dans cette hypothèse, la plus favorable, ce semble, à la doctrine de l'unité des deux facultés, la raison demeure irréductible à l'instinct. Jamais, de quelque façon que l'on modifie ou que l'on combine les instincts, on n'en fera sortir la raison. Insuffisance métaphysique d'un évolutionnisme qui (comme celui de Darwin et Spencer) prétend dériver le plus du moins, le supérieur de l'inférieur. Loin que l'instinct explique la raison, il ne nous est lui-même intelligible que par elle.

### III. — LA VOLONTÉ

**165.** — *Théorie de la volonté.*

Plan.

I. — Distinguer sommairement la volonté de l'activité spontanée ou instinctive. — Analyse de l'acte volontaire.

II. — Comparaison de la volonté et du désir. — La volonté et le jugement.

III. — Caractères de la volonté. — Insister principalement sur la liberté, montrer qu'elle est la condition de la responsabilité et de la moralité. (V. *Cours*, p. 144 et 145.) Indiquer les difficultés auxquelles se rapportent le déterminisme et le fatalisme, mais sans exposer et discuter ces doctrines.

166. — *Exposer le fait psychologique de la délibération. En tirer les conséquences.*

Plan.

I. — L'animal cède sans résistance, sans examen, aux impulsions qui le meuvent : si ces impulsions se font équilibre, il hésite, incapable de choisir. L'homme délibère avant d'agir.

II. — Analyse de la délibération. Part de la sensibilité, de l'intelligence, de la volonté elle-même. Faire voir que la délibération ne se confond pas avec la simple fluctuation ou hésitation produite par le conflit d'impulsions opposées et à peu près égales. Si l'homme délibère c'est-à-dire évoque des motifs, les compare, les pèse, c'est justement parce qu'il veut mettre fin à son hésitation et préparer lui-même une résolution finale qui soit l'expression parfaite de son individualité.

III. — Il suit de là que la délibération suppose : 1° le pouvoir de réfléchir, c'est-à-dire une certaine indépendance de l'âme humaine à l'égard de ses propres états qu'elle peut appeler, maintenir, chasser à son gré (tandis que l'âme animale semble entièrement esclave des sensations et des images) ; 2° le pouvoir de choisir, ou de se déterminer soi-même, c'est-à-dire la liberté.

IV. Conclusion. — L'homme, tant qu'il est capable de délibérer, est maître de lui-même et responsable de sa conduite.

167. — *Faire la part de la pensée, du sentiment et de la volonté dans le fait psychologique de la délibération.*

Voir *Cours*, p. 141. — Sur le rôle de la volonté dans la délibération, voir *Ibid.*, p. 142. — On prendra un exemple. — V. Hugo, dans *Les Misérables*, a fait sous ce titre : *Une tempête sous un crâne*, l'analyse émouvante d'une délibération : il s'agit d'un ancien forçat évadé, devenu honnête homme, riche et considéré de tous, qui apprend qu'un autre homme a été pris pour lui et va être condamné sous son nom pour un crime qu'il n'a pas commis.

**168. — *Montrer que la liberté réside dans l'acte intérieur de la résolution et non dans l'action qui en résulte. Conséquences de cette distinction.***

Idées à développer.

Le vulgaire entend souvent par liberté le pouvoir de faire ce qu'on veut, le pouvoir d'agir à son gré. C'est confondre la liberté morale avec la liberté physique. En ce sens, personne ne contesterait la liberté humaine, sauf à reconnaître que les circonstances extérieures empêchent trop souvent notre volonté d'aboutir ou lui font produire des effets bien différents de ceux que nous en attendions, que parfois aussi nous sommes forcés d'agir comme nous ne le voudrions pas. Mais ces limites mêmes de notre liberté physique prouvent que la vraie liberté est tout intérieure et morale. Une fois que j'ai pris une résolution, nécessairement l'acte suit, à moins que des circonstances extérieures ne s'y opposent : et en ce cas, non moins nécessairement l'acte ne se produit pas. Si l'action extérieure nous semble libre, c'est parce que nous ne la distinguons pas de la résolution qu'elle manifeste, mais, prise en soi, cette action ne comporte aucune liberté.

On montrera qu'en effet l'action externe peut toujours être empêchée, arrêtée, modifiée ou même contrainte par les circonstances extérieures (état des organes, agents physiques, les autres hommes) ; seule la résolution demeure toujours en notre pouvoir.

La conséquence à tirer de là, c'est que l'acte, séparé de l'intention qui l'a dicté, n'a plus de signification ni de valeur morale. De deux personnes dont l'une décide et dont l'autre exécute, la première a plus de responsabilité que la seconde. — Au point de vue moral, une résolution criminelle est un crime.— Nous sommes obligés de vouloir le bien, non de réussir à le faire. Certaines défaites valent mieux que certaines victoires, etc., etc. — Toutefois, il faudrait prendre garde d'exagérer cette distinction. Si la volonté n'implique pas nécessairement l'action, du moins elle ne se sépare pas de l'effort ; et c'est pourquoi on n'est pas responsable d'une simple velléité.

**169.** — *Montrer la part de la volonté proprement dite dans les différentes phases de l'action volontaire.*

On croit généralement que la volonté intervient dans la seule résolution : on fera voir qu'elle intervient aussi dans la délibération (V. *Sujet*, 66) et dans l'exécution. — Ce dernier point est très controversé de nos jours. La psychologie du XVIIe siècle (voir par exemple le *Traité de la connaissance de Dieu et de soi-même*) attribuait à la volonté un pouvoir direct sur le cerveau et sur les muscles, et même, d'après Bossuet (*ibid.*), la volonté n'influe sur le cours des idées que d'une manière indirecte en influant d'abord sur les mouvements intérieurs du cerveau. La psychologie contemporaine (ainsi MM. Renouvier, William James, etc.) réduit toute l'action de la volonté à ce simple fait : fixer dans la conscience une représentation, une idée ou l'en écarter. Aussitôt que l'idée occupe, absorbe la conscience tout entière, elle détermine automatiquement les contractions musculaires et les mouvements du corps. Il semble d'après cela que l'âme se contente de commander, et que les organes exécutent d'eux-mêmes ses ordres. L'effort dont nous aurions conscience en voulant ne serait donc pas le sentiment de l'impulsion motrice imprimée aux organes et de la résistance qu'elle y rencontre ; il dériverait tout entier du conflit des idées entre lesquelles se fait notre choix et de l'énergie que nous devons déployer pour en maintenir une dans la conscience à l'exclusion de toutes les autres. — Même en admettant cette analyse de l'action volontaire, on peut soutenir que la volonté intervient dans l'exécution. En effet, si l'action n'est pas instantanée, si elle dure pendant un certain temps, il faudra pour qu'elle s'accomplisse un effort de la volonté qui dure aussi longtemps qu'elle-même ; car si la volonté cessait de maintenir dans la conscience l'idée qu'elle a choisie, aussitôt l'exécution s'interromprait. Tout se passe donc comme si en effet la volonté présidait directement à l'exécution.

La volonté intervenant dans la délibération, il s'ensuit que les péripéties de la délibération ne sont pas entièrement déterminées d'avance par l'ensemble des antécédents : à plus forte raison, sa conclusion, c'est-à-dire la résolution volontaire, est-elle libre. Si on supposait que le cours de la délibération fût absolument fatal, il serait bien difficile de comprendre comment il pourrait aboutir à une détermination libre.

**170.** — *Distinction du désir et de la volonté. Importance de cette distinction.*

Ce sujet, comme on peut le voir dans le *Cours*, p. 104, est très fréquemment donné aux *Examens*.

Pour la distinction de la volonté et du désir, voir *Cours*, p. 144. — Si la volonté se confond avec le désir, liberté, responsabilité, personnalité s'évanouissent. De là l'importance de cette distinction.

L'inclination et le désir sont au fond identiques. Toute inclination qui se porte vers son objet prend la forme d'un désir. L'inclination est la faculté générale de désirer.

**171. — *Du rôle de l'intelligence dans les phénomènes volontaires. Pourrait-il y avoir volonté sans raison?***

Plan.

I. — La racine de la volonté, c'est une énergie intérieure qui tend à se manifester extérieurement par des actes, et ceux-là sans doute ont le plus de volonté chez lesquels cette énergie est la plus intense. Mais réduite à ce seul élément, la volonté ne différerait guère de l'instinct : ce serait, en quelque sorte, un instinct indéterminé, libre, s'échappant perpétuellement en actes fortuits et impossibles à prévoir.

II. — En s'ajoutant à cette spontanéité nue, l'intelligence la transforme en volonté. Faire voir qu'on ne peut vouloir : 1° si on n'a l'idée de l'acte ; 2° si cette idée n'est complétée par celle des moyens et des obstacles, des motifs favorables et contraires ; 3° si on n'est capable de comparer ces diverses idées et d'en apprécier la valeur : toutes opérations qui sont proprement intellectuelles.

III. — Mais en se combinant avec l'intelligence, l'activité ne devient pas seulement réfléchie : elle devient libre. A quel moment prend-elle conscience de sa liberté? Au moment où elle prend conscience de la distinction du bien et du mal et du devoir qui en est la conséquence. Alors elle sent tout à la fois ce qu'elle doit et ce qu'elle peut. Or la notion du devoir est une notion rationnelle.

IV. — En conclure que l'opposition établie par le déterminisme entre la liberté et la raison doit être artificielle. La raison n'est pas l'ennemie de la liberté, puisque c'est elle qui nous rend libres. Plus nous agissons en connaissant les raisons de nos actes, plus s'accroît la conscience de notre liberté. Le sage est à la fois le plus raisonnable et le plus libre des hommes.

**172. — *De la personnalité humaine. Distinction des personnes et des choses. Conséquences morales de cette distinction.***

Ce Sujet a des rapports avec presque toutes les parties de la philosophie; en psychologie, avec les questions de la conscience et de l'idée du moi, de la liberté morale, de la distinction de l'homme et de l'animal; en logique, avec la question de la méthode des sciences morales; en morale, avec les questions du devoir, du droit, de la responsabilité morale; en métaphysique, avec celles de la spiritualité de l'âme, de son immortalité et de la personnalité divine.

Plan.

I. — *Personne* s'oppose à *chose*. La personnalité peut donc se définir, du moins nominalement, l'ensemble des caractères par lesquels une personne diffère d'une chose. Ces caractères peuvent, ce semble, se ramener à trois : 1° individualité; 2° conscience; 3° liberté. La personne est un individu conscient et libre.

Tout d'abord, un individu, c'est un être vraiment un, identique, ayant une certaine spontanéité propre. Les choses n'ont pas d'individualité : elles n'existent qu'à titre de composés ou d'éléments de composés; leur identité est purement apparente, et l'inertie est leur loi la plus générale. Dans les plantes, et surtout dans les animaux, l'individualité apparaît avec la vie, mais bien imparfaite encore. — Elle ne se réalise pleinement que dans l'être humain. Unité, identité, activité spontanée, tels sont bien en effet les attributs essentiels de notre être.

Mais la personnalité suppose en outre la conscience et la liberté. Être une personne, c'est exister, non seulement en soi, mais pour soi; c'est connaître sa propre existence, être capable de se réfléchir sur soi-même et de dire : moi; c'est aussi, au moins dans une certaine mesure, exister par soi, être cause de ses propres actes et par leur intermédiaire, de sa propre nature; c'est pouvoir déterminer soi-même son avenir, c'est par cela même posséder la raison, cette condition nécessaire de la liberté.

Tels sont les caractères psychologiques de la personnalité, caractères qui lui assurent un for intérieur impénétrable et inviolable à toutes les influences étrangères et en font comme un petit empire dans le grand empire de l'univers. (V. *Cours*, p. 264.)

II. — Au point de vue moral, il s'ensuit que la personne a des devoirs, partant une responsabilité; les choses, les animaux mêmes n'en ont pas; mais aussi la personne a des droits; sa valeur est absolue, infinie, en comparaison de tout le reste : elle est, comme l'appelle Kant, une fin en soi. (V. *Cours*, p. 341, 349, 364.) « Agis de telle sorte que tu traites l'humanité (c'est-à-dire la personne humaine) en toi-même et en autrui, toujours comme une fin, jamais comme un moyen. » Toute la morale est fondée sur la personnalité humaine. Pareillement, la meilleure raison d'espérer en l'immortalité de l'âme réside dans la personnalité : comment la destinée de la personne pourrait-elle être l'anéantissement final, alors que son devoir et son droit est le perfectionnement sans limites ? (V. *Cours*, p. 489.)

III. — Au point de vue métaphysique, la personnalité semble le type même de l'être. Si les choses ne sont pas de simples assemblages de phénomènes sans réalité, elles doivent se résoudre au fond en individualités plus ou moins analogues à notre âme. (*Monades* de Leibniz. V. *Cours*, p. 435.) A plus forte raison, ne pouvons-nous concevoir la perfection absolue, c'est-à-dire Dieu, que comme une personnalité suprême. (V. *Cours*, p. 474.) « Deux pôles de toute science, a dit Maine de Biran : la personne moi d'où tout part, la personne Dieu où tout aboutit. »

*N. B.* — Dans la question de l'idée du moi, la personnalité n'est pas tout à fait envisagée du même point de vue. On y entend surtout par personnalité le caractère par lequel une personne se distingue non des choses, mais des autres personnes. Or ce caractère consiste en ce qu'elle ne possède pas seulement la conscience en général mais une certaine conscience particulière, absolument distincte et indépendante de celle des autres personnes ; en outre, il est d'autant plus marqué que la personne se connaît mieux elle-même, que sa raison est plus exercée, sa volonté plus ferme et plus libre.

### IV. — LA LIBERTÉ

**173. — *Énumérer et expliquer les différents sens du mot liberté.***

Voir *Cours*, p. 146 et aussi *Sujet* 108. — Tantôt le mot liberté désigne un pouvoir de fait, une faculté que nous avons (liberté physique, liberté morale), tantôt un pouvoir de droit, un droit qui nous est dû (liberté civile, liberté politique). La liberté religieuse est une forme de la liberté civile.

**174.** — *Montrer que la liberté politique suppose la liberté psychologique ou morale.*

Ce sujet paraît vague et artificiel. — On peut l'entendre d'au moins deux manières différentes : 1° la liberté politique ne peut se justifier en droit qui si on la rapporte à la liberté morale comme à sa fin ; 2° la liberté politique ne peut exister en fait que si les individus qui en jouissent sont déjà libres, d'une liberté morale ou psychologique.

La démonstration de la première thèse exige d'assez nombreux intermédiaires. La liberté politique est la plus sûre garantie de la liberté civile. A son tour la liberté civile est nécessaire pour assurer à tous les membres de la société l'exercice de leur liberté morale. Donc si, par hypothèse, la liberté morale n'existait pas, la liberté politique n'aurait plus de raison d'être. Ce qui revient à dire qu'un fataliste ou un déterministe ne peuvent donner aucune raison décisive pour démontrer que le despotisme est injuste et qu'une nation doit s'appartenir à elle-même.

La seconde thèse se démontrerait en faisant voir que si les individus dont une nation se compose sont, chacun pris à part, incapables de se conduire par eux-mêmes, à plus forte raison la nation tout entière ne pourra-t-elle se gouverner elle-même. C'est la raison pour laquelle la loi refuse aux mineurs, aux aliénés, etc., la jouissance de leurs droits politiques. C'est pourquoi aussi la liberté politique peut être dangereuse et parfois mortelle si on la remet sans contrepoids aux mains d'une majorité ignorante et versatile : elle ressemble alors à une arme aux mains d'un enfant ou d'un fou.

**175.** — *Des divers phénomènes moraux par lesquels se manifeste la croyance universelle des hommes à l'existence du libre arbitre.*

Plan.

I. — Montrer que la croyance au libre arbitre est naturelle, c'est-à-dire indépendante de tout dogme religieux ou de tout système philosophique, universelle, pratiquement invincible. — Le fataliste et le déterministe eux-mêmes ne peuvent s'y soustraire dès qu'ils se mettent à délibérer et à vouloir.

II. — Les divers phénomènes moraux par lesquels se manifeste cette croyance sont : 1° les prières, les menaces, les ordres, les conseils, etc. ; 2° les promesses, les contrats; 3° les lois et la justice sociale.

III. — On consacrera un paragraphe spécial à l'obligation morale et à la responsabilité morale.

IV. — Une objection pourrait être tirée contre la croyance universelle au libre arbitre de l'existence de religions fatalistes. On fera voir que les peuples mêmes qui ont professé ces religions n'en ont pas moins admis la responsabilité sociale (lois et tribunaux) et morale (remords, sanctions de la vie future) : ce qui serait absurde s'ils n'avaient pas cru à la liberté humaine. En réalité leur fatalisme n'était pas vraiment la négation du libre arbitre. (V. *Cours*, p. 151.)

V. — La croyance au libre arbitre étant universelle et irrésistible, on pourra faire voir, avec un philosophe contemporain, M. Fouillée, que l'explication déterministe des actions humaines est insuffisante, même en admettant le principe du déterminisme. En effet, si la résolution est l'effet de toutes les idées et croyances présentes dans l'esprit au moment de la délibération, elle doit par cela même être l'effet de l'idée de la liberté et de la croyance qui en est inséparable. Que cette idée soit illusoire ou véridique, peu importe : elle doit de toute manière influer sur la résolution finale. L'homme qui se croit libre ne peut agir comme celui qui se croit déterminé. Or, la croyance à la liberté a précisément cet effet de produire en nous une sorte d'indépendance à l'égard des motifs qui semblaient d'abord devoir l'emporter (passions et habitudes dominantes) : en rendant la délibération possible, elle nous donne une liberté au moins apparente. On fera voir que la croyance se vérifie souvent elle-même en réalisant son propre objet. C'est le mot de Virgile : *Possunt quia posse videntur*. La foi dans le succès est souvent indispensable pour réussir. Se croire malade est un moyen de le devenir, etc.

VI. — Mais des caractères et des effets de la croyance on peut tirer une conclusion plus décisive : si nous nous croyons libres, c'est parce que nous avons conscience d'être libres. Cette conscience existe dans l'acte même de la détermination. Les objections de Stuart Mill et de Spinoza échouent contre cette preuve expérimentale. (V. *Cours*, p. 147.)

### 176. — *Peut-on concevoir la morale sans le principe de la liberté humaine ?*

(V. *Cours*, p. 209 et 340.) — Ce *Sujet* appartient en même temps à la psychologie et à la morale.

Plan.

I. — Faire voir que, malgré la liaison évidente qui semble exister entre la morale et la croyance à la liberté, les partisans du fatalisme et du déterminisme, théologiens ou philosophes (on citera, parmi ces derniers, les stoïciens, Spinoza, Leibniz, etc.), n'ont pas manqué cependant de professer une morale souvent très élevée et très sévère. Est-ce inconséquence de leur part? Ou la liberté ne serait-elle pas un des principes essentiels de la morale?

II. — Tout d'abord, si on entend la morale comme un simple art de vivre, à la manière des utilitaires, elle n'implique évidemment la liberté que dans la mesure où l'implique n'importe quel art. Or, tout ce qu'un art exige, c'est que les actions de l'homme ne soient pas les effets de causes surnaturelles qui échappent à toute prévision; c'est qu'elles puissent être déterminées par des idées et des désirs conformément à des règles fixes. Ainsi, l'utilité personnelle ou sociale étant posée comme fin, la morale utilitaire s'efforcera de rechercher quels sont les moyens les plus propres à conduire à cette fin. L'utilitarisme peut donc parfaitement se concilier avec le déterminisme.

III. — Il en est encore de même si au lieu de l'utilité, on pose la perfection ou le bien. Que les actions humaines soient libres ou non, on peut toujours concevoir un idéal de perfection dont elles s'approchent ou s'écartent et les qualifier à ce point de vue de bonnes ou de mauvaises. La négation de la liberté n'efface pas plus la distinction du bien et du mal que celle du beau et du laid, du vrai et du faux.

IV. — Mais le propre du bien, c'est d'être obligatoire. La morale ne décrit pas seulement l'idéal : elle l'impose. Conserve-t-elle son autorité dans l'hypothèse où l'homme n'est pas libre? — A cela le déterminisme peut répondre : 1º que la connaissance de l'idéal nous est nécessaire pour le réaliser; qu'elle nous inspire presque inévitablement le désir de le réaliser en effet, et qu'ainsi la morale conserve dans leur doctrine sa haute fonction d'éducatrice de l'humanité; 2º le bien nous apparaît comme étant la fin la plus désirable, la fin qui doit être recherchée de préférence à toutes les autres; cette idée de la supériorité du bien sur toutes les autres fins, cette idée qu'il doit se réaliser, cette idée du devoir en un mot, contribue à déterminer plus efficacement sa réalisation. Si nous concevions le bien comme un idéal simplement désirable, la morale aurait sur notre conduite une bien moins puissante influence. — On peut concéder le premier point au déterminisme, mais on fera voir que l'idée de l'obligation est une illusion si l'homme n'est pas libre, et que cette illusion, le déterminisme lui-même tend à la détruire. Le bien en soi peut donc exister sans la liberté morale; le devoir s'évanouit avec elle.

V. — Pareillement, à l'idée d'obligation la morale joint l'idée de responsabilité. — On fera voir que si le déterminisme ne supprime pas les sanctions sociales, il ne peut du moins conserver la responsabilité morale, le mérite et le démérite. (V. *Sujet* suivant.)

VI. — En résumé, si on suppose que l'homme n'est pas libre, le bien en soi peut encore subsister à titre de bien naturel; mais le bien moral, le bien vraiment obligatoire et méritoire, n'existe plus. La morale sans la liberté, c'est une morale sans obligation ni sanction. Mais ôter de la morale le devoir et la responsabilité, n'est-ce pas la détruire? La morale est impérative ou elle n'est pas.

**177.** — *Qu'est-ce que le fatalisme ? Cette doctrine peut-elle se concilier avec la responsabilité morale ?*

Beaucoup d'auteurs emploient le mot fatalisme pour désigner d'une manière générale toutes les doctrines qui contestent la liberté humaine. En ce sens, le déterminisme est une forme du fatalisme : c'est ce qu'on a appelé le fatalisme psychologique (physiologique, lorsqu'il se fonde principalement sur les rapports du physique et du moral). — On devra en tout cas distinguer le fatalisme et le déterminisme (V. *Cours*, 160), l'un expliquant les actions humaines par des causes naturelles qui obéissent à des lois, l'autre les attribuant à une cause surnaturelle qui échappe à toute règle.

Idées à développer.

I. — Le fatalisme vulgaire est une doctrine inconséquente, illogique, qui ne supprime pas entièrement la liberté de l'homme, puisqu'il peut toujours, selon elle, ou consentir au destin et aller, pour ainsi dire au-devant de lui, ou au contraire, protester contre ses arrêts et essayer, bien qu'inutilement, de s'y soustraire. Cela suffit pour qu'au regard de sa conscience, sinon au regard de Dieu, l'homme garde sa responsabilité. Œdipe n'est pas coupable de parricide et d'inceste, parce qu'il a eu horreur de sa destinée : elle s'est accomplie en lui, mais malgré lui. Macbeth est vraiment un assassin parce qu'il s'est fait volontairement complice de la fatalité : il l'a suivie, il ne s'est pas fait traîner par elle.

II. — Dans l'hypothèse d'un fatalisme conséquent et radical, toute responsabilité s'évanouit.

Cela est évident pour la responsabilité sociale. Si les crimes sont des effets inévitables de la destinée, il est non seulement injuste mais inutile de punir : c'est le destin qu'il faudrait frapper et non les prétendus coupables qui en sont les instruments et les victimes. On pourrait, il est vrai, objecter que la même fatalité qui a poussé les uns à commettre des crimes pousse les autres à y répondre par des châtiments même injustes et inutiles; mais il n'y a dans ce cas aucune responsabilité même apparente : dans les crimes aussi bien que dans leur répression éclatent seulement l'absurdité et la cruauté du destin.

Il en est de même de la responsabilité morale. Qu'est-ce que Dieu, en supposant qu'il ne soit pas lui-même nécessité à être ce qu'il est, pourrait nous reprocher ? Quels comptes aurions-nous à lui rendre ? En réalité, chacun de nous a fait ce qu'il ne pouvait manquer de faire; il a joué son personnage et il est non seulement inutile ou injuste mais absurde de l'en punir si ce personnage était mauvais. La vie morale n'est plus alors qu'un jeu cruel, une sorte de mauvais rêve où, sans qu'on sache pourquoi, l'homme se châtie lui-même et est châtié par Dieu de fautes qu'il ne pouvait pas ne pas commettre.

Que devient la responsabilité dans le déterminisme, et en premier lieu la responsabilité sociale ?

*a.* Il semble tout d'abord qu'elle soit supprimée. Tout crime a son explication, partant sa justification. « Tout comprendre, a dit M$^{me}$ de Staël, ce serait tout pardonner. » L'abus des circonstances atténuantes énerve la justice criminelle, mais cet abus n'est-il pas la conséquence naturelle de la diffusion des doctrines déterministes dans la société ?

*b.* Peut-être cependant un déterminisme mieux compris rend-il aux peines sociales toute leur utilité et toute leur rigueur. Ces peines restent nécessaires comme moyens de correction, d'intimidation, de défense sociale.

*c.* Mais si le déterminisme conserve à la sanction sociale son utilité, il lui ôte sa justice. Il ne suffit pas, en effet, que des peines soient utiles à la société pour qu'on puisse les infliger ; il faut avant tout qu'elles soient méritées. — La responsabilité morale est donc la condition nécessaire de la responsabilité sociale.

Subsiste-t-elle dans l'hypothèse déterministe ?

1° L'homme peut continuer à concevoir un idéal moral et à juger que la réalisation de cet idéal est souverainement désirable. Dès lors, si ses actes sont en désaccord avec l'idéal, il éprouvera un sentiment pénible, une sorte de honte, le désir de réparer sa faute ou de n'y pas retomber, et si ce désir est assez puissant, il pourra se corriger en effet. N'est-ce pas là toute la responsabilité morale ?

2° Mais cette analyse est incomplète. Elle omet, d'abord le sentiment de l'obligation : l'idéal n'est pas seulement désirable, il est obligatoire, impératif ; — ensuite la croyance que nous aurions pu faire notre devoir. Or, ces deux éléments de la responsabilité morale impliquent l'un et l'autre la liberté, et ce sont justement ceux qui distinguent le remords du simple regret.

3° Le déterministe pourra objecter que la croyance à la liberté morale (fût-elle d'ailleurs illusoire), suffira pour produire en nous le sentiment de la responsabilité morale. — Mais cette illusion de la liberté, le déterminisme travaille à la détruire. Suffira-t-il donc d'être déterministe pour être autorisé à n'avoir plus de remords ? En tout cas, une liberté illusoire ne peut produire qu'une responsabilité illusoire. Nous nous croyons responsables comme nous nous croyons libres : l'erreur, aux yeux du déterminisme, est nécessairement égale des deux parts.

Donc, nulle responsabilité morale sans la liberté.

**178.** — *Distinguer le fatalisme et le déterminisme. Réfuter ces deux systèmes.*

### Idées à développer.

Sur la distinction des deux systèmes, voir le *Cours*, p. 130. On fera voir qu'ils n'ont pas les mêmes conséquences pratiques. Le fatalisme conclut à l'inertie ; le déterminisme à l'action.

Pour les réfuter, il vaudra mieux ne pas examiner en détail les arguments de l'un et de l'autre, mais leur opposer des objections qui portent également contre l'un et l'autre. Ainsi, on fera voir que si la volonté humaine n'est pas libre, soit qu'elle subisse l'influence occulte d'une puissance surnaturelle, soit qu'elle résulte naturellement du jeu des passions et des idées dans notre âme, ni l'obligation, ni la responsabilité morales n'ont plus aucune raison d'être, et que d'ailleurs la conscience nous atteste l'indépendance de nos résolutions à l'égard de toute cause distincte de notre volonté même, externe ou interne, naturelle ou surnaturelle.

**179.** — *Examen des principales objections du fatalisme.*

Une des difficultés du sujet est de savoir si on doit entendre le mot fatalisme dans un sens général ou particulier. (V. *Sujet* 178.)

Pour les objections du fatalisme psychologique ou déterminisme, voir *Cours*, page 153; voir aussi *Sujet* 182.

Idées à développer.

Les objections du fatalisme proprement dit sont toutes à priori : elles se tirent des rapports de l'homme avec la cause première.

1° Objection tirée de la nature de Dieu. — Tout ce qui existe (et par conséquent l'homme avec sa volonté et l'ensemble de ses actes) est nécessairement une suite de l'existence de Dieu : la nature des choses est donc une conséquence logique de la nature de Dieu. Pour que le monde fût différent, il aurait fallu que Dieu fût autre; c'est-à-dire que l'être nécessaire fût contingent; ce qui est absurde. (Voir dans le *Cours* la discussion de cette objection, p. 151. Cf. *ibidem*, p. 432.)

2° Objection tirée de la puissance et de la volonté de Dieu. — Admettre la liberté humaine, c'est poser des bornes à la puissance et à la volonté divines. Il s'ensuit en effet de l'hypothèse que l'homme peut agir par lui-même : la puissance de Dieu ne s'étend donc pas à tous les effets dont le monde se compose. Il s'ensuit en outre que l'homme peut opposer sa volonté à celle de Dieu : si, par exemple, Dieu veut que le bien se fasse, l'homme peut vouloir et faire le mal.

Mais 1° si l'homme est libre, sa liberté même est un effet de la puissance et de la volonté divines et par conséquent ne leur oppose aucune limite; 2° tout au contraire, c'est une plus grande preuve de puissance de créer des êtres libres, capables d'agir par eux-mêmes, que des êtres nécessités, qui semblent recevoir leurs actes du dehors. Dieu, a dit un philosophe contemporain, M. Fouillée, n'est pas un ouvrier d'œuvres mais un ouvrier d'ouvriers; 3° l'objection même peut se retourner contre le fatalisme. Attribuer directement à la cause première les actions imparfaites des créatures et les volontés souvent criminelles de l'homme, c'est limiter bien plus évidemment sa puissance que de rapporter ces effets aux causes secondes elles-mêmes.

3° *Objection tirée de la prescience et de la providence divines.* — Dieu connaît tout l'avenir, cet avenir même, il l'a prédéterminé en ordonnant le plan de la création. (V. la discussion dans le *Cours*, p. 152. Voir aussi le *Sujet* suivant.)

### 180. — *Comment a-t-on essayé de concilier la prescience divine avec la liberté humaine ?*

Les philosophes anciens n'ont résolu le problème qu'en sacrifiant l'un des deux termes à l'autre. Ainsi, d'après Aristote, l'homme est libre; mais Dieu ignore l'homme, comme il ignore toute existence autre que la sienne. (V. *Cours*, p. 515.) D'après le stoïcisme, la Providence embrasse dans sa pensée l'enchaînement universel des phénomènes; mais l'homme, compris dans cet enchaînement, n'a pas d'autre liberté que celle de consentir à son propre destin. — C'est surtout à partir du christianisme qu'on a senti la nécessité de concilier les deux termes.

Une première réponse, c'est que la prévision de Dieu ne nécessite pas nos actes futurs. Ils n'arriveront pas parce que Dieu les prévoit; il les prévoit parce qu'ils arriveront. — Mais cette conciliation n'est qu'apparente. Pour que Dieu puisse prévoir nos actes futurs, il faut qu'ils soient dès maintenant certains et déterminés. Si la détermination de nos actes n'est pas l'effet nécessaire de la prescience divine, elle en est la condition nécessaire; de toute façon, nous ne sommes pas libres.

Aussi saint Augustin et saint Thomas ne s'en tiennent pas à cette réponse. Un acte ne peut être prévu que s'il est prédéterminé; mais il peut être vu au moment même où la volonté le détermine, sans que la certitude de cette vision ôte rien à sa liberté. Il suffit donc de supposer que Dieu voit nos actes futurs au moment même où ils se produisent, et tels qu'ils se produisent, c'est-à-dire libres, pour concilier la liberté et la Providence. — Or cette vision est en effet la seule qui convienne à Dieu. Les moments successifs du temps sont simultanément présents dans l'éternité divine. — Reste, il est vrai, à savoir s'il n'est pas contradictoire de supposer que le même acte puisse être à la fois futur pour la volonté qui l'accomplit et présent pour Dieu qui le contemple. En tout cas, si la conciliation proposée n'aboutit pas à une contradiction, elle aboutit certainement à un mystère.

Bossuet, qui admet la doctrine de saint Thomas, aggrave encore la difficulté par la façon dont il conçoit la Providence. Non seulement « Dieu dirige la volonté des hommes à la fin qu'il lui plaît », mais encore « Dieu ne connaît que ce qu'il opère ». — « S'il n'y a rien en lui-même par où il puisse causer en nous les actions libres, il ne les verra pas quand elles seront, bien loin de les prévoir avant qu'elles soient. » Dès lors si Dieu non seulement voit mais encore fait nos actes volontaires, comment peuvent-ils être libres?— Bossuet répond, avec saint Thomas, par la doctrine de la prémotion physique. Dieu veut toutes nos actions, il veut qu'elles soient telles et telles, mais en même temps, il veut qu'elles soient libres.—Ici, ce n'est plus un mystère, c'est une contradiction.

On pourrait, ce semble, rapprocher de cette doctrine celle de Kant. D'après lui, nos actes, en tant qu'ils se déroulent dans le temps, forment une série dont on pourrait prévoir tous les termes, mais en tant qu'ils manifestent une cause supérieure à la durée, ils sont absolument libres. Notons cependant cette différence essentielle. — Dans la doctrine théologique, nos actes tels que Dieu les voit dans l'éternité, tels qu'ils sont réellement, sont certains et déterminés, et c'est en nous apparaissant dans le temps qu'ils semblent devenir indéterminés et incertains. Au contraire, dans la doctrine de Kant, le déterminisme est une apparence illusoire imprimée à nos propres actes par leur succession dans le temps : tels qu'ils sont en soi, dans l'éternité, ils sont indépendants de tout déterminisme.

Enfin, un philosophe éclectique, Damiron, a proposé une solution où la prescience divine est partiellement sacrifiée à la liberté humaine. Dieu, selon lui, en créant des êtres libres, a renoncé volontairement à la connaissance d'une partie de l'avenir : cette limitation de sa prescience n'est pas plus incompatible avec sa perfection que la limitation de sa puissance qui résulte de l'activité propre des créatures. Pour créer des êtres réels et non des fantômes d'êtres, Dieu a dû renoncer à opérer lui-même tous les actes de ses créatures; pareillement, pour créer des êtres libres et non des automates, il a dû renoncer à prévoir les résolutions des hommes. Toutefois, les écarts des libertés humaines sont nécessairement retenus entre certaines limites par le milieu compensateur et régulateur de la nature, si bien que Dieu peut, en gros, prévoir les résultats auxquels elles aboutiront. C'est ainsi qu'un mathématicien, placé à l'extrémité d'un grand bassin, peut prévoir et calculer exactement les ondulations qui viennent expirer à ses pieds, tandis qu'à l'autre extrémité, un enfant remue l'eau à son gré avec un bâton. — Les deux dictons populaires : « L'homme s'agite et Dieu le mène »; « L'homme propose et Dieu dispose » semblent impliquer une conception analogue des rapports de l'homme et de Dieu.

**181.** — *Le principe rationnel qui veut que tout ait sa raison est-il en contradiction, comme on l'a quelquefois soutenu, avec la libre détermination de la volonté?*

Plan.

I. — Tout a sa raison : principe universel, nécessaire, condition de la science et de la pensée même. La liberté morale semble le contredire : telle est du moins la thèse du déterminisme. (V. *Cours*, p. 153.)

II. Discussion. — 1° Les actes volontaires ne sont pas sans raison ; car *a*) ils ont d'abord pour raison les fins poursuivies, les motifs adoptés par la volonté ; mais fins et motifs inclinent seulement, ils ne nécessitent pas ; ils supposent le libre choix de la volonté. — La comparaison de la balance (V. *Sujet* 184) est tout à fait impropre : les poids sont des causes physiques ; les motifs sont des causes finales ; *b*) ils ont ensuite pour raison la spontanéité même de la volonté dont c'est la nature que d'envelopper en puissance deux contraires et de choisir entre eux. C'est l'argument déjà opposé par Carnéade aux partisans de la nécessité.

« De même que quand nous disons qu'un vase est vide, nous ne parlons pas comme les physiciens qui nient le vide, mais nous voulons dire, par exemple, que le vase est sans eau, sans vin, sans huile ; de même quand nous disons que l'âme se meut sans cause, nous voulons dire sans une cause antécédente et nécessaire, et non absolument sans cause. On peut dire de l'atome de même, lorsqu'il est mû à travers le vide par son propre poids, qu'il est mû sans cause, parce que nulle cause ne survient du dehors. Mais pour ne pas être raillés par les physiciens si nous prétendons que quelque chose arrive sans cause, il faut faire une distinction et dire que la nature même de l'atome est d'être mû par son poids, que c'est là la cause par laquelle il se meut ainsi. De même pour les mouvements volontaires des âmes, il ne faut pas chercher de cause extérieure : car le mouvement volontaire possède lui-même en soi cette nature d'être en notre puissance, de nous obéir, et cela non sans cause : la nature même est la cause de cette action. » (Cicér. *de Fato*, II.)

Ainsi les actes volontaires sont sans raison antécédente et déterminante, mais dire qu'ils sont par cela même sans raison, c'est supposer ce qui est en question.

2° D'une manière générale, on doit distinguer le principe de raison, et du principe de causalité, et du principe de l'uniformité de la nature. Tout a sa raison ne veut pas dire : tout a une cause antécédente ni surtout une cause déterminante. La raison peut être une fin qu'on se propose, un motif, ou la spontanéité de l'être, aussi bien qu'une condition antécédente et déterminante.

III. — Mais la liberté est elle-même une raison ; bien des choses n'ont plus de raison si on la supprime.

1° Les plus grandes institutions humaines : lois et justice ;

2° Le sentiment intérieur de la responsabilité ;
3° Le sentiment intérieur de l'obligation ;
4° La croyance même à la liberté avec les conséquences qui en résultent (empire de l'homme sur ses passions, éducation de l'individu par lui-même, réforme du caractère, etc.).

IV. — Bien plus la liberté est la raison suprême, la cause première des choses. Les lois de la nature, l'existence même du monde sont contingentes. (V. *Cours*, p. 432.) Ce qui fait être tout le reste, l'absolu, n'a pas de raison, ou plutôt est à soi-même sa raison. — Le principe de raison se limite donc ou plutôt se complète lui-même par l'affirmation d'une liberté absolue à l'origine des choses. (V. *Cours*, p. 151, 156, 432, 542.)

182. — *Exposer et discuter les objections du déterminisme contre l'existence du libre arbitre.*

Voir *Cours*, p. 153 et suivantes. — On disposera les arguments dans un ordre progressif, en commençant par les plus extérieurs (arguments physiologique et sociologique), pour finir par les plus profonds (arguments logique et psychologique) ; et on fera suivre chacun d'eux de sa discussion.

183. — *Qu'appelle-t-on la liberté d'indifférence? L'influence des motifs sur la volonté est-elle une objection valable contre la liberté humaine ?*

Nous avons vu assez souvent des élèves commettre cette erreur de prendre la doctrine de la liberté d'indifférence pour une des formes du déterminisme. Tout au contraire, elle est une exagération de la doctrine de la liberté. Elle attribue à l'homme une liberté inconditionnée, illimitée, le pouvoir de vouloir indépendamment de tout motif. Dans sa réaction contre le déterminisme pour lequel les motifs font tout, tandis que la volonté ne fait rien, elle prétend que les motifs ne font rien, que c'est la volonté qui fait tout. — La vérité semble être à égale distance du déterminisme et de l'indéterminisme absolus, dans une doctrine qui admet une liberté limitée et conditionnée, et qui par conséquent n'explique entièrement les actes humains ni par les seuls motifs ni par la seule volonté, mais par le concours de ces deux facteurs. On ne laissera donc pas aux déterministes le soin de réfuter la doctrine de la liberté d'indifférence. Pour cette réfutation, voir le *Cours*, p. 156. — Les déterministes, dans leurs objections, confondent la liberté morale avec la liberté d'indifférence : il importe donc de distinguer et de séparer les deux doctrines.

Idées à développer.

Après avoir établi la présence nécessaire des motifs dans toute délibération et toute résolution volontaire, on montrera que leur rôle peut parfaitement se concilier avec le libre arbitre.

1° Si on considère les motifs avant le choix de la volonté, et en supposant, pour simplifier, qu'ils se réduisent à deux motifs opposés, chacun d'eux n'est évidemment que la raison d'un acte *possible* et non nécessaire: il recommande en quelque sorte cet acte à notre choix, mais il ne nous l'impose pas ; il explique à nos propres yeux notre résolution future, mais il ne la détermine pas ; cette résolution, en effet, est ambiguë et susceptible de revêtir deux formes opposées par cela même que deux motifs et deux actes contraires sont mis par nous en balance. Le rapport qui lie le motif à l'acte est donc essentiellement conditionnel ou hypothétique : si nous nous décidons à agir d'une certaine façon, ce sera pour un certain motif, si nous nous décidons à agir d'une autre façon, ce sera pour un autre motif ; mais comment nous déciderons-nous, c'est ce qui reste encore en suspens. — On exprime la même vérité en disant que les motifs éclairent la volonté, qu'ils ne la nécessitent pas, ou encore qu'ils rendent l'acte possible, intelligible mais non réel et actuel.

2° Si on considère les motifs après le choix de la volonté, il est clair qu'un des deux motifs n'est plus dans la même situation que l'autre : tout à l'heure ils n'étaient l'un et l'autre que sollicitants maintenant ; l'un des deux est déterminant, il est devenu le motif réel d'un acte qui se fait, tandis que l'autre est resté et restera à jamais le motif possible d'un acte qui aurait pu se faire. Mais si le premier est passé de la puissance à l'acte et de l'idée à la réalité, ce n'est pas par sa propre force, c'est par le consentement ou le choix de la volonté. Dans la représentation même du motif était en effet impliquée par avance la supposition de notre adhésion volontaire: « ce serait une chose agréable, utile ou bonne à faire, *si nous voulions* la faire » ; ainsi aurait pu se formuler le motif. Mais le motif ne change pas de nature par cela seul qu'il se réalise : il reste, après comme avant, subordonné au choix de la volonté.

3° On objectera que dans cette analyse il n'a pas été tenu compte de l'inégale valeur ou de l'inégale force des motifs :

un motif n'est pas une simple raison d'agir, c'est une tendance à agir ; et cette tendance peut être plus énergique et plus efficace que celle d'un motif contraire. Dès lors, tous les motifs sont sans doute sollicitants pendant la délibération, mais ils ne le sont pas au même degré, et un observateur perspicace pourrait découvrir celui qui deviendra déterminant, en recherchant lequel parmi eux a le plus de valeur ou le plus de force.

Cette objection est assez longuement discutée dans le *Cours*, p. 157. Aux arguments indiqués, on peut ajouter celui-ci : la force d'un motif n'est pas une quantité fixe ; elle varie à chaque instant dans le cours de la délibération et par l'effet même de la volonté, selon que nous tournons ou nous détournons notre attention. Peut-être, en effet, au moment où nous nous déterminons, le motif préféré est-il le motif le plus fort, c'est-à-dire celui qui nous excite ou nous attire le plus, mais c'est que nous nous sommes, pour ainsi dire, complus à le fortifier en concentrant sur lui toutes nos puissances de penser et de sentir. Dès lors, il n'importe pas que la détermination semble l'effet nécessaire de la force du motif, puisque cette force même est l'œuvre de notre volonté. De même la force d'un motif peut lui venir de déterminations antérieures, d'une sorte d'habitude contractée par la volonté ; mais ici encore la volonté intervient comme raison de la prépondérance finale d'un motif sur le motif opposé. Loin donc que la volonté s'explique entièrement par les motifs, les motifs eux-mêmes sont inexplicables sans la volonté.

### 184. — *La volonté peut-elle être comparée à une balance qui penche du côté le plus lourd ?*

#### Plan.

I. — On développera cette comparaison favorite du déterminisme. Les motifs sont les poids : la volonté est la balance qui penche à droite ou à gauche, oscille, reste immobile, etc., selon les cas.

II. — On fera voir comment, même au point de vue du déterminisme, cette comparaison est grossière. 1° Les poids sont extérieurs à la balance, ils ne font pas corps avec elle ; les motifs sont intérieurs à l'esprit même, ce sont ses pensées, ses émotions, ses tendances, ses habitudes propres ; 2° les poids sont des quantités fixes ; chaque motif est susceptible d'une infinité de variations par le seul fait de sa rencontre avec les autres motifs ; 3° les poids sont des quantités de même espèce et peuvent se rapporter à une unité de mesure; les motifs sont hétérogènes, d'espèces différentes, sans commune mesure, à tel point que les uns ne sont comparables qu'au point de vue de leur force (les motifs sensibles ou mobiles), les autres au point de vue de leur valeur (les motifs intellectuels ou motifs proprement dits).

III. — Mais la comparaison pèche par la base en ce que la balance est inerte et ne réagit pas sur les poids, tandis que la volonté est active et modifie les motifs eux-mêmes. Elle peut faire, en quelque sorte, que le plateau qui tout à l'heure semblait le plus léger devienne le plus lourd et fasse pencher le fléau. (V. *Cours*, p. 157.)

IV. — Cette comparaison peut servir à faire comprendre la thèse déterministe ; elle ne peut servir à la prouver. C'est le cas de se souvenir du proverbe : « Comparaison n'est pas raison. »

### 185. — *Video meliora proboque, deteriora sequor.*

Ces fragments de vers d'Ovide ont été ainsi traduits par Racine. Je vois le bien, je l'approuve, et c'est le mal que je fais. — Ce *Sujet* appartient à la fois à la psychologie (théories de la liberté et de l'influence des passions et de la raison sur la volonté), et à la morale (théorie des conditions de la vertu).

#### Plan.

I. — Notre volonté, dit Descartes, ne se portant à suivre ni à fuir aucune chose que selon que notre entendement la lui représente bonne ou mauvaise, il suffit de bien juger pour bien faire. (*Discours de la Méthode*, III° partie.) — C'est aussi la doctrine de Socrate et de Platon : « Nul n'est méchant volontairement. » (V. *Cours*, p. 343 et 502.) Cependant l'expérience montre qu'on peut voir le bien, l'approuver, et faire le mal.

II. — Si l'homme était une intelligence pure, il lui suffirait en effet de bien juger pour bien faire; mais il y a en lui, à côté de la raison, des instincts, des passions qui souvent la combattent et l'asservissent.

III. — Même quand la raison se fait sentiment pour triompher de la sensibilité, et qu'à l'idée du bien s'ajoute l'amour du bien, l'homme peut encore vouloir le mal, parce qu'il est libre. La liberté n'est pas seulement pour lui le pouvoir d'obéir à la raison malgré les résistances et les impulsions contraires de la sensibilité : elle est aussi le pouvoir de lui désobéir ; et c'est ce double pouvoir qui fait sa responsabilité.

**186.** — *De l'influence des passions, des habitudes, du tempérament et des circonstances extérieures sur l'activité humaine. Montrer que cette influence ne détruit pas la liberté.*

Il semble naturel d'étudier ces diverses causes dans l'ordre suivant : 1° circonstances extérieures ; 2° tempérament ; 3° passions ; 4° habitudes ; car elles forment ainsi une série progressive dont les termes vont se rapprochant de plus en plus de la volonté.

*Plan.*

I. — L'homme, a dit Aristote, est la cause et le père de ses actions. Libre, il fait lui-même sa destinée. Est-il bien sûr pourtant que ce que nous faisons soit notre œuvre ? Notre volonté n'est-elle pas elle-même l'effet des circonstances extérieures, du tempérament, des passions, des habitudes, en un mot, d'une foule de causes sur lesquelles nous n'avons aucun pouvoir, et ne faut-il pas dire, avec un philosophe contemporain, M. Taine, que le vice et la vertu sont des produits comme le sucre et le vitriol ?

II. Circonstances extérieures. — Il y en a de bien des sortes, les unes physiques : le climat, le régime, et les autres morales : l'éducation, l'exemple, l'occasion. Il est impossible de contester l'influence de toutes ces causes qui dans certains cas peuvent supprimer le libre arbitre, qui dans tous les cas le circonscrivent et le limitent. Aussi est-il très difficile d'apprécier exactement la responsabilité morale des personnes. Nul ne peut répondre absolument de ce qu'il aurait fait si les circonstances de sa vie avaient été complètement modifiées. L'occasion fait le larron, dit le proverbe, c'est la moitié de la vérité. Mais ce n'en est que la moitié. Les circonstances ne font pas autre chose que suggérer à notre esprit certains actes et certains motifs et imprimer à cette suggestion une force plus ou moins grande ; mais si nous sommes capables de concevoir des actes contraires et des motifs opposés (et nous le sommes, tant que nous avons l'usage de notre raison), nous pouvons au moins essayer de résister à ces influences; bien plus, si nous nous croyons obligés de les vaincre, nous pouvons les vaincre en effet. Les circonstances proposent, pourrait-on dire, et la volonté dispose.

III. Tempérament. — C'est ici une cause intérieure à l'homme même et permanente. On naît avec un tempérament sanguin, bilieux, nerveux ou flegmatique, qui vous prédispose à la gaîté ou à la mélancolie, à la colère ou à la crainte, à l'activité ou à l'indolence, etc. Dès lors, la volonté ne semble plus être que l'expression du tempérament. — Mais, 1° le tempérament n'imprime à la volonté qu'une direction très générale qui ne détermine en aucune façon ses actions particulières : ainsi un homme sanguin éprouvera un vif besoin d'agir, de se dépenser; mais ce besoin pourra se satisfaire aussi bien par des actes de courage et de dévouement que par des actes violents et criminels. 2° On peut résister à son tempérament. L'histoire a montré plus d'une fois ce spectacle d'une âme forte dans un corps chétif. On peut modifier son tempérament : l'âme se façonne son corps. Le physionomiste Zopyre trouva, dit-on, sur le visage de Socrate, les signes de tous les vices. Socrate déclara qu'il avait eu en effet les germes de ces vices, mais qu'il avait réussi à les étouffer.

IV. Passions. — Les passions influent d'une manière bien plus directe sur la volonté; elles sont des mobiles présents dans la délibération, et l'âme se sent poussée ou détournée par elles. Pourtant, les passions ne sont pas des puissances distinctes de l'âme même : ce sont comme des volontés spontanées, plus ou moins aveugles et impétueuses, qui précèdent et parfois remplacent la volonté réfléchie. Lorsque la passion est irrésistible, il est clair qu'elle supprime toute liberté; mais l'est-elle aussi souvent que les déterministes le prétendent? Presque toujours, on peut résister à ses passions : cela suffit pour que la liberté soit sauve. D'ailleurs, cette force même de la passion, c'est la volonté qui la lui a donnée ou laissé prendre par ses complaisances ou ses négligences passées : si elle est devenue esclave, c'est qu'elle a elle-même forgé ses chaînes.

V. Habitudes. — La passion n'est qu'un cas particulier de l'habitude. Sans doute, l'habitude produit une sorte de fatalité. Parfois il suffit d'un seul acte, d'un premier acte, pour décider d'une vie tout entière. Mais 1° on peut agir contre ses habitudes et à la longue développer en soi des habitudes contraires ; 2° les habitudes, résultant d'actes d'abord volontaires qu'on était libre de ne pas accomplir, sont elles-mêmes des effets de la liberté.

VI. — Cette connaissance des bornes de notre liberté est salutaire : elle nous apprend l'indulgence à l'égard de nos semblables, la vigilance à l'égard de nous-mêmes. Mais elle ne doit pas éteindre en nous le sentiment de notre initiative et de notre responsabilité.

187. — *De l'éducation personnelle de l'homme par lui-même. Est-il vrai, que l'homme soit dans la dépendance absolue de son tempérament et de ses penchants?*

Plan.

I. — On fera voir l'importance de l'éducation dans le développement de la personnalité humaine. Mais l'individu ne peut-il pas être son propre éducateur?

II. — On fera voir que presque tous les devoirs de la morale individuelle se rapportent à l'éducation de l'homme par lui-même. (V. *Cours*, p. 349. V. aussi l'excellent livre de Blackie : l'*Education de soi-même*, traduit par Pécaut, lib. Hachette.) — Mais cette éducation est-elle possible, s'il est vrai que l'homme soit dans la dépendance absolue de son tempérament et de ses penchants ?

III. — Faire voir que le tempérament et les penchants ne déterminent pas nécessairement notre volonté. (V. *Sujet* précédent, § III et IV.) — Stuart Mill lui-même reconnaît que l'homme peut, s'il le veut, modifier son caractère, et c'est dans ce pouvoir qu'il fait résider notre liberté.

IV. — Cependant, il ne suffit pas d'un simple acte de volonté pour que l'homme devienne immédiatement maître de son tempérament et de ses penchants. Il y faut une longue suite d'efforts et une exacte connaissance des moyens propres à les réformer.

188. — *On oppose souvent à la liberté la nécessité où nous sommes d'agir conformément à notre caractère. Cette objection est-elle irréfutable? Comment peut-on y répondre?*

Plan.

I. — Insuffisance du déterminisme ordinaire. Qu'est-ce qui

rend le motif le plus fort ? N'est-ce pas le choix même de la personne, son acquiescement final ? Nous n'avons conscience d'aucune contrainte exercée sur nous par les motifs : nous avons conscience au contraire de notre activité spontanée. Bien souvent le motif d'après lequel nous nous déterminons est trop insignifiant par lui-même pour expliquer l'action énergique, soutenue ou inaccoutumée dont il semble être la cause. Le motif est donc une simple condition, un simple excitant qui doit mettre en jeu une force plus profonde. Quelle est cette force ? La volonté libre ou le caractère ?

II. — Comparaison de la volonté et du caractère. La volonté est une force simple, identique (en nature sinon en degré), chez toutes les personnes ; le caractère est complexe, différent selon les personnes pour lesquelles il est comme une sorte de physionomie morale. Il se compose, en effet, des trois facultés dont chacune peut prédominer sur les deux autres. Ainsi le psychologue Bain distingue trois types principaux de caractère (intellectuel, émotionnel et actif). Une classification plus ancienne rattache le caractère au tempérament (quatre sortes de tempérament : sanguin, nerveux, bilieux, lymphatique). — Les causes principales du caractère, sont : 1° l'organisme (hérédité et innéité) selon que le caractère ressemble à celui des parents ou est original ; 2° l'éducation ; 3° la vie (habitudes résultant du milieu ou des actes volontaires de la personne).

III. — L'influence du caractère sur la volonté est incontestable :

1° On est plus ou moins porté à délibérer ou à agir sans délibération selon la prépondérance de l'intelligence ou de la sensibilité dans le caractère.

2° Selon les caractères, certains motifs sont naturellement absents ou se présentent d'eux-mêmes ; ils sont rares ou fréquents, faibles ou forts, etc.

3° Il n'est pas douteux que, par nature, certaines personnes se décident plus promptement et persistent dans leurs décisions avec plus d'énergie et de constance ; d'autres ont peine à prendre une résolution et à s'y tenir.

IV. — Cette influence peut-elle se concilier avec la liberté morale ?

1° Tout d'abord, le caractère est en grande partie l'œuvre de la volonté : il se compose d'habitudes que nous avons contractées nous-mêmes, de facultés dont nous avons favorisé la croissance ; il serait différent si nous avions voulu et agi différemment. Donc, même en lui attribuant sur notre conduite présente une influence irrésistible, on n'en peut conclure que nous ne soyons pas libres ; car cette nécessité est un effet de notre propre liberté. Le caractère exprime la loi plus ou moins constante que la volonté s'impose à elle-même à travers la série de ses diverses manifestations.

2° Mais ni à l'origine, ni actuellement, l'influence du caractère n'est irrésistible : elle est prédisposante, non nécessitante. Elle détermine le champ où la liberté s'exerce, non l'exercice même de cette liberté. (Voir *Sujet* 186, le paragraphe relatif au tempérament.) — En effet le caractère est un ensemble de tendances en partie harmoniques, en partie antagonistes, dont les forces sont le plus souvent très inégales : mais toute tendance peut être contre-balancée et vaincue par des causes contraires. Ces causes peuvent être extérieures à la personne ; elles peuvent lui être intérieures ; et pourquoi l'une de ces causes ne serait-elle pas la volonté raisonnable et libre ? — L'éducation modifie le caractère : mais on peut être à soi-même son éducateur. Prouver ces deux faits par des exemples et des analyses : 1° on peut agir contrairement à son caractère ; 2° on peut modifier son caractère.

V. Conclusion. — La volonté et le caractère ne peuvent se séparer que par abstraction : le caractère n'est pas une force unique, immuable, irrésistible ; c'est une résultante de forces toujours changeantes, dont chacune peut toujours être contre-balancée, et auxquelles se mêle et se combine toujours la volonté. Voilà pourquoi l'homme est responsable non seulement de ses actes mais encore de son caractère.

### 189. — *Y a-t-il des degrés dans la liberté morale ? S'il y en a, en donner l'explication ?*

Plan.

I. — Il semble tout d'abord que la liberté morale ne comporte pas de degrés : « La volonté, dit Descartes, ne consistant que dans une seule chose et comme dans un indivisible, il semble que sa nature est telle qu'on ne saurait rien lui ôter sans la détruire. » En effet, si l'on prend un acte particulier de volonté pour le considérer en soi, abstraction faite de toute comparaison avec d'autres actes soit dans le même individu, soit dans des individus différents, il est clair que cet acte est libre ou ne l'est pas, et qu'il ne saurait y avoir de milieu. Mais que l'on compare un homme, soit avec lui-même dans des circonstances différentes de sa vie, soit avec d'autres hommes, on comprendra qu'il puisse être plus ou moins libre, selon qu'il réalise plus ou moins complètement les conditions de la liberté morale.

II. — En effet, la liberté morale exige, pour apparaître et s'exercer, un certain ensemble de conditions. A ce point de vue, elle a elle-même son déterminisme. Or, ces conditions sont susceptibles de plus et de moins : il s'ensuit que la liberté elle-même a ses degrés. — Tel est le principe général qui explique les degrés de la liberté morale.

III. — Leibniz ramenait à trois les conditions de la liberté : la contingence, la spontanéité et l'intelligence. D'un point de vue plus strictement psychologique, on peut dire que la liberté a pour conditions : 1° un certain état d'intégrité et de santé de l'organe de l'âme, c'est-à-dire du cerveau ; 2° l'absence de sensations intolérables ou irrésistibles ; 3° le pouvoir de réfléchir ; 4° la connaissance du bien et du mal et en général, un certain degré de développement intellectuel. On montrera que là où ces conditions font complètement défaut, la liberté s'évanouit et, avec elle, la responsabilité.

IV. — Mais ces conditions sont toutes plus ou moins variables. Le faire voir, par des exemples, pour chacune d'elles. — D'où il suit qu'on est plus ou moins libre selon que l'on a le cerveau plus ou moins sain, qu'on est plus ou moins capable de réfléchir, plus ou moins instruit ou savant, etc. — D'où les circonstances atténuantes ; d'où aussi la difficulté d'apprécier toujours exactement le degré de responsabilité des actes humains.

V. — En concluant, on montrera que nous pouvons travailler à nous rendre de plus en plus libres comme nous pouvons aussi amoindrir et finalement détruire en nous toute liberté. Il vaut la peine d'y prendre garde.

## v. — L'HABITUDE

**190.** — *De l'habitude et de ses lois.*

Idées à développer.

I. — On pourrait définir ainsi l'habitude en général (sans égard à la distinction de l'habitude active et de l'habitude passive) : c'est la faculté que possèdent les êtres vivants de modifier leurs phénomènes par cela seul qu'ils les prolongent ou les répètent.

II. — Parmi les lois de l'habitude, on distinguera celles qui concernent les causes ou conditions de l'habitude et celles qui concernent les effets. L'habitude a pour cause un ou plusieurs phénomènes antérieurs : elle est proportionnée au nombre, à la fréquence, à la force et à la durée de ces phénomènes : voilà en résumé les premières.

III. — Les secondes peuvent se résumer ainsi : 1° l'habitude accroît la facilité ; 2° elle accroît le besoin (ou l'engendre s'il n'existait pas à l'origine) ; 3° elle diminue la conscience et la sensibilité (c'est ce dernier effet qu'on distingue sous le nom d'habitude passive). — Il sera intéressant de montrer les limites de ces trois dernières lois et les exceptions qu'on y remarque. Il y a, en effet, des bornes à l'accroissement de la facilité ou de la puissance, et l'habitude, n'engendre pas toujours un besoin de même qu'elle ne diminue pas toujours la force des états de sensibilité. — On essaiera d'en donner l'explication.

**191.** — *Distinguer et définir les différentes sortes d'habitudes : les habitudes organiques, instinctives, intellectuelles et morales.*

*Habitudes organiques.* — Habitudes contractées par les organes. Gymnastique, escrime, natation, etc., habitudes musculaires, habitudes de l'estomac, des poumons, du corps tout entier. On s'habitue à dormir, à veiller, etc.

*Habitudes instinctives.* — Beaucoup d'actes dans l'homme, et probablement aussi chez les animaux, semblent le résultat de l'habitude en ce sens qu'ils exigent une certaine expérience, un certain apprentissage, par exemple la vue, la marche, la parole, etc., et cependant l'habitude ne fait sans doute ici que préciser et affermir un instinct. On peut réserver pour tous ces cas le nom d'habitude instinctive.

Ainsi la perception visuelle de la distance est sans doute dans l'homme une habitude de cette sorte : elle semble être l'effet d'un pur instinct chez les animaux.

*Habitudes intellectuelles.* — On étudiera successivement les habitudes de mémoire, d'association, d'imagination, de jugement et de raisonnement.

*Habitudes morales.* — Ce sont les habitudes de la sensibilité (sentiments, inclinations, passions) et de la volonté (vertus et vices).

## 192. — *De l'influence de l'habitude sur le développement intellectuel et moral de l'homme.*

Ce *Sujet* revient à étudier les lois de l'habitude (particulièrement celles qui concernent ses effets (V. *Sujet* 190) dans leur application aux trois facultés de l'âme.

### Idées à développer.

En ce qui concerne la sensibilité, l'habitude émousse toutes les sensations purement physiques ; elle amoindrit progressivement l'importance du plaisir, de la douleur, du désir dans la vie humaine et agrandit d'autant celle de l'intelligence et de la volonté ; en revanche, elle développe une sensibilité plus fine et plus délicate qui accompagne le développement des facultés intellectuelles et morales, et elle-même, selon qu'elle est satisfaite ou contrariée, devient le principe d'une nouvelle sorte de plaisirs et de peines.

En ce qui concerne l'intelligence, l'habitude accroît la puissance de toutes les facultés intellectuelles ; mais, si on n'y prend garde, elle les spécialise et obscurcit de plus en plus la conscience de leurs diverses opérations : ces effets fâcheux peuvent être neutralisés pourvu qu'on s'étudie à exercer également toutes les facultés et dans tous les sens, pourvu aussi qu'on s'efforce de tenir l'attention en éveil toutes les fois qu'il est nécessaire.

A l'égard de la volonté, l'habitude affermit et étend son empire sur les autres facultés et sur le corps même : d'autre part, la volonté s'est-elle engagée dans une voie bonne ou mauvaise, l'habitude l'y maintient et l'y pousse de plus en plus. Ainsi se forment les vertus et les vices.

En somme, malgré des inconvénients accidentels, l'habitude est bienfaisante, elle est la condition générale de la continuité et du progrès de la vie humaine. (V. *Cours*, p. 162.)

### 193. — L'habitude détruit-elle la liberté ? Rapports de la moralité et de l'habitude.

#### Plan.

I. — L'habitude semble substituer progressivement l'instinct à la volonté, par conséquent une activité inconsciente et fatale à l'activité réfléchie et libre. Détruit-elle vraiment en nous toute liberté, toute responsabilité ? Et si l'on définit la vertu, l'habitude de faire le bien, doit-on en conclure que la vertu même finit par devenir une sorte de routine d'où la liberté est absente ? Quelle peut être alors sa valeur morale ?

II. — D'abord, quand bien même l'habitude en arriverait au point de supprimer en nous l'initiative et le choix, comme c'est là un effet de notre volonté qui l'a prévu et poursuivi, nous en avons nécessairement le mérite ou le démérite.

III. — Mais, en somme, l'habitude n'arrive que lentement et par degrés à cet état final : la plupart du temps, il dépend de nous de revenir en arrière, de changer de voie. Ce qu'un acte a fait, un autre acte peut le défaire. Il reste donc toujours une place pour la liberté.

IV. — Peut-être aussi faut-il distinguer entre les mauvaises et les bonnes habitudes. — « Les mauvaises habitudes, dit un moraliste contemporain (M. Marion, dans son beau livre *De la solidarité morale*, p. 115), bien qu'elles méritent toute la réprobation due au premier acte de volonté perverse où elles ont pris naissance et aux chutes successives par où elles se sont aggravées, ne doivent pourtant inspirer à la fin qu'une horreur mêlée de pitié, parce qu'elles sont vraiment, avec le temps, destructives de la liberté... Au contraire, la bonne habitude qu'on s'est donnée à soi-même a de plus en plus droit à l'admiration, parce que, loin de diminuer la moralité, elle l'accroît. On en parle bien à tort, comme si elle faisait succéder à l'effort moral, seul méritoire, une vertu automatique sans prix, une sorte d'utile et d'heureuse routine. C'est le contraire qui a lieu. Cette infaillibilité acquise, ou plutôt conquise, est le plus haut degré du mérite, et c'est la plus haute liberté. »

# CHAPITRE XII

## LES SIGNES ET LE LANGAGE

**194. — *Du signe en général. Sa nature. Quels sont les principaux rapports entre le signe et la chose signifiée ?***

« Le signe, dit la *Logique* de Port-Royal, enferme deux idées, l'une de la chose qui représente, l'autre de la chose représentée, et sa nature consiste à exciter la seconde par la première. » Voir dans le *Cours*, p. 166, comment la signification, au point de vue subjectif, est un cas particulier de l'association des idées et du raisonnement. Au point de vue objectif, elle est une conséquence de la solidarité universelle. La notion de signe devient ainsi une notion aussi importante que celle de cause ou de raison à laquelle elle peut au fond se réduire. Pour une intelligence pénétrante, tout a un sens, tout est signe. (Cf. dans Voltaire, le Conte de *Zadig*.) Les phénomènes de la nature se signifient les uns les autres. La science est l'interprétation de ce langage. La nature même, dans son ensemble, est un symbole; la poésie, la métaphysique s'efforcent d'en trouver la clé.

Les principaux rapports du signe et de la chose signifiée sont : 1° le rapport de la cause et de l'effet : la fumée et le feu; 2° le rapport du moyen et de la fin : la charrue et l'agriculture; 3° le rapport de contiguïté habituelle, qu'il soit d'ailleurs l'effet de la nature ou celui de la volonté humaine : l'hirondelle et le printemps, le mot et l'idée; 4° le rapport de ressemblance : le portrait et l'original; 5° le rapport d'analogie : la couleur noire et la tristesse. — C'est surtout ce dernier rapport qu'on remarque dans les symboles. La chose signifiée appartenant au monde moral ou supra-sensible se trouve cependant représentée par un signe sensible ou matériel en vertu d'une analogie que l'esprit aperçoit entre l'un et l'autre : un signe de cette sorte est un symbole (par exemple la balance, est le symbole de la justice; le cercle est le symbole de l'éternité, etc.).

**195. — *Ce qu'on entend par signes. Des différentes classes de signes, selon qu'elles correspondent aux diverses modifications de l'âme : nos besoins, nos désirs, nos idées. Donner des exemples.***

Voir le *Sujet* précédent. — Peut-être faudrait-il distinguer deux sortes de signes : les uns qui représentent à notre esprit des phénomènes objectifs (par exemple la chute des feuilles est le signe de l'hiver; l'ascension du mercure dans le thermomètre est le signe d'une élévation de température, etc.); les autres qui lui représentent des phénomènes subjectifs (les larmes sont le signe de la souffrance, le baiser est le signe de la tendresse, les mots sont les signes des idées, etc.). Nous ne connaissons pas de termes usités pour exprimer cette distinction : ceux de *signes objectifs* et *signes subjectifs* pourraient servir à défaut d'autres. — Maintenant, parmi les signes subjectifs, les uns sont émotionnels, les autres intellectuels, selon qu'ils correspondent à des états de la sensibilité (besoins, désirs, émotions) ou à des opérations de l'intelligence. En effet, parmi les phénomènes de l'âme, les uns s'expriment naturellement au dehors; ceux-là ont leurs signes naturels; et tels sont tous les phénomènes de sensibilité ; les autres sont, pour ainsi dire, silencieux ; ils restent cachés au fond de la conscience et, pour les traduire au dehors, il faut des signes artificiels, volontairement inventés ou employés : tels sont les phénomènes d'intelligence.

196. — *De l'interprétation des signes expressifs. Comment l'homme apprend-il la valeur des signes?*

Les signes naturels sont seuls vraiment *expressifs* : ils font, pour ainsi dire, passer en nous les émotions qu'ils nous révèlent. — Pour expliquer la production de ces signes, les philosophes écossais ont supposé une faculté particulière, la faculté d'expression, et, de même, pour expliquer leur interprétation, ils ont supposé une faculté d'interprétation. C'est là ce que Leibniz appelait de la *philosophie paresseuse*.

Les signes des émotions sont originairement les effets qu'elles produisent dans l'organisme; ceux de ces effets qui peuvent être reproduits à volonté (car tous ne le peuvent pas, par exemple la rougeur, la pâleur, les larmes, etc.) deviennent seuls des signes véritables et composent une sorte de langage naturel. Darwin et H. Spencer ont essayé d'expliquer l'expression des émotions.

Le premier invoque trois principes :

1° *Principe de l'action directe du système nerveux :* « Quand le cerveau est fortement excité, la force nerveuse est produite en excès et se transmet dans certaines directions déterminées, ou bien l'afflux de la force nerveuse est en apparence interrompu. Il en résulte des effets que nous trouvons expressifs. »

2° *Principe de l'association des habitudes utiles :* « Certaines actions sont utiles, dans certains états de l'esprit, pour répondre à des sensations, à des désirs ou pour leur donner satisfaction, et chaque fois que le même état d'esprit se reproduit, même à un degré assez faible, la force de l'habitude et de l'association tend à faire produire un mouvement, bien que ce mouvement soit alors sans utilité. »

3° *Principe de l'antithèse :* « Quelques états d'esprit amenant certains actes habituels qui sont utiles, quand il se produit un état d'esprit directement opposé, on est fortement et involontairement tenté d'accomplir des mouvements absolument opposés, bien qu'ils puissent être inutiles, et ces mouvements sont dans certains cas très expressifs. » — On a contesté ce troisième principe.

II. Spencer explique l'expression des émotions par deux lois principales.

1° *Loi de l'excitation diffuse.* — « Toute émotion est accompagnée d'une onde diffuse qui se déverse dans les viscères et dans les muscles volontaires et involontaires. » Cette première loi est identique au principe de l'action directe du système nerveux.

2° *Loi de l'excitation restreinte.* — « Les effets spéciaux des émotions sont dus en partie aux relations établies dans le cours de l'évolution entre des sentiments particuliers et des actions particulières des muscles excités habituellement pour la satisfaction de ces sentiments, et en partie aussi, aux relations établies entre des actions musculaires et des motifs conscients qui ont pu exister à un moment donné. » Cette seconde loi est identique au principe de l'association des habitudes utiles.

En résumé, les signes des émotions sont, ou bien des *effets* produits par les émotions elles-mêmes en vertu de l'union du physique et du moral, ou des *moyens* originellement employés par l'instinct ou la volonté pour satisfaire ces émotions et qui leur restent associés même quand ils ont cessé de leur être utiles. — On pourrait ajouter que des émotions simplement *analogues* tendent à s'exprimer de la même façon : le dégoût moral emprunte ses signes au dégoût physique, la négation s'exprime comme le refus, etc. Le principe de l'*analogie* n'a peut-être pas une importance moindre que ceux de l'excitation diffuse ou de l'association.

Maintenant, comment se fait l'interprétation de ces signes ?

L'école écossaise admettait, nous l'avons vu, qu'un instinct naturel nous en révèle le sens dès l'origine. L'école évolutionniste n'est pas loin de soutenir cette même doctrine. Les émotions et leurs signes ont été si fréquemment associés dans l'expérience de nos ancêtres qu'ils ont bien pu nous transmettre une tendance héréditaire à éprouver plus ou moins vaguement une certaine émotion et par suite à la deviner chez autrui au seul aspect de signes qui l'accompagnent. L'interprétation naturelle des signes expressifs se ramènerait ainsi à un phénomène de *sympathie* innée ou héréditaire. — Il semble bien pourtant que cette sympathie ait besoin d'être provoquée par une expérience préalable et personnelle de l'émotion et de ses effets extérieurs. Les très jeunes enfants sont singulièrement novices dans l'interprétation des signes naturels, toutes les fois qu'il s'agit d'émotions qu'ils n'ont pas encore ressenties ou dont ils n'ont pas expérimenté les conséquences ordinaires. Qu'on parle avec une grosse voix et de gros yeux à un très jeune enfant, mais sans le contrarier ni le maltraiter, il ne devinera nullement que ce sont là les signes de la colère : l'expérience a été faite par Darwin. L'hypothèse la plus probable, c'est donc celle d'un apprentissage qui commence avec la vie elle-même.

Quant aux différentes formes du langage naturel, on peut distinguer, d'une part, les signes oraux (cris, chants, etc.), d'autre part, les signes visibles (gestes, jeux de physionomie, etc.). Ces derniers composent ce qu'on appelle le langage d'action.

**197.** — *Qu'appelle-t-on langage naturel et langage artificiel? Dans laquelle de ces deux classes doit être rangée la parole humaine?*

Toute la question est dans la distinction du langage naturel et du langage artificiel.

Un philosophe contemporain (M. Paul Janet, *Traité élémentaire de philosophie*, p. 225), les définit ainsi : « Le langage artificiel ou conventionnel est un langage inventé par l'homme, choisi et voulu systématiquement, et convenu entre ceux qui se parlent. — Le langage naturel est un ensemble de signes que l'homme emploie involontairement et sans prévision du but à atteindre, et par lequel il exprime d'abord sans le vouloir ses états de conscience. » Si on prend ces deux définitions au pied de la lettre, il faut en conclure que la parole n'est ni un langage naturel ni un langage artificiel, car ni l'une ni l'autre ne lui conviennent. Nous ne pouvons donc sur ce point être de l'avis de cet auteur qui veut voir dans la parole une forme du langage naturel. Sans doute, la parole, les langues mêmes ne sont pas artificielles au même sens que la nomenclature chimique ou les chiffres diplomatiques : mais elles ne sont pas non plus naturelles au même sens que les cris et les gestes. Le naturel et l'artificiel s'opposent l'un à l'autre dans nos définitions, mais ils s'unissent l'un à l'autre dans toutes les œuvres de l'homme par une infinité de degrés intermédiaires. L'artificiel a toujours pour fond le naturel : il est le naturel lui-même plus ou moins profondément transformé. Ainsi la nature n'a fourni à l'homme que les éléments de la parole, à savoir une tendance instinctive à émettre des sons articulés pour exprimer ses états intérieurs; mais les langues mêmes sont bien les œuvres de la pensée et de la volonté humaines. Sans doute, elles n'ont pas été inventées un certain jour par quelques-uns et acceptées par tous en vertu d'une convention solennelle ; mais elles n'ont pas non plus jailli spontanément, dès la première heure, d'un instinct qui aurait mis les mêmes mots sur toutes les bouches et sans doute aussi les mêmes idées dans tous les esprits.

**198.** — *Quels sont les divers moyens que l'homme a à sa disposition pour exprimer sa pensée?*

Deux grandes sortes de signes : oraux, d'où la parole ; visibles, d'où la mimique et l'écriture. — On montrera la supériorité des signes oraux et en particulier de la parole sur toutes les autres sortes de signes (ils sont infiniment plus rapides et plus distincts). — Les signes visibles eux-mêmes tendent à n'être que des substituts des signes oraux (par exemple, dans l'écriture phonétique et dans le langage inventé par l'abbé de l'Epée qui est une sorte de mimique phonétique).

**199.** — *Les langues sont synthétiques avant de devenir analytiques ; voilà une des lois du langage. L'expliquer et la démontrer.*

### Idées à développer.

On posera, en principe, que les évolutions du langage correspondent à celles de la pensée. Or la pensée est d'abord une synthèse confuse dont les divers éléments ne se distinguent et se dégagent que peu à peu, et c'est plus tard seulement qu'elle devient une analyse distincte. Les langues suivent la même loi.

On vérifiera cette loi comme il est indiqué dans le *Cours* (p. 173), mais en suivant un ordre inverse, c'est-à-dire en montrant d'abord la substitution à des langues synthétiques, telles que le latin, des langues analytiques, telles que les langues romanes (où les déclinaisons sont remplacées par l'usage des prépositions) ; puis la progression des trois types de langues ; enfin le passage du langage naturel au langage artificiel.

On expliquera la loi en faisant voir comment, la pensée tendant de plus en plus à s'éclaircir et à s'analyser, les langues sont amenées à multiplier les formes verbales.

Il ne faudrait pas cependant exagérer la portée de cette loi. Toute langue est toujours plus ou moins synthétique, parce qu'il est impossible d'exprimer complètement tout le contenu de la pensée. En outre, si l'esprit humain a de plus en plus besoin de clarté, il vise aussi de plus en plus à la simplicité et à la brièveté : de là une tendance synthétique qui fait, en quelque sorte, contrepoids à la tendance analytique. Le passage des langues agglutinantes aux langues flexionnelles semble bien être un effet de cette tendance à la synthèse.

**200.** — *Exposer et critiquer les théories les plus récentes sur l'origine du langage.*

Les théories les plus récentes sont : 1° celle de Max Muller et Renan ;

2° celle de Darwin et Herbert Spencer; 3° enfin celle du philologue américain Whitney, qui ne fait d'ailleurs que reproduire les idées de Platon et de Leibniz sur cette question.

Plan.

I. — MM. Max Muller et Renan attribuent le langage à un instinct spécial et primitif, une sorte d'instinct philologique.

« Les quatre ou cinq cents racines qui nous restent, après l'analyse la plus minutieuse, comme éléments constitutifs des différentes familles de langage, ne sont ni des interjections ni des onomatopées. Ce sont des types phonétiques produits par une puissance inhérente à l'esprit humain... Dans son état primitif et parfait, l'homme n'était pas seulement doué de la puissance de traduire ses perceptions par des onomatopées ni, ainsi que le font les bêtes, d'exprimer ses sensations par des cris. Il possédait en outre la faculté de donner une expression articulée aux conceptions de sa raison. Cette faculté, il ne se l'était pas donnée à lui-même; c'était un instinct, un instinct mental aussi irrésistible que tout autre. » (Max Muller, *Science du langage*, 9° leçon.)

Cette doctrine ne diffère que par la forme de celle de M. de Bonald. (V. sur ce point Rabier, *Leçons de philosophie*, t. I, p. 598.) Elle est surtout une réaction contre l'hypothèse d'une invention artificielle et conventionnelle du langage. Mais, de ce que le langage n'est pas artificiel, il ne s'ensuit pas qu'il soit instinctif. Par exemple, les signes dont se servent les sourds-muets pour communiquer entre eux et qu'on peut appeler des gestes idéographiques, n'ont pas été inventés artificiellement comme les signes ou gestes phonétiques de l'abbé de l'Épée, et cependant, il serait absurde de leur assigner pour origine un instinct spécial (instinct mimique) propre aux sourds-muets. — Les langues étudiées par MM. Max Muller et Renan sont des langues complexes déjà parvenues à un haut degré de perfection : les racines dont elles se composent ne représentent nullement le point de départ de l'évolution du langage de l'humanité; elles ne peuvent aucunement nous renseigner sur ses premières origines. — D'autre part, l'hypothèse d'un instinct spécial est un expédient désespéré : c'est une façon de résoudre la question par la question même. On ne doit y avoir recours que lorsqu'on ne peut faire autrement. Le mode de manifestation de cet instinct reste tout à fait incompréhensible : il faut supposer en effet que chaque fois qu'une nouvelle idée est acquise par l'intelligence humaine, une nouvelle racine est immédiatement suggérée par cet instinct pour servir d'expression à cette idée. Comment comprendre l'innéité de ces quatre ou cinq cents racines qui attendent pour apparaître l'acquisition des quatre ou cinq cents idées auxquelles elles sont prédestinées ?

II. — Darwin et Herbert Spencer supposent que l'espèce humaine est sortie, par une série de transformations insensibles, d'espèces animales antérieures ; ils cherchent donc l'origine du langage, comme celle de la nature humaine tout entière, dans une évolution des facultés animales. — Le problème ainsi posé nous semble insoluble. On peut bien montrer des rudiments d'articulation chez un grand nombre d'espèces d'animaux ; mais ces articulations sont toujours absolument involontaires, et ne servent jamais qu'à exprimer des sensations et des besoins. De ce langage instinctif et *émotionnel*, il est impossible de passer au langage réfléchi et *conceptuel* qui est le propre de l'humanité. A notre avis, le problème doit se poser autrement. Il ne s'agit pas de savoir comment une espèce animale a pu devenir capable de parler, mais comment l'espèce humaine, quelle que soit d'ailleurs son origine, a pu, par le seul exercice de ses facultés propres, acquérir ou inventer le langage.

III. — La doctrine la plus rationnelle nous semble donc être celle qui admet une évolution du langage, mais qui se refuse à en chercher les origines au delà des origines mêmes de l'humanité. Cette doctrine, sous des formes plus ou moins diverses, on la trouve chez Platon, chez Epicure et Lucrèce, et parmi les modernes, chez Leibniz, Condillac, le président des Brosses, Maine de Biran, etc. Elle a reparu de nos jours dans les écrits de MM. Ravaisson et Rabier, et le philologue américain Whitney l'a soutenue dans son livre sur la *Vie du langage*. On pourrait la résumer ainsi : Le langage est le résultat du concours de trois causes qui se sont rencontrées dans l'espèce humaine et ne pouvaient se rencontrer que chez elle : 1° la faculté d'émettre une infinité de sons articulés et de les reproduire à volonté ; 2° le désir, résultant d'une sociabilité supérieure, d'un moyen de communication permanente entre les individus ; 3° enfin la faculté d'abstraire, de généraliser, de juger, en d'autres termes, de former des concepts et d'apercevoir leurs rapports.

## 201. — *L'homme pourrait-il penser sans le secours des mots?*

La réponse dépend en partie du sens qu'on donne au mot *penser*. Si on croit pouvoir appeler pensée une simple succession de sensations ou d'images, il est évident que l'homme peut penser sans le secours des mots : ainsi pensent l'animal, l'enfant, l'homme qui rêve, etc.; mais si on entend exclusivement par pensée une liaison ou synthèse de concepts, alors il devient plus difficile de répondre. Les mots semblent en effet nécessaires pour évoquer à volonté les concepts, les fixer dans la conscience, et les ordonner en jugements et en raisonnements; et l'observation de la parole intérieure tend à confirmer cette supposition. Cependant on fera voir : 1° qu'à défaut de mots, l'esprit peut employer d'autres signes; c'est ce qui arrive, par exemple, chez les sourds-muets; 2° qu'à défaut même de signes, l'esprit peut penser l'essentiel d'un concept en donnant pour matière à sa pensée des images ou des sensations, le concept n'étant après tout que la forme d'une telle matière. — Mais, il est juste de le reconnaître, une telle pensée serait essentiellement 1° fugitive, discontinue, plus soumise à l'influence des circonstances qu'à l'empire de la volonté; 2° confuse et synthétique; 3° lente, laborieuse, toujours exposée à se perdre dans la matière des sensations et des images. — Le langage donne à la pensée des caractères tout opposés. (V. *Cours*, p. 171-172.)

## 202. — *Le langage est-il antérieur à la pensée, ou la pensée est-elle antérieure au langage ? Quelles sont les principales opinions des philosophes sur l'origine du langage?*

Sur l'origine du langage, v. *Cours*, p. 165 et 170; v. aussi le *Sujet* précédent. D'après la doctrine de Condillac et celle de M. de Bonald, le langage est antérieur à la pensée.

« Si nous n'avions point de dénominations, nous n'aurions point d'idées abstraites : si nous n'avions point d'idées abstraites, nous n'aurions ni genres ni espèces, et si nous n'avions ni genres ni espèces, nous ne pourrions raisonner sur rien... Tout l'art de raisonner se réduit à l'art de bien parler... Il y a un langage inné (le langage d'action), quoiqu'il n'y ait point d'idées qui le soient. En effet, il fallait que les éléments d'un langage quelconque préparés d'avance précédassent nos idées, parce que sans des signes de quelque espèce, il nous serait impossible d'analyser nos pensées. (Condillac, *Logique*.)

« De même que l'homme ne peut penser à des objets matériels sans avoir en lui-même l'image de ces objets, ainsi il ne peut penser aux objets incorporels sans avoir en lui-même et mentalement les mots qui sont l'expression de ces pensées. C'est dire qu'on peut concevoir une intelligence animale, mais non l'intelligence humaine sans le langage. — L'idée suppose le mot, m'est donnée par lui : leur apparition est simultanée... Il est certain que l'homme pense sa parole avant de parler sa pensée... La parole extérieure n'est que la répétition et, pour ainsi dire, l'écho de la parole intérieure... Que cherche notre esprit quand il cherche une pensée ? Le mot qui l'exprime, et pas autre chose. » (De Bonald, *Législation primitive*.)

Idées à développer.

I. — On fera voir que le langage ne peut être antérieur à la pensée ; lui-même la présuppose : les mots n'existent que pour et par les idées. Séparé de la pensée, le langage n'est plus qu'une suite de sons qui ne signifient plus rien. Dieu même aurait beau parler à un être qui ne penserait pas : cet être ne pourrait soupçonner que les sons qu'il entend ont un sens ni s'efforcer de le découvrir. Un être qui a des idées et qui désire les communiquer à d'autres êtres capables eux-mêmes d'en avoir peut seul se servir d'un langage.

II. — D'ailleurs la pensée peut se passer du langage. En présence des choses, ou avec leurs seules images, l'esprit peut encore abstraire, juger, raisonner même : ces opérations seront fugitives et plus ou moins imparfaites ; elles s'accompliront cependant, et c'est justement cette pensée antérieure au langage qui est la condition même du langage ; c'est elle qui fait défaut aux animaux et dont l'absence, bien plutôt que la structure de leurs organes, les rend incapables de parler.

**203.** — *Examiner et discuter les aphorismes de Condillac que nous ne pensons qu'avec le secours des mots et que l'art de raisonner se réduit à une langue bien faite.*

Pour le premier point, voir les deux *Sujets* précédents. Tout en réfutant la doctrine de Condillac, on ne manquera pas de montrer la part de vérité qu'elle contient : à savoir qu'en fait, nous ne pensons guère sans le secours des mots, et qu'en droit, la pensée sans leur secours est très imparfaite. — Pour le second point, on fera voir aussi qu'il est impossible d'enchaîner des raisonnements si les idées dont ils se composent ne sont exprimées par des termes et enfermées dans des propositions ; que ces raisonnements se font avec d'autant plus de facilité que les termes sont plus précis et les propositions formées selon des règles plus simples et plus générales ; que dans certains cas même, par exemple en mathématiques et surtout en algèbre, l'art de raisonner est inséparable de la langue même dans laquelle il s'exerce, etc., mais on n'accordera pas que cet art puisse se réduire à une langue bien faite; d'abord, parce que cette langue elle-même est l'effet et le résumé d'une longue série de raisonnements antérieurs, ensuite, parce que pour employer correctement cette langue, le raisonnement demeure toujours nécessaire. L'algébriste peut résoudre mécaniquement des équations grâce aux seules règles de la langue algébrique; mais il a dû réfléchir et raisonner au préalable pour mettre le problème en équation. — D'ailleurs imaginer des signes et percevoir des rapports sont deux opérations essentiellement distinctes, quelque liaison que l'habitude puisse établir entre elles.

## 204. — *De l'importance du langage dans la formation et la fixation des idées abstraites et générales.*

### Plan.

I. — Les idées abstraites et générales, les *concepts* caractérisent la pensée humaine : l'animal n'a que des images; l'homme seul a des idées. D'autre part ils caractérisent aussi le langage humain : les bêtes ont des signes de leurs sensations et de leurs besoins; les mots sont les signes des idées. Quelle est la nature du rapport qui lie ainsi le langage aux concepts ?

II. — Thèse nominaliste : le concept n'est qu'un nom. La discuter. (V. *Sujet* 118.) Montrer que l'existence préalable du concept est la condition même de l'existence du nom. Principales idées qui préexistent chez l'enfant à l'acquisition du langage (idées d'objets tels que tables, chaises, maisons, ou d'êtres tels que personnes, chevaux, chiens, peut-être même quadrupèdes, etc.; idées d'action telles que boire, manger, saisir, jeter, donner, etc.).

III. — Véritable rôle du langage. 1° Il sert à fixer les concepts et à les rendre évocables à volonté. L'abstraction isole momentanément une qualité de toutes les autres; mais en vertu de l'association par contiguïté, l'ensemble des qualités tend à se reformer de lui-même : à cette association naturelle, le langage oppose une association artificielle qui la contrebalance et la surmonte, l'association de la qualité avec le mot. L'esprit n'est donc plus obligé d'attendre le retour de l'objet dans la perception ou dans la mémoire pour recommencer sans cesse le discernement de ses diverses qualités : il lui suffit d'évoquer un nom. — Pareillement dans la généralisation, l'ensemble des représentations particulières se dissoudrait aussitôt après la comparaison qui en a dégagé les caractères communs si le mot ne fixait le souvenir de ces caractères et ne dispensait de les rechercher à nouveau. — Hamilton a bien marqué ce rôle des mots. — « Une armée, dit-il, peut se répandre sur un pays, mais elle n'en fait la conquête qu'en y établissant des forteresses. Les mots sont les forteresses de la pensée. » — « Quand on perce un tunnel dans un banc de sable, dit-il encore, il est impossible de réussir à moins qu'à chaque pas on ne se mette en sûreté en bâtissant une voûte de maçonnerie avant de creuser plus avant. Or, le langage est précisément pour l'esprit ce que la voûte est pour le tunnel. » (Hamilton, *Lectures*, p. 138, 139.)

2° Le langage sert même à la formation des concepts, parce qu'il excite l'esprit à chercher le sens de tous les mots et ainsi à découvrir ou à former les concepts qui y correspondent. Certains concepts mêmes, par exemple, ceux des nombres un peu élevés, ne peuvent être formés qu'au moyen des mots.

### 205. — *Que penser de l'invention d'une langue universelle?*

Plan.

I. — On a souvent rêvé d'une langue universelle ; mais les uns entendent par là une langue susceptible d'être parlée par tous les peuples et de remplacer leurs différents idiomes ; d'autres, une langue destinée seulement à la science, au commerce ou à la diplomatie, etc., et plutôt faite pour être écrite que pour être parlée.

II. — Si par langue universelle on entend une langue qui puisse remplacer toutes les autres, c'est là une pure chimère. Il sera impossible de faire adopter cette langue par l'humanité tout entière, et surtout d'empêcher qu'elle ne se modifie avec la structure des organes et les habitudes d'esprit des différents peuples.

III. — Mais une langue universelle *spéciale*, diplomatique, commerciale ou scientifique, est parfaitement possible. Le latin, le français ont joué plus ou moins ce rôle à diverses époques. Mais il ne suffirait pas qu'une telle langue fût employée et comprise par tous ceux qui ont intérêt à s'en servir : il faudrait en outre qu'elle fût expressément adaptée à son rôle. Aussi une langue scientifique ou philosophique universelle devrait, selon la pensée de Leibniz, résulter de la détermination des concepts élémentaires dont tous les autres sont composés et des lois selon lesquelles ils se combinent. Aux concepts simples et à leurs combinaisons correspondraient des signes d'une valeur absolue. Condillac, qui définit la science une langue bien faite, a ramené à trois les conditions essentielles de cette langue : les signes en doivent être : 1° *simples*, peu nombreux, faciles à manier ; 2° ils doivent être rigoureusement *déterminés*, avoir un sens précis, unique, bien défini ; 3° enfin, il faut que la langue soit faite selon les lois de l'*analogie*, c'est-à-dire que les mots décomposés répondent aux idées élémentaires qu'ils expriment. On comprend toute la difficulté d'une telle tâche. Ce ne serait pas trop de l'effort des plus grands penseurs pour en venir à bout.

# CHAPITRE XIII

## LE BEAU ET L'ART

**206.** — *Analyser les principaux sentiments que fait naître en nous la vue du beau.*

Idées à développer.

I. — Le premier sentiment qui naît en nous à la vue du beau est un sentiment de plaisir, effet immédiat de la perception du beau dont il nous révèle la présence. On fera voir que ce sentiment est pur de tout intérêt, étant lié à la seule contemplation de l'objet, sans aucun rapport avec notre utilité matérielle ou morale, qu'il est susceptible d'être partagé par tous les spectateurs et même que nous le jugeons à priori universel et nécessaire.

Souvent, de l'objet présent à nos sens notre pensée remonte à celui qui en est l'auteur; notre admiration se réfléchit de l'œuvre d'art sur l'artiste. Quand il s'agit d'une beauté naturelle, quelque chose de religieux se mêle à notre émotion.

II. — Un second sentiment est l'amour de la beauté, le désir de la voir et de la revoir, de faire partager son admiration à autrui, de posséder l'objet qui la cause. C'est ce sentiment qui se révolte en nous lorsque nous voyons mutiler ou détruire une belle œuvre comme si nous étions témoins d'un meurtre ou d'un sacrilège.

Enfin, de l'amour de la beauté naît le désir de la chanter, de la reproduire ou tout au moins de l'imiter, et ce désir est le principe même de l'art. Mais le point de départ de toute cette évolution de sentiments est le plaisir du beau.

III. — On pourrait à la rigueur s'arrêter là; mais évidemment il reste à analyser ce plaisir lui-même; et ce n'est pas sans doute assez que d'en énumérer les caractères. Ce plaisir nous semble être, non un sentiment simple, mais la synthèse ou, pour mieux dire, la résultante d'un plus ou moins grand nombre de plaisirs.

Le plaisir, selon la profonde doctrine d'Aristote, est lié à l'exercice de l'activité : il s'ensuit évidemment cette conséquence que chaque espèce de plaisir est l'effet d'une espèce d'acte particulier. Quel est donc l'acte qui produit le plaisir du beau? Cet acte est celui de la perception. Mais la perception est un phénomène essentiellement complexe et synthétique malgré son apparente simplicité, et c'est pourquoi le plaisir du beau enveloppe dans son unité tous les plaisirs partiels attachés aux divers éléments de la perception. Or, toute perception se compose de trois éléments : 1° des sensations qui en sont, pour ainsi dire, la matière ; 2° un acte *sui generis* par lequel l'esprit parcourt ces sensations, les distingue, les coordonne, les ramène à l'unité ; 3° enfin, la reconnaissance de l'objet, c'est-à-dire l'idée même de l'objet incorporée et identifiée par une sorte d'illusion mentale à cet ensemble de sensations. Seulement, le caractère propre de cet acte, c'est que les trois éléments qui le composent sont intimement unis et fondus au point de donner à l'esprit la conscience d'un acte d'intuition aussi immédiat que la sensation elle-même.

Maintenant, chacun des éléments de la perception peut apporter sa part de plaisir dans le plaisir total. — Ainsi, les sensations mêmes, matière de la perception, peuvent être plus ou moins agréables : une partie du plaisir de la musique ou de la peinture, la moins importante, il est vrai, tient certainement à la pureté des sons ou à la vivacité des couleurs. — D'autre part, les sensations les plus agréables, comme celles du goût et de l'odorat, demeurent étrangères au plaisir esthétique par cela même qu'elles sont indifférentes à la perception ; les seuls sens esthétiques sont les sens habituels de la perception humaine : la vue et l'ouïe.

En second lieu, l'acte par lequel l'esprit analyse et synthétise les sensations est une source de plaisirs plus importants : quand l'objet est tout à fait simple ou familier, cet acte s'accomplit sans plaisir ni peine ; mais quand l'objet contient un grand nombre de parties diverses et que cependant l'ordre qui existe entre ces parties permet de les ramener facilement à l'unité, l'acte est d'autant plus agréable que cet ordre même est plus inattendu et plus nouveau. Que si toutefois nous nous attendions à un certain ordre d'après l'idée que nous nous faisions d'avance de l'objet et si notre attente se trouve déçue, il peut en résulter un sentiment pénible. Le plaisir de la beauté formelle et une partie des effets de l'imitation dans l'art s'expliquent par ce second élément de la perception.

Enfin, les idées et les sentiments suggérés par l'objet contribuent à renforcer encore le plaisir esthétique pourvu qu'ils se fondent intimement avec le corps de la perception. C'est ainsi qu'une musique expressive éveille dans l'âme des émotions et des images qui la font paraître plus belle encore à l'auditeur; la beauté de la poésie est faite presque tout entière de ces associations. Il n'est presque pas de sentiment — si du moins il est agréable à quelque degré — qui ne puisse ainsi entrer dans la composition du plaisir du beau. L'extrême diversité des formes de ce plaisir a sa raison principale dans ce dernier élément de la perception.

On reconnaîtra, dans cette théorie qu'on ne fait qu'ébaucher ici, la doctrine exposée dans le *Cours*, p. 177 et suiv., mais présentée peut-être d'une façon plus systématique et dégagée dans une certaine mesure de la théorie du *jeu* (qui est plus particulièrement propre à Kant, à Schiller et aux esthéticiens anglais contemporains, dont M. H. Spencer est le chef). — Voir contre cette dernière théorie les objections de M. Guyau dans ses *Problèmes de l'Esthétique contemporaine*.

### 207. — *Du vrai, du beau et du bien.*

Les anciens unissaient et confondaient presque le beau et le bien, comme en témoigne l'expression grecque καλὸς κἀγαθός.

On pourrait à la rigueur les ramener à l'unité en les définissant l'un et l'autre par la perfection. Mais le bien, c'est la perfection intérieure et objective de l'être dont toutes les parties sont coordonnées entre elles comme l'exige son type ou sa fin; le beau, c'est la perfection extérieure et formelle de l'être ou plutôt des phénomènes qui le manifestent et qui se trouvent d'accord avec les exigences de nos facultés perceptives et représentatives. De ces deux définitions, on peut déduire les différences et les relations principales du bien et du beau. — Le bien est connu par la raison seule, le beau est perçu par les sens et l'imagination; le bien est intérieur, le beau est extérieur; le beau est souvent le rayonnement du bien, il n'en est parfois que le simulacre, etc., etc. — On insistera sur le bien, mais en faisant voir que ce bien réside dans l'homme même et non dans des objets qui, même en étant ses œuvres, lui demeurent extérieurs, et qu'il s'impose à lui comme une obligation inviolable.

Pour la comparaison du vrai, du beau et du bien, on les étudiera successivement au point de vue des facultés auxquelles ils se rapportent, de leur nature intrinsèque, de leur plus ou moins grande extension et de leurs relations mutuelles.

### Plan.

I. — Le vrai est l'objet de l'intelligence pure : il est connu par le moyen de l'abstraction, de la généralisation, du jugement et du raisonnement : la science s'efforce de le déterminer. — Il ne faut pas d'ailleurs confondre le vrai avec le réel : le réel est particulier, le vrai est général ; le réel est sensible, le vrai est intelligible. En outre, le vrai dépasse le réel : il enveloppe aussi l'idéal, le possible ; exemples : les vérités logiques et mathématiques.

Le beau est l'objet des sens, de l'imagination et du sentiment : il est irréductible à des concepts ; on ne peut ni le définir ni le démontrer. L'émotion qu'il excite, c'est l'admiration et non la simple curiosité. — Le vrai est indépendant de notre volonté ; s'il y a des beautés dont l'existence ne dépend pas de nous, il en est d'autres qui sont notre œuvre. La science constate le vrai et ne le crée pas ; l'art peut créer le beau.

Le bien est l'objet de la conscience morale (en tant du moins qu'il ne se ramène pas entièrement au vrai lui-même) : or la conscience est, en quelque sorte, l'unité de la raison et du sentiment. Il peut se définir et se démontrer, mais l'évidence est ici d'un autre ordre que celle des vérités mathématiques ou physiques : elle est moins démonstrative qu'impérative. L'émotion qu'il excite est celle du respect. (V. *Cours*, p. 303 et 304.) — Aussi le bien nous apparait-il comme obligatoire. Comparer sous ce rapport la vertu avec la science et avec l'art.

II. — Le vrai, c'est l'ensemble des lois, c'est-à-dire des rapports généraux, constants, nécessaires, qui font l'unité et la stabilité de l'être ; c'est la logique cachée dans les choses, la raison immanente au monde, la pensée créatrice que notre science humaine s'efforce de repenser. « *Dum Deus calculat et cogitationem exercet*, a dit Leibniz, *fit mundus.* »

Le beau, c'est un ordre particulier de rapports, les rapports de finalité, non plus conçus d'une manière abstraite, mais donnés *in concreto* dans un objet des sens ou de l'imagination. C'est un ordre mais concentré dans un individu en un point du temps et de l'espace, non disséminé à travers une infinité d'individus dans le temps et l'espace tout entiers; et cet ordre même est extérieur, formel, relatif à nos sens et à notre imagination bien plus qu'à notre intelligence.

Le bien, c'est encore un ordre de rapports de finalité, mais conçu comme intérieur aux êtres mêmes, qui peuvent en fait y être plus ou moins conformes, mais dont c'est la loi même que d'y tendre et de s'en rapprocher de plus en plus. Cet ordre de rapports, en tant qu'il concerne la nature propre et la volonté de l'homme, est le bien moral.

III. — Il suit de là que le vrai est infiniment plus étendu que le beau et le bien. La vérité est en toutes choses; la beauté ne se rencontre que dans certaines œuvres de la nature et de l'homme; le bien est encore plus restreint, du moins le bien moral, car il ne réside que dans la volonté humaine.

IV. — Enfin, on étudiera les rapports du vrai, du beau et du bien : par exemple, il y a des cas où le vrai et le beau sont séparés ; d'autres où ils sont unis. Dans quelle mesure dépendent-ils l'un de l'autre ? etc.

V. — Pour le commun principe de ces trois idées, on peut dire qu'au point de vue subjectif, elles s'expliquent par la raison humaine, au point de vue objectif, par la raison absolue qui est Dieu. Supprimez la raison dans l'homme, la vérité se confond avec l'apparence, le beau ne se distingue plus de l'agréable, le bien est remplacé par l'utile. D'autre part, comment comprendre l'ordre du monde, les beautés qu'il contient, l'idéal moral que l'homme s'efforce d'y réaliser, s'il est l'effet d'une rencontre fortuite de phénomènes ? (V. *Cours*, p. 410 à 414, p. 466, etc.)

**208.** — *Le beau doit-il se confondre avec l'utile ou avec l'agréable ? L'art doit-il être exclusivement l'imitation de la nature ?*

Cette question enferme en réalité deux sujets distincts qu'il est impossible de ramener à l'unité : 1° la distinction du beau et de l'agréable ou de l'utile; 2° le rôle de l'imitation de la nature dans l'art.

Pour le premier point, voir *Cours*, p. 178. — Il faut prendre garde qu'on doit d'abord définir le beau, l'utile, l'agréable en eux-mêmes avant de montrer leurs rapports. Dire que tout ce qui est agréable n'est pas beau, ou que le beau est le plus souvent inutile, etc., avant d'avoir défini l'agréable, l'utile et le beau, c'est commettre une sorte de pétition de principe.

Pour le second point, il faudra de même se référer à une idée positive de l'art pour faire comprendre qu'il ne doit pas être une imitation exclusive de la nature. Faute d'une telle idée, on pourra bien indiquer des faits qui contredisent la thèse de l'imitation (par exemple, l'existence de l'architecture, de la musique, etc.); mais les partisans de cette thèse pourront indiquer d'autres faits qui lui paraissent favorables.

A notre avis, l'idée la plus compréhensive qu'on puisse se faire de l'art, c'est qu'il est la manifestation esthétique du génie humain. Tandis que dans les sciences l'esprit s'efforce de modeler ses connaissances sur la réalité objective, il exprime librement sa propre nature dans l'art. Toute doctrine qui méconnaît ce caractère essentiellement subjectif de l'art tend à le confondre soit avec la science même, soit avec quelqu'une des applications pratiques de la science. — La preuve de la définition de l'art pourrait se tirer soit *à priori* de cette loi générale de la nature des choses en vertu de laquelle toute activité tend à produire des effets qui manifestent son essence intime, soit *à posteriori* des rapports constants que l'observation nous découvre entre les différentes formes de l'art et le génie particulier des individus ou des peuples.

Si on admet cette définition, il est clair que le principe de l'imitation de la nature n'a plus qu'une valeur secondaire. Il s'explique alors par ce fait que notre être intérieur est lui-même une sorte de miroir qui reflète l'univers et qu'ainsi les choses externes sont intimement mêlées à notre vie subjective : d'où la faculté que nous avons de nous intéresser à elles et de sympathiser avec l'imitation que nous en présente une œuvre d'art. Naturellement, plus l'âme humaine deviendra, en quelque sorte, objective, c'est-à-dire plus elle prendra d'intérêt au spectacle des choses extérieures, plus l'art accordera une large place au principe de l'imitation; et c'est peut-être l'effet auquel nous assistons de nos jours sous l'influence croissante des idées scientifiques; mais justement on peut craindre qu'elle ne finisse par s'intéresser bien plus à la connaissance des choses qu'à leur représentation, et qu'ainsi l'art disparaisse entièrement devant la science. Par bonheur, il restera toujours dans l'âme humaine une source de sentiments et d'idées qui ne s'alimente point du dehors mais jaillit du plus profond d'elle-même, et l'art pourra toujours y puiser.

Il serait intéressant de rechercher les raisons du caractère esthétique de l'imitation. On peut, croyons-nous, les ramener aux suivantes :

1° Si l'œuvre d'art s'annonce comme devant être en effet une imitation de la nature, nous éprouvons le plaisir de l'attente satisfaite; une imitation inexacte heurte nos habitudes et nous cause une sorte de déception.

2° L'esprit ressent un plaisir particulier à reconnaître l'identité de deux objets, malgré des différences plus ou moins nombreuses et importantes : le jeune enfant rit en voyant toutes choses redoublées dans un miroir; le savant, le philosophe sont ravis de pouvoir ramener à une seule et même formule les faits en apparence les plus disparates; de même, on est charmé de reconnaître dans une œuvre d'art la réalité qui lui a servi de modèle. Ce plaisir même est d'autant plus grand que l'œuvre se prête davantage à des comparaisons et à des reconnaissances multipliées.

3° Que si nous sommes amenés par l'étude de l'œuvre d'art à nous rappeler des parties de la réalité qui n'avaient pas frappé notre attention ou dont nous n'avions pas compris l'intérêt, le plaisir de la reconnaissance se double du plaisir de la découverte : nous étions tentés, au premier moment, de croire que la copie ajoutait au modèle, et, cependant, en y regardant de plus près, nous nous apercevons qu'elle lui est bien conforme. Nous sommes ainsi amenés à une observation plus pénétrante, à une connaissance plus profonde de la réalité.

4° L'homme, faisant partie du monde réel auquel l'attachent ses sens, ses besoins, son activité pratique, s'intéresse à la réalité comme telle : penser qu'une chose existe réellement, qu'elle est sérieuse, vécue, c'est pour beaucoup d'esprits la condition indispensable de toute émotion, de tout intérêt. Voilà pourquoi tant de romanciers s'efforcent de persuader à leurs lecteurs qu'ils racontent une histoire vraie; voilà pourquoi le théâtre cherche à produire l'illusion de la vie réelle.

5° Enfin, le plaisir que nous cause l'imitation vient aussi de la difficulté vaincue : une photographie peut être plus fidèle qu'un tableau, mais c'est une œuvre de la nature et non de l'homme. Nous sympathisons, en admirant l'œuvre d'art, avec l'habileté de l'artiste qui rivalise avec la nature même et crée, pour ainsi dire, une seconde fois. Quiconque a essayé de peindre, de dessiner, de reproduire, a pu se faire une idée de la difficulté d'y réussir : il éprouve donc un plaisir d'autant plus vif à voir cette difficulté surmontée par un plus habile.

Telles sont, croyons-nous, les raisons qui se réunissent pour produire le plaisir esthétique de l'imitation. Sauf le plaisir de la découverte, on peut se convaincre que les éléments de ce plaisir ne sont pas d'un ordre bien élevé, et on comprend qu'un art qui vise exclusivement à l'imitation de la nature ne peut être qu'un art inférieur.

D'ailleurs, on pourrait montrer que les conditions mêmes du plaisir de l'imitation excluent une imitation trop servile de la réalité. En effet, pour avoir du plaisir à reconnaître une chose, il faut qu'elle se présente à nous avec quelque différence qui en fasse la nouveauté, et même, plus elle semble nouvelle, plus nous avons de plaisir à retrouver en elle une vieille connaissance. Dès lors, l'art irait contre son propre but s'il supprimait les conventions qui maintiennent une différence toujours saisissable entre ses œuvres et la réalité (par exemple : l'uniformité de couleur et l'immobilité absolue pour la sculpture; la différence des dimensions, le cadre, etc., pour la peinture, et ainsi de suite). Par cela même aussi, l'art peut, dans certains cas, souligner cette différence, afin de faire ressortir encore davantage l'identité à laquelle il vise d'autre part. C'est ainsi, par exemple, que l'exacte imitation des passions humaines prend peut-être plus de relief dans le cadre éminemment conventionnel des tragédies de Racine, telles que *Phèdre* ou *Bajazet*. De même, la condition *sine qua non* du plaisir de la difficulté vaincue, c'est que le spectateur se sache en présence d'une œuvre d'art : il faut donc que la main de l'artiste se laisse toujours entrevoir. Si je pouvais prendre un tableau pour une reproduction photographique, je cesserais de l'admirer ou, du moins, mon admiration n'aurait plus aucun caractère esthétique. Ajoutons qu'en somme le plus grand plaisir que puisse donner l'imitation, c'est le plaisir de la découverte, c'est celui que donne, par exemple, un Molière; mais ici, on peut bien se demander si nous ne sommes pas dupes d'une illusion en croyant reconnaître dans la réalité des traits que, livrés à nous-mêmes, nous n'y aurions sans doute jamais remarqués : nous ne les voyons que parce que le génie nous les montre. C'est lui qui nous force, pour ainsi dire, à voir la réalité avec ses yeux, il nous impose sa propre vision des choses. S'il en est ainsi, notre plaisir ne vient plus de l'imitation de la nature, il vient de notre participation à une intelligence et à une sensibilité supérieures, d'une sorte de communion de notre âme avec le génie.

Une conséquence de la théorie de l'imitation, c'est, on le fera voir, qu'elle identifie l'art avec la science. En effet, il suffira d'étudier exactement la réalité pour faire une œuvre d'art. Cette œuvre ne sera donc pas autre chose que l'application de théories scientifiques, car où trouver ailleurs que dans la science les moyens d'étudier et de reproduire exactement la réalité ? D'autre part, on pourra juger les œuvres d'art avec une précision et une infaillibilité mathématiques, puisqu'il suffira pour cela de les comparer avec la réalité scientifiquement connue. — On discutera cette conséquence.

### Plan.

On trouvera dans le *Cours*, page 182, le plan de la dissertation.

I. — Part de vérité contenue dans la doctrine de l'imitation.

II. — Son insuffisance. 1° L'imitation ne suffit pas toujours, elle doit être complétée par d'autres éléments; 2° elle n'est pas même toujours nécessaire (architecture, musique, poésie lyrique); 3° elle n'est jamais qu'un moyen et non une fin. — L'imitation servile de la réalité n'est ni désirable ni possible.

III. — Vraie théorie de l'art.

## 209. — *Du beau et du sublime.*

Plan.

I. — Deux sentiments s'élèvent dans l'âme humaine en présence des grands spectacles de la nature ou des chefs-d'œuvre de l'art : le sentiment du beau, le sentiment du sublime. On se propose ici de rechercher jusqu'à quel point ces deux sentiments se ressemblent, quelles différences les distinguent, et quelles conséquences cette distinction entraîne, soit dans la nature des choses, soit dans les œuvres de l'art humain.

II. — Ressemblances du beau et du sublime. Le sentiment du beau et celui du sublime sont deux formes diverses d'un même sentiment général, l'*admiration*. Si donc on généralise le sens du mot « beau », comme on le fait souvent, au point de le rendre synonyme d'admirable, le sublime est un cas particulier du beau. Beau ou sublime, l'objet que nous admirons nous frappe uniquement par son aspect, non par son utilité : dans les deux cas, il s'agit d'un plaisir désintéressé, essentiellement social, tel que tout être humain doit le ressentir en présence de l'objet.

III. — Différences du beau et du sublime.

1° Quant à la nature des sentiments qu'ils excitent dans l'âme. Sentiment du beau, pur, relativement calme, satisfaction sans mélange, résultant de l'accord de toutes nos facultés avec l'objet ; sentiment du sublime, violent, tragique, secousse mêlée de surprise et de crainte, résultant d'un désaccord entre nos facultés et l'objet qui est trop grand pour elles.

2° Quant à la nature de leurs conditions objectives. Conditions du beau, *ordre* et *expression*, la perfection de la forme, la netteté des contours, la clarté, tout ce qui facilite la perception ; ce qui est trop grand, trop simple ou trop compliqué ne peut être beau ; exemples. Conditions du sublime : *infinité apparente*, grandeur ou puissance sans bornes : le sublime peut être informe, nu, incorrect ; exemples ; ce qui est trop clair, trop compréhensible, ne peut être sublime. Le sublime, c'est la beauté du mystère. — Dieu, par son intelligence et sa bonté, est le principe du beau ; par sa grandeur et sa puissance, il est le principe du sublime. De là vient que le beau est objet d'amour ; le sublime, de vénération et de terreur.

3° Quant à leurs effets dans l'art : deux formes de l'art, l'*art classique*, qui vise surtout au beau, l'*art romantique*, qui vise plutôt au sublime. Multiplier les exemples pris dans les différents arts, surtout en littérature, et vérifier sur ces exemples les caractères du beau et du sublime indiqués plus haut.

IV. Conclusion. — L'idéal a deux faces, perfection et infinité, ordre et grandeur, beauté et sublimité. L'homme admire à la fois ce qui lui convient et ce qui le surpasse.

210. — *Quelles sont les différences entre les principes, les moyens et les fins de la science, de l'art et de l'industrie?*

Idées à développer.

La science a pour fin le vrai ; l'art, le beau; l'industrie, l'utile.

Le principe de la science est l'intelligence ; celui de l'art est l'imagination excitée par la sensibilité morale et dirigée par le goût ; celui de l'industrie est le besoin aidé du travail et de la science.

Les moyens de la science sont l'expérience et le raisonnement revêtus des formes de la méthode; les moyens de l'art sont l'imitation de la nature, l'expression des sentiments humains, la fiction et l'idéal ; les moyens de l'industrie sont les forces mêmes de la nature transformées en esclaves et en collaboratrices de la volonté humaine.

La science et l'industrie sont également assujetties à la condition de se conformer aux lois objectives des choses ; la première découvre ces lois ; la seconde les fait servir à la satisfaction des besoins de l'humanité, et c'est pourquoi leurs progrès sont parallèles, comme Bacon l'a fait voir. (V. *Cours*, p. 240 et 535.) L'art est infiniment plus libre : il peut méconnaître les lois de la nature pourvu qu'il satisfasse la raison et la sensibilité humaines.

D'autre part, la science est purement théorique, spéculative ; l'art et l'industrie agissent, produisent, créent.

Enfin la science et l'art sont également désintéressés : ils cherchent le vrai et le beau pour eux-mêmes ; l'industrie est essentiellement utilitaire.

**211.** — *Quel est le sens de ces diverses expressions employées dans la théorie des beaux-arts : l'imitation, la fiction, l'idéal ?*

L'unité de la dissertation, c'est évidemment la théorie des beaux arts. On montrera que l'art, dans sa recherche de la beauté, peut suivre trois routes différentes : ou bien se modeler entièrement sur la nature objective (observation et imitation), ou bien créer des œuvres entièrement subjectives sans rapport avec la réalité (imagination pure et fiction) ; ou bien, enfin, modifier, transformer la nature pour la rendre plus conforme aux exigences subjectives de la raison et de la sensibilité morale (observation rectifiée par l'imagination, idéal).

**212.** — *Quelle différence y a-t-il dans la poésie et les beaux-arts entre la fiction et l'idéal ?*

V. *Cours*, p. 184. — Ils diffèrent par leur but, leur origine et leurs caractères.

Le but de la fiction, c'est de produire un plaisir vif mais superficiel, le plaisir de l'imagination qu'elle amuse, étonne, éblouit ; mais l'excitation qu'elle cause est passagère. Le but de l'idéal, c'est de produire un plaisir profond, durable, toujours renouvelé, le plaisir de la raison qui reconnaît en lui comme une image de son objet suprême.

L'origine de la fiction, c'est l'imagination combinatrice, dérangeant et arrangeant librement les matériaux que lui fournit la réalité ; l'origine de l'idéal, c'est l'imagination créatrice, faculté mystérieuse et divine, qui semble ravir à la nature même le secret de ses œuvres ; car elle fait aussi des êtres réels et vivants en qui semble s'incarner un type, une loi de la nature des choses.

Enfin, la fiction peut être invraisemblable, folle, absurde ; l'idéal est profondément logique et naturel, c'est la nature même prenant, pour ainsi dire, dans la raison humaine qui la reflète, une conscience plus claire de son essence et de ses tendances intimes.

On éclaircira ces propositions abstraites en donnant de nombreux exemples de la fiction et de l'idéal dans la poésie et les beaux-arts. Ainsi la fantaisie, la caricature, le merveilleux, etc., sont des formes de la fiction (contes de fées, romans d'aventures, comédies d'intrigues, etc.) ; comme exemple d'idéal on pourrait citer les personnages de Corneille, le Cid, Polyeucte, etc. D'ailleurs dans l'idéal même il faut distinguer deux espèces : 1° l'idéal qui est simplement la reproduction simplifiée et amplifiée de la réalité, comme l'idéal de l'avare et du misanthrope, par exemple, dans Molière et 2° l'idéal qui est la personnification d'une idée conçue par la raison, comme l'idéal du chevalier ou du martyr, par exemple dans Corneille.

On ne perdra pas de vue, en traitant ce sujet, que la fiction te l'idéal ne constituent pas à eux deux l'art tout entier; mais qu'il faut y joindre encore l'observation et l'imitation de la nature en même temps que l'expression des sentiments du cœur humain. On n'oubliera pas non plus qu'il est parfois difficile dans la pratique de marquer exactement les limites de la fiction et de l'idéal, comme aussi celles de l'idéal et de l'imitation ou de l'interprétation de la réalité.

### 213. — *De la moralité dans l'art.*

Les principales thèses qu'on peut développer sur ce sujet sont indiquées dans le *Cours*, p. 484. — On éclaircira la première en montrant les différences du beau et du bien.

La seconde implique une question très délicate : comment l'art peut-il être contraire à la morale ? Certains esprits croient, en effet, que l'art ne peut en aucun cas être immoral : il purifie, selon eux, tout ce qu'il touche. Par conséquent il n'y a jamais lieu de se demander si une œuvre d'art est conforme ou contraire à la morale. — C'est là, ce nous semble, une vue trop optimiste. Tout d'abord une œuvre d'art peut être sciemment et volontairement immorale, si son auteur a eu l'intention d'exciter ou de flatter les mauvais penchants du cœur humain. Or on ne saurait prétendre que le cas ne se soit jamais rencontré. Si quelques-uns ont voulu faire de l'art un prédicateur de vertu, d'autres ont bien pu essayer d'en faire un prédicateur de vice. — On objectera sans doute que la honteuse industrie qui produit de telles œuvres n'a rien de commun avec l'art. Cela est vrai si ces œuvres sont d'ailleurs sans mérite; mais ne peut-il s'en trouver qui tout à la fois révoltent notre conscience par leur immoralité et forcent notre admiration par leur beauté ? Certes le plaisir qu'elles nous causent est un plaisir impur, équivoque, qu'on ressent pour ainsi dire à contre-cœur; mais c'est un plaisir, et un plaisir esthétique. — Il est plus malaisé de dire si une œuvre d'art peut être immorale à l'insu de son auteur et même contrairement à ses intentions. Par exemple, l'image (trop souvent conforme à la réalité) du triomphe de la ruse ou de la force sur la justice, la peinture trop fidèle des passions et des vices ou des petitesses et des travers qui parfois s'attachent à la vertu même, ne peuvent-elles avoir cet effet d'énerver dans les âmes le mépris et l'horreur du mal, le respect et l'amour du bien ? Et cependant les artistes qui composent de telles œuvres n'ont pas eu nécessairement l'intention de pervertir les consciences : ils peuvent même prétendre qu'ils ont voulu les édifier. — Nous ne croyons pas qu'il soit possible ici d'édicter à priori des règles absolues. Des œuvres très saines ont été taxées d'immoralité parce qu'elles choquaient les préjugés d'une époque ou d'une classe de la société. Tout dépend en somme de l'impression finale produite par l'œuvre sur un esprit libre de préjugés mais profondément pénétré des grandes vérités morales. Si cette impression est trouble, cela suffit : l'œuvre est mauvaise. Il n'appartient donc pas à la morale d'interdire formellement à l'art cette sorte de sujets : mais elle peut et doit lui rappeler quelle grave responsabilité il assume en y touchant. L'insouciance, l'imprudence seraient ici bien voisines de l'immoralité.

Dans le développement de la troisième thèse, on fera voir que non seulement l'art peut représenter le bien, mais qu'il le doit ; et qu'une des sources les plus fécondes du plaisir esthétique est dans cette peinture de la beauté morale. Quoi de plus beau en effet pour le cœur de l'homme que l'héroïsme et la bonté ? Aussi les plus hautes formes de l'art sont celles où le beau semble n'être que le resplendissement du bien. Telles sont les œuvres de notre grand Corneille.

La quatrième thèse se rapproche plus particulièrement des sujets suivants.

Voir sur cette question un intéressant article de M. Martha dans la *Revue des Deux-Mondes*, du 15 avril 1879.

**214.** — *Montrer comment la culture esthétique de l'homme par la littérature et les beaux-arts peut contribuer à son perfectionnement moral ?*

Sujet qui appartient à la rhétorique presque autant qu'à la philosophie.

Les deux principales idées à développer sont les suivantes :

1° La littérature et les beaux-arts donnent à l'âme humaine des plaisirs désintéressés, purs de toute considération égoïste et utilitaire ; par là, ils préparent l'âme à un désintéressement supérieur, le désintéressement de la vertu. (V. *Cours*, p. 484, *sub fin.*) C'est déjà le signe d'une certaine noblesse d'âme que d'aimer les belles choses.

2° Mais en outre, la littérature et les beaux-arts nous retracent les images des plus héroïques actions, des plus généreux sentiments, des plus sublimes pensées que l'humanité ait enfantés ; l'idéal moral vit éternellement dans les œuvres des grands poètes. Qui prêche mieux le devoir que Corneille ?

**215.** — *La culture des arts et des sciences est-elle, comme l'a soutenu J.-J. Rousseau, une cause de décadence et de corruption ?*

Plan.

I. — On exposera la thèse soutenue par J.-J. Rousseau dans son Mémoire à l'Académie de Dijon. L'art ôte le goût des plaisirs simples et naturels ; il développe l'amour du luxe et du raffinement ; il accoutume à traiter toute chose comme un spectacle et à s'intéresser même au mal s'il est curieux à regarder. La science excite une curiosité qu'elle ne peut satisfaire ; elle emporte l'esprit loin des réalités et des obligations de la vie pratique ; par le progrès toujours croissant des inventions qu'elle favorise, elle multiplie à l'infini les besoins de l'homme.

I. — On montrera l'exagération de cette thèse en faisant voir les bienfaits de l'art (V. *Sujet* précédent) et de la science. (V. *Cours*, p. 1 et 154.)

III. — On fera voir cependant que la doctrine de Rousseau n'est pas entièrement fausse. La culture des arts et des sciences, si elle n'est pas contenue et dirigée par le souci constant de l'idéal moral, peut être en effet une cause de décadence et de corruption. « Science sans conscience, a dit avec raison Montaigne, est la ruine de l'âme. » De même, l'art seul ne peut suffire à l'éducation morale d'un individu ni d'un peuple. Le dilettantisme est proche parent du scepticisme. Qui pourrait faire fonds sur une nation d'artistes et d'amateurs ? La science et l'art ne sauraient dispenser du travail et de la vertu.

# CHAPITRE XIV

## LES RAPPORTS DU PHYSIQUE ET DU MORAL

**216.** — *De l'union de l'âme et du corps.*

### Plan.

On fera voir que le problème est double : à la fois expérimental et métaphysique. (V. *Cours*, p, 186 et 457.)

I. — L'âme et le corps sont unis : ce qui se passe dans l'un retentit dans l'autre. Le corps est perpétuellement représenté dans l'âme par un ensemble de sensations musculaires et tactiles; et l'âme, au moins pendant la veille, exerce perpétuellement son action sur l'ensemble des organes.

II. — Selon quelles lois se fait cette union ?

1° L'âme est plus particulièrement unie au cerveau et au système nerveux : c'est par leur intermédiaire qu'elle communique avec le reste du corps;

2° Les modifications du système nerveux suffisamment intenses ou étendues produisent dans l'âme des *sensations;*

3° D'autre part, les *émotions* de l'âme et ses *opérations* intellectuelles et volontaires produisent des modifications dans le système nerveux proportionnées à leur force.

III. — Quel est le but de cette union ?

On fera voir que ce but est de mettre l'âme en communication d'une manière permanente et régulière avec le monde extérieur.

IV. — Quelle est la nature de cette union ?

C'est ici le problème métaphysique qui n'est pas encore résolu. On indiquera sommairement les principales solutions proposées. (V. *Cours*, p. 457.)

**217.** — *En quoi consiste la question si controversée des rapports du physique et du moral ?*

S'il s'agit simplement d'observer les rapports qu'ont en fait le physique et le moral, la question n'est nullement controversée (V. *Cours*, p. 186 et 187) ; il n'en est plus de même s'il s'agit d'interpréter, d'expliquer ces rapports.

A ce point de vue, le matérialisme prétend que le moral est simplement l'envers du physique. (V. *Cours*, p. 454.) — On montrera que si l'expérience prouve le parallélisme du physique et du moral, elle ne prouve pas leur identité. (V. *Cours*, p. 455.) Le physique est la condition nécessaire; il n'est pas la cause du moral. D'ailleurs, le moral réagit sur le physique.

Admettre l'union et l'influence réciproque du physique et du moral, c'est ouvrir la porte à de nouvelles difficultés. De là les systèmes de l'influx physique, des causes occasionnelles, de l'harmonie préétablie etc. (V. *Cours*, p. 457) ; et cependant, c'est là, ce semble, la seule doctrine admissible.

218. — *Montrer par des exemples la double influence du physique sur le moral et du moral sur le physique.*

L'influence du physique sur le moral se manifeste dans les sensations, les instincts, les rêves, l'hallucination, la folie, etc.; l'influence du moral sur le physique se manifeste dans les émotions, l'imagination, l'attention et surtout dans l'empire de la volonté sur les organes. On multipliera les exemples de ces différents faits en prenant garde qu'ils peuvent souvent servir à témoigner également de l'une et de l'autre influence; par exemple l'émotion est tout à la fois cause et effet du trouble physique qui l'accompagne. (V. *Cours*, p. 31.) Dans l'état normal, le physique est un instrument au service du moral; il y a désordre, dès que le physique est une cause de perturbation pour le moral ou réciproquement.

219. — *Développer et, s'il y a lieu, critiquer cette définition de M. de Bonald : « L'homme est une intelligence servie par des organes. »*

Plan.

I. — L'homme, disaient les anciens, est un animal raisonnable. M. de Bonald a renouvelé cette définition traditionnelle en la présentant ainsi : l'homme est une intelligence servie par des organes.

II. — La définition antique définit d'abord l'homme par le *genre*, c'est-à-dire par l'animalité: la définition de M. de Bonald met tout au contraire au premier plan la *différence*, c'est-à-dire l'intelligence ou la raison. Moins conforme aux règles de l'école (V. *Cours*, p. 208), elle est peut-être plus lumineuse pour l'esprit : la différence en effet est, comme l'a fait voir Aristote, plus voisine de l'essence que le genre.

III. — L'intelligence dans un organisme, la raison dans un animal, voilà en effet la nature propre de l'homme. Faire voir que la structure de l'homme a pour but l'intelligence : seul il élève la tête, siège de la pensée, au-dessus du corps (citer les vers d'Ovide : *Pronaque dum spectent animalia cetera terram*, etc.), seul, il a la main, cet instrument des instruments, (Bacon) ce compas à cinq branches (De Blainville) ; seul enfin il a la parole. L'homme est visiblement fait pour penser. (Cf. le célèbre passage de Pascal : l'homme n'est qu'un roseau le plus faible de la nature, mais c'est un roseau pensant. Toute notre dignité consiste donc dans la pensée, etc.)

IV. — On peut faire deux objections.

1° La définition ne tient pas compte de la volonté : l'âme humaine n'est pas une intelligence purement contemplative ; c'est une activité, une force, une volonté ; elle ne commande pas seulement aux organes, elle les meut. (V. cependant *Sujet* 169.) — Cela est vrai, sans doute ; mais on fera voir que la volonté elle-même est inséparable de l'intelligence : vouloir, c'est vouloir une idée et la réaliser objectivement. La plus haute volonté, la volonté du devoir, est-elle autre chose que l'idéal moral s'assujettissant l'homme tout entier ?

2° La définition ne tient pas compte de la sensibilité : l'âme humaine n'est pas une intelligence extérieure à ses propres organes ; elle participe à leur vie ; elle jouit et souffre selon qu'ils sont en bon ou mauvais état ; elle est leur esclave presque aussi souvent que leur maîtresse (sommeil, rêves, délire, folie, etc.). — Cela est vrai encore : l'homme est une intelligence non seulement servie, mais souvent aussi asservie par des organes. C'est là ce qui fait la dualité de sa nature : il est à la fois un animal et comme tel, parent des plus misérables créatures, une raison et comme tel, parent de l'intelligence universelle et créatrice. Mais en somme, s'il faut définir un être par l'attribut qui prime en lui tous les autres, M. de Bonald a raison : ce qui fait de nous des hommes, c'est la souveraineté de l'intelligence sur la vie organique ou animale. L'homme en qui l'intelligence obéit aux organes au lieu de leur commander n'a plus de l'homme que l'apparence.

# CHAPITRE XV

## L'HOMME ET L'ANIMAL

**220.** — *De l'âme des bêtes. Quelles sont les diverses opinions sur cette question?*

Plan.

I. — L'opinion vulgaire semble être que les bêtes n'ont pas d'âme et que cependant elles sentent comme nous, éprouvent comme nous de la joie, du désir, de l'amour, de la colère, de la haine, etc., se souviennent, et peut-être même jugent et raisonnent comme nous. On fera voir que cette opinion est inconséquente et contradictoire : l'âme n'étant rien de plus que « ce qui sent », le sujet conscient des sensations, des sentiments, des pensées, etc., si la bête sent, a conscience à quelque degré, elle a donc une âme.

II. — Seul Descartes a soutenu rigoureusement que les bêtes n'ont pas d'âme. Exposer la théorie des animaux-machines ou de l'automatisme des bêtes. (V. dans le *Discours de la Méthode*, V⁰ partie, les arguments de Descartes; et dans le *Cours*, p. 190, la critique sommaire de ces arguments.)

On pourrait en ajouter deux autres :

1° L'essence de la pensée est homogène et indivisible comme celle de l'étendue : l'étendue étant donnée, la possibilité de tous les modes de l'étendue, c'est-à-dire de toutes les figures, est donnée par cela même ; pareillement si la pensée, c'est-à-dire l'âme, est présente dans un être, tous les modes de la pensée y sont par cela même présents, au moins virtuellement ; supposer une pensée capable de sensations et de mémoire et pourtant incapable de raisonnement et de liberté, c'est supposer une étendue pouvant recevoir des lignes droites et ne pouvant recevoir des lignes courbes. Or la prétendue âme des bêtes est manifestement incapable des opérations supérieures de la pensée : elle l'est donc aussi des opérations inférieures. (Cette objection est déjà indiquée dans le *Cours*, p. 190.)

2° Il n'est pas nécessaire de supposer que la nature ait intercalé chez les animaux des sensations ou des images entre les impressions sensorielles et les mouvements qui en résultent; de simples actions réflexes, sans immixtion d'aucun état de conscience, suffisent pour rendre compte de tous leurs actes. Chez l'homme, les sensations et les images ont leur raison d'être parce qu'elles y rendent possibles les opérations supérieures de la pensée auxquelles elles servent de matière : la conscience sensitive y est la condition de la conscience intellectuelle; chez l'animal, ces intermédiaires sont inutiles, et par conséquent la nature en a sans doute fait l'économie. (Pour la discussion de ces objections, voir le *Sujet* suivant.)

La doctrine de Descartes eut au xvii° siècle de nombreux partisans et adversaires. On sait le mot attribué à Malebranche : « Cela ne sent pas », à l'occasion des coups qu'il donnait à sa chienne. La Fontaine, dans une longue fable, a réclamé en faveur des animaux ; mais la solution qu'il propose n'est pas bien sérieuse. Pour donner une âme aux bêtes, « il subtiliserait un morceau de matière », et le rendrait capable de sentir, non de penser ni surtout de réfléchir sur sa pensée. Mais Descartes ne refuse nullement aux animaux une âme de cette sorte, une âme faite de matière subtile, et si par sensation on entend l'impression des objets sur les organes des sens, il ne la leur refuse pas davantage. La Fontaine ne semble donc pas avoir très bien saisi la signification philosophique du problème.

III. — Montaigne attribue aux animaux une âme raisonnable identique en essence à l'âme humaine. Au xvii° siècle, Rorarius écrit un livre pour prouver : *Quod animalia bruta sæpe utantur ratione melius homine*. — C'est là une exagération aussi manifeste que celle de Descartes.

IV. — L'opinion d'Aristote et de saint Thomas, que Bossuet et Leibniz semblent partager, c'est que l'âme animale est purement sensitive et par conséquent incapable de toute opération intellectuelle. La bête sent, perçoit, se souvient, imagine, associe des images, etc.; mais elle ne peut abstraire, généraliser, juger, raisonner, connaître les vérités universelles et nécessaires. Il s'ensuit qu'on ne peut attendre pour l'âme animale la même destinée que pour l'âme humaine; car les deux principales raisons de croire à l'immortalité résident dans la supériorité morale de notre nature. (V. *Cours*, p. 489 et 490.) — Cette

**221.** — *Exposer et discuter la théorie cartésienne des animaux-machines et de l'automatisme des bêtes.*

Idées à développer.

I. — Pour l'exposition de la doctrine, voir le *Sujet* précédent.

II. — Pour la critique, voir *Cours*, p. 190. — L'argumentation de Descartes semble une *ignoratio elenchi*, un déplacement de la question. Il s'agit de prouver que les animaux n'ont aucune sensibilité, aucune conscience; Descartes prouve qu'ils n'ont pas une intelligence raisonnable et réfléchie comme celle de l'homme : ce qui n'est nullement en question. — On peut néanmoins compléter la doctrine cartésienne par les deux arguments indiqués plus haut. (V. *Sujet* 220.) Mais quant au premier, l'assimilation de l'essence de la pensée avec l'essence de l'étendue est très contestable. On voit bien comme l'essence de l'étendue implique à priori la possibilité de toutes les figures, et le géomètre peut en donner la preuve en les déduisant de cette essence ; on ne voit pas comment l'essence de la pensée implique à priori la possibilité de toutes les facultés psychiques ; et ni Descartes, ni même Spinoza n'ont pu en opérer la déduction à priori. Il n'est donc nullement absurde de supposer qu'il y ait plusieurs essences ou natures d'âmes, les unes seulement capables des opérations sensitives, les autres capables en outre de raison. D'ailleurs, même en supposant que toutes les facultés soient impliquées dans l'essence de la pensée, il faut bien admettre qu'elles exigent pour apparaître et se développer un certain ensemble de conditions : par exemple, un enfant nouveau-né a beau avoir la raison en puissance, il ne la manifeste pas dès l'origine. Pareillement la faculté de voir demeure purement virtuelle chez l'aveugle, faute d'organes convenables. Dès lors, qui empêche de supposer que l'âme animale est en effet virtuellement identique à l'âme humaine, mais qu'elle manque des conditions nécessaires à l'éclosion et à l'épanouissement des facultés proprement intellectuelles ?

Le second argument (qu'on trouve dans Bossuet) renferme une grande part de vérité. Bien des naturalistes sont disposés de nos jours à admettre qu'une foule d'actions, conscientes et volontaires chez l'homme, sont inconscientes et réflexes chez les animaux (V. Richet, *Revue philosophique*, année 1889) ; mais il n'est pas exact que les impressions sensorielles suffisent toujours à déterminer les réactions de l'animal ; bien souvent ces impressions doivent être modifiées par les souvenirs, et les souvenirs eux-mêmes combinés d'une façon nouvelle pour amener des réactions appropriées. Une série de faits psychiques s'intercale donc ici entre l'impression reçue et le mouvement final : elle est infiniment plus courte et plus simple que chez l'homme, mais elle n'en existe pas moins. Ce que la nature a économisé, ce ne sont pas les faits psychiques, ce sont au contraire les innombrables mécanismes qu'il eût fallu préétablir dans l'animal pour parer à toutes les éventualités de sa vie.

**222.** — *Y a-t-il entre les facultés qui se manifestent chez l'homme et celles qui se manifestent chez l'animal assez d'analogies pour qu'on puisse fonder sur elles une psychologie comparée? Quelles sont les principales de ces analogies? Quelles sont les différences essentielles et irréductibles?*

Plan.

I. — La psychologie comparée se propose de comparer entr eux l'homme et l'animal sous le rapport de leurs facultés psy chiques. Mais y a-t-il entre l'un et l'autre assez d'analogies pour que cette comparaison soit possible ?

II. — Sous ce terme commun d'animal se trouvent réunies d'innombrables espèces qui diffèrent peut-être entre elles presque autant qu'elles diffèrent de l'homme. La distance ne semble t-elle pas plus grande de l'huître au cheval que du cheval à l'homme? Si donc il s'agissait de comparer tout d'abord les facultés mentales de l'homme à celles des animaux inférieurs, le problème serait insoluble : il y a trop peu d'analogie entre les deux termes de la comparaison. Il ne faut donc comparer tout d'abord l'homme qu'avec les animaux supérieurs.

III. Analogies. — α. *Sensibilité.* Les sens (sensations, plaisir et douleur) ; certains sentiments simples (joie, tristesse, désir, crainte, colère, amour, haine, etc.).

β. *Activité.* La spontanéité, l'instinct, l'habitude, certains actes déterminés par les perceptions ou les souvenirs.

γ. *Intelligence.* La conscience spontanée, la perception externe, la mémoire, l'association des idées, l'imagination.

En un mot, on peut attribuer à l'animal toutes les opérations que Bossuet appelle sensitives et qui dérivent ou dépendent immédiatement de la sensibilité.

IV. Différences. — On peut, ce semble, les ramener à trois principales : 1° l'instinct est la faculté maîtresse chez l'animal ; il existe à peine chez l'homme ; 2° en revanche, l'homme a la raison : il est capable des opérations proprement intellectuelles (abstraire, généraliser, juger, raisonner) ; il s'élève à la connaissance des principes ; 3° l'homme a la liberté morale ; il peut réfléchir, délibérer, se résoudre.

De ces trois différences résultent toutes les autres :

1° Les facultés de l'animal sont bornées ; celles de l'homme sont infinies ; d'où l'uniformité de la vie animale, la variété et le progrès de la vie humaine.

2° L'animal n'a pas de langage : distinguer le langage « conceptuel », propre à l'homme, des signes sensitifs ou émotionnels qui lui sont communs avec l'animal.

3° L'animal est étranger à l'*art*, à la *science*, à la *religion*, à la *justice* et à la *moralité*. — Chacun de ces points demande à être traité particulièrement.

V. Conclusion. — L'animal est fait pour une vie purement terrestre ; l'homme pour la vie universelle et éternelle.

**223.** — *Développer cette pensée de Bossuet dans le Traité de la connaissance de Dieu et de soi-même :* « *Les animaux n'inventent rien. La première cause des inventions et de la variété de la vie humaine est la réflexion : la seconde cause est la liberté.* »

Nous ne pouvons mieux faire que de résumer ici le développement donné par Bossuet lui-même à cette pensée. (*Loc. cit.*, ch. v., § 8.)

I. — Les animaux n'inventent rien. — « Ne doit-on pas être étonné que ces animaux, à qui on veut attribuer tant de ruses, n'aient encore rien inventé ; pas une arme pour se défendre, pas un signal pour se rallier et s'entendre contre les hommes, qui les font tomber dans tant de pièges ? S'ils pensent, s'ils raisonnent, s'ils réfléchissent, comment ne sont-ils pas encore convenus entre eux du moindre signe ? Les sourds et les muets trouvent l'invention de se parler par leurs doigts. Les plus stupides le font parmi les hommes ; et si on voit que les animaux en sont incapables, on peut voir combien ils sont au dessous du dernier degré de stupidité. »

II. — Après avoir montré que « si nous n'avions qu'un corps et des sensations, ou ce qui les suit, nous n'aurions rien d'inventif ». Bossuet pose ce principe que « deux choses font naître les inventions : 1° nos réflexions, 2° notre liberté. »

« Au-dessus des sensations, des imaginations et des appétits naturels, il commence à s'élever en nous ce qui s'appelle réflexion, c'est-à-dire que nous remarquons nos sensations, nous les comparons avec leurs objets, nous recherchons les causes de ce qui se fait en nous et hors de nous ; en un mot, nous entendons et nous raisonnons, c'est-à-dire que nous connaissons la vérité, et que d'une vérité nous allons à l'autre.

« Dès là donc, nous commençons à nous élever au-dessus des dispositions corporelles ; et il faut ici remarquer que dès que dans ce chemin nous avons fait un premier pas, nos progrès n'ont plus de bornes. Car le propre des réflexions, c'est de s'élever les unes sur les autres, de sorte qu'on réfléchit sur ses réflexions jusqu'à l'infini...

« C'est ainsi que d'observations en observations, les inventions humaines se sont perfectionnées... Après six mille ans d'observations l'esprit humain n'est pas épuisé, il cherche et il trouve encore, afin qu'il connaisse qu'il peut trouver jusqu'à l'infini, et que la seule paresse peut donner des bornes à ses connaissances et à ses inventions...

III. — « Mais du principe de réflexion qui agit en nous, naît une seconde chose ; c'est la liberté, nouveau principe d'invention et de variété parmi les hommes, car l'âme, élevée par la réflexion au-dessus du corps et au-dessus des objets, n'est point entraînée par leurs impressions, et demeure libre et maîtresse des objets et d'elle-même. Ainsi elle s'attache à ce qu'il lui plaît, et considère ce qu'elle veut, pour s'en servir selon les fins qu'elle se propose.

« Cette liberté va si loin que l'âme, en s'y abandonnant, sort quelquefois des limites que la raison lui prescrit, et ainsi, parmi les mouvements qui diversifient en tant de manières la vie humaine, il faut compter les égarements et les fautes.

« De là sont nées mille inventions, les lois, les instructions, les récompenses, les châtiments, et les autres moyens qu'on a inventés pour contenir ou pour redresser la liberté égarée...

Ainsi la nature humaine a une étendue en bien et en mal qu'on ne trouve pas dans la nature animale. Et c'est pourquoi les passions dans les animaux ont un effet plus simple et plus certain. Car les nôtres se compliquent par nos réflexions et s'embarrassent mutuellement. Trop de vues, par exemple, mêleront la crainte avec la colère et la tristesse avec la joie...

« Joint que l'âme, par sa liberté, est capable de s'opposer aux passions avec une telle force qu'elle en empêche l'effet...

Mais le grand pouvoir de la volonté sur le corps consiste dans ce prodigieux effet... que l'homme est tellement maître de son corps, qu'il peut même le sacrifier à un plus grand bien qu'il se propose. Se jeter au milieu des coups, et s'enfoncer dans les traits par une impétuosité aveugle, comme il arrive aux animaux, ne marque rien au dessus du corps... Mais se déterminer à mourir avec connaissance et par raison, malgré toute la disposition du corps qui s'oppose à ce dessein, marque un principe supérieur au corps, et, parmi tous les animaux, l'homme est le seul où se trouve ce principe. »

En résumé, Bossuet voit dans la réflexion et la liberté les principes des inventions et de la variété de la vie humaine, la première dans l'ordre matériel, la seconde dans l'ordre moral.

**224. — *Des industries des animaux : ce qu'elles ont d'analogue à l'industrie de l'homme; ce qu'elles ont de différent.***

Plan.

I. — On montrera que presque toutes les industries humaines ont leurs équivalents chez les animaux : multiplier les exemples (castors, abeilles, fourmis, etc...).

II. — En quoi ces industries sont-elles analogues ? 1° De part et d'autre, elles ont pour but la satisfaction d'un *besoin;*

2° De part et d'autre, elles tendent à leur fin par des moyens appropriés.

III. — Mais la finalité des industries humaines est l'œuvre de l'intelligence : c'est une finalité consciente d'elle-même ; la finalité des industries animales est l'œuvre de l'instinct : c'est une finalité qui s'ignore. De cette première différence dérivent toutes les autres. (V. *Sujet* précédent.)

1° L'industrie animale est parfaite du premier coup, mais par cela même immobile et incapable de progrès : l'industrie humaine, d'abord très imparfaite, est susceptible d'un perfectionnement sans limite.

2° L'industrie animale est essentiellement spéciale : chaque espèce a son industrie propre ; l'industrie humaine est essentiellement générale, parce qu'elle repose sur la connaissance des lois de la nature et des principes de la raison.

3° L'industrie animale appartient à l'espèce, de là son uniformité ; l'industrie humaine est le fruit des efforts et des découvertes des individus, aussi est-elle diversifiée à l'infini selon les pays et les époques.

Bref toutes les différences de ces deux sortes d'industries peuvent se ramener aux différences de l'intelligence et de l'instinct. (V. *Cours* p. 198, V. aussi *Sujet* 164.)

# LIVRE II

## LOGIQUE

**225.** — *Objet et divisions de la logique. Ses rapports avec la psychologie et les autres parties de la philosophie.*

Pour la première partie, voir *Cours*, p. 195. — On définit d'ordinaire la logique, soit la science de la pensée, soit l'art de la pensée; mais ces définitions sont ambiguës et incomplètes. La vraie définition qui éclaircit et réunit les deux précédentes, c'est que la logique est la *science des conditions de la vérité*. On partira donc de celle-là, et on en déduira les divisions de la logique, de même que ses rapports avec la psychologie. La psychologie étudie la pensée réelle, la logique étudie la pensée idéale, parfaite, scientifique; la première nous montre comment nous pensons, la seconde comment nous devons penser. L'une est la géométrie, l'autre est la physiologie de la pensée. — Cependant la logique présuppose la psychologie, principalement les théories de l'élaboration de la connaissance (V. *Cours*, p. 85) et des rapports du langage et de la pensée (*Id.*, p. 171).

La logique a aussi des rapports avec la métaphysique. D'une part, elle implique ce postulat, que l'esprit humain est capable de certitude et de vérité (postulat discuté par la métaphysique dans la théorie de la valeur objective de la connaissance); d'autre part, elle est l'instrument indispensable de la métaphysique, aussi bien que de toutes les autres parties de la philosophie.

On montrera très sommairement que les méthodes de la psychologie, de la morale et de la métaphysique ne sont que des applications particulières des règles générales de la logique.

**226.** — *Objet et division de la logique. Marquer la différence entre l'étude logique et l'étude psychologique de nos facultés de connaître.*

Après avoir déterminé l'objet de la logique, on passera très rapidement en revue les diverses théories dont elle se compose, en montrant qu'elles se rapportent toutes à un seul et même objet (conditions de la preuve, de l'évidence légitime ou de la vérité).

Pour la seconde partie, on insistera sur les points suivants :

1° La psychologie étudie la pensée pour elle-même, dans le but purement théorique de connaître les *lois* selon lesquelles elle se forme et se développe naturellement dans l'esprit; la logique étudie la pensée pour la vérité, dans le but essentiellement pratique de déterminer les *règles* auxquelles elle doit se soumettre pour arriver à sa fin. Comparer de même la physiologie et la médecine ou l'hygiène. etc. (V. *Cours*, p. 195. V. ausssi le *Sujet* précédent.)

2° La psychologie ne sépare pas la pensée de l'ensemble des autres facultés : elle la considère comme une partie dans un tout; la logique étudie la pensée d'une manière exclusive et abstraite : la pensée est, pour elle, un tout qui se suffit entièrement à lui-même.

3° La psychologie étudie la pensée dans la conscience même : ce qu'elle observe, ce sont les *opérations* intellectuelles, l'acte d'abstraire, de généraliser, de juger, de raisonner; la logique étudie la pensée hors de la conscience, dans le discours, dans la science : ce qu'elle analyse, ce sont les *produits* intellectuels, les concepts (incorporés à des termes), les jugements (ou propositions), les raisonnements (arguments, syllogismes) et les méthodes.

### 227. — *Rapports de la psychologie et de la logique.*

#### Idées à développer.

I. — La logique présuppose la psychologie (surtout dans sa partie formelle) : elle prend la pensée au point où la psychologie la laisse, en possession des concepts et s'en servant pour juger et raisonner; et elle détermine les règles qu'elle doit suivre pour arriver à la vérité.

II. — La psychologie est, comme toutes les sciences, justiciable de la logique. Montrer le rapport des méthodes et des théories psychologiques avec la logique. (V. en outre *Sujets* 225 et 226.)

### 228. — *Montrer que pour penser et raisonner, il ne suffit pas d'avoir appris les règles de la logique, mais qu'il importe néanmoins les connaître.*

#### Plan.

I. — L'utilité de la logique a été exagérée par les uns (surtout au moyen âge (V. *Cours*, p. 222), dépréciée outre mesure par les autres (surtout dans les temps modernes); la vérité est entre ces excès.

II. — Il ne suffit pas pour penser et raisonner d'avoir appris les règles de la logique ; et cela même n'est pas indispensable. Cette logique innée à l'intelligence qu'on appelle le bon sens, entretenue et fortifiée par l'étude des sciences et la pratique de la vie, peut souvent se passer de la logique abstraite et artificielle de l'école qui ne saurait en revanche se passer d'elle. Pour comprendre les théories et les démonstrations de la logique, il faut déjà être capable de penser et de raisonner par soi-même ; à plus forte raison pour s'en servir et les appliquer avec justesse. Un esprit obtus trouvera sans doute, selon le mot de Destutt de Tracy, la plupart des règles de logique plus difficiles à comprendre que les difficultés qu'elles sont chargées d'éclaircir; un esprit faux emploiera la logique même à déraisonner méthodiquement.

III. — Pourtant la logique ne mérite pas les dédains de Descartes et de ses disciples. « Elle sert plutôt, dit Descartes, à expliquer à autrui les choses qu'on sait ou même à parler sans jugement de celles qu'on ignore qu'à les apprendre. » Les logiciens de Port-Royal composent leur *Art de penser* par gageure, afin de montrer qu'on peut apprendre en quatre ou cinq jours tout ce qu'il y a d'utile dans la logique.

1° Une science a toujours en soi son utilité : il lui suffit pour être utile de satisfaire la curiosité de l'esprit humain; et son utilité spéculative est d'autant plus haute que les lois qu'elle nous découvre sont plus générales. A ce point de vue, non seulement la logique est aussi utile que n'importe quelle autre science, puisqu'après tout les lois du raisonnement sont aussi intéressantes, selon la remarque de Hegel, que les lois de la circulation du sang; mais elle prime en utilité toutes les autres sciences, puisque les lois de la pensée sont les plus générales de toutes.

2° Mais la logique est aussi pratiquement utile. — D'abord, si l'étude des sciences peut jusqu'à un certain point la remplacer, il ne faut pas oublier que les sciences elles-mêmes ont été faites par des esprits que la logique avait contribué à former : les étudier, c'est donc étudier indirectement la logique. — Mais l'étude directe de la logique n'en demeure pas moins indispensable à la culture de l'intelligence.

A. — Utilité de la logique formelle ( la plus contestée). — V. *Cours*, p. 222, sur l'utilité du syllogisme. (Cf. Leibniz, *Nouveaux Essais*, liv. IV, ch. XVII.)

« Je tiens que l'invention de la forme des syllogismes est une des plus belles de l'esprit humain, et même des plus considérables. C'est une espèce de mathématique universelle, dont l'importance n'est pas assez connue, et l'on peut dire qu'un art d'infaillibilité y est contenu. »

*B*. — Utilité de la méthodologie.

« Ce n'est pas assez que d'avoir l'esprit bon, le principal est de l'appliquer bien. » Descartes. « *Claudus in via antecedit cursorem extra viam.* » Bacon. « A celui qui méprise les règles, je dirai : Essayez d'apprendre quoi que ce soit sans règles et voyez si vous réussissez... Sans doute, les règles sans la pratique ne mènent pas bien loin ; mais si les règles ne perfectionnaient pas la pratique de la pensée, je dirais que c'est la seule des œuvres difficiles de l'homme où il en soit ainsi... L'usage des règles de la logique est principalement négatif ; leur fonction n'est pas tant de nous apprendre à penser juste que de nous préserver de penser mal. Mais dans les opérations de l'intelligence, il est tellement plus facile d'errer que d'aller droit... que la principale différence entre un logicien et un autre consiste dans leur plus ou moins grande aptitude à errer. » Stuart Mill (*l'Instruction moderne, Revue des cours littéraires*, juillet 1867). — « Il y a des bornes à ce que peuvent faire les mécaniciens qui ne possèdent pas les principes de la mécanique, et à ce que peuvent faire les penseurs qui ne possèdent pas les principes de la logique (Stuart Mill, *Système de logique, Introduction*).

On fera voir que les progrès des sciences ont toujours accompagné les progrès des méthodes (Aristote, Descartes, Leibniz, Claude Bernard, etc.).

# CHAPITRE PREMIER

## LOGIQUE FORMELLE

**229.** — *Qu'entendait-on dans l'ancienne logique par les trois opérations de l'esprit? Expliquer les caractères propres a chacune d'elles et leurs rapports.*

Plan.

I. — L'ancienne logique distinguait trois opérations de l'esprit : concevoir, juger et raisonner. De là les trois théories des concepts ou des termes, des jugements ou des propositions, des raisonnements ou des syllogismes.

II. — Concevoir, c'est se former l'idée d'une chose. — Ne pas confondre l'idée et l'image, concevoir et imaginer. (V. *Cours*, p. 198.) — Les idées se forment par l'abstraction et la généralisation (*ibid.*, p. 86 et 87). Classification des idées (*ibid.*, p.199). Extension et compréhension (p. 88 et 200).

II.—Juger, c'est affirmer un rapport entre deux idées.(V. *Cours*, p. 208.) — Sens du verbe. — Classification des jugements. (V. *Cours*, p. 93 et 208.)

III. — Raisonner, c'est d'un ou de plusieurs jugements donnés tirer un autre jugement qui en est la conséquence. (V. *Cours*, p. 100 et 210.)

IV. — L'idée est l'opération la plus simple : elle n'est par elle-même ni vraie ni fausse ; le jugement est plus complexe, et avec lui se pose expressément la question de la vérité et de l'erreur (V. *Cours*, p. 203 et 285); le raisonnement est plus complexe encore, et il peut être vrai ou faux à deux points de vue différents (absolument, ou relativement aux prémisses dont il se compose).

**230.** — *Du principe d'identité et de contradiction. Son rôle en logique. Est-il le critérium de la vérité ?*

Il suffira, pour traiter ce sujet, de réunir divers passages du *Cours*, d'abord p. 109 et 114, puis p. 105, 107, 203, 210, 215, enfin p. 270. (V. aussi p. 548, 557 et 550).

### I. — LES TERMES

**231.** — *Des idées, de leurs caractères et de leurs différentes espèces*

#### Plan.

I. — « Le mot d'idée, dit la *Logique* de Port-Royal, est du nombre de ceux qui sont si clairs qu'on ne peut les expliquer par d'autres, parce qu'il n'y en a pas de plus clairs et de plus simples. » Toutefois, il faut prendre garde que ce mot est équivoque, car tantôt il désigne les représentations ou images des choses, tantôt les notions ou concepts formés par l'esprit. Dans le premier sens, l'animal même a des idées ; dans le second, il n'appartient qu'à l'être raisonnable d'en avoir.

II. — On distinguera donc l'idée de l'image. (V. le *Sujet* suivant.) On fera voir : 1° que toute idée implique, pour être acquise ou dégagée, l'activité intellectuelle (abstraction, généralisation, etc.) ; 2° qu'elle est fixée dans l'esprit par un mot ou terme dont elle fait la signification ; 3° qu'elle peut être considérée sous deux aspects : compréhension et extension. (V. *Cours*, p. 88) ; 4° enfin qu'elle est la condition de la connaissance, du langage et de la science. (V. *ibid*, p. 86, 88 et 89.)

III. — Pour la distinction des diverses espèces d'idées, voir *Sujet* 233.

**232.** — *Comment l'idée se distingue-t-elle de l'image ? Y a-t-il idée sans image ?*

#### Plan.

I. — Confusion habituelle de l'idée et de l'image comme le prouve la synonymie fréquente des mots concevoir, comprendre, penser, et imaginer, se figurer, se représenter, etc. — Cependant, comme Descartes et toute son école l'ont fait voir, rien n'est plus important que de les distinguer.

Cf. *Discours de la Méthode*, IV° partie : Ce qui fait qu'il y en a plusieurs qui se persuadent qu'il y a de la difficulté à connaître Dieu, et même aussi à connaître ce que c'est que leur âme, c'est qu'ils n'élèvent jamais leur esprit au delà des choses sensibles, et qu'ils sont tellement accoutumés à ne rien considérer qu'en l'imaginant, qui est une façon de penser particulière pour les choses matérielles, que tout ce qui n'est pas imaginable leur semble n'être pas intelligible.

II. — L'image est la simple reproduction mentale d'une sensation : c'est un phénomène *passif* (même alors que l'esprit fait un effort pour évoquer l'image ou la fixer dans la conscience) ; elle résulte de la propriété qu'a le cerveau de conserver les empreintes faites en lui par les objets extérieurs. Donner des exemples. — L'idée est la connaissance abrégée et, pour ainsi dire, condensée de toute une classe de choses : elle est l'œuvre de l'*activité* intellectuelle, le produit d'actes de comparaison, d'abstraction, de généralisation, souvent de jugements et de raisonnements qu'elle résume. Exemples empruntés surtout aux sciences. On pourrait opposer, par exemple, l'image du cerveau (simple image visuelle de forme et de couleur qui n'a d'ailleurs par elle-même aucune signification) et l'idée du cerveau (idée d'un organe composé de cellules et de fibres, divisé en régions distinctes, et servant d'instrument aux facultés mentales).

III. — Dans l'état actuel de notre esprit, toute image est accompagnée et expliquée par une idée : en même temps, par exemple, qu'on imagine un triangle, on se dit : c'est un triangle c'est-à-dire qu'on associe à cette représention △ le concept de trois lignes droites qui se coupent deux à deux. Aussi ce qu'on prend souvent pour une image pure et simple est en réalité une image complétée et interprétée par une idée. — Inversement, toute idée tend à évoquer en nous une image ou une série d'images : nous ne pouvons concevoir distinctement l'idée d'oiseau sans imaginer soit un oiseau particulier, soit plusieurs oiseaux de différentes espèces. L'image est alors le signe, le symbole du concept.

IV. — De cette différence et de cette corrélation de l'idée et de l'image résultent les conséquences suivantes :

1° L'image est un état sensitif, purement animal, sans valeur objective et absolue : avec d'autres organes des sens, nous imaginerions autrement les choses ; notre imagination, n'est donc pas plus que nos sens la mesure de la réalité. Une chose n'a nullement besoin pour exister d'être imaginable pas plus que d'être tangible, visible ou odorable. — L'idée, au contraire, est le résultat d'un effort pour connaître l'essence même des choses, leurs propriétés objectives et absolue. La science ne se compose pas d'images mais d'idées : elle a pour but de substituer des lois et des types, en un mot, des formules aux sensations.

2° Les images sont hétérogènes, irréductibles entre elles : jamais d'une image de couleur on ne pourrra passer à une image de son, etc. ; les idées sont homogènes : elles forment un système, une hiérarchie dont tous les membres se tiennent de proche en proche, grâce à leurs rapports de compréhension et d'extension. — De là vient, par exemple, qu'un aveugle, comme Sanderson, qui n'a pas l'image de la lumière, peut en avoir l'idée et enseigner l'optique.

3° Toute image est concrète et individuelle ; toute idée est abstraite et générale.

4° Pour un même objet, l'image peut être claire et distincte, l'idée obscure et confuse (par exemple pour la couleur rouge) ; ou inversement, l'image peut être obscure et confuse, l'idée claire et distincte (par exemple pour un chiliogone, c'est-à-dire pour un polygone de mille côtés). — (Ce dernier exemple est de Descartes.)

5° Enfin, il y a, ce semble, des choses dont nous avons l'idée et pour lesquelles cependant nous n'avons point d'image ; ainsi Dieu et l'âme. En outre, même dans les idées de choses sensibles, l'analyse découvre des idées plus simples, idées d'être, d'unité, d'identité, de substance, de cause, etc., dont les objets, ne pouvant être perçus, ne sauraient être imaginés.

V. — Pourtant Aristote a dit : On ne peut penser sans image, οὐκ ἐστί νοεῖν ἄνευ φαντάσματος. — Il est certain que nous tendons toujours à imaginer tout ce que nous concevons ; ainsi on se représente Dieu comme un vieillard, comme un cercle lumineux, etc., l'âme, comme un souffle, un fluide, etc. Il est certain aussi que nous ne pouvons réaliser une idée dans notre esprit sans le secours des mots ou termes qui ne sont après tout que des sensations ou des images. — Mais 1° on peut et même on doit faire abstraction de toute image, quand on raisonne sur Dieu et sur l'âme sous peine de tomber dans les plus grossières erreurs ; 2° la nécessité des mots pour fixer les idées ne prouve point que l'esprit doive nécessairement imaginer tout ce qu'il conçoit; le mot est le signe, il n'est pas l'image, même symbolique ou schématique, de l'objet conçu par le moyen de l'idée.

VI. — Ainsi l'intelligence n'est nullement assujettie aux limites de la sensibilité et de l'imagination: ce que nous pouvons sentir et imaginer n'est qu'une partie de ce que nous pouvons concevoir.

### 233. — *Classification des idées.*

On commencera par quelques mots sur les idées (V. les deux *Sujets* précédents), puis on parlera de leur classification.

Elles peuvent être classées à bien des points de vue différents :

1° D'après la nature de leurs objets, en physiques, psychologiques, morales, mathématiques, métaphysiques, etc.;

2° D'après leur origine, en adventices, factices et innées (classification de Descartes, V. *Cours*, p. 543), ou encore, en empiriques, à postériori, et rationnelles, à priori. Quelques-uns expriment la même doctrine par les termes d'idées contingentes et nécessaires;

3° D'après la façon dont l'esprit envisage les objets, en concrètes et abstraites (V. *Cours*, p. 199), ou positives et négatives (*ib.*, p. 200);

4° D'après leur plus ou moins grande étendue, en singulières et générales (et celles-ci, en idées de genres et d'espèces, genres suprêmes, genres-espèces, espèces infimes) ;

5° D'après leur plus ou moins grande perfection, en claires et obscures, distinctes et confuses (V. *Cours*, p. 203) ;

6° D'après leur valeur objective, en vraies et fausses. — Pour ce dernier point, (V. *Cours*, p. 203).

### 234. — *Règles de la définition. Donner des exemples.*

La théorie de la définition dans le *Cours* est, pour ainsi dire, faite en trois tronçons : d'abord, page 204 (de la définition en général), puis, page 231 (de la définition mathématique), enfin, page 259 (de la définition empirique).

#### Plan.

I. — On fera comprendre l'intérêt et la nécessité de la définition. La définition, c'est l'idée développée et la science en raccourci (V. *Cours*, p. 501) ; elle est doublement utile, soit pour permettre à l'esprit de s'entendre lui-même et d'être entendu, soit pour lui présenter le résumé des connaissances qu'il a acquises sur une chose et qui sont enveloppées dans son idée.

II. — La définition est tout à la fois une analyse et une synthèse : une analyse puisqu'elle décompose la compréhension de l'idée, une synthèse puisqu'elle s'efforce de réduire cette compréhension à ces deux seuls éléments, le genre prochain et la différence spécifique. — De ce double caractère résultent les deux règles les plus générales de la définition : 1° elle doit convenir à tout le défini et au seul défini ; 2° elle doit comprendre le genre prochain et la différence spécifique. (V. *Cours*, p. 205.) On prendra des exemples, soit dans les sciences mathématiques (définitions du triangle, du cercle, etc.), soit en philosophie (définitions de la sensation, du sentiment, de la perception extérieure, etc.) ; et on fera voir comment une définition peut pécher contre ces règles. Par exemple, une définition de l'homme qui convient en même temps au singe est trop large (au point de vue de l'extension) ; elle pèche par défaut (au point de vue de la compréhension), car elle ne contient pas la différence qui distingue l'homme du singe ; au contraire, une définition de l'homme qui ne convient pas au sauvage est trop étroite (au point de vue de l'extension) ; elle pèche par excès (au point de vue de la compréhension), car elle contient une différence qui n'appartient pas au genre homme tout entier.

La *Logique* de Port-Royal ramène à trois toutes les règles de la définition : 1° il faut qu'une définition soit *universelle* c'est-à-dire qu'elle comprenne tout le défini ; 2° qu'elle soit *propre*, c'est-à-dire qu'elle ne convienne qu'au défini ; 3° qu'elle soit *claire*, c'est-à-dire qu'elle nous serve à avoir une idée plus claire et plus distincte de la chose qu'on définit et qu'elle nous en fasse comprendre la nature.

Pascal, dans son fragment de l'*Art de persuader*, donne les règles suivantes qui se rapportent surtout à l'usage des définitions en mathématiques : 1° ne définir aucun des termes qui sont parfaitement connus ; 2° n'omettre aucun des termes un peu obscurs ou équivoques sans définition ; 3° n'employer dans les définitions que des termes parfaitement connus ou déjà expliqués ; 4° substituer toujours mentalement les définitions à la place des définis, pour ne pas se laisser tromper par l'équivoque des termes que les définitions ont restreints.

Quelques logiciens ont encore donné les règles suivantes qui concernent principalement les définitions nominales : 1° la définition doit être courte ; 2° on ne doit pas définir par des négations, comme, par exemple, l'intelligence est l'ensemble des opérations mentales qui n'appartiennent ni à la sensibilité, ni à la volonté ; 3° on ne doit pas définir par tautologie : l'intelligence est l'ensemble des facultés intellectuelles, etc.

**235.** — *Qu'entend-on en disant que les définitions sont libres ? Expliquer et limiter ce principe. En indiquer les conséquences.*

Plan.

I. — Un principe de logique, souvent invoqué dans les discussions, c'est que les définitions sont libres. Quel est le sens de ce principe, et dans quelles limites est-il vrai ?

II. — Faire voir qu'il y a pratiquement deux grandes sortes de définitions : les définitions de choses et les définitions de noms. Les premières ont pour but de déterminer ce que la chose est réellement, l'idée qu'on doit s'en faire et qui exprime sa véritable nature. Les secondes elles-mêmes sont de deux sortes : ou bien elles ont pour but de déterminer l'idée qu'on se fait généralement d'une chose et qui est impliquée dans la signification usuelle de son nom, idée d'ailleurs incomplète et superficielle, suffisante pour faire reconnaître la chose, insuffisante pour la faire connaître distinctement ; et c'est par des définitions de cette espèce que commence d'ordinaire l'exposition de toutes les théories scientifiques (voir par exemple les définitions initiales de la perception extérieure, de la mémoire, etc.). Ou bien enfin la définition dite nominale a pour but d'expliquer le sens que celui qui parle attache à un mot, soit à un mot nouveau, soit à un mot détourné de son sens usuel ; et c'est surtout ainsi que l'entend la *Logique* de Port-Royal. Dans ce cas, on se propose en définissant de déclarer l'idée qu'on se fait d'une certaine chose et de demander à l'interlocuteur qu'il admette provisoirement cette idée et qu'il l'ait présente à l'esprit dans toute la discussion qui va suivre.

III. — On fera voir que la définition de chose n'est nullement arbitraire. La première sorte de définition de nom (la seule que reconnaisse Leibniz) n'est pas complètement libre : elle exprime, il est vrai, non la nature des choses, mais les conventions du langage courant : ainsi, *ce qu'on entend* par perception extérieure, c'est la connaissance que les sens nous donnent des objets extérieurs, quelque idée qu'on se fasse d'ailleurs de la nature et de la valeur de cette connaissance. Cependant elle est assujettie à cette double loi : 1° être conforme à l'usage ; 2° donner de la chose définie une idée suffisante pour la faire reconnaître et permettre de lui appliquer exactement le mot usuel qui la désigne. La seconde sorte de définition nominale est seule libre. « Chaque son, dit Port-Royal, étant indifférent de soi-même et par sa nature à signifier toutes sortes d'idées, il m'est permis, pour mon usage particulier, et pourvu que j'en avertisse les autres, de déterminer un son à signifier précisément une certaine chose. »

IV. — Les conséquences de ce principe sont celles que Port-Royal a indiquées : 1° que la définition de noms ne peut pas être contestée ; 2° qu'elle peut être prise pour principe. On peut toutefois faire remarquer : 1° qu'il est permis de la contester si l'idée qu'elle exprime implique contradiction ; 2° que les raisonnements dont elle est le principe sont entièrement hypothétiques, attendu qu'ils ne font que tirer les conséquences d'une première supposition.

**236.** — *Différence de la définition de mots et de la définition de choses. Règles de l'une et de l'autre. Exemples.*

Voir *Cours*, p. 205. Voir aussi le *Sujet* précédent. — On remarquera que ce sujet appartient proprement, non à la logique formelle, mais à la logique appliquée. En effet, la logique formelle ne connaît que les idées ou concepts : elle ignore les mots et les choses en tant que séparés des idées. La distinction ne résulte donc pas de la nature essentielle de la définition nominale ou réelle, toute définition est, par essence, une définition d'idées (V. *Cours*, p. 206) : elle tient aux divers usages que l'esprit peut faire de la définition, selon qu'il se propose d'y résumer l'idée scientifique et définitive, ou l'idée vulgaire et provisoire de la chose à définir.

Pour les règles de la définition de choses, voir *Sujet* 234. — Pour les règles de la définition de noms, il faut distinguer le cas où le sens du mot est usuel, et celui où il est l'effet d'une convention particulière. Dans le premier cas, la règle est de se conformer à l'usage ; dans le second, la règle est d'exprimer bien clairement et sans équivoque possible le sens qu'on prétend attacher au mot. Voir à la fin du *Sujet* 234 d'autres règles qui se rapportent encore à cette sorte de définition.

**237.** — *Utilité des définitions. Quelles choses doivent être définies ? Règles de Pascal.*

Idées à développer.

L'utilité de la définition doit être appréciée : 1° au point de vue *pratique*, dans la discussion, le discours, l'enseignement ; 2° au point de vue *spéculatif*, dans les sciences et la philosophie.

Au premier point de vue, elle rend possible l'exacte communication des idées. Nul moyen d'être entendu des autres ni de s'entendre soi-même si on ne définit pas tous les termes obscurs ou équivoques. Celui qui prétend discuter, discourir, enseigner sans les définitions nécessaires pourrait être comparé au singe de Florian qui « n'avait oublié qu'un point : c'était d'éclairer sa lanterne ». La définition rend les idées claires et visibles pour tous les esprits. — On peut dire encore qu'une idée non définie est comme une pièce de monnaie non contrôlée : il est toujours permis d'en suspecter la valeur.

Au second point de vue, la définition est la science en raccourci. Les mathématiques sont virtuellement contenues dans les définitions mathématiques : les sciences physiques et naturelles tendent à se concentrer dans quelques définitions. (V. *Cours*, p. 230 et 259.) En philosophie, la définition, sous sa double forme, nominale et réelle, n'a pas un rôle moindre.

Nécessité de se préserver des équivoques plus grande dans la philosophie que dans les sciences, lesquelles font elles-mêmes leur langue, au lieu d'employer la langue courante ; tendance de toute théorie philosophique à se résumer dans une définition. (Exemples : L'âme est une chose pensante, *res cogitans*. Descartes. — L'âme est une force consciente d'elle-même, *vis sui conscia*. Leibnitz. — La perception extérieure est une hallucination vraie. Taine. — La matière est une possibilité permanente de sensations. Stuart Mill, etc.) — Voir aussi *Cours*, Socrate, p. 501 ; Platon, p. 506 ; Spinoza, p. 548.

Pour les autres parties de la question, voir *Sujet* 234.

## II. — LES PROPOSITIONS

### 238. — *Théorie de la proposition.*

On fera voir comment la théorie de la proposition occupe le milieu de la logique formelle, entre la théorie des termes ou concepts et celle du raisonnement ou syllogisme.

La proposition étant l'énonciation d'un jugement (donner des exemples), on se référera à la théorie du jugement. (V. *Cours*, p. 91 et 93.) — Puis, on étudiera successivement le sujet, l'attribut, et le verbe, lequel marque tout ensemble le rapport du sujet et de l'attribut et l'opération mentale de l'affirmation. — Pour les diverses espèces de jugements et de propositions, voir *Cours*, p. 74 et 209.

La théorie de la proposition est la préparation nécessaire de la théorie du syllogisme. En effet, le syllogisme consiste, une proposition étant donnée, à la démontrer par le moyen de deux autres propositions dont elle soit la conséquence nécessaire. Dès lors, les propriétés et les lois du syllogisme sont évidemment en fonction de celles de la proposition ; par exemple, toute proposition affirmant que le sujet est ou n'est pas une partie de l'extension de l'attribut, le syllogisme a pour but de prouver que le sujet d'une proposition donnée (petit terme) est ou n'est pas une partie de l'extension de l'attribut (grand terme), etc. — Des huit *règles* traditionnelles du syllogisme, quatre sont relatives aux propositions : les énoncer. — Pareillement les *modes* du syllogisme sont relatifs à la qualité et à la quantité des propositions qui le composent. (V. *Cours*, p. 217 et 219.)

**239.** — *Quels sont les trois éléments du jugement auxquels correspondent les trois parties de la proposition ?*

Plan.

I. — Définir d'abord le jugement en donnant un exemple, soit un jugement sur une œuvre d'art. Faire voir que tout jugement suppose d'abord l'idée d'une chose ou d'une personne qui en est le sujet, puis l'idée de l'existence de ce sujet ou d'une de ses qualités, ou d'une de ses relations avec quelque autre terme, enfin la liaison de ces deux idées, l'affirmation que le sujet existe, possède cette qualité, ou soutient cette relation.

II. — De là, dans la proposition, trois éléments, le sujet, l'attribut et le verbe. Comment l'existence du sujet ou sa relation peuvent, à la rigueur, être considérées comme des qualités qui lui appartiennent : d'où la réduction de tous les verbes au verbe *être*, et l'interprétation de toutes les propositions comme énonçant un rapport de qualification, le rapport de la qualité à l'être ou de l'attribut au sujet.

III. — On étudiera successivement : 1° le sujet, qui peut être singulier, universel ou particulier (V. *Cours*, p. 94), d'où la distinction des propositions particulières et universelles (où rentrent les singulières) (V. *Cours*, p. 209) ; 2° le verbe : qualité et modalité (*ibid.*, p. 94 et 209) ; 3° l'attribut, qui peut être extrait du sujet ou lui être ajouté : jugements analytiques et synthétiques, propositions essentielles ou accidentelles (*ibid.*, p. 202).

Les lois du jugement sont les formules qui énoncent les propriétés du jugement, par exemple : tout jugement contient deux idées, l'une dont on affirme, l'autre qui est affirmée ; tout jugement porte soit sur un individu, soit sur une classe, soit sur une partie d'une classe ; tout jugement est accompagné de certitude, de croyance ou de doute, etc., etc. A ces formules en correspondent d'autres relatives à la proposition : toute proposition contient un sujet, un verbe et un attribut; toute proposition est singulière, universelle ou particulière, etc., etc.

**240.** — *Montrer comment les jugements diffèrent entre eux au point de vue de la qualité et au point de vue de la quantité. Donner des exemples.*

V. *Cours*, p. 94 et 209. — Si on prend comme exemples des propositions qui aient même sujet et même attribut, on se trouvera conduit à dire quelques mots de l'opposition des propositions; mais il suffira de définir les propositions subalternes (qualité identique, quantité différente), contraires et subcontraires (quantité identique, qualité différente), contradictoires (quantité et qualité différentes). V. *Cours*, p. 212. On donnera des exemples concrets.

**241.** — *Qu'appelle-t-on en logique grammaire générale?*

Le terme de « grammaire générale » semble avoir été inventé par les solitaires de Port-Royal. Lancelot a publié sous ce titre un ouvrage qui est plus connu sous le nom de *Grammaire de Port-Royal*. — On entend par là une théorie de la proposition considérée comme élément constitutif de toutes les langues et indépendante de leurs formes particulières. Il est douteux que cette théorie puisse réellement se distinguer soit de la théorie psychologique et logique de la proposition dans ses rapports avec le jugement, soit de la théorie philologique de la proposition dans une certaine famille de langues, par exemple, dans les langues indo-européennes : ainsi la réduction de tous les verbes au verbe *être* ne semble pas possible dans toutes les langues humaines, etc.

### III. — LES DIFFÉRENTES FORMES DU RAISONNEMENT

**242.** — *Théorie du syllogisme.*

On peut la diviser en six parties : 1° structure; 2° règles, 3° figures; 4° modes; 5° variétés; 6° usage. — On insistera principalement sur la première partie.

La théorie du syllogisme peut être présentée de deux manières différentes : 1° comme elle l'a été dans le *Cours*, en supposant les prémisses données et la conclusion à trouver; 2° en supposant la conclusion donnée et les prémisses à trouver. — La première méthode analyse en quelque sorte, le syllogisme une fois fait; la seconde le construit séance tenante.

Si on se place à ce second point de vue, le syllogisme se définira « un raisonnement qui a pour but, une proposition étant donnée, de la démontrer par le moyen de deux autres propositions dont elle soit la conséquence nécessaire ». — Dès lors toutes les lois du syllogisme résulteront du but auquel il tend et qui est la démonstration d'une proposition donnée. Cette proposition, qui est la conclusion future, contient deux termes, sujet et attribut, et elle est susceptible d'une double interprétation : le sujet contient l'attribut dans sa compréhension ; ou il est contenu dans l'extension de l'attribut. Selon l'interprétation que l'on adopte, la théorie du syllogisme change d'aspect. Les logiciens adoptent de préférence le point de vue de l'extension. (V. *Cours* p. 209 et 215.) Il s'agit donc de démontrer que le sujet est contenu dans l'extension de l'attribut comme une espèce dans un genre : par suite, le sujet de la conclusion s'appellera petit terme et l'attribut grand terme. Mais comment opérer la démonstration ? En trouvant un troisième terme qui contienne le petit et soit lui-même contenu dans le grand, genre par rapport au sujet, espèce par rapport à l'attribut : ce terme est le moyen, etc., etc. — Nous laissons à l'élève le soin de refaire la théorie exposée dans le *Cours* en lui appliquant cette nouvelle méthode.

**243.** — *Expliquer par des exemples la différence des termes et des propositions dans le syllogisme. Distinguer les règles applicables aux termes et celles qui sont applicables aux propositions.*

La principale difficulté de la théorie du syllogisme pour beaucoup d'élèves — et elle n'est pas bien grande — consiste à ne pas confondre les termes et les propositions. Du moins, nous avons assez souvent remarqué, dans des interrogations, que les élèves avaient une certaine peine à distinguer la majeure et le grand terme ou terme majeur, la mineure et le petit terme ou terme mineur, etc. — L'analyse la plus superficielle du syllogisme y fait tout d'abord reconnaître trois propositions ; une analyse du second degré, faite sur les propositions elles-mêmes, y décèle des termes, sujets et attributs, qui sont seulement au nombre de trois (et non de six) parce que chacun de ces trois termes y est répété deux fois. — Ainsi, dans ce syllogisme, *tout être libre est responsable, l'homme est un être libre, donc l'homme est responsable*, les trois propositions sautent d'elles-mêmes aux yeux : les trois termes sont *être libre*, sujet de la première et attribut de la seconde (moyen terme), *homme*, sujet de la seconde et la troisième (petit terme) *responsable*, attribut de la première et de la troisième (grand terme). — Si au lieu de considérer un syllogisme donné, on se propose soi-même de le construire (V. *Sujet* 242), le syllogisme aura pour point de départ une seule proposition : *l'homme est responsable*, contenant deux termes, *homme* et *responsable*, l'un sujet, l'autre attribut, et appelés, le premier petit terme, le second grand terme. Pour démontrer cette proposition, il faudra faire intervenir un troisième terme, le moyen, *être libre*, qui, uni successivement au grand et au petit, donnera naissance à deux nouvelles propositions, la majeure et la mineure. — Pour les règles applicables aux termes et aux propositions, voir *Cours*, p. 216. Il est évidemment utile, au point de vue mnémotechnique, de connaître les huit vers latins où ces règles sont formulées.

**244. — *Du rôle du moyen terme dans le syllogisme. Donner des exemples.***

V. *Cours*, p. 214. — Toutefois, il sera peut-être inutile que l'élève discute les diverses interprétations qu'on peut donner du rôle du moyen terme dans le syllogisme : il pourra s'en tenir à l'interprétation classique fondée sur la théorie de l'extension des termes. (V. *Sujet* 242.) — L'essentiel est de montrer que le moyen terme est l'instrument de la démonstration ou de la preuve, que c'est lui qui fait le syllogisme en s'intercalant entre les deux termes de la question. Tout l'art du raisonnement consiste à trouver des idées moyennes par lesquelles on puisse finalement opérer la synthèse des deux idées extrêmes, sujet et attribut de la proposition à démontrer. On prendra un exemple en mathématiques, dans la démonstration d'un théorème de géométrie. — Puis, on interprétera le rôle du moyen terme en supposant que toute proposition consiste à faire rentrer un sujet dans l'extension de l'attribut. — De là on tirera les *règles* relatives au moyen terme : 1° il doit être absent de la conclusion ; 2° il doit être pris au moins une fois universellement ; 3° il doit faire partie au moins une fois d'une proposition affirmative. — Enfin, on fera voir que toutes les évolutions du moyen terme entraînent autant de modifications caractéristiques du syllogisme : c'est ce qu'on nomme les *figures*, selon que le moyen est une fois sujet et une fois attribut (1re figure), les deux fois attribut (2° figure), ou les deux fois sujet (3° figure).

**245 — *Qu'entend-on par la quantité et la qualité des propositions ? Si les deux prémisses d'un syllogisme sont négatives, de quelle nature est la conclusion ? Si les deux prémisses sont particulières, que doit-on conclure ?***

La quantité dépend du sujet, selon qu'il est pris dans la totalité ou dans une partie de son extension. De là les propositions universelles et particulières. Faire remarquer que la définition de la proposition universelle (sujet pris dans toute son extension) convient à la proposition singulière ou universelle (celle qui a pour sujet un nom d'individu).

La qualité dépend du verbe selon qu'il est affirmatif ou négatif. De là les propositions affirmatives et négatives. Il sera utile de retenir les quatre voyelles A, E, I, O, par lesquelles on symbolise les quatre espèces de propositions. De même, si on a retenu les vers qui résument les règles du syllogisme, on répondra sans peine aux deux questions qui suivent : de deux négatives et de deux particulières on ne peut rien conclure. (V. *Cours*, p. 216.)

**246.** — *Quelle différence y a-t-il entre les modes et les figures du syllogisme? Combien y a-t-il de figures? En quoi consistent-elles? Quels sont les modes concluants dans les deux premières figures?*

*Cours*, p. 218 et 219. — On pourra construire soi-même les modes concluants dans les deux premières figures en faisant remarquer que dans la première figure, la majeure doit être nécessairement universelle (sans quoi le moyen serait pris les deux fois particulièrement), et qu'elle peut être soit affirmative, soit négative, tandis que la mineure, nécessairement affirmative, peut être soit universelle, soit particulière; d'où les 4 modes : *Barbara, celarent, darii, ferio*, etc. — On pourra aussi, à la rigueur, retenir simplement les vers mnémotechniques qui contiennent les noms des modes de chaque figure :

Barbara, celarent, darii, ferio, data primæ;
Cesare, camestres, festino, baroco, secundæ.

**247.** — *Des diverses formes et des diverses espèces de syllogismes.*

Pour les formes, voir la théorie des modes et des figures. — Pour les espèces, on distingue les syllogismes simples et les syllogismes composés. (V. *Cours*, p. 221.) Aux premiers se rattachent l'enthymème, qui est un syllogisme abrégé, l'épichérème qui est un syllogisme développé, le polysyllogisme qui est une suite de syllogismes liés entre eux, et le sorite qui est un polysyllogisme abrégé par la suppression des conclusions intermédiaires. — Les syllogismes composés se divisent en conditionnels ou hypothétiques et disjonctifs. Les premiers ont pour majeure une proposition conditionnelle qui contient toute la conclusion. Exemple : *S'il y a un Dieu, il faut l'aimer; or il y a un Dieu; donc il faut l'aimer.* La première partie de la majeure, *s'il y a un Dieu*, s'appelle l'antécédent; la seconde, *il faut l'aimer*, le conséquent. Deux conclusions sont possibles, l'une affirmative, l'autre négative, selon ces deux règles; posant l'antécédent, on pose le conséquent (*modus ponens*); ôtant le conséquent, on ôte l'antécédent (*modus tollens*). Les syllogismes disjonctifs sont ceux dont la majeure est disjonctive, par exemple : *Tous les méchants doivent être punis en ce monde ou en l'autre; or, il y a des méchants qui ne sont point punis en ce monde; donc ils le seront dans l'autre;* et ils sont de deux sortes, selon que l'on ôte une partie pour garder l'autre, comme dans l'exemple cité (*modus tollendo ponens*), ou que l'on garde une partie pour ôter l'autre (*modus ponendo tollens*). (V. aussi le *Cours*, p. 221.) Aux syllogismes composés se rattache le dilemme dans lequel, dit Port-Royal, après avoir divisé un tout en ses parties, on conclut affirmativement ou négativement du tout ce qu'on a conclu de chaque partie.

**248.** — *Qu'appelle-t-on en logique les dilemmes ?
Donner des exemples.*

Voir *Sujet* précédent. — Exemples : le dilemme de Mathan dans *Athalie :*

> A d'illustres parents s'il doit son origine,
> La splendeur de son sort doit hâter sa ruine ;
> Dans le vulgaire obscur si le sort l'a placé,
> Qu'importe qu'au hasard un sang vil soit versé ?

Le dilemme d'un général à la sentinelle qui a laissé surprendre le camp : Ou tu étais à ton poste, ou tu n'y étais pas. Dans le premier cas tu es un traître, dans le second, tu es un déserteur. Donc tu mérites la mort, etc.

On remarquera que la principale règle du dilemme, c'est qu'il n'y ait pas de milieu entre les deux termes de l'alternative.

**249.** — *Qu'entend-on par dilemme, sorite, enthymème, épichérème, prosyllogisme ? Qu'est-ce qu'un argument* ad hominem, *un argument à fortiori, une réduction à l'absurde ? Donner des exemples.*

Voir les *Sujets* précédents. — Exemple d'enthymème : *Homo nata erat, ergo mortalis.* (Cicéron, en parlant de sa fille.)

Exemple d'épichérème : Qui tue en se défendant n'est pas coupable ; (preuves : le droit naturel, les lois, la jurisprudence) ; or, Milon a tué Clodius pour se défendre (preuves : toutes les circonstances de la rencontre et de la lutte entre les deux adversaires) ; donc Milon n'est pas coupable.

Exemple de prosyllogisme : Tout être vivant est mortel ; tout animal est un être vivant ; donc tout animal est mortel ; tout homme est un animal ; donc tout homme est mortel.

Un argument *ad hominem* est un argument dans lequel on oppose à une personne une proposition qu'elle a elle-même énoncée ou qui peut se conclure de ses sentiments ou de sa conduite ordinaires et qui est cependant en contradiction avec ce qu'elle dit ou ce qu'elle fait présentement ; en deux mots, il consiste à mettre son interlocuteur en contradiction avec lui-même, à le battre par ses propres armes ; il ne vaut par conséquent que pour lui ; de là son nom *ad hominem.*

La réduction à l'absurde consiste soit à démontrer une proposition en la supposant fausse et en faisant voir que les conséquences de cette supposition contredisent des vérités évidentes ou démontrées, soit à réfuter une proposition en la supposant vraie et en faisant voir pareillement que les conséquences de cette supposition contredisent des vérités évidentes ou démontrées. Exemple : Deux droites perpendiculaires à une même troisième sont parallèles. En effet, supposons qu'elles ne le soient pas, elles se rencontrent donc en un point ; de ce point, on peut donc mener deux perpendiculaires à une même troisième ; mais cela est absurde (c'est-à-dire en contradiction avec une vérité démontrée) ; donc elles ne se rencontrent en aucun point ; donc elles sont parallèles. C. Q. F. D.

L'argument *à fortiori* consiste à affirmer d'une chose ce qu'on a déjà affirmé d'une autre parce que la raison de cette affirmation non seulement se retrouve dans la seconde mais s'y retrouve à un plus haut degré que dans la première. Exemple : On doit secourir ses amis, à plus forte raison ses parents, etc. — Pour un exemple de sorite, voir *Cours*, p. 222.

**250.** — *Du raisonnement déductif. Dire nettement en quoi il consiste et les grandes règles qu'il faut observer. Donner des exemples.*

V. *Cours*, p. 103 et 213. — Ce sujet ne devra pas être traité d'une façon exclusivement logique ; il faudra surtout s'attacher à bien faire comprendre l'essence de la déduction (conclusion du général au particulier ; idée moyenne qui permet cette conclusion). Par suite, les deux règles sur lesquelles on devra insister sont celles de l'extension du moyen terme (qui doit être pris au moins une fois universellement) et de l'extension des extrêmes (qui ne doit pas être plus grande dans la conclusion que dans les prémisses). — Faire voir que ce raisonnement est fondé sur le principe d'identité (qui oblige la pensée à demeurer d'accord avec elle-même dans toutes les analyses ou synthèses d'idées qu'elle opère). — Montrer, par l'exemple des mathématiques, sa certitude et sa fécondité.

# CHAPITRE II

## LOGIQUE APPLIQUÉE. — MÉTHODE DES SCIENCES EXACTES

### I. — LA MÉTHODE EN GÉNÉRAL

**251.** — *Expliquer, par des exemples, cette maxime de Descartes : « Ce n'est pas assez d'avoir l'esprit bon ; le principal est de l'appliquer bien. »*

Dissertation sur l'utilité de la méthode. Voir *Sujet* 228 ce qui a été dit plus particulièrement de la méthodologie.

*Plan.*

I. — Se reporter au passage du *Discours de la Méthode* dont il s'agit ici : Descartes prise si haut l'utilité de la méthode qu'il attribue à la différence des méthodes l'inégalité des intelligences humaines.

II. — Montrer par des exemples comment, dans la nature et dans l'industrie, les plus grandes forces peuvent ne produire aucun effet ou produire des effets opposés à ceux qu'on attend d'elles, si elles sont mal appliquées. Faire voir qu'il en est de même de l'esprit : Un enfant avec un levier est plus fort qu'Hercule avec sa massue (Laromiguière).

III. — Utilité de la méthode : 1° elle préserve de l'erreur ; 2° elle dirige et abrège les recherches : économie de temps et de peine ; 3° elle accroit la puissance naturelle de l'esprit et lui confère une sorte d'infaillibilité. Comment l'esprit le plus droit peut se fausser par l'usage d'une méthode défectueuse ou l'absence de toute méthode.

IV. — Application aux sciences. Des trois facteurs qui ont contribué à leurs progrès, le hasard (qui met sur la voie des découvertes), le génie et la méthode, c'est la méthode qui prend de plus en plus la prépondérance sur les deux autres : le génie même se révèle surtout par l'invention des méthodes. L'histoire des sciences prouve que leurs tâtonnements, leurs reculs, leurs progrès, ont eu pour principale cause l'ignorance ou la connaissance des véritables méthodes.

V. Conclusion — Travaillons donc à bien penser (Pascal).

### 252. — *Quels sont les différents sens des mots si souvent employés d'analyse et de synthèse?*

Deux sens principaux : 1º Chez les anciens, analyse et synthèse sont les noms de deux méthodes *géométriques*. L'analyse remonte d'un théorème ou d'un problème aux principes qui permettent de le démontrer ou de le résoudre : c'est une régression ; la synthèse descend des principes aux conséquences : c'est une progression. Par extension, on appelle analyse ou synthèse toute méthode d'explication régressive ou progressive.

2º Chez les modernes, surtout depuis Condillac, analyse et synthèse sont les noms de deux méthodes *chimiques*. L'analyse consiste à décomposer un corps dans ses éléments ; la synthèse à recomposer ce corps par la réunion de ses éléments. Par analogie, on appelle analyse ou synthèse tout procédé de décomposition ou de recomposition. En ce sens même, on appellera analyse la simple étude détaillée d'un objet, et synthèse le résumé de cette étude.

Est-il possible de ramener à l'unité ces deux formes de l'analyse et de la synthèse? Un philosophe contemporain, M. Rabier (*Leçons de philosophie, Logique*, p. 295) l'a essayé, et nous lui avons nous-même emprunté cette théorie. (V. *Cours*, p. 228.) Il a fait voir que le type fondamental de l'analyse, c'est la régression dont la décomposition n'est qu'une variété ; de même, la synthèse de progression est plus générale que la synthèse de recomposition. En effet, l'analyse ne consiste pas seulement à diviser un tout en ses parties ; elle consiste, en outre et surtout, à expliquer le tout par ses parties. — On étudiera les diverses formes de l'analyse et de la synthèse dans les différents ordres de sciences. (Voir d'ailleurs, dans le *Cours*, p. 227 et suiv., tout le développement de cette question.)

## II. — LA MÉTHODE DES SCIENCES EXACTES

### 253. — *Qu'appelle-t-on sciences mathématiques? — En quoi consiste la méthode de ces sciences et à quoi doit-on attribuer l'exactitude qui les caractérise?*

V. *Cours* p. 130. — L'exactitude de ces sciences est due à plusieurs causes : 1º à la nature de leurs objets qui sont purement idéaux et construits à priori par l'esprit ; 2º à la simplicité et à la clarté de leurs principes ; 3º à la possibilité de représenter les quantités de toute espèce par un petit nombre de signes très simples et très clairs et d'opérer sur ces signes comme si on opérait sur les choses mêmes ; 4° à l'emploi de la méthode déductive ou démonstrative fondée sur le principe d'identité. — On fera remarquer, dans le développement du second point, que toute quantité mathématique est essentiellement homogène et divisible en parties égales, tandis que les qualités sont hétérogènes et composées d'éléments qui échappent à toute analyse. On fera voir que les sciences qui ont pour objets des choses réelles et qualitativement déterminées (même lorsqu'elles emploient la méthode déductive, comme quelques-unes des sciences morales) ne peuvent présenter une exactitude comparable à celle des sciences mathématiques, et cela d'abord parce que la qualité n'est pas, comme la quantité, divisible en parties égales et homogènes, ensuite parce qu'en vertu du principe de causalité qui régit les qualités, l'effet d'un certain nombre de causes peut toujours être annulé ou modifié par l'intervention d'autres causes. Au contraire, dans quelque combinaison que puissent entrer un nombre, une figure, etc., ils conservent toujours intactes les propriétés qui leur ont été d'abord assignées par la démonstration mathématique.

**254.** — *Les vérités mathématiques sont-elles des vérités d'expérience ?*

### Plan.

I. Introduction. — Tandis que les sciences physiques et naturelles sont manifestement les fruits de l'expérience sensible, les sciences mathématiques paraissent être des créations de la seule raison. Faut-il admettre cette sorte de dualisme, ou les vérités mathématiques sont-elles, comme le prétend l'empirisme contemporain, des vérités d'expérience ?

II. — Raisons en faveur de la doctrine empirique (Stuart Mill, Herbert Spencer) : 1° Les objets auxquels se rapportent les vérités mathématiques (nombres, figures, etc.) ne nous sont connus que par l'expérience. Donner des exemples ; 2° Un grand nombre de ces vérités nous sont connues expérimentalement (surtout les plus simples, les plus générales : 2 et 2 font 4, la ligne droite est le plus court chemin d'un point à un autre, etc.), et toutes à la rigueur pourraient être connues de cette façon. 3° Le raisonnement même par lequel les mathématiciens découvrent la plus grande partie de ces vérités est fondée sur une sorte expérience interne qui n'est que le substitut de l'expérience sensible : on opère sur des chiffres au lieu d'opérer sur les choses mêmes, mais les chiffres sont les images schématiques des choses ; on construit les figures dans un espace imaginaire, mais cet espace est calqué sur l'espace réel, etc. 4° Enfin, si les propositions mathématiques n'étaient pas vérifiées par l'expérience, si elles ne correspondaient pas à la constitution réelle de notre univers, de quel droit les appellerait-on des vérités ? Elles ne seraient plus en somme que des hypothèses subjectives dépourvues de toute valeur. 5° D'après cela, la méthode des sciences mathématiques ne diffère pas, au fond, de celle des sciences physiques ; comme la leur, elle est à la fois expérimentale et déductive ; seulement, comme l'expérience y découvre immédiatement les lois les plus générales, il est possible de déduire à priori toutes les conséquences possibles de ces lois. L'origine première et la preuve finale des vérités mathématiques n'en résident pas moins dans l'expérience

III. — Discussion de l'empirisme en mathématiques. 1° On pourrait tout d'abord alléguer que les vérités mathématiques sont tantôt des vérités d'expérience, tantôt des vérités de raison, selon la façon dont l'esprit les découvre. Par exemple, pour celui qui compte sur ses doigts, cette vérité, 5 et 5 font 10, est une vérité de fait qu'il apprend empiriquement ; mais pour le mathématicien, c'est une vérité à priori, parce qu'il la déduit lui-même des définitions par lesquelles son esprit a créé les nombres 5 et 10. Il y aurait donc deux sortes de nombres et de figures, les uns sensibles, les autres rationnels ; c'est seulement à ces derniers que se rapportent les vérités *mathématiques*. 2° Mais il faut aller plus loin et montrer que les nombres et les figures ne sont en réalité jamais sensibles, jamais donnés dans l'expérience : c'est l'esprit qui les y suscite ; ils expriment non des faits externes, mais les lois selon lesquelles l'esprit combine les unités ou délimite les sensations dans l'espace. La prétendue perception empirique des nombres et des figures est en réalité identique à leur création : percevoir un nombre, c'est faire soi-même la synthèse de ses unités ; percevoir une figure, c'est en parcourir le contour, etc. Quand bien même le monde extérieur serait anéanti, l'esprit, pourvu qu'il eût encore conscience de lui-même, pourrait encore former des nombres, dessiner des figures, et déterminer leurs propriétés. 3° Il s'ensuit que les propositions mathématiques expriment les lois non du réel, mais possible ; elles sont vraies d'une vérité purement logique, toute relative à certaines hypothèses faites par l'esprit : seulement ces hypothèses sont telles que tout esprit ne peut manquer de les faire et de les poser comme les lois nécessaires des choses. 4° De là vient que les vérités mathématiques nous apparaissent en effet comme nécessaires et universelles : si elles dérivaient de l'expérience, elles seraient contingentes et n'auraient de valeur que pour la partie de l'univers qui tombe sous notre expérience.

IV. — Faire voir en concluant que l'accord de l'expérience avec les vérités mathématiques est inexplicable si l'esprit qui crée en nous ces vérités à priori n'est pas identique en essence à celui qui nous les montre à postériori réalisées dans les choses. Il y a deux mathématiques parallèles et concordantes : la nôtre et celle de la nature ou plutôt celle de Dieu. « *Dum Deus calculat et cogitationem exercet*, dit Leibniz, *fit mundus*. »

255. — *Qu'appelle-t-on des axiomes? Quelle est la différence entre les axiomes et les vérités démontrées? Montrer l'importance de la règle suivant laquelle on ne demande en axiomes que des choses parfaitement évidentes.*

Le mot « axiome » est pris ici dans son sens le plus général. (V. *Cours*, p. 231.) Il sera peut-être inutile de distinguer les deux sortes d'axiomes, les uns universels ou communs à toutes les mathématiques : deux quantités égales à une même troisième sont égales entre elles, et les autres propres à la géométrie : la ligne droite est le plus court chemin d'un point à un autre. — Les axiomes étant les principes des démonstrations, si on prend pour axiomes des choses douteuses, les conclusions seront elles-mêmes douteuses, et par conséquent il n'y aura pas de démonstration.

256. — *De la démonstration. Ses règles. Ses diverses espèces.*

V. *Cours*, p. 232. — Voici les règles formulées par la *Logique* de Port-Royal d'après Pascal : 1° prouver toutes les propositions un peu obscures en n'employant à leur preuve que les définitions qui auront précédé, ou les axiomes qui auront été accordés, ou les propositions qui auront déjà été démontrées; 2° n'abuser jamais de l'équivoque des termes en manquant d'y substituer mentalement les définitions. Ces deux règles en présupposent trois autres, d'abord pour les définitions : 1° ne laisser aucun des termes un peu obscurs ou équivoques sans les définir ; 2° n'employer dans les définitions que des termes parfaitement connus ou déjà expliqués; ensuite pour les axiomes; 3° ne demander en axiomes que des choses parfaitement évidentes. Pour les espèces de la démonstration, voir *Cours*, p. 233.

**257.** — *Est-il vrai de dire avec Pascal que la méthode la plus parfaite serait celle où l'on définirait tous les termes et où l'on prouverait toutes les propositions ?*

Cette assertion de Pascal se trouve dans son fragment de l'*Art de persuader*. — On montrera qu'elle est contradictoire. (V. *Cours*, p. 294.) — Elle aboutit au scepticisme (V. *Cours* p. 297). — Elle repose sur une fausse idée de la méthode et de la science. En effet, la méthode est, à certains égards, un expédient, une marque de la faiblesse de notre intelligence : la science parfaite consisterait bien plutôt à n'avoir besoin de rien définir et de rien prouver parce que tout serait immédiatement clair et certain.

# CHAPITRE III

## MÉTHODE DES SCIENCES PHYSIQUES ET NATURELLES.

**258.** — *Quelle est la différence entre les sciences physiques et les sciences naturelles? Donner des exemples.*

Sur l'ambiguïté de ces désignations, voir *Cours* p. 235. — On pourra entendre ici par sciences physiques les sciences de la matière brute et par sciences naturelles les sciences des êtres vivants, et faire coïncider cette division avec celle des sciences abstraites-concrètes et des sciences concrètes de M. H. Spencer. Ces deux ordres de sciences diffèrent dès lors : 1° par leurs objets, 2° par leurs buts, 3° par leurs méthodes.

1° Aucune trace d'individualité dans les corps bruts : par suite, ce que les sciences physiques étudient en eux, ce sont simplement les phénomènes qui s'y manifestent, abstraction faite de ces corps eux-mêmes. — Au contraire, les phénomènes présentés par les corps vivants sont sous la dépendance nécessaire de l'individualité à laquelle ils appartiennent et ne peuvent en être séparés, même par abstraction ; ils forment un ensemble dont toutes les parties sont solidaires, un système fermé, comme dit Cuvier ; d'où il suit que les sciences naturelles étudient, non des phénomènes, mais des êtres. Donner des exemples.

2° Le rapport qui lie les phénomènes entre eux étant un rapport de succession nécessaire ou de causalité, les sciences physiques ont pour but de déterminer les lois selon lesquelles les phénomènes de la matière brute se produisent et s'influencent les uns les autres. — Au contraire, le rapport qui lie entre elles les parties d'un même être étant un rapport de coexistence qui n'est pas également nécessaire pour toutes ces parties, les sciences naturelles ont pour but de déterminer les différents types de coexistence qui correspondent à tous ces différents degrés de nécessité. Donner des exemples.

3° La méthode des sciences physiques est essentiellement caractérisée par l'emploi de l'expérimentation, de l'hypothèse et de l'induction ; celle des sciences naturelles par l'emploi de l'analogie et de la classification. La première est régie par le principe de causalité et par celui de l'uniformité de la nature ; la seconde par le principe de finalité sous la double forme du principe des conditions d'existence.

(loi de Cuvier) et de celui du plan de composition (loi de Geoffroy Saint-Hilaire). (V. *Cours*, p. 256.)

**259.** — *Qu'entend-on par méthode expérimentale ? En donner les règles. Citer des exemples.*

### Plan.

I. — La méthode expérimentale est celle qui découvre et vérifie les lois de la nature par le moyen de l'expérimentation. La physique, la chimie lui doivent tous leurs progrès ; la physiologie de nos jours, avec les Claude Bernard, les Pasteur, etc., s'est efforcée de la substituer de plus en plus à la méthode d'observation, seule connue des anciennes écoles médicales.

II. — En quoi consiste cette méthode ? Au lieu d'accumuler indéfiniment des observations et d'attendre pour induire que la loi se dégage d'elle-même de la comparaison des faits, le savant, après quelques observations préliminaires, fait une *hypothèse*, et il institue une *expérience* pour la vérifier. Si cette expérience contredit cette hypothèse, il fait une nouvelle hypothèse et une nouvelle expérience, et ainsi de suite, jusqu'à ce qu'il trouve une hypothèse que l'expérience vérifie entièrement. Donner des exemples.

III. — Sa supériorité sur la méthode d'observation. L'esprit y est doublement actif, d'abord parce qu'il détermine d'avance idéalement le fait qu'il désire observer, ensuite parce qu'il le suscite réellement dans les conditions qu'il a lui-même prescrites. Grâce à cette méthode, le savant peut répéter, multiplier les faits, les retarder, les simplifier, etc. (V. *Cours*, p. 238.)

IV. — Règles de la méthode expérimentale. Elles se rapportent soit aux observations préliminaires (V. *Cours*, p. 238), soit à la formation des hypothèses (p. 252), soit à l'expérimentation qui les vérifie (p. 239), soit enfin à l'induction qui en tire des lois de causalité (p. 241-244). A la rigueur, on pourrait ramener toutes les règles de la méthode expérimentale aux quatre méthodes de Stuart Mill : toute expérience en effet prend nécessairement la forme de l'une de ces quatre méthodes.

V. Conclusion. — Faire ressortir le rôle prépondérant de l'activité de l'esprit et des principes de la raison dans la méthode expérimentale.

**260.** — *En quoi la méthode expérimentale diffère-t-elle de l'empirisme ?*

Le mot *empirisme* est ambigu. Il désigne tantôt une doctrine, tantôt une méthode. En psychologie, être empirique, c'est soutenir que l'expérience est l'unique origine de toutes nos connaissances ; en logique, c'est réduire la science à la pure et simple constatation des faits sans aucun mélange de raisonnement et de théorie. Il s'agit ici du second sens. (V. *Cours*, p. 237.) De même, le mot *expérience* désigne tantôt la connaissance toute passive des phénomènes tels qu'ils se présentent d'eux-mêmes à nos sens, tantôt l'action par laquelle l'esprit suscite et modifie des phénomènes pour vérifier l'idée qu'il s'en était formée d'avance. C'est sur cette seconde sorte d'expérience que repose la méthode expérimentale.

On fera voir que l'empirisme et la méthode expérimentale diffèrent à la fois par leurs buts (ici, la connaissance des causes et des lois, c'est-à-dire de l'essence ; là, celle des faits pour eux-mêmes, c'est-à-dire de l'accident), par leurs procédés (ici, l'hypothèse, le raisonnement et l'expérimentation fondés sur des principes à priori ; là, l'observation et une vague analogie), enfin par leurs résultats (ici, des conclusions certaines et qui permettent la prévision et l'action ; là, des assertions souvent contradictoires ou d'une probabilité qui n'exclut jamais le doute et ne permet ni de prévoir ni d'agir avec sûreté, *mera palpatio*, comme dit Bacon). — Dans tous ces développements, on fera ressortir la différence de ces deux méthodes : l'une où l'esprit se fait pour ainsi dire l'esclave de la nature, l'autre où il s'en rend maître et où il lui dicte ses lois au nom de la raison.

**261.** — *Distinguer la méthode démonstrative et la méthode expérimentale. De l'union de ces deux méthodes dans les diverses sciences.*

La méthode démonstrative, c'est la méthode rationnelle, à priori, employée dans les sciences mathématiques. Pour la méthode expérimentale, voir les *Sujets* précédents.

On comparera ces deux méthodes :

1° La première suppose déjà connue l'essence des objets qu'elle étudie : elle la détermine à priori dans des *définitions*; la seconde ignore absolument l'essence des objets qu'elle étudie : c'est par l'*observation* seule qu'elle réussit à déterminer leurs propriétés les plus manifestes ;

2° Dès lors, la première peut établir les lois de ses objets en les *déduisant* de leurs définitions mêmes ; la seconde doit les *induire* de l'observation de leurs phénomènes.

Cependant, les deux méthodes tendent à se combiner dans la plupart des sciences (à l'exception, toutefois, des mathématiques où la méthode démonstrative est seule admise). On peut même dire que l'idéal de toutes les sciences de la nature, c'est de substituer finalement la méthode démonstrative à la méthode expérimentale : une fois en possession des lois les plus générales qui régissent tout un ordre de phénomènes, l'esprit peut en tirer déductivement la connaissance et l'explication des lois moins générales et de tous les faits qu'elles enveloppent. C'est ce qui est arrivé, par exemple, en mécanique céleste (depuis la découverte de l'attraction universelle), en optique (où tout se démontre par le moyen des lois de la réflexion et de la réfraction), etc. Cette méthode, dans les sciences de la nature, sert surtout à la découverte et à l'explication : la fonction de la preuve est plutôt remplie par la méthode expérimentale.

**262.** — *Montrer par des exemples comment il faut entendre les principales règles de l'expérimentation.*

Nous ne savons trop ce qu'on entend ici par règles de l'expérimentation, à moins qu'on ne fasse allusion aux prétendues règles de Bacon (*variatio, productio, compulsio*, etc. (V. *Cours*, p. 234.) Il est puéril de supposer, comme Bacon semble le faire, que les savants s'amusent à épuiser toutes les formes possibles de l'expérimentation : ils s'en tiennent uniquement à celles qui peuvent servir à la vérification de leurs hypothèses. Il est donc impossible de séparer les règles de l'expérimentation des règles de la méthode expérimentale. Or, cette méthode, on le sait, revêt quatre formes principales : concordance, différence, résidus, variations concomitantes. — Les seules règles qui s'appliquent plus particulièrement à l'expérimentation comme telle, c'est qu'elle doit être aussi précise et aussi simple que possible : l'expérimentateur doit connaître exactement et complètement toutes les circonstances de l'expérience qu'il institue, et éliminer ou neutraliser celles dont il ignore la nature et qui pourraient influer sur le résultat final. Plus il entre d'inconnu dans une expérience, plus la conclusion qu'on en tire est incertaine. — Exemples d'expériences : la machine d'Atwood, la balance hydrostatique, la décomposition et la recomposition de la lumière par le prisme, les expériences de M. Pasteur sur les germes atmosphériques, etc.

**263.** — *Des lois de la nature. Montrer par des exemples en quoi elles consistent; l'intérêt qu'il y a à les connaître; comment on les découvre et les vérifie.*

Les lois de la nature sont les rapports constants, généraux, nécessaires, qui lient entre eux les phénomènes naturels. Exemples : lois de l'attraction, de la pesanteur, de la lumière, de la chaleur, etc. Dans toutes ces lois, deux phénomènes, l'un antécédent, l'autre conséquent, sont liés l'un à l'autre par un rapport nécessaire. Par exemple, dans la loi de Mariotte : les volumes des gaz sont en raison inverse des pressions qu'ils supportent, l'antécédent, c'est la pression, et le conséquent, c'est le volume. — Pour l'intérêt qu'il y a à connaître les lois, voir *Cours*, p. 240 et 535. Sur la découverte et la vérification des lois, *ibidem*, p. 240 et suivantes.

264. — *De l'induction. Son principe. Donne-t-elle la certitude ou seulement la probabilité ?*

Deux définitions de l'induction, l'une (v. *Cours*, p. 101) psychologique, s'appliquant à toute espèce d'induction, l'autre (*ibidem*, p. 239) logique, concernant plus particulièrement l'induction scientifique. — Le principe de l'induction a été dénommé et formulé de différentes façons : principe de l'ordre, principe des lois, principe de l'uniformité de la nature, principe du déterminisme universel (cette dernière dénomination est de Claude Bernard). — Il y a de l'ordre dans la nature ; la nature obéit à des lois, etc. (V. *Cours*, p. 111 ; voir aussi p. 240.) — La vraie formule de ce principe paraît être : tout phénomène a sa cause, et la même cause tend nécessairement à produire le même effet.

On fera voir par l'étude des méthodes expérimentales et par celle de l'induction proprement dite (*ibidem*, p. 242 et 248) le rôle de ce principe. On pourrait le faire ressortir en ramenant toute induction scientifique aux deux syllogismes suivants : 1° tout rapport de deux phénomènes tel que la présence du premier, son absence, ses variations suffisent à entraîner la présence, l'absence et les variations du second, est un rapport de causalité ; or, le rapport des phénomènes *a* et *b* est un rapport tel que la présence du premier, etc. ; donc le rapport de *a* et *b* est un rapport de causalité ; — tout rapport de causalité est une loi (c'est une autre façon de dire que la même cause tend à produire toujours le même effet) ; or le rapport de *a* et de *b* est un rapport de causalité ; donc le rapport de *a* et de *b* est une loi.

Sur la dernière question, voir *Cours*, p. 248. — La solution indiquée, c'est que l'induction est théoriquement certaine, mais que pratiquement elle n'atteint jamais qu'à une plus ou moins grande probabilité.

265. — *Du raisonnement inductif. Donner par des exemples une idée nette de la nature de cette opération. Du genre de certitude qu'elle comporte ; des conditions requises pour qu'elles soit scientifiquement correcte.*

Il faudrait, croyons-nous, en traitant ce sujet, réserver pour la fin la question de la certitude comportée par l'induction : il est clair, en effet, qu'une induction scientifiquement correcte présente une certitude qu'on ne saurait attendre d'une induction faite sans méthode. — On distinguera donc dès le début deux espèces d'induction : l'une, est celle de l' « *intellectus sibi permissus* », comme l'appelle Bacon ;

l'autre, est celle de la science. (V. *Cours*, p. 102.) Comme exemples de cette dernière, on pourra citer les inductions suivantes : tous les corps tombent dans le vide avec la même vitesse, le volume d'un gaz est en raison inverse de la pression qu'il supporte ; l'eau monte dans le vide en vertu de la pression atmosphérique ; l'eau bout à 100 degrés ; la rosée se produit toutes les fois que la surface d'un corps est à une température inférieure à celle de l'air ambiant chargé d'humidité, etc. — Pour les conditions requises, on fera voir que les seuls rapports susceptibles d'être généralisés avec certitude étant les rapports de causalité, il faut déterminer la cause avant de formuler la loi. Sur la méthode par laquelle la causalité peut se découvrir et se prouver, voir *Cours*, p. 240-244.

266. — *Faire la part de l'expérience et de la raison dans l'induction.*

Idées à développer.

Après avoir défini l'induction et donné quelques exemples, on posera la question de la part respective de l'expérience et de la raison.

1° L'expérience donne les faits ; elle peut même donner l'uniformité des faits (en ce sens qu'elle montre que certains faits se reproduisent d'une manière uniforme) ; mais elle ne peut pas donner la loi, c'est-à-dire l'affirmation d'une nécessité en vertu de laquelle ces faits se reproduiront toujours ainsi.

2° Cette affirmation est-elle l'œuvre de la raison ? Ne peut-elle s'expliquer par l'habitude et l'association des idées ? C'est la thèse empirique. (V. *Cours*, p. 101, 102 et 103.) — En supposant que l'on puisse ainsi rendre compte de l'induction spontanée ou vulgaire, qui, dans bien des cas, semble n'être en effet que l'attente machinale du retour d'un phénomène dans des circonstances qui paraissent les mêmes, il n'en est plus ainsi de l'induction scientifique. Or, c'est seulement dans celle-ci que l'esprit affirme distinctement l'existence d'une loi.

3° Même quand l'expérience lui donne une succession uniforme de faits, la science n'en conclut pas immédiatement que cette succession est nécessaire et se maintiendra dans l'avenir (comme, par exemple, la succession du jour et de la nuit) ; elle essaie d'abord de l'interpréter par un raisonnement fondé en somme sur le principe de causalité ou de raison : si ces faits se succèdent uniformément, il y a sans doute une raison à cela, et cette raison ne peut être que la dépendance du second phénomène à l'égard du premier ou leur dépendance commune à l'égard d'une même cause ; d'où il suit qu'ils continueront à se succéder tant que cette raison subsistera. Puis elle vérifie ce raisonnement en cherchant à découvrir la raison effective de leur succession. — Mais alors même que l'expérience ne lui donne aucune uniformité, la raison affirme à priori que tout fait doit avoir une cause et être uni à sa cause par un rapport nécessaire et invariable. C'est en s'appuyant sur ce principe qu'elle parvient à démêler une profonde uniformité là où l'expérience ne montrait d'abord que désordre et hasard ; et c'est encore ce principe qui lui permet d'affirmer que cette uniformité est une loi valable pour l'avenir comme pour le passé, dans tous les temps et tous les lieux.

L'expérience donne seulement la matière des faits ; la raison imprime à cette matière la forme de la causalité et de la loi, c'est-à-dire, en somme, de la nécessité et de l'universalité.

### 267. — *Du fondement de l'induction.*

#### Plan.

I. — Montrer que l'esprit humain conclut naturellement du particulier au général et se fie à ses inductions avec une sécurité parfaite. Qui doute que le soleil se lèvera demain, que le feu va le brûler s'il y touche, etc., etc.? La science n'affirme pas les lois qu'elle a découvertes avec une moindre certitude. Comment cela est-il possible? Comment de quelques faits observés dans le passé pouvons-nous légitimement conclure à l'infinité des faits à venir? Ce problème est celui du fondement de l'induction.

II. — On pourrait d'abord répondre que le général est la collection de tous les cas particuliers ; la loi, le résumé des faits. (V. *Cours*, p. 241.) Mais d'abord il est impossible de connaître empiriquement tous les cas particuliers, dont la majeure partie est encore à venir ; et en second lieu, la loi n'est nullement la collection de tous ces cas : elle est l'expression de la nécessité en vertu de laquelle ils doivent se produire d'une certaine façon.

III. — Une autre réponse, c'est que le passé est pour nous garant de l'avenir. Nous avons toujours vu les phénomènes s'accompagner les uns les autres dans un certain ordre : il est donc tout naturel que nous nous attendions à les voir se succéder toujours ainsi. Cette solution est celle des empiriques (Hume, Stuart Mill. V. *Cours*, p. 128 et suivantes.) — Mais, 1° il n'y a aucune nécessité à ce que l'avenir soit le sosie du passé ; ce qui a été n'engage pas ce qui sera ; les habitudes de notre mémoire, nos associations d'idées ne peuvent prétendre à faire la loi aux choses. Conclure sans autre raison du passé à l'avenir, c'est le sophisme du dénombrement imparfait ; car, qu'est-ce qui prouve que l'avenir ne démentira pas le passé ? En fait, la seule expérience uniforme de l'humanité ne suffit pas à prouver que le soleil se lèvera demain. Tous les cygnes sont blancs, disait-on avant la découverte des cygnes noirs de la Nouvelle-Zélande ; 2° d'autre part, la science conclut souvent avec un seul fait pour base de son induction ; mais c'est que dans ce fait elle a réussi à démêler un rapport *sui generis*, le rapport de causalité.

IV. — Le fondement de l'induction, c'est donc le principe de causalité. Oui, l'avenir reproduira le passé, mais seulement si les causes sont les mêmes, et dans la mesure où elles seront les mêmes. Faire voir que toute la méthode inductive et expérimentale repose sur ce principe. (V. *Cours*, p. 242 et 248.) L'induction vulgaire elle-même n'est plus ou moins probable que parce qu'elle s'y réfère implicitement.

V. — La logique peut s'en tenir là : la métaphysique doit aller plus loin et rechercher comment le principe de causalité, dans lequel nous avons subjectivement une confiance absolue, se trouve en même temps être la loi suprême de la nature. C'est ce qu'un philosophe contemporain (M. Lachelier) a essayé de faire. La solution qu'il propose est celle de Kant : si l'esprit peut affirmer à priori, avec une certitude invincible, que les faits se produiront selon des lois, c'est qu'il est lui-même la force invisible qui les enchaîne et qui manifeste en eux sa propre unité. (V. *Cours*, p. 410.) On trouvera ailleurs la discussion de cette doctrine. (*Ibidem*, p. 411 à 414.) Nous pencherions plutôt vers la solution de Leibniz : ce n'est pas notre esprit, c'est un esprit identique en essence au nôtre, mais absolu et infini, qui seul fonde et garantit l'harmonie des lois de notre pensée et des lois de la nature.

**268.** — *De l'hypothèse. Son rôle dans les sciences. Son utilité et ses dangers. Caractères d'une bonne hypothèse. Conditions de la vérification des hypothèses.*

L'élève devra surtout être fourni d'exemples d'hypothèses scientifiques. Pour le rôle expérimental de l'hypothèse, citer Pascal (l'ascension des liquides dans le corps de pompe est due à la pression atmosphérique), Franklin (l'orage est produit par l'électricité des nuages), Claude Bernard (le foie sécrète du sucre), Pasteur (les fermentations et les moisissures ont pour causes les germes flottant dans l'air, etc., etc.). — Pour le rôle théorique de l'hypothèse, citer l'hypothèse de Laplace (tout notre système solaire est sorti progressivement de la condensation d'une nébuleuse primitive tournant sur elle-même et dont le soleil est le noyau), celle de Huyghens, Fresnel et Arago (la lumière est l'effet des ondulations d'un fluide impondérable, l'éther), celle de Darwin (toutes les espèces vivantes sont dérivées d'espèces antérieures par la voie de la sélection naturelle), etc.

Le danger des hypothèses, c'est qu'elles peuvent *prévenir* l'esprit, c'est-à-dire l'empêcher de voir les faits qui les contredisent et ainsi faire obstacle à la découverte de la vérité. C'est pourquoi Newton semblait les répudier : *Hypotheses non fingo*, disait-il. Il est certain que les progrès de la science ont pu être retardés par de fausses hypothèses (ainsi dans l'antiquité par l'hypothèse des quatre éléments ; par celle de la terre centre du monde ; par celle de l'horreur du vide), etc. Pourtant même des hypothèses inexactes ont pu avoir leur utilité : hypothèse des tourbillons de Descartes (pour expliquer la gravitation et la pesanteur) ; hypothèse de l'émission de Newton (pour expliquer la lumière) ; hypothèse des deux fluides électriques, etc. — Pour toutes les autres parties du sujet, voir *Cours*, p. 231.

**269.** — *Qu'appelle-t-on un système, un système naturel, un système scientifique ? Montrer que la science ayant pour objet de reproduire la nature, doit avoir des systèmes. Quel est le péril des systèmes scientifiques ? Quel est l'abus de l'esprit systématique ?*

Système, du verbe grec συστέω, attacher ensemble, entrelacer. Un système est un ensemble de parties étroitement liées entre elles et qui se rapportent toutes à quelque partie plus importante, laquelle est le centre ou le principe du système. Les parties composantes d'un système ont entre elles des rapports de ressemblance (homogénéité, affinité, analogie), et de dépendance réciproque (coordination, subordination, etc.). Un système naturel est un système existant objectivement dans la nature : tels sont le système solaire, le système nerveux, etc. Un système scientifique est, selon la définition de Condillac, « la disposition des différentes parties d'un art ou d'une science dans un ordre où elles se soutiennent toutes mutuellement, et où les dernières s'expliquent par les premières. » — « Celles qui rendent raison des autres, ajoute Condillac, s'appellent principes, et le système est d'autant plus parfait que les principes sont en plus petit nombre ; il est même à souhaiter qu'on les réduise à un seul. » — On fera voir que l'esprit humain tend naturellement à unifier, partant à systématiser toutes choses. (V. dans le *Cours*, la théorie de la raison, p. 113 et 123.) Essayer de comprendre, d'expliquer les choses, c'est en somme essayer de les faire rentrer dans un système. L'esprit est, par essence, ordonnateur, organisateur. Pour lui, penser, comme agir, c'est systématiser. (V. dans la *Revue philosophique* de 1887 et 1888 des articles de M. Paulhan qui prouvent que l'école expérimentale contemporaine tend à retrouver cette grande vérité.) — Mais l'unité systématique n'est pas seulement une loi de notre raison : elle est une loi de la nature des choses. Il y a des systèmes dans l'univers : l'univers même est un système ; ce n'est pas, dit Aristote, une mauvaise tragédie, faite d'épisodes sans liens, une sorte de pièce à tiroirs ; la science, qui a pour objet de le reproduire dans l'esprit humain, doit donc avoir aussi des systèmes : elle doit, comme disait Schelling, s'efforcer de repenser la grande pensée de la création. Aussi l'empirisme qui prétend la réduire à la simple accumulation des faits travaille en réalité à la détruire. Faire voir le rôle nécessaire de l'hypothèse et de la théorie dans la science. (V. *Cours*, p. 237 et 250.)

Quant au péril des systèmes scientifiques, il est identique à celui des hypothèses (V. le *Sujet* précédent) ; et le péril de l'esprit systématique, c'est d'ôter au savant la patience et l'impartialité nécessaires pour bien observer les faits : on est pressé d'expliquer les choses, on ne prend pas la peine de les regarder ; et celles qui contredisent le système, on devient presque incapable de les voir.

## II. — MÉTHODE DES SCIENCES NATURELLES

**270.** — *Des classifications. Montrer par des exemples détaillés la différence des classifications naturelles et des classifications artificielles.*

Il est difficile de traiter ce sujet sans une certaine connaissance de l'histoire naturelle, principalement de la botanique, qui doit surtout fournir les exemples nécessaires. — On voit souvent cité comme exemple le classement des livres d'une bibliothèque. Mais ce classement n'est pas une véritable classification, parce qu'il se rapporte à des objets individuels, et non, comme toute classification scientifique, à des genres et à des espèces : en outre, de quelque façon qu'on s'y prenne, il sera toujours artificiel, parce qu'il aura pour but, non de résumer les caractères essentiels des objets classés, mais simplement d'en dresser un répertoire où chacun d'eux ait une place fixe et facile à retrouver. Comme exemple de classements artificiels de cette espèce, on pourrait citer le système anthropométrique de M. Bertillon appliqué à la reconnaissance des criminels.

On fera voir la nécessité où se sont trouvées les sciences naturelles de commencer par des classifications artificielles. En botanique surtout, les affinités des êtres sont assez difficiles à saisir à première vue. Il y a sans doute certaines familles (par exemple les graminées, les composées, les crucifères, les labiées, etc.), dont la physionomie frappe les observateurs même les plus superficiels ; mais ces exceptions sont rares. On a donc été forcé de substituer un ordre artificiel à l'ordre naturel qui ne se laissait pas voir du premier coup. Le chef-d'œuvre en ce genre est le système de Linné. Il a permis de dresser un répertoire où toutes les espèces végétales, connues et inconnues, ont trouvé leur place.

Donnons-en ici une idée sommaire. Il divise d'abord toutes les plantes en phanérogames et en cryptogames, selon qu'elles ont des fleurs (étamines et pistils) ou qu'elles n'en ont pas. Les cryptogames forment une classe (*cryptogamie*) qui comprend les algues, les champignons, les lichens, les mousses et les fougères. Les phanérogames ont des fleurs soit unisexuées (ne contenant que des étamines ou des pistils), soit hermaphrodites (contenant à la fois des étamines et des pistils). Dans le premier cas, elles forment trois classes, *monœcie*, *diœcie*, *polygamie*, selon que les fleurs des deux sexes sont portées sur un même pied (monoïques), ou sur deux pieds différents (dioïques), ou l'un et l'autre à la fois. Dans le second cas, ou les étamines sont libres, ou elles sont soudées, soit entre elles, soit avec le pistil. Les plantes à étamines libres forment quinze classes, *monandrie*, *diandrie*, *triandrie*, *tétrandrie*, *pentandrie*, *hexandrie*, *heptandrie*, *octandrie*, *ennéandrie*, *décandrie*, *dodécandrie* (une, deux, trois, quatre, cinq, six, sept, huit, neuf, dix, douze étamines) *icosandrie* (vingt étamines et au delà insérées sur le calice), *polyandrie* (un grand nombre d'étamines non insérées sur le calice), *didynamie* (quatre étamines dont deux plus grandes), *tétradynamie* (six étamines dont deux plus petites). Les plantes à étamines soudées forment cinq classes : *monadelphie*, *diadelphie*, *polyadelphie* (étamines soudées par les filets en un, deux, plusieurs faisceaux), *syngénésie* (étamines soudées à la fois par les filets et par les anthères), *gynandrie* (étamines soudées avec le pistil. — Ainsi vingt-quatre classes suffisent à contenir tout le règne végétal. Linné les range en commençant par la monandrie et en finissant par la cryptogamie. Chacune de ces classes se subdivise en ordres qui, au moins, pour les treize premières, sont fondés sur le nombre des pistils : *monogynie*, *digynie*, *trigynie* (un, deux, trois pistils), etc.

L'inconvénient de ce système, c'est que l'arrangement artificiel qu'il établit entre les êtres peut dissimuler à l'esprit leurs affinités véritables et ainsi empêcher ou tout au moins retarder l'avènement d'une classification naturelle.

Dans la théorie de la classification naturelle, on insistera sur le *principe de la subordination des caractères*. Il peut se formuler ainsi:

les divisions les plus générales doivent être fondées sur les caractères les plus importants, ou en d'autres termes doivent être subordonnées entre elles comme sont subordonnés entre eux les caractères sur lesquels ils sont fondés. Par exemple, la division d'un règne en embranchements doit être fondée sur les modifications du caractère le plus important de ce règne (le plan de structure du système nerveux pour le règne animal, celui de l'embryon pour le règne végétal); la division d'un embranchement en classes doit être fondée sur les modifications du caractère le plus important après le premier, et ainsi de suite, pour les ordres, les familles, les genres, les espèces, etc.; l'importance des caractères décroissant avec l'étendue des groupes, de telle sorte que la hiérarchie des uns corresponde point par point à celle des autres.

Ce principe a été appliqué et formulé pour la première fois par Antoine-Laurent de Jussieu. Avant lui, le naturaliste français Tournefort avait fait une classification où intervenaient un grand nombre de caractères mais dans un ordre absolument arbitraire. Un autre naturaliste français, Adanson, après avoir fait soixante-cinq classifications fondées sur autant de caractères distincts, avait cru pouvoir faire sortir de leur comparaison une classification naturelle; mais comme ces caractères sont loin d'avoir tous une égale importance, il ne suffit pas de les compter : il faut, en quelque sorte, les peser.

Jussieu commença par étudier un certain nombre de groupes naturels, graminées, liliacées, composées, ombellifères, crucifères, légumineuses, etc., et détermina le degré d'importance des différents caractères dans ces groupes. Il établit ainsi pour l'ensemble du règne végétal quatre ordres de caractères, depuis les plus importants c'est-à-dire les plus généraux et les plus fixes, tels que la présence ou l'absence de l'embryon, sa structure, son mode de développement, la position relative des organes sexuels, etc., jusqu'aux plus variables et particuliers, propres seulement à déterminer des espèces, tels que les différents modes d'inflorescence, la forme des feuilles, celle de la tige, la grandeur des fleurs, etc. C'est donc par la seule expérience que Jussieu a déterminé les rapports de subordination des caractères. Il semble que Cuvier et les zoologistes qui l'ont suivi aient fait une plus large part au raisonnement. Voir dans le *Cours*, p. 256, les principes qui les ont guidés.

La classification naturelle résume l'ensemble des rapports que les êtres ont entre eux. En outre elle peut servir de base à des inférences : de ce qu'un être appartient par ses caractères visibles à une certaine famille, on peut en conclure que ses caractères cachés sont aussi ceux de la famille à laquelle il appartient. Ainsi cette plante est une crucifère, donc elle aura pour fruit une silique; cette autre est une euphorbiacée, donc elle est probablement vénéneuse, etc.

### 271. — *Rapports et différences entre l'induction et l'analogie.*

On aura soin, en traitant ce sujet, de se référer toujours à des exemples précis soit d'induction, soit d'analogie.

Raisonner par analogie, c'est conclure d'un cas à un autre en raison d'une simple ressemblance ou analogie.

Raisonner par induction, du moins dans les sciences de la nature, c'est conclure d'un cas (ou de plusieurs) à tous les cas du même genre en raison des causes ou conditions déterminantes qui sont les mêmes dans le premier cas et dans tous les autres.

Deux différences principales : 1° l'analogie conclut du particulier au particulier, l'induction du particulier au général : 2° la conclusion dans l'analogie est fondée sur la simple ressemblance, dans l'induction sur la causalité.

Entre l'induction proprement dite et l'analogie, se place l'induction analogique qui conclut du particulier au général, mais en raison d'une simple ressemblance, et de cette sorte sont presque toutes les inductions en histoire naturelle. Exemples : les ruminants ont le pied fourchu ; les monocotylédonées n'ont pas de stipules, etc.

On fera voir que l'analogie se ramène logiquement à la déduction et à l'induction. (Cf. *Cours*, p. 101.) Les rapports de l'analogie et de l'induction, c'est qu'elles sont l'une et l'autre des raisonnements à postériori dans lesquels la conclusion dépasse les prémisses et qui par conséquent ne peuvent ni être légitimés par le principe d'identité ni, à cause de l'intervention nécessaire de l'expérience, être exempts de toute chance d'erreur et prétendre à une absolue certitude. C'est par là qu'elles diffèrent l'une et l'autre de la déduction. Cependant l'induction est susceptible d'une certitude théorique (V. *Cours*, p. 249), tandis que l'analogie est par essence théoriquement incertaine. (V. *ibidem*, p. 258.) On ajoutera que l'analogie est souvent, dans les sciences, la première forme sous laquelle se présente l'induction.

**272.** — *Montrer par des exemples le rapport qu'il y a entre les deux opérations de l'esprit qu'on appelle la définition et la classification. La définition est-elle possible sans la classification ?*

Ces deux opérations sont connexes comme la compréhension et l'extension des concepts. Au point de vue de la logique formelle, la classification est un cas particulier d'une opération plus simple, la *division* (V. *Cours*, p. 407) : c'est une division systématique à plusieurs degrés. Ainsi les animaux sont vertébrés, articulés, mollusques, etc.; les vertébrés sont mammifères, oiseaux, reptiles, etc.; les mammifères sont quadrumanes, carnassiers, rongeurs, etc., etc. Chacune de ces propositions énonce une division : l'ensemble de ces propositions énonce une classification. D'autre part, toute définition fait d'abord rentrer le concept à définir dans un concept plus général : par exemple le vertébré est un *animal* à squelette; le mammifère est un *vertébré* à mamelles, etc.; elle semble donc se référer à une classification préalable, et si, comme l'usage de la langue le permet à la rigueur, on entend par *classer* rapporter une espèce au genre qui la contient, définir, en ce sens, c'est classer ; par exemple définir la baleine, c'est la classer parmi les cétacés. — A ce point de vue, la classification et la définition sont inséparables ; elles sont les deux moments d'une seule et même opération mentale, la *généralisation*, et c'est pourquoi l'ensemble des concepts dont se compose une science peut presque toujours être ordonné en une série de définitions et de divisions ou classifications alternatives. Par exemple, en psychologie, les phénomènes psychologiques sont des phénomènes qui se produisent chez l'homme ou les animaux en général et ne sont directement connus que par la conscience (définition). Ces phénomènes se rapportent à la sensibilité, à l'intelligence et à la volonté (division). Les phénomènes de sensibilité sont des états de conscience agréables ou pénibles (définition) ; ce sont des sensations ou des sentiments (division) ; les sensations sont des phénomènes de sensibilité produits par l'action des objets extérieurs sur les nerfs sensitifs (définition) ; elles sont internes ou externes (division), etc., etc. — Toutefois, il ne s'ensuit pas que la définition reproduise nécessairement une classification préalable : cela n'est vrai que pour les définitions empiriques, principalement en histoire naturelle. La classification des diverses sortes de figures géométriques résulte logiquement de l'ensemble de leurs définitions ; elle en est la conséquence et non le principe.

# CHAPITRE IV

## MÉTHODE DES SCIENCES MORALES

**273.** — *Que doit-on entendre par l'expression, sciences morales, et en quoi les sciences morales diffèrent-elles des sciences physiques ?*

Tous les éléments de la question sont contenus dans le *Cours*. (V. p. 262 et suivantes. V. aussi p. 4.) — Plusieurs écrivains s'efforcent de nos jours d'assimiler les sciences morales aux sciences physiques et naturelles (par exemple M. Taine). Trois différences principales empêchent cette assimilation :

1° Les faits qu'elles étudient ne peuvent être observés objectivement ; on doit, ou les constater en soi par la conscience, ou s'en rapporter au témoignage d'autrui ; ils ne peuvent pas davantage être calculés et mesurés exactement, comme les faits étudiés par les sciences physiques et naturelles ;

2° Les lois de la vie morale ne sont pas absolument fatales ; elles n'expriment que des tendances qui peuvent toujours être contre-balancées par la liberté. D'où il suit qu'on ne peut pas raisonner sur les faits qu'elles régissent, les prévoir, les soumettre à l'expérimentation avec la même sûreté que les faits de la nature extérieure ;

3° Enfin, les lois du monde physique sont toutes de la même espèce : ce sont des lois simplement indicatives qui résument en formules les rapports invariables des faits. Dans le monde moral apparaissent en outre des lois impératives qui élèvent au-dessus des faits le modèle et la règle d'un idéal obligatoire. (V. *Cours*, p. 319.) Il s'ensuit que les sciences morales ne peuvent se contenter, comme les sciences physiques et naturelles, de décrire et d'expliquer les faits ; il faut encore qu'elles les jugent en les comparant à leur idéal, et qu'elles déterminent les moyens de faire passer de plus en plus cet idéal dans les faits.

De ces différences générales, on conclura la différence des méthodes : 1° rôle nécessaire de la méthode subjective dans la psychologie et toutes les sciences morales qui en dépendent (V. *Cours*, p. 12) ; 2° importance du témoignage en histoire ; 3° impossibilité ou incertitude de l'expérimentation, conséquence qui en résulte pour l'induction; 4° rôle de la méthode déductive ou rationnelle dans les sciences morales de l'ordre idéal (V. *Cours*, p. 264 et 298); axiomes propres à ces sciences (V. *ibid.*, p. 298 et 272), au sujet desquels se pose la très délicate question de la certitude ou évidence morale.

**274.** — *Montrer combien la connaissance de l'activité libre est importante pour les sciences morales.*

Plan.

I. — On montrera très rapidement en quoi consiste cette activité libre qui fait de l'homme une personne. (Voir en psychologie toute la question de la liberté.)

II. — Mais par cela même que l'homme est libre, les sciences des choses humaines, les sciences morales, diffèrent profondément des sciences de la nature extérieure. (V. dans le *Sujet* précédent les numéros 2 et 3).

III. — Ignorez ou niez la liberté humaine : l'humanité devient une simple pièce du mécanisme universel; la psychologie rentre dans la physiologie; l'histoire s'abstient désormais de juger les événements et les hommes; la morale, le droit ne font plus que constater ce qui est; en un mot, les sciences morales deviennent un simple prolongement des sciences physiques et naturelles. Mais, du même coup, la nature et la vie humaines perdent leur physionomie et leur sens.

**275.** — *Montrer que les vérités de l'ordre moral ne sont pas susceptibles du même genre de démonstration que les vérités mathématiques et que les vérités de l'ordre physique.*

On peut entendre par vérités de l'ordre moral soit toutes les vérités qui concernent l'homme moral (et en ce sens les vérités de la psychologie en font partie), soit plus particulièrement celles qui se rapportent au devoir. En ce sens, qui est le plus ordinaire, elles comprennent toutes les vérités de la morale, et parmi les vérités psychologiques et métaphysiques, celles qui sont inséparables des vérités de la morale (liberté et responsabilité morales de l'homme; existence de Dieu; sanction future et immortalité de l'âme).

Plan.

I. — L'homme est contenu dans la nature et cependant il la dépasse. Si par son corps il n'est qu'une partie de l'ordre physique, par son âme il constitue lui-même un ordre nouveau et supérieur, l'ordre moral. Les vérités qui se rapportent à cet ordre sont peut-être les plus importantes, à coup sûr les plus intéressantes de toutes : mais peut-on les connaître avec certitude ? sont-elles susceptibles du même genre de démonstration que les vérités de l'ordre mathématique ou de l'ordre physique ?

II. — La première de ces vérités, celle qui est le fondement de toutes les autres, c'est que l'homme, dans son for intérieur, est libre, c'est qu'il est une volonté capable de se déterminer par elle-même. Quelle preuve en peut-on donner ? (V. *Cours*, p. 146.)

D'abord le témoignage de la conscience. C'est là, dira-t-on, une preuve positive, expérimentale, comme celle que pourrait donner un physicien d'une propriété d'un corps. — On fera voir que la certitude de la conscience est toute subjective et personnelle. Que dire à celui qui ne se sent pas libre ?

Une seconde preuve est la liaison de la liberté humaine avec le devoir, la responsabilité, la justice, c'est-à-dire en somme avec l'ordre moral tout entier. C'est là, dira-t-on, une preuve logique, rationnelle, comme celle qu'un mathématicien pourrait donner d'un théorème. — Oui, sans doute, mais cette démonstration n'est pas décisive : elle ne fait que reculer la difficulté, car il reste à prouver finalement la réalité du devoir, de la responsabilité, en un mot de l'ordre moral.

III. — Or, de quel genre de preuve les vérités proprement morales sont-elles susceptibles ? — On ne doit pas mentir, le fort doit protéger et non opprimer le faible; les parents doivent élever leurs enfants, les enfants doivent obéir à leurs parents ; tout être libre doit rendre compte de ses actes, etc., etc.; ces vérités peuvent-elles être prouvées expérimentalement comme le principe d'Archimède ou la loi de Mariotte ? Nullement. L'expérience nous montre ce qui est, non ce qui doit être. Observons les actions des hommes : nous verrons les vérités morales souvent violées; observons leurs opinions : nous les verrons souvent contredites. Au point de vue des faits, ces vérités sont des erreurs. — Peut-on alors les prouver logiquement, les démontrer par A + B, comme des vérités mathématiques ? On peut, à notre avis, les déduire en effet les unes des autres dans un certain ordre : il y a, en morale comme en géométrie, des principes et des conséquences : ainsi il est possible de démontrer que les parents doivent élever leurs enfants et que les enfants doivent obéir à leurs parents. Mais toute démonstration aboutit finalement à des principes qui ne se démontrent pas, vérités évidentes par elles-mêmes, définitions ou axiomes. Les principes auxquels aboutit la démonstration en morale sont-ils absolument évidents ? Et, par exemple, ne peut-on douter de ce principe fondamental, qu'il existe un devoir, une loi universelle de la volonté humaine ? On ne peut prétendre, en tout cas, que cet axiome moral frappe l'intelligence humaine d'une évidence comparable à celle des axiomes mathématiques : pour saisir cette évidence, il faut être honnête homme ou du moins aspirer à l'être. La rectitude du cœur et de la volonté n'y est pas moins nécessaire que celle de la raison. (V. *Cours*, p. 272 et 298.)

IV. — On fera voir qu'il en est de même des vérités métaphysiques qui sont comme le complément des vérités morales (existence de Dieu, immortalité de l'âme et sanction religieuse). — V. *Cours*, p. 472, 473, 487 et 569. — On conclura en disant que le genre de démonstration des vérités de l'ordre moral, bien que plus voisin de celui des vérités mathématiques, n'est cependant assimilable à aucun genre de démonstration des vérités proprement scientifiques.

### 276. — *Sur quels fondements repose la croyance à la véracité du témoignage humain ?*

#### Plan.

I. — Définir le témoignage ; montrer brièvement son importance, soit dans la vie pratique, soit dans les sciences et particulièrement en histoire.

II. — Distinguer la croyance spontanée ou naturelle et la croyance réfléchie ou scientifique à la véracité du témoignage humain. — Pour la première, discuter la doctrine de l'école écossaise (*Cours*, p. 265), et faire voir que la croyance au témoignage obéit à la loi de la croyance en général. — On l'a aussi expliquée par une induction naturelle qui nous fait attribuer au langage la même fin chez nos semblables que chez nous. — « L'homme parle pour exprimer sa pensée ; c'est l'utilité naturelle du langage : ce n'est pas pour un autre usage qu'il existe. C'est à cette fin que nous parlons nous-mêmes. Une induction toute naturelle nous fait juger que c'est à cette même fin que les autres parlent; et cette induction se vérifie à chaque instant. » (Rabier. *Leçons de philosophie. Logique*, p. 318.)

III. — Pour la croyance réfléchie, on fera voir qu'elle repose sur une application du principe de raison ou de causalité. — Le témoignage est un fait qui doit avoir sa raison ou sa cause ; or, cette raison ne peut être, étant donnés les caractères et les circonstances du témoignage, que la réalité de l'événement attesté. (V. *Cours*, p. 266, 267.)

**277.** — *Analyser la foi naturelle au témoignage de nos semblables. Quelle est la part du témoignage dans le progrès des connaissances humaines ?*

Pour le premier point, voir le *Sujet* précédent. — Pour le second point, on distinguera les deux rôles du témoignage, selon qu'il est un moyen de *transmission* ou d'*information*. Au premier point de vue, on peut dire que toutes les sciences en dépendent, puisqu'elles seraient sans cesse à recommencer si les nouvelles générations n'apprenaient par le témoignage de leurs devancières l'état des recherches et des découvertes déjà faites; au second point de vue, le témoignage est la méthode même d'un certain nombre de sciences, en particulier des sciences historiques et géographiques; et il se trouve même impliqué dans presque toutes les sciences d'observation. (V. *Cours*, p. 265.)

**278.** — *Des règles du témoignage humain, selon qu'il s'applique à des doctrines ou à des faits.*

Pour les règles du témoignage appliqué à des faits, voir *Cours*, p. 266 et 267. — En ce qui concerne les doctrines, on doit distinguer deux cas :

1° Il s'agit de doctrines impersonnelles, scientifiques ; on doit alors examiner les doctrines en elles-mêmes et juger de leur vérité d'après les règles des méthodes scientifiques; si on ne le peut pas, on accordera sa confiance au témoignage des gens compétents;

2° Il s'agit des doctrines propres à un penseur ou à une école : et la question est moins de savoir si elles sont vraies que si elles sont fidèlement rapportées; par exemple, en histoire de la philosophie. Dans ce cas, on traitera les doctrines comme si elles étaient des faits historiques et celui qui les rapporte comme un témoin ou un historien ordinaire. (V. *Cours*, p. 206 et 207.) — On pourra prendre comme exemple la doctrine de Socrate qui ne nous est connue que par Xénophon, Platon et la tradition.

**279.** — *Du témoignage et de la critique historique. Principales sources des erreurs en histoire. Règles à observer pour s'en défendre.*

V. *Cours*, p. 265 et suivantes. — Les sources d'erreurs se rapportent soit aux traditions (presque toujours fabuleuses), soit aux documents (qui peuvent être apocryphes, obscurs, mensongers), soit aux écrits, et ces derniers sont de beaucoup les plus importants. Ils peuvent n'être pas authentiques, rapporter des faits invraisemblables, être ambigus, altérer la vérité par suite de l'intérêt, de la passion, de l'ignorance, de la crédulité, de l'imagination, etc., etc. Les règles à observer pour se défendre de ces erreurs, sont les règles mêmes de la critique historique. Il va sans dire que le critique lui-même devra s'efforcer d'être impartial.

# CHAPITRE V

## LA VÉRITÉ ET L'ERREUR

### I. — LE CRITÉRIUM DE LA VÉRITÉ

**280.** — *Que doit-on entendre par les différentes expressions : certitude, doute, opinion, erreur, science? En quoi consistent le pyrrhonisme, le dogmatisme, le probabilisme ?*

Sujet sans unité. — Une série de définitions ne constitue pas une dissertation. On s'efforcera donc de les relier entre elles.

### Plan.

I. — L'esprit humain aspire à la vérité ; mais une expérience trop fréquente lui apprend qu'il est capable d'erreur. Si la vérité est l'accord de la pensée et de son objet, l'*erreur* est leur désaccord : se tromper, c'est penser les choses autrement qu'elles ne sont en réalité. Dès lors, à chaque fois que l'esprit se fixe dans un jugement, ou bien il croit absolument à la vérité de ce qu'il pense, il exclut l'idée même de la possibilité de l'erreur, et c'est alors la *certitude ;* ou bien, tout en croyant que sa pensée est vraie, il conçoit qu'elle pourrait être fausse, il associe à son affirmation l'idée d'une erreur possible, et c'est l'*opinion*. Que s'il est dans une égale ignorance de la vérité ou de la fausseté de ce qu'il pense, il ne se fixe en aucune croyance, et c'est le *doute*. — On éclaircira ces définitions par des analyses et des exemples. (V. *Cours*, p. 271.) — Le doute n'est pas, quoi qu'en ait dit Montaigne, « un mol oreiller pour une tête bien faite » ; l'opinion même n'est pour l'homme qu'un pis-aller ; ce qu'il désire, ce qu'il cherche, c'est la certitude. L'idéal pour lui, ce n'est même pas de posséder des vérités isolées, des certitudes éparses : c'est d'enserrer tout un système de vérités dans le lien d'une commune certitude. Cet idéal est la *science*.

II. — Maintenant cet idéal peut-il se réaliser ? La certitude est-elle légitime ? La science est-elle possible ? — Trois systèmes philosophiques ont répondu à cette question : le pyrrhonisme, le probabilisme et le dogmatisme. (V. *Cours*, p. 391.)

### 281. — *Qu'entend-on par foi, doute, opinion, science, ignorance, erreur, probabilité, certitude?*

Même remarque que pour le *Sujet* précédent. — Il est encore plus difficile de rattacher ces définitions entre elles.

On pourra partir de l'*ignorance* qui est en effet l'état initial de l'intelligence humaine, état négatif, qui peut se définir l'absence ou la privation de la connaissance. Quand l'ignorance est absolue, l'esprit n'a pas même l'idée des choses qu'il ignore : telle est notre ignorance à l'égard des mondes stellaires situés au delà de la portée de nos plus puissants téléscopes. Quand l'ignorance est partielle, on a au moins l'idée de la chose qu'on ignore ; et dans ce cas, tantôt on a conscience de son ignorance et on s'abstient de rien affirmer, on *doute* ; ou si on affirme, c'est avec réserve et en reconnaissant qu'on peut se tromper, on *opine* ; tantôt au contraire, on n'a pas conscience de son ignorance, on ne sait pas, et on affirme comme si on savait ; si on ne se trompe pas alors, c'est pur hasard ; on est en tout cas dans l'état d'esprit qui engendre l'*erreur*, le désaccord de la pensée et de la réalité ; ou bien, quoiqu'on ait conscience de son ignorance, on en fait abstraction, on affirme encore comme si on savait, et cette affirmation où la volonté et les sentiments ont leur part plus encore que l'intelligence est ce qu'on appelle la *foi*. (V. *Cours*, p. 272.) Ainsi doute, opinion, erreur, foi, tous ces états de l'esprit impliquent l'ignorance, au moins partielle, comme leur condition nécessaire.

A l'ignorance s'oppose la connaissance. La connaissance parfaite, absolue, est la science. Le caractère propre de la science est la *certitude* ; celui de la connaissance mêlée d'ignorance, c'est-à-dire de l'opinion, est la *probabilité*. — Pour les définitions de la certitude et de la probabilité, voir *Cours*, p. 271 et 282.

### 282. — *Quelle différence y a-t-il entre l'opinion et la science? Citer des exemples.*

Le mot « science » n'a pas sans doute ici son sens étroit : il est le nom correspondant au verbe « savoir ». Il s'agit donc de dire la différence entre « savoir » et « croire » :

1° Savoir implique la *certitude;* croire ou opiner implique une certaine ignorance, l'idée d'une erreur possible, et par conséquent un mélange de *doute*. La science est invariable, absolue ; l'opinion est flottante et susceptible d'une infinité de degrés.

2° La science est nécessairement *vraie;* l'opinion peut être fausse.

3° La science est de nature à s'imposer à tous les esprits, parce qu'elle repose sur l'évidence ; l'opinion est un fait personnel et subjectif qui repose presque toujours non seulement sur la probabilité, mais aussi sur des raisons morales (sentiment, habitude, volonté, etc.), dont la valeur varie nécessairement avec les individus.

4° La science est l'œuvre de la raison (le plus souvent jointe à l'expérience) ; l'imagination est la mère des opinions.

**283.** — *Distinguer les principaux degrés de l'affirmation. Donner des exemples.*

Les degrés de l'affirmation ou, comme les appellent Locke et Leibniz, les degrés d'assentiment, sont la certitude (deux et deux font quatre), l'opinion (l'intérieur du globe terrestre est fluide), le doute (Mars et Vénus sont peut-être habitées). Kant distingue plutôt la science ou certitude, la foi et l'opinion, le doute étant moins un degré de l'affirmation qu'un état où l'esprit s'abstient d'affirmer. Pour les définitions de Kant, voir *Cours*, p. 272. — Le moyen de distinguer la foi ou conviction de la simple opinion réside, selon Kant, dans le « pari » ; celui de distinguer la science ou certitude de la foi, c'est la « vérification sur autrui ».

**284.** — *Définir la vérité, l'évidence et la certitude.*

Deux sens du mot vérité. Subjectivement, la vérité, c'est la conformité de la pensée avec son objet ; objectivement, la vérité, c'est ce qui est, la réalité, en tant qu'elle est l'objet naturel de la pensée. — Sur l'évidence et la certitude, voir *Cours*, p. 272 et 273. V. aussi p. 280 et 281. On prendra garde que le mot certitude est aussi pris quelquefois dans un sens objectif : il désigne alors, non plus un état de l'esprit, mais un caractère des choses ou des vérités ; en ce sens, certitude est synonyme d'évidence (en comprenant sous ce dernier mot l'évidence médiate ou la preuve aussi bien que l'évidence immédiate).

**285.** — *Définir la certitude, la croyance et le doute. Donner des exemples. Dans quelles circonstances et avec le concours de quelles facultés se produisent ces trois états de l'esprit ?*

V. *Cours*, p. 271. Cf. *ibid.*, p. 95 et suivantes. — On prendra garde à l'ambiguïté du mot croyance qui tantôt désigne un genre dans lequel rentre la certitude elle-même, et tantôt une espèce de ce genre, l'opinion ou croyance probable, opposée à la certitude. Ici le mot est pris évidemment dans le second sens. — On empruntera les exemples de certitude aux sciences, de croyance aux opinions religieuses ou philosophiques, de doute aux questions scientifiques ou métaphysiques dont la solution est encore incertaine, par exemple, à celles de l'origine des espèces, de la nature de la vie, de l'union de l'âme et du corps, etc. (Sur ces deux derniers points, voir *Cours*, p. 436 et 437.) — On distinguera la certitude spontanée et réfléchie, immédiate et médiate (sous le rapport des circonstances où elle se produit) et physique, rationnelle et morale (sous le rapport des facultés qui contribuent à la produire). De même, on distinguera l'opinion fondée sur la probabilité (elle-même mathématique ou morale) et celle qui repose sur des raisons purement subjectives (intérêt, passion, volonté). Enfin, on pourra distinguer dans le doute : 1° le doute pur et simple ; 2° le doute méthodique ; 3° le doute sceptique. (V. *Cours*, p. 390.)

**286.** — *Y a-t-il d'autres certitudes que la certitude des sens et celles du raisonnement ? Quelles sont ces certitudes ? Quel en est le principe ? Quelles en sont les règles ?*

### Plan.

I. — Montrer qu'il y a pour le commun des hommes deux grandes sources de certitudes, les sens et le raisonnement. Donner des exemples. La certitude des sens est le fondement des sciences de la nature ; la certitude du raisonnement est le fondement des sciences mathématiques. N'existe-t-il pas d'autres certitudes que celles-là ?

II. — On fera voir, par une analyse sommaire de la perception extérieure, que la certitude des sens présuppose elle-même celle de la conscience. Je suis certain de l'existence de mes sensations avant d'être certain de la réalité des objets qui me les procurent. La certitude psychologique est antérieure à la certitude physique. « L'âme, a dit Descartes, est plus aisée à connaître que le corps. »

III. — On fera voir, par une analyse sommaire du raisonnement, que la certitude inductive ou déductive implique la certitude de la raison. La certitude rationnelle est antérieure à la certitude mathématique ou logique. Mais la raison ne nous révèle pas seulement les règles suprêmes de la pensée : elle nous révèle aussi les règles suprêmes de la conduite. Il y a donc une certitude morale qui n'est qu'un cas particulier de la certitude rationnelle.

IV. — Cependant les anciens logiciens (par exemple Euler)

entendaient par certitude morale la certitude du témoignage. On fera voir que cette certitude existe en effet, et qu'elle est le fondement de toutes les sciences historiques ; mais elle se ramène, quand elle est bien fondée, à la certitude des sens et à celle du raisonnement. Nos sens nous attestent la réalité du témoignage ; un raisonnement fondé sur le principe de causalité ou de raison nous démontre que la seule cause ou raison possible du témoignage est la réalité du fait attesté. — On dira quelques mots des règles de la critique des témoignages, et on fera remarquer que la certitude du témoignage n'est jamais théoriquement qu'une très haute probabilité.

V. — En résumé, il n'y a que deux certitudes primitives et irréductibles : celle de la conscience et celle de la raison. Toutes les autres (certitude des sens, certitude du raisonnement, certitude du témoignage) peuvent se ramener à celles-là.

**287.** — *Distinguer par des exemples et des analyses les trois sortes d'évidences : l'évidence sensible, l'évidence rationnelle et l'évidence morale.*

On définira d'abord l'évidence. (V. *Cours*, p. 273 et 280-281.) — La division indiquée ici est très contestable, bien que traditionnelle. Descartes a prétendu, non sans raison, qu'il n'y a pas véritablement d'évidence sensible. (V. le *Sujet* précédent.) D'autre part, l'évidence morale, ou n'est pas une évidence, ou se ramène à l'évidence rationnelle. Mais la question posée ne comporte pas sans doute une discussion approfondie.

Exemples d'évidence sensible : le monde extérieur existe ; le soleil est lumineux et chaud ; le feu brûle ; l'eau mouille, etc. Exemple d'évidence rationnelle : les axiomes mathématiques. Quant à l'évidence morale, on a réuni sous ce nom les choses les plus disparates : 1° quelques auteurs ont appelé évidence morale l'évidence de la conscience et des vérités psychologiques. Sens d'ailleurs peu usité ; 2° les anciens logiciens appelaient évidence morale l'évidence du témoignage (V. le *Sujet* précédent) ; 3° d'autres, surtout de de nos jours, appellent plutôt ainsi l'évidence des vérités morales ; 4° enfin on a aussi entendu par évidence morale une évidence qui frappe, non l'esprit, mais le cœur et la volonté, et qui produit moins la certitude que la foi. C'est sans doute cette sorte d'évidence qui faisait dire à Royer-Collard : « Je n'en sais rien, mais j'en suis sûr. » Ces trois derniers sens sont d'ailleurs connexes pour ceux qui admettent que ni le témoignage, ni les vérités morales, ne peuvent prétendre théoriquement à la certitude, et que nous ne manquons pas cependant d'y croire aussi fermement qu'aux perceptions de nos sens ou aux vérités mathématiques. (V. sur ce point le *Sujet* suivant.)

## 288. — *De la certitude propre aux vérités de l'ordre moral.*

Cette question a été pour ainsi dire mise à l'ordre du jour par la philosophie de Kant et par celle des néo-kantiens (école de M. Renouvier). Elle a été traitée *ex professo* par M. Caro dans ses *Problèmes de morale sociale*, et M. Ollé-Laprune, dans sa thèse sur *La certitude morale*. (Cf. *Sujet* 275.) Elle touche à beaucoup d'autres questions très importantes, par exemple à celle du rôle de la volonté dans la croyance, et à celle des rapports de la métaphysique et de la morale.

Faisons tout d'abord l'historique de la question. — Les anciens logiciens admettaient une certitude morale (V. *Sujet* 287); et ils entendaient par là une croyance qui théoriquement, au point de vue de l'évidence ou des preuves, est plus ou moins insuffisante, mais qui pratiquement, soit à cause de sa haute probabilité, soit pour toute autre raison, s'impose à l'esprit avec une force égale à celle de la certitude et suffit pour déterminer les sentiments et la conduite. Ils attribuaient principalement cette sorte de certitude au témoignage et aux inductions relatives à la nature morale de l'humanité. — Pascal insista fortement sur la certitude morale qu'il opposait à la certitude rationnelle. — Dans un passage célèbre, il distingue l'esprit géométrique et l'esprit de finesse. (V. *Pensées*, édit. Havet, p. 119.) Dans le premier, « les principes sont palpables »; dans le second, « ils sont si déliés et d'un si grand nombre, qu'il est presque impossible qu'il n'en échappe ». Aussi « ce qui fait que des géomètres ne sont pas fins, c'est qu'étant accoutumés aux principes nets et grossiers de géométrie, et à ne raisonner qu'après avoir bien vu et manié leurs principes, ils se perdent dans les choses de finesse, où les principes ne se laissent pas ainsi manier. On les voit à peine, on les sent plutôt qu'on ne les voit, on a des peines infinies à les faire sentir à ceux qui ne les sentent pas d'eux-mêmes. » — Cette évidence ou certitude morale, Pascal l'attribue, non à la raison, mais au cœur. (V. *ibid.*, p. 150.) « Nous connaissons la vérité, non seulement par la raison, mais encore par le cœur ; c'est de cette dernière sorte que nous connaissons les premiers principes, et c'est en vain que le raisonnement, qui n'y a point de part, essaie de les combattre... C'est sur ces connaissances du cœur et de l'instinct qu'il faut que la raison s'appuie, et qu'elle y fonde tout son discours... Les principes se sentent, les propositions se concluent ; et le tout avec certitude, quoique par différentes voies. » — « Le cœur a ses raisons que la raison ne connaît point. »— Souvent même Pascal semble faire dépendre la certitude rationnelle de la certitude morale. « Tout notre raisonnement, dit-il, se réduit à céder au sentiment. » Ailleurs enfin, le cœur ou sentiment semble ne faire qu'un avec l'habitude. « Nous sommes automate autant qu'esprit, et de là vient que l'instrument par lequel la persuasion se fait n'est pas la seule démonstration. Combien y a-t-il peu de choses démontrées ! Les preuves ne convainquent que l'esprit. La coutume fait nos preuves les plus fortes et les plus crues ; elle incline l'automate, qui entraîne l'esprit sans qu'il y pense. » (V. *ibid.*, p. 101.)

D'autre part, Descartes, en faisant du jugement un acte de volonté libre, semblait impliquer un élément moral dans toute croyance, partant dans la certitude elle-même. Dans cette question comme dans beaucoup d'autres, sa philosophie contenait les germes de deux théories apposées : l'une qui explique la certitude par l'évidence, c'est-à-dire, en somme, par une cause intellectuelle, l'autre qui lui assigne une cause morale, la volonté.

Kant, dans la *Critique de la raison pure*, pensait avoir démontré que l'esprit humain ne peut rien connaître ni concevoir au delà des phénomènes. Toute certitude, au point de vue spéculatif ou scientifique, est donc exclusivement relative aux objets de l'expérience et aux lois qui les régissent. Mais dans la *Critique de la raison pratique*, Kant découvre une idée de la raison, l'idée du devoir, qui n'est nullement relative aux phénomènes et dont la certitude est absolue. Or, si le devoir est certain, les conditions de sa possibilité le sont aussi. Ces conditions sont la liberté morale, l'immortalité de l'âme et l'existence de Dieu. Par conséquent, nous pouvons et devons y croire, bien que ces réalités supra-phénoménales nous soient inconnaissables et incompréhensibles. La certitude morale est donc, pour Kant, la certitude des « postulats de la raison pratique » : elle diffère de la certitude ordinaire en ce qu'elle est une « foi » et non un « savoir ». Nous ne savons pas si Dieu existe, si notre âme est immortelle, si nous sommes libres ; nous croyons cependant à ces trois vérités, même sans comprendre comment elles sont possibles, parce qu'elles sont les conditions de la possibilité du devoir qui, nous le savons, est réel. — On remarquera que dans la doctrine de Kant, le devoir est objet de certitude proprement dite et non de foi ; car s'il n'était pas certain par lui-même, comment pourrait-il communiquer une certitude, même morale, aux postulats ? Le doute qui théoriquement pèse sur eux les atteindrait lui-même. Aussi a-t-on pu objecter à Kant que si le devoir est rationnellement certain et si les postulats sont liés logiquement au devoir, leur certitude est en définitive une certitude rationnelle. Le fait que nous ne comprenons pas comment ils sont possibles n'ôte rien à leur certitude ; car s'il la rendait insuffisante, il rendrait de même insuffisante la certitude du devoir dont nous ne comprenons pas davantage la possibilité.

Enfin, le néo-criticisme de M. Renouvier — qui avait été déjà précédé dans cette tentative par Hamilton et ses disciples — semble avoir fait un mélange de toutes les doctrines précédentes. On peut ramener à trois thèses sa théorie de la certitude morale :

1° Les vérités de l'ordre moral et celles de l'ordre métaphysique qui en sont inséparables présentent une certitude tout à fait distincte de la certitude intellectuelle ou scientifique : elles sont objets de foi et non de savoir. Cependant cette foi a une valeur égale ou même supérieure à celle du savoir.

2° Bien mieux, la certitude intellectuelle dépend en dernière analyse de la certitude morale et s'y ramène. Les raisons dernières de toute affirmation se trouvent dans l'ordre moral et sont par conséquent de telle nature qu'on doit y croire, tout en sachant qu'il est possible d'en douter.

3° D'où il suit finalement que la certitude morale, et en général toute certitude, toute croyance est, non un effet de l'intelligence, mais un acte, et un acte libre, de la volonté.

La première thèse rappelle la doctrine de Kant, la seconde celle de Pascal, la troisième celle de Descartes.

On peut discuter ces trois thèses dans l'ordre inverse de celui où nous les avons exposées :

1° Il est très douteux que la volonté puisse produire par elle-même une croyance (V. *Cours*, p. 97) : toute son action est indirecte et consiste seulement à diriger l'attention qu'elle porte vers les objets ou en détourne selon qu'ils lui plaisent ou lui déplaisent; mais quand bien même elle produirait la croyance, comment pourrait-elle lui conférer une valeur objective? De ce que nous voulons croire une chose, il ne s'ensuit pas que cette chose soit vraie. Si donc les vérités morales, ou en général toutes les vérités, apparaissent à notre raison comme douteuses, notre désir de les affirmer, notre volonté d'y croire ne les rendra pas certaines. Affirmer comme certain ce qu'on voit, ce qu'on sait être douteux, c'est proprement se mentir à soi-même, et un tel mensonge n'est ni intellectuellement possible ni moralement légitime. — Sans doute, nous pouvons être obligés pratiquement de prendre parti pour une opinion que nous savons être incertaine et d'agir, selon la remarque de Descartes dans le *Discours de la Méthode* (III° partie), comme si elle était certaine, mais cette détermination toute pratique ne saurait conférer à l'opinion la certitude qui lui manque théoriquement. D'ailleurs faire dépendre la certitude de la volonté, c'est mettre l'arbitraire au cœur même de la pensée; car qui empêcherait chacun de nous, s'il le voulait, de considérer comme certaines les choses les plus invraisemblables et les plus fausses? C'est aussi donner gain de cause au scepticisme et reconnaître qu'au fond toute vérité est douteuse, puisqu'elle n'est certaine que pour ceux qui ont le parti pris de l'envisager comme telle.

2° La prétention de subordonner ou de lier les vérités de tous les ordres aux vérités de l'ordre moral ne nous semble pas non plus bien fondée. Sans doute, toutes les vérités se tiennent de proche en proche; sans doute aussi, la certitude des vérités mathématiques et physiques implique la certitude des principes de la raison (principe d'identité et principe de raison), et cette certitude, à son tour, implique un acte de foi de la raison en elle-même, une affirmation impossible à prouver de la valeur objective de la raison; mais il ne s'ensuit pas que pour être certain du principe d'Archimède ou de la loi de Mariotte, on doive préalablement être certain du devoir, de l'immortalité de l'âme ou de l'existence de Dieu. — Tout ce qu'il est possible d'accorder aux néo-criticistes, c'est : 1° que si le devoir est, comme le principe de contradiction ou le principe de causalité, une affirmation de la raison, il doit avoir une certitude égale à celle de ces principes, qu'il n'est pas par conséquent logique de croire la raison quand elle affirme ces principes, et de ne pas la croire quand elle affirme le devoir; 2° que la certitude rationnelle est elle-même une croyance, et qu'en définitive la croyance est la condition même de la science, attendu que pour savoir, il faut commencer par croire que la science est possible, ou que les principes directeurs de notre pensée sont en même temps les lois constitutives des choses. Mais cette croyance n'est nullement un acte de foi arbitraire ; et on ne voit pas bien qu'elle ait un caractère moral.

3° Enfin, si les vérités morales n'ont qu'une certitude morale, il faut avoir la franchise de l'avouer, elles sont au fond incertaines, et le vrai nom de leur prétendue certitude, c'est foi ou probabilité. Si, au contraire, elles sont vraiment certaines, comme est certaine, selon Kant, l'affirmation du devoir à laquelle elles se ramènent, elles ont la certitude de toutes les vérités rationnelles : certitude logique pour celles que nous démontrons en les ramenant à leurs principes, certitude métaphysique pour les principes eux-mêmes que nous connaissons à priori.

Cette dernière doctrine est, selon nous, la vraie. Il n'existe que deux grandes sortes de certitudes : 1° la certitude de fait, qui est celle des intuitions de la conscience ; 2° la certitude de la raison, qui est celle des principes à priori. Dans celle-ci rentre la certitude des vérités morales, laquelle présente cependant ce triple caractère : 1° qu'elle demeure purement à priori et n'est pas, comme celle des vérités scientifiques, complétée à postériori par une certitude de fait; 2° qu'elle est commandement, obligation pour la volonté, en même temps qu'évidence ou certitude pour l'esprit ; 3° qu'elle exige, pour être aperçue de l'esprit, une sorte de prédisposition morale où le cœur et la volonté ont la principale part. (Cf. le mot de Pascal cité dans le *Cours*, p. 298.)

Les développements qui précèdent concernent tout à la fois, et la question de la certitude morale, et celle de la certitude des vérités d'ordre moral. Comme plan de dissertation sur cette dernière question, voir *Sujet* 275. Le plan peut être le même, sauf de légères modifications de détail.

### 289. — *En quoi diffère l'évidence géométrique de l'évidence morale ?*

C'est la distinction faite par Pascal entre l'esprit géométrique et l'esprit de finesse. (V. *Sujet* précédent.)

1° La première est l'œuvre de l'abstraction, qui isole des principes très simples et très clairs, et du raisonnement déductif, qui tire graduellement de ces principes les conséquences qu'ils contiennent ; la seconde est l'effet d'une sorte d'intuition qui saisit d'emblée des vérités souvent très complexes, dont l'analyse exacte serait impossible, et de l'induction qui assigne à chacune d'elles (mais sans se référer à des règles établies une fois pour toutes) le degré de généralité qu'elle doit avoir.

2° La première est fondée sur la démonstration et donne la certitude ; la seconde repose sur des probabilités plus ou moins hautes et donne la croyance ou la foi.

3° La première peut être montrée à tous par l'enseignement; la seconde est essentiellement personnelle. L'autorité, l'exemple peuvent seuls contribuer à la faire admettre par autrui.

4° La première dépend de la seule intelligence : l'instinct, le sentiment, l'habitude n'y ont point de part; la seconde dépend du cœur et de la volonté au moins autant que de l'intelligence.

5° Aussi la première ne détermine-t-elle guère que nos jugements et nos raisonnements d'ordre théorique, tandis que la seconde détermine nos opinions d'ordre pratique, et avec elles, nos sentiments et notre conduite.

### 290. — *Quelle différence existe-t-il entre convaincre et persuader ?*

Cette différence peut se ramener à celle de la certitude intellectuelle ou spéculative et de la certitude morale. (V. *Cours*, p. 234.) — La conviction et la persuasion diffèrent :

1° Par leur nature psychologique. La première est un état de l'intelligence qui voit la vérité avec certitude; la seconde est tout à la fois un état de l'intelligence, du cœur et de la volonté. On croit peut-être plus qu'on ne voit, mais on désire passionnément que ce qu'on croit soit la vérité, et on est prêt à vouloir et à faire tout ce qu'il faudra pour affirmer et manifester sa croyance.

2° Par les causes qui les déterminent. La première est produite par des causes intellectuelles, et ce sont les preuves ou raisons; la seconde par des causes morales, et ce sont les passions, l'habitude, l'exemple, l'autorité, etc.

3° Par les objets auxquels elles se rapportent. La première a pour objet propre le vrai : aussi suffit-elle dans la science, et si l'homme était un esprit pur, ou si sa volonté et ses sentiments étaient toujours d'accord avec sa raison, elle serait partout suffisante. La seconde a pour objet l'utile ou le bien : elle est nécessaire dans la vie morale où il ne suffit pas de voir qu'une chose est utile ou bonne pour la vouloir, où il faut encore l'aimer et avoir la force de la faire. Aussi n'est-ce pas assez que de convaincre en morale : il faut encore persuader. Il peut en effet se produire en nous une sorte de divorce de l'esprit et du cœur : on est bien forcé de reconnaître au dedans de soi une vérité dont on voit les preuves, mais cette vérité, on la redoute, on la hait, et on agit pratiquement comme si elle n'existait pas.

De cette différence résulte celle de l'art de convaincre qui est la démonstration et de l'art de persuader qui est l'éloquence, l'un s'adressant à l'âme tout entière, tandis que l'autre borne ses visées à la seule raison.

**291.** — *Critérium de la certitude. Quels sont les différents principes auxquels on attribue le rôle de critérium ?*

V. *Cours*, p. 274. — On passera rapidement en revue les différents critériums, et on conclura que le critérium suprême est l'accord de l'expérience et de la raison sous la condition commune et préalable de l'évidence.

**292.** — *Que signifie cette maxime de Bacon : « Veritas filia temporis, non auctoritatis ? »*

La vérité, dit Bacon, est la fille du temps, non de l'autorité. — Il veut dire par là que l'autorité des anciens n'est pas un véritable critérium de certitude. La vérité se dévoile avec le temps, et les modernes ont plus de chances de la connaître que les anciens. Sur ce point, Bacon est d'accord avec Pascal. (V. *Cours*, p. 275.)

**293.** — *Du consentement universel. Ses principales applications aux questions philosophiques. Appréciation de la valeur de cet argument.*

« In omni re, a dit Cicéron, consensio generis humani pro veritate « putanda est. » On a essayé d'appliquer ce critérium aux principales questions philosophiques (existence objective et perception immédiate du monde extérieur, liberté morale, distinction du bien et du mal, existence de Dieu, immortalité de l'âme). — Voir les objections faites à ce critérium dans le *Cours*, p. 275, en les rapportant plus particulièrement à son usage en philosophie. Le consentement universel est plutôt l'indice que la preuve de la vérité. Le philosophe ne doit pas se contenter de savoir que tous les hommes ont une même croyance, il doit en chercher la raison, et c'est cette raison, une fois trouvée, qui, si elle est bonne, sera pour lui la véritable preuve de la vérité, non le fait brut du consentement universel.

**294.** — *Du sens commun. Montrer que s'il est des choses parfaitement démontrées qui sont au-dessus du sens commun, rien ne saurait lui être contraire.*

Plan.

I. — L'Ecole écossaise a cru trouver dans le *sens commun* le suprême critérium de la vérité. Ainsi, Reid et Hamilton, pour réfuter les théories courantes sur la perception extérieure, se sont contentés d'objecter qu'elles sont en désaccord avec le sens commun. Le sens commun devient ainsi l'arbitre de toutes les discussions philosophiques : tout ce qu'il affirme est vrai ; tout ce qui le contredit est faux. Que devons-nous penser de ce critérium ?

II. — **Définir le sens commun.** « Ensemble de croyances naturelles, communes à tous les hommes, pratiquement invincibles. » Telles sont, d'après les Ecossais, la croyance à la réalité du monde extérieur et à sa perception immédiate, la croyance à l'unité et à l'identité du moi, la croyance à la liberté morale ; tels sont aussi les principes métaphysiques, moraux, logiques, grammaticaux, etc., dont Reid ne clôt même pas la liste. — Or, il est évident que l'on réunit et confond ici sous le nom de sens commun trois choses très différentes : 1° la raison et ses principes, 2° des vérités très certaines mais dont il est permis de demander et de chercher les preuves, 3° des préjugés naturels et peut-être communs à toute l'espèce humaine, mais qu'on ne saurait dispenser de tout examen et qui peuvent parfaitement être erronés.

III. — **Objections.** 1° *Sur la possibilité d'appliquer le critérium.* — Il est bien difficile de savoir si une croyance est naturelle ou acquise, si elle est commune à toute l'espèce humaine ou seulement aux hommes de notre temps et de notre pays, si sa nécessité pratique est provisoirement ou définitivement invincible. — Le montrer sur des exemples (la vision des objets à distance, l'existence des revenants et des sorciers, l'immobilité de la terre, les antipodes, et, d'autre part, la réalité du monde extérieur et la liberté humaine niées par deux grandes religions, la première par le bouddhisme, la seconde par le mahométisme). — On risque donc de prendre des préjugés pour des vérités de sens commun.

2° *Sur la valeur intrinsèque du critérium.* — Quelle garantie a-t-on qu'une croyance naturelle, universelle, pratiquement nécessaire, soit vraie ? Où est la raison, où est la preuve de sa vérité ?

Elle est vraie, dit-on, parce qu'elle est naturelle : la nature ne peut pas nous tromper. Qu'en sait-on ? Il peut y avoir des illusions naturelles : il y en a. Par exemple, nous localisons nos sensations là où elles ne sont pas et ne peuvent pas être. — Il est vrai que ces illusions ne sont pas théoriquement invincibles puisque nous les découvrons, mais elles le sont pratiquement.

Elle est vraie parce qu'elle est universelle. Tous les hommes, dit-on, ne peuvent pas se tromper. C'est retourner au consentement universel. (V. *Cours*, p. 277.) — En fait, l'accord n'est vraiment universel que sur trois points : 1° la réalité de chaque fait au moment même où on le constate, 2° le principe de contradiction, 3° le principe de raison ou de causalité.

Elle est vraie parce qu'elle est pratiquement invincible. — Qu'importe cela si nous reconnaissons théoriquement son incertitude ou sa fausseté ? (V. *Cours*, p. 277.)

3° Les conséquences de l'emploi de ce critérium en philosophie sont : la *confusion :* on admet un trop grand nombre de principes ; tout ce qui est difficile à expliquer ou à prouver passe pour vérité de sens commun ; la *contradiction* : le sens commun se contredit souvent lui-même (ainsi il admet tout à la fois que nos sens nous trompent et qu'ils nous font percevoir immédiatement le monde extérieur ; que l'âme existe et que ce qu'on ne peut ni voir ni toucher n'existe pas, etc.) ; il est contredit par presque toutes les grandes théories scientifiques ; enfin l'*incompétence :* beaucoup de problèmes sont au-dessus du sens commun. Dès lors, la philosophie qui se fait servante du sens commun abdique : elle ne fait plus que commenter le sens commun qui devient pour elle ce qu'était la théologie au moyen âge. D'où son inutilité finale.

IV. — Que si on entend par sens commun la raison, à la bonne heure ! Mais la raison, c'est uniquement l'intelligence appliquant aux faits bien et dûment constatés les deux principes de contradiction et de causalité. Voilà le seul arbitre et le vrai critérium.

N. B. — Nous ne comprenons pas très bien en quel sens on peut dire que « s'il est des choses parfaitement démontrées qui sont au-dessus du sens commun, rien ne saurait lui être contraire ». Par exemple, l'assertion cartésienne que la chaleur n'est pas dans le feu, que la couleur verte n'est pas dans l'herbe, dépasse-t-elle ou contredit-elle le sens commun ? — Nous craignons bien que cette distinction ne soit qu'un expédient au service des partisans du sens commun. Tant qu'une doctrine qui paraît contraire au sens commun n'est pas encore démontrée, on prétend qu'elle le contredit ; du jour où elle est démontrée, on avoue seulement qu'elle le dépasse, et on peut ainsi admettre ce qu'on rejetait la veille sans manquer de respect au sens commun. — Ce qu'on peut dire en faveur du sens commun, c'est qu'il est lui-même pour la philosophie un problème qu'elle doit résoudre : il ne lui est pas permis de l'écarter par une simple fin de non-recevoir; elle doit en faire la critique et en donner l'explication. Bien plus, le sens commun est souvent comme un pressentiment instinctif de la vérité : si ses croyances ne sont pas littéralement vraies, elles contiennent cependant un esprit de vérité, et la philosophie les contredit moins qu'elle ne les interprète. Si on reconnaît à la philosophie ce droit d'interpréter librement le sens commun, elle n'a plus de motif de lui refuser le respect qui lui est dû comme à l'expression des instincts les plus profonds de l'humanité.

**295.** — *De la nature et des degrés de la probabilité.*

V. *Cours*, p. 282. — On insistera sur ce point que la probabilité n'est un caractère des choses que par rapport à notre esprit : les choses en elles-mêmes sont certaines, c'est-à-dire déterminées ; si nous connaissions toutes les causes dont dépend un événement futur, nous dirions avec certitude : il sera ou il ne sera pas. C'est notre ignorance seule qui fait la probabilité. — Considérée comme état de l'esprit, la probabilité ou opinion diffère de la certitude en ce que l'une est absolue et indivisible, tandis que l'autre est susceptible d'une infinité de degrés. (V. *Cours*, p. 271.) — Sur le probabilisme, voir *Cours*, p. 301.

## II. — L'ERREUR ET LES SOPHISMES

**296.** — *L'erreur est-elle dans l'idée ou le jugement ?*

Plan.

I. — Vérité : *adæquatio mentis et rei* ; erreur : désaccord de la pensée et de la réalité. Mais la pensée a une triple forme : l'idée, le jugement et le raisonnement. Où réside l'erreur ? Dans l'idée, ou dans le jugement, auquel le raisonnement peut se réduire ?

II. — L'idée est une simple conception qui n'affirme ni ne nie rien en dehors de l'esprit. Exemple : idées de triangle, d'animal, de centaure, etc.

Le jugement au contraire affirme ou nie l'existence objective de choses ou de rapports conformes aux idées et à leurs synthèses. Par suite, il peut seul être vrai ou faux. Exemple d'une même idée, chimère, donnant lieu à deux jugements, l'un vrai (la chimère est un animal fabuleux), l'autre faux (la chimère a réellement existé).

III. — Objection. Le sens commun admet cependant qu'il y a des idées fausses. Quel sens peut avoir cette expression du langage populaire ?

Réponse. Il y a des idées mal faites, soit par omission, soit par addition, soit par altération, etc., qui ne correspondent pas à des réalités. Elles sont donc virtuellement fausses, en ce sens qu'il suffit de les affirmer objectivement pour donner lieu à une erreur. Mais cette erreur ne se réalise que par et dans un jugement. (V. *Cours*, p. 286, la distinction de l'erreur matérielle et de l'erreur formelle.)

IV. — Conséquences de la doctrine.

1° Toutes les sortes d'erreurs réduites à l'unité. — Il n'y a pas d'erreur des sens. L'erreur est non dans la sensation mais dans la perception. De même, pas d'erreurs d'abstraction ni de généralisation.

2° La question de la nature de l'erreur ramenée à celle de la nature de l'affirmation. Rappeler brièvement la théorie cartésienne de l'affirmation volontaire.

3° Unité des remèdes proposés contre l'erreur : suspension du jugement, doute provisoire, examen préalable des idées.

297. — *Qu'est-ce que l'erreur ? Est-elle imputable à l'intelligence ? et dans ce cas, comment peut-on défendre contre les sceptiques la légitimité de nos facultés de connaître ?*

Plan

I. — L'esprit humain aspire à la vérité ; il se croit fait pour la connaître, et cependant il tombe sans cesse dans l'erreur. Ne faut-il pas en conclure, avec les sceptiques, que notre intelligence est radicalement impuissante, et qu'elle se trompe peut-être toujours, même lorsqu'elle se croit certaine de posséder la vérité ?

II. — On peut répondre avec Descartes que l'erreur ne vient pas de la *nature* de nos facultés de connaître mais de l'*usage* que nous en faisons, partant qu'elle est imputable non à l'intelligence mais à la volonté. Exposer la théorie de Descartes. (V. *Cours*, p. 286 et 544.) — La discuter. (V. *Sujet* suivant.)

III. — C'est donc bien l'intelligence qui se trompe ; mais il ne s'ensuit pas que l'erreur lui soit essentielle. En effet l'erreur vient des causes irrationnelles qui déterminent l'intelligence à juger (crédulité native, inclinations, habitudes, imagination, etc.) ; mais toutes les fois que l'intelligence est soustraite à l'influence de ces causes et qu'elle juge conformément à ses lois propres, elle connaît naturellement la vérité. Or, quand l'esprit a acquis le pouvoir de réfléchir et de diriger ses propres opérations, il peut toujours suspendre son jugement s'il ne se trouve pas dans les conditions requises pour bien juger, et c'est en ce sens qu'on peut dire avec Descartes que l'erreur est imputable à la volonté ; non que l'on veuille jamais se tromper, mais on se trompe faute d'avoir voulu prendre les précautions nécessaires pour se garder de l'erreur.

## 298. — *L'erreur est-elle un fait de l'entendement ou de la volonté ?*

### Plan.

I. — Si l'esprit est fait pour la vérité, d'où vient l'erreur ? Des la nature de nos facultés de connaître, ou de l'usage que nou en faisons ? De l'entendement ou de la volonté ?

II. — Théorie de Spinoza. L'erreur vient uniquement de l'intelligence. Notre esprit est imparfait, fini : ses idées sont incomplètes, inadéquates. Donc il affirme toujours les choses autrement qu'elles ne sont ; il affirme une vérité à laquelle il manque toujours quelque chose. L'erreur est précisément ce qu'il y a d'incomplet dans la vérité. Il n'y a pas d'erreur absolue : penser le néant, ce serait ne pas penser.

Cette théorie efface toute distinction entre la vérité et l'erreur. Tout jugement est à la fois vrai et faux, vrai en tant qu'il représente les choses, faux en tant qu'il les représente incomplètement. La vérité est une moindre erreur ; l'erreur est une moindre vérité. — En outre, elle confond l'erreur avec l'ignorance. L'affirmation d'une vérité incomplète n'est pas une erreur. On ignore une partie de la vérité ; on ne la nie pas pour cela. Quand le philosophe grec, Anaxagore, conçoit le soleil comme aussi grand que le Péloponèse, il ne se trompe pas s'il affirme seulement qu'il doit être aussi grand, vu d'une certaine distance ; mais il se trompe s'il affirme qu'en lui-même il n'est pas plus grand. Ainsi l'erreur consiste à affirmer une vérité partielle comme une vérité totale ou à nier la vérité partielle que l'on ignore. Se tromper, c'est affirmer ce qui n'est pas ou nier ce qui est. Il y a dans l'erreur quelque chose de plus que l'ignorance, une négation et non une simple limitation de la vérité.

III. — Théorie de Descartes. L'exposer. (V. *Cours*, p. 286 et 544. Cf. *ibid.*, p. 96 et 97.) Prendre garde que dans cette théorie la volonté est déterminée à affirmer les idées claires et distinctes : c'est alors la certitude, qui adhère nécessairement à la vérité. Mais quand les idées sont obscures et confuses, la volonté peut exercer son libre arbitre, soit en jugeant, soit en suspendant le jugement ; c'est dans cette sorte de jugement que se produit l'erreur.

Discussion : 1° Il faut d'abord admettre que le jugement est un acte de la volonté. Or c'est là une théorie psychologique très contestable. (V. *Cours*, p. 97.) La volonté n'influe nullement sur nos croyances spontanées, sur nos jugements primitifs ; et ce sont justement ceux où l'erreur est la plus fréquente. D'autre part, la volonté toute seule ne réussira jamais à produire une affirmation ; soit par exemple ce jugement : le nombre total des étoiles est un nombre pair, suffira-t-il de vouloir, pour affirmer qu'il est vrai ou qu'il est faux ? — Voici à quoi se réduit l'influence de la volonté : elle dirige notre attention et par là peut, soit empêcher, soit permettre, soit favoriser la croyance. Elle empêche toute croyance, lorsqu'elle nous détourne d'examiner les raisons de croire ou qu'elle les oppose entre elles ; elle empêche une croyance déterminée, lorsqu'elle combat les raisons qui tendent à la produire en suscitant des raisons adverses ; elle la permet, lorsqu'elle reste neutre et s'abstient d'intervenir ; elle la favorise, lorsqu'elle fixe notre attention sur les raisons de croire et la détourne des raisons de douter. Mais quelque grand que soit son pouvoir, elle est parfois impuissante, et il nous arrive, ou de croire malgré nous, ou de ne pas réussir à croire comme nous le voudrions.

2° En ce qui concerne plus particulièrement l'erreur, on ne voit pas comment elle pourrait être volontaire. D'abord d'une manière générale, on n'aime pas à se tromper : nul n'est méchant volontairement, disaient Socrate et Platon ; cela est fort douteux, mais il est certain que nul ne se trompe volontairement. D'ailleurs se tromper volontairement, ce serait croire qu'une chose est vraie tout en sachant qu'elle est fausse : opération contradictoire et impossible. On peut bien tromper autrui, on ne peut pas se tromper soi-même. L'erreur volontaire ne serait, à tout prendre, qu'un mensonge.

IV. — La volonté n'est donc pas la cause efficiente de l'erreur : elle en est plutôt, comme auraient dit les scolastiques, la cause déficiente. La vraie cause de l'erreur est dans la tendance instinctive de notre esprit à affirmer, à objectiver toute représentation qui n'est pas contredite, tendance ordinairement renforcée par la passion, l'imagination, l'habitude etc. : le rôle de la volonté, c'est de s'opposer à cette tendance, de la réfréner, d'en suspendre provisoirement ou définitivement l'effet. C'est à ce point de vue que l'erreur peut être dite volontaire, non parce que nous avons voulu nous tromper, mais parce nous n'avons pas voulu faire le nécessaire pour ne pas nous tromper. En un mot, la volonté dans l'erreur pèche par omission plutôt que par action ; elle est surtout coupable d'imprudence. Encore n'est-elle pas toujours coupable ; car il n'est pas toujours en notre pouvoir de vouloir examiner et suspendre notre jugement. L'enfant ne le peut pas ; l'homme ignorant et passionné ne le peut guère ; les nécessités de la pratique nous forcent souvent à juger sans examen suffisant, partant à courir le risque de l'erreur.

V. Conclusion. — Ainsi l'erreur est, comme la vérité, un fait de l'entendement : c'est l'entendement qui juge bien et qui juge mal. Il n'est pas plus légitime d'attribuer à la volonté les chutes de notre esprit que celles de notre corps, sous prétexte que l'un et l'autre auraient pu marcher droit si nous avions voulu y prendre garde.

299. — *Que faut-il penser philosophiquement du proverbe : Erreur n'est pas crime ?*

Plan.

I. — Rappeler la théorie de Descartes. Lui opposer la phrase populaire : — « Erreur n'est pas crime. »

II. — En effet, une des conséquences de la théorie de Descartes, c'est qu'on est responsable de ses erreurs comme de ses mauvaises actions. L'erreur est, comme le crime, un abus de la liberté. — Des partisans modernes de la théorie cartésienne ont prétendu qu'elle était une école de tolérance : si les croyances des hommes sont des effets de leurs volontés libres, il est inutile et absurde de prétendre les déterminer par la violence. (V. Brochard. *De la croyance. Revue philosophique*, t. XVIII. Année 1884, 2º semestre.) Ils oubliaient que si la liberté exclut la contrainte, elle appelle la responsabilité : on ne peut la forcer, à bien faire ou à bien juger ; mais on peut la punir de ses crimes ou de ses erreurs. Or, traiter l'erreur comme un crime, n'est-ce pas là toute l'intolérance ?

III. — On fera voir que l'erreur n'est pas à proprement parler volontaire. (V. *Sujet* précédent, § III, la dernière partie de la discussion.)

IV. — Toute erreur est donc involontaire en ce sens-là. Pourtant la volonté n'est pas nécessairement étrangère à l'erreur. (Sur la part qu'elle y prend, voir *Sujet* précédent, § V.) On pourrait classer ainsi les erreurs au point de vue du rôle qu'y joue la volonté.

1º Erreurs complètement involontaires : on a jugé sans avoir un seul instant l'idée qu'on pût se tromper, au point que la volonté n'a pas même été sollicitée à intervenir : telles sont les erreurs de l'enfant, de l'homme tout à fait ignorant, etc.

2º Erreurs à demi volontaires : on a eu l'idée qu'on pouvait se tromper et qu'il était nécessaire d'examiner ; mais soit paresse, soit prévention, soit toute autre cause, on a passé outre et on a jugé.

3º Erreurs presque entièrement volontaires : on soupçonne que le jugement qu'on a porté est probablement faux, mais on se refuse à tout autre examen, on veut continuer à penser, à parler et à agir comme s'il était vrai, parce qu'il serait trop pénible ou trop désavantageux de reconnaître son erreur. — Il est clair que les degrés de la responsabilité varient avec chacune de ces classes d'erreurs. — Examiner s'il est possible d'aller plus loin et d'admettre une erreur où l'esprit affirmerait et tiendrait pour vraie une chose qu'il saurait cependant être fausse. Celle-là serait complètement volontaire.

Il nous semble qu'un tel état d'esprit peut exister, à la condition cependant que la conscience de l'erreur et la volonté de croire ne coexistent pas au même moment : on s'efforce d'oublier que la chose est fausse, et dans les moments où on l'oublie en effet, on peut réussir à croire qu'elle est vraie. Mais un tel état est bien plus voisin du mensonge que de l'erreur.

V. Conclusion. — Il y a des erreurs innocentes ; mais il y a aussi des erreurs coupables, sinon criminelles. La volonté dans l'erreur pèche surtout par imprudence : mais certaines imprudences sont punies par la loi comme des crimes. Le pharmacien qui prend un poison pour un remède ne voulait pas tuer le malade : il est cependant responsable de son erreur parce qu'il l'aurait évitée s'il avait voulu y prendre garde.

### 300. — *De l'erreur et de ses causes.*

Voir le *Cours*, p. 286 et suivantes. — Voir aussi les *Sujets* précédents. — On remarquera que les trois causes indiquées dans le *Cours* produisent l'erreur; non chacune isolément, mais toutes ensemble par leur réunion, de sorte qu'à vrai dire, la cause de l'erreur est dans leur rencontre et leur combinaison. On remarquera aussi que la seconde de ces causes, celle qui donne à l'erreur son contenu, est susceptible d'un très grand nombre de formes, sensations, langage, témoignage, associations d'idées accidentelles ou habituelles, imagination, etc. — En outre, les causes indirectes, principalement les causes morales, sont en réalité les causes premières de l'erreur; et par conséquent il faut bien se garder de les oublier ou d'en méconnaître l'importance.

### 301. — *L'ignorance et l'erreur. Analyser ces deux états de l'esprit.*

Voir *Sujets* 281 et 298, § II ; voir aussi *Cours*, p. 287. — On s'attachera à montrer que l'ignorance est un état purement négatif, la privation ou la limitation de la connaissance, tandis que l'erreur est un état positif, un acte de l'esprit qui conçoit et qui juge, mais sans qu'il y ait correspondance entre ses concepts et leurs objets, entre ses jugements et les rapports des choses dont il juge. — On fera voir aussi que l'ignorance est la condition nécessaire, mais nullement suffisante de l'erreur. Bien plus, quand l'ignorance est complète, absolue, quand on n'a même pas l'idée de ce qu'on ignore, l'erreur est impossible (V. *Sujet* 281) : elle n'apparaît donc qu'avec l'ignorance partielle ou avec cette connaissance mêlée d'ignorance qui s'appelle l'opinion. Les esprits tout à fait ignorants sont moins exposés à l'erreur que les demi-savants.

**302.** — *En combien de classes peut-on diviser nos erreurs ? Quels sont les moyens d'y remédier ? Donner des exemples.*

Plan.

I. — Diversité des formes de l'erreur. D'où la difficulté de les classer, prouvée par la multitude des classifications proposées.

1° Classification de Bacon, d'après les causes générales de l'erreur : *Idola tribus, specûs, fori, theatri.* (V. *Cours*, p. 533.)

2° Classification de Malebranche, d'après les facultés de l'âme : Erreurs des sens, de l'imagination, de l'entendement pur, des inclinations, des passions, de la volonté.

3° Classification de Port-Royal (la même que la précédente mais simplifiée) : Sophismes de l'esprit et du cœur.

4° Classification de Stuart Mill, la plus récente. (V. *Cours*, p. 290.)

On pourrait aussi ranger les erreurs en trois classes, selon qu'elles accompagnent la perception, le jugement proprement dit ou le raisonnement.

1° Erreurs de perception et d'imagination : illusions.

2° Erreurs de jugement immédiat : préjugés.

3° Erreurs de raisonnement : sophismes. — Voir dans le *Cours* ces différentes sortes d'erreurs.

II. — Principaux moyens de remédier aux erreurs.

Les causes des erreurs étant de deux sortes : morales et intellectuelles, il y a deux grandes sortes de remèdes.

1° Se défier des inclinations et des passions (amour-propre, intérêt, sympathie, antipathie, etc.). Développer en soi l'amour de la vérité.

2° Prendre l'habitude de l'attention et de l'examen (doute provisoire de Descartes). Etude et application des méthodes.

**303.** — *Analyser les causes morales de nos erreurs. Donner des exemples.*

Plan.

I. — C'est l'esprit qui juge en nous ; mais une psychologie superficielle peut seule imaginer que nos différentes facultés s'exercent chacune à part : nous jugeons en réalité avec notre âme tout entière, esprit et cœur. Les causes morales des opinions, tout indirectes qu'elles sont, n'en sont pas moins, de l'aveu de Stuart Mill, les plus puissantes de toutes chez la plupart des hommes ; et de là viennent tant d'erreurs dont la *Logique* de Port-Royal a cru pouvoir faire une classe distincte sous le nom de sophismes d'amour-propre, d'intérêt et de passion.

II. — L'influence des passions sur l'entendement est manifeste « Si on examine avec soin, dit Nicole, ce qui attache ordinairement les hommes plutôt à une opinion qu'à une autre, on trouvera que ce n'est pas la pénétration de la vérité et la force des raisons, mais quelque lien d'amour-propre, d'intérêt ou de passion. Nous jugeons des choses, non parce qu'elles sont en elles-mêmes, mais parce qu'elles sont à notre égard, et la vérité et l'utilité ne sont pour nous qu'une même chose. »

Cette influence des causes morales s'exerce sur la croyance, sur l'attention, sur l'imagination. 1° La loi générale de la croyance, c'est que toute représentation, toute idée, tend à susciter une affirmation si elle n'est pas contredite; mais cette tendance est incomparablement plus forte et plus efficace si la pensée est accompagnée d'un sentiment : nous sommes disposés à croire doublement tout ce qui a quelque rapport avec nos inclinations ou nos passions dominantes. Aussi, de deux opinions qui se contredisent mutuellement, celle-là a les plus grandes chances d'emporter notre adhésion, qui s'accorde avec nos désirs ou en général avec les tendances de notre sensibilité. La passion donne à l'idée qu'elle favorise comme un surcroît de force qui, toutes les autres conditions étant égales, lui assure la victoire. 2° Mais quand bien même l'opinion contraire aurait pour elle l'avantage de l'évidence, l'inclination peut encore faire triompher sa préférée : il lui suffit pour cela de diriger l'attention du côté qui lui plaît. Dès lors, toutes les objections sont ignorées ou oubliées; l'évidence de l'autre parti s'éclipse; les vraisemblances de celui qu'on choisit paraissent seules à la lumière. 3° La puissance de la sensibilité est encore plus profonde. Par l'intermédiaire de l'imagination, elle altère, elle transforme les représentations elles-mêmes : elle empêche de voir les choses comme elles sont ; elle les fait voir comme elle désire qu'elles soient. Vous exposez à un homme passionné les raisons qui prouvent clairement son erreur : mais il n'entend pas vos raisons ; elles arrivent à son esprit défigurées par son imagination ;

elles ne sont pas chez lui ce qu'elles sont chez vous ; et c'est pourquoi il est de très bonne foi en contestant votre réfutation. (V. *Sujet* 38.)

III. — Maintenant il serait infini d'étudier toutes les causes morales de l'erreur et tous les effets qu'elles produisent. Il n'est pas un seul sentiment, une seule inclination qui ne puisse égarer notre jugement et donner naissance à toutes les variétés d'erreurs ou de sophismes. Nicole, dans le chapitre qu'il consacre à cette question, énumère parmi ces causes l'intérêt personnel, l'esprit de parti, l'affection et la haine, l'amour-propre, l'orgueil et la vanité, la jalousie, l'envie, la malignité, l'esprit de dispute, la complaisance, l'entêtement, etc.

304. — *Des erreurs qui ont leur origine dans le langage. Des moyens d'y remédier.*

Plan.

I. — Le langage est l'instrument nécessaire de la pensée. Mais souvent, dit Bacon, les mots, qui la servent, l'asservissent. De là toute une classe d'erreurs, celles qu'il appelle *idola fori*.

II. — La première sorte est l'*ambiguïté des termes* ou *équivoque*. La plupart des mots ont plusieurs sens ou un sens vague et mal déterminé. On empruntera des exemples au vocabulaire scientifique et philosophique : force (cause quelconque de mouvement, activité substantielle analogue à l'âme), chaleur (état moléculaire des corps ou sensation qui en résulte), sensation (impression nerveuse, plaisir ou douleur, état de conscience représentatif des choses externes. etc.). De là peuvent résulter des erreurs. — A l'équivoque se rattachent l'amphibologie et les deux sophismes qu'on appelle passage du sens divisé au sens composé et vice versa. (V. *Cours*, p. 289.) Le remède à ce sophisme est de définir les mots qu'on emploie. (Voir la théorie de la définition.)

III. — Le sophisme inverse du précédent est celui des *distinctions verbales :* de ce qu'il y a deux mots distincts dans la langue on conclut qu'il doit y avoir deux choses ou deux idées distinctes dans la réalité ou dans l'esprit. Ainsi en psychologie, on s'évertuera à distinguer l'attention, l'étude, la considération, l'observation, l'application, la méditation, la contention, etc., ou encore la finesse, la pénétration, la sagacité, etc.; en morale, le devoir, l'obligation morale, la loi morale, etc. Le remède à ce sophisme est de considérer directement les choses mêmes au lieu de les étudier dans leurs noms.

IV. — Le sophisme de l'*étymologie*, (V. *Cours*, p. 289.) — Exemple : l'âme est un souffle (*anima*), donc elle est matérielle. Penser, c'est peser (*pensare*) ; donc toute pensée implique une comparaison.

V. — Le sophisme de *l'abus des termes figurés*. Il est très fréquent en philosophie. Exemple : le mouvement se transforme en chaleur ; la chaleur se transforme en sensation, etc. — Le remède, c'est de traduire du sens figuré au sens propre.

VI. — Le sophisme de *l'abstraction réalisée*. (V. *Cours*, p. 87.) — On peut rapporter à cette espèce une forme particulière du sophisme de l'ignorance de la cause qu'on appellerait assez justement le sophisme de l'*explication verbale* : l'opium fait dormir parce qu'il a une vertu dormitive ; les végétaux se dirigent vers la lumière en vertu de l'héliotropisme, etc.

VII. Conclusion. — Le préservatif de toutes ces erreurs, c'est la *clarté* du langage, expression et condition de la clarté de la pensée.

### 305. — *Examiner les principaux sophismes. Donner des exemples.*

*Sujet* traité dans le *Cours*, p. 288. — Exemple de pétition de principe donné par Port-Royal. Les choses pesantes tendent au centre du monde ; or, elles tendent au centre de la terre ; donc le centre de la terre est le centre du monde (sophisme attribué à Aristote).

# LIVRE III

## MORALE

---

### 306. — *Objet et parties de la morale. Ses rapports avec la psychologie.*

Prendre garde à l'équivoque du mot « objet » qui ne veut pas dire ici le but que poursuit la morale, mais la chose qu'elle étudie, « *materia in qua versatur* ». Sur ce sens du mot objet, voir *Sujet* 66.

On peut donner bien des définitions de la morale. Etymologiquement, elle est la science des mœurs (*mores*, habitudes, coutumes). En grec, éthique, du mot *ethos* qui a le même sens que *mos* ou *habitus*. Mais la morale n'est pas une simple étude des mœurs humaines (bien qu'on appelle ordinairement moralistes ceux qui font une telle étude, comme Théophraste, La Rochefoucauld, La Bruyère, etc.); elle a plutôt pour objet les règles des mœurs, la moralité parfaite ou idéale. — La définition la plus satisfaisante est peut-être celle-ci : la morale est la *science du devoir*. — Sans doute on peut aussi la définir par le *bien* (V. *Cours*, p. 257), mais cette définition prise en elle-même est moins claire à cause du sens vague et équivoque du mot bien. Ce mot, en effet, a au moins trois sens : 1° toute espèce d'objet de désir et de recherche : le plaisir, la santé, la richesse sont des biens; 2° l'objet suprême de la volonté, dont la nature reste d'ailleurs à déterminer, et qui peut être soit le bonheur, soit la perfection morale, soit quelque autre fin : c'est ce que les anciens appelaient le souverain bien; 3° le bien moral, la perfection morale; et c'est seulement en ce sens que la morale est la science du bien. — Au contraire, le mot « devoir » a un sens très clair et très précis. En outre, cette définition a l'avantage de pouvoir servir de base à la détermination des différentes parties de la morale.

En effet, si la morale est la science du devoir, elle doit nécessairement se diviser en deux parties, l'une, morale théorique, qui traite du devoir en général, de sa nature, de son principe, de ses conditions et de ses conséquences générales; l'autre, morale pratique, qui traite des formes diverses et particulières du devoir.

De cette même définition l'on peut déduire une division et une ordonnance de la morale spéculative qui nous semblent préférables à celles du *Cours* (V, p. 300), lesquelles d'ailleurs sont strictement conformes à celles du programme. Voici le plan de la morale spéculative dans le *Cours :* 1° la conscience morale ; 2° le bien ; 3° le devoir ; 4° l'examen des morales empiriques ; 5° la responsabilité et la sanction. Ce plan a l'inconvénient de mettre la recherche du principe du devoir (c'est-à-dire du bien) avant l'analyse du devoir lui-même et de reporter la critique des morales empiriques après la recherche du principe du devoir dont elle fait naturellement partie. — Voyons comment la morale spéculative se divise et s'ordonne en lui donnant pour centre l'idée du devoir.

Tout d'abord, la morale spéculative étudiera la faculté qui nous révèle le devoir, c'est-à-dire la conscience morale (théorie de la conscience morale) ; puis elle fera sortir de cette étude l'idée pure du devoir ou de la loi morale envisagée dans ses caractères essentiels (théorie du devoir) ; elle recherchera ensuite le principe de la loi morale, et dans ce but, elle soumettra à la critique les systèmes qui ont cru pouvoir trouver ce principe par une méthode purement empirique et l'ont fait consister dans le bonheur (examen des morales empiriques et particulièrement de la morale utilitaire), avant de recourir elle-même à une autre méthode, la méthode rationnelle, seule capable de déterminer le véritable fondement du devoir (théorie du bien). Néanmoins, la raison ne peut pas démontrer complètement que le bien suffit à engendrer le devoir, si elle ne démontre pas en même temps la possibilité d'un accord final entre le bien et le bonheur. D'où la nécessité de compléter la morale par la théorie de la sanction et de la responsabilité morales.

Telles sont donc les questions que la morale spéculative étudie : 1° la conscience morale ; 2° la loi morale ; 3° l'examen des morales empiriques ; 4° le bien ; 5° la responsabilité et la sanction, toutes étroitement rattachées à la théorie générale du devoir.

Pour les rapports de la morale et de la psychologie, voir le *Sujet* suivant.

### 307. — *En quoi la morale suppose-t-elle la psychologie.*

#### Plan.

I. Introduction. — Le γνῶθι σεαυτόν de Socrate est la base commune de la psychologie et de la morale. La morale détermine l'homme tel qu'il doit être, et la psychologie l'homme tel qu'il est. Donc ces deux sciences, l'une théorique, l'autre pratique, sont connexes. Quel est leur rapport ?

II. — Le point de départ de la morale, c'est *l'existence de la moralité* dans la nature humaine. (*Cours*, p. 300.) Le moraliste n'invente pas les notions du bien, du devoir, etc., il les prend dans la conscience humaine. Le premier chapitre de la morale est donc un chapitre de psychologie : De la conscience morale. Suivre une autre méthode, c'est risquer de faire une morale étrangère à la moralité : tel est le cas de l'utilitarisme.

III. — Pourtant la morale n'est pas une pure et simple constatation des opinions humaines relatives à la moralité, ni même, comme l'entend Herbert Spencer, la recherche des lois selon lesquelles ces opinions évoluent : il faut encore qu'elle dégage de ces observations et de ces analyses l'*idéal moral* et qu'elle le détermine dans sa pureté et sa plénitude. Ce travail peut-il se faire à priori, comme le veut Kant, par la seule universalisation des maximes? Faire voir qu'il n'en est rien. (*Cours*, p. 317. Voir, sur ce point particulier, Fouillée, *Critique des systèmes de morale contemporains*, p. 215.) L'idéal moral doit être l'idéal de l'homme ; donc il ne peut être que l'homme lui-même idéalisé.

IV. — A fortiori, la morale pratique suppose-t-elle nécessairement la psychologie. Exemple : en morale individuelle, devoirs relatifs à la sensibilité, à l'intelligence à la volonté ; en morale domestique, éducation, etc.

V. Conclusion. — Nécessité de donner la psychologie comme vestibule à la morale. La morale même s'est développée à mesure que la nature humaine a été mieux connue. Le sens commun a eu le sentiment confus de cette vérité, comme en témoigne le double sens du mot conscience.

308. — *Des rapports de la morale et de la théodicée.*

### Plan.

I. — La question des rapports de la morale et de la théodicée est de nos jours une des plus controversées. Elle a donné naissance à une école, celle de la *morale indépendante* (Proudhon, Frédéric Morin, Massol, M<sup>me</sup> Coignet, etc.). On l'a même discutée à propos des programmes universitaires (vers 1875) : faut-il, dans l'enseignement de la philosophie, mettre la morale avant ou après la théodicée ? Au fond, c'est la question très grave des rapports de la religion et de la moralité : « Peut-on être vertueux sans croire à Dieu et à la vie future ? » et d'autre part « Suffit-il d'être religieux pour être nécessairement et par voie de conséquence un honnête homme ? »

II. — Tout d'abord la morale peut-elle être indépendante de la théodicée? et, en général, quels rapports la morale entretient-elle avec la théodicée?

1° Prise en elle-même et séparée du reste de la philosophie, la morale peut à la rigueur être traitée sans aucune allusion à Dieu ni à la vie future. On admettra le bien, le devoir etc., à titre d'axiomes, sans en chercher la raison dernière. La morale ainsi traitée sera seulement incomplète, en ce qu'elle ne contiendra pas la morale religieuse (devoirs envers Dieu). Encore pourrait-elle traiter de ces devoirs conditionnellement, c'est-à-dire déterminer quels sont nos devoirs envers Dieu, supposé qu'il existe.

2° Mais la morale ne peut se séparer du reste de la philosophie que par une abstraction provisoire. Affirmer l'existence et l'autorité de la loi morale ne suffit pas : il faut bien finir par rechercher le fondement et examiner la valeur de cette loi. Les autres sciences peuvent ajourner indéfiniment les problèmes métaphysiques impliqués dans leurs principes : que l'espace soit subjectif ou objectif, je n'ai besoin d'en rien savoir pour démontrer les théorèmes géométriques ni pour les appliquer pratiquement. Il n'en est plus de même en morale. Là, j'ai besoin de savoir si la loi qui me commande de sacrifier mon intérêt, ma vie même, est une illusion ou une réalité. Comment la moralité ne semblerait-elle pas une duperie, si l'univers est indifférent au bien et au mal, si l'homme vertueux travaille et se dévoue en pure perte? Ainsi la morale, du moins la morale fondée sur le devoir, ne peut s'accommoder de toutes les hypothèses métaphysiques : elle est virtuellement supprimée par le matérialisme et l'athéisme. Elle devient dans ces systèmes une énigme dont il est impossible de trouver le mot. C'est qu'elle exige comme son complément nécessaire un certain nombre de postulats métaphysiques, la liberté morale de l'homme, l'existence de Dieu, l'immortalité de l'âme. La théodicée est son cadre naturel. Au fond, croire au devoir c'est croire à Dieu. L'exemple de Kant le prouve. Après avoir démontré dans la *Critique de la raison pure* que la métaphysique est impuissante à prouver l'existence de Dieu, Kant est forcé pour asseoir la morale d'admettre dans la *Critique de la raison pratique* l'existence de Dieu comme objet de foi morale. (*Cours*, p. 568-569.)

III. — La théodicée peut-elle être indépendante de la morale ? et, en général, quels rapports la théodicée entretient-elle avec la morale ?

1° Supprimons de la science de Dieu toute idée morale, et Dieu n'est plus alors que l'Être impersonnel duquel tout sort et où tout rentre, la substance universelle admise par le panthéisme ; ou bien une intelligence indifférente, impassible ; ou bien encore une volonté toute-puissante et arbitraire : il n'a plus ni justice ni bonté. Dans cette hypothèse, la morale elle-même disparaît, ou n'est plus que la science des décrets arbitraires du souverain maître. (*Cours*, p. 323).

2° Tout au contraire, la morale est un des fondements de la vraie théodicée. C'est elle qui donne la meilleure preuve de l'existence de Dieu, la seule qui trouve grâce devant la critique de Kant (la preuve morale), c'est elle qui explique et justifie l'existence du monde et de l'humanité. Sans le devoir et la justice, l'univers, quelles que soient d'ailleurs sa grandeur et sa beauté, serait indigne de Dieu.

# CHAPITRE PREMIER

## PRINCIPES DE LA MORALE

### I. — LA CONSCIENCE MORALE

**309.** — *Quels sont les principaux motifs de nos actions? Peuvent-ils se réduire à l'intérêt et au devoir?*

Le sujet est traité dans le *Cours*, p. 300 et 301. On ne fera ici que quelques remarques. La question est entièrement du ressort de la psychologie et n'intéresse qu'indirectement la morale.

En fait, les motifs des actions humaines sont extrêmement nombreux ; il n'est pas de sentiment, d'inclination, d'idée, d'habitude qui, dans des circonstances données, ne puisse se transformer en motif. Cependant il semble bien qu'on doive les ramener à ces trois types : inclination, intérêt, devoir. L'inclination est susceptible d'une infinité de formes (caprice, penchant, passion, habitude, besoin, etc.); elle peut être égoïste, altruiste, idéale, etc. (V. *Cours*, p. 34.) Les psychologues et moralistes qui ont décrit ce motif sous les noms soit de plaisir, soit de passion, s'en sont fait une idée trop restreinte : le routinier qui fait une chose pour le seul motif qu'il l'a déjà faite, même quand elle lui est devenue désagréable, l'homme qui agit sous l'empire d'une idée fixe, etc., n'agissent ni par plaisir ni par passion ; et ils n'agissent pas davantage par intérêt ou par devoir.

On pourrait faire cette objection que l'inclination n'est pas un motif, c'est-à-dire une raison d'agir connue et acceptée de l'agent lui-même ; et il y a sans doute des cas, surtout pendant l'enfance et la jeunesse, où nous agissons sans avoir conscience de l'inclination qui nous y porte. Mais bien souvent il n'en est pas ainsi. L'homme, par exemple, qui satisfait un caprice manifestement contraire à son intérêt, a sans doute conscience de suivre son inclination ; et c'est la raison qu'il se donne à lui-même pour expliquer sa conduite. Il n'est donc pas douteux que nous n'agissions fréquemment pour ce motif « que cela nous plaît ainsi » et non parce que « cela nous sert » ou que « c'est notre devoir ». Aussi, à la question impliquée dans le *Sujet* 309 on doit, selon nous, répondre par une négation.

Le sujet indiqué dans le *Cours* (p. 320) après celui-ci : *Quels sont les mobiles essentiels de nos actions? Peut-on les réduire à un seul?* soulève de nouveau la question de la doctrine de La Rochefoucauld.

Il est évidemment impossible de réduire les mobiles essentiels de nos actions au seul devoir; mais on pourrait essayer de les réduire soit à l'intérêt, soit à l'inclination. L'amour-propre, tel que La Rochefoucauld l'entend, semble bien ne faire qu'un avec l'intérêt : c'est en effet par des calculs intéressés que l'auteur des *Maximes* explique tous nos sentiments et tous nos actes. Mais il est faux que l'homme apporte en toute chose tant de réflexion et de prévoyance : il est beaucoup plus « spontané » et « primesautier » que La Rochefoucauld ne le suppose. Il lui arrive même assez souvent de préférer délibérément son plaisir à son intérêt. — La réduction à l'inclination serait, à tout prendre, plus plausible ; car ne pourrait-on dire que celui qui recherche son intérêt et celui qui remplit son devoir ne font, l'un et l'autre, aussi bien que celui qui satisfait son caprice, que suivre leur inclination et agir comme il leur plaît? *Trahit sua quemque voluptas.*

Mais si l'on y réfléchit, on verra que cette prétendue réduction est purement verbale, car, après avoir dit que tout le monde suit son inclination, il faut bien en venir à reconnaître que cette inclination prétendue n'est autre, chez certains hommes, que l'intérêt, et chez certains autres que le devoir.

310. — *Etablir avec précision les différents sens du mot conscience en philosophie.*

Trois sens du mot conscience : 1° conscience psychologique ; 2° conscience morale ; 3° conscience religieuse. C'est en ce dernier sens qu'on parle de la liberté de conscience.

Pour les différences de la conscience psychologique et de la conscience morale, voir *Cours*, p. 302. On fera voir que la seconde implique la première : pour se juger soi-même, il faut se connaître soi-même ; plus l'homme sait ce qu'il est, mieux il voit ce qu'il doit être.

311. — *Analyse de la conscience morale.*

On peut faire cette analyse à deux points de vue différents : 1° ou bien distinguer les différentes sortes de phénomènes par lesquels la conscience se manifeste, jugements et sentiments moraux (*Cours*, p. 302 et 303) ; 2° ou bien déterminer les facultés plus simples et plus générales dont la conscience se compose.

A ce second point de vue, la conscience est chez la plupart des hommes une résultante extrêmement complexe d'instincts, d'associations d'idées et de raison : elle est dans l'ordre pratique à peu près ce que le sens commun est dans l'ordre spéculatif. Aussi toutes les théories proposées pour l'expliquer ont-elles leur part de vérité.

Il y a très certainement en nous, comme le prétendent les Ecossais, un certain nombre d'instincts moraux qui devancent la raison et qui nous apprennent nos devoirs, en quelque sorte, avant que nous ayons l'idée du devoir : tel est, par exemple, l'instinct de la pudeur; telle est aussi, chez les peuples civilisés, l'horreur instinctive de l'effusion du sang.

Nous croyons même volontiers, avec Herbert Spencer, que ces instincts sont un legs des ancêtres qui les ont lentement acquis ; et sans doute les hommes actuels en transmettront de pareils à leurs descendants.

Mais, par cela même, tout n'est pas instinct dans la conscience morale : l'éducation, l'expérience et la réflexion personnelle contribuent aussi à la former. Il y entre bien des associations d'idées et bien des raisonnements.

Cependant nous croyons que le principe fondamental de toute cette évolution, sa cause première et constante, c'est la raison. Sans la notion d'un idéal obligatoire, les instincts de l'homme n'auraient jamais pris un caractère moral, pas plus que les instincts des animaux (bien qu'on parle quelquefois des « bons instincts » de certaines espèces, par exemple des chiens de Terre-Neuve ou du Saint-Bernard); peut-être même ces instincts ne se seraient-ils jamais formés ; car, en somme, les instincts qui réussissent à se fixer dans la nature humaine ne sont-ils pas ceux que la raison approuve ? Et d'une manière générale, l'instinct, si on admet la doctrine évolutionniste, peut-il être autre chose qu'une transformation de l'intelligence, l'intelligence passée à l'état d'habitude organique ? Ainsi c'est la raison qui crée les instincts moraux dans l'humanité.

### 312. — *La conscience morale est-elle une faculté à part, ou peut-elle être réduite à une faculté plus générale ?*

#### Idées à développer.

On examinera successivement les deux hypothèses et on discutera les arguments qu'on peut donner en faveur de chacune d'elles.

1° Si la conscience morale est une faculté à part, on ne pourra dériver les notions qui la composent (bien, devoir, etc.), d'autres notions de l'intelligence humaine, ni ramener les sentiments qu'elle excite à d'autres sentiments du cœur humain. — En outre, chez un homme où, par hypothèse la conscience ferait défaut, nulle transformation, nulle combinaison d'intelligence ou de sensibilité ne pourrait lui donner naissance. — Dès lors, on fera bien rentrer la conscience dans une certaine classe de facultés: on pourra par exemple en faire, soit une forme particulière de la sensibilité, un sens moral, soit une forme particulière de l'intelligence, la raison pratique; mais il sera entendu que ce sens est irréductible à tous les autres, que cette raison est spécifiquement distincte de la raison spéculative. Telle est la doctrine des Écossais; telle est aussi, ce semble, celle de Kant. Elle paraît confirmée par l'expérience et l'analyse. Ainsi, on voit quelquefois des enfants, des hommes, très intelligents sous tous les autres rapports, auxquels manque complètement le sens ou l'intelligence de la moralité : ils sont moralement infirmes; et l'éducation est impuissante à réparer ce défaut. Elle peut bien leur donner des habitudes extérieurement conformes à la morale, mais en eux-mêmes, ils n'arrivent jamais à attacher un sens aux mots bien, mal, devoir, etc. Cette infirmité est considérée par les aliénistes comme un cas pathologique : c'est ce qu'ils appellent l'*idiotie morale*. — D'autre part, Kant n'a-t-il pas démontré que la notion du devoir est une notion tout à fait *sui generis*, qui, loin de se ramener aux catégories de la raison spéculative, leur est absolument opposée ? Et de même, le sentiment moral de l'obligation n'a pas son analogue dans la sensibilité tout entière.

2° L'associationnisme et le rationalisme s'accordent pour soutenir la thèse contraire. Selon le premier, la conscience est un cas particulier de l'*association* des idées et des sentiments : ainsi la notion du devoir résulte de la fusion de l'idée d'ordre ou de défense et d'un sentiment de contrainte ou de répulsion avec l'idée d'un acte donné : or, c'est l'expérience seule, c'est-à-dire l'intelligence instruite par les faits, qui nous apprend ce que c'est qu'ordre ou défense. On montrera l'insuffisance de cette explication. (*Cours*, p. 307.) — D'après le rationalisme, la conscience morale se réduit au fond à la *raison*, bien qu'il s'y ajoute aussi, et chez presque tous les hommes, des instincts et des associations d'idées dont le principal effet est de renforcer son influence sur la conduite. — Ainsi, la conscience morale est, comme la raison, le propre de l'espèce humaine; ses notions sont marquées du même caractère que les notions proprement rationnelles; elles sont à priori, universelles, nécessaires; elles jouent à l'égard de la conduite le même rôle que les catégories à l'égard de l'expérience et de la science. On peut même essayer de montrer qu'elles sont au fond identiques aux catégories : la notion du bien en soi n'est-elle pas la notion d'une fin absolue ? et celle du devoir, la notion d'une loi universelle ? Fin, loi, absolu, universel, autant de notions de la raison. (*Cours*, p. 310.) Que si elle semble faire défaut chez des êtres d'ailleurs doués de raison, c'est là une apparence qu'une observation plus exacte des faits dissiperait : elle est moins absente chez ces êtres que pervertie ou étouffée ; il suffirait d'affaiblir les instincts et les habitudes qui l'empêchent de se manifester pour la voir apparaître. L'idiotie morale n'est sans doute qu'un cas extrême d'un phénomène que nous pouvons observer en nous, où la voix de la raison n'est pas entendue tant que nous sommes sous l'empire de quelque violente passion. Dans de tels moments, l'homme normal lui-même peut sembler n'avoir pas de conscience. Ce qui peut manquer aussi, ce sont les instincts et les sentiments complémentaires de la raison ; de sorte, par exemple, qu'une action est bien jugée comme mauvaise, mais elle n'excite aucun sentiment d'horreur ni même de répugnance.

3° Conclusion. — La conscience est, en son essence, une forme de la raison : c'est la raison pratique. Mais elle n'a toute sa force que si elle est jointe à une certaine sensibilité et développée par l'éducation et la réflexion personnelle.

**313.** — *Déterminer les différences et les rapports de la conscience morale et du sentiment moral.*

### Idées à développer.

On appelle *sentiment moral* l'ensemble des émotions, remords, satisfaction morale, estime, mépris, etc., qui accompagnent en nous les jugements de la conscience morale. (*Cours*, p. 303.) — D'après l'École écossaise, il est l'élément principal et constitutif de la conscience, laquelle se trouve ainsi rapportée à la sensibilité.

I. — L'émotion morale est, en quelque sorte, plus bruyante que le jugement moral : aussi frappe-t-elle davantage l'attention, et comme elle lui est simultanée, on a pu croire qu'elle en était la cause, ou même la prendre pour le phénomène total dont elle n'est qu'une partie et la moins importante : de là, l'erreur des Écossais. Il importe donc de distinguer sentiment moral et conscience morale.

1° Le sentiment, par lui-même et abstraction faite de la conscience, est aveugle ; de ce que la vue ou l'idée d'une action excite en moi un sentiment particulier d'attrait ou de répulsion, il ne s'ensuit pas que je *connaisse* évidemment que cette action est bonne ou mauvaise. Il peut très bien arriver qu'un tel sentiment s'attache à des actions indifférentes, ou même qu'il s'attache à contresens à des actions bonnes ou mauvaises ; dès lors, si on juge d'après lui, on tombe dans les plus graves erreurs. (*Cours*, p. 303.)

2° Le sentiment, par lui-même, n'a aucune autorité : il ne peut fonder aucune obligation. (*Cours*, p. 335.)

3° Bien qu'il soit un effet du jugement, il ne lui est pas nécessairement proportionné ; car il dépend en même temps de la sensibilité générale de la personne. Il s'ensuit qu'il est extrêmement mobile et inégal. (*Cours*, p. 335.) — L'indignation excitée en nous par un crime n'est pas toujours en rapport avec la gravité de ce crime : les gens nerveux et impressionnables pourront éprouver un remords excessif d'une faute légère, comme aussi, à de certains jours, le bien et le mal sembleront leur être tout à fait indifférents.

Pour toutes ces raisons, il est dangereux d'identifier ou de subordonner la conscience morale au sentiment moral.

II. — Mais, d'un autre côté, le sentiment est un complément nécessaire de la conscience. Il ne suffit pas de connaître le bien ; il faut encore le respecter et l'aimer. A moins d'une puissance extraordinaire de la raison et de la volonté, qu'il serait chimérique d'attribuer à tous les hommes, l'idée morale resterait en nous inefficace et même serait à peine aperçue sans l'émotion qui l'accompagne. « Τὸ λογιστικὸν οὐ κινεῖ, » dit avec raison Aristote. Sur ce point, la doctrine des stoïciens et celle de Kant, qui ne veulent accorder au sentiment aucune place en morale, sont excessives et utopiques.

314. — *Montrer que le vrai sentiment auquel on reconnaît la présence de la loi morale, c'est le respect. C'est un phénomène tout à fait distinct, comme Kant l'a remarqué, et de l'inclination et de l'admiration.*

Voici le passage de Kant auquel il est fait allusion (Kant, *Critique de la raison pratique*, l. I, ch. III) :

« Le *respect* s'adresse toujours aux personnes, jamais aux choses. Les choses peuvent exciter en nous de l'*inclination*, et même de l'amour, quand ce sont des animaux (par exemple des chevaux, des chiens, etc.), ou de la crainte, comme un voleur, une bête féroce, mais jamais du respect. Ce qui ressemble le plus à ce sentiment, c'est l'*admiration;* et celle-ci, comme affection, est un étonnement que les choses peuvent aussi produire : par exemple, les montagnes, les corps célestes, etc. Mais tout cela n'est point du respect. Un homme peut aussi être un objet d'amour, de crainte ou d'admiration, et même d'étonnement, sans être pour cela un objet de respect. Son enjouement, son courage et sa force, la puissance qu'il doit au rang qu'il occupe parmi les autres, peuvent m'inspirer ces sentiments, sans que j'éprouve intérieurement de respect pour sa personne. Je m'incline devant un grand, disait Fontenelle, mais mon esprit ne s'incline pas. Et moi j'ajouterai : Devant l'humble bourgeois, en qui je vois l'honnêteté du caractère portée à un degré que je ne trouve pas en moi-même, mon esprit s'incline, que je le veuille ou non, et si haut que je porte la tête pour lui faire remarquer la supériorité de mon rang. Pourquoi cela? C'est que son exemple me rappelle une loi qui confond ma présomption, quand je la compare à ma conduite, et dont je ne puis regarder la pratique comme impossible, puisque j'en ai sous les yeux un exemple vivant. Que si j'ai conscience d'être honnête au même degré, le respect subsiste encore. En effet, comme tout ce qui est bon dans l'homme est toujours défectueux, la loi, rendue visible par un exemple, confond toujours mon orgueil, car l'imperfection dont l'homme qui me sert de mesure pourrait bien être entaché ne m'est pas aussi bien connue que la mienne, et il m'apparaît ainsi sous un jour plus favorable. Le respect est un tribut que nous ne pouvons refuser au mérite, que nous le voulions ou non ; nous pouvons bien ne pas le laisser paraître au dehors, mais nous ne saurions nous empêcher de l'éprouver intérieurement. — Le respect est si peu un sentiment de plaisir qu'on ne s'y livre pas volontiers à l'égard d'un homme. On cherche à trouver quelque chose qui puisse en alléger le fardeau, quelque motif de blâme qui dédommage de l'humiliation causée par l'exemple qu'on a sous les yeux. Les morts mêmes, surtout quand l'exemple qu'ils nous donnent paraît inimitable, ne sont pas toujours à l'abri de cette critique. La loi morale elle-même, malgré son imposante majesté, n'échappe pas à ce penchant que nous avons à nous défendre du respect. Si nous aimons à la rabaisser jusqu'au rang d'une inclination familière, et si nous nous efforçons à ce point d'en faire un précepte favori d'intérêt bien entendu, n'est-ce pas pour nous délivrer de ce terrible respect, qui nous rappelle si sévèrement notre propre indignité? Mais, d'un autre côté, le respect est si peu un sentiment de peine, que, quand une fois nous avons mis à nos pieds notre présomption, et que nous avons donné à ce sentiment une influence pratique, nous ne pouvons plus nous lasser d'admirer la majesté de la loi morale, et que notre âme croit s'élever elle-même d'autant plus qu'elle voit cette sainte loi plus élevée au-dessus d'elle et de sa fragile nature. De grands talents, joints à une activité non moins grande, peuvent, il est vrai, produire aussi du respect ou un sentiment analogue ; cela est même tout à fait convenable, et il semble que l'admiration soit ici identique à ce sentiment. Mais, comme il est toujours impossible de faire exactement dans l'habileté la part des dispositions naturelle et celles de la culture ou de l'activité personnelle, la raison nous la présente comme le fruit probable de la culture, et par conséquent comme un mérite qui rabaisse singulièrement notre présomption, et devient pour nous un reproche vivant, ou un exemple à suivre autant qu'il est en nous. Ce n'est donc pas simplement de l'admiration que ce respect que nous montrons à un homme de talent et qui s'adresse véritablement à la loi que son exemple nous rappelle. »

**315.** — *Peut-on dire avec certains philosophes qu'il existe en nous un sens moral ? Faire la critique de cette expression.*

Voir l'exposé de la doctrine du sens moral, *Cours*, p. 304. Cf. p. 335. — L'expression de sens moral est tout à fait impropre. En effet, un sens suppose : 1° un organe ; 2° un objet extérieur capable de faire impression sur cet organe et se révélant à nous par une sensation. En dehors de ces conditions, le mot *sens* n'a plus aucune signification précise. Or, on chercherait en vain l'organe du prétendu sens moral, et le bien et le mal ne sont ni des objets extérieurs, ni des propriétés matérielles de ces objets, capables de faire impression sur nos organes : ce sont des qualités tout idéales, des relations qu'une intelligence est seule capable d'apercevoir.

Il est vrai que les phrénologistes ont supposé l'existence d'un centre spécial du cerveau humain consacré au discernement du bien et du mal, et Herbert Spencer fait de nos jours la même hypothèse ; mais, outre que l'existence de ce centre n'est pas prouvée, il n'est nullement démontré qu'il soit assimilable aux centres cérébro-sensoriels. Si toute faculté qui a sa condition organique dans le cerveau est un sens, toutes les facultés sont des sens, et on doit admettre un sens du vrai et du faux, un sens du beau et du laid, etc.

D'ailleurs, les Ecossais se font du sens en général une idée très inexacte : ils s'imaginent qu'un sens est une faculté de percevoir l'existence et les propriétés des choses : or un sens ne perçoit rien ; il est seulement la faculté de recevoir et d'éprouver des sensations ; c'est l'intelligence qui perçoit par le moyen du sens. Le prétendu « sens moral » exigerait donc, comme tous les autres sens, le concours de l'intelligence qui seule, en dernière analyse, peut discerner le bien du mal.

Les faits qui ont pu rendre vraisemblable l'hypothèse d'un sens moral sont : 1° le caractère spontané, immédiat (au moins en apparence) des jugements de la conscience morale : d'où l'école écossaise a conclu que ces jugements étaient intuitifs, comme le sont, selon elle, les jugements de la perception sensible ; 2° la présence d'émotions qui accompagnent en nous les jugements de la conscience et attirent tout d'abord notre attention (V. *Sujet* 313) ; 3° l'indépendance apparente de la conscience morale à l'égard des facultés intellectuelles, un très honnête homme pouvant être un esprit simple, et un homme très intelligent pouvant être un coquin. (V. *Sujet* 312.) On discutera ces trois raisons.

En concluant, on fera voir que si la conscience est un simple sens, il est impossible de rendre compte de l'obligation qui s'attache aux idées morales. Un sens, même complété par un instinct, est un fait purement empirique dans lequel notre raison ne peut reconnaître aucune nécessité. (V. *Ibid.*, p. 335.)

### 316. — *De l'universalité des notions morales. Discuter les objections des sceptiques.*

Plan.

I. — Les notions morales sont-elles universelles, c'est-à-dire sont-elles communes à l'humanité tout entière ? Ou n'existe-t-il pas des hommes pour lesquels bien et mal, devoir, droit, vertu, vice, etc., n'ont aucun sens ? Leur universalité même n'est-elle pas purement apparente, puisque selon les individus, les pays et les époques, les mêmes noms désignent les choses les plus diverses et les plus contradictoires ? Tel est le doute que le scepticisme élève contre la conscience morale, doute plus terrible encore et plus funeste pour l'esprit humain que celui qu'il élève contre la science.

II. — Exposé du scepticisme moral. — 1° Diversité et contradiction des mœurs. Développer la formule dans laquelle M. Paul Janet a ingénieusement résumé cette partie de l'argumentation sceptique : chez les peuples sauvages, pas de moralité ; chez les peuples civilisés, moralité contradictoire ; 2° diversité et contradiction des opinions. — On fera voir en outre qu'il y a souvent opposition entre les mœurs et les opinions ; par exemple, de notre temps, le duel est désapprouvé par l'opinion et encouragé par les mœurs ; 3° diversité et contradiction des doctrines. On fera voir qu'elle n'est pas moindre en morale qu'en métaphysique (morales utilitaires, morales sentimentales, morales rationalistes, etc., etc.). — Conclusion que le scepticisme tire de tous ces faits : la distinction du bien et du mal est peut-être illusoire ; nul ne peut dire qui a raison, de l'honnête homme ou du coquin.

III. — L'empirisme associationniste (avec Stuart Mill) et évolutionniste (avec Herbert Spencer) admet les faits qui servent de prémisses au scepticisme ; il en donne même l'explication en faisant voir que la moralité et la conscience, étant des produits de l'expérience, varient nécessairement avec elle. (V. *Cours*, p. 306.) Mais de ces prémisses, il ne tire pas la même conclusion : il croit pouvoir quand même conserver à la moralité sa valeur et son autorité à la conscience. (*Cours*, p. 311.) Le scepticisme paraît plus conséquent. — Il importe d'autant plus de le discuter.

IV. — Discussion du scepticisme moral. (Le plan de cette discussion est indiqué dans le *Cours*, p. 307.) — On distinguera d'abord la forme et le fond des idées morales, et on fera voir que la forme est universelle et invariable : cette forme, c'est la notion même du devoir, c'est-à-dire d'une loi absolue et universelle, et sans doute aussi la notion du bien, c'est-à-dire de la perfection de la nature humaine. On montrera ensuite comment les diversités et les contradictions s'expliquent sans dommage pour la valeur de la conscience (*Cours*, p. 308-309), et on insistera sur l'harmonie progressive des mœurs, des opinions et des doctrines dans l'humanité. Particulièrement, en ce qui concerne les doctrines, les philosophes discutent sur le fondement métaphysique des devoirs. Mais sur les devoirs eux-mêmes, on peut dire hardiment qu'ils sont tous d'accord. La justice et la bienfaisance ne sont pas moins recommandées par Bentham que par Kant.

V. — On fera voir en concluant que les contradictions et les erreurs des opinions humaines, en morale, n'infirment pas plus la valeur universelle de la notion du devoir que leurs erreurs et leurs contradictions dans la connaissance de la nature n'infirment la valeur universelle de la notion de causalité. (Cf. *Cours*, p. 312.)

### 317. — *Peut-on expliquer par l'éducation et la coutume l'origine des idées morales dans l'humanité ?*

#### Plan.

I. — On exposera d'abord la doctrine avant de la critiquer ; et on indiquera les raisons qui la rendent plausible. 1° La conscience de l'individu reflète en général les opinions de ceux qui l'ont élevé et celles qui dominent dans le milieu où il vit : l'homme qui ne reçoit aucune éducation ou qui vit dans un milieu immoral n'a pas de conscience ou a une conscience qui juge à contresens du bien et du mal ; 2° bien et mal, pour l'enfant, n'est-ce pas simplement ce que ses parents ou ses maîtres lui prescrivent ou lui interdisent ? et dans la société, le bien, n'est-ce pas en somme ce que tout le monde est accoutumé à faire et à voir faire ; le mal, ce qui est contraire à la coutume ? — On montrera que le scepticisme moral est la conséquence logique de cette doctrine. (V. *Sujet* précédent.)

II. — La principale objection à développer contre cette doctrine, c'est qu'elle implique, ou un cercle vicieux, ou un progrès à l'infini. — On veut expliquer la conscience morale par la coutume et l'éducation, et la coutume et l'éducation ne sont elles-mêmes possibles que par la conscience morale. En effet, d'où viendraient dans une société donnée la pratique constante de certaines actions, les sentiments d'estime qui s'y attachent, l'éloge et la récompense qui les suivent, l'abstention constante de certaines autres, le mépris, le blâme, la punition qui en sont les conséquences, si les individus dont cette société est composée ne distinguaient pas déjà le bien et le mal ? Pareillement, l'éducation suppose cette distinction déjà connue des parents, et elle suppose aussi par cela même chez les enfants une aptitude naturelle à la connaître. — Que si on explique la coutume par une coutume antérieure, l'éducation par une éducation précédente, on recule ainsi à l'infini. — Il est absurde de vouloir faire venir la moralité du dehors de l'âme : si l'individu n'en portait pas les germes en lui-même, comment pourrait-il les recevoir de la société qui est tout entière composée d'individus pareils à lui ?

III. — Véritable rôle de la coutume et de l'éducation : elles cultivent ou étouffent, — renforcent ou affaiblissent — dirigent ou égarent la conscience morale ; mais elles ne la créent pas. De là vient, par exemple, que l'on voit quelquefois une conscience droite et pure croître dans le pire milieu ; de là vient aussi que l'individu, après avoir d'abord aveuglément accepté les préjugés de son éducation et les coutumes de son pays et de son temps, devient capable de les juger, de les condamner et de s'en défaire.

## II. — LE BIEN

**318.** — *Qu'appelle-t-on le bien moral? Quelle distinction doit-on établir entre le bien absolu ou bien en soi, et le bien moral?*

I. — L'analyse démêle dans les jugements de la conscience morale deux notions voisines, liées entre elles, et cependant distinctes, celle du bien en soi, celle du bien moral. Pour les définitions, voir *Cours*, p. 303. Comment le bien en soi et le bien moral peuvent se séparer pour une même action (*ibidem*); dans quel rapport ils sont l'un et l'autre avec le devoir.

II. — Questions qui se rattachent à cette distinction : 1° chez les stoïciens, la distinction de l'*officium rectum* et de l'*officium medium* (V. sur ce point notre édition du *De Officiis*, l. I<sup>er</sup>, Alcan) ; 2° chez Kant, la distinction de la légalité et de la moralité des actions, le bien tout entier réduit au bien moral ou à la bonne volonté (*Cours*, p. 313); 3° enfin, dans la théorie de la vertu, la question (si controversée chez les théologiens moralistes) de la valeur de l'intention : « Suffit-il, pour bien faire, de vouloir faire le bien ? L'intention en morale vaut-elle le fait ? » (Voir sur ce point particulier *La Morale*, de M. Paul Janet, l. III, ch. III.)

## III. — LE DEVOIR

**319.** — *Quels sont les caractères essentiels à la loi morale? Quels sont ceux de ces caractères qui manquent le plus à la règle de l'intérêt personnel?*

V. *Cours*, p. 321. — On fera voir que la règle de l'intérêt personnel n'est nullement obligatoire ; qu'elle n'est ni absolue (c'est un impératif hypothétique), ni universelle (elle varie avec les circonstances et les personnes). *Ibidem*, p. 332. Un autre caractère de la loi morale, c'est qu'elle peut être déterminée à priori, avant que l'expérience nous ait informé des conséquences de l'action : fais ce que dois, advienne que pourra. Au contraire, la règle de l'intérêt personnel ne peut vraiment être déterminée qu'à posteriori : est-on jamais sûr que ce qui paraît utile ne deviendra pas nuisible ? C'est le succès seul qui décide si on a bien ou mal choisi : l'action conforme au devoir porte sa justification en elle-même.

**320.** — *De l'obligation morale. En quoi elle consiste, et ce qu'elle produit en nous.*

Plan.

I. — On confond souvent l'obligation morale et le devoir,

comme on confond aussi le devoir et la loi morale. Peut-être la précision des idées exige-t-elle que l'on distingue ces trois choses : la loi morale, c'est la loi rationnelle qui pose le bien ou la perfection comme la fin absolue de toute volonté raisonnable ; le devoir, c'est la nécessité d'accomplir une action par respect pour la loi morale ; l'obligation, c'est la contrainte intérieure exercée sur nos penchants et notre volonté par l'idée du devoir.

II. — Dès lors, il convient de distinguer dans l'obligation morale : 1° le devoir qui en est le principe, 2° le sentiment de respect qui la constitue. On les étudiera successivement l'un après l'autre en s'attachant surtout à distinguer l'obligation de la contrainte physique.

III. — Ce que l'obligation produit en nous, c'est d'une part le sentiment de notre responsabilité, d'autre part celui de notre dignité ou de notre droit, tous deux impliqués dans le sentiment du respect. (Consulter le *Cours*, p. 321, 324, 341, 342 et 364.)

### 321. — *L'idée du devoir, ses caractères, son fondement.*

Le texte de ce sujet ne semble pas très correct. — A le prendre littéralement, il pose la question des caractères et du fondement de l'idée du devoir : or, si on peut parler des caractères d'une idée, en revanche « le fondement d'une idée » n'a aucun sens. Il faut donc, croyons-nous, interpréter ainsi le texte : De l'idée du devoir ; caractères et fondement du devoir.

Sur l'idée du devoir, voir *Cours*, p. 319 ; sur les caractères du devoir, p. 321 ; sur le fondement du devoir, p. 313 et 322. — On pourra d'ailleurs énumérer aussi les caractères de l'idée du devoir qui sont ceux de toutes les idées rationnelles (universalité, nécessité, à priori).

# CHAPITRE II

## EXAMEN DES MORALES EMPIRIQUES

### I. — LES DOCTRINES UTILITAIRES

**322.** — *Définir les systèmes incomplets ou faux qui altèrent ou nient le principe de la loi morale.*

On définira la loi morale ; on énumérera ses caractères (V. *Sujet* 319) ; on fera voir la nécessité, pour rendre possible la morale pratique, de déterminer le principe de la loi morale ; puis on passera très rapidement en revue les principales morales empiriques, et on montrera que ni l'intérêt, ni le sentiment, ni la sympathie, etc., n'ont l'autorité, la fixité, l'universalité nécessaires pour servir de principe à la loi morale. On conclura en affirmant que ce principe réside dans l'idée rationnelle de la perfection de la nature humaine ou, selon l'expression de Kant, dans la dignité de la personnalité humaine. — Pour traiter complètement le sujet, il faudrait aussi parler : 1° de la théorie de Kant d'après laquelle la loi morale se suffit à elle-même et réside dans la simple universalité des maximes (*Cours*, p. 313 et 317), et de la doctrine de certains théologiens d'après laquelle la volonté de Dieu est le principe, soit suffisant et total, soit nécessaire et partiel, de la loi morale. (*Cours*, p. 323.)

**323.** — *Quelle différence y a-t il entre le plaisir et l'intérêt? Donner des exemples.*

### Idées à développer.

Il s'agit ici du plaisir et de l'intérêt considérés comme motifs des actions humaines, et sans doute aussi comme principes supposés de la morale. On se placera donc successivement à ces deux points de vue.

I. — Le plaisir, c'est la satisfaction momentanée d'une de nos inclinations ; il peut être suivi de douleur ou avoir pour conséquence la privation d'autres plaisirs beaucoup plus grands ; l'intérêt, est, selon la définition de Bentham, la plus grande somme de plaisirs diminuée de la plus grande somme de douleurs, ou la satisfaction durable et harmonique de toutes nos inclinations, mais principalement de nos inclinations personnelles, de celles qui ont le « *moi* » pour objet. — De là les différences du plaisir et de l'intérêt : 1° le plaisir est immédiat, l'intérêt est plus ou moins lointain ; 2° le plaisir est simple, l'intérêt est complexe et suppose un calcul et une balance des plaisirs et des peines souvent très difficiles à établir ; 3° l'instinct suffit pour attirer vers le plaisir, l'intelligence et la volonté sont nécessaires pour la recherche de l'intérêt ; 4° le plaisir revêt une multitude de formes ; il n'est même pas nécessairement égoïste, bien qu'en général, chez les hommes où il est le motif principal de la conduite, il se réduise presque uniquement au plaisir physique ou sensuel ; l'intérêt est moins variable, plus cohérent, plus uniforme ; mais en revanche il est essentiellement égoïste. L'homme intéressé, même lorsqu'il semble rechercher le bonheur d'autrui, ne se propose en réalité d'autre fin que son bonheur propre. Un homme de plaisir peut, le cas échéant, devenir capable d'actions généreuses ou même héroïques : on les attendrait vainement d'un homme intéressé ; 5° le plaisir et l'intérêt peuvent tantôt s'accorder et tantôt se combattre. — Pourtant l'intérêt se ramène au fond au plaisir : c'est la recherche prudente et méthodique d'un plaisir durable et qui soit exempt de douleur. (V. *Cours*, p. 301.)

II. — On exposera brièvement les morales du plaisir et de l'intérêt. (V. *Cours*, p. 328.) On fera voir comment la morale de l'intérêt est supérieure à la morale du plaisir : elle fait une part à l'intelligence et à la volonté dans la vie humaine ; elle imprime à la conduite de l'homme plus de régularité et d'unité ; elle n'est pas nécessairement funeste à l'individu et à la société ; elle coïncide même sur bien des points avec la morale du devoir (*Cours*, p. 332) ; mais elle ne saurait prétendre à une autorité supérieure. L'intérêt se résout finalement en plaisir : il n'est donc pas plus obligatoire que le plaisir lui-même. D'autre part, le plaisir est sûr, l'intérêt ne l'est pas : « Un *tiens* vaut mieux que deux *tu l'auras*. » A force de différer et de subtiliser le plaisir, la recherche de l'intérêt le fait s'évanouir en lui substituant cette recherche même ; de sorte que la vie se passe non à jouir, mais à calculer, à travailler, à se priver en vue d'une jouissance qu'on ne goûtera peut-être jamais.

### 324. — *Nature du plaisir. Quel est son rôle dans la vie morale?*

Pour le côté psychologique de la question, voir *Sujet* 20. — Le plaisir est un effet d'un certain bien, soit de la conservation de l'être, soit de son développement, soit de la satisfaction de quelqu'une de ses tendances ; on ne peut par conséquent le comprendre et l'apprécier qu'en le rapportant à la sorte de bien qui en est la cause. Séparées des diverses formes de l'activité qui les produisent, toutes les sortes de plaisirs, selon la remarque de Bentham, sont équivalentes ; elles ne diffèrent que par l'intensité, la durée, ou des circonstances extrinsèques. Aussi Aristote a-t-il eu raison de chercher le principe de l'évaluation des plaisirs, non, comme Stuart Mill, dans de prétendues différences de qualité, mais dans leur rapport avec les facultés de la nature humaine dont ils dérivent. On peut ajouter que le plaisir est lui-même un bien, mais parce qu'il nous donne, en quelque sorte, conscience du bien dont il est le signe, et nous excite à le retenir ou à le rechercher de nouveau, peut-être aussi parce qu'il accroît l'exercice de notre activité, et que cet accroissement même est un bien. — Or, la conséquence qui ressort de tout cela, c'est que le plaisir ne saurait être le but final de notre volonté, la raison suprême de notre existence, en un mot ce que les moralistes anciens appelaient le souverain bien. Vouloir en faire le principe de la morale, c'est intervertir l'ordre véritable de la nature, mettre le signe avant la chose signifiée, l'effet avant la cause, le moyen avant la fin. Cette interversion n'aurait peut-être pas d'inconvénient grave si le plaisir était un signe adéquat à la chose qu'il signifie, c'est-à-dire au bien ; mais c'est, au contraire, un signe très imparfait, puisque, même au point de vue purement physique, ce ne sont pas les choses les plus agréables qui sont nécessairement les plus bienfaisantes. Il ne faut donc pas rechercher directement le plaisir lui-même, mais plutôt le bien tel que la raison l'aura déterminé ; et le plaisir viendra ensuite comme par surcroît. La poursuite exclusive du plaisir fait, pour ainsi dire, le vide dans l'âme : car le plaisir n'existe pas par lui-même ; il n'existe que comme conséquence et récompense de la poursuite de quelque autre bien.

### 325. — *Du bonheur en psychologie et en morale.*

En psychologie, la question se pose ainsi : Qu'est-ce que le bonheur ? En morale, elle se pose ainsi : Le bonheur est-il la fin suprême de la vie humaine ? et s'il n'est pas cette fin, quel rapport a-t-il avec elle ?

*Plan développé.*

I. — « Tous les hommes, dit Pascal, désirent être heureux : cela est universel et sans exception. » Pourtant si on leur demandait en quoi ils font consister le bonheur, presque tous seraient fort embarrassés pour répondre, et peut-être verrait-on que chacun d'eux le conçoit différemment. Essayons donc d'analyser cette idée du bonheur et d'en donner une définition.

II. — Il semble que l'élément du bonheur, l'étoffe dont il est fait, ce soit le plaisir — tout d'abord ce plaisir négatif qui résulte de l'absence de toute souffrance et où les Epicuriens voyaient à tort le seul plaisir véritable, — ensuite le plaisir positif, la jouissance ou du moins le bien-être. Ne pas souffrir, voilà la première condition pour être heureux; éprouver du plaisir, voilà la seconde.

Toutefois, un seul plaisir ne fait pas sans doute le bonheur, pas plus, comme aurait dit Aristote, qu'une seule hirondelle ne fait le printemps. Le plaisir, en effet, est passager : au moment où il commence, on peut prévoir qu'il va finir ; et d'ailleurs, s'il se prolongeait indéfiniment, l'habitude nous y rendrait bientôt insensibles. Le bonheur est donc, ce semble, une succession continuelle de plaisirs sans cesse variés et renouvelés : et n'est-ce pas ainsi que le concevait Bentham lorsqu'il le définissait : la plus grande somme de plaisirs possible diminuée de la plus grande somme possible de douleurs pendant la plus longue durée possible ?

Pourtant, cette succession de plaisirs est peut-être moins le bonheur que sa matière : il ne réside pas dans tous ces plaisirs pris un à un, mais dans leur synthèse; il en est la résultante harmonique. Le bonheur n'est pas simplement, comme le paradis de Mahomet, une sorte de foire des plaisirs : on pourrait jouir ainsi de toutes les voluptés imaginables et cependant être malheureux, si elles ne se fondaient pas toutes ensemble dans un sentiment capable d'emplir l'âme et de la satisfaire. C'est sans doute ce qui faisait dire à Lucrèce :

*Medio de fonte leporum*
*Surgit amari aliquid quod in ipsis floribus angit.*

Le bonheur est donc un plaisir de réflexion, un plaisir qui s'ajoute par surcroît à tous les autres et demeure tandis qu'ils passent, un contentement durable, profond, intime, ce qu'on pourrait appeler une *joie de vivre*.

Mais, s'il en est ainsi, qu'est-ce qui prouve que le bonheur ne puisse exister sans cette multitude de plaisirs divers qui, nous l'avons vu, ne suffisent pas toujours à le produire ? Peut-être s'achète-t-il à moins de frais. Les repas trop abondants et trop variés sont souvent ceux dont la digestion est la moins facile. Avec un pain d'orge et un peu d'eau, disait Epicure, le sage peut disputer de félicité avec Jupiter. N'examinons donc plus le bonheur et le plaisir en eux-mêmes : recherchons quelles sont les causes dont ils peuvent dépendre ; ce sera le seul moyen de résoudre ce problème. Si nous ignorons à quelle racine tous nos plaisirs puisent leur sève, nous aurons beau les cueillir un à un pour les réunir en bouquet : nous les verrons se flétrir entre nos mains.

Or, la cause première de nos plaisirs n'est pas hors de nous, dans les circonstances extérieures qui semblent les faire naître : elle est en nous-mêmes, dans notre nature intime, et ce qui le prouve bien, c'est que les mêmes objets deviennent agréables ou pénibles selon les dispositions des personnes. Cependant, parmi nos plaisirs, les uns dépendent plus directement des circonstances extérieures, et nous y sommes presque entièrement passifs : tels sont la plupart des plaisirs sensuels ; les autres ont leur source dans notre activité même : tel est le plaisir que l'enfant ou le jeune homme éprouvent à exercer librement leurs forces dans le jeu ; tel est aussi le plaisir du savant dans la recherche passionnée de la vérité. Ceux qui font consister le bonheur dans une somme de plaisirs, le composent évidemment de plaisirs passifs, et ils en font un but immobile et comme extérieur à l'activité qui le poursuit. Ils ne se doutent pas que cette poursuite peut contenir en soi un plaisir bien supérieur à tous ceux qu'ils lui donnent pour fin. Peut-être même à leurs yeux est-elle plutôt une nécessité fâcheuse ; l'homme ne serait-il pas plus heureux si tous les plaisirs lui tombaient du ciel à la fois sans qu'il eût aucun effort à faire pour les obtenir ? C'est ignorer que le plaisir de la chasse est moins d'avoir le gibier que de le prendre. Distinguons donc avec Socrate deux sortes de bonheur : l'un qui nous vient des circonstances ou, comme il disait, de la fortune et qu'on peut appeler εὐτυχία, l'autre qui nous vient de nous-mêmes, de l'exercice de notre activité, et que le philosophe grec nommait εὐπραξία.

Il n'est pas sans doute possible de faire complètement abstraction du premier : mais on ne doit pas davantage y voir la forme principale du bonheur. Tout d'abord, il est sujet à deux graves inconvénients. L'un, c'est qu'il n'est pas toujours en notre pouvoir de l'acquérir ni de le conserver : le sort peut souvent pour nous le donner beaucoup plus que toute notre habileté, mais il nous l'enlève plus souvent encore qu'il ne nous l'apporte. Ainsi nous en avons la jouissance, non la possession : il est à la merci des circonstances. Il suffirait pour lui ôter tout son prix que nous eussions conscience de son instabilité : la crainte de le perdre nous le ferait perdre en effet. L'autre inconvénient d'un tel bonheur, c'est qu'il tend de lui-même à s'évanouir et à se changer en son contraire : on a beau multiplier et renouveler les plaisirs ; le nombre en est limité, et forcément on doit recommencer à parcourir le même cercle. Mais leur charme est presque tout entier dans leur nouveauté ; plus ils se répètent, plus ils s'affaiblissent. L'indifférence, l'ennui, le dégoût, le désespoir, ce sont les étapes ordinaires par où passent presque fatalement ceux qui se croyaient à jamais fixés dans un bonheur tout entier fait de voluptés. Cependant, si l'homme était un être inerte et sans ressort, ce bonheur, tout incomplet qu'il est, devrait lui suffire ; et les natures molles et passives s'en contenteraient sans doute volontiers. Mais l'activité étant l'essence de notre être, comment, même au sein des plus délicieux plaisirs, ne souffririons-nous pas de la sentir en nous sans emploi ? A moins de mutiler la nature humaine, on ne la satisfera jamais avec un bonheur de cette sorte : il ressemble à ces friandises qui trompent la faim mais ne l'apaisent pas et irritent l'estomac sans le nourrir. Le véritable bonheur est donc celui qui résulte de l'exercice de notre activité personnelle : celui-là, comme dirait Épictète, fait partie des choses qui dépendent de nous (τὰ ἐφ ἡμῖν) ; il est toujours en notre pouvoir de l'obtenir ; la fortune ne peut nous l'enlever ; il est toujours vivant, toujours nouveau comme l'activité elle-même.

Mais si le bonheur est dans l'action et non dans la sensation, quelle est cette action qui le constitue ? Agir, c'est tendre vers une fin, c'est faire effort pour s'en rapprocher, pour y atteindre. Nous voilà au rouet, comme dit Montaigne, si le bonheur est la seule fin possible de notre activité : car cela ne reviendrait-il pas à dire que le bonheur consiste à rechercher le bonheur ? Comprenons donc enfin que le bonheur n'est, pas plus que le plaisir, notre but primitif et naturel : c'est l'imagination, non l'instinct, qui nous le fait poursuivre. Notre activité a, dès l'origine, ses tendances, ses inclinations ; elle a, par conséquent, ses fins qui l'attirent, et c'est dans la poursuite de chacune de ces fins qu'elle trouve le plaisir. Imaginons la satisfaction collective de toutes ses tendances : cet état ne sera-t-il pas le bonheur ? Le bonheur n'existe donc pas par lui-même : c'est, comme le plaisir, un surplus, un épiphénomène. Forme sans contenu propre, il s'ajoute à nos fins préférées toutes les fois qu'il nous est donné de les atteindre ensemble (Cf. *Cours*, p. 314), il n'est rien de plus que leur somme, leur accord, leur unité.

III. — Il suit de là plusieurs conséquences très importantes pour la morale. D'abord, le bonheur est chose essentiellement relative : il varie avec les individus et même en chacun d'eux avec les diverses inclinations qui composent le caractère et dont les forces ne restent nullement invariables pendant toute la durée de la vie. — Ensuite le bonheur est toujours plus ou moins incomplet ; car nos tendances sont souvent antagonistes ; et il est impossible de les satisfaire toutes : bon gré, mal gré, nous devons en sacrifier quelques-unes. — Bien mieux, comme nos tendances elles-mêmes dépendent dans une large mesure de notre imagination et de notre volonté, le genre de bonheur auquel nous pouvons aspirer n'est pas nécessairement déterminé par notre nature originelle ou nos habitudes acquises : notre bonheur est en grande partie ce que nous le faisons être, en l'imaginant ou en le voulant ainsi. — Enfin, comme le bonheur n'a pas d'essence propre, que pareil à l'ombre, il est insaisissable en soi, c'est une vérité bien ancienne qu'il échappe surtout à ceux qui le recherchent : les gens les plus heureux sont ceux qui ne se soucient pas de l'être. Le plus sûr moyen de manquer le bonheur, c'est d'y viser. Voulons-nous l'obtenir ? Tâchons d'atteindre un autre but. Descartes a raison : le bonheur n'est pas le blanc où il faut tirer ; il est le prix remporté par ceux qui y touchent.

IV. — Dès lors, il est bien évident que le bonheur n'est pas et ne peut pas être la fin suprême de la vie humaine. C'est faute d'une suffisante analyse que les utilitaires ont cru pouvoir fonder la morale sur un principe aussi indéterminé, aussi instable. Le bonheur, dit-on, voilà la grande raison de vouloir et d'agir. Mais quel bonheur ? Celui de l'enfant ou celui de l'homme ? Celui de la brute ou celui de l'être raisonnable ? Au seul point de vue de la sensibilité, toutes les sortes de bonheur se valent. Seule la raison peut distinguer entre un bonheur simple et grossier, comme celui de la bête, et un bonheur complexe et délicat comme celui de l'homme intelligent. A ses yeux, le bonheur véritable, celui qu'elle avoue, est la satisfaction harmonieuse de nos plus hautes tendances : mais ce bonheur ne diffère pas du bien. La morale du devoir se trouve ainsi conciliée avec la morale de l'intérêt. Seulement, leurs deux principes ne sont pas mis sur la même ligne : le bien demeure la seule fin absolue de la volonté ; le bonheur en est une simple conséquence. Encore ce bonheur est-il fait souvent de résignation et d'espoir. La parfaite félicité n'est pas de ce monde. (Cf. *Sujets* 424.)

### 326. — *De la morale utilitaire.*

La morale utilitaire est proprement celle de Bentham et de Stuart Mill. (V. *Cours*, p. 330-334.) On pourra étudier successivement l'utilitarisme simple de Bentham, l'utilitarisme rectifié de Stuart Mill, et l'utilitarisme humanitaire. Pour l'exposé et la critique de ces doctrines, voir le *Cours, loco citato*. — On pourra faire remarquer que la plupart des objections dirigées contre l'utilitarisme tombent si, au lieu de se présenter comme morale ou science du devoir, il se présente comme art de vivre heureux ou science du bonheur. Il est certain, en effet, que le bonheur est au moins une des fins universellement poursuivies par l'humanité : il y a donc une place, dans l'ensemble des sciences et des arts, pour une théorie des moyens les plus propres à conduire l'homme au bonheur. L'utilitarisme a eu le mérite de faire ou d'essayer de faire cette théorie ; mais il a eu le tort de se donner pour la morale. Ajoutons, d'ailleurs, qu'un art du bonheur serait nécessairement incomplet s'il prétendait définir le bonheur abstraction faite de la moralité qui est un élément du bonheur lui-même, et non sans doute le moins important.

### 327. — *De l'utile et de l'honnête. En expliquer les différences.*

L'utile, c'est ce qui est conforme à l'intérêt personnel ; l'honnête, ce qui est conforme au devoir. Ce *Sujet* revient donc au suivant. — On fera voir que l'utile n'est pas obligatoire, qu'il est essentiellement personnel, relatif, variable, etc., tandis que l'honnête a des caractères opposés. On pourra faire remarquer aussi que l'honnête ne se dit que des personnes et de leurs actions, au lieu que l'utile peut se dire aussi des choses.

**328.** — *Caractères qui distinguent le principe du devoir du principe de l'intérêt personnel.*

Développer les points suivants : 1° le devoir est obligatoire ; 2° il est absolu, *catégorique;* 3° il est universel ; 4° il est immuable ; 5° il peut être connu à priori ; 6° il est essentiellement désintéressé ; 7° il a pour conséquences la dignité de la personne et sa responsabilité ; 8° il excite dans notre âme des sentiments de respect, d'estime, de satisfaction morale, de remords, etc. On montrera que l'intérêt présente des caractères opposés, et on expliquera cette opposition en faisant voir que l'un nous propose comme fin notre bonheur personnel, et l'autre la perfection universelle.

**329.** — *A supposer que l'intérêt bien entendu produise les mêmes résultats pratiques que le devoir, est-il important de maintenir la distinction théorique entre les deux motifs ?*

Voir la réponse à la question dans le *Cours*, p. 332. On pourra, d'ailleurs, faire ses réserves sur la supposition que l'on admet provisoirement, et montrer que l'intérêt bien entendu ne produit pas nécessairement les mêmes effets que le devoir.

## II. — LES DOCTRINES SENTIMENTALES

**330.** — *Expliquer et apprécier la doctrine qui fait reposer toute la morale sur le sentiment.*

On se référera surtout aux objections générales dirigées contre les doctrines sentimentales. (*Cours*, p. 338.) Le mérite de la morale du sentiment, c'est qu'elle reconnaît le désintéressement comme la condition même de la vertu ; c'est aussi qu'elle s'accorde avec la morale du devoir dans la détermination des devoirs les plus importants de la vie domestique et sociale ; c'est qu'enfin si le sentiment ne nous fait pas vraiment connaître le devoir, il nous est cependant indispensable pour l'aimer et le vouloir ; et, sous ce triple rapport, elle est bien supérieure à la morale utilitaire. Ses défauts, c'est qu'elle ne fonde aucune obligation véritable, qu'elle n'explique pas la supériorité qu'elle accorde au sentiment sur l'intérêt, qu'elle fait trop bon marché du droit et de la justice, enfin qu'elle n'apporte pas assez de précision dans la détermination des devoirs qui sont un peu trop laissés à l'arbitraire de chacun.

**331.** — *Expliquer et apprécier la théorie qui fait de la sympathie le principe de la morale.*

Sujet traité dans le *Cours*, p. 336. — Nous engageons l'élève a bien se pénétrer du sens attaché par Adam Smith au mot sympathie, lequel n'est pas le sens ordinaire.

**332.** — *Qu'est-ce que le sentiment de l'honneur ? Peut-il remplacer l'idée du devoir comme règle absolue et obligatoire de la conduite ?*

Plan développé.

I. — Le besoin de règle et d'idéal, qui est au fond de la nature humaine et qui n'est sans doute en elle qu'une suite de la raison, ne revêt pas nécessairement dans toutes les âmes la forme impersonnelle et abstraite du devoir : bien souvent aussi il se manifeste par un sentiment très particulier, qui semble commander aussi impérieusement que le devoir, et qui pourtant ne se confond pas avec lui, le sentiment de l'honneur. Un romancier contemporain (M. Octave Feuillet dans son roman de *Monsieur de Camors*) a pu montrer ce sentiment survivant dans l'âme de son héros à la ruine de toutes les croyances morales et religieuses et lui tenant lieu en effet de morale et de religion.

Quelle est la nature de ce sentiment ? Peut-il remplacer l'idée du devoir ?

II. — C'est un fait bien remarquable que le sentiment de l'honneur a surtout fleuri au moyen âge, dans une société féodale et guerrière, qu'après avoir été la loi du chevalier, il est resté celle du gentilhomme, et qu'aujourd'hui encore, il est celle du soldat et du *gentleman*. On peut s'expliquer par là l'origine de ce sentiment. Il n'a pu naître que dans des sociétés restreintes et spéciales, dont tous les membres se regardaient comme égaux entre eux, solidaires les uns des autres, et sans doute aussi, supérieurs sous quelque rapport au reste des hommes. On le définirait assez bien, croyons-nous, le désir de l'estime de ses pairs, le besoin d'être estimé de ceux qu'on estime soi-même. Dans une société de cette sorte, il se fait naturellement une sorte de code : toutes les actions contraires à l'esprit de cette société, toutes celles qui tendent à la compromettre et à la dissoudre, emportent avec elles la réprobation unanime : toutes celles au contraire qui sont conformes à son esprit et tendent à sa conservation et à sa prospérité sont approuvées et encouragées par l'opinion de tous les membres. Les sanctions de ce code sont purement sentimentales : elles se résument dans le mépris ou l'estime des pairs. Être exclu de la société de ses égaux, ne plus exister pour elle, voilà le suprême châtiment : pour beaucoup de ceux qui y vivent comme dans une sorte d'atmosphère morale, cette peine est plus terrible que la mort. Combien se tuent pour y échapper !

Ainsi se forme d'abord le sentiment de l'honneur ; mais il devient bientôt, du moins dans les âmes un peu élevées, indépendant du milieu même qui l'a fait naître. On se passionne pour l'idéal de la société à laquelle on appartient, on en fait son bien et sa chose ; on veut le réaliser pour son compte personnel ; et dès lors, on est pour soi-même un juge aussi sévère, aussi exigeant que ses pairs ; bien mieux, fût-on absous par eux d'une faute contre l'honneur, on ne ne s'absoudrait pas soi-même. Le sentiment de l'honneur n'est plus alors le désir d'être estimé d'autrui : il est le besoin de s'estimer soi-même ; c'est le souci de sa propre dignité.

On voit, d'après cette analyse, combien ce sentiment est complexe : toutes nos inclinations y ont leur part ; d'abord l'amour de soi : car il s'y mêle une sorte d'égoïsme aristocratique et raffiné ; puis l'amour d'autrui, au moins sous la forme de la sympathie ; enfin l'amour de l'idéal, qui en est peut-être la maîtresse pièce. Aussi n'est-ce pas seulement ce qu'Herbert Spencer appelle un sentiment égo-altruiste : on en méconnaît la véritable nature, lorsqu'on ne voit pas le désir d'excellence et de noblesse qui en est l'âme.

III. — Si tel est le sentiment de l'honneur, on comprend qu'il puisse être chez tous les hommes un puissant auxiliaire de l'idée du devoir, on comprend même qu'il puisse la suppléer chez beaucoup ; mais il ne s'ensuit pas qu'on doive les confondre, ni surtout qu'on puisse sans danger les substituer l'un à l'autre. L'honneur est le nom sous lequel bien des hommes vénèrent le devoir ; il est, en quelque sorte, l'image du dieu qu'ils adorent sans le connaître vraiment lui-même. Mais quand l'image est honorée à l'exclusion du dieu, elle n'est plus qu'une idole. Or, on peut préférer l'honneur au devoir, la petite loi artificielle de sa caste ou de sa coterie à la grande loi naturelle de l'humanité. L'homme du monde ruinera sa femme et ses enfants ; mais il paiera une dette de jeu dans les vingt-quatre heures. On reconnaîtra que le duel est condamné par toutes les lois morales ; mais on aurait honte de ne pas répondre à une insulte par un cartel. Quand l'honneur et le devoir sont ainsi opposés, faire au devoir le sacrifice de l'honneur, qui n'est n'est plus alors, à vrai dire, que le respect humain, voilà peut-être la vertu la plus difficile et la plus méritoire ; et c'est sans doute celle que le christianisme appelle l'humilité. Mais, quand bien même l'honneur serait d'accord dans ses prescriptions avec le devoir, il importe encore de les distinguer. L'un nous commande avec l'autorité de la raison ; l'autre n'est que la voix de la société à laquelle nous nous enorgueillissons d'appartenir. Le devoir est une vérité ; l'honneur peut n'être qu'un préjugé. Le devoir est le même pour les hommes de tous les pays et de tous les temps ; l'honneur change avec les milieux et les époques. Le devoir, c'est le désintéressement, l'oubli de soi-même ; l'honneur est un intérêt déguisé, l'intérêt de notre réputation ou de notre orgueil.

Pourrait-on cependant faire coïncider le sentiment de l'honneur et l'idée du devoir et les unir l'un et l'autre pour le plus grand profit de la moralité humaine ? Oui, sans doute, si tous les hommes en venaient jamais à se considérer comme une seule société dont le devoir serait l'unique règle ; car alors il n'y aurait plus pour eux d'autre honneur que celui d'obéir au devoir.

# CHAPITRE III

## LA RESPONSABILITÉ ET LA SANCTION

**333.** — *De la responsabilité morale. En exposer le principe, les conditions et les conséquences.*

La question est entièrement traitée dans le *Cours*. (V. *Morale*, ch. III, p. 340.) Nous ferons seulement ici quelques remarques.

Le principe de la responsabilité morale, c'est le libre arbitre; les conditions sont la liberté physique et la connaissance du bien et du mal; les conséquences sont le mérite et le démérite, les sanctions et la vie future.

Différences des deux sortes de responsabilités. La responsabilité morale est tout intérieure (conscience); l'autre est extérieure (société). La première exige la liberté morale ; la seconde pourrait encore subsister même dans l'hypothèse du déterminisme. (*Cours*, p. 150.) La première réside surtout dans l'intention; la seconde dans l'action. (*Cours*, p. 341.) La première s'étend à toute notre conduite; la seconde à ceux de nos actes que la loi sociale interdit et punit. La première n'existe que pour qui connaît la loi morale; la seconde n'est pas incompatible avec l'ignorance de la loi sociale. La première n'a pas de sanction effective et actuelle; la seconde est matériellement sanctionnée ici-bas.

**334.** — *Du mérite et du démérite. Définir ces deux notions. En établir les fondements et les conséquences.*

Sujet très voisin du précédent. (V. *Cours*, p. 341.) Les fondements du mérite et du démérite sont, comme ceux de la responsabilité morale, le libre arbitre et la connaissance du bien et du mal. On insistera sur l'élément de la « difficulté » du devoir qui est très important dans la question. Les conséquences sont les sanctions et la vie future.

**335.** — *De la vertu et des diverses espèces de vertus.*

La vertu peut se définir l'habitude du devoir : c'est la définition d'Aristote (τὸ ἦθος τοῦ δέοντος). On montrera successivement les diverses conditions de la vertu : connaissance du bien, amour, volonté, habitude. Pour les diverses espèces de vertus, voir les *Sujets* suivants.

**336.** — *Énumérer et classer les différentes vertus humaines en les faisant rentrer dans les divisions habituelles des devoirs en trois groupes, à savoir : les devoirs envers nous-mêmes, envers nos semblables et envers Dieu.*

Devoirs envers nous-mêmes : *vertus privées* ou *individuelles*, sagesse, tempérance et courage.

Devoirs envers nos semblables : *vertus publiques* ou *sociales*, justice et charité (ou bienfaisance).

Devoirs envers Dieu : *vertus religieuses*, piété.

Il est beaucoup plus difficile et presque infini d'énumérer toutes les vertus secondaires qui peuvent rentrer dans celles-là : prudence, sincérité, véracité sobriété, chasteté, modération, modestie, humilité, empire sur soi-même; dignité, fermeté, patience, intrépidité; équité, tolérance, probité, loyauté; politesse, obligeance, bienveillance, bonté, humanité, etc., etc. Toutes celles que nous énumérons ici sont rangées dans le même ordre que les grandes vertus auxquelles elles peuvent se réduire.

**337.** — *En quoi consistaient les quatre vertus cardinales des anciens? Cette classification embrasse-t-elle toute la moralité humaine?*

La distinction des quatre vertus cardinales (sagesse, tempérance, courage et justice) paraît remonter à Socrate. Elle est expressément enseignée par Platon. De là on la retrouve dans toutes les écoles morales de l'antiquité. La théologie du moyen âge l'a adoptée, et elle fait partie de la morale chrétienne. Si on donne à la justice le sens strict que lui donnent les modernes (respect du droit), cette classification est évidemment incomplète, car elle ne comprend ni la charité ni la piété : mais les anciens définissaient volontiers la justice, la vertu qui rend à chacun ce qui lui est dû ; or, si nous devons à nos égaux le respect de leurs droits, c'est-à-dire la *justice* proprement dite, nous devons à nos inférieurs (faibles, pauvres, malheureux, etc.) les services qu'ils peuvent attendre de nous, c'est-à-dire la *charité*, et à nos supérieurs (parents et dieux) les témoignages de notre vénération, c'est-à-dire la *piété*.

**338.** — *Est-il vrai de dire avec Platon que la vertu est la science du bien et que le vice en est l'ignorance ?*

Plan.

I. — On exposera la doctrine de Socrate et de Platon sur ce point. (*Cours*, p. 502 et 509.)

II. — Part de vérité. 1° Le vice est très souvent un effet de l'ignorance. En éclairant les hommes, on les rend meilleurs. 2° La connaissance du bien est la condition nécessaire de la vertu. Fausseté des doctrines qui excluent la raison de la moralité, tout entière réduite à l'instinct ou à l'habitude.

III. — Part d'erreur. 1° On peut faire le mal volontairement. Il y a chez certaines âmes comme un parti-pris du vice. 2° Il ne suffit pas de connaître son devoir pour être vertueux : on a beau le connaître, on se laisse entraîner par la passion, ou bien on le trouve trop difficile et on manque de courage ou de persévérance. Part nécessaire des dispositions naturelles, de la volonté et de l'habitude dans la vertu.

IV. Conclusion. — C'est avec l'âme tout entière et principalement avec la volonté qu'il faut aspirer à la vertu.

**339.** — *Expliquer et discuter ces deux maximes d'Aristote :* « *La vertu est une habitude.* » — « *La vertu est un milieu entre deux extrêmes.* »

Sur le rôle de l'habitude dans la vertu, voir *Cours*, p. 344 et 345. Voir aussi *Sujet* 193. On montrera comment la doctrine d'Aristote contredit celle de Platon : tout en reconnaissant la vérité qu'elle contient, on fera voir qu'elle a besoin d'explication et de complément. — Sur la théorie du milieu, aux citations indiquées dans le *Cours*, p. 344, on pourra joindre ces deux vers d'Horace :

> Est modus in rebus, sunt certi denique fines
> Quos ultra citraque nequit consistere rectum.

La définition d'Aristote pourrait être rapprochée de celle de Platon : « La vertu est une harmonie. » L'une et l'autre, en effet, s'opposent à la conception des stoïciens, qui font de la vertu un état excessif et sans nuance. — Les faits qui autorisent la définition d'Aristote sont les vertus auxquelles elle s'applique et qui se ramènent principalement à la tempérance (au sens que les anciens attachaient à ce mot). D'une manière générale, on peut dire aussi que la condition de l'homme est moyenne : il n'est ni ange ni bête, comme dit Pascal, et le malheur est que qui veut faire l'ange fait la bête. Pareillement la nature et la vie humaine sont si complexes qu'en s'attachant trop exclusivement à un de leurs côtés, on risque fort d'en négliger quelque autre : les devoirs mêmes se limitent et se complètent réciproquement. « *Summum jus, summa injuria.* » Toutefois, on ne saurait admettre sans réserve la théorie d'Aristote. Les raisons sur lesquelles il l'appuie sont faibles. Elle ne se vérifie pas toujours, (par exemple, elle est inapplicable aux vertus héroïques) ; la vérification même qu'en fait Aristote n'est pas toujours exacte. Ainsi, la témérité est moins un excès qu'un abus du courage : c'est un courage irréfléchi et déplacé. Mais quand le devoir le commande, on ne saurait être trop courageux, et toute hésitation, tout acte de prudence qui pourrait compromettre la victoire devient une lâcheté. Il faudrait prendre garde de confondre la vertu avec la médiocrité. Aristote, d'ailleurs, l'a reconnu. Ainsi, au sujet de la *magnanimité*, il dit que, par la grandeur, elle est comme sur un sommet, τῷ μεγέθει ἄκρος, mais que par le sentiment de la convenance elle est dans une sorte de milieu, τῷ ὡς δεῖ μέσος. Et ailleurs : « Il ne faut donc pas croire ceux qui conseillent à l'homme de ne songer qu'à des choses humaines, à l'être mortel de ne songer qu'à des choses mortelles. Il faut au contraire que l'homme s'immortalise autant qu'il est possible, qu'il fasse tout pour vivre selon le principe le plus noble de tous ceux qui sont en lui »

# CHAPITRE IV

## LES DEVOIRS. — MORALE PERSONNELLE

340. — *La formule célèbre des stoïciens :* « Abstine, sustine, » *contient-elle toute la morale ?*

Plan.

I. — On peut, ce semble, attribuer à Epictète la réduction de toute la morale stoïcienne à cette double formule : « Ἀνέχου καί ἀπέχου ; supporte et abstiens-toi. » Raisons qui expliquent ce rétrécissement de la morale : 1° l'état du monde à cette époque ; impuissance et résignation de l'individu dans cet immense empire romain où un seul homme était libre et tout puissant, l'empereur, maître du monde ; 2° la condition personnelle d'Epictète : que peut un esclave, sinon supporter et s'abstenir ?

II. — Toutefois la maxime dérive bien logiquement des principes de la philosophie stoïcienne. — On rappellera brièvement la métaphysique du stoïcisme (*Cours*, p. 525.) Dieu est la force tendue dans la matière ; l'âme est la force tendue dans le corps. La vertu est donc énergie et constance. L'âme se relâche par la douleur, le plaisir, et en général par les passions. La vertu est le seul bien, le vice le seul mal ; tout le reste est indifférent. Une seule chose dépend absolument de nous, le bon usage de notre volonté. Par là s'explique le « *sustine* » supporte, c'est-à-dire, sois fort, courageux, impassible. — Mais Dieu n'est pas seulement force, il est aussi raison. Il y a une finalité dans l'univers, une Providence immanente à la Nature. Tout se fait en vue du bien selon les lois d'une intelligente nécessité. Dès lors, il est absurde et impie de lutter contre la force des choses. Cela est 1° inutile : *ducunt volentem fata, nolentem trahunt* ; 2° sacrilège : c'est la lutte de la raison contre elle-même, de l'homme contre Dieu. Il faut donc se résigner à l'inévitable et à l'irréparable.

Par là s'explique l' « *abstine* » abstiens toi, c'est-à-dire laisse faire la Providence.

III. — Critique. Cette formule est certainement incomplète. 1º Tout d'abord, elle semble méconnaître les devoirs envers autrui : elle propose à l'individu un idéal de perfection toute personnelle et solitaire, On pourrait, il est vrai, rattacher les devoirs de justice au précepte « *abstine* » *abstiens-toi* voulant dire : abstiens-toi de faire aux autres ce que tu ne voudrais pas qu'on te fît ; mais ce serait là une interprétation arbitraire et forcée. En tout cas, la formule ne contient pas les devoirs de charité (que la morale stoïcienne a d'ailleurs reconnus hautement). 2º Même au point de vue de la morale personnelle, elle est muette sur tous les devoirs positifs qui se rapportent au perfectionnement moral : elle semble surtout faite pour le sage, qui, parvenu à la suprême perfection, doit seulement s'efforcer de s'y maintenir. Il faut pourtant reconnaître la vérité et la grandeur de la leçon de courage donnée à l'humanité par le « *sustine* » stoïcien. Encore l'a-t-elle exagérée en prétendant non modérer et régler, mais étouffer toutes les passions. Ici encore on pourrait rappeler le mot de Pascal : l'homme n'est ni ange ni bête. (V. le *Sujet* 339.) 3º Enfin le précepte : « abstienstoi » est équivoque et dangereux. Il prêche le fatalisme, l'abdication de la volonté, l'acceptation passive de toutes les injustices et de toutes les hontes.

IV. — Epictète a cru faire la morale de l'homme libre : il a fait, sans le savoir, une morale d'esclave. La vraie vertu n'est pas seulement patience et résignation : elle est aussi, elle est surtout action et dévoûment.

341. — *Qu'entend-on par devoirs positifs et devoirs négatifs ? En donner des exemples, soit dans la morale individuelle, soit dans la morale sociale, soit dans la morale religieuse.*

*Cours*, p. 280. Exemples pris dans la morale individuelle. Devoirs négatifs : Ne te tue pas ; ne compromets pas inutilement ta vie ; ne mens pas ; ne sois pas hypocrite ; ne t'emporte pas ; ne t'enivre pas, etc. Devoirs positifs : Développe tes forces physiques ; soigne ta santé ; instruis-toi ; sois courageux, etc. — Morale sociale. Devoirs négatifs : Ne tue pas ; ne vole pas ; ne calomnie pas, etc. Devoirs positifs : Paie tes dettes ; secours les gens en danger ; rends service à ceux qui te

LES DEVOIRS. — MORALE PERSONNELLE. 337

le demandent, etc. — Morale religieuse. Devoirs négatifs : Ne blasphème pas. Devoirs positifs : Prie, etc.

**342.** — *Du conflit des devoirs. D'après quel principe doit-on résoudre les difficultés qui naissent de ce conflit ? Donner des exemples.*

V. *Cours*, p. 252. — On fera remarquer que le conflit est purement apparent : il tient à notre ignorance, à la faiblesse de notre esprit, non à la nature même des choses. Dans une situation donnée, il n'y a pas deux devoirs contraires, c'est-à-dire deux actions également obligatoires, et pourtant exclusives l'une de l'autre : il n'y a qu'une seule chose à faire, par conséquent un seul devoir. Une intelligence parfaite, comme celle de Dieu, verrait immédiatement le parti le meilleur, celui qui par cela même est le *devoir*.

Aux principes posés par M. Janet, on pourrait ajouter celui-ci : « Les devoirs négatifs et indéterminés priment en général les devoirs positifs et déterminés. »

**343.** — *L'homme a-t-il des devoirs envers lui-même ?*

*Cours*, p. 353. Deux arguments sont indiqués : 1° les devoirs de l'homme envers lui-même sont logiquement inséparables des devoirs envers autrui ; 2° ils dérivent directement de la dignité et de la perfectibilité de la nature humaine. On discutera à ce double point de vue la valeur de l'excuse souvent alléguée en faveur des fautes contre les devoirs personnels : « Après tout, je ne fais de tort qu'à moi-même. »

**344.** — *Du principe de la dignité personnelle considéré comme principe de tous les devoirs de l'homme envers lui-même.*

Le principe de la dignité personnelle a été posé par Kant comme la base, non seulement de la morale individuelle, mais de la morale tout entière : « Agis de telle sorte, etc. » V. *Cours*, p. 349, 365, 508. Cf. *ibid.*, p. 317 *sub fin.*, 341, 342 et 353. On fera voir qu'on peut en effet déduire de ce principe tous les devoirs négatifs de l'homme envers lui-même, mais que les devoirs positifs exigent un autre principe : peut-être cependant la perfectibilité de la nature humaine n'est-elle qu'un autre aspect de sa dignité.

**345.** — *Rapporter les devoirs de l'homme envers lui-même à ces deux vers de Juvénal :*

> Summum crede nefas animam preferre pudori
> Et propter vitam vivendi perdere causas.

*Cours*, p. 354. — Le passage de Juvénal ne se rapporte pas d'ailleurs plus particulièrement aux devoirs envers soi-même. Le voici dans son entier :

> Esto bonus miles, tutor bonus, arbiter idem
> Integer : ambiguæ si quando citabere testis
> Incertæque rei, Phalaris licet imperet ut sis
> Falsus et admoto dictet perjuria tauro,
> Summum crede nefas animam præferre pudori
> Et propter vitam vivendi perdere causas.
>
> (*Satire* VIII, 79)

On peut voir dans les deux derniers vers un appel au sentiment de la dignité personnelle. Dès lors, ce sujet revient au précédent.

**346.** — *Discuter la question du suicide. Réfuter les objections par lesquelles on a essayé de le justifier.*

Voir *Cours*, p. 354, la raison générale qui condamne le suicide. Les raisons qu'on lui oppose d'ordinaire ou reviennent à celle-là ou ne sont nullement satisfaisantes. Par exemple : « Dieu nous a donné la vie ; c'est donc lui seul qui a le droit de nous la retirer ; » ou encore : « Le suicide est un acte de lâcheté, » etc. — Voici les diverses façons dont on a essayé de justifier le suicide : 1° L'homme est libre et maître de lui-même ; il a donc le droit de disposer de sa vie. — L'argument abuse de l'équivoque du mot *liberté :* de ce que l'homme est libre, il ne s'ensuit point qu'il n'ait pas de devoir ; or l'idée même du devoir impliquerait contradiction si on pouvait se dérober à tous ses devoirs par le suicide sans en violer aucun du même coup. 2° L'homme qui se tue ne fait de tort qu'à lui-même : or on n'est obligé à rien envers soi. — On contestera l'une et l'autre de ces deux propositions et on en fera voir la fausseté. (V. *Sujet* 343.) 3° Le suicide est permis quand la vie est devenue impossible. — Il ne s'agit plus ici d'autoriser universellement le suicide. On demande seulement de l'absoudre dans certaines circonstances exceptionnelles. Ne faisons pas difficulté de reconnaître que le suicide est parfois excusable (quand l'homme qui se tue est affolé par le désespoir, ou quand, obéissant aux préjugés de son milieu, il croit que le devoir lui commande en effet de se donner la mort) ; il peut même témoigner d'un courage extraordinaire, car il prouve la victoire de la volonté sur le plus fort de tous les instincts, l'instinct de conservation. « Se déterminer à mourir, dit Bossuet, avec connaissance et par raison, malgré toute la disposition du corps, qui s'oppose à ce dessein, marque un principe supérieur au corps ; et parmi tous les animaux, l'homme est le seul où se trouve ce principe. » — Mais le suicide n'est jamais légitime. La vie est toujours possible tant qu'on a des devoirs à remplir. 4° Mais lorsqu'on est déshonoré, le suicide n'est-il pas un droit et même un devoir ? — Ou ce déshonneur n'est pas mérité, et alors il est absurde de sacrifier sa vie à un préjugé inique ; ou il est mérité, et alors le devoir commande, non de fuir honteusement l'expiation, mais de l'accepter et de la subir avec courage, quelque douloureuse, quelque terrible qu'elle soit ; il commande surtout de réparer la faute commise. 5° Le suicide n'est-il pas permis lorsqu'on est trop malheureux, soit qu'on éprouve quelque grande douleur morale, soit qu'on souffre de quelque maladie impossible à guérir, soit enfin qu'on lutte vainement contre la misère ? « Le sage, disent les stoïciens, peut sortir de la vie comme on sort d'une chambre pleine de fumée où il n'est plus possible de respirer. » Ainsi Caton d'Utique, après la défaite du parti républicain, préféra mourir de sa propre main que vivre sujet de César. — Même dans ces cas extrêmes, l'individu a encore des devoirs à remplir : quelque malheureux qu'il soit, il se doit encore à ses semblables ; à défaut de services positifs, il peut leur donner l'exemple du courage et de la résignation.

**347.** — *Quelle est en morale l'importance du γνῶθι σεαυτόν.*

Voir *Sujet* 307. — On insistera principalement sur le paragraphe IV en substituant à la psychologie la connaissance de soi-même, et en faisant voir combien il importe de se connaître soi-même pour réformer son caractère et gouverner ses passions.

**348.** — *Quels sont les moyens pratiques par lesquels l'homme peut arriver à corriger son caractère et à gouverner ses passions ?*

On définira la passion et le caractère, puis on indiquera le traitement moral qu'il convient de leur appliquer : 1° Il faut d'abord se connaître, partant s'étudier soi-même. 2° En ce qui concerne les passions, on doit les combattre à leurs débuts, plus tard les affaiblir en détournant son esprit sur d'autres objets ou en opposant des passions innocentes à des passions criminelles ; éviter la fréquentation des gens passionnés, etc. Le travail est en particulier un excellent préservatif et peut-être le meilleur remède contre les passions. 3° En ce qui concerne le caractère, il s'agit, pour le corriger, de substituer une bonne habitude à une mauvaise. Bacon donne à ce sujet trois règles : 1° procéder par degrés (sauf pour certains vices, tels que l'ivresse, où il vaut mieux couper court) ; 2° choisir pour acquérir une bonne habitude deux sortes d'occasions, celles où on est le mieux disposé, celles où on est le plus mal disposé possible ; 3° enfin se tenir toujours sur ses gardes de peur d'une rechute. — On pourra citer aussi le calendrier de Franklin, sur lequel il notait jour par jour ses infractions aux treize vertus, consacrant plus particulièrement une semaine à chacune d'elles ; l'examen de conscience quotidien ; les bonnes lectures, etc., etc.

# CHAPITRE V

## MORALE SOCIALE

**349.** — *Qu'est-ce que la morale sociale ? Quels en sont les principes et les règles essentielles ?*

*Cours*, p. 359. — Droit individuel et solidarité sociale, justice et charité, toute la morale sociale se résume en ces quelques mots. (*Ibid.*, p. 366 et 367.) La Révolution française en a exprimé tout l'esprit dans la fameuse devise : liberté, égalité, fraternité.

**350.** — *De l'idée du droit. Ses caractères. Son origine.*

Voir la remarque faite sur un *Sujet* analogue, 321. — La phrase de Leibniz : « *Le droit est un pouvoir moral*, » commence la définition, mais ne l'achève pas. Les véritables définitions du droit sont données dans le *Cours*, p. 360 et 365 : le droit, c'est la liberté d'agir qui est due à toute personne morale ; c'est le pouvoir de faire tout ce qui n'est pas incompatible avec l'égale liberté d'autrui ; c'est le pouvoir de faire son devoir, mais comme il doit être fait, c'est-à-dire librement ; c'est l'autonomie et l'inviolabilité de la personne humaine. — Toutes ces définitions sont identiques au fond : elles expriment l'idée rationnelle de la liberté qui doit appartenir à toute personne humaine pour qu'elle puisse accomplir sa tâche et poursuivre sa destinée. — On fera voir que cette idée ne peut, en effet, dériver de l'expérience : l'inviolabilité de la personne humaine est un caractère que la raison lui attribue à priori et qu'il est impossible de constater empiriquement : tout au contraire, l'expérience semblerait plutôt la démentir. (*Cours*, p. 360.)

L'idée du droit a donc tous les caractères des idées de la raison : elle est à priori, universelle, nécessaire. Elle est pour nous tout à la fois une règle de jugement et une règle de conduite. Par elle nous qualifions les actions, les lois, les institutions, les personnes : nous les déclarons justes ou injustes, c'est-à-dire conformes ou contraires au droit ; par elle aussi nous déterminons ce qui nous est moralement permis ou interdit. — Quant aux caractères du droit lui-même, voir *Cours*, p. 360.

L'origine de l'idée du droit est dans la raison, non que cette idée soit innée, mais elle se déduit logiquement des idées du bien et du devoir. En effet, si la personne morale doit accomplir librement le bien, elle doit par cela même posséder toute la somme de liberté nécessaire à cet effet, et il serait contradictoire qu'on pût légitimement l'empêcher de faire son devoir ou même qu'on pût l'y contraindre. Voilà pourquoi, tant qu'une personne respecte elle-même la liberté des autres, elle se juge digne du même respect.

Maintenant, on pourra examiner et discuter les doctrines qui assignent une origine différente à l'idée du droit.

Ainsi, d'après Hobbes, l'origine de cette idée ne peut être que la conscience de la force. L'homme qui se sent fort a l'idée de son droit : il n'a celle du droit d'autrui que lorsqu'il a senti chez autrui une force égale ou même supérieure à la sienne. — Il se peut, en effet, que le sentiment de la force ajouté à l'idée du droit l'imprime plus profondément dans notre conscience; il se peut même que certains hommes s'accoutument à associer dans leur esprit le sentiment de la force et l'idée du droit au point de les identifier : pourtant l'idée du droit n'est jamais plus distincte et plus évidente que lorsqu'elle s'oppose à celle de la force injuste et triomphante. Le droit que je respecte dans un enfant, est-ce sa force ou n'est-ce pas plutôt sa faiblesse ?

On fera des objections analogues aux doctrines qui dériveraient l'idée du droit de la conscience du désir ou du besoin. (*Cours*, p. 362.)

On pourrait supposer aussi que l'origine de cette idée est dans les coutumes ou lois positives qui accordent à l'individu, au moins dans certaines limites, liberté et protection. (Adapter à la discussion de cette hypothèse quelques-unes des objections indiquées dans le *Cours* contre la doctrine de Spinoza.)

Enfin, M. Littré a cru pouvoir dériver l'idée du droit de l'idée d'égalité : $A = A$ ; un homme égale un homme. — Mais nous n'avons nullement l'intuition empirique de l'égalité des hommes, car en fait les hommes sont très inégaux; et d'autre part, c'est seulement en les considérant sous le rapport du droit que l'on juge qu'ils doivent être égaux. L'idée de leur égalité présuppose donc elle-même l'idée du droit.

### 351. — *L'idée du juste peut-elle se ramener à celle de l'utilité sociale ?*

Voir *Cours*, p. 363. — On fera voir que tout ce qui est utile à la société n'est pas nécessairement juste, et que tout ce qui est juste n'est pas nécessairement utile à la société. Le fondement du droit est dans l'individu lui-même, dans sa qualité de personne morale sujette du devoir, et non dans la société qui doit reconnaître et respecter le droit de l'individu, même lorsqu'il devient pour elle désavantageux ou gênant. Sans doute, on peut dire en un sens que le droit de chaque individu se confond avec son intérêt, parce que chacun est intéressé à ce qu'on respecte son droit : d'où il suit que le respect du droit de tous est un intérêt social de premier ordre. Il y a bien, en effet, une harmonie essentielle entre le droit d'une part, et l'intérêt individuel et social d'autre part ; mais à la condition de poser d'abord le droit comme un principe distinct de l'intérêt, car si les individus qui composent une société sont étrangers à toute idée morale, il leur importera peu qu'on respecte ou non leurs droits ; et pourvu qu'ils soient heureux de n'importe quelle façon, ils n'en demanderont pas davantage.

### 352. — *Qu'est-ce que le droit? Comment le droit dérive-t-il de la liberté?*

Sur la nature du droit, voir *Cours*, p. 359. — Voir aussi *Sujet* 350. — On énumérera les caractères du droit et ses principales formes. On distinguera le droit de la force et de l'intérêt.

Il existe dans beaucoup d'esprits, surtout de nos jours, une tendance à confondre le droit et l'intérêt, à faire de l'intérêt la mesure du droit. Par exemple, on définira volontiers le droit la faculté de faire tout ce qui n'est pas contraire aux intérêts d'autrui, ou (définition encore plus inexacte) la faculté de faire tout ce qui nous est commandé par notre intérêt personnel. Mais le marchand qui fait loyalement la concurrence à ses confrères nuit certainement à leurs intérêts, et cependant il exerce strictement un droit ; d'un autre côté, le voleur qui assassine le témoin de son vol pour s'assurer l'impunité fait ce que lui commande son intérêt personnel, et cependant il n'en a pas sans doute le droit. — Il est vrai que le droit lui-même peut passer avec raison pour le premier et le plus précieux de tous nos intérêts : mais que nous en prisions ou non l'utilité, nous devons le respecter pour lui-même et non pour les avantages qu'il peut d'ailleurs nous procurer.

Sur la seconde partie de la question : *Comment le droit dérive-t-il de la liberté?* on fera remarquer que la liberté pure et simple, abstraction faite de la loi morale et de l'idéal moral, ne peut engendrer le droit. Pour quelle raison un pouvoir indéterminé, arbitraire, de vouloir le oui et le non, le bien et le mal, serait-il respectable et sacré? Mais dès que la liberté nous apparaît comme la condition indispensable de l'accomplissement du devoir, nous comprenons qu'elle doit être inviolable chez tous les êtres qui la possèdent. Ce n'est donc pas la liberté seule, mais la liberté jointe au bien et au devoir qui est le véritable principe du droit. (Sur ce point, voir *Cours*, p. 364 et 365. Cf. A. Fouillée, l'*Idée du droit*, 2º édit., p. 220.)

### 353. — *De la différence du droit et du devoir. Est-ce le droit qui repose sur le devoir ou le devoir qui repose sur le droit?*

#### Idées à développer.

I. — Différences et rapports du droit et du devoir. — Le droit est un pouvoir ; le devoir est une nécessité. Le droit ne concerne que les rapports des hommes entre eux ; le devoir règle la vie morale tout entière. Le droit peut être exigé par la force ; le devoir est obligatoire, non exigible. Le droit est (plus ou moins complètement) proclamé et sanctionné par la loi sociale ; la conscience seule proclame et sanctionne le devoir. Voilà les principales différences. — Le droit et le devoir appartiennent l'un et l'autre à la catégorie des choses morales, idéales, purement rationnelles ; l'un et l'autre sont supérieurs à la réalité qu'ils dominent et jugent ; l'un et l'autre sont absolus et universels, etc. (V. *Cours*, p. 360.) Voilà les principales ressemblances.

Lequel des deux est le fondement de l'autre ?

II. — On a quelquefois supposé que le droit est le fondement du devoir (Proudhon, Ad. Franck, etc.) « *Le devoir, fils du droit,* » a dit Victor Hugo dans une de ses poésies (*les Voix intérieures*). Il existe en effet toute une classe de devoirs qui consistent dans le respect des droits d'autrui et dont la notion est par conséquent postérieure à celle du droit : ce sont les *devoirs de justice*. Si tous les autres pouvaient se ramener à ceux-là, le droit serait évidemment le principe du devoir. Mais il existe en outre des devoirs de charité, des devoirs personnels, etc. Voici comment on pourrait essayer de les assimiler aux devoirs de justice. — Tout devoir, dirait-on, suppose nécessairement deux personnes en présence, l'une qui doit, l'autre à laquelle il est dû, l'une sujet, l'autre objet du devoir. Maintenant si l'une a le devoir de respecter l'autre, n'est-ce pas parce que celle-ci a droit au respect ? Supposez que je n'aie pas un droit de propriété sur un terrain : vous ne violez aucun devoir envers moi en vous appropriant ce terrain : c'est mon droit seul qui vous imposerait un devoir. — Par suite, le devoir de charité lui-même présuppose chez celui qui en est l'objet un droit correspondant, le droit à la charité. Ce droit, il est vrai, n'est pas exigible, comme le droit qui correspond à un devoir de justice, il est purement moral, comme le devoir de charité qui en dérive. — Dans les devoirs personnels, l'individu lui-même peut, en quelque sorte, se dédoubler : il y a en lui quelqu'un qui l'oblige, *l'homme noumène*, comme l'appelait Kant, c'est-à-dire sa propre personnalité qui a droit au respect non seulement des autres mais encore de lui-même, et quelqu'un qui est obligé, l'homme phénomène, sujet du devoir. Ainsi, ce qu'on appelle droit dans les rapports de l'individu avec ses semblables, s'appelle dignité dans le for intérieur de l'individu ; mais de part et d'autre il s'agit toujours du même principe.

Toute cette théorie nous semble purement verbale. On peut sans doute simplifier le sens du mot *droit* au point de lui faire signifier l'aptitude d'une personne à être l'objet d'un devoir quelconque, et alors il n'est pas difficile de démontrer que tout devoir présuppose un droit; mais cela revient à démontrer que tout devoir a nécessairement un objet. Cette aptitude, prise en soi et abstraction faite du devoir qu'on lui rapporte, demeure absolument indéterminée; elle n'est en effet qu'une expression détournée de ce devoir lui-même. — Si on prend le mot *droit* dans son sens propre et précis, et où il désigne la part de liberté que chaque personne peut s'attribuer légitimement et dont elle peut exiger le respect dans son commerce avec les autres personnes, alors il est absolument impossible de prétendre que le devoir de charité dérive d'un prétendu droit à la charité. Si le devoir de charité est purement moral, c'est justement parce qu'il ne correspond à aucun droit. Le droit moral à la charité, ou n'est rien, ou n'est qu'un autre nom du devoir de charité lui-même.

Quant à diviser l'individu en deux moitiés pour expliquer les devoirs personnels, c'est là un artifice bien inutile : car en quel sens l'individu pourrait-il exiger son propre respect ? En quel sens surtout pourrait-on parler d'un droit à la culture et au perfectionnement qu'il aurait vis-à-vis de lui-même ?

D'ailleurs, si le devoir dérive du droit, d'où dérive le droit lui-même? Qu'est-ce qui rend la personne respectable, inviolable et sacrée ? Dans l'hypothèse où elle ne connaitrait aucun idéal moral, aucun devoir, pourrait-elle être encore un objet de vénération et d'amour ? Evidemment non. Le devoir ne peut donc dériver du droit, puisque la notion du droit implique logiquement celle du devoir.

Voici donc, en quelque sorte, l'ordre de génération des notions morales : 1° la personne, concevant l'idéal moral, conçoit par cela même l'obligation de le réaliser, c'est-à-dire le devoir ; 2° mais pour que cet idéal soit réalisable, il faut que la personne soit libre : cette liberté nécessaire au devoir, c'est le droit; 3° enfin, pour que cette liberté existe en effet, chaque personne doit la respecter chez les autres qui à leur tour la respecteront chez elle : ce devoir nouveau, tout entier relatif au droit, c'est le devoir de justice.

III. — Dirons-nous donc que le devoir est le fondement du droit ? C'est bien ce qui semble résulter de l'argumentation précédente. Si nous passons en revue les différents droits, la théorie paraît se vérifier. Le droit de liberté de conscience ne dérive-t-il pas du devoir de s'instruire et de rechercher la vérité ? Le droit des parents sur leurs enfants (Cours, p. 371) est une conséquence du devoir d'éducation qui leur incombe. Il en est de même de l'autorité maritale, des droits de tous ceux qui commandent dans une société, etc.

Mais alors, si le droit n'est que le pouvoir de faire son devoir, il a nécessairement la même étendue que le devoir lui-même ; lorsqu'on agit en dehors du devoir ou contre le devoir, on n'est plus couvert par le droit. Pourtant il y a bien des actions, ou indifférentes, ou même mauvaises, qui font partie de notre droit et qu'on ne pourrait nous interdire matériellement sans violer la justice.

La solution de cette difficulté, c'est de reconnaître que le droit dérive moins du devoir que du bien, principe commun de l'un et de l'autre. Étant donné l'idéal du bien, il s'ensuit d'une part qu'il doit être réalisé, et cette première conséquence est le devoir ; d'autre part, qu'il doit être réalisé librement, et cette seconde conséquence est le droit. Il n'en reste pas moins vrai que le droit, étant la condition générale de l'accomplissement du devoir *dans la société*, est logiquement postérieur au devoir, et qu'ainsi cette seconde doctrine est infiniment plus voisine de la vérité que la première.

354. — *Est-il vrai, comme on l'a prétendu, que dans la morale tout devoir corresponde à un droit ? Donner des exemples à l'appui de l'opinion qui sera soutenue.*

Voir *Sujet* précédent. — Deux remarques : 1° On peut considérer le droit soit comme appartenant à la morale générale ou théorique, soit comme du ressort exclusif de la morale sociale. Dans la première hypothèse, la notion du droit est inséparable de celle du devoir et elles doivent être étudiées simultanément. Tel est évidemment le point de vue de ceux qui placent dans le droit le fondement du devoir. (*Sujet* 353.) La notion du droit n'implique plus alors nécessairement celle d'une société de personnes humaines et la limitation réciproque de leurs libertés ; elle n'est plus que le corrélatif verbal du devoir. En ce sens, on dira par exemple qu'un homme intelligent n'a pas le droit de laisser son intelligence sans culture : « *n'avoir pas le droit de faire une chose* » équivaut alors à « *avoir le devoir de ne pas la faire* ». Dans la seconde hypothèse, la notion du droit n'est corrélative de celle du devoir qu'autant qu'on envisage le devoir dans la vie sociale. Une personne a des devoirs envers elle-même : elle ne peut avoir des droits, même corrélatifs à ces devoirs, que vis-à-vis des autres personnes. En ce sens, qui est le seul précis et réel, le droit, c'est la liberté qu'une personne doit avoir et que les autres personnes doivent respecter en elle comme la condition même de l'accomplissement de ses devoirs.

2° Sur la correspondance du droit et du devoir, voir *Cours*, p. 365. — On insistera principalement sur le cas où, deux personnes étant présentes, le devoir de l'une correspond au droit de l'autre, et on fera voir que ceci est particulier aux devoirs de justice. Ainsi un devoir de charité ne suppose ni n'engendre aucun droit chez la personne qui en est l'objet.

### 355. — *Quelle différence y a-t-il entre le droit naturel et le droit positif? Donner des exemples.*

Le droit naturel, c'est le droit tel qu'il résulte de la nature même de l'homme, tel qu'un philosophe peut le déterminer à priori, abstraction faite des conventions et des lois humaines; le droit positif, c'est le droit tel qu'il est défini par la législation d'un pays particulier. Le premier est le même pour tous les hommes de tous les pays et de tous les temps; il se réduit à un petit nombre de principes très généraux et très simples (sûreté, liberté, propriété, etc.); il n'a pas de sanction en dehors de la conscience ou de la force individuelles. Le second varie avec les codes; il est très compliqué, très spécial, en ce sens qu'il s'efforce de prévoir et de régler le plus grand nombre possible de cas particuliers; il est sanctionné par la force publique. Bien qu'il s'efforce en général de se conformer au droit naturel, il peut lui être contraire : ainsi, le droit positif d'un pays qui reconnaît l'esclavage est contraire au droit naturel. En outre, il détermine d'une manière arbitraire ou conventionnelle des points que le droit naturel laisse dans une certaine indétermination. Ainsi le droit naturel pose en principe qu'à un certain âge, les enfants, devenus capables de se conduire par eux-mêmes, ne sont plus obligés d'obéir strictement à leurs parents; mais à quel âge? c'est ce qu'il est impossible de déterminer à priori : le droit positif, en France, fixe la majorité à 21 ans. (Cf. notre *Introduction* au 1er livre du *De Legibus*, Paris, Delagrave, 1881.)

### 356. — *Distinguer les devoirs de justice et les devoirs de charité.*

Voir *Cours*, p. 366 et 367. Cf. aussi, p. 350. — Terminer en montrant les rapports de la justice et de la charité (p. 368).

**357.** — *Faire voir que Cicéron a résumé tous les principes moraux dans cette formule tirée du* De Officiis : « *Primum ut ne cui noceatur, deinde ut communi utilitati inserviatur.* »

C'est sans doute par inadvertance qu'on a cru voir dans cette formule le résumé de tous les principes moraux : elle ne résume que les devoirs sociaux, justice et charité. Ce sujet revient au précédent.

**358.** — *Définir par des analyses et des exemples la justice, l'équité, la probité, la charité, la vertu.*

On classera d'abord tous ces termes d'après leur plus ou moins grande généralité. Le terme le plus général est *vertu*. (*Cours*, p. 343.) Les deux grandes vertus sociales sont la *justice* et la *charité*. (*Ibid.*, p. 366-367.) L'*équité* et la *probité* sont deux formes particulières de la justice. (*Ib.*, p. 367.) Puis on étudiera chacun d'eux.

**359.** — *Expliquer et développer par quelques exemples la maxime latine :* « *Summum jus, summa injuria.* »

Cette maxime signifie que le droit poussé à l'excès se change en injustice. (Cf. *Sujet* 339.)
Elle s'applique d'abord très exactement au droit positif; et c'est pour lui, croyons-nous, qu'elle a été faite. Les lois et conventions sociales, sur quelque principe de justice qu'elles soient fondées, ne peuvent nécessairement prévoir tous les cas particuliers qu'elles règlent d'avance une fois pour toutes : conçues en termes généraux elles édictent ce qui est juste dans la moyenne des cas. Mais, par cela même, il peut arriver que la lettre de la loi devienne contraire à son esprit : appliquer alors le droit dans toute sa rigueur, c'est tomber dans la plus extrême injustice : il faut en pareil cas juger les choses, non en consultant le droit strict, mais en s'inspirant de l'équité. (V. *Cours*, p. 367.) — Maintenant on pourrait aussi appliquer la maxime au droit naturel. Tout d'abord, le droit d'un individu a nécessairement pour limite le droit des autres ; il ne peut donc aller jusqu'au bout de son droit, le dépasser, sans empiéter par cela même sur le droit d'autrui. Ainsi toute exagération, tout excès de notre droit personnel est bien près d'être une injustice. C'est pourquoi dans l'exercice ou la revendication de notre droit, rappelons-nous qu'il vaut toujours mieux rester un peu en deçà de notre droit strict; car si nous allons jusqu'à sa limite extrême, il nous sera bien difficile de ne pas aller au delà. Aussi n'y a-t-il pas en général de gens plus insupportables et plus injustes que ceux qui réclament perpétuellement tous leurs droits. En outre, même au point de vue du droit naturel,

on peut distinguer la lettre et l'esprit. La lettre de la justice, c'est de ne rien faire de contraire aux droits d'autrui; l'esprit de la justice, c'est de respecter dans les autres hommes des êtres qui participent comme nous à la personnalité morale. Supposons qu'on méprise, qu'on haïsse au fond ses semblables, et qu'on exerce ses droits de la façon la plus inhumaine pour eux, mais sans rien faire qui soit matériellement contraire à leurs droits; tel, par exemple, un riche propriétaire qui laisse pourrir ses moissons et fait condamner à la prison des malheureux coupables de lui avoir dérobé quelques gerbes : il est clair que le droit n'est plus ici que le masque de l'injustice.

### 360. — *Du dévouement.*

La question peut être traitée à bien des points de vue différents :

1° On peut faire la psychologie du dévouement; montrer comment, malgré l'assertion contraire de La Rochefoucauld, l'homme est capable d'aimer autre chose que son « moi »; faire la part dans le dévouement des inclinations sympathiques, de l'amour du bien et du beau, de l'idée du devoir, de la volonté libre, etc.; étudier enfin les diverses formes du dévouement (selon qu'il s'adresse à des personnes ou à des choses plus ou moins impersonnelles, comme la patrie, l'humanité, la justice, etc.);

2° On peut aussi se placer au point de vue moral et faire voir que le dévouement est la condition de la vie morale de l'homme, que sans lui, ni la famille ni la société ne peuvent subsister. En vain l'utilitarisme croit qu'il peut mouvoir l'âme humaine avec le seul ressort de l'intérêt personnel ; les plus beaux noms de la vertu sont désintéressement, sacrifice et dévouement. (V. *Cours*, p. 368.)

### 361. — *Des philosophes contemporains prétendent que la charité est une fausse vertu, inutile et même funeste ; car, sous prétexte de soulager les misères humaines, elle les perpétue en assurant l'existence d'individus qui, par leurs maladies et leurs vices, arrêtent le progrès de l'humanité.*

#### Plan.

I. — On exposera d'abord la doctrine de ces philosophes dont le plus illustre est Herbert Spencer. Elle se rattache à la théorie darwinienne de la *sélection naturelle*. D'après cette théorie, la nature travaille sans cesse au progrès des espèces en éliminant impitoyablement tous les individus trop faibles, trop mal conformés pour se défendre et vaincre dans l'universelle lutte pour la vie (*struggle for life*). Pareillement dans l'humanité, tous les êtres infirmes, chétifs, vicieux, sont destinés à disparaître plus ou moins rapidement : ils font ainsi la place nette pour d'autres, plus sains, plus robustes, plus dignes de perpétuer l'espèce. Or cette sélection naturelle, la charité la contrarie en lui opposant une sorte de sélection artificielle qui emploie à assurer l'existence d'individus indignes de vivre des ressources susceptibles d'un meilleur emploi. Laissons donc passer la justice de la nature : tant pis pour ceux qui ne savent pas eux-mêmes se tirer d'affaire ; ils prouvent par là qu'ils ne sont pas faits pour la vie ; ils justifient leur propre condamnation.

II. — Il ne faut pas se hâter de rejeter cette doctrine sans examen : quelque inhumaine qu'elle paraisse, elle contient une part de vérité. Une charité imprudente et aveugle peut en effet encourager la paresse et le vice. Il faut prendre garde que la mendicité ne devienne un métier lucratif qu'on exerce de père en fils.

III. — Mais, ces concessions faites, il est impossible d'admettre que la charité, prise en elle-même, ne soit pas la plus grande et la plus nécessaire des vertus.

1° C'est s'en faire une idée trop étroite que de la réduire à l'*aumône* ; la charité, c'est la fraternité humaine, c'est l'effort des hommes pour s'entr'aider.

2° S'il est interdit de contrarier la sélection naturelle, pourquoi ne serait-il pas permis de l'aider ? On accélérerait ainsi le progrès de l'humanité. Au nom de quel principe les partisans de cette doctrine défendraient-ils de tuer les infirmes, les incurables, etc. ? C'est la morale barbare de Spartiates qui jetaient au barathre les enfants mal conformés.

3° Il ne faut pas chercher notre loi morale dans la nature. La loi de la nature, c'est la force ; la loi de la raison, c'est la justice et la fraternité. L'homme n'est pas fait uniquement pour imiter la nature ; il peut et doit la corriger, la transformer, d'après l'idéal qu'il porte en lui.

4° D'ailleurs, les sentiments de pitié pour les faibles et les malheureux sont sans doute naturels ; et si c'est la nature qui nous les inspire, ils ont probablement leur rôle dans la sélection. De sorte qu'une société dans laquelle ils existent et agissent doit être plus forte, mieux armée, et en définitive plus apte à vaincre dans la lutte pour la vie, que celle où manquent ces sentiments.

5° C'est qu'il est impossible de dire à priori quelles infirmités quelles souffrances, quels vices mêmes, sont indignes de pitié. Un corps chétif peut cacher une grande âme. La plupart des hommes de génie, avec une pareille morale, eussent été condamnés à périr dès leur naissance. (Voyez ce que dit Victor Hugo de lui-même dans la première pièce des *Feuilles d'Automne*.)

6° Une humanité composée tout entière d'individus sains et robustes mais sans cœur, de « *beaux animaux* », serait moralement dégradée : mieux vaut une humanité physiquement moins parfaite, mais où subsiste la pitié pour les humbles et les souffrants.

# CHAPITRE VI

## MORALE DOMESTIQUE

**362.** — *Quels sont les fondements et les limites du pouvoir paternel ?*

Voir *Cours*, p. 371. — On pourra, avant d'exposer la vraie théorie, celle qui dérive le pouvoir paternel du devoir paternel, discuter les théories fausses, par exemple celle qui assimile le droit des pères sur leurs enfants au droit du propriétaire sur sa chose (théorie du droit romain), ou celle qui le fonde sur la supériorité physique, intellectuelle et morale des parents.

1° Certains théologiens ont soutenu la première. Le père est au lieu et place de Dieu : il a donc tout droit sur ses enfants, et il n'a envers eux d'autres devoirs que ceux qu'il veut bien se reconnaître lui-même. — On contestera cette assimilation, et on fera voir d'ailleurs que Dieu lui-même, s'il est un être moral et non une puissance aveugle et arbitraire, a des devoirs envers les créatures raisonnables et des droits limités par ces devoirs.

2° La simple supériorité ne suffit pas à conférer un droit : car pourquoi la société, qui est sans doute supérieure en force et peut-être en sagesse à l'individu, ne peut-elle sans injustice usurper l'autorité du père sur ses enfants ?

Après avoir traité des limites du pouvoir paternel, on s'attachera, dans un dernier paragraphe, à bien montrer la raison et les bornes du droit que la société a d'intervenir dans la famille.

# CHAPITRE VII

## MORALE CIVIQUE

**363.** — *De l'origine de la société. Par quels arguments peut-on démontrer que l'origine de la société est un fait naturel et nécessaire, non un fait arbitraire et accidentel, comme on l'a quelquefois prétendu ?*

Ceux qui l'ont prétendu sont Hobbes et Jean-Jacques Rousseau. D'après le premier, l'état primitif de l'humanité, c'est la lutte, la guerre, *bellum omnium contra omnes;* les individus ne se rencontrent que pour se combattre. La société est le résultat d'une trêve, d'une convention par laquelle ils s'engagent réciproquement à vivre en paix. D'après le second, il semble que l'état primitif soit plutôt la solitude et l'indépendance individuelles. — Les objections sont énumérées dans le *Cours*, p. 373, 374. On fera voir en outre que l'individu ne peut se concevoir en dehors de la famille, et que la famille est déjà une première société. Transition insensible de la société à la tribu, de la tribu à la nation, etc.

**364.** — *Y a-t-il contradiction, comme l'a prétendu Rousseau, entre l'état de nature et l'état social ?*

Non, car l'état de nature, pour l'homme, c'est l'état social. Hors de la société, l'homme devient semblable à la brute. (Le matelot Selkirk, abandonné dans l'île des Chèvres, le sauvage de l'Aveyron, les effets de la prison cellulaire, etc.)

**365.**— *L'homme, en tant qu'homme, a des devoirs envers la société ; en tant que citoyen, il a des devoirs envers l'Etat. Marquer par une analyse précise la distinction qu'il convient d'établir entre ces deux sortes de devoirs.*

Les premiers, sont les devoirs de justice et de charité (*Cours*, p. 358), les seconds sont les devoirs civiques (p. 376).

**366.** — *Quelle est la notion de l'Etat? Quelle est le rôle de l'Etat dans les sociétés humaines?*

L'Etat, c'est la société elle-même en tant qu'elle est chargée de protéger les droits des individus qui la composent et d'administrer les intérêts qui leur sont communs. (V. *Cours*, p. 374.) Il est en quelque sorte la conscience et la volonté collectives du corps social, ce que les stoïciens auraient appelé le *principe dirigeant* de ce corps. (V. *Cours*, p. 526.) Le gouvernement n'est pas l'Etat : il n'en est que le symbole et l'organe. Sur le rôle de l'Etat, voir *Cours*, p. 376.

**367.** — *Du droit de punir et de son fondement.*

V. *Cours*, p. 361 et 366. — On discutera d'abord la doctrine de ceux qui voient dans le droit social de punir une « délégation divine du droit de punir le mal ». On fera voir que la société n'a pas qualité pour sonder les reins et les consciences et faire régner la vertu. Sa seule fonction est de protéger tous les droits. (Voir. A. Fouillée, la *Science sociale*, p. 299.) Quel est, dit M. Fouillée, le réel fondement de la pénalité sociale ? « C'est uniquement et exclusivement, selon nous, le droit de *réparation*, qui consiste à remettre les choses en l'état et à rétablir la justice entre les personnes. Ce droit entraîne comme conséquence une série d'autres droits. En premier lieu, il faut rétablir dans son domaine normal la liberté de celui qui est attaqué; de là le droit de *défense*. En second lieu il faut rétablir dans ses limites normales la liberté de celui qui attaque : de là le droit de *répression*, qui consiste à refouler la volonté usurpatrice et à la comprimer autant qu'il est nécessaire pour la mettre hors d'état de nuire. Ce droit s'exerce pour l'avenir comme pour le présent et devient droit d'*intimidation*. Enfin le droit de réparation entraîne celui de *compensation* ou de réparation civile qui consiste à compenser le dommage par un avantage toutes les fois que la chose est possible..... Si maintenant à tous les droits qui précèdent (défense, répression, intimidation, compensation), on ajoute le devoir d'essayer l'*amélioration* du coupable, on aura épuisé tous les droits ou devoirs de l'individu lésé et des autres membres de l'association envers l'associé infidèle au devoir commun. »

**368.** — *Comment se fait-il que la morale défende de rendre le mal pour le mal, quand la justice veut qu'il soit fait à chacun selon ses œuvres? Expliquer pourquoi la loi du talion est réprouvée, et au nom de quel principe?*

Le but de la punition, au point de vue strictement moral, n'est jamais de faire souffrir le coupable; car en quoi la souffrance peut-elle être bonne ? la loi morale nous interdit au contraire de faire souffrir, même les animaux, sans nécessité. La souffrance ne peut donc jamais être qu'un moyen, soit d'éveiller la réflexion et le remords chez celui qui a fait le mal, soit de réprimer l'injustice et d'en intimider les auteurs.

Au contraire « rendre le mal pour le mal, sans se proposer d'atteindre un bien plus grand, c'est là ce qui constitue essentiellement la vengeance. L'instinct de la vengeance a d'abord régné chez l'homme comme chez les animaux sous sa forme brutale; puis il s'est régularisé en devenant la loi du talion qui, au lieu de rendre le mal au centuple, suit une règle d'égalité et imite ainsi extérieurement la justice. Œil pour œil, dent pour dent, c'est une sorte d'échange ou de compensation. Une illusion d'optique vous fait croire que votre œil vous est rendu parce que vous avez privé votre ennemi du sien; il avait joui de votre douleur, vous jouissez de la sienne; la balance est rétablie ou semble l'être. » A. Fouillée. (La *Science sociale*, p. 290. (La loi du talion, la loi des *représailles*, c'est la loi de la vengeance et de la haine ; il faut la réprouver au nom même de la justice.

### 369. — *Quels sont les droits respectifs de l'Etat et des individus dans la morale sociale?*

L'Etat a le droit 1° de faire des lois, 2° de déléguer ses pouvoirs à des magistrats, 3° d'exiger qu'on obéisse aux lois et aux magistrats, 4° d'imposer les contributions publiques et le service militaire. En échange, l'individu a droit à la protection de l'Etat et à la jouissance de tous les services publics : il a droit à être respecté dans sa vie, dans sa conscience, dans sa propriété, etc., tant qu'il respecte lui-même les droits d'autrui.

# CHAPITRE VIII

## RAPPORTS DE LA MORALE ET DE L'ÉCONOMIE POLITIQUE

**370.** — *Du droit de propriété. Réfuter les objections dont il a été l'objet.*

Sur le droit de propriété, son fondement, son rapport avec la personnalité humaine, voir *Cours*, p. 383, 384.

Objections au droit de propriété. 1° La propriété, c'est le vol (Proudhon). Il se peut qu'en fait beaucoup de propriétés aient eu pour origine la conquête et la spoliation : mais cela n'est pas vrai de toutes, et l'assertion en sa généralité est contradictoire, car on ne vole personne, si personne ne possède légitimement.

2° La terre n'est à personne, les fruits appartiennent à tous (J.-J. Rousseau). C'est prétendre que la terre est la propriété collective et indivise du genre humain tout entier ; les individus n'en ont que l'usufruit. — Mais le genre humain est un être de raison ; il faut bien qu'en définitive la terre soit possédée par les individus dont l'humanité se compose. Même en supposant qu'elle reste la propriété commune d'un certain groupe d'individus, par exemple d'une tribu ou d'une nation, elle n'en est pas moins possédée par ce groupe à l'exclusion de tous les autres. D'ailleurs, il est impossible de séparer les fruits de la terre qui les porte, surtout quand ces fruits sont des effets du travail de l'homme. Le seul moyen pour le travailleur de récolter sûrement les fruits, c'est d'avoir la propriété de la terre.

3° Mais si l'individu a le droit de posséder la terre qu'il fait fructifier par son travail, a-t-il le droit de posséder au delà ? — Pratiquement, il est bien difficile de déterminer à quelles limites s'arrête la propriété légitime, mais théoriquement, le principe n'est pas douteux : le droit de propriété n'est pas un droit d'accaparement. Si l'individu approprie des objets jusqu'alors sans maître moins pour exercer lui-même son droit d'acquérir que pour empêcher de nouveaux venus de l'exercer à leur tour, il use de son droit dans un esprit d'injustice ; c'est le cas de lui appliquer la maxime : *summum jus, summa injuria*. La loi sociale peut et doit prévenir un pareil abus ; mais l'abus du droit de propriété ne prouve rien contre la légitimité de ce droit lui-même.

4° Dans la propriété individuelle tout n'est pas un effet du travail de l'individu : la nature, les autres hommes y ont collaboré. — Aussi l'individu ne saurait-il être considéré comme ayant sur son bien un droit absolu et exclusif, du moins dans l'état social : la société par le moyen de l'impôt peut en revendiquer sa part.

5° En admettant que l'individu ait le droit de posséder, il n'a pas le droit de transmettre par don ou par testament. — On fera voir que cette prétention est contradictoire. Si la chose appartient vraiment à son propriétaire, il a le droit d'en disposer.

6° Le droit de propriété est la cause de toutes les inégalités, de toutes les injustices dont souffre la société humaine. — Cette cause est dans la violation ou l'abus, nullement dans l'usage et le respect du droit de propriété. D'ailleurs quel est le droit dont on ne puisse montrer les inconvénients ? Est-on bien sûr que la suppression de la propriété individuelle ferait disparaître les maux dont on se plaint et n'en produirait pas de plus grands encore ? Enfin, avantageuse ou non, si la propriété est un droit, cela suffit : il n'y a pas de droit contre le droit.

# LIVRE IV

## MÉTAPHYSIQUE

**371.** — *Notions principales de métaphysique générale.*

On définira la métaphysique et on énumérera les questions principales dont elle traite en s'attachant surtout à montrer leur liaison. (Voir aussi les *Sujets* suivants.)

**372.** — *La métaphysique est-elle possible sans la psychologie?*

*Plan.*

I. Si la philosophie est la science des premiers principes, elle se confond, ce semble, avec la métaphysique, qui est la recherche de l'explication universelle. D'où vient cependant qu'elle contienne aussi la science de l'âme humaine? Est-ce à dire que la psychologie soit inséparable de la métaphysique? Que l'une et l'autre soient comme les moitiés naturelles d'un seul et même tout?

II. — D'abord l'âme humaine est au nombre des choses que la métaphysique doit expliquer, et non l'une des moins considérables : mais pour l'expliquer, il faut la connaître. La conscience, la raison, la liberté, la science, l'art, la religion, voilà des faits qui méritent d'être expliqués au moins autant que les faits étudiés par la physique, la chimie ou l'histoire naturelle. Donc, sans la psychologie, la métaphysique est nécessairement incomplète ; elle donne des choses une explication étroite, exclusive, et par conséquent insuffisante ; c'est le cas du matérialisme.

III. — Mais le rapport de la psychologie et de la métaphysique est encore plus profond, sans analogie avec celui qui peut exister entre la métaphysique et les autres sciences. — En effet, la métaphysique aspire à une connaissance absolue des choses, ou du moins, si cette connaissance est impossible, elle doit se rendre compte de cette impossibilité et mesurer exactement la valeur de la connaissance relative à laquelle il faut se résigner. Cela revient à dire qu'il n'y a pas de métaphysique solide sans une critique préalable des facultés et des méthodes de l'esprit humain. (V. *Sujet* 5.) Or cette critique doit avoir elle-même pour fondement l'analyse psychologique de l'intelligence. — Faire voir que le matérialisme et le panthéisme sont des métaphysiques sans critique. D'où l'incertitude fondamentale de toutes leurs explications.

IV. — Or la critique démontre qu'une seule connaissance est absolue : celle que l'esprit a de lui-même. Là seulement, l'apparence et la réalité, le phénomène et l'être ne font qu'un. Nous ne connaissons les autres êtres que du dehors ; seul notre être se voit intérieurement lui-même. Dès lors, la seule méthode possible, en métaphysique, consiste à chercher dans l'âme le secret de la nature universelle (V. *Sujet* 374.)

V. Conclusion. — Faire voir que ni les idées à priori de la raison, ni les lois les plus générales des phénomènes découvertes par les sciences positives ne sont pour la métaphysique des données suffisantes sans le complément nécessaire de la connaissance de l'esprit.

373. — *Que faut-il penser des doctrines qui nient la légitimité de la métaphysique?*

L'ancien scepticisme enveloppait dans ses objections la connaissance humaine tout entière : la métaphysique partageait la condition commune; mais elle n'était pas visée plus particulièrement que les autres sciences. Dans les temps modernes, la constitution définitive des sciences proprement dites semble avoir mis fin au débat : personne ne soutient plus la thèse du scepticisme ancien. Pourtant l'esprit sceptique subsiste : mais au lieu d'attaquer la connaissance humaine en général, il a restreint ses objections à la métaphysique. Dans cette transformation, le scepticisme a changé de nom : il s'appelle désormais le relativisme. Cependant on peut reconnaître ses anciens arguments sous leur nouvelle forme : ainsi l'argument des contradictions est encore une des principales objections que le relativisme oppose à la métaphysique (principalement dans l'école positiviste; voir aussi dans Kant les antinomies, *Cours*, p. 507 ) ; de même, l'objection majeure du criticisme (l'esprit humain ne peut sortir de lui-même et de ses propres formes pour atteindre les choses dans leur fond) est comme une transposition de l'argument du diallèle.

Pour le plan, voir *Cours*, p. 389. — A la discussion du positivisme et du criticisme que l'on complétera en se reportant p. 400 à 407, on pourra ajouter deux paragraphes, le premier où l'on examinera cette objection de M. Ribot (dans sa préface de la *Psychologie anglaise contemporaine*) : la métaphysique n'est pas une science mais un art, une sorte de poésie abstraite ; le second où on fera voir en concluant que la métaphysique est un besoin essentiel de l'esprit humain.

L'analogie de la métaphysique et de la poésie est superficielle : sans doute la métaphysique imagine et construit des systèmes ; mais ces systèmes ne sont pas entièrement arbitraires et subjectifs : ils sont soumis à cette condition essentiellement objective de s'accorder avec les lois de la raison et avec les résultats généraux des sciences proprement dites. — En un sens, la science elle-même est un art, une création : elle ne tombe pas du ciel toute faite : c'est l'esprit humain qui la fait, et elle ne consiste comme la métaphysique que dans une coordination d'idées qui se trouve conforme à l'ordre réel de la nature. — Le montrer sommairement par l'analyse des mathématiques, de l'astronomie, de la physique, etc. — La seule différence c'est que dans les sciences, la systématisation, étant plus étroite, est plus facile, et par cela même plus prompte et plus stable, une fois faite.

La métaphysique est un besoin de l'esprit humain. Le prouver d'abord par l'existence des religions qui sont comme des métaphysiques populaires, ensuite par la renaissance de la métaphysique dans les écoles mêmes qui ont prétendu la détruire (Fichte, Schelling, Hegel, Schopenhauer, Hartmann après Kant ; Herbert Spencer après Auguste Comte, etc.). L'expliquer en montrant que la métaphysique est nécessaire à l'orientation de la pensée et de la vie humaines.

**374.** — *Quel est au juste l'objet de la métaphysique ? Comment en concevez-vous le plan et la méthode ?*

Voir les *Sujets* précédents. — On montrera que la métaphysique prend nécessairement la forme d'un système. Seul critérium possible en métaphysique : la cohérence intrinsèque de toutes les parties du système, et l'accord de l'ensemble du système avec la réalité tout entière telle que nous la connaissons.

Sur la classification des systèmes métaphysiques, voir *Cours*, p. 403 et 404. Comme toutes nos connaissances se rapportent soit à l'objet, soit au sujet, on pourrait démontrer à priori qu'il n'existe que trois grands systèmes métaphysiques : 1° ou l'on cherche dans le sujet l'explication de l'objet (idéalisme, spiritualisme) ; 2° ou l'on cherche dans l'objet l'explication du sujet (matérialisme) ; 3° ou l'on cherche l'explication du sujet et de l'objet dans un *tertium quid* qui sans être actuellement l'un ou l'autre les contienne tous deux en puissance (panthéisme).

Quant à la méthode en métaphysique, il est clair qu'elle varie avec les différents systèmes. Selon nous, la vraie méthode de la métaphysique doit se composer de deux parties que nous appellerions volontiers, de noms empruntés à Bacon : *pars destruens, pars ædificans*. La première, essentiellement psychologique et critique, aurait pour but de montrer que toute connaissance où les sens et l'imagination ont quelque part est nécessairement relative et symbolique, et que la seule connaissance réelle et absolue est celle que nous devons à la conscience et à la raison pures. La seconde, dogmatique et proprement métaphysique, aurait pour but de dégager de l'analyse de la conscience et de la raison les principes d'une explication universelle et d'employer en effet ces principes à l'explication des principaux ordres de choses tels qu'ils nous sont connus par les résultats généraux des différentes sciences. Les procédés fondamentaux de cette seconde méthode seraient, d'une part, la *réflexion* par laquelle l'esprit saisit en lui l'essence même de l'être; d'autre part, l'*analogie* par laquelle il transporte hors de lui, en les modifiant plus ou moins profondément, les propriétés et les lois de son être propre. La phrase célèbre : « *Ab exterioribus ad interiora, ab interioribus ad superiora* », résumerait assez bien l'esprit de cette méthode.

# CHAPITRE PREMIER

## DE LA VALEUR OBJECTIVE DE LA CONNAISSANCE
## DOGMATISME, SCEPTICISME, IDÉALISME

**375.** — *Quelle différence doit-on faire entre le dogmatisme, le probabilisme et le scepticisme ? Donner des exemples historiques de ces trois états de l'esprit philosophique.*

Voir *Cours*, p. 391. — Comme exemples du dogmatisme, on pourra citer Platon, Aristote, Epicure, Zénon, Descartes, Spinoza, Leibniz.

**376.** — *Des différentes formes du scepticisme. Les énumérer, les classer, les réduire.*

M. Brochard, dans son savant ouvrage « les Sceptiques grecs », distingue quatre formes principales du scepticisme ancien (sans compter la sophistique) : 1° le scepticisme pratique (Pyrrhon et Timon); 2° le probabilisme (nouvelle Académie); 3° le scepticisme dialectique (Enésidème et Agrippa), et 4° le scepticisme empirique (Sextus Empiricus). Pour Pyrrhon, le scepticisme est un simple moyen d'arriver à l'indifférence et au bonheur : il se borne d'ailleurs à contester la légitimité de la connaissance sensible et de l'opinion commune. (*Ibid.*, p. 307.) Avec Enésidème, il récuse la science; avec Agrippa, s'élevant à un plus haut degré d'abstraction, il déclare impossible la vérité, quelle qu'elle soit : c'est le dernier mot du scepticisme dialectique. (*Loco citato.*) Quant aux sceptiques de la dernière période, « ce sont des médecins : s'ils veulent aussi détruire le dogmatisme ou la philosophie, c'est pour la remplacer par l'art fondé sur l'observation, par la médecine, c'est-à-dire par une sorte de science... Ils combattent le dogmatisme, comme de nos jours les positivistes combattent la métaphysique : à la philosophie ils opposent l'expérience ou l'observation, comme aujourd'hui on oppose la science positive à la métaphysique ». (*Ibid.*, p. 310.)

Si on se place à un point de vue plus général, on pourrait peut-être distinguer le *scepticisme vulgaire*, qui est un état d'esprit plutôt qu'une doctrine, un parti pris de douter de tout, qui n'essaie même pas de se justifier par des raisons logiquement liées entre elles, et le *scepticisme philosophique*, qui est un système tendant à démontrer la nécessité du doute par une savante argumentation. On distingue souvent aussi le scepticisme *historique*, le scepticisme *moral*, etc., qui restreignent le doute à un certain ordre particulier de connaissances, telles que l'histoire, la morale, etc. A ce point de vue, le positivisme pourrait être considéré comme un scepticisme partiel, le scepticisme *métaphysique*. — D'autre part, on a quelquefois appelé scepticisme *théologique* la doctrine de Pascal et des théologiens qui doutent, non de la théologie, mais de la raison humaine, dans le dessein de conduire l'homme à la foi. (V. *Cours*, p. 353.)

**377.** — *Définir le scepticisme. Classer les arguments sur lesquels il s'appuie et indiquer la méthode par laquelle on peut répondre à ces arguments.*

Voir *Cours*, p. 352 et 353. — On pourra réduire tous les arguments du scepticisme aux deux principaux : contradiction et cercle vicieux ou diallèle (du grec δι'ἀλλήλων, l'un par l'autre.) — La méthode de réfutation consiste à montrer, soit que les données sur lesquelles reposent les arguments sceptiques sont inexactes, soit que les conséquences tirées de ces données sont illégitimes, soit même qu'il y a une contradiction entre les conséquences et les données. — On le fera voir en détail pour chacun de ces arguments.

**378.** — *Discuter le mot célèbre de Pascal :* « *Vérité en deçà des Pyrénées, erreur au delà.* »

« ..... Sur quoi (l'homme) fondera-t-il l'économie du monde qu'il veut gouverner? Sera-ce sur le caprice de chaque particulier? Quelle confusion ! Sera-ce sur la justice ? Il l'ignore. Certainement, s'il la connaissait, il n'aurait pas établi cette maxime, la plus générale de toutes celles qui sont parmi les hommes, que chacun suive les mœurs de son pays : l'éclat de la véritable équité aurait assujetti tous les peuples, et les législateurs n'auraient pas pris pour modèle, au lieu de cette justice constante, les fantaisies et les caprices des Perses et des Allemands. On la verrait plantée par tous les Etats du monde et dans tous les temps, au lieu qu'on ne voit presque rien de juste ou d'injuste qui ne change de qualité en changeant de climat. Trois degrés d'élévation du pôle renversent toute la jurisprudence. Un méridien décide de la vérité ; en peu d'années de possession les lois fondamentales changent ; le droit a ses époques. L'entrée de Saturne au Lion nous marque l'origine d'un tel crime. Plaisante justice qu'une rivière borne ! Vérité en deçà des Pyrénées, erreur au delà. » *Pensées*, III, 8.

Tout ce passage se rapporte évidemment au scepticisme moral ; cependant la dernière phrase détachée du contexte pourrait aussi s'appliquer au scepticisme en général. L'objection est celle qui se tire des contradictions. (Voir *Cours*, p. 398 et 399, et *Sujet* 316.) Les hommes se contredisent en morale comme en toute autre matière, cela n'est pas douteux; mais on n'en peut rien conclure contre la possibilité d'une science morale. Celle-ci, en effet, est, pour ainsi dire, en dehors et au-dessus de toutes ces opinions contradictoires : elle n'a besoin pour se fonder que d'un seul principe sur lequel tous les hommes sont d'accord, à savoir qu'il existe un idéal obligatoire de la conduite humaine; une fois ce principe admis, elle détermine cet idéal et en déduit toute la morale sans se référer un seul instant aux préjugés discordants du vulgaire. Bien plus, c'est elle seule qui peut dans ces préjugés faire la part de l'erreur et celle de la vérité.

Pascal, dans un autre passage, semble avoir compris comment la science est en effet supérieure à toutes les contradictions. « Ceux qui jugent d'un ouvrage par règle sont à l'égard des autres comme ceux qui ont une montre à l'égard des autres. L'un dit : il y a deux heures que nous sommes ici; l'autre dit : il n'y a que trois quarts d'heure. Je regarde ma montre; je dis à l'un : vous vous ennuyez; et à l'autre : le temps ne vous dure guère, car il y a une heure et demie; et je me moque de ceux qui me disent que le temps me dure à moi, et que j'en juge par fantaisie : ils ne savent pas que j'en juge par ma montre. »

**379.** — *Qu'appelle-t-on doute méthodique dans la philosophie de Descartes, et en quoi diffère-t-il du doute des sceptiques?*

Les grandes différences sont indiquées dans le *Cours*, p. 399.

1° Le doute méthodique porte sur les opinions déjà admises, non sur la faculté même de juger, c'est-à-dire sur la raison : tout au contraire, il repose sur un acte de foi dans la puissance de la raison.

2° Ce doute est un moyen pour arriver à la vérité : « Non que j'imitasse les sceptiques qui ne doutent que pour douter et affectent d'être toujours irrésolus, car au contraire, tout mon dessein ne tendait qu'à m'assurer et à rejeter la terre mouvante ou le sable pour trouver le roc ou l'argile. (*Discours de la Méthode*, III° partie.)

3° Ce doute est un doute « *par provision* » : Descartes en sort par l'affirmation de l'âme et de Dieu. — On montrera au début en quoi ce doute paraît ressembler à celui des sceptiques : c'est qu'il est *hyperbolique* (le mot est de Descartes) et semble universel, radical. (Voir les raisons de ce doute dans le *Cours*, p. 541.)

**380.** — *Marquer la différence entre le doute considéré comme un état de l'esprit et le scepticisme considéré comme un système.*

Sujet plus général que le précédent et où il faut distinguer : 1° le doute pur et simple; 2° le doute méthodique; 3° le doute sceptique. Sur le doute, voir *Cours*, p. 96 et 271. Voir aussi *Sujets* 280, 281 et 285. Sur le doute méthodique, voir *Sujet* précédent.

**381.** — *Malgré les analogies apparentes, qu'y a-t-il de profondément différent entre la sophistique et le pyrrhonisme ?*

Voir *Cours*, p. 391 et 495. — M. Brochard (*Les Sceptiques grecs*, p. 12) demande qu'on distingue entre les fondateurs de la sophistique, Gorgias et Protagoras, qui « seuls parmi les sophistes sont encore des philosophes, » et des « bateleurs » tels qu'Euthydème et Dionysodore. « Leur scepticisme, dit-il de ces derniers, est surtout pratique ; ils songent à l'exploiter bien plutôt qu'à l'expliquer. » Leur dialectique « n'est qu'une routine, qu'on n'enseigne pas par principes, mais dont on fait apprendre par cœur les sophismes les plus usuels. » — Protagoras et Gorgias, au contraire, « ont encore un sérieux de pensée, une tenue de conduite, un souci de logique qui les mettent fort au-dessus de leurs indignes successeurs ». Tout est vrai, dit Protagoras. — Rien n'est vrai, dit Gorgias. Conclusions en apparence opposées, en réalité identiques. Ces deux thèses, les arguments par lesquels ils les appuient (erreurs de sens, contradictions des opinions humaines), les conséquences qu'ils en tirent, tout cela se retrouvera plus tard chez Carnéade, Énésidème et Sextus. — Voici maintenant les différences (*Ibid.*, p. 16) : 1° la sophistique dit que tout est vrai ou que rien n'est vrai : le pyrrhonisme dit qu'il n'en sait rien ; 2° Protagoras appuie sa thèse sur une raison dogmatique : c'est par la diversité des mouvements extérieurs qu'il explique la diversité des sensations ; le pyrrhonisme s'enferme tout entier dans la conscience ; 3° les arguments des sophistes sont présentés sans ordre ; une méthode admirable ordonne ceux des pyrrhoniens ; 4° les sophistes ne font qu'effleurer le scepticisme ; ils en aperçoivent les arguments principaux mais ne songent pas à les approfondir. « La sophistique, dit M. Brochard, ressemble au scepticisme comme l'ébauche à l'œuvre achevée, comme la figure de l'enfant à celle de l'homme fait ; » 5° les sophistes sont surtout préoccupés des conséquences et des applications qu'on peut tirer du scepticisme : le doute n'est pour eux qu'un moyen ; il est une fin pour les pyrrhoniens ; 6° enfin, les sophistes, « en religion comme en morale et en politique, sont des révolutionnaires ; » les pyrrhoniens sont « des conservateurs ».

**382.** — *Qu'est-ce que le probabilisme ? En quoi se distingue-t-il du scepticisme ? Quelles objections soulève cette doctrine ?*

Voir *Cours*, p. 391. — Les fondateurs du probabilisme furent Arcésilas (315-240 av. J.-C.) et Carnéade (210-120 av. J.-C.). Arcésilas semble, au point de vue théorique, avoir admis le pur scepticisme : « Ni les sens ni la raison ne peuvent atteindre la vérité. » Mais la vie pratique exige un critérium, et ce critérium est le raisonnable (εὔλογον). — Carnéade enseignait qu'il n'y a point de critérium de la vérité ; objectivement, on ne peut pas savoir si une représentation est vraie ou fausse ; mais subjectivement, on peut distinguer la représentation qui *paraît* vraie ou qui est probable de celle qui *paraît* fausse ou qui est improbable. Toutes les représentations probables ne le sont pas au même degré : on doit donc accorder son assentiment aux plus probables. En outre, la représentation doit n'être contredite par rien et, s'il se peut, examinée en détail.

On a fait deux objections au probabilisme :

1° La probabilité ne se comprend pas sans la certitude ; on ne peut s'apercevoir qu'une chose est probable ou vraisemblable si on ne possède un modèle, un type de vérité d'après lequel on juge et mesure la vraisemblance ; par suite, c'est un non-sens de dire que quelque chose est vraisemblable si rien n'est certain. (Brochard, *op. citato*, p. 171.) — Voir d'ailleurs la réponse que fait M. Brochard à cette objection et qui est indiquée dans le *Cours* (p. 301, en note).

2° La probabilité implique elle-même la certitude. En effet, lorsque de deux opinions qui se contredisent nous affirmons que l'une est probable et l'autre non, cette affirmation du moins est certaine ; car si elle était douteuse, il n'y aurait même plus de probabilité. Si on dit que cette affirmation n'est elle-même que probable, on le dit encore avec certitude, ou la probabilité recule à l'infini sans qu'on puisse jamais l'atteindre. — Il sera juste de faire remarquer la part de vérité contenue dans le probabilisme.

**383.** — *Qu'entend-on aujourd'hui en philosophie par les mots de subjectif et d'objectif? Quels sont les problèmes liés à l'opposition de ces deux termes ?*

#### Idées à développer.

I. — Subjectif et objectif, mots introduits par Kant avec leur sens actuel dans la langue philosophique. — Ils ne peuvent se définir qu'après ceux de *sujet* et *objet* dont ils dérivent. Pour comprendre la distinction du sujet et de l'objet, il faut se reporter à l'analyse de la pensée. La pensée implique d'une part quelqu'un qui pense, un sujet pensant; d'autre part une chose à laquelle on pense, un objet pensé. Le sujet, c'est donc l'esprit; l'objet, c'est la réalité, en tant qu'elle est distincte et indépendante de l'esprit. Subjectif, c'est ce qui appartient à l'esprit et n'existe qu'en lui et par lui ; objectif, c'est ce qui existe ou est censé exister hors de l'esprit, dans la réalité, telle qu'elle est en soi.

II. — L'opposition du sujet et de l'objet est la plus générale, la plus radicale de toutes celles que nous puissions concevoir.

Aussi domine-t-elle toute la philosophie : on la retrouve sous des formes plus ou moins diverses dans toutes les questions philosophiques ; ainsi, dans la distinction des sciences et de la philosophie (les premières se plaçant nécessairement au point de vue objectif, la seconde au point de vue subjectif) ; dans la distinction de la physiologie et de la psychologie ; dans celle des méthodes (subjective et objective) de la psychologie ; dans l'opposition de l'empirisme et du rationalisme ; dans celle du déterminisme et de la liberté ; en esthétique, dans la question de la nature du beau et des principes de l'art (imitation ou expression et création), etc.

III. — Mais les problèmes métaphysiques sont les plus étroitement liés à cette opposition. Ainsi, d'une part le problème de la connaissance. (V. *Cours*, *Métaphysique*, chap. I et II, Scepticisme, Relativisme, Idéalisme) ; d'autre part, le problème de l'être (Matérialisme, Panthéisme, Spiritualisme, *ibidem*, p. 433, 442, 445, 453, etc. Voir aussi *Sujet* 374.)

Sans entrer dans la discussion de ces problèmes, on s'efforcera de montrer que l'opposition du sujet et de l'objet est toute relative et se ramène finalement à l'harmonie et à l'unité.

D'abord, l'objet, tel que nous le connaissons par le sens et même par les procédés scientifiques, n'a qu'une objectivité apparente : il n'est au fond qu'un ensemble de phénomènes ou de signes subjectifs ; il n'existe donc, comme le démontrent la critique de la perception extérieure et celle de l'idée de matière, que dans et par le sujet.

En outre, l'objet, tel qu'il est en soi, n'est sans doute qu'un sujet, soit semblable à celui que nous apercevons en nous-même (s'il s'agit des autres hommes), soit inférieur (s'il s'agit des animaux et des choses), soit supérieur (s'il s'agit de Dieu). De sorte que l'objet est simplement l'aspect sous lequel les sujets s'apparaissent les uns aux autres, ou la catégorie sous laquelle ils se conçoivent mutuellement. L'opposition du sujet et de l'objet se trouve ainsi ramenée à l'opposition réciproque de deux sujets.

384. — *Qu'entend-on par principe de la relativité de la connaissance ? En quel sens et dans quelle mesure ce principe est-il vrai ?*

V. *Cours*, p. 403. — On pourra tout d'abord réduire le relativisme à cette formule : nous ne pouvons connaître les choses absolument, sauf à en déduire plus tard cette conséquence que nous ne pouvons rien connaître d'absolu. Dans cette hypothèse, il sera inutile de distinguer, comme le fait le *Cours*, les deux formes (positiviste et criticiste) du relativisme.

Pour les esprits vulgaires « tout est relatif » cela veut dire « la vérité change avec chaque individu » ou comme disait Protagoras « l'homme est la mesure de toutes choses ». On réfutera le relativisme individualiste en faisant voir que, si les sensations sont en effet individuelles, la raison est universelle.

Le relativisme philosophique soutient que la vérité est relative, non à tel ou tel individu pris en particulier, mais à l'intelligence humaine en général : elle est la traduction, en notre langue, de la vérité absolue dont le texte original nous est à jamais caché.

On fera voir qu'en effet nous ne pouvons connaître absolument les choses externes ou l'objet ; mais le sujet en nous se connaît immédiatement lui-même tel qu'il est en soi ; et les lois selon lesquelles il pense toutes choses doivent être les lois absolues de la réalité pour que la connaissance relative de l'objet soit elle-même possible. (V. *Cours*, p. 406.)

L'assertion du relativisme n'est donc que partiellement vraie, et les conclusions qu'il en tire contre la possibilité de la métaphysique sont illégitimes.

# CHAPITRE II

## DE L'EXISTENCE DU MONDE EXTÉRIEUR

**385.** — *De l'existence des corps. Quelles sont les objections des sceptiques contre la réalité de cette existence, et que peut-on répondre à ces objections ?*

Pour les objections des sceptiques ou plutôt des idéalistes, voir *Cours*, p. 416. — La position du scepticisme dans cette question ne paraît pas tenable. Ou les arguments invoqués contre la réalité du monde extérieur ne prouvent rien, ou s'ils prouvent quelque chose, ils prouvent que le monde extérieur n'existe que dans notre esprit. Il serait puéril, après avoir admis ces arguments, de ne faire que *douter* de la réalité du monde extérieur : on devrait être convaincu qu'il n'a qu'une existence subjective.

A notre avis, si on entend par corps ou monde extérieur l'ensemble des objets visibles et tangibles, les arguments de l'idéalisme sont irréfutables; le monde des corps n'existe que dans notre esprit. Mais il n'en est pas moins réel pour cela.

1° Il participe tout d'abord à la réalité de notre esprit, et puisque nous nous en contentons pour nous-même, nous ne voyons pas bien pourquoi elle ne lui suffirait pas.

2° Ce que le sens commun entend par réel, c'est l'opposé de fictif ou d'imaginaire : c'est ce qui s'impose à l'esprit ou, pour mieux dire, à tous les esprits d'une manière uniforme et invincible. Or, en ce sens, il a parfaitement raison : le monde extérieur est réel ; il n'a rien de commun, *sous ce rapport*, avec nos fantaisies et nos rêves ; si l'idéalisme consiste à nier la réalité du monde extérieur en ce sens-là, c'est une doctrine *évidemment* fausse, et le sens commun traite à bon droit de menteurs et de fous ceux qui la soutiennent; mais l'idéalisme n'a jamais nié en ce sens-là la réalité du monde extérieur. (V. *Cours*, p. 418.)

3° Enfin (et sur ce point nous nous séparons de l'idéalisme proprement dit) tout subjectif qu'il est, le monde sensible n'en correspond pas moins à une réalité objective et permanente : il est la projection, la représentation de cette réalité dans notre conscience : c'est un phénomène, mais un phénomène bien fondé.

C'est sur ce dernier point qu'on insistera en réfutant les objections faites par l'idéalisme contre toute réalité objective (p. 418).

## 386. — *Les perceptions externes ne sont-elles que des rêves bien liés, suivant l'expression de Leibniz ?*

Plan.

I. — Une des principales objections de l'idéalisme contre la réalité du monde extérieur, c'est l'impossibilité où nous sommes de trouver un critérium de la veille et du sommeil. Descartes en a fait une des raisons de son doute méthodique. Leibniz a paru s'y rallier quand il a dit que « nos perceptions externes ne sont que des rêves bien liés ».

II. — Ce qu'on peut dire en faveur de cette thèse :

1° Au point de vue psychologique et même physiologique, l'image et la sensation sont analogues : elles deviennent identiques dans l'hallucination. (*Cours*, p. 78 et 188.) Toute image, suffisamment vive et distincte, évoque irrésistiblement l'idée d'un objet extérieur et la croyance à sa présence, tant qu'elle n'est pas contredite et réfrénée par une sensation. Il est donc subjectivement impossible de distinguer l'objet vu et touché en rêve de l'objet réel. La perception, a dit un psychologue contemporain (M. Taine), est une « hallucination vraie » ;

2° Pourtant, même à ce point de vue, il existe une différence. — Pendant la veille, les phénomènes sont liés dans l'espace et dans le temps. Nos sens se confirment et se contrôlent réciproquement. Notre raison, dès qu'elle essaie d'ordonner ces phénomènes, les voit toujours se ramener à des lois générales : d'où la possibilité de la science. Au contraire, dans le sommeil, les phénomènes sont incohérents ; il est impossible de les expliquer, de les prévoir : le rêve est le domaine du hasard.

III. — Mais si les perceptions externes sont des rêves bien liés, elles ne sont pas seulement cela.

1° Le rêve n'est tel que par corrélation et contraste avec la veille : il est contradictoire de dire qu'on rêve toujours. Rendre compte de la perception par le rêve, c'est renverser l'ordre naturel des choses. Le rêve ne se comprend que comme une suite de perceptions illusoires et désordonnées. On peut même se proposer de le soumettre à la science, mais seulement dans l'état de veille, et à la condition de rapporter les phénomènes qui le composent à des phénomènes réels (événements ou objets antérieurement perçus, mouvements intérieurs du cerveau qu'on pourrait à la rigueur percevoir).

2° La perception est sociale, commune à plusieurs personnes : le rêve est nécessairement individuel, solitaire.

3° La perception correspond à un objet extérieur à notre pensée et à notre cerveau ; le rêve, non.

Mais rêver pendant toute sa vie en compagnie de tous les autres hommes à des choses réellement existantes, cela ne peut plus véritablement s'appeler un rêve.

IV. — Donc les perceptions externes ne sont pas seulement des rêves bien liés : ce sont, comme le dit Leibniz lui-même, des phénomènes bien fondés.

### 387. — *Sur quel fondement repose notre croyance à l'existence du monde extérieur.*

Notre croyance naturelle repose sur l'instinct et le sens commun; notre croyance rationnelle sur le principe de raison ou de causalité; et peut-être, si on analyse l'instinct et le sens commun, trouvera-t-on que c'est aussi ce principe qui en fait le fond. (V. *Cours*, p. 46 et 421.)

# CHAPITRE III

## DE LA NATURE EN GÉNÉRAL. — LA MATIÈRE ET LA VIE

**388.** — *Les idées d'espace et de temps.*

### Plan.

I. — On fera d'abord voir le rôle des idées d'espace et de temps dans la perception extérieure et dans la mémoire.

II. — On analysera ces idées : on montrera que l'idée d'espace se ramène à celle de l'étendue, l'idée de temps à celle de la durée ; que l'étendue elle-même se compose de coexistences, et la durée de successions. Infinité et nécessité au moins apparentes de l'espace et du temps. Est-il possible de les ramener l'un à l'autre ? (V. *Cours*, p. 426.)

III. — Origine de ces idées : 1° elles ne dérivent pas de l'expérience sensible ; ce ne sont pas des sensations, mais des rapports, des ordres de sensations, des formes de la sensibilité ou de la conscience ; 2° elles sont donc à priori. — Toutefois il faut distinguer la loi de notre esprit en vertu de laquelle les phénomènes sont nécessairement perçus par nous comme coexistants ou successifs, loi qui seule est à priori, et les idées complexes et abstraites de l'espace et du temps qui ne sont nullement données dans notre esprit dès l'origine et sont au contraire les résultats d'une longue élaboration. (V. *Cours*, p. 428.)

**389.** — *Les lois de la nature sont-elles contingentes ou nécessaires ?*

C'est le sujet de la remarquable thèse d'un philosophe contemporain, M. Boutroux : *De la contingence des lois de la nature*.

### Plan

I. — On définira d'abord les lois de la nature, et on fera voir que cette définition implique l'idée de nécessité.

II. — En quel sens les lois sont nécessaires : relativement aux phénomènes qu'elles régissent. La loi de l'attraction universelle une fois posée, il est nécessaire que dans chaque cas particulier les phénomènes s'y conforment ; mais ces lois sont-elles nécessaires en elles-mêmes ?

III. — Discussion de l'hypothèse de la nécessité. (Voir *Cours*, p. 432.)

IV. Conclusion. — Nous pouvons donc affirmer la liberté à l'origine des choses ; et par suite, notre propre liberté cesse d'être une exception contre nature.

390. — *Comment arrivons-nous à la connaissance de la matière ? Cette connaissance est-elle, à proprement parler, une perception ou une conception ?*

Plan.

I. — Rien n'est plus vague que les définitions de la matière dont se contentent la plupart des traités de physique. La matière, dit-on, c'est tout ce qui tombe sous nos sens. Mais ce qui tombe sous nos sens, c'est tel corps, tel autre, etc. : ce n'est jamais la matière. En outre, les atomes, l'éther (par lequel on explique les phénomènes de lumière et d'électricité), ne tombent pas et ne peuvent pas tomber sous nos sens, et cependant ils sont universellement regardés comme matériels. Il importe donc de soumettre l'idée de matière à l'analyse et à la critique.

II. Montrer : 1° que nous ne percevons originellement que des corps ; 2° que ces corps ne sont que des faisceaux de propriétés ; 3° que ces propriétés ne sont connues que par des phénomènes, qui se réduisent au fond à nos propres sensations. — Comment l'esprit, pour s'expliquer ces phénomènes, leurs ressemblances, leurs liaisons, suppose une substance permanente capable de les produire. Cette substance est la matière.

III. — Il s'ensuit que la matière est pour nous objet de conception, non de perception. Descartes, dans ses *Méditations*, fait voir, par l'exemple d'un gâteau de cire, que toutes les qualités sensibles d'un corps peuvent changer, bien que notre entendement continue à les rapporter à une même substance. En somme, la matière n'est connue que par voie d'hypothèse, de construction et de raisonnement. Seul l'esprit se perçoit lui-même directement.

IV. Conclusion. — Le point de vue du matérialisme est donc essentiellement illusoire : chercher à expliquer l'esprit par la matière, c'est proprement vouloir rendre raison du connu par l'inconnu. (V. *Cours*, p. 448, 450 et 454.)

### 391. — *Qu'entend-on par les qualités premières et les qualités secondes de la matière ?*

La distinction a été commencée par Descartes : les dénominations (d'ailleurs assez mal faites) sont de Locke. L'Ecole écossaise a beaucoup insisté sur cette distinction. Il est très certain que la matière, si elle existe, a, en effet, des propriétés premières : mais ces propriétés, nous ne les connaissons pas, car toutes celles que nous lui attribuons, même l'étendue, la mobilité et la force, sont relatives à nos sensations. Les prétendues propriétés premières sont donc simplement les propriétés les plus générales et les plus stables des choses sensibles, et qui se trouvent en même temps être les plus simples et les plus faciles à concevoir. (V. *Cours*, p. 434.)

### 392. — *Est-on d'accord sur le sens du mot matière ? Quelles sont les différentes théories que vous connaissez sur la matière ?*

*Cours*, p. 435. — On distinguera successivement : 1° la théorie atomistique ; 2° la théorie de Descartes ; 3° la théorie de Leibniz. — Un certain nombre de savants contemporains semblent se rallier à la théorie de Descartes, d'après laquelle la matière, du moins la matière solide et résistante, est engendrée par le mouvement. Cette doctrine diffère de l'atomisme par les points suivants : 1° elle n'admet pas le vide : tout est plein ; 2° la matière est divisible à l'infini ; 3° originellement et par elle-même, la matière est indivise, homogène, absolument fluide et pénétrable ; 3° toute différenciation dans le sein de la matière est un effet du mouvement : on peut admettre l'atome, mais à la condition de n'y voir, avec le physicien anglais contemporain, W. Thomson, qu'un système de mouvements extrêmement fixes dans leurs directions et leurs vitesses (c'est l'hypothèse de l'atome-tourbillon, *vertex-atomus*). L'impénétrabilité de la matière est toute relative et vient de la résistance que les mouvements s'opposent entre eux. Les prétendus corps simples correspondent à différents types de mouvements dans une seule et même matière ; 4° il n'y a pas de forces attractives et répulsives : toute force se réduit à l'impulsion motrice et aux effets qui en dérivent.

### 393. — *Tout peut-il se réduire, comme le voulait Descartes, à l'étendue et à la pensée ?*

#### Plan.

I. — Exposer la doctrine de Descartes : comment la distinction de la matière et de l'esprit, du sujet et de l'objet se trouve ramenée à celle de l'étendue et de la pensée. (V. *Cours*, p. 539 et 542.)

II. — La matière, la vie, l'âme, voilà les trois grands ordres de choses : peuvent-ils s'expliquer entièrement par les deux seuls principes de l'étendue et de la pensée ?

1° La matière, quoi qu'en dise Descartes, ne s'explique pas par la seule étendue : à l'étendue il faut ajouter le mouvement, c'est-à-dire la force ; car, selon la remarque de Leibniz, sans la force, il est impossible de comprendre en quoi un corps qui se meut diffère d'un corps en repos qu'on supposerait placé au même point (V. *Cours*, p. 59) ; mais la force, n'est-ce pas la tendance, l'effort, l'appétition, par conséquent une forme de la pensée ?

2° La vie, d'après Descartes et l'organicisme, se ramène entièrement aux propriétés de la matière. Toutefois, il se manifeste en elle une finalité, une spontanéité qui paraissent difficilement explicables par un pur mécanisme. (V. *Cours* p. 437 et suivantes.) Mais toute autre explication qu'on en donnerait ne reviendrait-elle pas à les attribuer à la pensée ?

3° Enfin, on peut se demander si la pensée contient aussi l'explication de l'âme tout entière. Entend-on par la pensée l'intelligence, la raison pure ? La réponse sera négative. Ainsi la sensation ne saurait se déduire de la raison : elle est plutôt en nous l'équivalent des mouvements extérieurs. De même l'activité, le désir, la volonté, et par suite le plaisir et la douleur, sont des faits, en quelque sorte, extra-intellectuels. Mais par pensée, Descartes entend toute modification ou opération consciente de l'âme ; et en ce sens très général, la sensation et la volonté sont elles-mêmes des pensées.

III. — Tout semble donc bien pouvoir se ramener à l'étendue et à la pensée, mais à la condition : 1° de généraliser le sens du mot « pensée » au point de considérer la sensation et l'action, sous toutes leurs formes, à tous leurs degrés, comme des pensées ;

2° d'admettre (ce que ne faisait pas Descartes) que la pensée n'existe pas seulement dans l'âme humaine, mais qu'elle est partout dans l'univers, où elle constitue l'essentiel de la force et de la vie.

IV. — Faut-il s'en tenir là ? Et ne peut-on ramener l'étendue elle-même à la pensée ? Leibniz l'a essayé, et nous croyons qu'il y a réussi. (V. *Cours*, p. 436, 456, 558, 560.)

394. — *Le principe de la vie est-il le même que le principe de la pensée ? Quelles raisons peut-on donner pour ou contre cette théorie ?*

Cela revient à exposer et discuter l'*animisme*. (V. *Cours*, p. 440.)
Les raisons en faveur de l'animisme sont les suivantes :
1° Il n'est pas encore prouvé que toutes les fonctions vitales puissent se réduire à des phénomènes uniquement physiques et mécaniques. (*Cours*, p. 438.)
2° Il y a dans l'organisme un ordre, un concert, une finalité, qui semblent être les signes d'une action intelligente. (*Ibid.*, p. 439.)
3° D'autre part, l'hypothèse d'une force vitale distincte de l'âme est sujette à bien des difficultés. (*Ibid.*, p. 440.)
4° Enfin, l'âme n'a-t-elle pas conscience de participer à la vie du corps ? (*Ibid.*, p. 441.) — Pour les objections, voir le *Cours*, *loco citato*.

# CHAPITRE IV

## L'AME. — MATÉRIALISME ET SPIRITUALISME

**395.** — *Distinguer par leurs caractères essentiels l'âme et le corps.*

On peut les distinguer d'abord par leurs phénomènes (ceux du corps, connus par les sens; ceux de l'âme, par la conscience : les premiers, localisés dans l'espace, mécaniques; les seconds, étrangers à l'espace, irréductibles à des mouvements), puis par leurs caractères (unité, identité, liberté de l'âme; caractères opposés du corps), enfin, par leur destination (le corps fait pour une existence finie, l'âme pour une vie immortelle). — (V. *Cours*, p. 10, 450 et 489.)

**396.** — *Commenter, à l'aide de Descartes, cette parole de Pascal :* « *Je puis bien concevoir un homme sans mains, pieds, tête; mais je ne puis concevoir l'homme sans pensée.* »

Il s'agit de montrer que ce qui nous constitue proprement, l'essence de notre être, c'est la pensée. — Voir le raisonnement par lequel Descartes le prouve, *Cours* p. 541. Sans doute l'expérience nous apprend que la pensée en nous est liée à un corps d'une certaine forme, et par exemple, à une tête, à un cerveau; mais c'est là un simple fait que nous constatons a posteriori, dont nous ne voyons pas à priori la nécessité. Entre notre corps ou notre tête et notre pensée, il y a une association empirique, non une liaison rationnelle : nous pouvons donc parfaitement concevoir un homme, c'est-à-dire un être pensant, sans mains, pieds, tête, etc.; nous ne pouvons le concevoir sans pensée. Un homme sans pensée, c'est un homme qui n'existe pas en soi et pour soi : il n'a d'être que pour les autres hommes qui le perçoivent : c'est un fantôme, une apparence d'être; comme le monde extérieur de Stuart Mill, il n'est qu'une possibilité de sensations sans réalité intrinsèque. (Cf. aussi *Sujet* 219.)

**397.** — *Prouver, par l'analyse des conditions de la pensée et de la responsabilité, que le principe des faits psychologiques doit être un, simple et identique.*

C'est la question de la spiritualité de l'âme. 1° La pensée exige l'unité, la simplicité, l'identité du sujet pensant (V. *Cours*, p. 450 et 451, cette démonstration); 2° la responsabilité exige la liberté (p. 453) et l'identité de l'agent moral (p. 452).

### 398. — *Démontrer l'unité et la simplicité du moi par l'analyse des opérations intellectuelles.*

Voir *Cours*, p. 450. — Voir aussi p. 451, *sub fin.*, ce qui est dit du raisonnement. — A un point de vue plus élevé, on pourrait démontrer que toutes les opérations intellectuelles ont pour but de ramener la diversité des données de l'expérience à l'unité (voir la théorie de la raison, *Cours* p. 113) et en conclure que l'unité est l'attribut essentiel de l'esprit. Toute autre unité est conçue et supposée à l'exemple de la sienne.

### 399. — *La liberté morale peut-elle s'accorder avec le matérialisme ?*

Au point de vue historique, il est intéressant de faire remarquer que le libre arbitre n'a guère été soutenu dans l'antiquité que par deux écoles dont l'une, celle d'Aristote, faisait l'âme humaine presque entièrement matérielle, dont l'autre, celle d'Epicure, était franchement matérialiste. (V. *Cours*, p. 516 et 520.) Ce sont des raisons morales qui expliquent seules cette singularité. — Le matérialisme moderne, n'admettant pas, comme Epicure, une sorte de liberté métaphysique inhérente à matière même, supprime par conséquent la liberté morale dans l'homme. (V. *Cours*, p. 453.)

### 400. — *Nature et destinée de l'âme.*

#### Plan.

I. — Nous avons conscience de l'énergie pensante et agissante qui nous constitue. *Cogito ergo sum.*

II. — Pourtant, cette âme, où je crois voir mon être, est-elle autre chose qu'une série changeante de phénomènes peut-être produits par le mouvement incessant des molécules de mon cerveau ? On montrera : 1° que l'âme est une réalité ; 2° que cette réalité est distincte du corps. (V. *Cours*, p. 448, 449, 450, etc.)

III. — Attributs de l'âme : conscience, unité, identité, raison, liberté, moralité.

IV. — Destinée de l'âme : preuves de l'immortalité. (*Cours*, p. 487.)

# CHAPITRE V

## DIEU. — LA PROVIDENCE. — LE PROBLÈME DU MAL

### I. — EXISTENCE ET ATTRIBUTS DE DIEU

**401.** — *Qu'appelle-t-on dans les sciences philosophiques la théodicée ? Quelles questions contient-elle ? Dans quel ordre ces questions doivent-elles être traitées ?*

La théodicée devrait s'appeler théologie. Mais ce nom a pris, du moins en France, une autre acception : il désigne uniquement la théologie positive ou révélée qui ne fait pas partie de la philosophie. — Le mot de théodicée a été inventé par Leibniz ; il veut dire proprement : justice de Dieu. Dans ses *Essais de Théodicée*, Leibniz ne traitait pas de toutes les questions qui concernent Dieu, mais seulement de « la bonté de Dieu, l'origine du mal et la liberté de l'homme : » il se proposait de *justifier* Dieu. — Trois grandes questions composent la théodicée : 1° existence de Dieu ; 2° nature et attributs de Dieu ; 3° rapports de Dieu avec le monde (Création et Providence). On démontrera aisément qu'elles doivent se traiter dans l'ordre où on vient de les indiquer.

**402.** — *Des principaux rapports de la psychologie, de la logique et de la morale avec la théodicée.*

C'est évidemment la théodicée et par conséquent l'idée de Dieu qui est le centre et fait l'unité du sujet.

1° Dieu sert à entendre l'âme, a dit un philosophe contemporain (M. Ravaisson.) — Réciproquement, la connaissance de l'âme est comme un degré qui doit nous élever à la connaissance de Dieu. (Bossuet.) — Voilà les deux propositions qu'il faut développer et surtout la première. Ni la sensibilité morale de l'homme ni sa raison ne se peuvent comprendre que par leur rapport avec l'absolue et infinie perfection.

2° La logique, à la rigueur, peut se constituer en faisant abstraction de la théodicée : il lui suffit pour cela de se réduire aux seules théories du raisonnement et des méthodes ; mais si elle cherche à déterminer le fondement de la certitude, elle aboutit nécessairement à l'idée de Dieu. (V. *Cours*, p. 414.) — D'autre part, la théodicée ne peut démontrer l'existence de Dieu sans employer à cette démonstration toutes les ressources de la logique : elle est, par excellence, une science dialectique.

3° Sur les rapports de la morale et de la théodicée, voir *Sujet* 308.

### 403. — *Énumérer et classer les preuves de l'existence de Dieu.*

Voir *Cours*, p. 403. — Ce sujet ne peut être traité d'une façon intéressante et vraiment philosophique qu'à la condition de montrer la liaison et la progression des preuves de l'existence de Dieu. Il ne faut en effet considérer ces différentes preuves que comme les moments successifs d'une seule et même démonstration. Détachées et isolées les unes des autres, elles perdent la plus grande partie de leur valeur et de leur sens. Ainsi les preuves physiques aboutissent à cette conclusion : il existe un être éternel, cause motrice et ordonnatrice du monde visible; mais cet être est-il absolu et infini ? C'est ce qui demeure incertain après ces preuves. Les preuves métaphysiques aboutissent à cette conclusion : il existe un être absolu et infini; mais cet être possède-t-il la perfection morale ? n'est-il que le Dieu-nature des stoïciens ou le Dieu-substance de Spinoza ? Est-il au contraire le Dieu juste et bon en qui espère l'humanité ? Seules les preuves morales ôtent cette dernière incertitude. L'idée de Dieu va ainsi se précisant, se complétant de plus en plus à travers ces trois grands ordres de preuves. Le mouvement dialectique de la pensée ne peut s'arrêter, enfin parvenu à son but, qu'après les avoir parcourus tous les trois. — Dans les preuves physiques mêmes, on pourra montrer une progression analogue : Dieu est d'abord prouvé comme être ou substance éternelle du monde; puis, comme force agissante et motrice; enfin comme pensée ordonnatrice. Voir si cette progression n'existerait pas dans les preuves métaphysiques et morales.

### 404. — *Les causes secondes suffisent-elles à expliquer l'origine et le développement du monde ?*

*Causes secondes*, expression qui s'oppose à *cause première*. Les causes secondes, ce sont par conséquent les causes naturelles, la matière avec l'ensemble des forces qui la meuvent, attraction, chaleur, électricité, lumière, etc.

#### Plan.

I. — La science s'efforce d'expliquer les phénomènes par leurs causes naturelles, c'est-à-dire par d'autres phénomènes qui les précèdent et les déterminent : elle remonte ainsi, sans jamais s'arrêter, de cause seconde en cause seconde. Une telle explication est-elle suffisante ? Peut-elle vraiment nous rendre compte de l'origine et du développement du monde ? ou, selon l'expression de Bacon, faut-il suspendre toute cette chaîne de causes secondes au trône de la cause première ?

II. — Faire voir, en s'inspirant des preuves physiques de l'existence de Dieu, que les causes secondes ne contiennent pas en elles-mêmes la raison : 1° de leur propre existence, partant, de l'origine du monde ; 2° de leur activité et des lois selon lesquelles elles l'exercent (V. *Cours*, p. 432) ; 3° des rapports d'ordre et de finalité qui existent entre elles et d'où résulte l'harmonie de l'univers.

III. Conclusion. — Développer le mot de Bacon : « Un peu de science éloigne de Dieu, beaucoup de science y ramène. »

### 405. — *Qu'entend-on par causes finales ? Doit-on en reconnaître dans la nature ?*

#### Plan.

I. — Ce qu'on entend par cause finale. (V. *Cours*, p. 118.) — Distinction de la cause efficiente et de la cause finale. — Origine de la notion de cause finale. Donner de nombreux exemples.

II. — Les causes finales existent dans la nature humaine : toutes nos actions, toutes nos facultés, ne s'expliquent que par elles. Mais existent-elles aussi dans la nature extérieure ?

Le signe auquel on reconnaît la présence d'une cause finale c'est, a dit un philosophe contemporain, « l'accord de plusieurs phénomènes liés ensemble (soit coexistants, soit successifs) avec un phénomène futur déterminé ». (Paul Janet. *Les Causes finales*, V. *Cours*, p. 118.) Le phénomène futur est la fin ou cause finale, les autres sont les moyens. Vérifier ce signe sur un certain nombre d'exemples empruntés aux actions ou aux œuvres de l'homme. — Faire voir que ce signe s'applique à toutes les productions organisées de la nature (végétaux, animaux, homme lui-même). Multiplier les analyses et les exemples de cas de finalité naturelle. (*Cours*, p. 466.)

D'ailleurs, si la finalité est la loi de notre activité intellectuelle et volontaire, n'est-il pas contraire à toute analogie de prétendre que la nature, dont on nous suppose sortis, soit étrangère à toute finalité ?

III. — Discussion des objections faites contre les causes finales par Descartes, les épicuriens et les évolutionnistes. (*Cours*, p. 467.)

IV. — Si l'organisation des êtres prouve les causes finales, à leur tour, les causes finales prouvent Dieu. L'ordre révèle le but ; le but révèle l'intelligence et la volonté. — Indiquer brièvement la preuve des causes finales.

Voir en outre les *Sujets* 183 et suivants. Voir aussi dans le *Cours*, Socrate, p. 503 ; Platon, p. 508 ; Aristote, p. 513, 514 et 515 ; Épicure, p. 520 ; Bacon, p. 535, et Leibniz, p. 562.

406. — *Exposer avec précision la preuve de l'existence de Dieu dite des causes finales.*

V. *Cours*, p. 466. — Signalons ici une confusion que nous avons vu souvent se produire entre le principe de finalité et l'argument des causes finales. Beaucoup d'élèves s'imaginent que l'argument des causes finales a pour majeure le principe de finalité, et ils en commencent ainsi l'exposé : Tout a un but. Mais de ce que tout a un but, on n'en peut rien conclure, sinon peut-être qu'il doit exister un but universel, absolu, auquel tous les autres se rapportent, et de cette manière, on démontrerait Dieu, non comme une intelligence réelle, organisatrice du monde, mais plutôt comme la fin idéale de toutes les aspirations des êtres : telle est en effet la conception d'Aristote *Cours*, p. 515) ; telle est aussi celle de certains idéalistes contemporains (MM. Vacherot, Renan, etc.), qui n'attribuent même à Dieu qu'une existence purement idéale. En tout cas, cette façon de prouver Dieu, n'est nullement ce qu'on entend par l'argument des causes finales. Celui-ci repose au fond sur un corollaire du principe de raison ou de causalité. (V. *Cours*, p. 466). Il s'agit en effet de conclure d'un certain effet, qui est l'organisation de la nature, à une cause ou raison suffisante de cet effet, laquelle ne peut être qu'une volonté intelligente. Tout au plus la mineure de l'argument pourrait-elle être confondue avec le principe de finalité : mais cette mineure n'affirme pas à priori que « tout doit avoir un but » (ce qui est justement le principe de finalité) ; elle constate seulement à postériori que dans la nature, tout ce qui tend à un but est en même temps adapté à ce but, en d'autres termes qu'il y existe une corrélation constante des moyens et des fins.

407. — *Que voulait dire Bossuet quand il écrivait ces paroles : « Le parfait est premier en soi et dans nos idées, et l'imparfait, en toutes façons, n'en est qu'une dégradation ? »*

Ces paroles sont empruntées aux *Élévations sur les mystères* (2º Élévation).

« On dit : le parfait n'est pas ; le parfait n'est qu'une idée de notre esprit qui va s'élevant de l'imparfait, qu'on voit de ses yeux, jusqu'à une perfection qui n'a de réalité que dans la pensée. C'est le raisonnement que l'impie voudrait faire dans son cœur. Insensé, qui ne songe pas que le parfait est premier en soi et dans nos idées, et que l'imparfait, de toutes façons, n'en est qu'une dégradation ! Dis-moi, mon âme, comment entends-tu le néant, sinon par l'être ? Comment entends-tu la privation, si ce n'est par la forme dont elle prive ? Comment l'imperfection, si ce n'est par la perfection dont elle déchoit ? etc. »

Voici un autre passage du *Traité de la connaissance de Dieu et de soi-même* qui développe les mêmes idées. (*Traité*, ch. iv, § 6.)

« Nous n'avons qu'à réfléchir sur nos propres opérations, pour entendre que nous venons d'un plus haut principe.

Car dès là que notre âme se sent capable d'entendre, d'affirmer et nier, et que d'ailleurs elle sent qu'elle ignore beaucoup de choses, qu'elle se trompe souvent, et que souvent aussi, pour s'empêcher d'être trompée, elle est forcée à suspendre son jugement et à se tenir dans le doute ; elle voit, à la vérité qu'elle a en elle un bon principe, mais elle voit aussi qu'il est imparfait, et qu'il y a une sagesse plus haute à qui elle doit son être.

En effet, le parfait est plutôt que l'imparfait ; et l'imparfait le suppose ; comme le moins suppose le plus, dont il est la diminution, et comme le mal suppose le bien, dont il est la privation. Ainsi, il est naturel que l'imparfait suppose le parfait dont il est pour ainsi dire déchu ; et si une sagesse imparfaite telle que la nôtre, qui peut douter, ignorer, se tromper, ne laisse pas d'être, à plus forte raison devons-nous croire que la sagesse parfaite est et subsiste, et que la nôtre n'en est qu'une étincelle. »

Voir *Cours*, p. 470, ce qui est dit de l'apparente négation impliquée dans l'idée de l'infini et de l'antériorité logique de cette idée sur celle du fini.

### 408. — *Exposition des preuves morales de l'existence de Dieu.*

V. *Cours*, p. 472. — Ces preuves forment en quelque sorte une progression : 1° preuves sociales et historiques (par l'universalité de la croyance en Dieu et du sentiment religieux) ; 2° preuves psychologiques (A par la sensibilité, B par la raison, C par la liberté de l'homme) ; 3° preuves morales (par la loi morale et sa sanction). — On s'efforcera donc de les enchaîner en montrant que l'existence de Dieu est la seule explication possible de l'ordre moral tout entier.

Deux questions subsidiaires à examiner : 1° En quoi la conception de Dieu qui ressort de ces preuves diffère-t-elle de celle qui ressort des preuves physiques ou métaphysiques ? 2° Ces preuves (principalement la dernière) ont-elles un genre particulier de certitude, la certitude morale? Ne sont-elles que des postulats, des hypothèses nécessaires de la raison pratique, sans certitude logique, ainsi que l'a prétendu Kant? (V. *Cours*, p. 569. — V. aussi *Sujet* 288.)

### 409. — *Exposer et apprécier la preuve de l'existence de Dieu par le consentement universel.*

On pourra citer le passage bien connu de Cicéron : « In omni regeneris humani consensio pro lege naturali putanda est. Nulla autem gens est tam fera, tam immansueta, quae aliquos esse deos non agnoscat. »

On a fait à cette preuve de nombreuses objections : 1° Le consentement n'est pas unanime : il y a des athées. Certains voyageurs prétendent même avoir observé des peuples sans religion. 2° L'unanimité n'est qu'apparente : le mot Dieu n'a pas la même signification pour un nègre adorateur de fétiches et pour Platon. Le culte rendu à des serpents, à des tigres, etc. (seule religion de bien des hommes en Afrique et en Asie), peut-il être invoqué comme une preuve de l'existence d'un Être absolu et parfait? 3° En admettant que tous les hommes croient en Dieu, ou ils y croient sans raison ; et que conclure de cette croyance? ou ils croient pour des raisons ; mais alors, ce sont ces raisons qui seules sont les véritables preuves de l'existence de Dieu. Ce sont elles qu'il faut invoquer et dont il faut démontrer la valeur probante. 4° Enfin, si la raison pour laquelle ils y croient est un instinct naturel, peut-être cet instinct ne prouvera-t-il Dieu que dans l'hypothèse où il s'expliquera lui-même par Dieu : ce qui est une pétition de principe. (V. *Cours*, p. 472.) — L'argument du consentement universel est donc tout au plus une présomption favorable.

### 410. — *Expliquer comment il faut entendre cette parole de Bossuet : « La connaissance de nous-mêmes nous élève à la connaissance de Dieu. »*

#### Idées à développer.

Cette parole résume en quelque sorte toute la théodicée.

I. — A l'exemple de Descartes et de Bossuet lui-même, on peut dans les preuves physiques substituer la considération de l'homme à celle du monde. Ainsi nous avons conscience de ne pas exister par nous-mêmes ; la contingence de notre être prouve la réalité d'un être nécessaire. — Dans notre corps, et surtout dans notre âme, se révèle une harmonie, une finalité qui témoignent de l'intelligence divine. — D'autre part, le sentiment de notre imperfection nous amène à concevoir une perfection souveraine dont nous sommes pour ainsi dire déchus (preuve métaphysique de Descartes.) Enfin la conclusion de toutes les preuves morales, c'est ce que l'idée de Dieu enforme seule l'explication de notre nature. (Voir *Sujet* 408.)

II. — Les attributs moraux de Dieu, sa personnalité ne se peuvent concevoir qu'à l'image de notre âme. (*Cours*, p. 474.)

III. — Montrer l'insuffisance d'une théodicée dans laquelle on ferait abstraction de la connaissance de nous-mêmes. Dieu ne serait plus alors que la cause de la nature, peut-être inconsciente et fatale, ou la substance nécessaire et impersonnelle du panthéisme : il n'aurait ni intelligence, ni justice, ni bonté.

IV. — Précautions à prendre dans l'emploi de la méthode indiquée par Bossuet. Il faut se garder de rapetisser Dieu aux proportions de l'homme, d'humaniser Dieu. C'est ce qu'on nomme « *anthropomorphisme.* »

411. — *En quoi consiste la distinction des attributs métaphysiques et des attributs moraux de Dieu? Se démontrent-ils les uns et les autres par la même méthode ?*

Nous avouons ne pas trouver grand intérêt à cette distinction, toute scolastique, des deux sortes d'attributs de Dieu et des deux méthodes par lesquelles on peut les déterminer. L'essentiel est indiqué dans le *Cours*, p. 473. — Pour les attributs moraux, la méthode qui les détermine repose sur ce double principe : 1° Tout ce qui est perfection dans la créature doit appartenir aussi à Dieu ; 2° Dieu possède l'essence de ces perfections, abstraction faite de leurs lacunes ou de leurs bornes. Aussi, pour voir si un attribut de notre être peut ou non être affirmé de Dieu, il faut voir : 1° si c'est perfection ou non que de posséder cet attribut; 2° si cet attribut est susceptible de croître indéfiniment et quelles sont les circonstances qui s'évanouissent lorsqu'on le suppose parvenu à la limite. Par exemple le raisonnement consiste à découvrir une vérité par le moyen du rapport qui l'unit à une autre vérité : mais l'ignorance, l'effort, le temps ne lui sont pas essentiels; mieux on raisonne, plus l'intervalle s'abrège entre la connaissance du principe et celle de la conséquence : donc à la limite, en Dieu, le raisonnement parfait doit consister dans l'intuition indivisible des rapports de toutes les vérités. Cette méthode (dite de transcendance) est analogue à celle par laquelle les géomètres passent du périmètre à la circonférence.

412. — *Prouver qu'il n'y a qu'un Dieu et qu'il ne peut y en avoir plusieurs.*

On peut le prouver : 1° à postériori, par l'unité de structure du monde, par l'harmonie de ses lois et de ses fins ; (Objection possible : nous ne connaissons pas la totalité de l'univers.) 2° à priori, par l'idée de l'absolu : Deux absolus, ou auraient même essence, et alors se confondraient, ou auraient des essences différentes, et alors se limiteraient, se conditionneraient l'un l'autre ; ils seraient donc relatifs, ce qui est contre l'hypothèse. La démonstration serait la même avec l'idée de l'infini ou celle du parfait. En somme l'idée de Dieu, c'est l'idée de l'unité originelle de l'Être. Il serait donc contradictoire de supposer qu'il y a plusieurs Dieux.

### 443. — *En quoi consistent le panthéisme et l'athéisme ? Quels sont leurs rapports et leurs différences ?*

On a quelquefois confondu l'athéisme et le panthéisme. Ainsi Spinoza a passé de son temps pour un athée ; Voltaire le présente comme tel, et cependant le philosophe et théologien allemand Schleiermacher dit de Spinoza, qu'il était ivre de Dieu.

Si l'athéisme se réduit à la négation de Dieu, c'est une opinion individuelle, non une doctrine philosophique ; s'il se donne pour une explication positive des choses, il se confond avec le matérialisme.

Or, au point de vue métaphysique, le panthéisme et le matérialisme sont radicalement distincts. Le panthéisme professe l'unité absolue de l'Être : sa devise est Ἓν καὶ πᾶν (Un et tout) ; le matérialisme au contraire professe la multiplicité absolue des substances ; il conçoit la matière, non comme un seul être, mais bien plutôt comme un agrégat d'êtres qui n'ont entre eux aucun lien nécessaire et qui se trouvent exister tous ensemble sans qu'on puisse dire pourquoi (les atomes). — Quelque part qu'il puisse faire à l'expérience (comme on le voit chez les Stoïciens), le panthéisme n'en est pas moins par essence une doctrine qui se réclame avant tout de la raison ; il croit à l'intelligibilité universelle ; tout selon lui, doit pouvoir s'expliquer, se déduire logiquement à partir d'un premier principe. Au contraire, le matérialisme peut bien avoir recours (comme on le voit chez Hobbes) au raisonnement déductif, aux axiomes, à tous les procédés de la méthode à priori ; mais c'est là chez lui une simple forme, un artifice d'exposition : au fond, c'est l'expérience qu'il invoque. Intelligible ou non, la matière existe, elle s'impose avec la brutalité d'un fait. Il ne s'agit pas de construire idéalement l'univers pour la plus grande satisfaction de notre esprit : il faut le voir tel qu'il est. Voilà du moins, au point de vue de la méthode, la prétention avérée du matérialisme.

Il s'ensuit que le panthéisme voit partout dans les choses la continuité, l'harmonie, souvent même la finalité. D'après le matérialisme, les choses sont en réalité étrangères les unes aux autres, inharmoniques, antagonistes par nature ; et l'ordre que nous croyons y remarquer est tout extérieur et accidentel. — Le panthéisme enseigne que la vie, le sentiment, la pensée circulent dans tout l'univers : la matière est animée, Dieu même palpite en elle. Pour le matérialisme la vie, le sentiment, la pensée sont des phénomènes exceptionnels, fortuits et précaires; la matière est insensible et inerte, l'univers est un mécanisme brut; tout s'y réduit aux mouvements de corpuscules qui s'approchent ou s'éloignent les uns des autres, s'agrègent ou se désagrègent. Un tourbillon immense de petits cailloux, voilà toute la nature. Le panthéisme est une doctrine plus poétique (malgré la grande œuvre de Lucrèce) que le matérialisme.

Au point de vue moral, le panthéisme et le matérialisme s'accordent pour supprimer la liberté morale de l'homme, mais l'un ne reconnaît d'autre règle que le plaisir ou l'intérêt personnel : « chacun pour soi »; l'autre subordonne au contraire l'individu à l'humanité et au monde, et lui donne pour fin le bien universel.

« Non sibi sed toti natum se credere mundo » (Lucain).

Enfin le matérialisme exclut tout sentiment religieux ; le panthéisme inspire une religiosité vague, une sorte de mysticisme : témoins Sénèque, Épictète, Marc-Aurèle, Spinoza etc.

Il est donc impossible de confondre deux doctrines dont l'une déclare que Dieu n'est rien, tandis que l'autre enseigne qu'il est tout.

Voici cependant (outre le fatalisme qui leur est commun) les points sur lesquels elles sont d'accord : 1° Il n'existe pas d'esprit pur: tout être est nécessairement matériel. 2° Si on entend par Dieu un être personnel, conscient, distinct du monde qu'il crée et gouverne avec sagesse, justice et bonté, un tel être n'existe pas. 3° La personnalité de l'homme est un phénomène, une apparence illusoire et passagère : c'est une personnification de l'impersonnel. 4° La personne humaine ne survit pas à la mort. (V. *Cours*, p. 488.)

On pourrait dire que le panthéisme est, dans l'ensemble des systèmes, un moyen terme entre le matérialisme et le spiritualisme

La substance par laquelle il explique toutes choses est en effet, selon lui, l'unité primitive, l'identité originelle de la matière et de l'esprit ; mais par cela même, il lui est bien difficile de ne pas osciller entre l'un et l'autre.

Tantôt, en effet, l'élément matériel prédomine, et tantôt l'élément spirituel, dans sa conception de la substance : de là un panthéisme matérialiste ou naturaliste (comme celui de Ioniens, des stoïciens, etc.), et un panthéisme idéaliste (comme celui de Fichte et de Hegel). — D'autre part, le panthéisme identifie Dieu et le monde, l'unité de la substance et la multiplicité des phénomènes, mais tantôt il semble absorber le monde en Dieu (c'est ce qu'on a nommé « *acosmisme* », par exemple chez les Éléates) et tantôt absorber Dieu dans le monde : dans ce dernier cas, il se rapproche évidemment de l'athéisme.

On a dit plus haut que l'athéisme se confond avec le matérialisme : on pourrait cependant admettre une forme idéaliste de l'athéisme. D'après cette doctrine, qui est celle de quelques contemporains, (par exemple, MM. Vacherot et Renan) Dieu n'a pas d'existence réelle : il est un pur idéal, mais c'est un idéal auquel tend la nature tout entière et qui finit par se penser et se vouloir lui-même dans la conscience de l'homme. Un tel athéisme n'exclut pas une certaine religiosité.

Pour la discussion du panthéisme, voir *Cours*, p. 474. On s'attachera à montrer: 1° qu'il est contradictoire d'identifier le fini et l'infini, le relatif et l'absolu, Dieu et le monde, 2° que le panthéisme est contredit par la conscience, laquelle nous montre, selon l'expression de Leibniz « que nous existons chacun en notre particulier ; 3° qu'il a pour conséquence la supression de la liberté et de la moralité. La présence et l'action nécessaires de Dieu en toutes choses justifient, divinisent même toutes les formes du mal. (Voir en outre *Sujet* 436.)

## II. — LA PROVIDENCE ET LE PROBLÈME DU MAL

**414. — *De la Providence divine. Comment se manifeste-t-elle dans la nature et dans l'histoire ?***

Voir *Cours*, p. 475. — Les manifestations de la Providence dans la nature sont: 1° l'ordre qui y règne (preuve de causes finales); 2° l'évolution qui la fait progresser sans cesse vers la perfection. Dans l'histoire, le progrès de l'humanité est aussi la meilleure preuve de l'action providentielle.

**415. — *De la Providence. Quelles sont les objections élevées contre la Providence, et comment peut-on y répondre ?***

On peut les ramener à deux principales : 1° objection tirée de la liberté humaine (V. *Cours*, p. 152 et *Sujet* 170) ; 2° objection tirée de l'existence du mal. On s'abstiendra de discuter le problème du mal dans toute sa généralité, et surtout d'entrer dans l'examen de l'optimisme et du pessimisme : il suffira de montrer comment les désordres de la nature, la souffrance, le péché, etc., peuvent se concilier avec la Providence. (*Cours*, p. 482.)

**416. — *La connaissance scientifique du monde diminue-t-elle ou augmente-t-elle notre admiration pour son auteur ?***

Idées à développer.

I. — Admiration excitée dans l'esprit de l'homme par le spectacle du monde. De cette admiration, plus encore que de la terreur (*Primus in orbe deos fecit timor*. Lucain), est sortie la religion. Mais admirer, s'étonner, c'est peut-être (on l'a dit) le propre de l'ignorance. Celui qui sait ne s'étonne plus. Est-il vrai que la science tue en nous tout sentiment d'admiration pour le monde et pour son auteur ?

II. — Il ne faut pas confondre l'étonnement et l'admiration. L'étonnement est causé par la nouveauté, l'imprévu, l'extraordinaire : l'admiration s'adresse à la grandeur et à la beauté. La science peut diminuer en nous l'étonnement : elle augmente l'admiration. L'ignorant s'étonne de l'effet produit ; le savant l'admire, parce qu'il se rend compte de la complication et de l'accord des moyens qui le produisent. — Comparaison avec une œuvre d'art. Mieux on connaît les secrets du génie, plus on les admire. — Faire voir tout ce que la science nous découvre de grandeur et de beauté dans le monde. 1° Immensité de l'espace, infinité des mondes, mouvements équilibrés des astres, voyage de la lumière à travers l'infini. 2° L'infiniment petit non moins admirable que l'infiniment grand : *Deus maxime mirandus in minimis*. 3° Simplicité des lois générales de la nature, infinie variété de leurs effets. 4° Harmonie de tous les ordres de choses: les végétaux et les animaux, l'oreille et le son, l'œil et la lumière. le cerveau humain et l'univers. 5° Évolution et progrès de la vie : perfectionnement croissant des formes végétales et animales. Faire voir que l'action de la Providence est d'autant plus admirable qu'elle est plus cachée. « Le plus grand art est celui qui ne se laisse pas voir. » Tout se passe comme si la nature agissait seule. Mais, dit Bacon « *Natura aliud agit, Providentia aliud elicit.* » (V. *Cours*, p. 536 ; voir aussi Descartes, p. 543, § 5.)

III. — Preuves historiques. Képler. Newton, Linné (*Vidi Omnipotentem a tergo prætereuntem*), Leibniz posant avec respect sur un brin d'herbe l'insecte qu'il vient de regarder avec une loupe, etc.

IV. — Conclusion. Rappeler le mot de Bacon : « Peu de science éloigne de Dieu ; beaucoup de science y ramène. »

447. — *Expliquer et développer ce dilemme célèbre :* « *Si Deus est, unde malum? Si non est, unde bonum ?* »

V. *Cours*, p. 476. — Deux parties : 1° le mal est l'objection contre Dieu ; 2° le bien est la raison de croire en lui, le bien, c'est-à-dire l'être du monde, l'activité qui y circule, l'ordre et l'harmonie qui le régissent (preuves physiques), la raison, la liberté, la moralité qui sont dans l'homme (preuves morales). Conclure par ce mot de Pascal : « La nature a des perfections pour montrer qu'elle est une image de Dieu et des imperfections pour montrer qu'elle n'en est qu'une image. »

**418.** — *Comment se pose le problème du mal ? Présenter par ordre les principaux points du débat.*

V. *Cours*, p. 476. — On pourra omettre toute la discussion de l'optimisme et du pessimisme et se réduire aux questions traitées dans les paragraphes 2, 3, 4 et 10 (mal métaphysique, mal physique et mal moral.)

**419.** — *Expliquer et développer cette maxime scolastique :* « *Malum causam habet non efficientem sed deficientem.* »

Plan.

I. — Antithèse du bien et du mal dans la création. Faut-il l'expliquer en attribuant le bien et le mal à deux principes opposés, Ormuz et Ahriman, Jéhovah et Satan, ou plutôt, comme le faisait la philosophie ancienne, Dieu et la matière ? — Le bien seul, disaient les scolastiques, a une cause efficiente ; le mal n'a qu'une cause défaillante. (V. *Cours*, p. 476.)

II. — Cas analogues dans la nature. L'ombre, le froid n'ont pas de causes positives distinctes de la lumière et de la chaleur ; l'ombre n'est que la privation de la lumière ; le froid est la privation de la chaleur ; souvent même l'ombre est une moindre lumière, le froid une chaleur moindre. Faire voir qu'il en est ainsi du mal, tout au moins du mal métaphysique. (V. *Cours*, p. 476.)

III. — Mais la maxime n'est plus complètement vraie, quand il s'agit du mal physique et du mal moral. Toutefois, comme ces deux formes du mal ont l'une et l'autre pour condition le mal métaphysique (*Ibidem*, p. 477), on peut dire que l'origine générale du mal est un défaut, une limitation de l'être.

IV. Conclusion. — Le mal n'a pas été voulu pour lui-même ; il a été permis comme conséquence indirecte et inévitable du bien.

**420.** — *Qu'entend-on par le mal physique et le mal moral ? Répondre aux objections que l'on en a tirées contre la Providence.*

V. *Cours*, p. 476 et 482. — Soit par son ignorance des lois de la nature, soit par son imprudence et son intempérance, soit par son égoïsme et sa méchanceté, l'homme lui-même est la cause de bien des souffrances. Souvent aussi la douleur est l'effet et la rançon du péché. — Quant au mal moral, il est pleinement l'œuvre de la volonté humaine. On pourrait objecter, il est vrai, que la nature en est souvent complice. Que de tentations, de sollicitations à mal faire en nous-mêmes et hors de nous! Mais aussi Dieu, qui sonde les consciences, saura faire notre juste part de responsabilité.

**421. — *Que savez-vous du pessimisme? Comment peut-on le réfuter?***

Sur les formes du pessimisme, voir *Cours*, p. 478. — La question qui divise l'optimisme et le pessimisme est habituellement rattachée à la théodicée : mais elle ne lui appartient pas exclusivement; elle se pose dans tous les systèmes, même dans ceux qui n'admettent pas l'existence de Dieu; le matérialisme n'est pas plus dispensé que le spiritualisme de répondre à cette question : le monde est-il bon ou mauvais? La vie est-elle un bien ou un mal? La morale elle-même n'y est pas moins engagée que la théodicée : car selon le jugement que nous porterons du monde et de la vie, il est clair que nous en userons différemment avec l'une et l'autre.

A notre avis, dans ce problème unique on pourrait distinguer trois problèmes distincts, mais connexes. Le premier et le plus général des trois est du ressort de la métaphysique : « Quel jugement devons-nous porter sur le monde tel qu'il nous est donné, sur la vie telle qu'elle nous est faite? » Le second est du ressort de la théodicée : « Si le monde est mauvais, — et il l'est sans doute dans une certaine mesure, si faible qu'on la suppose, — comment concilier le mal que nous y voyons avec la toute-puissance et la bonté que nous attribuons à sa cause? » Le troisième est du ressort de la morale : « Si la vie est un mal, devons-nous vivre? ou le suicide n'est-il pas plutôt le premier des devoirs? Admettre qu'elle peut devenir meilleure, que c'est notre tâche de l'améliorer, n'est-ce pas supposer implicitement qu'elle est bonne, et qu'il vaut la peine de vivre? » — Pour la réfutation du pessimisme, on peut suivre deux méthodes : 1° soit critiquer les arguments qu'il donne à l'appui de sa thèse (1. à priori, la douleur est l'essence même de l'être; 2. à postériori, la somme des douleurs l'emporte et l'emportera toujours sur celle des plaisirs. V. *Cours*, p. 478-479); 2° soit lui opposer des arguments qui prouvent que le mal sous toutes ses formes peut se concilier avec la bonté de Dieu. (*Cours*, p. 477, 482.) — Voir aussi *Sujet* 426.

**422. — *Qu'est-ce que l'optimisme? Quelles sont les formes les plus célèbres de l'optimisme dans l'antiquité et dans les temps modernes?***

V. *Cours*, p. 479. — Dans l'antiquité, Socrate (*Cours*, p. 503), Platon,

(p. 508) : Dieu, dit-il, dans la République, est innocent, θεός, ἀναίτιος. Les stoïciens donnent au problème du mal une solution originale : il n'y a pas d'autre mal que le mal moral ; la douleur n'est pas un mal ; le mal, c'est de laisser vaincre par la douleur. Le bien est donc toujours en notre pouvoir (p. 525, 529, 530)[1].

Les Alexandrins (p. 496) enseignent que le monde est le meilleur possible, parce que tous les degrés possibles de perfection y sont réalisés. Dieu, qui est l'absolue perfection, engendre un être aussi semblable à lui que possible, l'Intelligence ou le Verbe ; à son tour le Verbe engendre un être presque aussi parfait que lui, l'Ame ou l'Esprit, et ainsi de suite indéfiniment, jusqu'à ce dernier degré de l'imperfection qui est le plus rapproché du non-être. Ce mouvement de descente est la *procession*. Ainsi le Verbe procède du Bien ; l'Esprit procède du Verbe, etc. Mais chaque être fait effort pour retourner vers son principe, s'égaler à lui, identifier sa perfection à la sienne : ce mouvement de progrès est la *conversion*. Le mal est donc purement relatif et provisoire : il résulte de la comparaison entre la perfection d'un être et celle qu'il n'a pas, mais qui existe déjà dans un être supérieur, et qu'il aura lui-même plus tard. Pour ce qui concerne l'ensemble des choses, le mal n'existe pas. — Aristote et les épicuriens sont-ils optimistes ou pessimistes ? Il n'est pas très facile de les faire rentrer sous ces dénominations. Aristote, tout en admirant la finalité de la nature, en reconnaît les imperfections : c'est que le monde n'est pas directement l'œuvre de Dieu (*Cours*, p. 515) ; il sort spontanément de la matière par l'effet d'un aveugle désir. Mais aussi Dieu n'est pas responsable du mal : il ne l'a pas voulu, il ne le connaît même pas. — Les épicuriens (principalement Lucrèce), insistent sur les imperfections du monde, afin de prouver qu'ils ne sauraient être l'œuvre d'une intelligence parfaite. Cependant (comme la plupart des partisans du matérialisme) ils paraissent en somme satisfaits du monde et de la vie ; ils croient que l'homme peut arriver au bonheur et qu'ils en ont trouvé le chemin. — Le pessimisme semble bien néanmoins la conséquence logique de leur doctrine : un des derniers épicuriens, Hégésias, prêcha, dit-on, le suicide. Le poème de Lucrèce, malgré l'enthousiasme qu'il respire pour Epicure, est tout pénétré de tristesse.

Chez les modernes, outre Bossuet, Fénelon et Leibniz (v. *Cours*, p. 479), on peut encore citer Malebranche. Selon lui, le monde est le meilleur possible, eu égard non pas seulement aux résultats mais encore aux moyens que Dieu a employés pour y parvenir : c'est le principe de la *simplicité des voies*. — Dieu agit toujours par les voies les plus simples et les plus générales, et il a mis dans le monde toute la perfection compatible avec cette condition. (V. *ibid.*, p. 482 comment on peut invoquer ce principe pour expliquer les désordres apparents de la nature.) — Dans le panthéisme même, on peut distinguer une forme optimiste du système (Spinoza, Schelling, Hégel) et une forme

[1] Avant Socrate, Héraclite et Démocrite semblent personnifier l'un l'optimisme et l'autre le pessimisme.

pessimiste, la plus récente (Schopenhauer et Hartmann). — Pour l'appréciation, voir *Sujet* suivant.

### 423. — *Du vrai et du faux optimisme.*

L'optimisme, tel que Leibniz l'a présenté, est trop profond ou, si l'on aime mieux, trop subtil pour avoir été toujours bien compris, non seulement par ses adversaires, mais encore par ceux-là mêmes qui s'en sont faits les partisans. Leibniz se place, en effet, à un point de vue exclusivement *métaphysique*, au point de vue de Dieu même, et il prétend qu'à ce point de vue, le monde est le meilleur possible. On en conclut trop souvent que le monde est le meilleur possible au point de vue de l'homme; et ainsi interprété, le système devient évidemment faux. A notre avis, l'optimisme absolu de Leibniz est une doctrine tellement compréhensive qu'elle n'exclut nullement l'optimisme relatif, et qu'on peut, qu'on doit même les admettre l'un et l'autre, mais à des points de vue différents. Schopenhauer a même prétendu que l'optimisme leibnizien n'excluait pas le pessimisme. Le monde le meilleur *possible* n'est pas nécessairement bon : s'il n'y avait pas en effet d'autre monde possible que celui qui existe, ou si tout autre monde possible eût été pire, ce monde, tout mauvais qu'il est, ne laisse pas d'être le meilleur. Mais ainsi entendu, cet optimisme devient purement formel : il n'a plus aucune signification positive. Il y a donc en réalité dans l'optimisme de Leibniz deux thèses distinctes, mais connexes : 1º le monde, de quelque point de vue qu'on l'envisage, est bon : le bien l'emporte en lui sur le mal, et il vaut la peine qu'il existe; 2º non seulement le monde est bon, mais au regard de Dieu qui embrasse la totalité de ses développements dans l'infinité de l'espace et du temps, il est le meilleur possible. La première thèse est celle que défend l'optimisme relatif ; la seconde paraît être la thèse propre de l'optimisme absolu. Cependant si on supprime la première, le paradoxe de Schopenhauer est une vérité : rien n'empêche plus d'identifier l'optimisme leibnizien avec le pessimisme.

Du reste, il ne sera pas sans doute nécessaire, pour distinguer le vrai et le faux optimisme, de s'engager dans cette difficile question de l'optimisme relatif ou absolu. Il suffira de savoir que le faux optimisme, c'est l'optimisme absolu de Leibniz, non tel que son auteur l'a conçu (du moins à notre avis), mais d'après l'idée tout à fait inexacte qu'en ont donnée ses adversaires (par exemple Voltaire dans *Candide*) ou même quelques-uns de ses partisans.

#### Plan.

1. — Le monde est-il bon ou mauvais ? La vie est-elle un bien ou un mal ? Voilà peut-être le plus important problème, et le plus redoutable, que la raison humaine puisse agiter. (Voir *Sujet* 421.) La théodicée et la morale, dépendent l'une et l'autre

de la solution qu'on en donnera. Faut-il, avec l'optimisme, approuver la création ? Faut-il la condamner avec le pessimisme ?

II. — Mais dire que le monde est bon, ou même, comme Leibniz, qu'il est le meilleur possible, c'est, à ce qu'il semble, absoudre le mal qui s'y trouve, ou pour mieux dire, le glorifier, le confondre avec le bien. Les désordres de toute sorte, la souffrance, la mort, l'ignorance, l'erreur, le vice, le crime, tout cela est justifié : ce sont des ombres nécessaires à la beauté du tableau. Tout est admirable, tout est parfait dans l'œuvre de Dieu. Ceux qui se plaignent sont des insensés et des rebelles ; une seule attitude est permise à l'homme : l'adoration. Essayer d'améliorer le monde, à quoi bon ? Ce serait l'accuser de quelque défaut. Ainsi le progrès devient impossible et la vertu inutile. (V. *Cours*, p. 480.)

III. — Si c'est là ce qu'on entend par l'optimisme, il est peu de doctrines qui soient plus funestes à l'intelligence et à la moralité humaines. D'une part, elle aveugle l'esprit à qui elle ôte le discernement naturel du bien et du mal : on croit obéir à un devoir religieux en s'interdisant de voir les choses comme elles sont et de leur donner les qualifications qui leur conviennent ; on s'accoutume à une sorte de sophistique morale qui trouve des arguments même pour réfuter l'évidence. — D'autre part, la sensibilité morale s'émousse : on devient incapable de « ces haines vigoureuses » dont parle Molière, on s'endort dans une satisfaction béate. Si on est soi-même à l'abri du besoin et de la souffrance, on se désintéresse aisément des misères de l'humanité : on fermerait volontiers la bouche à ceux que la douleur fait gémir ou crier. Enfin la volonté perd toute initiative, tout sentiment de responsabilité : on laisse agir la Providence. D'ailleurs, quoi qu'on fasse, ce sera toujours bien fait, puisqu'aussi bien, nos actions quelconques font nécessairement partie du monde le meilleur. — Mais cette doctrine n'est pas moins contraire à la véritable religion qu'à la raison et à la morale. C'est faire injure à Dieu de prétendre qu'il veut et approuve le mal ou que le mal se confond à ses yeux avec le bien. Le premier de nos devoirs envers celui qui est la vérité même, c'est la sincérité : si le mal existe dans l'œuvre divine, nous devons virilement le reconnaître : cet aveu véridique sera plus religieux qu'une dénégation mensongère. Aux partisans d'un tel optimisme, on peut rappeler le verset qu'aimait à citer le père Gratry : *Numquid Deus indiget mendacio vestro?* Est-ce que Dieu a besoin de votre mensonge ?

IV. — Mais l'optimisme ne doit pas porter la peine d'une fausse interprétation. Le véritable optimisme ne méconnaît pas le mal : si le mal existe, c'est qu'il était sans doute inévitable, et que même la toute puissance jointe à la parfaite sagesse ne pouvait l'exclure entièrement ; mais pour être inévitable il n'en est pas moins le mal, et il est absurde de prétendre que nous devons l'admirer et nous abstenir d'y porter remède. Que le bien l'emporte en somme sur le mal, que le mal lui-même ne soit pas immuable, indestructible, qu'il puisse diminuer indéfiniment et que ce soit notre tâche de le faire reculer de plus en plus devant le bien, cela suffit pour que ce monde, tout imparfait qu'il est, soit digne de Dieu, pour que nous devions l'approuver et nous y intéresser — Mais le monde le meilleur, au regard de Dieu, n'est-ce pas peut-être un monde indéfiniment perfectible et qui acquiert lui-même ses perfections par le libre effort de ses créatures ? (V. *Cours*, p. 480 et 481.) Rappeler le mot de M. Fouillée (déjà cité *Sujet* 179) : Dieu est un ouvrier d'ouvriers et non un ouvrier d'œuvres.

V. Conclusion. — Distinguer le vrai optimisme à la fois du pessimisme et du faux optimisme. Ces deux dernières doctrines concluent l'une et l'autre à l'inaction, le faux optimisme parce qu'il prétend que le mal n'existe pas, le pessimisme parce qu'il déclare le mal indestructible. Le vrai optimisme conclut à l'action. Il pourrait prendre pour devise le beau vers de notre vieux Corneille :

Faites votre devoir et laissez faire aux Dieux !

424. — *Imaginer un dialogue entre un optimiste et un pessimiste.*

La difficulté du dialogue, c'est d'y mettre une progression. Il ne faut pas que les deux interlocuteurs aient l'air de piétiner sur place, chacun gardant ses positions ; il faut que la discussion avance et aboutisse à une conclusion. On y réussira peut-être en distinguant dans le pessimisme ces trois thèses successives : 1° Le monde est absurde, illogique : il semble fait pour un but, et cependant il n'a pas de but. 2° L'homme, du moins, donne pour but à sa vie le bonheur : mais le bonheur ne peut être atteint ; le monde est en proie à la douleur. 3° Si on donne pour fin à la vie humaine non plus le bonheur, mais le devoir, cette fin n'est pas moins illusoire : le monde est foncièrement immoral. — La seconde de ces thèses est celle que les pessimistes ont surtout, pour ne pas dire exclusivement, développée. (V. *Sujet* 421.)

### Idées à développer.

I. — Le pr     r point de vue est purement intellectuel : on n'y considèr     la perfection logique ou métaphysique du monde. Le     me ne fera pas de difficulté d'avouer le monde plein     satisfaisant pour la raison tant qu'elle se contente d'y appliquer le principe d'identité ou le principe de causalité : un géomètre, un physicien ont de quoi être ravis de la liaison des principes et des conséquences, du déterminisme des causes et des effets. Mais dès que la raison prétend appliquer au monde le principe de finalité, elle se heurte à une contradiction, à une absurdité fondamentale. Rien ne convient mieux au monde que la définition donnée par Kant de la beauté (dans un sens d'ailleurs différent) : une *finalité* sans *fin*. D'une part notre raison, qui ne fait rien sans but, exige que le monde ait un but ; dire qu'il n'en a aucun, ne serait-ce pas dire qu'il n'a aucune raison d'être ? Et cette finalité qu'elle recherche, la raison semble d'abord la trouver : encore voilée dans le règne inorganique, elle lui apparaît clairement dans le monde des êtres vivants. Tout y est fait, tout y paraît fait pour une fin. Mais d'autre part, quand la raison essaie de déterminer cette fin, elle la voit reculer à l'infini et s'évanouir dans le néant. A quoi sert tout l'art que la nature a dépensé dans les organismes ? A les faire vivre ? Mais la vie elle-même, à quoi sert-elle ? A se reproduire et à se détruire perpétuellement elle-même. Le mythe des Danaïdes emplissant un tonneau percé, voilà l'image de la création. Si l'on préfère une comparaison plus moderne, le monde ressemble à cette immense et lourde roue des *Working-houses* anglais que des misérables font tourner sans fin sous leur inutile effort.

L'optimisme devra montrer ; 1° que si l'on admet le principe de finalité, on doit admettre l'existence d'une fin absolue et universelle, 2° qu'il est impossible de prouver à postériori que cette fin n'existe pas : nous ne la voyons pas sans doute, mais la raison et l'expérience nous autorisent l'une et l'autre à l'affirmer.

II. — Le second point de vue est celui de la sensibilité. — Le pessimisme, passant condamnation sur le premier point, admettra que le but poursuivi par tous les êtres conscients est le bonheur : c'est du moins celui auquel se rapportent toutes les actions de l'homme. Mais ce but est inaccessible. La nature a mis en nous la soif du bonheur, mais elle n'a mis nulle part la source où nous pourrions l'étancher : 1° la somme des douleurs l'emporte sur celle des plaisirs (Hartmann : *Les trois stades de l'illusion humaine, le bilan des plaisirs et des douleurs.* V. *Cours*, p. 478); 2° l'essence même de l'être est le désir, l'effort, la douleur, (Schopenhauer, *ibid.*)

L'optimisme devra montrer 1° qu'il est impossible de prouver que la somme des douleurs l'emporte sur celle des plaisirs : — d'abord, parce qu'au point de vue physique, la santé est la règle et la maladie l'exception, et qu'il y a un plaisir de vivre dont le pessimisme ne tient pas compte ; — ensuite, parce qu'au point de vue moral, nos plaisirs et nos douleurs dépendent en grande partie de l'idée que nous nous faisons du monde et de la vie, et qu'il y a par conséquent une sorte de cercle vicieux à vouloir faire dépendre cette idée même de nos plaisirs et de nos douleurs. 2° L'essence de l'être est non la douleur mais le plaisir. La douleur tient à la limitation de l'être : elle travaille d'ailleurs à détruire sa propre cause. (V. *Cours*, p. 482, 483.) Le bonheur ne doit pas et ne peut pas être le but de la vie : si on part de ce principe que le bonheur nous est dû, que nous sommes faits avant tout pour être heureux, on s'expose aux plus cruels mécomptes. Un pessimiste est presque toujours un voluptueux déçu. On ne rencontre le bonheur qu'à la condition de ne pas le chercher. On peut dire de lui, comme du royaume des Cieux dont parle l'Evangile, qu'il est donné par surcroît à ceux qui recherchent premièrement la vérité et la justice. (V. *Sujet* 325.)

III. — Le troisième point de vue est celui de la volonté et de la conscience morale. — Le pessimisme, contraint d'avouer que le bonheur ne saurait être le but de la vie, objectera que la moralité n'est pas un but moins illusoire. La loi de la nature, c'est la loi du plus fort : ce monde est le règne de la violence et de l'injustice. L'homme même, qui se prétend meilleur, est égoïste au fond de l'âme : comme tous les grands observateurs de la nature humaine l'ont bien vu, nous ne pouvons aimer qu'un seul être au monde, et c'est nous-même. Qu'est-ce alors que la moralité ? Sans doute une hypocrisie plus odieuse encore qu'une franche brutalité. — D'ailleurs, s'il existe en effet des hommes réellement désintéressés et vertueux, quel rôle jouent-ils dans la tragi-comédie de la vie sinon un rôle de dupes ? Ils se sacrifient tout entiers à une œuvre éphémère : car que restera-t-il d'eux après leur mort ? et dans quelques siècles, dans quelques années peut-être, que restera-t-il de leurs travaux ?

L'optimisme devra montrer 1° que la nature s'est cependant élevée dans l'homme à la conception de la justice et de la bonté : d'où l'on peut conclure que la cause première de la nature, loin d'être étrangère à toute moralité, est au contraire la personnification de la loi morale; 2° que l'on calomnie la nature humaine en lui refusant la faculté d'aimer : La Rochefoucauld se croit profond et il n'est que superficiel. Sa psychologie est celle d'un homme du monde, moins que cela, d'un homme de cour; 3° l'homme qui se dévoue à la cause du bien n'est pas une dupe : il trouve, sans le chercher, dans ce dévouement même le bonheur que d'autres cherchent ailleurs, sans le trouver. Et puis, qu'est-ce qui prouve que tout soit fini à la mort ? Vous le croyez : il n'est pas défendu de croire le contraire. Vous pessimistes, dites à l'humanité le mot de Shakespeare dans *Richard III* : « Désespère et meurs ! » L'optimisme peut bien lui faire entendre cette parole meilleure : « Espère et vis ! » car en vérité, le monde sera pour nous ce que nous le ferons être. Voulons-nous qu'il soit bon ? Commençons par avoir foi dans le bien.

**425.** — *Montrer le rôle et la part de la douleur dans l'éducation de l'intelligence et de la volonté.*

Quelques mots seulement sur le rôle et la part de la douleur dans l'éducation de l'intelligence. — Deux causes stimulent en nous les facultés intellectuelles : 1° la curiosité; 2° le besoin. La curiosité, le désir de savoir peut devenir un tourment dans certaines âmes : mais chez la plupart des hommes, elle serait pour l'intelligence un trop faible aiguillon sans le besoin, c'est-à-dire sans la douleur. « Nécessité l'ingénieuse », a dit La Fontaine.

**426.** — *Exposer la doctrine de l'épreuve. Montrer combien la vie morale de l'homme serait incomplète sans la douleur, la peine et le travail.*

Quel est le but de cette vie ? — Nous rendre heureux, dit la morale de l'intérêt ou du plaisir ; — nous mettre à l'épreuve, dit la morale du devoir. Oui, la vie est pour nous une occasion et une obligation de déployer, de fortifier, de perfectionner toutes nos facultés intellectuelles et morales : nous devons en sortir plus grands et meilleurs. La grande affaire, ce n'est pas d'être heureux, c'est d'être digne de l'être ; le bonheur n'a de prix pour un être raisonnable que s'il est mérité — On pourra dans cette dissertation faire appel à ses souvenirs littéraires. Voici quelques citations qui se rapportent au sujet. Sénèque « Ecce spectaculum Jove dignum : vir bonus cum mala fortuna compositus. » — Montaigne (en parlant de l'adversité) : « C'est la fournaise à recuire l'âme. » — Alfred de Musset : « Rien ne nous rend si grand qu'une grande douleur, » etc.

# CHAPITRE VI

## L'IMMORTALITÉ DE L'AME — LA RELIGION NATURELLE

**427.** — *Preuves de l'immortalité de l'âme. Distinguer l'argument métaphysique et l'argument moral.*

V. *Cours*, p. 488. — L'argument métaphysique prouve seulement que l'âme est indestructible, mais non qu'elle est vraiment immortelle (immortalité de la substance et non immortalité de la personne).

**428.** — *Quelle différence y a-t-il entre l'immortalité de substance et l'immortalité personnelle?*

La première n'implique pas, la seconde implique la persistance de la conscience et de la mémoire.

**429.** — *Quelles conséquences philosophiques et morales peut-on tirer de ce vers de Lamartine sur l'homme :*

> *Borné dans sa nature, infini dans ses vœux?*

Ce vers est emprunté à un passage de *la Mort de Socrate*.

> Borné dans sa nature, infini dans ses vœux,
> L'homme est un dieu tombé qui se souvient des cieux.

Il s'agit d'opposer la destinée de l'homme et sa condition. — On fera voir : 1° que les aspirations de l'homme sont infinies, par l'analyse de l'intelligence (science et philosophie), de la sensibilité (art et religion), et de la volonté (morale). — Rappeler le mot de Pascal : l'homme n'est produit que pour l'infinité. Grandeur de la destinée humaine. 2° Bornes imposées à l'homme par sa nature : la science et la philosophie ont leurs ignorances invincibles ; imperfections de l'art humain; mystères de la religion, superstitions qui la défigurent; infirmité morale de la volonté humaine. 3° Comment s'explique cette opposition? Par notre double nature : l'homme d'un côté touche à Dieu, de l'autre à la bête : il participe tout ensemble de la vie animale et de la vie divine. C'est la raison, présente en lui, qui est le principe de toutes ses aspirations surnaturelles. (V. *Sujet* 219.) Cette apparition de la raison dans l'animalité a été presque toujours considérée comme une sorte de déchéance. Ainsi, d'après Platon, l'incarnation de la raison dans le corps humain est la chute d'une idée divine dans la matière (V. *Cours*, p. 508); de là le second vers de Lamartine. La même pensée se retrouve dans la croyance au péché originel. 4° En un sens, c'est en effet une imperfection pour l'homme de cadrer si mal avec les bornes de ce monde et de cette vie : « l'homme qui pense, a dit Rousseau, est un animal dépravé ». Ce qui fait notre grandeur fait aussi notre misère ; la bête vit plus tranquille ; elle ignore ce qu'un poète (Alfred de Musset) appelle « le tourment de l'infini ». 5° Mais aussi cette contradiction apparente est le gage le plus sûr de notre immortalité. (V. *Cours*, p. 489 et 490.)

430. — *La croyance à l'immortalité de l'âme enlève-t-elle à la vertu son désintéressement et son mérite?*

Plan.

I. — Montrer que la vertu est essentiellement désintéressée et qu'elle perd son mérite dès qu'elle cesse de l'être. (*Cours*, p. 332 et 346.)

II. — Cependant la conscience morale exige que la vertu soit récompensée et que l'âme soit immortelle. (*Ibid.*, p. 490.) — Mais alors l'homme vertueux escompte le bénéfice de sa vertu ; les bonnes actions sont de bons placements dans l'autre monde : comment lever cette antinomie ?

III. — On fera remarquer : 1° que la sanction morale est la conséquence et non la condition de la vertu : l'homme de bien n'est pas vertueux parce qu'il croit à l'immortalité ; mais il ne croit à l'immortalité que parce qu'il est vertueux.

2° Que d'ailleurs cette sanction est objet non de certitude mais de foi. (V. *Ibid.*, p. 487 et 490.)

3° Enfin, que le bonheur espéré par l'homme de bien n'est pas une récompense extérieure à la vertu : il ne peut consister que dans une possession plus complète et plus paisible de l'idéal moral enfin réalisé.

IV. — Conclure en faisant voir que si l'homme de bien croit à l'immortalité, c'est moins par amour de soi que par amour du bien lui-même. Sa foi dans la sanction future est la conséquence logique de sa foi à la réalité absolue de la loi morale. (Cf. *Sujet* 308.)

# LIVRE V

## NOTIONS D'HISTOIRE DE LA PHILOSOPHIE

### INTRODUCTION

**431.** — *En quoi l'histoire de la philosophie peut-elle être utile à la philosophie elle-même ?*

Plan.

I. — Opinions différentes de Descartes et de Leibniz sur l'histoire de la philosophie : « Je ne veux même pas savoir s'il y a eu des hommes avant moi. » (Descartes.) — « La vérité est plus répandue qu'on ne pense ; mais elle est souvent affaiblie et mutilée. En faisant remarquer les traces de la vérité chez les anciens, on tirerait l'or de la boue, le diamant de la mine, la lumière des ténèbres ; et ce serait *perennis quædam philosophia.* » (Leibniz. *Nouveaux Essais*, liv. I, chap. I.)

II. — On peut ramener à trois les services que l'histoire de la philosophie peut rendre à la philosophie elle-même.

1° D'abord dans toutes les questions qui ne sont pas du ressort de la pure spéculation (psychologie expérimentale, logique, morale, etc.), elle nous informe des *résultats* déjà acquis. Le montrer par de nombreux exemples (théories de la mémoire, de l'association des idées, de l'habitude, du syllogisme, etc.). Analogie de la philosophie sous ce rapport avec les sciences proprement dites. Possibilité du progrès. « *Multi pertransibunt*, disait Bacon, *et augebitur scientia.* »

2° Même en métaphysique, il est bon de savoir l'histoire des systèmes.

« Ce que chaque individu, par la réflexion philosophique, découvre en soi, l'histoire de la philosophie nous le fait retrouver, comme en une image agrandie, dans les doctrines qui se sont succédé à travers les âges. L'histoire est donc la contre-épreuve de la théorie : tantôt elle la confirme ou la complète; tantôt elle en corrige ou en prévient les erreurs. » A Fouillée, *Histoire de la philosophie*, Introd.

Vérifier cette dernière formule sur des exemples.

A un point de vue plus général, cette étude est d'une haute utilité morale.

« L'histoire de la philosophie nous met en commerce avec les grands penseurs, et dans cette féconde familiarité nous contractons quelque chose de leurs habitudes, de leurs sentiments, de leur esprit : nous apprenons à aimer et à découvrir la vérité. Par cela même nous aimons ceux qui l'ont aimée comme nous, et qui l'ont déjà en partie découverte. L'histoire de la philosophie nous inspire ainsi l'admiration et la gratitude à l'égard de nos devanciers; elle nous montre que tous les philosophes, au lieu de se considérer comme des adversaires et presque comme des ennemis, sont des amis et des compagnons de recherche. Contradicteurs et partisans de la même doctrine, ne servent-ils pas également la vérité que cette doctrine peut contenir? » A. Fouillée, *Ibid*.

III. Danger dont il faut se préserver dans cette étude : l'érudition ne doit pas tuer l'originalité ; il ne faut pas « remplacer l'invention par la compilation » (A. Fouillée). L'éclectisme a paru un moment vouloir absorber la philosophie dans son histoire. Il reste encore beaucoup à faire, soit pour critiquer les théories des devanciers, soit pour les perfectionner, soit pour en découvrir de nouvelles.

### 432. — *Enumérer et classer les principaux systèmes philosophiques.*

Voir *Cours*, p. 493. Voir aussi *Sujet* 374. — On exposera d'abord la doctrine de V. Cousin en indiquant les caractères des quatre systèmes (pour l'empirisme et le rationalisme, v. *Cours*, p. 124 et 126; pour le scepticisme, v. *ibid.*, p. 301; pour le mysticisme, v. plus bas, *Sujet* 438). — On critiquera ensuite cette classification (*Cours*, p. 494) et on distinguera le matérialisme, le panthéisme, l'idéalisme et le spiritualisme. On fera voir comment les principaux philosophes se rangent sous ces diverses dénominations. Socrate et Aristote : spiritualisme; Platon : idéalisme; épicuriens : matérialisme; stoïciens : panthéisme; Bacon et Locke : empirisme; Descartes et Leibniz : spiritualisme; Spinoza : panthéisme; Kant : idéalisme.

**433.** — *Définir le mot système. Qu'est-ce qu'un système en philosophie ? Donner des exemples. Qu'appelle-t-on un esprit systématique ?*

Voir *Sujet* 354. Voir aussi le *Sujet* précédent. — Un esprit systématique, c'est un esprit qui s'efforce de coordonner toutes ses connaissances et de les ramener à un petit nombre de principes ou même à un principe unique; dans le mauvais sens du mot, c'est un esprit qui prétend ramener toutes choses à un système arrêté d'avance et ne voit pas ou supprime toutes celles qui ne s'y laissent pas ramener.

**434.** — *Quelle différence y a-t-il entre un système et une théorie ? Donner des exemples tirés de la philosophie.*

Deux différences principales : 1° un système est plus étendu qu'une théorie : un système est un essai d'explication de l'ensemble des choses; une théorie est un essai d'explication d'un ordre particulier de choses; 2° un système contient une plus grande part d'hypothèse; une théorie peut à la rigueur se réduire à la coordination des connaissances acquises (exemples : théories de la perception extérieure, de l'association des idées, etc.). Cependant il est rare que cette coordination puisse se faire sans l'intervention d'une hypothèse.

**435.** — *Quel est le caractère propre des différentes doctrines philosophiques que l'on désigne sous les noms de spiritualisme, matérialisme, panthéisme, scepticisme, mysticisme ?*

On s'efforcera de donner une certaine unité au sujet, et dans ce but on classera ces systèmes. — La philosophie recherche l'explication universelle et absolue : et elle croit pouvoir la trouver dans l'examen même des choses et par l'exercice des facultés naturelles de l'esprit humain. Le dogmatisme prend nécessairement la forme de trois systèmes distincts : matérialisme, spiritualisme, panthéisme (voir *Sujet* 383), selon qu'il explique le sujet par l'objet, ou l'objet par le sujet, ou l'un et l'autre par un *tertium quid* qui soit l'unité même de l'Être antérieure à la distinction du sujet et de l'objet, selon aussi qu'il fonde cette explication sur les données des sens, de la conscience ou de la raison. — De cette opposition des diverses formes du dogmatisme sort le scepticisme qui déclare inaccessible à l'intelligence humaine toute explication des choses et conclut au doute universel et absolu. Mais ce doute est contraire à tous les instincts, à tous les besoins de l'homme. Aussi le mysticisme cherche-t-il dans une révélation surnaturelle cette vérité que notre nature est impuissante à trouver par elle-même.

Ce tableau général de la succession des systèmes est à peu près celui qui a été présenté par Cousin, sauf que le matérialisme, le spiritualisme et le panthéisme y remplacent le sensualisme et l'idéalisme, et qu'on ne prétend point, comme Cousin, que ces systèmes doivent se reproduire nécessairement dans ce même ordre à toutes les périodes de la philosophie. Le mysticisme d'ailleurs, ou cesse bientôt d'être une philosophie et se transforme en religion, ou ne fait que retrouver, en les attribuant à une révélation surnaturelle, les explications déjà données par d'autres systèmes tels que le spiritualisme et le panthéisme.

Sur les caractères particuliers du panthéisme et du matérialisme, voir *Sujet* 413.

La principale difficulté, c'est de savoir ce qu'on doit entendre par idéalisme. — Ce mot, en effet, est un de ceux qui ont reçu le plus grand nombre de significations diverses. Il change de sens selon qu'on l'oppose à matérialisme, à spiritualisme, à réalisme, etc. Dans le premier cas, toute doctrine qui explique les choses par un principe idéal ou spirituel est idéaliste ; et le spiritualisme lui-même fait partie de l'idéalisme (ainsi en ce sens, Descartes, Leibniz, etc., sont des idéalistes). — Dans le second cas, l'idéalisme se distingue du spiritualisme en ce qu'il considère l'idée, et non l'esprit, comme la première réalité. En se projetant dans l'espace et le temps, l'idée crée le monde ; en se réfléchissant dans la conscience, elle crée l'esprit. Cette sorte d'idéalisme est très voisine du panthéisme : c'est la doctrine des pythagoriciens, peut-être de Platon, à coup sûr de Hégel. — Enfin, dans un troisième sens, qui est peut-être le plus usuel, l'idéalisme consiste à nier toute réalité en dehors de la conscience et plus particulièrement à nier la réalité matérielle : Berkeley, Hume, Fichte, Stuart Mill, etc., sont idéalistes en ce sens-là. — Le *Cours* emploie le mot idéalisme dans les trois sens. Premier sens, p. 407 et 408, 442, 532, etc. Second sens, p. 494. Troisième sens, p. 416, 419.

**436. — *Qu'est-ce que le panthéisme? Quels sont les principaux représentants de ce système dans l'histoire de la philosophie?***

Voir *Sujet* 413. — Le panthéisme a eu de nombreux représentants :

1° Avant Socrate, les Ioniens professent un panthéisme matérialiste ; les Pythagoriciens et les Éléates un panthéisme idéaliste ; après lui, les Stoïciens professent un panthéisme mixte où la tendance matérialiste semble cependant prédominer sur la tendance idéaliste. Dans la dernière période de la philosophie grecque, le panthéisme idéaliste reparaît chez les néo-platoniciens de l'école d'Alexandrie. (Remarquons d'ailleurs qu'on a souvent donné des interprétations panthéistiques des doctrines de Platon et d'Aristote.)

2° Chez les modernes, le plus célèbre panthéiste est Spinoza : son système nous paraît être un panthéisme mixte avec une prédominance manifeste de l'idéalisme. Le panthéisme a refleuri en Allemagne après Kant, avec Fichte, Schelling, Hegel, Schopenhauer et Hartmann (Voir sur ces derniers, *Sujet* 413), en Angleterre, avec Herbert Spencer. — En somme les principaux représentants sont les Stoïciens et Spinoza.

Si on apprécie le panthéisme, on montrera la part de vérité qu'il contient. Sans doute il a tort d'identifier Dieu et le monde : mais il a raison de ne pas admettre entre le monde et Dieu cette séparation radicale, absolue, que certains esprits s'imaginent. Dieu est intérieur au monde : c'est du dedans et non du dehors qu'il crée et gouverne toutes choses. (V. *Cours*, p. 432, 461, 468, 475.)

**437.** — *Qu'est-ce qu'un stoïcien, un épicurien, un pyrrhonien, un platonicien, un péripatéticien, un néo-platonicien ?*

On classera tous ces termes dans un ordre meilleur : platonicien, péripatéticien, pyrrhonien, épicurien, stoïcien, néo-platonicien. — Puis on les définira en se référant aux doctrines de Platon (*Cours*, p. 505), d'Aristote (p. 512), de Pyrrhon (p. 392), d'Épicure (p. 519), du Portique (p. 523) et de l'École d'Alexandrie (p. 496). Voir aussi le *Sujet* suivant.

**438.** — *Qu'est-ce que le mysticisme ? Passer rapidement en revue les principaux philosophes mystiques de l'antiquité, du moyen âge et des temps modernes.*

Le nom de mysticisme vient d'une racine grecque (μύω) qui signifie fermer la bouche, être muet, et de laquelle dérive aussi le mot mystère. En un sens très général, le mysticisme est une disposition d'esprit : c'est le goût du mystère, l'amour du surnaturel, une propension à croire de préférence tout ce qui est obscur, incompréhensible, tout ce qu'on ne peut expliquer ni prouver. C'est en ce sens qu'on dit de certaines races (les Orientaux, les Germains) qu'elles sont naturellement mystiques. Le mysticisme ainsi entendu se manifeste principalement dans les religions ; toute religion est plus ou moins mystique. On lui oppose comme terme corrélatif le rationalisme, qui est au contraire le goût de la clarté, le besoin de l'évidence, la répugnance à croire tout ce qui ne peut être compris ou du moins démontré et vérifié.

En philosophie, V. Cousin a prétendu qu'il existait un système distinct, ayant une physionomie nettement caractérisée, auquel devait s'appliquer le nom de mysticisme. (V. *Sujet* 435.) Selon lui, le mysticisme sort du scepticisme : c'est une tentative désespérée pour chercher dans une révélation surnaturelle une vérité qui échappe à nos moyens naturels de connaître. — Toutefois, si on classe les systèmes philosophiques non d'après la méthode qui a pu servir à les construire, mais d'après leur contenu même, le mysticisme ne semble pas pouvoir être distingué soit du spiritualisme, soit plutôt du panthéisme dont il reproduit en somme les principales doctrines; et d'autre part, on peut retrouver des traces de l'esprit mystique dans les systèmes les plus différents. (V. sur ce point *Cours*, p. 494.)

On peut distinguer dans le mysticisme la forme et le fond, la méthode et la doctrine :

1° Au point de vue de la méthode, le mysticisme consiste à prétendre que l'esprit peut connaître la vérité, principalement la vérité morale ou métaphysique, par une sorte d'illumination ou de révélation intérieure et surnaturelle, et que tous les autres procédés de recherche et de preuve sont inutiles et insuffisants en comparaison de celui-là. Cet acte indéfinissable, mystérieux, par lequel l'esprit reçoit la communication de la vérité absolue, est assimilé aux opérations des sens, tantôt à la vue, comme si la vérité était une lumière, tantôt à l'ouïe, comme si elle était une voix. D'après certains mystiques, il est constant et commun à tous les hommes, mais se fait à une profondeur où la conscience réfléchie ne pénètre pas ; d'après d'autres, il n'est pas donné à tous ni toujours : c'est un état où l'âme peut être ravie tout à coup, où elle peut aussi monter par degrés en s'astreignant à une préparation nécessaire. Dans cette intuition mystique, souvent appelée *extase*, l'âme est censée passive : elle ne fait que voir ou entendre ; c'est Dieu qui agit en elle et lui communique la vérité. — Il s'ensuit que les philosophes mystiques procèdent par affirmations et descriptions, sans analyses, sans preuves proprement dites : le maître s'adresse à la *foi* ou croyance volontaire du disciple auquel il fait part de ce qui lui a été révélé. Mais cette foi même a pour objet d'exciter dans son âme la révélation qui a déjà instruit le maître. La solitude, le silence, une demi-obscurité, le sommeil des sens, l'absence des passions, l'amour ardent de la vérité, une âme pure et tendre, l'habitude de la méditation, etc., telles sont les conditions de l'initiation à la fois physique, intellectuelle et morale, destinée à faciliter et provoquer la révélation.

2° Au point de vue de la doctrine, le mysticisme consiste à admettre l'identité fondamentale de notre âme et de Dieu, la présence de l'absolu dans notre propre conscience; d'où la possibilité, pour notre esprit, en réfléchissant sur lui-même, de rencontrer Dieu. (V. *Cours*, p. 124.) On peut donc y voir une sorte de panthéisme spiritualiste ou moral. Tous les mystiques ont d'ailleurs admis que Dieu fait le fond de la nature, et que tous les phénomènes naturels ne se comprennent que comme des manifestations symboliques de l'essence divine.

Les mystiques ont eu le mérite de voir que les plus hautes vérités morales ne se révèlent qu'à ceux qui ont le cœur pur et aimant; ils ont vu que l'esprit humain a en lui le pressentiment et la divination des vérités essentielles de la métaphysique et de la morale; ils ont reconnu la part nécessaire de la spontanéité individuelle et du sentiment, surtout du sentiment moral et religieux, dans la découverte de la vérité. Mais ils ont eu le tort de ne pas comprendre que les intuitions n'acquièrent une valeur définitive que lorsqu'elles sont accompagnées de leurs preuves. Une vérité n'est pas complètement découverte tant qu'elle n'est pas prouvée.

Les principaux philosophes mystiques de l'antiquité sont les néoplatoniciens. Pourtant, avant eux, on remarque des traces plus ou moins profondes de mysticisme chez Socrate (son démon), chez Platon (sa théorie des Idées), chez les stoïciens eux-mêmes. — Les principaux néoplatoniciens sont Ammonius Saccas, Plotin, Jamblique, Numénius, Porphyre, Proclus, etc. La philosophie de Plotin, exposée dans les *Ennéades*, est très profonde et souvent sublime : il a essayé d'y faire la synthèse de toutes les philosophies antérieures, stoïcisme, péripatétisme et platonisme. Cette philosophie est en même temps une religion, l'hellénisme, qui dispute au christianisme l'empire des âmes. Connaître Dieu par l'extase et avec Dieu toutes les grandes vérités métaphysiques et morales, voilà le but auquel elle vise. Dieu est l'unité absolue, supérieure à l'intelligence et à l'essence même : c'est donc en se simplifiant, pour ainsi dire, de plus en plus, en éteignant toute sensation, toute image, toute pensée même, que l'âme réussira finalement à s'identifier à lui. — Au moyen âge, on cite comme principaux mystiques, dans la première période, Scot Erigène, et les moines de Saint-Victor, Hugues et Richard ; dans la troisième, Jean Gerson (auteur d'une *Theologia mystica*, et auquel on a aussi attribué le livre de l'*Imitation*). Dans les temps modernes, le principal mystique est Malebranche (théorie de la vision en Dieu, *Cours*, p. 515). D'autres mystiques, tels que Saint-Martin, Swedenborg, etc., sont peut-être moins des philosophes que des théologiens : ils prétendent moins enseigner un système que révéler une religion. (Voir Cousin, *Histoire de la philosophie moderne*, t. II, 9º leçon.)

439. — *Nommer les plus grands philosophes modernes en caractérisant brièvement leurs doctrines.*

Voir dans le *Cours*, Bacon, Descartes, Spinoza, Locke, Leibniz et Kant. On insistera principalement sur Descartes, Leibniz et Kant.

440. — *Que connaissez-vous de la philosophie du dix-huitième siècle?*

Les principaux philosophes du dix-huitième siècle sont, en Angleterre, Locke qui publie en 1700 son *Essai sur l'entendement humain* et qui commence la réaction contre le rationalisme cartésien (*Cours*, p. 128 et 551), Berkeley (p. 416 et 420), David Hume (*ibidem*) et Bentham (1747-1832), dont l'influence se fait surtout sentir au dix-neuvième siècle. (*Cours*, p. 330.) — Tous ces philosophes professent l'empirisme, mais ils en font sortir des conséquences idéalistes.

En France, on peut remarquer deux courants principaux, d'une part ceux qui suivent le parti de Locke contre Descartes, Voltaire (non sans de nombreuses inconséquences), Condillac (p. 126), Diderot, d'Alembert, Helvétius, d'Holbach, Lamettrie, etc., et qui (surtout les trois derniers) font sortir de l'empirisme des conséquences matérialistes, d'autre part ceux qui restent plus ou moins fidèles à l'idéalisme cartésien, comme Montesquieu, Buffon, etc., ou qui réagissent contre l'empirisme matérialiste, mais au nom du sentiment plutôt que de la raison, comme Jean-Jacques Rousseau. — A la fin du dix-neuvième siècle, cette réaction est commencée par Maine de Biran (lequel appartenait d'abord à l'école de Condillac); elle sera continuée au dix-neuvième siècle par Royer-Collard et l'Ecole éclectique. — C'est contre ces conséquences que réagit l'Ecole écossaise à la fin du dix-huitième siècle, avec Thomas Reid (1710-1795), Dugald-Stewart (1753-1810), etc.

En Allemagne, Leibniz dont les principaux écrits appartiennent aux premières années du dix-huitième siècle (V. *Cours*, p. 557) réforme le cartésianisme, mais son influence ne se fait guère sentir que dans les universités allemandes où il compte de nombreux disciples (Wolf, Reimarus, Ploucquet, etc.). Cependant le criticisme est sorti du conflit de ses doctrines avec celles de Hume : Kant (V. *Cours*, p. 564), dont les principaux écrits paraissent à la fin du dix-huitième siècle, contribue à ramener la philosophie dans les voies du rationalisme idéaliste.

# CHAPITRE PREMIER

## SOCRATE

**441.** — *Qu'est-ce que la méthode socratique ? De quel usage peut-elle être encore aujourd'hui dans l'enseignement ?*

Sur la méthode même, voir *Cours*, p. 500. — Il n'est question dans ce sujet que de la méthode d'enseignement. Ce qu'il y a de tout à fait propre à Socrate dans cette méthode, c'est l'emploi de l'interrogation. Le maître n'enseigne pas : il questionne. L'avantage évident de cette méthode, c'est que l'esprit de l'élève, au lieu de rester passif, est continuellement en action : il s'intéresse à la recherche, il trouve lui-même la vérité, la comprend mieux et la retient pour toujours, et ce qui est plus important encore, il devient capable de se diriger lui-même et de chercher seul à son tour. Mais cette méthode n'est pas toujours applicable : elle n'est de mise que dans les questions qui peuvent être résolues par le seul raisonnement et par des observations très simples et très générales. En histoire, en géographie, dans les sciences physiques et naturelles, son emploi est nécessairement très limité ; car il ne faut pas la confondre avec une interrogation qui fait simplement appel à la mémoire (l'élève ayant à répondre ce que le maître lui a déjà enseigné) ; même là cependant, elle peut être employée avec profit (par exemple s'il s'agit de faire comprendre ou apprécier à l'élève un événement historique en l'interrogeant sur les causes ou les effets qu'il lui attribue, et en lui montrant ensuite par la comparaison avec les faits s'il a bien ou mal jugé). — Mais interroger l'élève sur des choses qu'il lui est impossible de savoir (comme on le fait trop souvent), c'est une méthode stérile et énervante.

Dans les cas où elle est applicable, la méthode socratique exige un certain nombre de conditions qu'il n'est pas toujours facile de remplir ; il faut que le maître connaisse bien l'esprit de l'élève, les choses qu'il sait et celles qu'il ignore, et sa façon habituelle d'associer les idées ; il faut que lui-même possède parfaitement le sujet sur lequel il interroge, qu'il l'ait décomposé en toutes ses parties, qu'il sache les rapports de ces parties entre elles et l'ordre naturel qui les relie, etc. Plus le sujet est compliqué, plus il est malaisé de remplir toutes ces conditions. En outre, cette méthode demande beaucoup de temps et une sorte de familiarité intellectuelle et morale entre le maître et l'élève. Voilà les raisons pour lesquelles on ne peut guère l'utiliser dans l'enseignement public. L'ironie (au sens socratique du mot) y est peut-être d'un emploi plus facile que la maïeutique : le maître peut souvent faire comprendre à un élève son erreur en le mettant en contradiction avec lui-même.

442. — *Socrate, d'après les Mémoires de Xénophon.* — *Le Socrate de Xénophon est-il le vrai Socrate de l'histoire ?*

Ces deux sujets se rapportent à une époque où les Mémoires de Xénophon (Ἀπομνημονεύματα) faisaient partie des auteurs de la classe de philosophie.

Xénophon s'est proposé : 1° de réfuter les accusations portées contre Socrate ; 2° de donner une idée de l'enseignement de son maître. — Socrate avait été accusé de mépriser les dieux de l'Etat et d'introduire des nouveautés dans les choses divines. Xénophon fait voir que Socrate croyait en Dieu, qu'il offrait des sacrifices, qu'il consultait les oracles, etc., il rapporte son entretien avec Aristodème dans lequel Socrate démontra l'existence et la providence de Dieu (preuve des causes finales). Loin de corrompre la jeunesse, comme l'ont aussi prétendu ses accusateurs, il leur enseignait toutes les vertus, la sagesse, la tempérance, la modestie, le travail, le dévouement à la patrie, le respect des parents, la piété, etc.

Il est très difficile de répondre à la seconde question. Le « vrai Socrate de l'histoire » est sans doute Socrate lui-même, tel qu'il a existé ; mais nous sommes embarrassés pour en parler puisque nous ne le connaissons guère que par Xénophon et par Platon. (Voir ce qui est dit à ce sujet dans le *Cours*, p. 500.)

443. — *Montrer, par des exemples tirés des ouvrages philosophiques, la méthode de réfutation que Socrate opposait aux sophistes.*

Même remarque que pour le *Sujet* précédent. — Cette méthode était l'ironie. Elle consistait à mettre les sophistes en contradiction avec eux-mêmes et à leur faire avouer qu'ils ne savaient rien, alors qu'ils faisaient profession de tout savoir. (Voir comme exemples, dans les *Mémorables* de Xénophon, livre III. chap. vi, et livre IV, chap. ii. — Voir aussi dans le *Gorgias* de Platon la discussion de Socrate avec Gorgias, Polus et Calliclès.)

# CHAPITRE II

## PLATON

**444.** — *Que savez-vous de Platon?*

V. *Cours*, p. 505. — On n'insistera que sur les points essentiels, et on s'efforcera surtout de montrer le rapport de toutes les parties du platonisme avec la théorie des Idées.

**445.** — *Comparez Socrate et Platon.*

On se gardera bien d'exposer séparément toute la doctrine de Socrate et toute celle de Platon : mais on les comparera l'une à l'autre sous un certain nombre de points de vue. (V. *Cours*, p. 506, 509.)

Plan.

I. Objet de la philosophie. — Cet objet, pour Platon comme pour Socrate, ce ne sont pas les faits, les êtres particuliers; c'est l'essence ou le genre. Tous deux se font la même idée de la science. Mais, pour Socrate, la seule science possible et nécessaire est celle de l'homme moral et social ; pour Platon, c'est la science du tout. — La métaphysique et toutes les autres sciences rentrent ainsi dans la philosophie d'où Socrate les avait chassées : de là le caractère spéculatif et synthétique du platonisme. — En outre, pour Socrate, le général ne se sépare pas des individus, sinon par abstraction ; pour Platon, le genre est une réalité absolue, éternelle, divine. Insister sur ce point.

II. Théodicée. — Les croyances religieuses de Socrate sont en quelque sorte le complément de sa morale ; la théodicée est la maîtresse pièce de la philosophie de Platon : en elle se trouve l'explication de tout le reste. Le Dieu de Socrate est purement moral ; celui de Platon est essentiellement métaphysique. Socrate s'arrête à la considération des causes finales, c'est-à-dire des fins que Dieu a poursuivies dans l'organisation du monde ; Platon transforme les causes finales en causes exemplaires, c'est-à-dire en idées éternellement présentes à la pensée de Dieu et constitutives de son être.

III. Psychologie. — La psychologie de Socrate est plus simple, moins métaphysique que celle de Platon. (V. *Cours*, p. 502 et 508.) D'ailleurs, l'une et l'autre suppriment le libre arbitre, bien que Platon reconnaisse dans la volonté, sous le nom de courage, une faculté distincte à la fois de la raison et de la sensibilité.

IV. Morale. — Mêmes différences en morale. (*Ibid.*, p. 502-509.)

V. Politique. — Beaucoup plus systématique chez Platon que chez Socrate, elle est peut-être aussi moins libérale.

VI. Conclusion. — La philosophie, exclusivement psychologique et morale, avec Socrate, est redevenue la science universelle avec Platon. Le premier l'avait fait descendre du ciel sur la terre ; ne pourrait-on dire que le second l'a fait remonter de la terre dans le ciel?

### 446. — *Des Idées de Platon.*

V. *Cours*, p. 506. — S'attacher à bien distinguer l'Idée platonicienne de l'idée telle que l'entendent les modernes et qui n'est autre que le concept ; montrer comment tout le platonisme dérive de la théorie des Idées. Cf. *ibid.*, p. 90.

### 447. — *Exposer dans leurs traits essentiels la morale et la politique de Platon.*

V. *Cours*, p. 509-510. — On devra faire précéder cet exposé d'une théorie de l'âme humaine et de ses facultés d'après Platon. *Ibid.*, p. 509. — Pour l'appréciation, voir *ibid.*, p. 343. Cf. *Sujets* 338, 339.

### 448. — *Quelle différence y a-t-il entre l'Ancienne et la Nouvelle Académie?*

L'Ancienne Académie est celle de Platon ; la Nouvelle est celle d'Arcésilas et Carnéade. (V. *Sujet* 382.) Celle-ci est en réalité bien plus voisine du pyrrhonisme que du platonisme. Cependant Arcésilas prétendait continuer Socrate et Platon (Brochard, *les Sceptiques grecs*, p. 95), d'abord parce qu'il avait conservé ou plutôt repris l'habitude, fort répandue dans l'école de Platon, de disputer alternativement le pour et le contre, ensuite parce que Platon aimait à se servir de formules dubitatives. En outre, on a prétendu que le scepticisme d'Arcésilas servait de rempart à un dogmatisme secret qui n'était autre que le platonisme : mais c'est là une opinion très contestée, bien qu'on ait cru pouvoir l'autoriser du témoignage de Cicéron. (V. Brochard, p. 117.)

# CHAPITRE III

## ARISTOTE

**449.** — *Platon et Aristote.*

Plan.

Platon prétendit seulement développer et compléter les doctrines de Socrate ; Aristote, disciple de Platon, prétendit au contraire réfuter et remplacer celles de son maître ; on connaît la phrase célèbre : *Amicus Plato, sed magis amica veritas.* Il existe en effet une assez grande divergence entre l'un et l'autre, bien qu'ils procèdent tous deux de Socrate.

I. — En quoi ils s'accordent. — Pour Aristote comme pour Platon, la philosophie est la science des premiers principes, la recherche de l'explication universelle ; pour l'un comme pour l'autre, le général, et non le particulier, est l'objet de la science ; tous deux voient dans le monde et dans l'homme un ordre, une finalité qui ne peuvent s'expliquer que par Dieu ; tous deux enfin conçoivent Dieu comme souverainement parfait. A tous ces titres, ils ont plus d'affinité entre eux qu'avec les philosophes qui les ont précédés (Socrate excepté), ou avec ceux qui les ont suivis (Epicuriens et Stoïciens).

II. — En quoi ils diffèrent : 1° Méthode. — Platon explique les choses par les Idées ; les Idées ne sont aux yeux d'Aristote que des abstractions. — Pour le premier, le général est réel par lui-même ; pour le second, il n'y a de réalité que dans l'individu (V. *Cours* p. 543 et 547) : de là la part faite par Aristote à l'expérience. — Platon est un logicien, un géomètre ; Aristote, un physicien, un naturaliste. — Ce qui frappe Platon dans les choses, ce qu'il veut expliquer, ce sont leurs rapports de genre et d'espèce ; le fait capital dont il faut rendre compte dans la nature, d'après Aristote, c'est le mouvement. — L'idée et la cause, la cause exemplaire et la cause finale, la forme et la force, l'intelligence et l'activité, l'opposition de ces termes exprime à des points de vue divers l'opposition fondamentale des conceptions de Platon et d'Aristote.

2° Théodicée. — Le Dieu de Platon contient en lui l'infinie multiplicité des Idées : il est une Intelligence ; le Dieu d'Aristote est absolument simple, sans Idées : c'est une Pensée vivante une Conscience pure : les Idées ou plutôt les formes des choses sont contenues en puissance dans la matière, non en lui. — Le Dieu de Platon connaît le monde et le crée par un acte positif de sa volonté : le Dieu d'Aristote est créateur sans le vouloir et même à son insu. — Le Dieu de Platon est la cause exemplaire de la nature, le Dieu d'Aristote en est seulement la cause finale.

3° Psychologie. — L'âme, d'après Platon, est absolument distincte du corps : elle a existé avant lui ; elle lui survivra. L'âme, d'après Aristote, est la forme du corps : elle ne s'en sépare que par abstraction. — Toutes les facultés de l'âme, d'après Platon, dérivent de la raison ; la raison semble, d'après Aristote, une faculté venue du dehors et comme surajoutée aux opérations vitales, etc. — La raison d'après Platon, est la réminiscence des Idées divines ; elle n'est, pour Aristote, que la faculté d'abstraire et de généraliser. — Enfin Platon n'admet dans l'homme aucun libre arbitre ; Aristote croit à l'indétermination et à la contingence des actes volontaires.

4° Morale et Politique. — V. *Sujet* suivant.

III. — Conclusion. Platon et Aristote représentent dans le sein d'un même système philosophique (le spiritualisme) les deux tendances opposées de l'esprit humain, l'un la tendance positive ou empirique, l'autre la tendance spéculative ou idéaliste.

450. — *Exposer et comparer dans leurs traits essentiels la morale de Platon et celle d'Aristote.*

Trois théories à envisager dans l'une et l'autre : 1° théorie de la volonté humaine ou de l'agent moral ; 2° théorie du bien, objet de la moralité ; 3° théorie de la vertu.

Pour le premier point, voir *Cours* p. 508 et 516. (Voir aussi *Sujet* précédent, la psychologie de Platon et celle d'Aristote.)

Pour le second point, on fera voir que le bien, d'après Platon, est une réalité transcendante, Dieu, connu par la raison pure : le bonheur est une simple conséquence du bien (*Cours*, p. 509); d'après Aristote, le bien, c'est le bonheur lui-même lequel d'ailleurs est essentiellement relatif à la nature de notre être et par conséquent n'intéresse pas moins notre sensibilité que notre raison. (*Cours*, p. 517.) Les conditions de ce bonheur sont multiples : la vertu est seulement l'une d'entre elles.

Pour le troisième point, voir *Cours*, p. 343, 344, 345. — Voir aussi le *Sujet* 339. — Cette dernière théorie paraît plus cohérente dans Platon, car il est difficile de voir comment Aristote rattache les vertus pratiques à la vertu contemplative et celle-ci à l'ensemble de sa morale. — Noter le sens très différent que Platon et Aristote attachent au mot justice. — Comme, pour les deux philosophes, la politique est inséparable de la morale, on en pourra dire quelques mots. (Cf. *Cours*, p. 510 et p. 517.)

On fera voir en concluant qu'Aristote et Platon sont restés fidèles dans leurs doctrines morales aux tendances générales de leurs philosophies.

451. — *Quel est le sens philosophique de ces paroles célèbres de Bossuet : « La perfection et la raison d'être ? » Montrer qu'elles résument la métaphysique de Platon et celle d'Aristote.*

### Plan

I. — Expliquer la phrase de Bossuet. (Cf. *Sujet* 407.) — Le point de départ de toutes choses, est-ce l'imperfection radicale, l'être si pauvre, si nu, si indéterminé qu'il est, d'après Hegel, identique au néant, ou est-ce la perfection absolue ? Le plus procède-t-il du moins, ou le moins du plus ? Trois hypothèses sont concevables à priori : 1° Le principe des choses est le néant. Mais du néant il ne peut rien sortir. Comme dit ailleurs Bossuet, qu'un seul moment rien ne soit, et éternellement rien ne sera. Si ce prétendu néant contient en lui-même la puissance de produire le monde, il n'est pas un non-être absolu ; c'est un mélange d'être et de non être, de perfection et d'imperfection, et la première hypothèse revient au fond à la seconde. 2° Le principe des choses, c'est l'être imparfait mais susceptible d'acquérir une à une toutes les perfections, déterminé sous certains rapports, indéterminé sous d'autres. Mais d'abord, quelle raison peut-on avoir d'attribuer à cet être tel degré de perfection plutôt que tel autre ? C'est tout à fait arbitrairement qu'on met la borne ici plutôt que là. En outre, puisqu'il est susceptible d'acquérir toutes les perfections, qu'est-ce qui l'empêche de les acquérir tout de suite ? Il y a donc en dehors de lui, au-dessus de lui quelque autre principe qui le limite? Enfin, s'il n'a qu'un degré fini de perfection, d'où lui vient tout le surplus qu'il acquiert ? Notre esprit, dès qu'il pose l'être à l'origine des choses, le pose nécessairement infini et parfait. 3° La troisième hypothèse est la seule qui supporte l'examen. Être et perfection sont corrélatifs ou, pour mieux dire, identiques. Dieu existe absolument parce qu'il est l'absolue perfection ; l'existence relative du monde s'explique par sa perfection relative; l'imperfection absolue serait le néant absolu. La perfection est la raison d'être. (Cf. la preuve de saint Anselme, *Cours*, p. 324 et 470.)

II. — Appliquer la phrase de Bossuet à la métaphysique de Platon. Faire voir que l'Idée n'est la raison de toute une classe de choses que parce qu'elle est leur perfection, l'essence même de ces choses dans toute sa pureté et sa plénitude. (V. *Cours*, p. 506, 507.) Ainsi la beauté, la vérité, l'intelligence absolues existent avant les beautés imparfaites, les vérités relatives, les intelligences finies, et elles en contiennent la raison. — D'Idées en Idées, c'est-à-dire de perfections en perfections, la dialectique platonicienne s'élève à l'Idée suprême qui est la perfection infinie, c'est-à-dire Dieu.

III. — Appliquer la phrase de Bossuet à la métaphysique d'Aristote. Faire voir que la distinction de la matière et de la forme, de la puissance et de l'acte, revient à celle de l'imparfait et du parfait. C'est la perfection de la cause finale qui explique l'action de la cause efficiente et le mouvement de la matière vers la forme. L'acte est antérieur à la puissance (*Cours*, p. 514 et 515), c'est-à-dire le parfait précède l'imparfait. — D'actes en actes, c'est-à-dire de perfections en perfections, la métaphysique d'Aristote s'élève à l'acte pur qui est la perfection absolue, c'est-à-dire Dieu.

IV. Conclusion. — Ainsi Platon et Aristote expliquent toutes choses par la perfection; mais le premier est plus frappé par l'ordre immuable qui règne dans le monde et il conçoit la perfection comme la cause exemplaire de cet ordre ; le second est plus frappé par le mouvement, par la vie incessante de la nature, et il conçoit plutôt la perfection comme la cause finale de ce mouvement et de cette vie.

# CHAPITRE IV

## L'ÉPICURÉISME

**452.** — *Exposer la théorie des atomes dans la philosophie épicurienne.*

Voir *Cours*, p. 520. Cf. *Ibid.*, p. 434, 435 et 436. Cf. aussi p. 407. — En réunissant tous ces passages, on disposera des éléments nécessaires pour exposer et critiquer la théorie des atomes. — Voici les objections principales contre l'atomisme épicurien :

1° Les atomes sont absolument distincts et indépendants les uns des autres : chacun d'eux existe par soi ; comment comprendre que tous ces absolus, en nombre infini, se trouvent semblables entre eux et contenus dans le même espace ?

2° L'atome est étendu, il a des dimensions, quelques petites qu'on les suppose : comment dès lors peut-il être indivisible ? Tout ce qui est étendu est divisible à l'infini.

3° Les atomes ont des crochets grâce auxquels ils s'attachent entre eux : ils sont donc faits les uns pour les autres, et par suite il est absurde de supposer que chacun d'eux existe par soi. (Cf. *Cours*, p. 464.)

4° Les atomes se mouvent : d'où leur vient ce mouvement ?

5° Les atomes, d'après Épicure, ont en outre le *clinamen* : c'est là une supposition gratuite et en contradiction avec la nature même qu'on prête aux atomes.

6° L'ordre et la stabilité de la nature ne peuvent être les effets des mouvements fortuits des atomes. (Cf. *Cours*, p. 467.)

7° La vie et la pensée sont inexplicables dans cette hypothèse. (*Ibid.*, p. 453.) — Voir en outre *Sujets* 413 et 486.

**453.** — *Comment la doctrine du plaisir a-t-elle pu amener Épicure à la théorie de la frugalité, du désintéressement et de l'immobilité ?*

Voir *Cours*, p. 521. Voir aussi p. 320. — L'explication de ce paradoxe apparent, c'est la distinction du plaisir en mouvement et du plaisir stable.

# CHAPITRE V

## LE STOÏCISME

**454.** — *Qu'est-ce que les stoïciens entendaient par les choses qui dépendent de nous et celles qui n'en dépendent pas?*

Cette distinction est fondamentale dans la morale d'Epictète. Son *Manuel* commence ainsi :

« Parmi les choses, les unes dépendent de nous, les autres n'en dépendent pas. Les choses qui dépendent de nous sont le jugement, la volonté, le désir, l'aversion, en un mot, tout ce qui est notre œuvre; les choses qui ne dépendent pas de nous sont le corps, la fortune, les honneurs, les dignités, en un mot tout ce qui n'est pas notre œuvre. Et les choses qui dépendent de nous sont libres par nature : on ne peut les empêcher, les entraver; les choses qui ne dépendent pas de nous sont faibles, esclaves, sujettes à empêchement, étrangères. » De cette distinction Epictète tire cette conséquence que la vertu et le bonheur se rapportent uniquement aux choses qui dépendent de nous, c'est-à-dire aux opérations de notre âme ou, selon l'expression favorite des stoïciens, à l'usage des représentations (χρῆσις τῶν φαντασιῶν). Or, l'usage que nous devons en faire, c'est de n'être jamais troublés par elles. Epictète en conclut que le sage doit se désintéresser de tout ce qui n'est pas sa propre impassibilité. Il va même jusqu'à comparer la perte d'un fils à celle d'une marmite ou d'une coupe; « la divinité nous permet d'avoir une femme ou un enfant, comme le pilote laisse le matelot qu'il a envoyé faire de l'eau, ramasser sur son chemin un coquillage ou un oignon; on ne doit pas s'inquiéter d'un mauvais présage, parce qu'il ne peut menacer que votre corps, votre fortune, votre réputation, vos enfants ou votre femme; il n'a rien de menaçant pour vous, si vous le voulez : quoi qu'il arrive, il dépend de vous d'en tirer profit. » — Comme le fait remarquer M. Thurot (Epictète, *Manuel*, introd.), Epicure s'est écarté sur ce point, sinon de la lettre, au moins de l'esprit du stoïcisme : les stoïciens enseignaient que les affections de famille sont les plus pures de toutes, qu'il est conforme à la nature d'aimer ses enfants, que le sage se mariera, qu'il aura des enfants, que c'est un *office* à remplir envers l'Etat. — En revanche, on peut louer sans réserve les préceptes de dignité, de courage, de tempérance, etc., qu'Epictète rattache à cette distinction fondamentale. — Cf. dans le *Discours de la Méthode*, chap. III, la troisième règle de morale provisoire. Cf. aussi *Sujet* 340.

### 455. — *Comparer et apprécier le stoïcisme et l'épicuréisme.*

Au point de vue métaphysique, cela revient à comparer le panthéisme et le matérialisme (voir *Sujet* 413); au point de vue moral, la morale de l'intérêt et la morale du devoir.

### 456. — *Sur quoi portait le débat entre les épicuriens et les stoïciens ?*

Les deux écoles se proposaient de conduire l'homme au souverain bien ; seulement d'après les épicuriens, le souverain bien est le plaisir, et la vertu n'a de valeur que parce qu'elle est l'unique moyen d'y arriver; d'après les stoïciens, la vertu est elle-même le souverain bien; le plaisir est indifférent ou même funeste s'il nous détourne de la vertu. — Ces deux morales reposent sur des fondements psychologiques et métaphysiques tout à fait différents. (V. *Cours*, p. 320, 520, 521, 528.)

### 457. — *Quelles sont les écoles de philosophie désignées par ces noms : l'Académie, le Lycée, le Portique ? Caractères principaux de chacune de ces écoles.*

L'Académie, c'est l'école de Platon; le Lycée, c'est l'école d'Aristote; le Portique, c'est l'école de Zénon, dite aussi école stoïcienne. — La question revient donc à distinguer sommairement les doctrines de ces philosophes (principalement en métaphysique et en morale). Le *Cours* signale les affinités relatives du stoïcisme et du péripatétisme (p. 244).

# CHAPITRE VI

## BACON

**458.** — *Quel est le sens de cet aphorisme de Bacon :
« Vere scire, per causas scire ? »*

Ce sujet ne se rapporte pas particulièrement à la philosophie de Bacon. Il appartient également soit à la théorie de la nature de la science (*Cours*, Introduction), soit à celle de la méthode expérimentale. (*Cours*, Logique, chap. III.)

Plan.

I. — L'expérience nous fait connaître les phénomènes, notre raison en recherche les causes (principe de causalité).

II. — Supériorité de la connaissance des causes, qui est la science, sur la simple connaissance des phénomènes. Seule elle permet de comprendre, de prévoir et de pourvoir. (Cf. *Sujet* 459.)

III. — Comment peut-on arriver à connaître les causes des phénomènes ? — Ce que les sciences de la nature entendent par la causalité : la cause, c'est l'antécédent déterminant. — Méthodes expérimentales de Bacon et de Stuart Mill. (*Cours*, p. 239.)

IV. — Mais n'y a-t-il pas d'autres causes que celles-là ? Faire voir que la première origine de l'idée de cause est dans la conscience de notre volonté. — Cause finale et cause efficiente. — Nécessité de compléter la science positive par la métaphysique. La science parfaite consisterait à voir comment toutes choses dérivent de la cause première.

**459.** — *Quel est le sens de cette phrase de Bacon : « La puissance de l'homme est en raison de sa science. On ne commande à la nature qu'en lui obéissant ? »*

Voici le texte de Bacon (*Novum Organum* I) : « Scientia et potentia humana in idem coincidunt, quia ignoratio causæ destituit effectum. Natura enim non nisi parendo vincitur; et quod in contemplatione instar causæ est, id in operatione instar regulæ est. » La puissance de l'homme est en raison de sa science, parce que c'est l'ignorance de la cause qui fait manquer l'effet. On ne vient à bout de la nature qu'en lui obéissant, et ce qui dans la théorie est cause devient moyen dans la pratique. — La première partie de l'aphorisme est citée dans le *Cours* (p. 1. Cf aussi p. 240, 534, 535). On peut rapprocher du mot de Bacon celui d'Auguste Comte « Savoir, c'est prévoir et pourvoir. »

### Plan.

I. — Montrer qu'en fait la puissance de l'homme s'accroît avec la science. Emprunter des exemples aux progrès de la civilisation moderne qui est essentiellement scientifique et industrielle. La récente Exposition universelle est une des preuves les plus saisissantes de la multiplication indéfinie du pouvoir de l'homme par la science. — Eviter en traitant ce paragraphe de tomber dans la déclamation ou la banalité.

II. — Expliquer cette corrélation du savoir et du pouvoir. Rôle nécessaire de l'intelligence dans la conduite de l'activité : c'est elle qui prévoit les obstacles et trouve les moyens. Déjà la connaissance purement empirique est pratiquement utile : à plus forte raison la science. Existence des lois de la nature ; déterminisme caché des causes et des effets. Faire voir que celui qui connaît ce déterminisme peut par cela même prévoir, produire, empêcher, modifier à volonté les phénomènes.

IV. — Aussi les sciences positives s'efforcent-elles avant tout de déterminer les causes, non les causes métaphysiques (efficientes ou finales), mais les causes physiques. Visant à l'utilité à travers la vérité, elles n'étudient dans la nature que la partie que nous pouvons tout à la fois soumettre à nos sens et à notre action matérielle. — De là les méthodes expérimentales. (Les exposer brièvement, d'après Stuart Mill, surtout la méthode de différence, en faisant voir que ces méthodes tendent à établir simultanément la science et la puissance de l'homme dans un ordre de phénomènes naturels.)

V. Conclusion. — Faire voir que l'homme ne commande aux forces de la nature qu'en obéissant à ses lois. Pourtant il trouve en lui-même la conscience d'une activité et l'idée d'une règle supérieures aux forces et aux lois naturelles. Si la science de la nature est la source de la puissance physique, c'est dans la conscience de la liberté et dans l'idée du devoir qu'est la source de la puissance morale.

# CHAPITRE VII

## DESCARTES

**460.** — *Comparer Aristote et Platon, Bacon et Descartes.*

On se gardera bien d'exposer en détail et séparément les doctrines des quatre philosophes. Mais on comparera d'abord Aristote et Platon, surtout au point de vue de leurs tendances générales et de leurs méthodes (V. *Sujet* 449), puis Bacon et Descartes. (V. *Sujet* suivant.) — On montrera ensuite les affinités d'Aristote et de Bacon, tous deux partisans de l'expérience (bien que le philosophe grec ait fait dans l'*Organon* la théorie du raisonnement déductif), et celles de Platon et de Descartes, tous deux partisans de la méthode rationnelle.

Tout en réagissant contre Aristote, Bacon garde la plupart de ses doctrines : la vraie science est la science des causes; les causes sont de quatre sortes : matière, forme, cause efficiente, cause finale; la forme est immanente à la matière; elle est l'élément commun, invariable, essentiel de tous les cas particuliers, etc. Comme Aristote, Bacon apporte en philosophie l'esprit d'un physicien et d'un naturaliste.

Descartes aurait pu redire le mot de Platon : « Que nul n'entre ici s'il n'est géomètre ! » Les natures simples et absolues auxquelles correspondent les Idées claires et distinctes de notre raison et par lesquelles il explique toutes choses (V. *Cours*, p. 530), sont évidemment les analogues des Idées platoniciennes. Pour Descartes comme pour Platon, le général est antérieur au particulier, l'abstrait conçu par l'entendement est plus certain et plus réel que le concret perçu par les sens.

**461.** — *Bacon et Descartes.*

La comparaison des deux philosophes est indiquée *Cours* p. 531. Voir aussi *Sujet* précédent. — On n'entrera pas dans l'exposition détaillée des doctrines de ces deux philosophes, attendu que leurs parties ne se correspondent pas de l'une à l'autre. Ainsi il n'y a pas dans Bacon une métaphysique, une psychologie, etc., qu'on puisse comparer avec celles de Descartes. Les seuls points sur lesquels la comparaison soit possible sont : 1° la théorie de la science (nature de la connaissance humaine, but et objet de la science) ; 2° la théorie de la méthode ; 3° l'influence exercée par ces deux philosophes sur leur siècle et sur les siècles suivants.

1° Bacon et Descartes sont tous deux préoccupés de donner à la science la certitude et l'utilité qui lui manquent; mais le certain, c'est pour Bacon, ce qui se perçoit; pour Descartes, ce qui se comprend : le premier fonde la science sur la réalité du fait; le second sur l'évidence de la vérité : c'est l'opposition de l'expérience et de la raison. En effet, d'après Bacon, la source de toute connaissance est dans la nature extérieure ; elle est, d'après Descartes, dans l'intérieur même de notre esprit.

2° Pour bien comparer les méthodes baconienne et cartésienne, il faut connaître non seulement la méthode générale de Descartes mais encore sa méthode particulière en physique. L'expérience y joue un certain rôle : c'est elle qui pose les problèmes et qui vérifie les solutions. (V. *Cours*, p. 543.)

3° Sur le rôle respectif de Bacon et de Descartes, voir *Cours*, p. 531.

462. — *La méthode de Descartes. Les lois de la logique, dit Leibniz, sont les règles du bon sens mises en ordre et par écrit. Justifier cette maxime en l'appliquant aux règles de la méthode de Descartes.*

On peut donner de la méthode de Descartes deux interprétations bien différentes. L'une exotérique, et plus ou moins superficielle, ne voit guère dans cette méthode que l'ensemble des règles du bon sens. C'est, il faut le dire, la plus ordinaire et celle qu'on semble demander ici. L'autre s'efforce de déterminer le véritable sens de la méthode cartésienne en la rapprochant de toutes les autres théories psychologiques et métaphysiques de Descartes. — Pour la première interprétation, laquelle est d'ailleurs approfondie et complétée et non contredite par la seconde, voir *Cours*, p. 530, § 2 et 3. Se rapporter aussi au texte du *Discours*, ch. II. — Les autres théories de Descartes qui peuvent faire mieux comprendre sa méthode sont 1° celle des idées innées (*Cours*, p. 543); 2° celle de la véracité divine (*Ibid.*, p. 542). On comprendra alors que cette méthode n'est pas seulement une banale recommandation de rechercher l'évidence et de procéder avec ordre, mais qu'elle est essentiellement fondée sur une conception métaphysique des rapports de la vérité et de la pensée.

De toute façon, il est important de bien montrer la liaison des quatre règles. Voici comment, ce semble, on pourrait la rendre sensible : 1° vous voulez trouver la vérité? cherchez l'évidence; 2° pour trouver l'évidence, cherchez en toute question ce qu'il y a de plus simple et par conséquent, divisez, analysez ; 3° une fois en possession des vérités simples et évidentes, servez-vous en pour trouver les vérités composées et douteuses et par conséquent, composez, faites des synthèses ; 4° enfin, vérifiez vos synthèses et vos analyses et assurez-vous qu'elles sont bien exactes et complètes.

A propos du mot de Leibniz, on rappellera le rôle assigné au *bon sens* par Descartes dans la recherche de la vérité. « Le bon sens est la chose du monde la mieux partagée... la raison ou le sens, c'est-à-dire la faculté de bien juger et discerner le vrai d'avec le faux est naturellement égale en tous les hommes ; elle nous fait véritablement hommes et nous distingue des bêtes. » La méthode a pour but de diriger le bon sens, mais elle est elle-même l'œuvre du bon sens. N'admettre que l'évidence, commencer toujours par le plus facile, c'est-à-dire par le plus simple et le plus clair, suivre un ordre fixe dans toutes ses opérations. le bon sens, dans ces préceptes (bien différents de la vieille logique scolastique), se reconnaît en quelque sorte lui-même. Tout esprit juste et droit est naturellement cartésien.

**463.** — *Quelles sont les maximes dans lesquelles consiste ce qu'on appelle la morale provisoire de Descartes ?*

Idées à développer.

La méthode de Descartes l'oblige à mettre toutes choses en doute, même la morale. Combien de temps durera ce doute universel ? Il l'ignore. En tout cas, la morale, qui de toutes les sciences est peut-être la dernière, étant la plus complexe, y restera longtemps enveloppée. Mais si le philosophe peut s'abstenir indéfiniment de juger tant qu'il n'a pas trouvé la vérité, l'homme est forcé d'agir et de prendre parti : la pensée peut attendre, la vie n'attend pas. Aussi Descartes va-t-il se faire une morale *par provision*, morale qui lui est essentiellement personnelle et qui se rapporte tout entière à sa situation présente : elle sera pour lui le logis où il s'abrite pendant qu'il démolit et rebâtit sa maison. Toutes les règles de cette morale ne visent qu'à une fin : assurer à Descartes la sécurité et la liberté dont il a besoin pour mener à bout sa grande entreprise. Prudence, modération, économie de temps et d'effort, voilà les quelques mots qui la résument. Donnons-en le texte abrégé.

La première était d'obéir aux lois et aux coutumes de mon pays, retenant constamment la religion en laquelle Dieu m'a fait la grâce d'être instruit dès mon enfance, et me gouvernant en toute autre chose suivant les opinions les plus modérées et les plus éloignées de l'excès qui fussent communément reçues en pratique parmi les mieux sensés de ceux avec lesquels j'aurais à vivre.

La seconde maxime était d'être le plus ferme et le plus résolu que je pourrais ; et de ne suivre pas moins constamment les opinions les plus douteuses, lorsque je m'y serais une fois déterminé que si elles eussent été très assurées. — Suit la comparaison avec les voyageurs égarés dans une forêt, qui ne doivent pas errer en tournoyant de côté et d'autre, ni s'arrêter en une place, mais marcher toujours le plus droit qu'ils peuvent vers un même côté.

La troisième était de tâcher toujours plutôt à me vaincre que la fortune et à changer mes désirs que l'ordre du monde ; et généralement de m'accoutumer à croire qu'il n'y a rien qui soit entièrement en notre pouvoir que nos pensées, — en sorte qu'après que nous avons fait notre mieux, touchant les choses qui nous sont extérieures, tout ce qui manque de nous réussir est au regard de nous absolument impossible.

Enfin, comme conclusion de cette morale, je m'avisai de faire une revue sur les diverses occupations qu'ont les hommes en cette vie, pour tâcher de faire choix de la meilleure, et, sans que je veuille rien dire de celles des autres, je pensai que je ne pouvais mieux que de continuer en celle-là même où je me trouvais, c'est-à-dire que d'employer toute ma vie à cultiver ma raison, et m'avancer autant que je pourrais en la connaissance de la vérité suivant la méthode que je m'étais prescrite. (*Discours de la Méthode*, III.)

**468.** — *Expliquer et apprécier cette phrase de Descartes :*
« *Le bon sens est la chose du monde la mieux partagée.* »

Cette phrase est la première du *Discours de la Méthode*. — « Le bon sens est la chose du monde la mieux partagée : car chacun pense en être si bien pourvu que ceux-mêmes qui sont les plus difficiles à contenter en toute autre chose, n'ont point coutume d'en désirer plus qu'ils en ont. En quoi il n'est pas vraisemblable que tous se trompent ; mais plutôt cela témoigne que la puissance de bien juger et distinguer le vrai d'avec le faux, qui est proprement ce qu'on nomme le bon sens ou la raison, est naturellement égale en tous les hommes. » — On peut traiter le sujet de deux manières, soit en rapportant cette phrase à l'ensemble de la philosophie de Descartes, soit en la considérant isolément. La première nous semble de beaucoup la meilleure.

### Plan.

I. — Développer la pensée de Descartes, en montrer les conséquences. — 1° Tous les hommes, plus ou moins inégaux sous tous les autres rapports, sont égaux sous celui-là ; étant également raisonnables, ils sont également hommes : car « la raison est la seule chose qui nous distingue des bêtes. » 2° Par cela même tous les hommes ont un droit égal à rechercher la vérité. (Cf. avec le passage de la VI° partie du *Discours* où Descartes explique pourquoi il a écrit son ouvrage en français et non en latin.) —

Descartes proclame en quelque sorte la libre accessibilité de la science à tous les esprits. Aussi a-t-on souvent rapproché le *Discours de la méthode* de la *Déclaration des droits de l'homme* : l'égalité des raisons n'entraîne-t-elle pas l'égalité des libertés ? 3° Puisque « la diversité de nos opinions ne vient pas de ce que les uns sont plus raisonnables que les autres, mais seulement de ce que nous conduisons nos pensées par diverses voies, et ne considérons pas les mêmes choses, » la méthode a une importance majeure.

II. — Preuves données par Descartes en faveur de sa thèse : 1° l'opinion de tout le monde : chacun pense en être si bien pourvu, etc. (Cf. *Sujet* 121) ; 2° l'analyse de l'esprit : toutes les autres qualités, pensée, imagination, mémoire, sont susceptibles de plus et de moins, la raison est nécessairement égale à elle-même. Cette seconde preuve se rattache évidemment aux principes même de la philosophie cartésienne. (Cf. *Sujet* 220.) Toute essence est nécessairement homogène, indivise, par exemple, l'essence de l'étendue : or la raison est l'essence de l'âme humaine ; elle est en effet identique à la faculté de penser (laquelle contient en soi à priori toutes les idées innées) : il s'ensuit que la raison est « tout entière en un chacun ».

III. — Objections. 1° Descartes contredit par ses disciples. « Il n'y a rien de plus estimable que le bon sens et la justesse de l'esprit dans le discernement du vrai et du faux... Mais il est étrange combien c'est une qualité rare que cette exactitude du jugement (Nicole dans la *Logique de Port-Royal*) ; 2° Descartes contredit par lui-même. (*Discours*, chap. II, 3° alinéa.) Dans ce passage, il parle de gens « qui, ayant assez de raison ou de modestie pour juger qu'ils sont moins capables de distinguer le vrai d'avec le faux que quelques autres, par lesquels ils peuvent être instruits, doivent bien plutôt se contenter de suivre les opinions de ces autres, qu'en chercher eux-mêmes de meilleures. »

IV. — Comment on peut répondre à ces objections. Il faut distinguer la puissance naturelle et originelle de juger, qui seule est égale dans tous les hommes, et les habitudes contractées par cette faculté qui peuvent être fort diverses dans les différents individus. — Toutefois si on prend au pied de la lettre le mot « égal », la théorie de Descartes est impossible à vérifier, car à quel moment faudrait-il comparer les raisons des hommes pour s'assurer de leur parfaite égalité ? et même impossible à concevoir, car des quantités mathématiques peuvent seules être égales dans le sens littéral du mot, et la raison n'est pas sans doute une quantité mathématique. Descartes a donc simplement voulu dire deux choses : 1° tous les hommes possèdent la raison ; 2° dans tous, l'essence de la raison est identique. Mais il ne s'ensuit pas que tous les hommes aient, même dès l'origine, une égale facilité et une égale propension à se servir de la raison. Si, comme l'a dit Joseph Chénier, le génie est la raison sublime, il faut bien reconnaître que certains hommes sont, en quelque sorte, plus raisonnables que d'autres. Ce qui est commun et, dans un sens large, égal chez tous les hommes, c'est ce minimum de raison qui suffit pour reconnaître les vérités absolument simples et évidentes et qui en effet n'a été, ce semble, refusé à aucun être humain. (Cf. *Sujet* 147.)

**465.** — *Comparer la docte ignorance de Socrate et le doute méthodique de Descartes.*

### Plan.

I. — Faire voir les affinités de Socrate et Descartes. L'un et l'autre réforment la philosophie : la philosophie ancienne date de Socrate, la philosophie moderne de Descartes ; tous deux mettent fin à une période de discussions stériles où triomphe le scepticisme et ouvrent une ère de spéculations fécondes ; tous deux ramènent la philosophie de l'étude des choses extérieures à la conscience du sujet pensant ; tous deux enfin lui donnent une méthode qui s'impose désormais à leurs successeurs.

II. — Ce que je sais, c'est que je ne sais rien, disait Socrate. — Je doute de toutes choses, disait Descartes. L'ignorance et le doute sont bien voisins ; l'un est le plus souvent l'effet de l'autre. Aussi Socrate a-t-il été pris pour un sophiste (les *Nuées* d'Aristophane) et Descartes a dû prendre soin de se distinguer des sceptiques. Pour l'un comme pour l'autre, la science doit commencer par un aveu d'ignorance et par la profession d'un doute universel. — Pour tous deux aussi, c'est là un procédé de méthode, un moyen d'arriver à la vérité et à la certitude : ce scepticisme apparent recouvre un dogmatisme profond, la foi à la puissance de la raison humaine.

III. Différences.—1° La docte ignorance est un procédé d'enseignement : Socrate, conversant avec ses disciples, feint d'ignorer la vérité qu'il va leur faire découvrir : il a l'air de les suivre ; en réalité, c'est lui qui les mène. Le doute méthodique est un procédé d'investigation : Descartes, enfermé dans sa propre pensée, s'efforce de rendre douteuses à ses yeux toutes ses opinions anciennes, et il y réussit : où ce doute le conduira-t-il ? Il n'en sait rien d'avance. 2° Socrate oppose sa docte ignorance aux affirmations tranchantes des sophistes et de tous les esprits présomptueux : ce que Descartes combat avec son doute méthodique, c'est ce qu'on pourrait appeler « le dogmatisme du sens commun ». 3° Aussi ce doute a-t-il une bien autre portée : c'est en lui que Descartes trouve sa première certitude : Je doute, donc je suis. On pourrait à la rigueur, sans défigurer la philosophie de Socrate, en retirer la docte ignorance : le doute méthodique est la pierre angulaire de la philosophie cartésienne.

**466.** — *Comparer le « Connais-toi toi-même » de Socrate et le « Je pense donc je suis » de Descartes.*

### Plan.

I. — Voir le début du *Sujet* précédent.

II. — Socrate et Descartes ont fondé l'un et l'autre des philosophies, dont le point de départ nécessaire est la réflexion de l'esprit sur lui-même et l'analyse de ses idées. Seulement cette philosophie, Socrate l'a en quelque sorte fondée sans le savoir ; elle ne s'est développée qu'après lui, chez Platon et Aristote : le « Connais-toi toi-même » n'en contenait que le germe. Descartes a eu pleinement conscience de son œuvre.

III. — C'est que Socrate est avant tout un moraliste : l'homme qu'il nous faut connaître, c'est l'homme moral et social, l'individu que nous sommes et qu'il nous faut corriger et perfectionner. Descartes est un métaphysicien : le moi dont il affirme l'existence, c'est le moi pur, spirituel, tout entier identique à la pensée, nullement celui d'un homme vivant dans un certain siècle et dans un certain pays.

IV. Conclusion. — Ce n'est pas seulement à Socrate, c'est aussi à Platon qu'il faut comparer Descartes. (V. *Sujet* 445.)

# CHAPITRE VIII

## SPINOZA

**467. — *Est-il vrai de dire que le spinozisme ne soit, selon le mot de Leibniz, qu'un cartésianisme immodéré ?***

Le cartésianisme est une philosophie très compréhensive et très riche, et c'est là ce qui explique sa fécondité.

Presque toutes les doctrines modernes en dérivent : chacune d'elles est en quelque sorte le développement de l'une des idées maîtresses qui la composent. — « On a eu raison de dire que depuis le commencement du monde jusqu'au jour présent, toutes les pensées des hommes se relient entre elles et forment une grande chaîne ; mais une autre métaphore indiquera mieux peut-être la filiation intellectuelle du genre humain. Les pensées des hommes me semblent comparables aux feuilles, aux fleurs, aux fruits des branches innombrables de quelques grands troncs dont les racines cachées s'entremêlent. Ces troncs s'appellent des noms d'une demi-douzaine d'hommes héroïques par la force et la lucidité de leur intelligence, et quel que soit notre point de départ, c'est à eux que nous sommes amenés quand nous cherchons à remonter le cours de l'histoire du monde de la pensée. Nous les retrouvons aussi certainement qu'en suivant les rameaux de l'arbre, jusqu'aux branches de plus en plus grosses qui les portent, nous arrivons tôt ou tard à la souche dont procède cette ramification.

De tous les penseurs, celui qui, d'après moi, représente mieux que tout autre la souche et le tronc de la philosophie moderne, c'est René Descartes. » Huxley (*Les Sciences naturelles*).

On comprend dès lors que le spinozisme soit en effet virtuellement contenu dans le cartésianisme et qu'il suffise de développer, à l'exclusion de toutes les autres, certaines parties de la doctrine-mère pour l'en voir sortir. Le mot de Leibniz se trouve ainsi à la fois justifié et rectifié.

### Plan.

1. — Ce qui frappe tout d'abord dans la philosophie de Descartes, c'est sa méthode. Faire voir qu'elle est une transformation de la méthode mathématique. « Ces longues chaînes de

raisons toutes simples et faciles dont les géomètres ont coutume de se servir pour parvenir à leurs plus difficiles démonstrations, m'avaient donné occasion de m'imaginer que toutes les choses qui peuvent tomber sous la connaissance des hommes s'entresuivent en même façon. » (*Discours*, II° partie.) Si on admet 1° que la méthode cartésienne est l'essence du cartésianisme, 2° que cette méthode est essentiellement identique à la méthode mathématique, Spinoza est en effet plus cartésien que Descartes.

Le montrer par la conformité de la méthode de Spinoza avec celle de la géométrie. (V. *Cours*, p. 547.)

II. — Mais il y a sans doute quelque malentendu dans l'idée qu'on se fait d'ordinaire de la méthode de Descartes ; car la méthode qu'il emploie n'est pas la même que celle qu'il enseigne, ou du moins elle diffère par certains points essentiels de la méthode mathématique.

Si la méthode cartésienne n'est qu'une extension de la méthode mathématique, il semble que Descartes doive traiter la philosophie à priori, en partant d'un petit nombre d'intuitions ou d'idées claires et distinctes exprimées dans des définitions, sans aucune solution de continuité dans la série des déductions. — Mais pour que cette méthode soit applicable, il faut que les principes dont elle part ne contiennent aucune indétermination et que tout le reste en dérive nécessairement.

Or, les principes de la philosophie cartésienne ne présentent nullement ce double caractère.

En effet, nous voyons bien clairement que la pensée implique l'existence, mais de l'intuition ou de l'idée de la pensée nous ne pouvons déduire à priori la diversité des modes de la pensée. Descartes en tout cas ne le fait point, même pour les idées innées : c'est l'expérience intime seule qui lui fait connaître la nature des diverses sortes d'états psychiques. Sa psychologie est fondée bien plus sur l'observation de la conscience que sur des définitions et des raisonnements à priori.

D'autre part l'existence de l'idée de perfection ne semble pas davantage déduite de la nature de la pensée mais plutôt constatée à titre de fait. Une fois cette idée admise, Descartes en déduit l'existence objective de Dieu et ses attributs parmi lesquels il met en première ligne la liberté. Mais la notion d'un Dieu absolument libre est essentiellement une notion indéterminée : car comment savoir à priori ce qu'un tel Dieu devra faire ? L'expérience seule pourra nous apprendre quelles ont été en effet les déterminations de sa libre volonté. De là une contradiction manifeste entre le principe de la liberté divine et la nécessité postulée en toutes choses par une méthode strictement mathématique. C'est ce principe qui empêche dans les sciences physiques et naturelles l'application continue du raisonnement et exige des recours perpétuels à l'expérience.

Enfin Descartes ne déduit pas davantage l'idée de l'étendue, soit de la nature de la pensée, soit de la nature de Dieu. Il constate l'existence de cette idée en nous, et l'impossibilité où nous sommes de l'identifier à la pensée. Pareillement il ne prouve pas à priori que Dieu a dû imprimer le mouvement à l'étendue ; et la création du monde demeure chez lui à l'état de fait dont on ne voit pas la nécessité.

Ainsi la vraie méthode appliquée par Descartes à la philosophie n'est pas la pure méthode mathématique : elle se compose en réalité de deux parties bien distinctes : 1° une partie d'observation, soit interne, soit externe, par laquelle Descartes constate un certain nombre de faits, les plus simples, les plus généraux de tous : je pense ; j'ai l'idée de la perfection ; j'ai l'idée de l'étendue ; j'éprouve une tendance irrésistible à croire que l'étendue existe objectivement ; il y a dans le monde extérieur du mouvement, certaines espèces particulières de corps organiques et vivants, etc., etc. ; 2° une partie de raisonnement, par laquelle Descartes tire les conséquences de ces faits et s'efforce de les enchaîner les uns aux autres dans une série plus ou moins continue. Bref, ce que la méthode cartésienne emprunte aux mathématiques, c'est leur esprit, non leurs procédés.

III. — Spinoza, au contraire, prétend appliquer à la philosophie la méthode géométrique telle quelle. Aussi commence-t-il par la définition abstraite de la substance, tandis que Descartes affirme d'abord la réalité de sa propre pensée : l'un part d'un fait, l'autre d'une idée. — Que si on envisage non plus la méthode mais la doctrine, bien d'autres systèmes que le spinozisme étaient contenus en germe dans la philosophie de Descartes (idéalisme à la manière de Berkeley, spiritualisme dualiste, matérialisme, philosophie de la volonté, etc.). — En somme, le spinozisme est plutôt un cartésianisme rétréci qu'un cartésianisme immodéré.

# CHAPITRE IX

## LOCKE

**468.** — *Sur quels points Locke s'est-il séparé de Descartes et des cartésiens ?*

Voir *Cours*, p. 551. — 1° Locke n'admet pas les idées innées et fait dériver toute la connaissance humaine de l'expérience ; 2° il réduit par cela même la philosophie à une simple idéologie : tout en reconnaissant la distinction de la pensée et de l'étendue, il déclare que Dieu a pu donner à la matière la faculté de penser. (Cf. *Cours*, p. 553.)

**469.** — *En quoi Condillac est-il disciple de Locke ? En quoi diffère-t-il de ce philosophe ?*

Condillac admet le principe de la philosophie de Locke : toutes nos connaissances dérivent de l'expérience. Mais 1° Locke admettait une double expérience, la sensation et la réflexion. (V. *Cours*, p. 553.) Condillac n'admet que la sensation ; en effet, d'après Locke, la réflexion, c'est la connaissance des opérations intérieures de notre âme : mais, dit Condillac, toutes ces opérations se ramènent au fond à des sensations, et d'autre part la conscience que nous avons de nos sensations ne fait qu'un avec nos sensations elles-mêmes ; 2° Locke admettait dans l'âme l'existence de facultés antérieures aux sensations telles que l'entendement et la volonté : ce sont ces facultés dont la réflexion nous fait connaître les opérations. D'après Condillac, il n'y a même pas de facultés innées : tout dans l'âme dérive d'un premier fait qui est la sensation. Son empirisme est donc beaucoup plus systématique et radical que celui de Locke.

# CHAPITRE X

## LEIBNIZ

**470.** — *Exposer la philosophie de Leibniz.*

Voir *Cours*, p. 557-563. — Cf. sur la théorie des petites perceptions, p. 55; sur la théorie de la raison, p. 109 et 126; sur la théorie de la volonté, p. 151 et 153; sur la monadologie, p. 427, 435, 456; sur l'harmonie préétablie, p. 459; sur l'optimisme, 471, 474, 476, 479.

**471.** — *Que savez-vous de la philosophie de Leibniz ? Qu'est-ce que les monades, l'harmonie préétablie, l'optimisme ? Qu'a-t-il ajouté à la philosophie de Descartes ?*

Voir *Sujet* précédent. — Ce que Leibniz a ajouté à la philosophie de Descartes, c'est d'une part l'idée de virtualité, de force ou de tendance; d'autre part, le principe de raison en tant que distinct du principe de contradiction. Par là il a renouvelé la psychologie (théorie des perceptions insensibles, théorie de l'innéité de la raison, etc.), et la métaphysique (explication du mouvement par la force, réduction de l'étendue à la pensée, monadologie, etc.).

**472.** — *Qu'est-ce que la théorie de l'harmonie préétablie dans la philosophie de Leibniz ?*

Voir *Cours*, p. 459 et 561. — Cette théorie est souvent mal comprise. On semble croire que Leibniz l'a imaginée pour expliquer l'union de l'âme et du corps : elle a une tout autre portée. Il s'agit pour lui d'expliquer en général l'action réciproque des êtres. Si comme tous les philosophes l'avaient fait avant lui, on admet sans difficulté l'action réelle d'un être sur un autre, tous les mystères qui entouraient le problème de l'union de l'âme et du corps dans les autres systèmes s'évanouissent dans le système leibnizien ; car l'âme et le corps ne sont plus que des forces de même nature. (V. *Cours*, p. 459.) Mais justement Leibniz n'admet pas la réalité de l'action transitive. Toute action, selon lui, est nécessairement immanente. C'est donc pour expliquer la correspondance des actions immanentes des êtres qu'il a imaginé l'harmonie préétablie. En outre, la forme que Leibniz donne à sa théorie est très probablement symbolique. Telle est par exemple la comparaison des deux horloges. Voir dans le *Cours*, p. 461, l'interprétation que nous avons essayé d'en donner et qui, il faut bien le reconnaître, est fondée sur le principe panthéistique de l'unité de substance. (Cf. *Sujet* 436, sub. fin.)

### 473. — *Exposer la théorie de Leibniz sur les monades.*

Consulter la *Monadologie*, édition Boutroux. — On montrera comment Leibniz a été conduit à sa théorie des monades en partant des doctrines de Descartes sur l'étendue, la matière et le mouvement. (*Cours*, p. 435 et 560.)

Beaucoup d'esprits ont de la peine à distinguer la monade de l'atome. Il y a certainement des analogies entre les deux concepts : Leibniz dit lui-même que ses monades sont les véritables atomes de la nature. Mais l'atome est matériel; c'est un petit corps qui a une étendue, une figure, si réduites qu'on les suppose; il est situé dans l'espace; nous ne pouvons le voir ni le toucher, mais nous pouvons l'imaginer comme un objet visible et tangible; il est donc conçu sur le modèle des choses extérieures : c'est la dernière limite de la divisibilité des corps. — Pour Leibniz, un tel concept est évidemment symbolique et illusoire : l'atome ne peut pas plus exister objectivement que le corps, à l'image duquel on le conçoit. Tout ce qui est sensible ou imaginable est par cela même subjectif, phénoménal, exprime non l'essence absolue des choses, mais l'effet relatif qu'elles produisent ou qu'elles pourraient produire sur nous. En outre, l'atome est supposé étendu et cependant indivisible; ce qui est une contradiction dans les termes, car qui dit étendue dit pluralité de parties, composition, par conséquent divisibilité; un véritable atome devrait être inétendu, partant immatériel. On a beau dire que l'étendue de l'atome est infiniment petite : on oublie que les notions de petitesse et de grandeur sont relatives et qu'il n'y a rien d'absolument petit. — La monade n'a donc pas d'étendue; il est absurde de demander si elle grande ou petite, quelle place elle occupe dans l'espace, si on peut la voir et la toucher, etc., car c'est la ramener à la condition des choses sensibles, lesquelles ne sont pas de vraies réalités. Ceux qui se représentent les monades comme juxtaposées dans l'espace et formant ainsi des séries de points résistants s'en font à notre avis une très fausse idée; il faut renoncer à essayer de se représenter, de voir mentalement les monades; car dès qu'on se place au point de vue des sens et de l'imagination, on n'a plus affaire qu'à des atomes.

Quel est donc le moyen d'arriver à une conception exacte des monades ? Ce moyen est double : 1° le raisonnement, 2° la conscience. Il y a des composés; donc il y a des substances simples; mais tout ce qui est étendu et matériel est composé; donc ces substances sont inétendues et immatérielles. Il y a de la différence et des changements dans les composés; donc ces monades diffèrent toutes les unes des autres, et chacune d'elles a un principe intérieur de changement, etc. Voilà par quel raisonnement Leibniz détermine le concept de la monade. Maintenant comment vérifier et vivifier ce concept? Comment mettre une réalité sous ce tissu d'abstractions? Il suffit pour cela de regarder en nous-mêmes. Là, dans notre âme, nous apercevons l'unité absolue et la force active que nous chercherions en vain à saisir ailleurs. Ainsi ce n'est pas du dehors mais du dedans qu'il faut regarder les choses si on veut les atteindre dans leur véritable réalité. L'atome ne peut être pour Leibniz que le symbole sensible ou imaginaire de la monade, une façon de la matérialiser pour la rendre indirectement perceptible à notre imagination.

# CHAPITRE XI

## KANT

**474.** — *On sait que le grand philosophe Kant a intitulé ses deux principaux ouvrages « Critique de la raison pure » et « Critique de la raison pratique ». Expliquer le sens qu'il a entendu attacher à ce mot : Critique ; expliquer le sens de chacune de ces deux autres expressions : Raison pure et Raison pratique.*

Cf. *Sujets* 151 et 384. — Voir *Cours*, p. 112, 125, 310, 312, 317, 321, 403, 410, 420, 428, 468, 471, 552 et 564. — Tous les passages cités contiennent l'exposé et la discussion des principales théories de la philosophie de Kant. — La dissertation ne doit pas se borner à de simples définitions des trois termes indiqués ; on s'efforcera d'y montrer :

1º Le but que Kant s'est proposé en soumettant la raison à la critique ; en quoi la critique diffère d'une simple analyse psychologique des facultés intellectuelles ; comment elle est le seul moyen de mettre un terme au différend des dogmatiques et des sceptiques ;

2º Ce que Kant entend par raison pure. — La raison pure, c'est la faculté de connaître à priori, sans le concours de l'expérience. Elle se divise en raison théorique et raison pratique. Le véritable titre de la *Critique de la raison pure* serait Critique de la raison théorique pure : en écrivant cet ouvrage, Kant ne prévoyait pas sans doute qu'il écrirait plus tard la *Critique de la raison pratique*. Dans la raison théorique elle-même, Kant distingue les formes à priori de la sensibilité (espace et temps), les concepts à priori de l'entendement (catégories) et les idées à priori de la raison pure : en ce dernier sens tout à fait particulier, la raison pure est la faculté de former à priori des idées qui n'ont pas et ne peuvent pas avoir d'objets correspondants dans l'expérience. On fera voir le rôle et la valeur attribuée par Kant aux diverses fonctions de la raison dans la connaissance humaine ;

3º Ce que Kant entend par raison pratique. On recherchera si la raison pratique est réellement distincte de la raison théorique et si on peut lui attribuer une valeur supérieure. On fera voir que dans l'ordre théorique comme dans l'ordre pratique la raison affirme la conformité de ses concepts avec la réalité absolue.

# TABLE DES MATIÈRES

|  | Pages. |
|---|---|
| Préface . . . . . . . . . . . . . . . . . . . . . . . . . . . . | I |

## LES RÈGLES DE LA DISSERTATION PHILOSOPHIQUE

| | |
|---|---|
| Préliminaires . . . . . . . . . . . . . . . . . . . . . . | III |
| I. — L'invention . . . . . . . . . . . . . . . . . . . . | V |
| II. — Le plan . . . . . . . . . . . . . . . . . . . . . . | XIV |
| III. — Le développement et le style . . . . . . . . . | XXI |
| IV. — Les différents genres de sujets . . . . . . . . | XXVII |

## INTRODUCTION

1. Expliquer et apprécier cette proposition de Socrate et de ses successeurs qu'il n'y a de science que du général. . . . . 1
2. De la classification des sciences; place de la philosophie dans cette classification . . . . . . . . . . . . . . . . . . 8
3. La philosophie est-elle une science particulière ou la science universelle? Dans quel sens pourrait-elle être l'une et l'autre? 10
4. Qu'est-ce que la métaphysique? Montrer que la philosophie, comme la plupart des sciences, a un côté spéculatif et un côté pratique; établir cette distinction par des exemples. 12
5. Pourquoi doit-on commencer l'étude de la philosophie par la psychologie? Si on admet un autre ordre, en donner les raisons. . . . . . . . . . . . . . . . . . . . . . . . 12
6. En quoi la psychologie est-elle nécessaire à la logique, à la morale, à la théodicée? . . . . . . . . . . . . . . . 13
7. Des rapports de la philosophie avec les autres sciences . . . 13
8. Qu'appelle-t-on philosophie des sciences? . . . . . . . . . 14
9. Qu'entend-on par philosophie de l'histoire, philosophie du droit, philosophie des sciences, philosophie des beaux-arts, et, en général, quel est le sens du mot philosophie dans toutes les expressions analogues? . . . . . . . . . . . . . . . 14

## LIVRE PREMIER. — PSYCHOLOGIE

**CHAPITRE PREMIER. — OBJET DE LA PSYCHOLOGIE.** . . . . . . . . 17

10. Sur quoi repose la distinction entre la psychologie expérimentale et la psychologie rationnelle? . . . . . . . . . . 17

11. Marquer par des traits précis et des exemples la distinction des faits psychologiques, des faits physiologiques et des faits physiques .................................................... 19
12. De la distinction de la psychologie et de la physiologie. En quoi cependant ces deux sciences peuvent-elles se rendre de mutuels services?.............................................. 20
13. Comparaison de l'observation interne et de l'observation sensible. ................................................... 21
14. Comparer l'expérience en physique et l'expérience en psychologie. Montrer les analogies et les différences. ........ 22

CHAPITRE II. — MÉTHODE DE LA PSYCHOLOGIE. ............. 24

15. La psychologie est-elle une science d'observation ou une science de raisonnement?................................. 24
16. En quoi consiste la méthode en psychologie? Qu'a-t-elle de commun et de différent avec la méthode des sciences physiques?................................................ 27
17. De l'observation psychologique. Difficulté de cette observation. Comment peut-on remédier à cette difficulté?........ 27
18. De la méthode psychologique; ses difficultés; discussion des objections qui se sont élevées contre cette méthode .... 28
19. Quels sont les moyens auxiliaires dont dispose la psychologie pour compléter et confirmer les résultats de l'observation intérieure?............................................... 28
20. Comment l'histoire peut-elle être une source d'information pour la psychologie?...................................... 29
21. Que peut-on tirer de l'étude du langage pour la psychologie?. 29
22. Passer en revue les sources d'information de la psychologie. . 30
23. L'expérimentation est-elle possible en psychologie?........ 30

CHAPITRE III. — CLASSIFICATION DES FAITS PSYCHOLOGIQUES. ...... 39

24. Classer les faits psychologiques. Sur quoi se fonde cette classification?................................................ 39
25. Comment détermine-t-on les facultés de l'âme? ........ 40
26. De l'ordre dans lequel se développent les facultés de l'âme dans le cours de la vie humaine ......................... 41
27. Après avoir distingué les trois facultés de l'âme, montrer comment elles s'unissent dans tous les phénomènes psychologiques. .................................................. 42
28. Qu'est-ce qu'une faculté? La psychologie est-elle possible dans l'étude des facultés de l'âme?........................... 43

CHAPITRE IV. — SENSIBILITÉ ............................. 47

29. Du plaisir et de la douleur. Des causes de ces deux genres d'émotions. Y a-t-il des émotions indifférentes? ...... 47
30. La nature de la douleur et son rôle dans la vie humaine. . . 50
31. Nature du plaisir. Quel est son rôle dans la vie humaine?. . . 51
32. Analyse des sensations; insister sur la distinction des sensations externes et des sensations internes. Expliquer en quoi la sensation diffère : 1° de la perception; 2° du sentiment . 52
33. Énumérer et classer les sens sous le double rapport de l'utilité pratique et de la dignité morale. .................... 52
34. Distinguer le sentiment de la sensation. Énumérer, classer et définir les principaux sentiments. ........................ 53

TABLE DES MATIÈRES. 439

35. Faire voir comment toutes les passions dérivent de l'amour et de la haine. .................................. 54
36. Définir les principales passions et en indiquer l'origine et les effets .................................. 55
37. Donner une classification des passions. .................................. 55
38. La Rochefoucauld a dit : « L'esprit est souvent la dupe du cœur. » Tout en reconnaissant la vérité de cette maxime, ne peut-on la retourner et dire que souvent le cœur est la dupe de l'esprit ?.................................. 56
39. Montrer l'influence réciproque de la pensée sur le sentiment et du sentiment sur la pensée. Donner des exemples. .................................. 57

CHAPITRE V. — LES INCLINATIONS .................................. 58

40. Définir, classer et caractériser les sentiments, les inclinations, les appétits, les penchants et les passions. .................................. 58
41. Énumérer, classer et définir les principales inclinations, affections et passions de l'âme humaine. .................................. 58
42. Tous les sentiments du cœur humain se ramènent-ils à l'amour propre comme l'a prétendu La Rochefoucauld ?. .................................. 58
43. Quel est le rôle des passions dans la nature humaine ? L'homme doit-il chercher à les détruire ou seulement à les modérer et à les diriger ? Quelles sont les deux écoles philosophiques de l'antiquité qui ont soutenu l'une ou l'autre de ces deux doctrines ?.................................. 59
44. Les passions. Les définir, les classer, montrer comment elles se forment. Dire si l'on est responsable de ce qu'on fait sous le coup de la passion. .................................. 61

CHAPITRE VI. — INTELLIGENCE. .................................. 62

45. En quoi consistent les principales différences entre la sensibilité et l'intelligence ?. .................................. 62
46. Tableau raisonné des facultés, des opérations et des procédés de l'intelligence. .................................. 63
47. Classer et caractériser les facultés intellectuelles auxquelles nous devons toute connaissance élémentaire, les éléments ou les principes de toutes nos idées. .................................. 66
48. De l'attention. La distinguer de la sensation ; en décrire les diverses formes, et en montrer l'importance dans l'acquisition et la conservation des connaissances humaines .................................. 66
49. Quels sont les effets de l'attention sur la sensibilité et l'intelligence .................................. 67
50. Analyser l'attention : son rôle dans la formation de nos idées. 67
51. De l'attention et de ses différentes formes. .................................. 68
52. De l'attention et de la réflexion ; leur nature et leurs effets. . 68
53. Signaler les principales différences entre la connaissance instinctive et la connaissance réfléchie .................................. 69
54. De l'attention et de la distraction, et de leurs rapports avec la volonté. .................................. 70

CHAPITRE VII. — ACQUISITION DE LA CONNAISSANCE .................................. 72

I. — *Les sens et la perception extérieure.*. .................................. 72

55. Quelles sont les théories principales que vous connaissez sur la perception extérieure ? Les classer et les apprécier . . . 72

56. De la théorie des idées-images. Discuter cette théorie. En indiquer les conséquences. . . . . . . . . . . . . . . . . . . . . . . 74
57. Montrer que parmi tous les corps de la nature, nous ne percevons directement que notre propre corps . . . . . . . . . . . 75
58. Caractériser par une analyse psychologique la différence entre les sensations et les perceptions . . . . . . . . . . . . . . . 76
59. Montrer que la perception extérieure serait impossible sans l'intervention des principes de la raison. . . . . . . . . . . 77
60. En quoi consiste la différence des perceptions naturelles et des perceptions acquises ? De l'éducation des sens par l'esprit . 78
61. Quelle est la part de la mémoire, de l'imagination et de l'induction dans la connaissance que nous avons du monde extérieur ?. . . . . . . . . . . . . . . . . . . . . . . . . . . . . 80
62. Des cinq sens. Des notions que nous devons à chacun d'eux en particulier. Des notions que nous devons à deux ou plusieurs sens. . . . . . . . . . . . . . . . . . . . . . . . . . . . 80
63. Comment se forment les perceptions de la vue ? Part de l'expérience et de l'habitude dans ces perceptions . . . . . . . . 81
64. Qu'appelle-t-on, dans la philosophie du dix-septième siècle, le *sensorium commune*? Quel est le rôle attribué à cette faculté dans la philosophie contemporaine ? . . . . . . . . . . . . . 82
65. Des erreurs des sens. Que faut-il entendre par ce principe que « l'erreur n'est jamais dans le sens lui-même, mais dans le jugement ? » . . . . . . . . . . . . . . . . . . . . . . . . . . . 83

II. — *La conscience et l'idée du moi* . . . . . . . . . . . . . . . . 87

66. De la conscience psychologique, de son objet, de ses limites . 87
67. Objet et instrument de la perception intérieure; objet et instrument de la perception extérieure; comparer ces deux espèces de perception . . . . . . . . . . . . . . . . . . . . . . . . . . 87
68. Déterminer l'objet, la portée et le genre de certitude de la conscience; l'opposer, s'il y a lieu, aux autres sortes de certitudes. . . . . . . . . . . . . . . . . . . . . . . . . . . . . . 88
69. Que pensez-vous de cette proposition de la logique de Port Royal, que les choses que l'on connaît par l'esprit sont plus certaines que celles que l'on connaît par les sens ? . . . . 89
70. Y a-t-il, dans l'esprit humain, des perceptions sans conscience ? 90
71. Des phénomènes appelés inconscients. Peuvent-ils être classés parmi les phénomènes psychologiques ?. . . . . . . . . . . 90
72. Descartes croyait que l'âme, étant une chose pensante, pense toujours. Quel est votre avis sur cette question? . . . . . 90
73. Qu'est-ce que la conscience ? Montrer que c'est à elle, et non aux sens, que nous devons les idées de substance, de cause et de fin. . . . . . . . . . . . . . . . . . . . . . . . . . . . . . . 91
74. Quelle est l'origine des idées de cause, de substance, d'unité et de durée ?. . . . . . . . . . . . . . . . . . . . . . . . . . . 93
75. Par quelle faculté l'âme se connaît-elle elle-même ? et quelles sont les idées qu'elle doit à cette faculté ?. . . . . . . . . . 93
76. Comment acquérons-nous l'idée de cause? Montrer sommairement les principales applications que nous faisons de cette idée soit dans la science pure soit dans la morale ?. . . . 94
77. Quelle est la part de la conscience dans l'acquisition des idées? 96
78. De la notion du moi. Caractères distinctifs de cette notion. Son importance en psychologie et en morale. . . . . . . . . . 97

## TABLE DES MATIÈRES. 441

79. Que faut-il penser de cette proposition : « Le moi est une collection d'états de conscience ? » .................... 98

**CHAPITRE VIII.** — Conservation de la connaissance ......... 100

**I.** — *La mémoire* ............................... 100
80. Théorie de la mémoire ......................... 100
81. De la mémoire. Lois de la mémoire. Qualités d'une bonne mémoire. De la mnémotechnie. ..................... 101
82. Des qualités d'une bonne mémoire et des diverses espèces de mémoire .................................. 101
83. Des conditions psychologiques de la mémoire. Analyse du souvenir. .................................... 101
84. De la mémoire sensible et de la mémoire intellectuelle. Comparer et distinguer ces deux espèces de mémoire ...... 102
85. La mémoire est-elle une faculté unique ou se compose-t-elle de plusieurs facultés ? Des différentes espèces de mémoires . 102
86. Montrer, par des analyses et des exemples, l'influence de la volonté sur la mémoire. ........................ 103
87. Montrer par des exemples la différence de la réminiscence et du souvenir, et à ce propos analyser les éléments et les lois du souvenir. ................................... 103
88. Quelles sont les conditions psychologiques de la réminiscence ? Quelles sont celles du souvenir ? ................. 104
89. Montrer par des analyses que les conditions du souvenir sont l'identité du moi et l'idée du temps. ................ 104
90. En quel sens est vrai le mot de M. Royer-Collard : « On ne se souvient pas des choses, on ne se souvient que de soi-même ? » 104
91. Analyser la notion de l'identité personnelle, montrer comment elle se forme en nous et quelles conséquences elle comporte. 107

**II.** — *L'association des idées* ....................... 108
92. Rapports de la mémoire et de l'association des idées. .... 108
93. L'association des idées est-elle une faculté ? Montrez-en la nature et l'importance psychologique. .................. 108
94. Des différents rapports par lesquels s'enchaînent nos idées .. 110
95. Quelle est l'influence qu'exerce sur la nature et le développement de l'esprit l'habitude des associations logiques ou celle des associations accidentelles ? ..................... 111
96. Lois de l'association des idées. ................... 111
97. Quelles sont les principales lois de l'association des idées ? Montrer l'importance de l'association des idées dans la formation de l'intelligence et du caractère ............. 112
98. Peut-on expliquer par l'association des idées toutes les opérations de l'intelligence ? ........................ 113

**III.** — *L'imagination*. ............................ 114
99. Théorie de l'imagination. ....................... 114
100. Comparer les phénomènes psychologiques du rêve, de la rêverie, de l'hallucination. Qu'y a-t-il de commun ou de différent entre eux ? ............................. 115
101. De l'imagination créatrice. Faire la part de la mémoire et de la réflexion dans les produits de cette faculté .......... 115
102. Peut-on dire que l'imagination crée quelque chose ? En quoi consiste le travail créateur de l'art ? ................ 116

103. Quel est le rôle de l'imagination créatrice dans les beaux-arts.  117
104. Déterminer le rapport de l'imagination et du goût. Donner des exemples et montrer les applications ................  117
105. Du rôle de l'imagination dans les sciences abstraites. .....  118
106. Du rôle de l'imagination dans la vie humaine. .........  119
107. Distinguer l'imagination de l'entendement ............  119

## CHAPITRE IX. — ÉLABORATION DE LA CONNAISSANCE. ..........  120

### I. — *Les opérations intellectuelles* ................  120

108. Quelles sont les principales opérations de l'intelligence ? En exposer la théorie élémentaire ................  120

### II. — *L'abstraction*. ...........................

109. De l'abstraction et des idées abstraites. Donner des exemples.  121
110. De l'usage de l'abstraction : 1° dans nos opérations intellectuelles les plus simples, les plus élémentaires ; 2° dans les sciences ................................  121

### III. — *La généralisation* ....................  122

111. De la comparaison. Rôle de cette opération dans les actes de l'intelligence. ............................  122
112. De la généralisation. Comment se forment les idées générales ? Extension et compréhension des idées générales. Donner des exemples ..............................  123
113. Comment se forment les idées abstraites de genre et d'espèce. Définir ces deux termes. Qu'entend-on par extension et compréhension ? ............................  123
114. Marquer par des exemples l'importance des idées générales dans le langage et la science ..................  123
115. Montrer le lien de la généralisation et de la classification . .  123
116. Des genres et des espèces. Méthode pour les déterminer scientifiquement. Quelles sont la valeur et la portée des idées générales ? ............................  124
117. Quelle est la nature des idées générales ? Qu'appelle-t-on dans l'histoire de la philosophie, nominalisme et réalisme ? . . .  125
118. Est-il vrai de dire, avec quelques philosophes contemporains, que ce qu'on appelle des idées générales n'est qu'un nom ?.  126

### IV. — *Le jugement* ........................  127

119. Théorie du jugement ....................  127
120. Etablir que le jugement est l'acte essentiel de l'intelligence. .  127
121. « Tout le monde, dit un moraliste, se plaint de sa mémoire et personne de son jugement. » Sur quoi se fonde cette préférence donnée au jugement ?................  128
122. Expliquer ces paroles de Pascal : « Nier, croire et douter, sont à l'homme ce que le courir est au cheval. »..........  128
123. Du jugement. Tous les jugements sont-ils, comme on l'a prétendu, le résultat d'une comparaison ? ............  128
124. Du jugement. Sa nature ; montrer qu'il est irréductible à la sensation ............................  129
125. Du jugement et de ses diverses espèces ............  129
126. Expliquer, par des exemples et des analyses, la différence de ces deux termes : à priori et à posteriori. .........  130

V. — *Le raisonnement*. . . . . . . . . . . . . . . . . . . . 130

127. Qu'est-ce que le raisonnement? Analyse psychologique et logique de ce procédé . . . . . . . . . . . . . . . . . . 130
128. Distinguer et comparer les principales espèces de raisonnement 131
129. Distinguer par des traits précis l'induction et la déduction . . 131
130. Comparer l'induction et la déduction. Ces deux espèces de raisonnement sont-elles entièrement opposées? Peut-on, à un certain point de vue, les réduire l'une à l'autre? . . . . . 131

CHAPITRE X. — LES PRINCIPES DIRECTEURS DE LA CONNAISSANCE. . . . 133

131. Qu'appelle-t-on principes à priori? En donner des exemples dans les différentes sciences . . . . . . . . . . . . . 133
132. Qu'appelle-t-on jugement synthétique à priori, vérité première, axiome? Donner des exemples. Montrer comment se forment et se développent dans l'esprit les notions premières . 134
133. Expliquer cette pensée de Leibniz : Que les principes entrent dans toutes nos pensées, et qu'ils sont nécessaires pour penser comme les muscles et les tendons le sont pour marcher, quoiqu'on n'y pense point . . . . . . . . . . . . 134
134. Des notions et vérités premières. Quelle différence principale entre les unes et les autres? A combien d'idées fondamentales peut-on réduire les idées premières? . . . . . . . 135
135. Les idées de cause et de substance ; leur importance en philosophie. . . . . . . . . . . . . . . . . . . . . . . 137
136. Qu'entend-on par cause? Quelles sont les différentes espèces de causes? . . . . . . . . . . . . . . . . . . . . . 137
137. Quelle différence doit-on faire, dans le langage philosophique, entre ces deux expressions : une cause seconde et une cause première? . . . . . . . . . . . . . . . . . . . . . 138
138. Origine psychologique de l'idée de cause. Ses rapports avec le principe de causalité . . . . . . . . . . . . . . . . 138
139. Du principe de causalité. Sa vraie formule. Dérive-t-il de l'expérience? . . . . . . . . . . . . . . . . . . . . . . 140
140. Qu'est-ce que le principe de causalité et le principe de substance? Ces deux principes tirent-ils leur origine des sens? . 141
141. Définir avec exactitude le principe des causes finales. En quoi diffère-t-il du principe de causalité? Quelles en sont les principales applications? . . . . . . . . . . . . . . 142
142. Comparer le principe de causalité et le principe de finalité. . . 144
143. Le principe des causes finales peut-il se ramener au principe de causalité? . . . . . . . . . . . . . . . . . . . . 145
144. Démontrer que le principe de finalité est une conséquence de l'idée de cause première; que ces deux notions sont liées dans la raison. . . . . . . . . . . . . . . . . . . . 145
145. Comment se forme et se développe dans l'esprit l'idée de Dieu? 146
146. Comment peut-on dire que l'idée de Dieu résume en elle tous les principes directeurs de l'entendement humain? . . . 147
147. Qu'entend-on par raison? Quel est le rôle de cette faculté dans la formation et le développement de nos connaissances? . . 148
148. Montrer en quoi diffèrent la raison et le raisonnement. . . . . 150
149. Avons-nous quelque autre faculté naturelle de connaître que les sens et la conscience? . . . . . . . . . . . . . . . 150
150. Comment la théorie de l'innéité de Descartes diffère-t-elle de la

théorie de la réminiscence de Platon ? En quoi ces deux théories sont-elles d'accord?................. 150

151. Quelles sont, dans l'intelligence, les idées et les principes irréductibles à l'expérience? Quelle en est la portée légitime ? Est-il vrai que ces idées et ces principes ne représentent que des lois formelles de la pensée, des conditions à la fois subjectives et nécessaires, subjectives parce qu'elles sont nécessaires.......................... 151

152. De l'origine des idées. Toutes nos idées viennent-t-elles des sens?................................... 152

153. Exposer et discuter la théorie de la table rase. Expliquer comment il faut entendre la fameuse exception proposée par Leibniz................................. 153

154. Expliquer et discuter le système de la sensation transformée. 155

155. Les idées universelles et nécessaires peuvent-elles s'expliquer par l'association des idées?............... 157

156. Peut-on expliquer les principes premiers de la connaissance par l'association des idées?................. 158

157. La théorie de l'évolution rend-elle suffisamment compte de ce qu'on appelle les principes innés de la connaissance?.... 159

158. Des principes de la raison. Que savez-vous et que pensez-vous de la manière dont l'empirisme contemporain en rend compte?..................................... 159

## CHAPITRE XI. — VOLONTÉ. — INSTINCT, LIBERTÉ, HABITUDE .... 160

### I. — *Les trois modes de l'activité*................ 160

159. Opposer par leur origine et leurs caractères l'instinct, la volonté et l'habitude............................ 160

### II. — *L'instinct*............................ 160

160. Qu'appelle-t-on instinct dans l'animal et dans l'homme? Quelles sont les lois de l'instinct?................... 160
161. Des rapports et des différences de l'instinct et de l'habitude. 161
162. Au lieu de dire, comme Aristote, que l'habitude est une seconde nature, faut-il penser, comme Pascal paraît le supposer, que la nature n'est qu'une première coutume ? En d'autres termes, les analogies de l'habitude et de l'instinct autorisent-elles à supposer que l'instinct n'est que le résultat de l'habitude?....................................... 162
163. L'instinct peut-il se ramener à une habitude héréditaire.... 163
164. Comparer l'instinct et la raison................. 164

### III. — *La volonté*......................... 165

165. Théorie de la volonté....................... 165
166. Exposer le fait psychologique de la délibération. En tirer les conséquences............................. 166
167. Faire la part de la pensée, du sentiment et de la volonté dans le fait psychologique de la délibération............. 166
168. Montrer que la liberté réside dans l'acte intérieur de la résolution et non dans l'action qui en résulte. Conséquences de cette distinction......................... 167
169. Montrer la part de la volonté proprement dite dans les différentes phases de l'action volontaire................ 168

170. Distinction du désir et de la volonté. Importance de cette distinction. . . . . . . . . . . . . . . . . . . . . . . . . 168
171. Du rôle de l'intelligence dans les phénomènes volontaires. Pourrait-il y avoir volonté sans raison?. . . . . . . . . 169
172. De la personnalité humaine. Distinction des personnes et des choses. Conséquences morales de cette distinction. . . . 169

IV. — *La liberté*. . . . . . . . . . . . . . . . . . . . . 171

173. Énumérer et expliquer les différents sens du mot liberté?. . . 171
174. Montrer que la liberté politique suppose la liberté psychologique ou morale. . . . . . . . . . . . . . . . . . . . 172
175. Des divers phénomènes par lesquels se manifeste la croyance universelle des hommes à l'existence du libre arbitre. . . . 172
176. Peut-on concevoir la morale sans le principe de la liberté humaine?. . . . . . . . . . . . . . . . . . . . . . . . . . 173
177. Qu'est-ce que le fatalisme? Cette doctrine peut-elle se concilier avec la responsabilité morale?. . . . . . . . . . . . . 175
178. Distinguer le fatalisme et le déterminisme. Réfuter ces deux systèmes. . . . . . . . . . . . . . . . . . . . . . . . 177
179. Examen des principales objections du fatalisme. . . . . . . 178
180. Comment a-t-on essayé de concilier la prescience divine avec la liberté humaine?. . . . . . . . . . . . . . . . . . . 179
181. Le principe rationnel qui veut que tout ait sa raison est-t-il en contradiction, comme on l'a quelquefois soutenu, avec la libre détermination de la volonté?. . . . . . . . . . . . . . 180
182. Exposer et discuter les objections du déterminisme contre l'existence du libre arbitre. . . . . . . . . . . . . . . 182
183. Qu'appelle-t-on la liberté d'indifférence? L'influence des motifs sur la volonté est-elle une objection valable contre la liberté humaine?. . . . . . . . . . . . . . . . . . . . . . . . . 182
184. La volonté peut-elle être comparée à une balance qui penche du côté le plus lourd?. . . . . . . . . . . . . . . . . 184
185. Video meliora proboque, deteriora sequor. . . . . . . . . . 185
186. De l'influence des passions, des habitudes, du tempérament et des circonstances extérieures sur l'activité humaine. Montrer que cette influence ne détruit pas la liberté. . . . . . . 186
187. De l'éducation personnelle de l'homme par lui-même. Est-il vrai que l'homme soit dans la dépendance absolue de son tempérament et de ses penchants?. . . . . . . . . . . . . 188
188. On oppose souvent à la liberté la nécessité où nous sommes d'agir conformément à notre caractère. Cette objection est-elle irréfutable? Comment peut-on y répondre?. . . . . . 188
189. Y a-t-il des degrés dans la liberté morale? S'il y en a, en donner l'explication . . . . . . . . . . . . . . . . . . . . . 190

V. — *L'habitude*. . . . . . . . . . . . . . . . . . . . . 192

190. De l'habitude et de ses lois. . . . . . . . . . . . . . . 192
191. Distinguer et définir les différentes sortes d'habitudes : les habitudes organiques, instinctives, intellectuelles et morales . . 192
192. De l'influence de l'habitude sur le développement intellectuel et moral de l'homme. . . . . . . . . . . . . . . . . 193
193. L'habitude détruit-elle la liberté? Rapports de la moralité et de l'habitude. . . . . . . . . . . . . . . . . . . . . . 194

# TABLE DES MATIÈRES.

**CHAPITRE XII.** — Les signes et le langage. . . . . . . . . . . . 195

104. Du signe en général. Sa nature. Quels sont les principaux rapports entre le signe et la chose signifiée?. . . . . . . . . . . . 195
105. Ce qu'on entend par signes. Des différentes classes de signes, selon qu'elles correspondent aux diverses modifications de l'âme : nos besoins, nos désirs, nos idées. Donner des exemples. 195
196. De l'interprétation des signes expressifs. Comment l'homme apprend-il la valeur des signes?. . . . . . . . . . . . . . . . 196
197. Qu'appelle-t-on langage naturel et langage artificiel ? Dans laquelle de ces deux classes doit être rangée la parole humaine ?. . . . . . . . . . . . . . . . . . . . . . . . . . . . . 198
198. Quels sont les divers moyens que l'homme a à sa disposition pour exprimer sa pensée ?. . . . . . . . . . . . . . . . . . 198
199. Les langues sont synthétiques avant de devenir analytiques ; voilà une des lois du langage. L'expliquer et la démontrer. 199
200. Exposer et critiquer les théories les plus récentes sur l'origine du langage. . . . . . . . . . . . . . . . . . . . . . . . . . 199
201. L'homme pourrait-il penser sans le secours des mots ?. . . . 202
202. Le langage est-il antérieur à la pensée, ou la pensée est-elle antérieure au langage ? Quelles sont les principales opinions des philosophes sur l'origine du langage ?. . . . . . . . . . 202
203. Examiner et discuter les aphorismes de Condillac, que nous ne pensons qu'avec le secours des mots et que l'art de discuter se réduit à une langue bien faite. . . . . . . . . . . . . . . 203
204. De l'importance du langage dans la formation et la fixation des idées abstraites et générales. . . . . . . . . . . . . . . . . 204
205. Que penser de l'invention d'une langue universelle ?. . . . . 205

**CHAPITRE XIII.** — Le beau et l'art. . . . . . . . . . . . . . . . . 207

206. Analyser les principaux sentiments que fait naître en nous la vue du beau. . . . . . . . . . . . . . . . . . . . . . . . . . 207
207. Du vrai, du beau et du bien. . . . . . . . . . . . . . . . . . 209
208. Le beau doit-il se confondre avec l'utile ou avec l'agréable ? L'art doit-il être exclusivement l'imitation de la nature ?. . 211
209. Du beau et du sublime. . . . . . . . . . . . . . . . . . . . . 215
210. Quelles sont les différences entre les principes, les moyens et les fins de la science, de l'art et de l'industrie ?. . . . . . . 216
211. Quel est le sens de ces diverses expressions employées dans la théorie des beaux-arts: l'imitation, la fiction, l'idéal ?. . 217
212. Quelle différence y a-t-il dans la poésie et les beaux-arts entre la fiction et l'idéal?. . . . . . . . . . . . . . . . . . . . . . 217
213. De la moralité dans l'art. . . . . . . . . . . . . . . . . . . . 218
214. Montrer comment la culture esthétique de l'homme par la littérature et les beaux-arts peut contribuer à son perfectionnement moral. . . . . . . . . . . . . . . . . . . . . . . . . 219
215. La culture des arts et des sciences est-elle, comme l'a soutenu J.-J. Rousseau, une cause de décadence et de corruption ?. 219

**CHAPITRE XIV.** — Les rapports du physique et du moral. . . . . 221

216. L'union de l'âme et du corps. . . . . . . . . . . . . . . . . . 221
217. En quoi consiste la question si controversée des rapports du physique et du moral ?. . . . . . . . . . . . . . . . . . . . 221
218. Montrer par des exemples la double influence du physique sur le moral et du moral sur le physique. . . . . . . . . . . . . 222

219. Développer et au besoin critiquer cette définition de M. de Bonald : « L'homme est une intelligence servie par des organes » . . . . . . . . . . . . . . . . . . . . . . . . . . 222

CHAPITRE XV. — L'HOMME ET L'ANIMAL. . . . . . . . . . . . . . . 224
  220. De l'âme des bêtes. Quelles sont les diverses opinions sur cette question ?. . . . . . . . . . . . . . . . . . . . . . . . . . . 224
  221. Exposer et discuter la théorie cartésienne des animaux-machines et de l'automatisme des bêtes . . . . . . . . . . . 226
  222. Y a-t-il, entre les facultés qui se manifestent chez l'homme et celles qui se manifestent chez l'animal, assez d'analogies pour qu'on puisse fonder sur elles une psychologie comparée ? Quelles sont les principales de ces analogies ? Quelles sont les différences essentielles et irréductibles. . . . . . . . . . 227
  223. Développer cette pensée de Bossuet dans le *Traité de la connaissance de Dieu et de soi-même:* « Les animaux n'inventent rien; la première cause des inventions et de la variété de la vie humaine est la réflexion, la seconde cause est la liberté. 228
  224. Des industries des animaux; ce qu'elles ont d'analogue à l'industrie de l'homme, ce qu'elles ont de différent . . . . . . 230

# LIVRE II. — LOGIQUE

225. Objet et division de la logique. Ses rapports avec la psychologie et les autres parties de la philosophie. . . . . . . . . 231
226. Objet et division de la logique. Marquer la différence entre l'étude logique et l'étude psychologique de nos facultés de connaître . . . . . . . . . . . . . . . . . . . . . . . . . . . . 231
227. Rapports de la psychologie et de la logique . . . . . . . . 232
228. Montrer que pour penser et raisonner, il ne suffit pas d'avoir appris les règles de la logique, mais qu'il importe néanmoins de les connaître . . . . . . . . . . . . . . . . . . . . . . . . 232

CHAPITRE PREMIER. — LOGIQUE FORMELLE. . . . . . . . . . . . . 235
  229. Qu'entendait-on, dans l'ancienne logique, par les trois opérations de l'esprit ? Expliquer les caractères propres à chacune d'elles et leurs rapports . . . . . . . . . . . . . . . . . . . . 235
  230. Du principe d'identité et de contradiction. Son rôle en logique. Est-il le critérium de la vérité ?. . . . . . . . . . . . . . . . 236

I. — *Les termes* . . . . . . . . . . . . . . . . . . . . . . . . . . . 336
231. Des idées, de leurs caractères, de leurs différentes espèces . . 236
232. Coment l'idée se distingue-t-elle de l'image ? Y a-t-il idée sans image ?. . . . . . . . . . . . . . . . . . . . . . . . . . . . . 236
233. Classification des idées. . . . . . . . . . . . . . . . . . . . 239
234. Règles de la définition. Donner des exemples . . . . . . . . 239
235. Qu'entend-on en disant que les définitions sont libres ? Expliquer et limiter ce principe. En indiquer les conséquences. . 241
236. Différence de la définition de mots et de la définition de choses. Règles de l'une et de l'autre. Exemples . . . . . . . 242
237. Utilité des définitions. Quelles choses doivent être définies ? Règles de Pascal. . . . . . . . . . . . . . . . . . . . . . . . 242

## II. — *Les propositions*. . . . . . . . . . . . . . . . . . . . . . 243

238. Théorie de la proposition. . . . . . . . . . . . . . . . . . 243
239. Quels sont les trois éléments du jugement auxquels correspondent les trois parties de la proposition ?. . . . . . . . . . . 244
240. Montrer comment les jugements diffèrent entre eux au point de vue de la qualité et au point de vue de la quantité. Donner des exemples. . . . . . . . . . . . . . . . . . 245
241. Qu'appelle-t-on en logique grammaire générale ?. . . . . . . 245

## III. — *Les différentes formes du raisonnement*. . . . . . . . . . 245

242. Théorie du syllogisme. . . . . . . . . . . . . . . . . . . 245
243. Expliquer, par des exemples la différence des termes et des propositions dans le syllogisme. Distinguer les règles applicables aux termes et celles qui sont applicables aux propositions. . . . . . . . . . . . . . . . . . . . . . . . . . 246
244. Du rôle du moyen terme dans le syllogisme. Donner des exemples. . . . . . . . . . . . . . . . . . . . . . . . . 247
245. Qu'entend-on par la quantité et la qualité des propositions ? Si les deux prémisses d'un syllogisme sont négatives, de quelle nature est la conclusion ? Si les deux prémisses sont particulières, que doit-on conclure ?. . . . . . . . . . . . . . 247
246. Quelle différence y a-t-il entre les modes et les figures du syllogisme ? Combien y a-t-il de figures ? En quoi consistent-elles ? Quels sont les modes concluants dans les deux premières figures ?. . . . . . . . . . . . . . . . . . . . . 248
247. Des diverses formes et des diverses espèces de syllogismes. . 248
248. Qu'appelle-t-on en logique les dilemmes ? Donner des exemples. 249
249. Qu'entend-on par dilemme, sorite, enthymème, épichérème, prosyllogisme ? Qu'est-ce qu'un argument *ad hominem*, un argument à fortiori, une réduction à l'absurde ? Donner des exemples . . . . . . . . . . . . . . . . . . . . . . . . 249
250. Du raisonnement déductif. Dire nettement en quoi il consiste et les grandes règles qu'il faut observer. Donner des exemples. 250

**CHAPITRE II. — LOGIQUE APPLIQUÉE. — MÉTHODE DES SCIENCES EXACTES.** 251

## I. — *La méthode en général*. . . . . . . . . . . . . . . . . . 251

251. Expliquer par des exemples cette maxime de Descartes : « Ce n'est pas assez d'avoir l'esprit bon ; le principal est de l'appliquer bien. ». . . . . . . . . . . . . . . . . . . . . . 251
252. Quels sont les différents sens des mots si souvent employés d'analyse et de synthèse ?. . . . . . . . . . . . . . . . . 252

## II. — *Méthode des sciences exactes*. . . . . . . . . . . . . . 252

253. Qu'appelle-t-on sciences mathématiques ? En quoi consiste la méthode de ces sciences, et à quoi doit-on attribuer l'exactitude qui les caractérise ?. . . . . . . . . . . . . . . . 252
254. Les vérités mathématiques sont-elles des vérités d'expérience ? 253
255. Qu'appelle-t-on des axiomes ? Quelle est la différence entre les axiomes et les vérités démontrées ? Montrer l'importance de la règle suivant laquelle on ne demande en axiomes que des choses parfaitement évidentes. . . . . . . . . . . . . . . 254
256. De la démonstration. Ses règles. Ses diverses espèces. . . . . 255
257. Est-il vrai de dire avec Pascal que la méthode la plus parfaite

## TABLE DES MATIÈRES.

serait celle où l'on définirait tous les termes et où l'on prouverait toutes les propositions?.................. 256

**CHAPITRE III.** — Méthode des sciences physiques et naturelles. . . 257

258. Quelle est la différence entre les sciences physiques et les sciences naturelles? Donner des exemples............ 257

**I. — *Méthode des sciences physiques*.** .............. 258

259. Qu'entend-on par méthode expérimentale. En donner les règles. Citer des exemples...................... 258
260. En quoi la méthode expérimentale diffère-t-elle de l'empirisme? 259
261. Distinguer la méthode démonstrative et la méthode expérimentale. De l'union de ces deux méthodes dans les diverses sciences................................. 259
262. Montrer par des exemples comment il faut entendre les principales règles de l'expérimentation.................. 260
263. Des lois de la nature. Montrer par des exemples en quoi elles consistent, l'intérêt qu'il y a à les connaître, comment on les découvre et les vérifie....................... 260
264. De l'induction. Son principe. Donne-t-elle la certitude ou seulement la probabilité?........................ 261
265. Du raisonnement inductif. Donner par des exemples une idée nette de la nature de cette opération. Du genre de certitude qu'elle comporte, des conditions requises pour qu'elle soit scientifiquement correcte...................... 261
266. Faire la part de l'expérience et de la raison dans l'induction. 262
267. Du fondement de l'induction..................... 263
268. De l'hypothèse. Son rôle dans les sciences. Son utilité et ses dangers. Caractères d'une bonne hypothèse. Conditions de la vérification des hypothèses.................... 265
269. Qu'appelle-t-on un système, un système naturel, un système scientifique? Montrer que la science, ayant pour objet de reproduire la nature, doit avoir des systèmes. Quel est le péril des systèmes scientifiques? Quel est l'abus de l'esprit systématique?........................... 265

**II. — *Méthode des sciences naturelles*.** ............... 266

270. Des classifications. Montrer par des exemples détaillés la différence des classifications artificielles et des classifications naturelles................................. 266
271. Rapports et différences entre l'induction et l'analogie..... 267
272. Montrer par des exemples le rapport qu'il y a entre les deux opérations de l'esprit qu'on appelle la définition et la classification. La définition est-elle possible sans la classification? 269

**CHAPITRE IV.** — Méthode des sciences morales............ 271

273. Que doit-on entendre par l'expression sciences morales, et en quoi les sciences morales diffèrent-elles des sciences physiques?................................. 271
274. Montrer combien la connaissance de l'activité libre est importante pour les sciences morales.................. 272
275. Montrer que les vérités de l'ordre moral ne sont pas susceptibles du même genre de démonstration que les vérités mathématiques et que les vérités de l'ordre physique..... 272

276. Sur quels fondements repose la croyance à la véracité du témoignage humain?.................... 274
277. Analyser la foi naturelle au témoignage de nos semblables. Quelle est la part du témoignage dans le progrès des connaissances humaines?.................... 275
278. Des règles du témoignage humain selon qu'il s'applique à des doctrines ou à des faits.................... 275
279. Du témoignage et de la critique historique. Principales sources des erreurs en histoire. Règles à observer pour s'en défendre. 276

CHAPITRE V. — LA VÉRITÉ ET L'ERREUR .............. 277

I. — *Le critérium de la vérité* ............... 277

280. Que doit-on entendre par les différentes expressions : certitude, doute, opinion, erreur, science? En quoi consistent le pyrrhonisme, le dogmatisme, le probabilisme?....... 277
281. Qu'entend-on par foi, doute, opinion, science, ignorance, erreur, probabilité, certitude?.................... 278
282. Quelle différence y a-t-il entre l'opinion et la science? Citer des exemples.................... 278
283. Distinguer les principaux degrés de l'affirmation. Donner des exemples.................... 279
284. Définir la vérité, l'évidence et la certitude........ 279
285. Définir la certitude, la croyance et le doute. Donner des exemples. Dans quelles circonstances et avec le concours de quelles facultés se produisent ces trois états de l'esprit?. . 279
286. Y a-t-il d'autres certitudes que la certitude des sens et celle du raisonnement? Quelles sont ces certitudes? Quel en est le principe? Quelles en sont les règles?........... 280
287. Distinguer par des exemples et des analyses les trois sortes d'évidences : l'évidence sensible, l'évidence rationnelle et l'évidence morale.................... 281
288. De la certitude propre aux vérités de l'ordre moral....... 282
289. En quoi diffère l'évidence géométrique de l'évidence morale?. . 285
290. Quelle différence existe-t-il entre convaincre et persuader?. . 286
291. Critérium de la certitude. Quels sont les différents principes auxquels on attribue le rôle de critérium?........ 287
292. Que signifie cette maxime de Bacon : « Veritas filia temporis non auctoritatis ? ». 287
293. Du consentement universel. Ses principales applications aux questions philosophiques. Appréciation de la valeur de cet argument.................... 287
294. Du sens commun. Montrer que s'il est des choses parfaitement démontrées qui sont au-dessus du sens commun, rien ne saurait lui être contraire.................... 287
295. De la nature et des degrés de la probabilité........ 290

II. — *L'erreur et les sophismes* ............... 290

296. L'erreur est-elle dans l'idée ou le jugement?........ 290
297. Qu'est-ce que l'erreur? Est-elle imputable à l'intelligence, et dans ce cas, comment peut-on défendre contre les sceptiques la légitimité de nos facultés de connaître?........ 292
298. L'erreur est-elle un fait de l'entendement ou de la volonté?. . 291
299. Quelle est la signification philosophique du dicton populaire : « Erreur n'est pas crime ? ».................... 294

| | |
|---|---:|
| 300. De l'erreur et de ses causes. | 296 |
| 301. L'ignorance et l'erreur. Analyser ces deux états de l'esprit. | 296 |
| 302. En combien de classes peut-on diviser nos erreurs? Quels sont les moyens d'y remédier? Donner des exemples | 297 |
| 303. Analyser les causes morales de nos erreurs. Donner des exemples | 297 |
| 304. Des erreurs qui ont leur origine dans le langage. Des moyens d'y remédier. | 299 |
| 305. Examiner les principaux sophismes. Donner des exemples | 300 |

# LIVRE III. — MORALE

| | |
|---|---:|
| 306. Objet et parties de la morale. Ses rapports avec la psychologie | 301 |
| 307. En quoi la morale suppose-t-elle la psychologie? | 301 |
| 308. Des rapports de la morale et de la théodicée. | 303 |
| **CHAPITRE PREMIER. — Principes de la morale.** | 306 |
| I. — *La conscience morale* | 306 |
| 309. Quels sont les principaux motifs de nos actions? Peuvent-ils se réduire à l'intérêt et au devoir? | 306 |
| 310. Etablir avec précision les différents sens du mot conscience en philosophie | 307 |
| 311. Analyse de la conscience morale. | 307 |
| 312. La conscience morale est-elle une faculté à part, ou peut-elle être réduite à une faculté plus générale? | 308 |
| 313. Déterminer les différences et les rapports de la conscience morale et du sentiment moral | 310 |
| 314. Montrer que le vrai sentiment auquel on reconnaît la présence de la loi morale, c'est le respect. C'est un sentiment tout à fait distinct, comme Kant l'a remarqué et de l'inclination, et de l'admiration | 311 |
| 315. Peut-on dire, avec certains philosophes, qu'il existe en nous un sens moral? Faire la critique de cette expression. | 313 |
| 316. De l'universalité des notions morales. Discuter les objections des sceptiques | 314 |
| 317. Peut-on expliquer par l'éducation et la coutume l'origine des idées morales dans l'humanité? | 315 |
| II. — *Le bien*. | 315 |
| 318. Qu'appelle-t-on le bien moral? Quelle distinction doit-on établir entre le bien absolu ou bien en soi et le bien moral? | 315 |
| III. — *Le devoir*. | 316 |
| 319. Quels sont les caractères essentiels à la loi morale? Quels sont ceux de ces caractères qui manquent le plus à la règle de l'intérêt personnel? | 316 |
| 320. De l'obligation morale. En quoi elle consiste et ce qu'elle produit en nous. | 317 |
| 321. L'idée du devoir, ses caractères, son fondement. | 318 |
| **CHAPITRE II. — Examen des morales empiriques** | 319 |
| 322. Définir les systèmes incomplets ou faux qui altèrent ou nient le principe de la loi morale. | 319 |

I. — *Les doctrines utilitaires* . . . . . . . . . . . . . . . . . . . . . 320

323. Quelle différence y a-t-il entre le plaisir et l'intérêt ? Donner des exemples . . . . . . . . . . . . . . . . . . . . . . . . . . . . 320
324. Nature du plaisir. Quel est son rôle dans la vie morale ? . . . 321
325. Du bonheur en psychologie et en morale . . . . . . . . . . . . 322
326. De la morale utilitaire . . . . . . . . . . . . . . . . . . . . . . 326
327. De l'utile et de l'honnête. En expliquer les différences . . . . 326
328. Caractères qui distinguent le principe du devoir du principe de l'intérêt personnel . . . . . . . . . . . . . . . . . . . . . . 327
329. A supposer que l'intérêt bien entendu produise les mêmes résultats pratiques que le devoir, est-il important de maintenir la distinction théorique entre les deux motifs ? . . . . 327

II. — *Les doctrines sentimentales* . . . . . . . . . . . . . . . . . . . 327

330. Expliquer et apprécier la doctrine qui fait reposer toute la morale sur le sentiment . . . . . . . . . . . . . . . . . . . . . 327
331. Expliquer et apprécier la théorie qui fait de la sympathie le principe de la morale . . . . . . . . . . . . . . . . . . . . . . 327
332. Qu'est-ce que le sentiment de l'honneur ? Peut-il remplacer l'idée du devoir comme règle absolue et obligatoire de la conduite ? . . . . . . . . . . . . . . . . . . . . . . . . . . . . 328

CHAPITRE III. — LA RESPONSABILITÉ ET LA SANCTION . . . . . . . . . 331

333. De la responsabilité morale ; en exposer le principe, les conditions et les conséquences . . . . . . . . . . . . . . . . . . . 331
334. Du mérite et du démérite. Définir ces deux notions. En établir les fondements et les conséquences . . . . . . . . . . . . . 331
335. De la vertu et des diverses espèces de vertus . . . . . . . . . 331
336. Énumérer et classer les différentes vertus humaines en les faisant rentrer dans les divisions habituelles des devoirs en trois groupes, à savoir : les devoirs envers nous-mêmes, envers nos semblables et envers Dieu . . . . . . . . . . . . 332
337. En quoi consistaient les quatre vertus cardinales des anciens ? Cette classification embrasse-t-elle toute la moralité humaine ? 332
338. Est-il vrai de dire, avec Platon, que la vertu est la science du bien et que le vice est l'ignorance ? . . . . . . . . . . . . . 332
339. Expliquer et discuter ces deux maximes d'Aristote : « La vertu est une habitude ; » — « La vertu est un milieu entre deux extrêmes. » . . . . . . . . . . . . . . . . . . . . . . . . . . . 333

CHAPITRE IV. — LES DEVOIRS. — MORALE PERSONNELLE . . . . . . . 335

340. La formule célèbre des stoïciens : « *Abstine, sustine* » contient-elle toute la morale . . . . . . . . . . . . . . . . . . . . . . 335
341. Qu'entend-on par devoirs positifs et devoirs négatifs ? En donner des exemples, soit dans la morale individuelle, soit dans la morale sociale, soit dans la morale religieuse . . . 335
342. Du conflit des devoirs. D'après quel principe doit-on résoudre les difficultés qui naissent de ce conflit ? Donner des exemples. 337
343. L'homme a-t-il des devoirs envers lui-même ? . . . . . . . . . 337
344. Du principe de la dignité personnelle, considérée comme principe de tous les devoirs de l'homme envers lui-même . . . 337
345. Rapporter les devoirs de l'homme envers lui-même à ces deux vers de Juvénal :
*Summum crede nefas animam præfere pudori
Et propter vitam vivendi perderre causas* . . . . . . . . . . . $38_7$

346. Discuter la question du suicide. Réfuter les objections par lesquelles on a essayé de le justifier . . . . . . . . . . . . . 338
347. Quelle est, en morale, l'importance du γνῶθι σεαυτόν ? . . . . 339
348. Quels sont les moyens pratiques par lesquels l'homme peut arriver à corriger son caractère et à gouverner ses passions ? 339

**CHAPITRE V.** — Morale sociale. . . . . . . . . . . . . . . . 340

349. Qu'est-ce que la morale sociale ? Quels en sont les principes et les règles essentielles ? . . . . . . . . . . . . . . 340
350. De l'idée du droit ; ses caractères ; son origine . . . . . . . 340
351. L'idée du juste peut-elle se ramener à celle de l'utilité sociale ? 341
352. Qu'est-ce que le droit ? Comment le droit dérive-t-il de la liberté ? . . . . . . . . . . . . . . . . . . . . . . . . 342
353. De la différence du droit et du devoir. Est-ce le droit qui repose sur le devoir ou le devoir qui repose sur le droit ? . . . . . 342
354. Est-il vrai, comme on l'a prétendu, que dans la morale, tout devoir corresponde à un droit ? Donner des exemples à l'appui de l'opinion qui sera soutenue . . . . . . . . . . . . . 345
355. Quelle différence y a-t-il entre le droit naturel et le droit positif ? Donner des exemples. . . . . . . . . . . . . . . . 346
356. Distinguer les devoirs de justice et les devoirs de charité. . . . 346
357. Faire voir que Cicéron a résumé tous les principes moraux dans cette formule tirée du *De Officiis*: « Primum ut ne cui noceatur, deinde ut communi utilitati inserviatur ». . . . . 347
358. Définir par des analyses et des exemples la justice, l'équité, la probité, la charité, la vertu. . . . . . . . . . . . . . 347
359. Expliquer et développer par quelques exemples la maxime latine : « Summum jus, summa injuria. » . . . . . . . . . 347
360. Du dévouement. . . . . . . . . . . . . . . . . . . . . 348
361. Des philosophes contemporains prétendent que la charité est une fausse vertu, inutile et même funeste ; car, sous prétexte de soulager les misères humaines, elle les perpétue en assurant l'existence d'individus qui, par leurs maladies et leurs vices, arrêtent le progrès de l'humanité . . . . . . . . . 348

**CHAPITRE VI.** — Morale domestique. . . . . . . . . . . . . 351

362. Quels sont les fondements et les limites du pouvoir paternel ? 351

**CHAPITRE VII.** — Morale civique. . . . . . . . . . . . . . . 352

363. De l'origine de la société. Par quels arguments peut-on démontrer que l'origine de la société est un fait naturel et nécessaire, non un fait arbitraire et accidentel, comme on l'a quelquefois prétendu ? . . . . . . . . . . . . . . . . . . . 352
364. Y a-t-il contradiction, comme l'a prétendu Rousseau, entre l'état de nature et l'état social ? . . . . . . . . . . . . . 352
365. L'homme, en tant qu'homme, a des devoirs envers la société ; en tant que citoyen, il a des devoirs envers l'Etat. Marquer, par une analyse précise, la distinction qu'il convient d'établir entre ces deux sortes de devoirs. . . . . . . . . . . . . 352
366. Quelle est la notion de l'Etat ? Quel est le rôle de l'Etat dans les sociétés humaines ? . . . . . . . . . . . . . . . . 353
367. Du droit de punir et son fondement. . . . . . . . . . . . 353
368. Comment se fait-il que la morale défende de rendre le mal pour le mal, quand la justice veut qu'il soit fait à chacun

selon ses œuvres? Expliquer pourquoi la loi du talion est réprouvée, et au nom de quel principe?. . . . . . . . . . . . 353
369. Quels sont les droits respectifs de l'État et des individus dans la morale sociale?. . . . . . . . . . . . . . . . . . . . 354

**CHAPITRE VIII.** — Rapports de la morale et de l'économie politique  355

370. Du droit de propriété. Réfuter les objections dont il a été l'objet  355

# LIVRE IV. — MÉTAPHYSIQUE

371. Notions principales de métaphysique générale . . . . . . . . 357
372. La métaphysique est-elle possible sans la psychologie? . . . 357
373. Que faut-il penser des doctrines qui nient la légitimité de la métaphysique?. . . . . . . . . . . . . . . . . . . . . . . . 358
374. Quel est au juste l'objet de la métaphysique? Comment en concevez-vous le plan et la méthode?. . . . . . . . . . . 359

**CHAPITRE PREMIER.** — De la valeur objective de la connaissance. Dogmatisme, scepticisme, idéalisme. . . . . . . . . . . . . 361

375. Quelle différence doit-on faire entre le dogmatisme, le probabilisme et le scepticisme? Donner des exemples de ces trois états de l'esprit philosophique . . . . . . . . . . . . . . . 361
376. Des différentes formes du scepticisme. Les énumérer, les classer, les réduire. . . . . . . . . . . . . . . . . . . . . 361
377. Définir le scepticisme. Classer les arguments sur lesquels il s'appuie, et indiquer la méthode par laquelle on peut répondre à ces arguments . . . . . . . . . . . . . . . . . . . . . 362
378. Discuter le mot célèbre de Pascal : « Vérité en deçà des Pyrénées, erreur au delà. » . . . . . . . . . . . . . . . . . . . 362
379. Qu'appelle-t-on doute méthodique dans la philosophie de Descartes, et en quoi diffère-t-il du doute des sceptiques? . 363
380. Marquer la différence entre le doute, considéré comme un état de l'esprit, et le scepticisme, considéré comme un système . 363
381. Malgré les analogies apparentes, qu'y a-t-il de profondément différent entre la sophistique et le pyrrhonisme?. . . . . . 364
382. Qu'est-ce que le probabilisme? En quoi se distingue-t-il du scepticisme? Quelles objections soulève cette doctrine?. . 364
383. Qu'entend-on aujourd'hui en philosophie par les mots de subjectif et d'objectif? Quels sont les problèmes liés à l'opposition de ces deux termes?. . . . . . . . . . . . . . . . 365
384. Qu'entend-on par principe de la relativité de la connaissance? En quel sens et dans quelle mesure ce principe est-il vrai? . 365

**CHAPITRE II.** — De l'existence du monde extérieur . . . . . 368

385. De l'existence des corps. Quelles sont les objections des sceptiques contre la réalité de cette existence et que peut-on répondre à ces objections?. . . . . . . . . . . . . . . . . 368
386. Les perceptions externes ne sont-elles que des rêves bien liés, suivant l'expression de Leibniz?. . . . . . . . . . . . . . 369
387. Sur quel fondement repose notre croyance à l'existence du monde extérieur?. . . . . . . . . . . . . . . . . . . . . 370

CHAPITRE III. — DE LA NATURE EN GÉNÉRAL. — LA MATIÈRE ET LA VIE   371

388. Les idées d'espace et de temps. . . . . . . . . . . . . . . . .   371
389. Les lois de la nature sont-elles contingentes ou nécessaires ?.   371
390. Comment arrivons-nous à la connaissance de la matière? Cette connaissance est-elle, à proprement parler, une perception ou une conception?. . . . . . . . . . . . . . . . . . . . . .   372
391. Qu'entend-on par les qualités premières et les qualités secondes de la matière ?. . . . . . . . . . . . . . . . . . . . . . .   373
392. Est-on d'accord sur le sens du mot matière? Quelles sont les différentes théories que vous connaissez sur la matière?. . .   373
393. Tout peut-il se réduire, comme le voulait Descartes, à l'étendue et à la pensée ?. . . . . . . . . . . . . . . . . . . . . . . .   374
394. Le principe de la vie est-il le même que le principe de la pensée? Quelles raisons peut-on donner pour ou contre cette théorie ?. . . . . . . . . . . . . . . . . . . . . . . . . . . .   375

CHAPITRE IV. — L'ÂME. — MATÉRIALISME ET SPIRITUALISME . . . . .   376

395. Distinguer, par leurs caractères essentiels, l'âme et le corps. .   376
396. Commenter, à l'aide de Descartes, cette parole de Pascal : « Je puis bien concevoir un homme sans mains, pieds, tête; mais je ne puis concevoir l'homme sans pensée. ». . . . . . . .   376
397. Prouver par l'analyse des conditions de la pensée et de la responsabilité, que le principe des faits psychologiques doit être un, simple et identique. . . . . . . . . . . . . . . . .   376
398. Démontrer l'unité et la simplicité du moi par l'analyse des opérations intellectuelles . . . . . . . . . . . . . . . . . .   377
399. La liberté morale peut-elle s'accorder avec le matérialisme?. .   377
400. Nature et destinée de l'âme . . . . . . . . . . . . . . . . . .   377

CHAPITRE V. — DIEU. — LA PROVIDENCE. — LE PROBLÈME DU MAL . .   378

I. — *Existence et attributs de Dieu*. . . . . . . . . . . . . . . .   378

401. Qu'appelle-t-on dans les sciences philosophiques la théodicée? Quelles questions contient-elle? Dans quel ordre ces questions doivent-elles être traitées?. . . . . . . . . . . . . .   378
402. Des principaux rapports de la psychologie, de la logique et de la morale avec la théodicée. . . . . . . . . . . . . . . . .   378
403. Énumérer et classer les preuves de l'existence de Dieu. . . .   379
404. Les causes secondes suffisent-elles à expliquer l'origine et le développement du monde?. . . . . . . . . . . . . . . . . .   379
405. Qu'entend-on par causes finales? Doit-on en reconnaître dans la nature?. . . . . . . . . . . . . . . . . . . . . . . . . .   380
406. Exposer avec précision la preuve de l'existence de Dieu dite des causes finales. . . . . . . . . . . . . . . . . . . . . .   380
407. Que voulait dire Bossuet quand il écrivait ces paroles : « Le parfait est premier en soi et dans nos idées, et l'imparfait, en toutes façons, n'en est qu'une dégradation? ». . . . . . . .   381
408. Exposition des preuves morales de l'existence de Dieu. . . .   382
409. Exposer et apprécier la preuve de l'existence de Dieu par le consentement universel. . . . . . . . . . . . . . . . . . .   383
410. Expliquer comment il faut entendre cette parole de Bossuet : « La connaissance de nous-mêmes nous élève à la connaissance de Dieu. ». . . . . . . . . . . . . . . . . . . . . . .   383

411. En quoi consiste la distinction des attributs métaphysiques et des attributs moraux de Dieu? Se démontrent-ils les uns et les autres par la même méthode?. . . . . . . . . . . . . 384
412. Prouver qu'il y a un Dieu et qu'il ne peut y en avoir plusieurs. 384
413. En quoi consistent le panthéisme et l'athéisme? Quels sont leurs rapports et leurs différences?. . . . . . . . . . . . 385

II. — *La Providence et le problème du mal*. . . . . . . . . . . . 387

414. De la Providence divine. Comment se manifeste-t-elle dans la nature et dans l'histoire?. . . . . . . . . . . . . . . . 387
415. De la Providence. Quelles sont les objections élevées contre la Providence et comment peut-on y répondre?. . . . . . . 387
416. La connaissance scientifique du monde diminue-t-elle ou augmente-t-elle notre admiration pour son auteur?. . . . . 387
417. Expliquer et discuter le dilemme célèbre : « Si Deus est, unde malum? Si non est, unde bonum? ». . . . . . . . . . . 388
418. Comment se pose le problème du mal? Présenter par ordre les principaux points du débat. . . . . . . . . . . . . . . 389
419. Expliquer et développer cette maxime scolastique : « Malum causam habet non efficientem sed deficientem. ». . . . . 389
420. Qu'entend-on par le mal physique et le mal moral? Répondre aux objections que l'on en a tirées contre la Providence. . . 389
421. Que savez-vous du pessimisme? Comment peut-on le réfuter? 390
422. Qu'est-ce que l'optimisme? Quelles sont les formes les plus célèbres de l'optimisme dans l'antiquité et dans les temps modernes?. . . . . . . . . . . . . . . . . . . . . . . 390
423. Du vrai et du faux optimisme. . . . . . . . . . . . . . . . 392
424. Imaginer un dialogue entre un optimiste et un pessimiste. . . 394
425. Montrer le rôle et la part de la douleur dans l'éducation de l'intelligence et de la volonté. . . . . . . . . . . . . . . 397
426. Exposer la doctrine de l'épreuve. Montrer combien la vie morale de l'homme serait incomplète sans la douleur, la peine et le travail. . . . . . . . . . . . . . . . . . . . . . . 398

CHAPITRE VI. — L'IMMORTALITÉ DE L'AME. — LA RELIGION NATURELLE. 399

427. Preuves de l'immortalité de l'âme. Distinguer l'argument métaphysique de l'argument moral. . . . . . . . . . . . . . 399
428. Quelle différence y a-t-il entre l'immortalité de substance et l'immortalité personnelle?. . . . . . . . . . . . . . . . 399
429. Quelles conséquences philosophiques et morales peut-on tirer de ce vers de Lamartine sur l'homme : « Borné dans sa nature, infini dans ses vœux? ». . . . . . . . . . . . . . . . . 399
430. La croyance à l'immortalité de l'âme enlève-t-elle à la vertu son désintéressement et son mérite?. . . . . . . . . . . 400

# LIVRE V. — NOTIONS D'HISTOIRE DE LA PHILOSOPHIE

INTRODUCTION . . . . . . . . . . . . . . . . . . . . . . . . . . 401

431. En quoi l'histoire de la philosophie peut-elle être utile à la philosophie elle-même?. . . . . . . . . . . . . . . . . 401
432. Énumérer et classer les principaux systèmes philosophiques. . 402
433. Définir le mot système. Qu'est-ce qu'un système en philosophie? Donner des exemples. Qu'appelle-t-on un esprit systématique? 403

434. Quelle différence y a-t-il entre un système et une théorie? Donner des exemples tirés de la philosophie. . . . . . . . 403
435. Quel est le caractère propre des différentes doctrines philosophiques que l'on désigne sous les noms de spiritualisme, matérialisme, panthéisme, scepticisme, mysticisme? . . . . 404
436. Qu'est-ce que le panthéisme? Quels sont les principaux représentants de ce système dans l'histoire de la philosophie?. . 404
437. Qu'est-ce qu'un stoïcien, un épicurien, un pyrrhonien, un platonicien, un péripatéticien, un néo-platonicien?. . . . . . 405
438. Qu'est-ce que le mysticisme? Passer rapidement en revue les principaux philosophes mystiques de l'antiquité, du moyen âge et des temps modernes. . . . . . . . . . . . . . . 405
439. Nommer les plus grands philosophes modernes en caractérisant brièvement leurs doctrines. . . . . . . . . . . . . . 407
440. Que connaissez-vous de la philosophie du dix-huitième siècle? 407

CHAPITRE PREMIER. — SOCRATE . . . . . . . . . . . . . . . 409

441. Qu'est-ce que la méthode socratique? De quel usage peut-elle être encore aujourd'hui dans l'enseignement?. . . . . . . 409
442. Socrate d'après les Mémoires de Xénophon. Le Socrate de Xénophon est-il le vrai Socrate de l'histoire?. . . . . . . 410
443. Montrer, par des exemples tirés des ouvrages philosophiques, la méthode de réfutation que Socrate opposait aux sophistes. 410

CHAPITRE II. — PLATON . . . . . . . . . . . . . . . . . . . 411

444. Que savez-vous de Platon?. . . . . . . . . . . . . . . . 411
445. Comparer Socrate et Platon. . . . . . . . . . . . . . . 411
446. Des Idées de Platon. . . . . . . . . . . . . . . . . . . 412
447. Exposer dans leurs traits essentiels la morale et la politique de Platon. . . . . . . . . . . . . . . . . . . . . . . . 412
448. Quelle différence y a-t-il entre l'Ancienne et la Nouvelle Académie?. . . . . . . . . . . . . . . . . . . . . . . . 412

CHAPITRE III. — ARISTOTE . . . . . . . . . . . . . . . . . . 413

449. Platon et Aristote. . . . . . . . . . . . . . . . . . . . 413
450. Comparer dans leurs traits essentiels la morale de Platon et celle d'Aristote. . . . . . . . . . . . . . . . . . . . 414
451. Quel est le sens philosophique de ces paroles célèbres de Bossuet : « La perfection est la raison d'être? » Montrer qu'elles résument la métaphysique de Platon et celle d'Aristote. . 415

CHAPITRE IV. — L'ÉPICURÉISME. . . . . . . . . . . . . . . . 417

452. Exposer la théorie des atomes dans la philosophie épicurienne. 417
453. Comment la doctrine du plaisir a-t-elle pu amener Épicure à la théorie de la frugalité, du désintéressement et de l'immobilité?. . . . . . . . . . . . . . . . . . . . . . . . 417

CHAPITRE V. — LE STOÏCISME. . . . . . . . . . . . . . . . . 418

454. Qu'est-ce que les stoïciens entendaient par les choses qui dépendent de nous et celles qui n'en dépendent pas?. . . 418
455. Comparer et apprécier le stoïcisme et l'épicuréisme. . . . . 419
456. Sur quoi portait le débat entre les épicuriens et les stoïciens? 419
457. Quelles sont les écoles de philosophie désignées par ces noms : l'Académie, le Lycée, le Portique? Caractères principaux de chacune de ces écoles. . . . . . . . . . . . . . . . 419

**CHAPITRE VI. — BACON** .................................. 420

458. Quel est le sens de cet aphorisme de Bacon : « Vero scire, per causas scire? » .................................. 420
459. Quel est le sens de cette phrase de Bacon : « La puissance de l'homme est en raison de sa science. On ne commande à la nature qu'en lui obéissant? » .................................. 420

**CHAPITRE VII. — DESCARTES.** .................................. 422

460. Comparer Aristote et Platon, Bacon et Descartes. ....... 422
461. Bacon et Descartes. .................................. 422
462. La méthode de Descartes. Les lois de la logique, dit Leibniz, sont les règles du bon sens mises en ordre et par écrit. Justifier cette maxime en l'appliquant aux règles de la méthode de Descartes. .................................. 423
463. Quelles sont les maximes dans lesquelles consiste ce qu'on appelle la morale provisoire de Descartes? .................................. 424
464. Expliquer et apprécier cette phrase de Descartes : « Le bon sens est la chose du monde la mieux partagée. » .................................. 425
465. Comparer la docte ignorance de Socrate et le doute méthodique de Descartes. .................................. 427
466. Comparer le « Connais-toi toi-même » de Socrate, et le « Je pense, donc je suis » de Descartes. .................................. 428

**CHAPITRE VIII. — SPINOZA.** .................................. 459

467. Est-il vrai de dire que le spinozisme ne soit, selon le mot de Leibniz, qu'un cartésianisme immodéré? .................................. 420

**CHAPITRE IX. — LOCKE** .................................. 432

468. Sur quels points Locke s'est-il séparé de Descartes et des Cartésiens? .................................. 432
469. En quoi Condillac est-il disciple de Locke? En quoi diffère-t-il de ce philosophe? .................................. 432

**CHAPITRE X. — LEIBNIZ** .................................. 433

470. Exposer la philosophie de Leibniz. .................................. 433
471. Que savez-vous de la philosophie de Leibniz? Qu'est-ce que les monades, l'harmonie préétablie, l'optimisme? Qu'a-t-il ajouté à la philosophie de Descartes? .................................. 433
472. Qu'est-ce que la théorie de l'harmonie préétablie dans la philosophie de Leibniz? .................................. 433
473. Exposer la théorie de Leibniz sur les monades. .................................. 434

**CHAPITRE XI. — KANT** .................................. 436

474. On sait que le grand philosophe Kant a intitulé ses deux principaux ouvrages : *Critique de la raison pure* et *Critique de la raison pratique*. Expliquer le sens qu'il a prétendu attacher à ce mot : critique; expliquer le sens de chacune de ces deux autres expressions : Raison pure et raison pratique. .................................. 436

---

ÉVREUX, IMPRIMERIE DE CHARLES HÉRISSEY

www.ingramcontent.com/pod-product-compliance
Lightning Source LLC
Chambersburg PA
CBHW071720230426
43670CB00008B/1070